MANESSE BIBLIOTHEK DER WELTLITERATUR

WILHELM VON KÜGELGEN

JUGENDERINNERUNGEN EINES ALTEN MANNES

Nachwort von Detlef Droese

MANESSE VERLAG
ZÜRICH

Die «Jugenderinnerungen eines alten Mannes»
erschienen erstmals 1870 in Berlin

CIP-Kurztitelaufnahme der Deutschen Bibliothek

Kügelgen, Wilhelm von:
Jugenderinnerungen eines alten Mannes /
Wilhelm von Kügelgen
Nachw. von Detlef Droese
3. Aufl. – Zürich: Manesse Verlag, 1988
(Manesse Bibliothek der Weltliteratur)
ISBN 3-7175-1236-6 Gewebe
ISBN 3-7175-1237-4 Ldr.

ERSTER TEIL

1. Der Anfang

Die neunziger Jahre des vorigen Jahrhunderts waren für das Rheinland verhängnisvoll geworden. Unter den Hammerschlägen der Französischen Revolution begannen die Stützen des alten Staatenbaues zu sinken. Unordnung und wüster Streit erfüllten das schöne Land, und mancher Mann, der dort zu Hause war, entfremdete seiner Heimat.

So auch mein Vater. Von Rom, wo er als Maler seine Studien beendet hatte, zog es ihn nicht zurück nach seinem Vaterlande, vielmehr wandte er sich infolge der Einladung eines Freundes dem Norden zu. Da lernte er in Reval meine Mutter kennen, gewann ihre Hand und zog mit ihr nach Petersburg, wo er viel Arbeit fand.

Aus dieser Ehe bin ich das zweite Kind, da meine Eltern kurz vor meiner Geburt ein älteres Töchterchen verloren hatten. Nach den Erzählungen der Mutter und noch vorhandenen Bildern glich die verstorbene Schwester einem überirdischen kleinen Wesen, wie man das wohl bei Kindern findet, denen ein kurzes Lebensziel gesteckt ist. Sie ist auf dem ländlichen Gottesacker bei Pawlosky begraben, und auf den kleinen Hügel setzten die Eltern ein Kreuz mit dem Namen «Maria».

Doch war ihr Gedächtnis nicht mitbegraben und lebte namentlich in der Erinnerung der Mutter so lebhaft fort, als sei sie nie gestorben. Ja, mehr als ihr Gedächtnis: die selige Schwester selbst soll ab und zu noch segnend in den Kreis der Familie eingetreten sein. Wenigstens erzählte meine Mutter des öftern, wie bald nach der Geburt ihrer jüngeren Kinder eine Lichtgestalt erschienen sei und die neuen Ankömmlinge umleuchtet und begrüßt habe. Diese Erscheinung hatte in der sichtbaren Welt nichts Analoges; dennoch erkannte die Mutter ihr heimgegangenes Kind. Sie hatte sich ja die Selige als Schutzengel erbeten für die Kinder, die durch Gottes Gnade etwa folgen sollten, und zweifelte an der Erhörung ihrer Bitte nicht.

Dem sei nun wie ihm wolle, die Mutter hatte nach der Geburt meiner jüngeren Schwester sogar noch eine Zeugin für dieses liebliche Erlebnis, indem die Wärterin, die allein mit ihr im Zimmer war, dasselbe sah. So war denn oft die Rede von der Dahingeschiedenen, und wohl erinnere ich mich, daß ich als kleiner Junge manche Übertretungen mied, um den Engel nicht zu betrüben, der mir beigegeben war.

Als ein sehr unzulänglicher Ersatz für dieses Himmelskind ward ich am 20. November des Jahres 1802 in Petersburg geboren, und zwar zur Unzeit, indem ich dem Programme meiner Mutter um zwei Monate zuvorkam: ein Umstand, der auf meine spätere Entwicklung nur nachteilig influieren konnte.

Getauft ward ich am 9. Dezember desselben Jahres durch den Dr. Hammelmann, Pastor an der lutherischen St. Petrigemeinde. Zwar war mein Vater Katholik; aber vollständig gleichgültig gegen alle Unterscheidungen in Gebrauch und Lehre der christlichen Welt, hatte er bei seiner Verheiratung keinen Anstand gefunden, zu versprechen, sämtliche Kinder dem Bekenntnisse der Mutter folgen zu lassen. Als nun das geweihte Wasser meinen kleinen Kahlkopf überströmte, faltete ich die Hände wie ein alter

Christ, zur Erbauung meiner guten Mutter, die hierin ein Amen für die Bitten sah, welche sie für mich zum Himmel sandte. Ich empfing die Namen Wilhelm Georg Alexander, letzteren zum Gedächtnis jenes jugendlich liebenswürdigen Kaisers, welcher kaum ein Jahr vor meiner Geburt den russischen Thron bestiegen und die Hoffnung aller dortigen Menschenfreunde belebt hatte.

Mein Vater hatte unterdessen, den Aufenthalt in der reichen Stadt sowie die Gunst damaliger Verhältnisse gewissenhaft benutzend, in wenig Jahren ein Vermögen erworben, das ihn zum selbständigen Manne machte. Nun aber auch des Treibens müde und der lästigsten Art künstlerischer Tätigkeit, des Porträtierens, herzlich satt, gedachte er der Früchte seines Fleißes froh zu werden und fürs erste mit den Seinigen an den Rhein zu gehen, um seine Mutter zu besuchen, die dort noch lebte. Wo man sich endlich bleibend niederlassen würde, stand in den Sternen: die Umstände sollten es entscheiden.

Das war ein guter Plan, nicht zu weit und nicht zu enge; doch hatte die Trennung von Petersburg auch ihren Stachel. Mein Vater lebte dort in einem Kreise der vorzüglichsten Menschen, unter denen er nicht wenig wahre Freunde zählte; vor allem aber lag sein Zwillingsbruder ihm am Herzen, der ihm aus brüderlicher Liebe nachgezogen war und jetzt allein zurückbleiben mußte, weil er mittlerweile als Kaiserlicher Kabinettsmaler angestellt und für den Hof beschäftigt war. Man hoffte indessen, wenn erst jener gute Plan zur Reife gekommen, sich auf eine oder die andere Weise wieder zu vereinen, und meine Eltern traten ihre Reise an.

So kam es, daß ich meinen Geburtsort schon nach einigen Monaten wieder verlassen mußte und in einem Alter auf Reisen ging, da andere Kinder etwa erst geboren werden.

Das Harmsche Haus

Zu Schlitten kamen wir nach Estland und langten wohlbehalten in Alt-Harm, einem väterlichen Gute meiner Mutter, an. Hier sollte gerastet werden, um bessere Jahreszeit abzuwarten und meiner angegriffenen Mutter, wie auch mir, der ich ein schwächliches Kind war, Zeit zu geben, für die weitere Reise zu erstarken. Dazu war Harm der Ort. Meine Eltern verweilten hier im Kreise zahlreicher und liebenswürdiger Verwandten weit länger, als sie anfangs wollten; ja, mein Vater fühlte sich durch die Eigentümlichkeit des dortigen Landlebens so mächtig angezogen, daß er zur großen Freude meiner Mutter und ihrer ganzen Familie den Entschluß faßte, sich nach seiner Rückkehr von Deutschland in Estland anzukaufen, um hier zu leben und zu sterben.

So schien der Lebensplan nun fertig, und da noch obendrein der Zwillingsbruder meldete, er werde auch bald bei Vermögen sein und sich am Gutskaufe beteiligen, blickte man befriedigt in die Zukunft, den Segen dessen erwartend, der aller Menschen Schicksal leitet.

Im Harmschen Hause sah es übrigens recht einfach aus. Man hatte weiße Kalkwände, grüne Türen, Strohstühle, und von Gardinen wußte man im ganzen Lande nichts. Dafür aber war das Haus geräumig und bot der zahlreichen Familie und Hausgenossenschaft nicht nur jede erwünschte Bequemlichkeit, sondern in seinen Sammlungen und Werkstätten auch die mannigfaltigste Gelegenheit für Beschäftigung und Unterhaltung.

Mein Großvater hatte nämlich, behufs der Ausbildung seiner Kinder, Lehrer der verschiedensten Art an sich gezogen, Handwerker, Künstler und Gelehrte, die alle unter seinem Dache wohnten und dem Hause das Ansehen einer kleinen Akademie gaben. Neben wissenschaftlichen Disziplinen wurden neuere Sprachen getrieben, man malte, modellierte, kupferstecherte, drechselte, tischlerte, klempnerte und machte ganz vortreffliche Musik. Die schönen Quartette, an Winterabenden von der Familie ausgeführt, haben im Andenken der Nachbarschaft noch lange fortgelebt.

Um endlich der kümmerlichen Natur, wenigstens in nächster Nähe, mehr Reize abzunötigen, hatte der Hausherr sein einsames Gehöft mit einem weiten Park umschlossen, in dem man Gärtnerei trieb oder sich mit Wasserfahrten und auf alle Weise zu belustigen pflegte.

Dort hatte er – meine Mutter zu überraschen – auf künstlichem Hügel eine steinerne Urne errichtet, mit der Inschrift «Maria». Junge Tannen standen darum herum. Da saß die Mutter oft mit mir in schöner Jahreszeit, sich der Aussicht auf weite Wiesen und fernen Wald erfreuend. Von diesen Stunden hat sie mir oft erzählt, wie sie sich nach langem Aufenthalte in der Stadt der wiederkehrenden Sonne, der erwachenden Natur und meiner Entwicklung gefreut habe, während ich zu ihren Füßen im trockenen Sande wühlte. Vielleicht daß diese ersten unbewußten Eindrücke Grund zu einer fast idiosynkratischen Vorliebe geworden sind, die mir für Tannen, für Sand und für die einfachste Natur geblieben sind.

Ich war indessen in der besten Pflege, obschon sehr langsam, zu einem leidlich gesunden Jungen erstarkt, als meine Eltern sich nach fünfvierteljährigem Aufenthalte endlich zur Weiterreise anschickten. Man schied mit dem Versprechen baldiger Wiederkehr; zwei Jahre längstens, so war's beschlossen, und ich saß bereits im Reisewagen auf dem Schoße der weinenden Mutter, als mein Großvater noch einmal an den Schlag trat und mir eine kleine Tabakspfeife von Bernstein, die er selbst für mich gearbeitet, in die Hand steckte. «Faß zu, Junge!» – sagte er – «und daß du mir brav rauchen lernst!»

Ich faßte damals krampfhaft zu und hielt die Pfeife fest auf der ganzen weiten Reise; ich biß mir die Zähne daran durch und habe sie auch festgehalten mein lebelang.

Meine Mutter behauptete später, der Großvater habe es mir angetan mit Rauchen; und in der Tat war er ein Mann, der einem wohl was hätte antun können. Nicht daß er das gewesen wäre, was man gewöhnlich liebenswürdig nennt; vielmehr war er schroff und kantig, aber desto siegreicher und bezaubernder, wenn sein gutes Herz einmal hindurchbrach. Gewissermaßen glich er einem Schaltier, das die Knochen auswendig hat, und man mußte ihn genauer kennen, um durch die Herbigkeit und Kälte, womit er sich umgab, nicht verletzt zu werden. Selbst die Liebe zu seinen Kindern war die letzte Eigenschaft, die diese an ihrem Vater zu entdecken pflegten.

Dennoch schien ihm alles zu fehlen, wenn jemand von den Seinigen abwesend war, bis er ihn wieder zurückerwarten konnte. Dann trieb die freudigste Erwartung ihn im Hause um, und er konnte, wenn er nicht bemerkt zu sein glaubte, stundenlang mit dem Fernrohre dem Kommenden entgegensehen; hatte er diesen aber glücklich erspäht, so legte sich die Spannung, die harte Schale klappte wieder zu, und man sah ihn irgend etwas beginnen, das keine Unterbrechung litt. Er goß dann etwa Bleikugeln, nahm irgendeine Kleberei vor oder dergleichen und hatte keine Hand frei, sie dem Eintretenden zu reichen, ja kaum einen Blick für ihn.

Ihn selbst dagegen nach längerer Abwesenheit zurückzuerwarten, hatte die Familie selten das Glück, weil er fast nie verreiste. Er ließ die Leute lieber zu sich kommen und verkehrte im allgemeinen so einsiedlerisch nur mit nächsten Nachbarn und Verwandten, daß, als es ihm einmal einfiel, seinen Sitz im Ritterhause zu Reval einzunehmen, niemand ihn kannte und man sich fragte, wer dieser Italiener sei; denn wider die Art seiner hochblonden Landsleute war er kohlschwarz von Aug' und Haaren mit gelblicher Gesichtsfarbe, und zwar klein von Person, aber doch ein «Teufelskerl», wie er selbst von sich bekannte.

Schon in der Wiege hatte er eine Weihe eigener Art empfangen. Die Kaiserin Elisabeth bereiste nämlich damals ihre Ostseeländer und übernachtete unter anderem auch in Waiküll, dem Gute, da seine Eltern lebten. Da fand die hohe Frau denn solches Wohlgefallen an dem kleinen runden Teufelskerl, daß sie ihn hoch in die Luft hob und ihm einen herzhaften Kuß auf sein derbes Hinterteil versetzte, eine Auszeichnung, auf die er stolz war und deren sich sonst wahrscheinlich niemand im ganzen russischen Reiche rühmen durfte.

Damit ließ es die Kaiserin übrigens nicht bewenden, sondern steckte dem beneidenswerten Säugling außerdem noch ein Patent als Gardefähnrich in die Windeln, so daß er mit achtzehn Jahren gleich als Kapitän bei seinem Regimente eintreten konnte. Er verließ indes den Dienst bald wieder, um die Familiengüter anzutreten, die ihm durch den Tod seines Vaters zugefallen waren. Nun heiratete er meine Großmutter, eine schöne, weiche, kindlich fromme Frau, wirtschaftete mit Einsicht und nahm sich besonders tätig seiner Bauern an. Er besuchte sie fleißig, übersah ihre Wirtschaft und griff ihnen mit Rat und Tat, ja, wo es dienlich schien, nach Peter des Großen glorreichem Vorgang, sogar mit höchsteigenhändiger Handhabung des Stockes unter die Arme, und die Erfolge waren glänzend. Das Harmsche Gebiet zeichnete sich bald vor anderen durch Zucht und Wohlstand aus, und der Gutsherr erfreute sich nicht nur des unbedingten Zutrauens seiner eigenen Leute, sondern stand auch weit und breit bei Edelleuten und Bauern in hoher Achtung. Davon gab der folgende Vorfall Zeugnis:

Zu Anfang der neunziger Jahre waren, aus mir unbekannter Veranlassung, die Bauern in mehreren Kirchspielen aufgestanden, hatten sich zusammengerottet und bereits einige Edelhöfe in Asche gelegt. Da füllte sich das Harmsche Haus mit flüchtigen Nachbarn, die bei dem Ansehen des Gutsherrn Schutz zu finden hofften. Als aber die mordbrennerischen Haufen nun dennoch auch gegen Harm heranzogen, die Auslieferung der Flüchtlinge fordernd, und guter Rat teuer war, warf sich mein Großvater aufs Pferd, ritt allein und unbewaffnet der aufständischen Rotte entgegen, und auf sein Wort – er mußte es ihnen angetan haben – zerstreuten sich die Bauern nach ihren heimischen Dörfern. Das Kosakenregiment, welches nächster Tage eintraf, fand nichts zu tun, als ein paar Rädelsführer einzufangen und auszuklopfen.

Der Schreihals

Die große deutsche Reise ging denn also vor sich, und zwar in einem zweisitzigen, strohgelben Scheibenwagen, den mein Vater aus den Effekten eines abgehenden englischen Gesandten in Petersburg erstanden hatte. Das Reisepersonal bestand aus meinen Eltern, aus mir und meiner Wärterin, einem Harmschen Mädchen, das Leno hieß und auf dem Bock placiert war. Von dieser Reise habe ich natürlich keine Erinnerung mehr, doch mochte sie, wenigstens bis Berlin hin, nicht sehr angenehm gewesen sein, da Gasthäuser und Wege schlecht waren und die Gegend so reizlos, daß meine Mutter nicht begreifen konnte, warum die russischen Verbrecher nach Sibirien geschickt würden und nicht lieber hierher, da Preußen doch so nahe sei. Endlich mochte auch meine jugendliche Wenigkeit nicht allzuviel zu den Agrements der Reise beitragen, da ich viel schrie und weinte und die stete Aufmerksamkeit, die man mir schenken mußte, aller Unbequemlichkeit die Krone aufsetzte.

Wenn ich nicht irre, war's in Landsberg an

der Warthe, wo wir eines Abends in ziemlich desolater Verfassung anlangten. Ein böses Wetter tobte auf den öden Fluren, mein Vater war des Fahrens satt, die zarte Mutter sehr erschöpft, Leno in Gefahr, vor Schläfrigkeit vom Bock zu fallen, und ich mußte, trotz meiner Bernsteinpfeife, wohl Zahnweh haben, denn ich heulte wie ein Schakal und wollte mich nicht trösten lassen.

Es schien daher sehr wünschenswert, die Nacht über hier zu rasten, und der Postmeister ward um ein ruhiges Zimmer angegangen. Der aber erklärte bedauernd, daß die einzigen disponiblen Piecen soeben von einem fremden Herrn bezogen seien, sich auch im Orte kein Gasthaus fände, was den bescheidensten Wünschen Genüge leisten könne.

Darüber ward nun hin und her geredet, und meine Mutter war schon halb entschlossen, sich notdürftig im Passagierzimmer einzurichten, als jener Reisende, zufällig unterrichtet, sich persönlich einfand, um auf die zuvorkommendste Weise seine Zimmer anzubieten. Er habe durchaus keine Bedürfnisse, versicherte er, und sei mit jedem Stuhl zufrieden.

Während solcher Rede war meine Mutter aufmerksam geworden, und noch hatte der Fremde nicht geendet, als sie ihm, zum Schrekken meines Vaters, mit dem Ausruf: «Heinrich!» um den Hals flog. Hatte sie doch plötzlich ihren zärtlich geliebten jüngeren Bruder erkannt, der im Auslande seine Studien absolviert hatte, dann längere Zeit gereist war und nun nach langjähriger Abwesenheit ins Vaterland zurückging.

An Schlaf und Ruhe war nun nicht zu denken;

aber man bedurfte ihrer auch nicht mehr, da die Freude des Wiedersehens ausreichende Erquickung gab. Man blieb die ganze Nacht im lebhaften Gespräch beisammen, währenddessen mein Vater ein ähnliches, noch in meinem Besitz befindliches Porträt von jenem liebenswürdigen Schwager zustande brachte, den er hier zum ersten und zum letzten Male in seinem Leben sah.

«Wäre Heinrich weniger ritterlich gewesen», schrieb meine Mutter nach Hause, «so wären wir uns vorbeigereist, obgleich wir unter einem und demselben Dache waren.»

Mir freilich wäre das damals gleich gewesen und Leno vielleicht auch, denn wir beide hatten nichts von dieser Begegnung. Ich war unter dem Gesange des treuen Mädchens bald entschlummert, und da die sehr Ermüdete der Natur nun gleichfalls ihren Zoll entrichtete, konnte es geschehen, daß ich gegen Morgen mit schrecklichem Gepolter aus dem Bette fiel. Da war der Teufel wieder los. Ich schrie wie am Spieße, ward auch schreiend in den Wagen getragen und schrie den ganzen folgenden Tag bis nach Berlin, wo uns der später als politischer Schriftsteller so bekannt gewordene und meinem Vater sehr befreundete Friedrich Gentz in seinem Hause gastlich aufnahm. Daß ich ihm ein sehr erwünschter Zuwachs seiner häuslichen Freuden gewesen, muß ich bezweifeln, denn trotz der Ruhe und sorgsamsten Pflege, die man mir angedeihen ließ, schrie ich doch ohne Unterbrechung, daß die Fenster klirrten. Die sehr besorgten Eltern konnten kaum anders denken, als daß ich mir ein Glied zerbrochen hätte, aber der herbeigerufene Hufeland erklärte tröstend, daß dies Schreien nicht vom Fall herrühre, sondern nur vom Zahnen: ein Ausspruch, der sich bald bewahrheitete, da schon andern Tags drei Zähne dicht hintereinander hervorbrachen. Damit hatte denn der Greuel ein Ende, und die Reise konnte fortgesetzt werden.

Die Königspfalz

Wir langten endlich alle wohlbehalten zu Rhense am Rhein bei der Mutter meines Vaters, in der alten Wackelburg an. So nannte man im Volke mein großelterliches Haus, in dessen Mauern vorzeiten deutsche Könige residiert haben sollen und auf dessen Territorium auch noch heute der bekannte Königsstuhl steht. Als ich den Rhein sah, entzückte mich der große Strom dermaßen, daß ich, während die andern sich umarmten, mit ausgebreiteten Armen geradeswegs hineinlief. Die gute Leno aber sprang mir nach bis an den Gürtel und rettete mich mit eigener Gefahr.

Sonst weiß ich herzlich wenig von jener Zeit. Die Großmutter besaß Weinberge, Gärten, Feld und Wald. Da ward herumgezogen mit Geschwistern und Verwandten meines Vaters, gegessen und getrunken, gesungen und geklungen. Man machte Rheinpartien und dehnte solche Exkursionen, um alte Freunde zu besuchen, bis Mainz und Köln aus. Außerdem kopierte mein Vater für sich eine Sammlung von etwa zwanzig alten Familienbildern, die sich im Saal der Wackelburg noch fanden, und meine Mutter widmete sich mit demütig kindlicher Unterordnung der Unterhaltung und Pflege ihrer geliebten alten Schwiegermutter.

Etwa dreiviertel Jahre mochte man auf diese Weise in Rhense verlebt haben, als meine Großmutter auf den Tod erkrankte. Sie war bis dahin immer kerngesund gewesen, und meine Mutter bewunderte die Stille und Ergebung, mit denen sie jetzt dem Tode ins Auge sah. Da sie so schwach und sterbend war, brachte ich ihr Schneeglöcklein auf ihr Bett. Sie reichte mir die Hand und sagte: «Gelt, Wilhelm, im Himmel sehen wir uns wieder?» Da schlug ich unbedenklich ein und sagte: «Ja, Großmama!» Ich hoffe auch, daß mein Erlöser sein Fiat unter diesen Kontrakt gesetzt habe.

Nachdem die Lebenskraft der Sterbenden erloschen, schien sie sanft einschlafen zu wollen. Da schrie der Priester, der nach katholischem Ritus die Sterbegebete verrichtete, ihr zu wiederholten Malen und mit gellender Stimme in die Ohren: «Verstehen Sie mich auch noch, Frau Kammerrätin?» wodurch sie wieder aufgeschreckt und, unfähig zu leben und zu sterben, in so peinliche Unruhe geriet, daß ihr Todeskampf um ganze vierundzwanzig Stunden verlängert schien. An dem Eindrucke dieser bornierten Barbarei hatte meine Mutter ihr lebelang zu tragen, und oft pflegte sie zu sagen, wie man bei Sterbenden sich jedes Geräusches, selbst des lauten Weinens, zu enthalten habe, und wie grausam es sei, den Tod zu stören.

Mein Vater war damals nicht gegenwärtig. Er hatte einen Abstecher nach Paris gemacht, um die von Napoleon zusammengeraubten Kunstschätze in Augenschein zu nehmen, als die Nachricht von dem bedenklichen Erkranken seiner Mutter ihn zurückrief. Bei seiner Ankunft fand er sie tot, und da ihm ohnedies sein Vaterland durch die Franzosenwirtschaft und mehr noch durch die französischen Sympathien seiner Landsleute verleidet war, entschloß er sich, für die noch übrige Zeit seines deutschen Aufenthaltes nach Dresden zu gehen, dessen Kunstschätze ihn anzogen.

Er ordnete noch mit den Geschwistern den Nachlaß der Mutter und machte sich dann mit den Seinigen davon. Man weilte längere Zeit in Schlangenbad, das meiner Mutter gut tat, und auch in Weimar, wo interessante Bekanntschaften angeknüpft wurden. Von alledem weiß ich nichts mehr, erinnere mich aber einer Zeit, da ich von dem Totaleindrucke, den jene Reise auf mich machte, namentlich von dem dumpfen Dröhnen des verschlossenen Wagens, noch Bewußtsein hatte, sowie mir auch ein schwaches, aber sehr liebliches Bild von der seligen Großmutter geblieben war, das sich später verwischt hat.

2. *Vor dem Seetore*

In Dresden mieteten meine Eltern die erste Etage des Döpmannschen Hauses, das vor dem Seetore in der «halben Gasse» gelegen war. Diese halbe Gasse führt den Namen mit der Tat, denn sie erfreute sich nur *einer* Reihe Häuser, die eben deswegen freie Aussicht auf die gegenüberliegenden Gärten gewährten, und meine Mutter, die, auf dem Lande aufgewachsen, städtischem Lärm abhold war, fühlte sich wohl in dieser blühenden Umgebung. Die Besitzerin des Hauses, eine Witwe Döpmann, trieb Landwirtschaft, hielt Pferde, Kühe, Schweine und Geflügel, wodurch der Aufenthalt im Hofe für mich genußreich wurde. Aus dem Hofe trat man in den Garten, der von der Katzbach, einem schmalen, aber tiefen Wasser durchschnitten war. Diesseits des Wassers war ein ausgedehntes Gemüsewesen, jenseits Wiesen, Obstbäume und Gebüsch. Über die alte Gartenmauer erhob sich aus Holundersträuchern ein Lusthaus, und daneben führte ein Pförtchen aufs Feld hinaus und weiter nach den Höhen von Recknitz und Plauen.

Noch steht mir das alles in so zauberischem Lichte vor der Seele, als wäre es ein rechtes Paradies gewesen, und das war es auch. Es war der schöne Garten Eden, in welchem ich den Morgentraum der ersten Kindheit träumte.

Meine erste, einigermaßen deutliche Erinnerung beginnt mit dem 20. November 1805, an welchem Tage ich drei Jahre alt wurde. Als ich am Morgen die Augen aufschlug, strahlten mich drei kleine Wachskerzen an, die auf weißgedecktem, mit Immergrün garniertem Tische um einen prachtvollen Kuchen standen. Daneben lagen bunte Sachen, unter denen mir eine Arche Noah und besonders ein Bilderbuch erinnerlich ist, dessen Hauptstück den Onkel Nachtwächter mit Spieß und Laterne zeigte. Das Entzücken, das ich empfand, mag Ursache der Unvergeßlichkeit jenes großen Augenblicks gewesen sein. Meine Mutter gab mir die Hand und sagte, daß mein Geburtstag sei. Dann wusch sie mich, scheitelte mir das Haar mit Sorgfalt und kleidete mich an. Der offenen Weste wurde ein Paar weite Hosen angenestelt, die hinten offen und mit Schleifen versehen waren; darüber kam ein türkischer Spenzer mit kurzen Ärmeln und an die Füße ein Paar Schnallenschuhe. So war der Anzug vollendet, der übrigens im Sommer wie im Winter Hals, Brust und Arme bloß ließ.

Nichts in der Welt ist Kindern schmeichelhafter, als sich bei allem, was Pflege heißt, in der Hand der Mutter zu wissen; mir wenigstens war es ein Hochgenuß, wenn meine Mutter mich selbst anzog oder mich zu Bette brachte, was sie auch in der Regel tat, wenigstens solange ich noch das einzige Kind blieb. Später freilich mußte ich es mir gefallen lassen, daß mir dergleichen Dienste von einer Kinderfrau geleistet wurden, welche Frau Venus hieß. Diesen hochberühmten Namen führte sie übrigens keineswegs wegen irgendeiner Ähnlichkeit mit jener Göttin, sondern bloß deshalb, weil ihr seliger Eheherr «Herr Venus» geheißen hatte.

Frau Venus war eine ehrsame Witwe und wurde bisweilen von ihren beiden Söhnen besucht, welche, obgleich bedeutend älter als ich, doch ganz willig mit mir spielten. «Die anderen Jungens», wie ich sie im Gegensatze zu mir selber nannte, waren meine ersten Freunde. Ich bewunderte ihre Kraft und Unerschrockenheit, und ich liebte es, mich in ihrer Gesellschaft auf der Straße zu zeigen; doch entwuchsen sie mir schnell, und ich verlor sie wieder aus den Augen.

Näher stand mir bald ein anderer Knabe von meinem Alter, mit dem ich fortan täglich spielte. Seine Mutter, die Witwe eines Predigers aus dem Erzgebirge, namens Engelhard, welcher auf einer winterlichen Berufswanderung seinen Tod im Schnee gefunden hatte, war ebenfalls ins Döpmannsche Haus gezogen, wo sie, wie eine rechte Witwe, still und eingezogen lebte und sich und ihren Sohn mit Strohhutflechten ernährte.

Mein Freund Ludwig Engelhard erschien mir in jeder Hinsicht vorzüglicher als ich und als die anderen Jungens, denn meine Mutter stellte mir ihn stets als Beispiel vor. Ich schloß mich ihm daher sehr herzlich an, und wir verkehrten miteinander aufs verträglichste. Nur eines einzigen Streites entsinne ich mich, der auch sogleich in Prügelei ausartete; und allerdings war es empörend, wenn Ludwig behaupten wollte, daß sein Vater den meinigen wie nichts bezwungen haben würde, wenn er noch lebte – meinen Vater! mein Ideal von Kraft und Würde! Frau Venus riß uns auseinander, und Ludwig ging zerzaust zu seiner Mutter. Die meinige aber stellte mir das begangene Unrecht so beweglich vor und wußte mich dermaßen zu erweichen – zumal sie mir zu bedenken gab, wie so gar elendiglich der Vater des armen Jungen im Schnee erstickt sei –, daß ich, von Leno geleitet, reumütig zu Engelhards hinaufging und wegen meiner Heftigkeit Abbitte tat. Seit der Zeit waren wir erst rechte Freunde, und überhaupt gibt's keine wahre Freundschaft, die sich nicht erst wund gerissen und wieder ausgeheilt hätte an dem Bewußtsein gesühnter Schuld.

Zur Sommerzeit spielten wir, von Leno und, seit diese in die Küche avanciert war, von Frau Venus beaufsichtigt, in Hof und Garten; im Winter war das Zimmer meiner Mutter oder die angrenzende Kinderstube unser Tummelplatz. Hier stellten wir unsere Tiere auf, kutschten, balgten und, was uns ganz besonders Vergnügen machte, hier «schinderten» wir auch. Dies «Schindern» ist ein Dresdner Ausdruck, den mich, sowie die ganze Sache, Ludwig lehrte, und bedeutet soviel als auf dem Eise hingleiten.

Nun war im Kinderzimmer zwar kein Eis; wir hatten aber zum Verdruß der Kinderfrau eine Planke der Diele durch fleißiges Glitschen so abgeglättet und poliert, daß sie von Erwachsenen nur mit Vorsicht betreten werden konnte. Diese Planke nannten wir «die Schinder», und noch sehe ich meinen Freund Ludwig, wie er mit hochgerötetem Gesicht und fliegenden Haaren als Meister darauf hinglitt. Auf diese Weise lernte ich frühzeitig, noch ehe ich aufs Eis kam, mich darauf behaben, ähnlich wie man in französischen Schwimmschulen ohne Wasser schwimmen lernt.

Paradiesespforten

Wenn wir im Garten spielten, schloß sich uns häufig als Dritter im Bunde noch ein kleiner Barfüßler von unserem Alter, der Sohn des Gärtners, an. Er hieß Fritz Pezold und gewann durch folgenden Vorfall für mich Bedeutung.

Eines schönen Morgens nämlich weiß ich nicht, wo Frau Venus hingekommen war, genug, sie ließ uns ohne Aufsicht; wir aber amüsierten uns mit einigen zugelaufenen Nachbarskindern, welkes Laub aufzulesen und dieses über das Geländer der kleinen Brücke in die Katzbach zu werfen. Dann liefen wir einige dreißig Schritte abwärts, wo zum Behuf des Wasserschöpfens an tiefer Stelle ein schmales Brett über den Bach gelegt war, um, auf diesem kauernd, die kleinen goldenen Schiffchen wieder aufzufangen. Mit welchem Eifer wir dies trieben und wie wir dabei schrien und uns erhitzten, wird jeder ermessen können, der auch einmal ein kleiner Junge war. Ich war den anderen vorausgeeilt und hockte bereits jubelnd auf dem schwanken Stege, als dieser umschlug und ich kopfüber ins Wasser schoß. Die erschrockenen Freunde stoben auseinander, verschwanden durch Hecken und Zäune, wo sie hergekommen waren, und ich selbst gab mich sogleich verloren.

Nicht so Fritz Pezold. In dem Augenblicke, als ich versank, sprang er entschlossen auf den Steg, griff in die Tiefe, packte meine Haare und schrie, daß ihm die Lungen bersten wollten, nach seinem Vater. Zwar brachte er mich mit dem Kopfe übers Wasser, doch nicht weiter, und ich dachte jeden Augenblick samt meinem Freunde zu ertrinken, denn das kleine Brettchen schwankte hin und wieder wie eine Schaukel.

Dennoch erinnere ich mich sehr deutlich, daß ich keine Angst empfand, mich vielmehr freute, nun alsogleich in den Himmel einzugehen und mit meiner lieblichen Schwester Maria vereint zu werden. Fast glaube ich, daß ich bereits Wasser geschluckt hatte und halb tot war, denn ich verhielt mich völlig leidend und tat selbst nicht das geringste zu meiner Rettung. Aber das weiß ich, daß mir's zumute war wie Kindern, die am Weihnachtsabend in dunkler Kammer an der Türe drängen: gleich wird sie aufgehen und der Baum in seinem Glanze stehen.

Indessen sollten mir die Paradiesespforten noch verschlossen bleiben, und der Cherub, der den Eintritt wehrte, war Fritz Pezold. Sein Mark und Bein durchdringendes Zetergeschrei hatte endlich das Ohr des Vaters erreicht, der nun wie ein angeschossener Kater mit weiten Sätzen über seine Gemüsebeete herbeiflog und mich herauszog. Triefend und mit schwarzem

Schlamm überzogen, hing ich wie ein erschlagener kleiner Maulwurf in seinen Händen, als er mich den Eltern brachte.

Ob diese Lebensrettung ein Glück für mich gewesen, muß ich dahingestellt sein lassen, da allerdings Fritz Pezold die Regel meiner Mutter gröblich übertreten hatte; denn nicht nur hatte er überlaut geschrien bei einem Sterbenden, sondern diesen sogar bei den Haaren gerauft. Die Mutter war freilich deshalb nichts weniger als ungehalten, beschenkte vielmehr den guten Jungen nach ihren Kräften, und unsere Kinderherzen blieben lange treu verbunden.

Halluzinationen

In reiferen Jahren sind Altersgenossen die genußreichsten Gefährten; in der Kindheit keineswegs; man gibt und nimmt zu wenig voneinander. Daher schließen sich Kinder auch am liebsten an Erwachsene an, wo sie bei diesen nur einige Neigung finden, sich mit ihnen zu bemengen. Solche Neigung aber zeigten mir zwei treffliche Mitbewohner unseres Hauses.

Es war ein großer Vorteil dieses Hauses, daß unsere besten Freunde gleich mit darin wohnten, und zwar nicht nur kleine Leute, wie Ludwig Engelhard und Fritz Pezold, sondern auch solche, an denen sogar die Eltern aufzusehen hatten. Ich nenne hier zuvörderst den nachmals durch seine Schriften sehr bekannt gewordenen Naturphilosophen Gotthilf Heinrich Schubert, welcher sich als junger Ehemann mit seiner Frau und seinem kleinen Töchterchen Selma damals vorübergehend in Dresden aufhielt. Schubert wohnte gerade über uns, und im täglichen Verkehr der Hausgenossen gestaltete sich eine Freundschaft, welche bis ans Grab gehalten hat und an welcher auch ich mein Teilchen fand. Wer jenen überaus liebenswürdigen Gelehrten, namentlich in jüngeren Jahren, gekannt hat, wird es begreifen, daß ein kleiner Junge mit schwärmerischer Neigung an ihm hängen konnte. Oft saß ich stundenlang mit Selma auf seinen Knien, den wundersamen Geschichten horchend, die er zum besten gab; dann wieder lehrte er mich Purzelbäume schießen, oder ich ritt auf seinen breiten Schultern und schrie Zeter, wenn er mit mir durch den Garten raste.

Ein zweiter, ebenfalls literarischer Hausgenosse, den meine Eltern schon von Petersburg her kannten, wo er sich früher als Erzieher aufgehalten, hieß Onkel Lais. Obgleich noch ein junger Mann, lebte Lais kränklichkeitshalber doch sehr zurückgezogen. In seinem Dachstübchen war er immer anzutreffen, studierend oder für Journale schreibend; in Mußestunden aber oder des Abends suchte er Aufheiterung in unserem Familienkreise und gab sich dann namentlich gern mit mir ab. Er machte Feuerwerk, Papierlaternen, Drachen, lehrte mich Kartenschlösser bauen, mit der Armbrust schießen und dergleichen Kurzweil mehr. Das Beste entstand jedoch an traulichen Winterabenden. Während meine Mutter vorlas und mein Vater kleine Götter- und Heroengestalten aus Wachs modellierte, pappte Lais für mich eine elegante Ritterrüstung, die er mit Silberpapier beklebte und welche sehr viel schöner ausfiel als alles, was man damals für Geld kaufen konnte. Dazu wurden Schwert und Lanze und ein ausgelassenes Steckenpferd gefertigt, das nur mit Mühe zu regieren war.

So ausgerüstet pflegte Onkel Lais den jungen Ritter des Abends durch dunkle Zimmer und Gänge nach den entferntesten Regionen der Wohnung auszusenden, um gewisse Ungeheuer, die sich dort aufhalten sollten, zu erlegen. Dann freute er sich an den lebendig dargestellten Erlebnissen des allezeit siegreich Zurückkehrenden und war unerschöpflich in neuen Aufträgen und Erfindungen.

Meine Mutter warnte des öfteren aus mehrfachem Grunde. Ihr waren die kolossalen Lügen, zu denen ich gewissermaßen genötigt wurde, sehr bedenklich; besonders aber fürchtete sie eine zu frühzeitige Überreizung der Phantasie, wie ihr denn überhaupt jede aufregende Unterhaltung für Kinder nachteilig zu sein schien. Lais bestritt ihre Gründe als Pädagog vom Fach. Er wollte ja nur Mut und Nerven stählen und behauptete, daß das Edelste im Menschen, der schaffende Geist, nicht frühzeitig genug und am besten spielend zu wecken sei. So nahmen denn jene abendlichen Unterhaltungen ihren Fortgang, und Lais teilte schließlich das Schicksal der meisten gelehrten Pädagogen seiner Zeit, indem er so ziemlich das Gegenteil von dem erreichte, was er wollte.

Ich ritt allabendlich meine dunklen Wege mit größter Zuversicht, weil ich sehr wohl wußte, daß alles doch nur Spiel war und die Feinde, die ich zu bestehen hatte, nicht existierten; doch wurde meine Phantasie in unnatürliche Spannung gesetzt, und es fehlte fortan nur ein Anstoß, sie vollends krank zu machen. Diesen herbeizuführen, stand auch Lais nicht lange an.

Als ich eines Abends, von meiner abenteuerlichen Fahrt zurückkehrend, ein dunkles Zimmer zu passieren hatte, barst plötzlich jener Mentor aus einem Verstecke vor, grunzend und auf allen vieren laufend wie ein wilder Eber. Er mochte erwartet haben, daß ich sogleich vom Leder ziehen und ihm zu Leibe gehen würde; statt dessen aber bestand ich die Probe schlecht und hatte fast den Tod vor Schreck. Von da an blieb ich lange Zeit ein Hase. Ich traute mich in kein dunkles Zimmer mehr und war unvermögend, des Abends einzuschlafen oder auch nur in meinem Bette auszudauern, wenn nicht jemand bei mir blieb. Ja mehr noch: das Edelste im Menschen, jener schaffende Geist, war wie mit einem Zauberschlage geweckt; die Bilder meiner Phantasie objektivierten sich, und häufig sah ich mich umgeben von Schreck- und Spukgestalten, die mir das lebhafteste Entsetzen einflößten.

Die erste Erscheinung dieser Art mochte ich von einem Spielzeug, einer unschuldigen kleinen Scheibe, entlehnt haben, nach der ich mit der Armbrust schoß. Traf ich ins Schwarze, so sprang, durch eine Feder aufgeschnellt, ein greulicher Rüpel hervor mit fletschenden Zähnen und blutroter Zunge. Diesen nun sah ich bald nach jener Schreckensstunde, als mich Frau Venus auszog, lebensgroß und mit drohender Gebärde hinter den Fensterscheiben des Schlafzimmers aufsteigen. Ich schrie auf und barg mein Gesicht in den Schoß der Wärterin, welche, ihrerseits nicht wissend, was mir fehlte, mich zur Mutter trug. Beide hatten genug zu tun, mich einigermaßen zu beruhigen. Von nun an fürchtete ich mich oft den ganzen Tag vor der Stunde des Zubettgehens, da entsetzliche

Phantome mich selbst im Beisein anderer schreckten.

Ganz unvergeßlich in dieser Beziehung ist mir eine Nacht geblieben, deren Eindrücke und Gesichte mir noch heute nach 56 Jahren so lebendig vorschweben, wie wenn alles erst gestern vorgefallen wäre. Mitten in der Nacht erwachte ich und schlug die Augen auf. Das Nachtlicht war erloschen, doch konnte ich die Umrisse der Dinge deutlich sehen. Mir zunächst standen die Betten meiner Eltern, welche, von einem gemeinschaftlichen Vorhange umzogen, ein besonderes Sanktuarium im Schlafzimmer darstellten. Hinter der halb verschobenen Gardine unterschied ich noch die Züge des mir zunächst liegenden Vaters.

Bald aber unterschied ich auch noch etwas ganz anderes. Unter dem Bette der Eltern begann es sich zu regen und zu bewegen – und siehe da! – ein scheußliches Gesicht erschien: das eines Bären. Dann folgte eine ungeheure Tatze, und im Umsehen war die ganze Ungestalt des Raubtieres vorgekrochen. Ihm folgten andere Tiere, und es war unglaublich, was aus dem engen Raume unter den Betten alles vorquoll. Da waren Wölfe, Panther, Löwen, Vielfraße, Ameisenlöwen, Dachse, ja der ganze Inhalt meiner Arche Noä war zu natürlicher Größe angeschwollen.

Das größte Entsetzen flößte mir ein Kalb ein. Es nahte sich meinem Bett auf sehr bedenkliche Weise, und die Schandtat sah ihm aus den Augen. Ich wollte schreien; doch mußte ich fürchten, mich dieser Bestie nicht noch bemerklicher zu machen, und hielt ein Weilchen an mich. Bald aber steigerte sich die Angst dermaßen, daß ich, mit Hintansetzung aller klugen Rücksicht, dennoch laut und vernehmlich in die Lärmtrompete stieß.

Mein guter Vater hatte sich in der Regel während des Tages so weidlich abgearbeitet, daß er einer ungestörten Nachtruhe sehr bedürftig sein mochte; doch schalt er nicht, suchte mich vielmehr sehr freundlich zu beruhigen. Ich hätte geträumt, sagte er, und weiter wäre es nichts.

Das fatale Kalb aber strafte ihn Lügen: es drängte immer näher und glotzte mich jetzt mit mehr als Kalbsaugen an. Da schrie ich laut, und der Vater verließ das Bett, um Licht zu machen. Zu diesem Behufe mußte er aber, weil kein Feuerzeug vorhanden, ins Nebenzimmer gehen, und als ich nun die väterliche Gestalt im kurzen Hemdchen durch das Gedränge der Quadrupeden hinschreiten sah, vergaß ich über der seinigen die eigene Gefahr und bat ihn flehentlich, zurückzukommen.

Da! – hatte ich's der ruchlosen Bestie doch gleich angesehen: das Kalb sprang zu, und in dem Augenblicke, als der teure Vater die Klinke ergriff, um die Türe zu öffnen, schnappte es nach ihm und biß ihn mitten durch. Der ganze Oberkörper, samt Hemd und Nachtmütze, sank lautlos zur Erde nieder, die Beine aber entwischten mit besonderer Behendigkeit durch die sich rasch wieder schließende Türe.

Nun brach der gerechteste Schmerz bei mir erst recht aus, so daß die Mutter, welche mittlerweile ebenfalls aufgestanden war, mich tröstend in die Arme schloß. Aber was konnte das jetzt helfen? Da lag er ja, der unvergleichliche Vater, mitten durchgebissen drei Schritt vor uns am

Boden, beschnopert von dem siegreichen Kalbe, das alle Neigung zeigte, ihn vollends zu verschlingen. Die Mutter zwar wollte es in Abrede stellen; aber gegen den Augenschein ist schlecht predigen. Wir stritten lebhaft, bis sich die Türe wieder auftat, und der ganze, vollständigst gegliederte Vater im blendendsten Lichtschein eintrat.

Freudigeres Entzücken erinnere ich mich später niemals wieder empfunden zu haben. Mit dem hellen Glanz des Lichtes war der ganze Spuk verschwunden: ich hatte meinen geliebten Vater wieder und entschlummerte süß an seiner Seite.

Gegen Gespensterglauben pflegen Gouvernanten einzuwenden, daß sinnliches Erkennen nur möglich sei von sinnlichen Objekten, und Geister demnach nicht wahrgenommen werden könnten. Hier aber war ein noch viel größeres Mirakel, da die Geister, die ich mit eigenen Augen zu sehen kriegte, gar nicht einmal existierten.

Welche Bewandtnis es übrigens in Wahrheit mit alledem haben mag, was wir als objektive, das heißt gegenständliche Welt betrachten, das ist noch gar nicht ausgemacht und wird es wahrscheinlich auch niemals werden. Die alte tiefsinnige Philosophie der Inder bezeichnet den gesamten Inbegriff der Äußerlichkeit oder Leiblichkeit mit dem Worte «Maya», welches nichts anderes heißt als Täuschung, und wenn alle Religionen, wie auch die meisten wissenschaftlichen Systeme der Neuzeit, darin übereinstimmen, daß die Welt aus nichts geschaffen sei, so wird das ungefähr dasselbe heißen und die Folgerung ganz richtig sein, daß aus nichts

nichts wird, es sei denn etwa eine Maya. So läge denn der Unterschied zwischen dem Kalbe, das dort beim Fleischer aushängt, und jenem nächtlichen Gespenste, das mich erschreckte, wesentlich nur darin, daß ersteres aus einer allgemeinen, das andere nur aus einer speziellen, das heißt hier subjektiven Täuschung resultierte.

Doch dem sei, wie ihm wolle: immerhin mag angenommen werden, daß die schöpferische Tätigkeit des aus Gott emanierten Menschengeistes in Fällen wie der meinige ihre gesetzlichen Schranken momentan durchbrochen habe. Sie arbeitet dann gewissermaßen außerhalb der ihr angewiesenen Werkstatt, eine nichtige, nur von ihr selbst erkannte Welt erzeugend. Andauerndes Verharren in solcher Tätigkeit ist Wahnsinn.

Mich trug indes die Schonung meiner Eltern sanft über jene Klippen, und später bin ich von dergleichen schöpferischen Zufällen gänzlich frei geblieben.

3. Der Komet von 1806

Wenn ich nun im vorigen Kapitel meiner Altersgenossen und väterlichen Freunde gedacht habe, zu denen allen ich mit einiger Bewunderung aufschaute, so wird's nun Zeit, auch von einem jüngeren zu berichten, der seinerseits zu mir aufschaute; und nur deshalb habe ich bis dahin meinen lieben Bruder Gerhard ignoriert, weil ich mich seines Eintrittes in die Familie nicht entsinne. Er taucht vielmehr in meiner Erinnerung ganz ohne Anfang auf, war da, wie auch ich da war, und schien sich ganz von selbst zu verstehen wie ein kategorischer Imperativ.

Proportioniert wie Raffaelische Kindergestalten mit starken Gliedern und vollen roten Backen, war er etwa drittehalb Jahr jünger als ich, entwickelte sich aber bei weitem kräftiger und schneller. Als er zehn Monate alt war, entdeckte man zufällig, daß er laufen konnte, und zwar ohne alles vorhergegangene Studium. Ein Fremder, der ihn seiner Größe wegen für zweijährig hielt, setzte ihn, da er ihm auf dem Schoße beschwerlich ward, ohne weiteres auf die Füße, und die erschrockene Mutter, welche glaubte, daß er fallen würde, war nicht wenig erstaunt, den kleinen Stöpsel ganz selbständig fortpilgern zu sehen.

Die Geburt dieses Bruders war übrigens wie der Aufgang eines kriegbringenden Kometen gewesen. Im Mai des Jahres 1806 hatte er das Licht der Welt erblickt, und schon im Oktober desselben Jahres übten die kriegerischen Ereignisse der Zeit den ersten Stoß auf Dresden.

Es war ein schöner Herbsttag, als mein Vater nach seiner Windbüchse langte und mit mir in den Garten ging, um Sperlinge oder anderes vogelfreie Geflügel zu erlegen, was er des öftern tat. Er war ein großer Schütze, nicht weniger mit der Büchse als mit dem Pinsel, denn ob er gleich nur mit Kugeln schoß, fehlte er sein Vögelchen nur selten.

Heute aber wollte sich keines zeigen, daher beschlossen wurde, den Garten zu verlassen und aufs Feld zu gehen, wo man bisweilen Krähen antraf. Still und wild durchschlichen wir die kleine Pforte in der Mauer und spähten ringsumher. Krähen waren nicht da – aber etwas ganz anderes nahm die Aufmerksamkeit in Anspruch. Mein Vater horchte auf; dann streckte er sich nieder auf den Feldrain und schien, mit dem Ohr am Boden, diesem ein Geheimnis abzufragen. Ich machte natürlich alles nach und empfand mehr, als daß ich's hörte, ein Zittern des Bodens, ein seltsames dumpfes Dröhnen, das sich periodisch wiederholte.

«Das sind Kanonen», sagte der Vater, warf die Büchse auf den Rücken und ging mit mir zur Mutter.

Es war eine große, verhängnisvolle Schlacht, deren fernes Grollen wir vernommen hatten: die Schlacht von Jena. Bald kannte man das Resultat in Dresden, und der erschrockenen Bevölkerung ward Plünderung angesagt durch ein im Anmarsch begriffenes Korps von Bayern.

Da hielten meine Eltern sich in ihrer exponierten Wohnung nicht mehr sicher und beeilten sich, inmitten der Altstadt ein anderes Logis zu mieten, welches an der Kreuzkirche gelegen war. Ich war beim Vater, der im neuen Hause die von der Mutter fortwährend expedierten Sachen empfing und ordnete. Da man indessen bei dem allgemeinen Trubel wenig auf mich acht hatte, so konnte es geschehen, daß ich plötzlich fort war.

Mein Vater glaubte, ich sei nach Hause gelaufen, und als er mich dort nicht vorfand, beauftragte er die Packträger, mich zu suchen, durchrannte in seiner Besorgnis auch selbst die Stadt nach allen Richtungen. In der Tat mag seine Verlegenheit nicht ganz gering gewesen sein. Ich konnte Schaden nehmen, der Umzug geriet ins Stocken, und Hannibal stand vor den Toren. Wenn er daher gesonnen war, mich mit ein paar tüchtigen Ohrfeigen zu begrüßen, so war das wohl erklärlich. Als er mich aber endlich auf dem Neumarkt fand, und zwar laut singend und vor Entzücken über das Durcheinander von Vieh und Menschen in die Hände klatschend, fing er an zu lachen und hatte mir die Desertion verziehen.

Es war indes nichts weniger als ungünstig gewesen, daß unser Umzug sich durch diesen Zwischenfall verzögert hatte, da er überhaupt nun unnütz wurde. Der Kurfürst hatte sich mittlerweile beeilt, in Napoleons Bundesgenossenschaft einzutreten, und die erwartete bayerische Kavallerie zog friedlich ein.

Mir schenkte damals Onkel Lais eine als bayerischen Ulanen kostümierte Puppe, gar vollständig und schön mit der ganzen Armatur. Mein Vater aber erlaubte mir, diesen Balg zu töten als einen Franzosenfreund und lieh mir dazu seinen Stocksäbel, mit dem er auch zerhauen wurde. Unendlich viele Kleie strömte zu meiner Verwunderung aus den Wunden. Solche Begebenheit ist gefeiert worden auf einem lebensgroßen, mich und meinen unvordenklichen Bruder darstellenden Bilde, welches mein Vater in jener Zeit malte und ich noch besitze. Der Bruder ist sitzend auf einem Kissen abgebildet, ein ausgestopftes Lämmchen, das sein Entzücken war, an die Brust drückend. Ich dagegen stehe hinter ihm, entschlossen, den Bayern mit einem ungeheuren Säbel abzutun.

Dienstboten

Es schien, als ob mein guter Vater damals durch doppelt angestrengten Fleiß die Unruhe zu beschwichtigen gesucht hätte, die ihm das Schicksal seines deutschen Vaterlandes machte, denn fast gleichzeitig mit jenem Familienbilde führte er noch mehrere große akademische Stücke aus, deren allgemeine Anerkennung ihn in die erste Reihe der Künstler seiner Zeit stellte. Als Richtmaß und Regulatoren für seinen Geschmack benutzte er die ungewöhnlich reichen Dresdner Sammlungen, in denen er seine Augen häufig stärkte, und wo er Natur brauchte, bediente er sich eines schönen jungen Mannes von den Gardegrenadieren, den ich ebenfalls zu meinen nächsten Freunden zählte. Er hieß Talkenberg, und weil er sich gescheit und anhänglich zeigte, wurde er, soweit sein Dienst es gestattete, auch zu andern Dingen verwendet und gab den Aufwärter in unserem Hause ab.

Mir gefiel dieser Mars sehr wohl wegen seines freundlichen Gesichtes, seiner scharlachroten Uniform und blank geputzten Waffen, so daß ich mich stets freute, wenn ich ihm zum Behufe des Spazierengehens anvertraut ward. Er nahm mich dann gesellig bei der Hand und, neben ihm hertrabend wie eine Bachstelze neben einem Reiher, war ich stolz auf meinen herrlichen Begleiter, der mir lustige Geschichten erzählte, mich Steine werfen lehrte und Sperlinge mit Salz beschleichen. Weniger schmeichelhaft war seine Neigung, sich auf die Finger zu spucken und Katzenwäsche mit mir anzustellen, wenn er mich an Händen oder Gesicht beschmutzt sah. Da ich dies aber Leno klagte, in die er sehr verliebt war, nahm sie ihn dergestalt ins Gebet, daß er in sich schlug und fortan von solchem Laster abstand.

Bald nach dieser mir erwiesenen Wohltat schied das gute Mädchen für Niemalswiedersehen aus unserem Hause. Meine Mutter hatte sie einst von ihrem Vater als Leibeigene zum Geburtsgeschenk erhalten, sie sorgfältig für ihren Stand erzogen und sie immer als zur Familie gehörig betrachtet, wie denn überhaupt in angestammter Leibeigenschaft ein Band zu liegen scheint, das leiblicher Verwandtschaft ähnelt. Es ging ihr wohl bei uns, und gesetzt, dies wäre nicht der Fall gewesen, so war sie in Sachsen immer in der Lage, sich loszuketten, denn sie stand hier unter dem Schutz eines Gesetzes, das von Sklaverei nichts wußte. Auch fehlte es ihr keineswegs an Freunden, die jeden Augenblick geneigt waren, Gut und Blut mit ihr zu teilen, da nicht allein Talkenberg ihr den Hof machte (was wenig sagen wollte), sondern auch ein paar achtbare Handwerker, die für unser Haus arbeiteten, keinen Anstand nahmen, wiederholt um sie zu werben.

Wunderlicherweise aber schlug sie alles aus und hatte nur den einen und einzigsten Gedanken, nach Estland zurückzukehren, wo sie wieder Sklavin geworden wäre und nicht einmal mehr Angehörige hatte, denn sie war als elternlose Waise auf den Harmschen Hof gekommen. Leno war eben heimwehkrank geworden und drohte jener aller Vernunft spottenden Sehnsucht zu erliegen, die um so heftiger ist, je weniger Grund sie hat, indem sie vorzugsweise die Bewohner wilder und unfruchtbarer Gegenden anpackt. Nicht nur Schweizer, auch Finnen, Lappen, Kamtschadalen und Eskimos, das sind die Leute, die bei uns im Mittelpunkte der Zivilisation vor Heimweh sterben, während Deutsche in den rohsten Ländern prosperieren. So zeichnen sich auch die Esten durch eine krankhafte

Abhängigkeit von den Einflüssen ihres abgelegenen Landes aus, das, etwa wie Dänemark für die Dänen, für sie die Welt ist oder das All und daher auch gar keinen Namen hat. Der Este nennt sein Land ganz einfach «Me», das heißt überhaupt Land, hier das Land der Länder, so wie die Bibel auch keinen anderen Namen hat als das Buch, weil sie das Buch der Bücher ist.

Nun war mein Vater zwar nur für kurze Zeit nach Deutschland gekommen, und obgleich sein Aufenthalt sich unerwartet verlängert hatte, war doch die Idee, demnächst zurückzukehren, nichts weniger als aufgegeben. Die Eltern lebten in Dresden gewissermaßen auf reisendem Fuße, und von der Rückreise war stets die Rede. Ja, mein Vater hatte sogar schon seinen strohgelben Wagen durch den auf der Seegasse wohnenden – als Astronom wie als Wagenbauer gleichberühmten – Sattlermeister Eule vergrößern und in eine viersitzige Karosse umwandeln lassen, um für die anwachsende Familie Raum zu schaffen. Da nötigte ihn der Krieg in Preußen, die projektierte Reise wieder aufs Ungewisse hinauszuschieben.

Leno, mit dem Bohrwurm ihres Heimwehs am Herzen, hatte eben wie wir anderen den neuen, jetzt dotterfarbigen Wagen in Augenschein genommen und geprüft. Sie hatte sich auf den Bock geschwungen und mit dem ganzen Gesicht geleuchtet, als blicke sie schon ins Land der Länder. Aber als meine Mutter ihr nun ankündigen mußte, daß so bald nichts aus der Reise werden könne, war sie in ihrem Gemüt und Wesen wie zerbrochen und machte ernstlich Sorge. Der armen Mutter selbst mochte es kaum weniger schmerzlich sein, ihren liebsten Wünschen zu entsagen; aber sie schickte sich in die Notwendigkeit und fand für ihre Leno einen Ausweg.

Meine Eltern verkehrten damals häufig mit einer livländischen Familie von Löwenstern, die ein Landhaus in Brießnitz bewohnte. Wenn wir bei ihnen waren, gab es immer allerlei Lustbarkeiten, kleine Elbfahrten, Illumination des Gartens, Feuerwerk und dergleichen Dinge, die ganz meinen Beifall hatten. Meiner nahmen sich dann besonders die Töchter des Hauses an, schöne junge Mädchen, die mich mit Süßigkeiten stopften und mit mir spielten. Mit ihnen entsinne ich mich eines Abends ein seltenes Phänomen gesehen zu haben. Es war schon dunkel, als wir vor der Terrasse des Hauses, tief unter uns auf den Elbwiesen, kleine herumschlüpfende Lichter bemerkten, sechs Flämmchen, die bisweilen paarweise, dann wieder auseinanderfahrend, lustig umherschweiften, und zwar mit einer Schnelligkeit wie laufende Menschen. Das seien Irrlichter, sagten die Mädchen, die sähen sie hier öfter. Sie erklärten mir auch die Sache, so gut sie konnten, und sprachen von «fixer Luft», über welchen Ausdruck ich sehr lachen mußte; doch begriff ich schon, daß fixe Luft etwas Apartes sein müsse. Wenn wir uns nicht täuschten, sind dies die ersten und letzten Irrlichter gewesen, die mir in meinem Leben vorgekommen sind.

Löwensterns nun sahen sich genötigt, trotz Krieg und Kriegsgeschrei nach Wolmarshoff, ihrem Stammsitz in Livland, zurückzugehen, und da Frau von Löwenstern zufälligerweise in Verlegenheit um eine Jungfer war, so lag es nah', ihr Leno anzubieten. Meine Mutter wollte diese jedoch nur als freies Mädchen in fremde

Hände geben und überraschte sie daher bei ihrem Abzug mit einem in aller Form Rechtens ausgestellten Freibrief.

Daß es Fälle gibt, wo die Erfüllung unserer heißesten Wünsche uns doch aufs schmerzlichste berührt, hätt' ich hier lernen können, denn das arme Mädchen weinte bitterlich, als es unser Haus verließ, und ich und meine Mutter weinten auch. Talkenberg aber begleitete sie, ihre Effekten tragend, zu ihrer neuen Herrschaft. Hier nahm er Gelegenheit, sie bis zu ihrer Abreise noch ab und zu zu sehen, dann aber ging er hin, betrank sich und schmetterte ingrimmig, wie er war, dem Posten an der Hauptwache eine faule Birne ins Gesicht, wofür er zu meinem Leidwesen Stockprügel und Arrest erhielt. Leno fand übrigens ihr Glück in ihrer Heimat. Sie blieb nur kurze Zeit bei Löwensterns und heiratete dann einen wohlhabenden deutschen Bürgersmann in dem Städtchen Wolmar, mit dem sie ein zufriedenes Leben führte.

Ein Hagestolz

Die gerichtliche Ausfertigung des obengenannten Freibriefs hatte meine Eltern in Berührung mit einem Manne gebracht, der bald nebst seiner ganzen Familie zu den besten Freunden unseres Hauses zählte. Dies war der Hofrat Näke, Chef des Dresdner Justizamtes, ein guter, treuer Mensch und sehr geachteter Beamter. Von ihm erzählte man sich folgendes:

Näke stand in früheren Jahren als Justitiarius in Freiberg, war lange Junggesell geblieben und wegen der amtlichen Erfahrungen, die er in Ehesachen gemacht, bei dem Entschlusse angelangt, auch Junggesell zu bleiben. Wie ist es möglich – mochte er denken –, sich für sein ganzes Leben blindlings an ein Ding zu ketten, das man nicht kennt, genau genommen niemals gesehen hat; denn daß die Liebe blind macht, wußten schon die Heiden. Und bliebe man denn wenigstens noch blind; aber zur Unzeit gehen einem doch die Augen auf, und man findet sein Täubchen als Geier wieder, der einem die Leber abfrißt.

Nun trug sich's zu, daß dieser Ehrenmann an einem Weihnachtsabend aus der Kirche kam. Ein kalter Schneesturm tobte durch die Gassen Freibergs, daß man kaum aus den Augen sehen, kaum atmen konnte, daher sich Näke fest in seinen Pelz gewickelt hatte. Wie er nun dem Unwetter entgegen gedankenlos so vor sich hinkämpfte, mochte es sich zutragen, daß sein Blick für einen Augenblick vom Schnee und Eise frei ward: kurz, er bemerkte ein kleines, notdürftig gekleidetes Mädchen, das, vom Sturm um und um gedreht, sich in hilflosester Lage befand. Das Kind hatte, sein Gesangbüchelchen unterm Arme, die Hände in die Schürze gewickelt und schien sich vergebens anzustrengen, gegen die Gewalt des Wetters standzuhalten. Hunderte von Kirchgängern wirbelten teilnahmslos vorüber; unser Freund aber, der trotz seiner abgeschmackten Ehestandsbegriffe doch ein gutes Herz hatte, griff zu, schlug seinen Pelz um die Kleine und führte sie halb, halb trug er sie nach der entlegenen Wohnung, die sie ihm angab. Das Mägdlein war vom Frost so durchgeschüttelt, daß sie kaum reden konnte, doch fühlte Näke ihren Dank auf seiner Hand, die sie mit Inbrunst küßte.

Das arme Würmchen! am heiligen Abend so zu frieren! – Der menschenfreundliche Beamte schickte ihr auf der Stelle zum Weihnachtsangebinde einen Mantel und einen Stollen. Da kam sie denn am andern Morgen, sich zu bedanken – ein überraschend hübsches Mädchen – und war so zutraulich, so niedlich und bescheiden, daß Näke, der sich in eine längere Unterhaltung mit ihr eingelassen, den Vorsatz faßte, sich der elternlosen Waise, die bei unbemittelten Verwandten an allem Mangel litt, tatkräftig anzunehmen. Er setzte sich mit jenen in Vernehmen, und man gestattete es mit Freuden, daß er sein Pflegetöchterchen in einem anständigen, ihm befreundeten Hause unterbrachte und jede weitere Sorge auf sich nahm. Von jetzt an sah sie Näke täglich, leitete selbst ihren Unterricht und schloß die Kleine, welche mit unbegrenzter Liebe und Verehrung an ihrem Wohltäter hing, dermaßen in sein Herz, daß ihm der Gedanke unerträglich wurde, jemals wieder von ihr getrennt zu werden.

Dazu gab es aber nur ein einziges Mittel, und er ergriff es. Als das Töchterchen herangewachsen war, schlug Näke seine Junggesellenweisheit in die Schanze und machte sie zu seiner Frau. Es hat ihn das auch niemals gereut, denn nun wurde sie erst recht zum Stern seines Lebens und lehrte ihn die Möglichkeit von guten Ehen.

Als meine Eltern mit ihm bekannt wurden, war Näke bereits ein Greis, seine Frau aber in noch rüstigen Jahren und immer noch recht hübsch, obgleich sie fünf zum größeren Teile schon erwachsene Kinder hatte, zwei Töchter und drei Söhne. Der Umstand endlich, daß der zweite, sehr talentvolle Sohn, mit Namen Heinrich, sich zum Maler bildete, vermehrte noch die Beziehungen des Näkeschen Hauses zu dem unseren.

Andere Freunde

Überhaupt mochte die damalige Periode in geselliger Beziehung eine der angenehmsten im Leben meiner Eltern sein. Ohne Zwang und Gene verkehrten sie auf herzliche Weise mit den vorzüglichsten und interessantesten Leuten, meist Fremden, die sich zu jener Zeit in Dresden aufhielten, und wie würdig sie eines solchen Umgangs waren, beweist der Umstand, daß fast alle, mit denen sie in Berührung kamen, ihnen auch fürs Leben Freunde blieben.

Ich nenne hier den bekannten Adam Müller, der damals im Verein mit Schubert und Böttiger die schöne Welt mit tiefsinnigen Vorlesungen erbaute, – den liebenswerten Theologen Köthe, Schuberts intimsten Freund, den geistreichen Rühle von Lilienstern, – die Geologen Moritz von Engelhard und Karl von Raumer und den störrigen Wanderer Seume, der zwar eigentlich in Leipzig wohnte, den Weg von da nach Dresden aber als Spaziergang ansah und schneller als die Post zu Fuß durchschritt.

Außer diesen sehr bekannten Männern erinnere ich mich noch mancherlei anderer, weniger namhafter Freunde aus jener Zeit, unter denen ich hier nur noch zweier gedenken will: des Bildhauers Ulrich, der durch ein sonderbares Abenteuer unvergeßlich wurde, und des durch abenteuerliche Sonderbarkeiten aller Art bemerkenswerten Philosophen Dr. Wetzel.

Ulrich, der des Abends viel in unserem Hause

war und gern etwas über die Zeit blieb, hatte die Unart an sich, wenn er zur Nachtzeit durch die öden Straßen ging, sein Liedchen, wie ein Gassenjunge, vor sich hin zu pfeifen, und zwar so vernehmlich, daß die anwohnenden Leute aus dem Schlafe fuhren. Da er nun eines Abends spät von uns nach Hause schlenderte und, nach seiner Gewohnheit überlaut pfeifend, die Schloßgasse passierte, geschah es, daß ihm, sehr unvermutet, eine mondsüchtige Person auf den Kopf fiel, oder vielmehr in seine unwillkürlich ausgebreiteten Arme, und ihn zu Boden riß. Es sei gewesen, erzählte er, als er andern Tages krank lag, als wenn einer von einer Bombe getroffen werde, nur mit dem Unterschiede, daß diese nicht krepiert wäre, und er auch nicht. Das unglückliche Mädchen hatte, ganz harmlos nachtwandelnd, oben an den Dachrinnen herumgespukt und war durch den Lärm, den Ulrich mit seinem Pfeifen machte, erwacht und herabgestürzt.

Was endlich den Philosophen Wetzel anlangt, der, wenn ich nicht irre, durch Schubert eingeführt war, so erregten seine Eigentümlichkeiten meiner guten Mutter mancherlei Bedenken. Das Studium des Altdeutschen war damals sehr in Aufnahme gekommen, und Wetzel hielt es für nötig, unsere moderne Sprache, die er ausgeartet fand, möglichst auf ihre geschichtlichen Anfänge zurückzubiegen. Es sei an der Zeit, fand er, den eigentümlichen Genius des vaterländischen Idioms wieder freizumachen, und hierin müsse jeder anderen mit gutem Beispiel vorgehen. Er drückte sich daher oft so urdeutsch aus als von Tronje Hagen oder der Spielmann Volker und wollte auch anderen die moderne Redeweise nicht leicht gestatten. Da jemand zum Beispiel von der Sonne sprach, fuhr er sogleich dazwischen: dies heroische Gestirn heiße ursprünglich und nach reiner Redeweise «Sunno» und sei männlichen Geschlechtes; es zum Weibe zu machen sei unverantwortlich, und man müsse sagen: *der* Sunno scheint. – Nicht weniger befremdlich war es der Mutter, daß Wetzel seine würdige Frau nie anders nannte als «Henne» und sein niedliches Töchterchen «Forelle». Er dagegen behauptete, unsere gewöhnlichen Taufnamen seien gar zu albern und hätten nicht die geringste Bedeutung. Unter Amalie, Charlotte, Luise, Franz und Balthasar, und wie die Leute alle hießen, könne sich kein Mensch was denken. Namen müßten das Ding bezeichnen, gewissermaßen abmalen, und wenn er seine Frau nenne, so hätte jedermann damit ein treues Bild ihres Wesens und ihrer Beschäftigungen, wie denn auch seine Tochter eine veritable Forelle sei. Meine Mutter fand das alles, von dem Sunno bis zur Forelle, nicht wenig abgeschmackt und stand deshalb in einem fortwährenden kleinen Kriege mit dem gelehrten Herrn, während es dem duldsameren Vater zweifelhaft blieb, ob man nicht jedem volle Freiheit lassen dürfe, sich nach Belieben auszudrücken und seine Kinder zu benennen, wie ihm es gefiele.

4. Die Mutter

Meine geliebte Mutter, von welcher Wetzel sagte, sie müsse weniger Helene heißen als vielmehr Laterne, weil sie durchsichtig und leuchtend sei, war damals noch gesund und jugendlich. Ich erinnere mich ihrer aus jener Zeit als einer jungen, sehr wohlgebildeten Frau mit edeln Gesichtszügen, hellen, geistvollen Augen und einer großen Fülle des schönsten blonden Haares. Ihre Gestalt war von mittlerer Größe und proportioniert, ihr Wesen und Benehmen einfach und wahrhaftig, ihr Urteil treffend. Sie hatte eine sorgfältige Erziehung genossen, war ungewöhnlich kenntnisreich, und ihre vielseitige Bildung befähigte sie, nicht nur die guten Vorzüge einer guten Gesellschaft zu würdigen, sondern auch das Gespräch der ausgezeichneten Männer, die ihr Haus besuchten, anzuregen und zu beleben.

Letzteres geschah indessen mit so viel weiblicher Zurückhaltung, daß die wenigsten ihrer Gäste die ganze Fülle ihres geistigen Reichtums ahnen mochten; und von ihrer hohen künstlerischen Begabung, deren sie sich als einer vorzugsweise männlichen Eigenschaft fast schämte, wußten kaum die allernächsten Freunde. Ihre schönen Sepiabilder, die sie noch als Mädchen zu eigener Lust und meist nach eigenen Ideen ausgeführt, schmückten die Wände der Schlaf- und Kinderzimmer, die nur von Hausgenossen betreten wurden, und ihre Harfe wie ihr Flügel tönten nur vor Mann und Kindern.

Diese liebe Mutter strebte nach keiner anderen Ehre als der einer guten Frau und Mutter. Mit ihren Kindern beschäftigte sie sich treu und unablässig und war gewissenhaft bemüht, nichts zu versäumen, was zu unserer Menschenbildung dienlich schien. Aus diesem Grunde studierte sie auch fleißig die gepriesensten pädagogischen Werke ihrer Zeit, aus denen sie freilich wenig Nutzen ziehen mochte; denn eine halbwegs gescheite Mutter weiß schon allein, wie sie ihre Kinder zieht – wo nicht, so lernt sie schwerlich, weder von Campe noch von Pestalozzi. Sie mochte vielmehr von dieser unerquicklichen Lektüre den Nachteil einer fast krankhaften Steigerung ihrer ohnedem schon allzu regen Sorglichkeit haben, denn sie lernte alle erdenklichen Jugendfeinde des Leibes und der Seele kennen, eine Legion unablässig anstürmender Teufel, vor denen ihre Kinder zu bewahren die Kraft der besten Mutter doch nie ganz ausreicht.

Was sie indessen konnte, tat sie mit Treue. Sie lehrte uns die Hände falten und beten, leitete uns zu gewissenhaftester Wahrheitsliebe an, belog uns nie, auch nicht im Scherz und Spiele, und ließ uns ganz besonders niemals müßig gehen. Den Reiz des Spieles zu schärfen, mußten wir von frühester Kindheit an sogar schon arbeiten, das heißt täglich einige Stunden mit sogenannten nützlichen Beschäftigungen, nämlich mit Garnwickeln, Schnurenmachen, Läppchenzupfen und dergleichen üblen Dingen hinbringen. Und hier erinnere ich mich mit ganz besonderem Vergnügen noch einer allerliebsten, von meinem Großvater selbst verfertigten Phiole aus Elfenbein, durch die das Garn, damit es nicht beschmutzt werde, beim Wickeln durchlief und deren ich mich zur Belohnung für besondere Artigkeit bedienen durfte, da in der Regel nur eine buchsbaumene verabfolgt wurde.

Diese nützlichen Beschäftigungen nahmen natürlich, je nach dem Grade unserer geistigen Entwickelung, auch einen geistigeren Charakter an. Die Mutter lehrte mich nach der Lautiermethode lesen, und ehe ich das fünfte Jahr erreicht hatte, konnte ich meinen Vater an seinem Geburtstage bereits mit Vorlesung einer Gellertschen Ode überraschen. Desgleichen wurden Schreibübungen beliebt, gezählt, gerechnet und ein kleiner Anfang in der Geographie gemacht.

Hatte ich dann das Meinige getan und die Mutter war zufrieden, so ging sie etwa mit mir an jenen Schrank, der so viel Köstliches enthielt, und langte dies und jenes daraus hervor; am besten ihren schönen englischen Farbenkasten, der das Aussehen eines Buches hatte und die saubersten Utensilien enthielt, elfenbeinerne Palette, silberne Zirkel, Parallellineal, Maßstab und eine Auswahl der appetitlichsten Farben. Von letzteren rieb die Mutter mir das Nötige auf die Palette, während ich mich an sie drängte und mit Lust den Rundlauf der Farbenstückchen auf dem weißen Elfenbein verfolgte. Dann zeichnete sie mit leichter Hand ein Tier, einen Soldaten, eine Landschaft und überließ die Farbengebung mir. Oh, wie entzückte mich namentlich das Gummi-Gutti, schon beim Aufreiben und vollends beim Gebrauch: ich wandte es übermäßig an und erfuhr die tadelnde Kritik der Mutter, die in allem Maß gehalten wissen wollte.

In ihrem Wesen blieb meine Mutter sich immer gleich. Es lag nicht in ihrer Natur, die Zärtlichkeit zu zeigen, die sie im Herzen trug, sie tändelte nie mit mir und ließ mir keine Unart durch; aber sie erschreckte mich auch nie durch Launen und Heftigkeit und gab mir das Bewußtsein, daß niemand in der Welt mich lieber habe als sie. Zum höchsten Lohn für außerordentliche Tugend durfte ich einen Kuß auf die Stirn von ihr erwarten, und dieser war denn auch von so durchgreifender Wirkung, daß mein Vater es mir gleich anzusehen pflegte, wenn er ins Zimmer trat.

Nur selten strafte meine Mutter, suchte mich

aber immer zur Einsicht meines Unrechts zu bringen und war ein so geschickter Bußprediger, daß ich mich stets beschämt und ganz geneigt fand, Abbitte zu tun. Für dies Verfahren danke ich ihr noch heute, denn es lehrte mich jene Reste im Gewissen tilgen, die der Offenheit des Charakters so schädlich werden können. Mußte ein Vergehen ernstlicher gesühnt werden, so wurde ich auf ein Stündchen oder darüber an ein Tisch- oder Stuhlbein angekettet, zwar nur mit einem Zwirnsfaden, den ich aber nimmer zu zerreißen wagte, so groß war der Respekt vor meiner Mutter; und selbst dann löste diese solche Fessel nicht, wenn mittlerweile Besuch eintrat. Oder auch sie band mir nach Maßgabe des Vergehens ein Paar lange, aus steifem Notenpapier gefertigte Eselsohren um den Kopf, welche ich auch während des Mittags- und Abendtisches umbehalten mußte.

Kam mein guter Vater dann zum Essen, so sah er mir freilich diese Midasohren noch mit leichterer Mühe als jenen Stirnkuß an und wußte dann seinen edeln Gesichtszügen einen so bekümmerten Ausdruck zu geben, daß es mir immer durch die Seele ging. Namentlich einmal, als er wegen Zahnweh mit verbundenem Kopf erschien, rührte mich jener Ausdruck bis zu Tränen. Der arme Vater! er hatte Schmerzen und mußte obendrein an seinem Sohne solche Schmach erleben. Ich konnte keinen Bissen essen, obgleich es Dampfnudeln nach echtem bayrischem Rezept gab; aber meine Mutter ließ die Ohren sitzen.

Geschlagen ward ich nur für gröbliche Widersetzlichkeiten. Doch mochte dies einmal, wenn wirklich die Sache so zusammenhing, wie ich mich ihrer erinnere, ziemlich unzweckmäßig geschehen sein, denn gerade mittels dieser Strafe setzte ich meinen Willen durch.

Aus mir gänzlich unbekannten Gründen hielt es meine Mutter für geraten, mich etwa in meinem fünften Jahre eine öffentliche Schule besuchen zu lassen, und sonderbarerweise zwar eine Mädchenschule. Möglich, daß die genaue Kenntnis von den Lastern kleiner Knaben, die sie aus ihrer Erziehungslektüre schöpfte, diesen sonst so unerklärlichen Gedanken erzeugt hatte; kurz, die Sache war fest beschlossen. Ich wurde weiter nicht befragt und wußte überhaupt nicht recht, was bevorstand, als meine Mutter mir eines schönen Morgens ein wohleingewickeltes Butterbrot mit Gewalt in die zu enge Hosentasche bohrte, mich bei der Hand nahm und mit mir abzog. Sie konnte sich ja auf mich verlassen, da ich wahrscheinlich der gehorsamste Knabe war, der damals in Dresden existierte.

Jene Schule oder Privatanstalt befand sich auf der Seegasse in einem hohen, düsteren Hause und in den Händen einer gewissen Mamsell Claß, die, mit der Hofrätin Näke sehr befreundet, von dieser als geeignete Persönlichkeit empfohlen war. Schon auf der Treppe, die nach Dresdner Art stockdunkel und unsäglich stinkend war, wurde mir das Ding bedenklich, und ich schlug vergeblich vor, ob wir nicht lieber umkehren und in unser schönes helles Haus in der Vorstadt zurückgehen wollten. Als wir nun aber erst in die Zimmer traten und ich die vielen Mädchen sah, die gleich ihrer Lehrerin sämtlich Titusköpfe hatten und mich mit den Augen fast verschlangen, wurde es mir gelb und grün und jämmerlich ums Herz, und ich bat die Mutter flehentlich, mich wieder mitzunehmen. Mamsell Claß nahm mich indessen in die Arme, herzte mich, sprach mir auf sächsisch zu, und währenddessen war meine Mutter weg.

Worauf es nun bei dieser Sache eigentlich abgesehen war, kann ich nicht sagen, genug, die Lehrerin gab mir Spielsachen, und während ich an einem Seitentischchen, meine Tränen verschluckend, einen kleinen Meierhof aufbaute, setzte jene ihren Unterricht mit den Mädchen fort. So weit ging alles leidlich; ich nahm die Sachen, wie sie waren, schickte mich in die Zeit und wurde endlich so vertraut mit meiner Lage, daß ich sogar den Versuch machte, mein Butterbrot hervorzuziehen, was jedoch nicht gelang. In der Freiviertelstunde aber, als Mamsell Claß uns auf kurze Zeit verließ, drangen die kleinen Mädchen mit ihren Pudelköpfen lachend und kreischend auf mich ein, ja, sie fielen recht eigentlich über mich her wie Bacchantinnen über einen Orpheus, rissen sich um mich, und wer mich erwischen konnte, liebkoste mich und küßte mich. Ich spreizte meine Glieder wie ein Mistkäfer, den man in hohler Hand hält, hieb und stieß mit allen vieren um mich, bis die Lehrerin wieder eintrat und der Greuel sich legte.

Man mag hieraus ersehen, daß ich eben noch ein dummer Junge war, ein Idiot, ohne jede Würdigung der großen Güte, die man mir erzeigte, denn ohne Zweifel waren alle diese Mädchen von sehr mütterlichen Gefühlen gegen mich erfüllt. Vergessen habe ich sie freilich nicht; sie hinterließen mir einen so unauslöschlichen Eindruck, daß ich die Physiognomien von mehreren der kleinen Plagegeister noch heute im Gedächtnis habe.

Als mich nun meine Mutter am anderen Morgen wieder in diesen Türkenhimmel versetzen wollte, erklärte ich sehr entschieden, daß ich nicht wolle. Die Mutter redete mir freundlich und mit den überzeugendsten Gründen zu, dann auf sehr ernste Weise und befahl mir schließlich, ihr zu folgen: ich blieb bei meinem Satze. Endlich, bestürzt über so unerhörte Renitenz, führte sie ihre Kerntruppen ins Feuer und fragte mich, was ich lieber wolle, ein Produkt Ruten – wie sie sich ausdrückte – oder in die Schule gehen. Und damit hatte sie das Spiel verloren. Ein Blick im Geiste auf die vielen Mädchen und ihre Zärtlichkeiten ließ mich nicht schwanken – ich wählte das «Produkt». Das mochte zwar gehörig «anziehen» – wie man in Dresden sagt – ja, ich erinnere mich, daß es sogar über Erwarten anzog, doch aber konnte es im Vergleich zu jenem mir so überaus widerwärtigen Mädchenzwinger nicht in Betracht kommen. Ich war nun frei, und meine Mutter stellte mir nie wieder dergleichen Alternative.

Ein Blick auf den Vater

Mein Vater war das gerade Gegenteil von seiner Frau, schon nach der äußeren Erscheinung. Zwar waren sie beide, was man schöne Leute nennt; aber wie die Mutter durchweg den Norden repräsentierte, so er den Süden, denn er war brünett mit schwarzem Haar, mit feurigen, sehr dunkelbraunen Augen, und sein schmales, geistvolles Gesicht erinnerte an Spanien.

Der innere Unterschied war dem entsprechend. Die liebe Mutter, zwar unausgesetzt tätig und mit einem Herzen voll warmer Menschenliebe, war dennoch eine vorwaltend kontemplative und kritische Natur, überall ihr Richtmaß anlegend, an sich selbst, an andere und vorzugsweise an ihre Kinder. Der durchweg produktive und wenig wählerische Vater konnte dagegen über eigenem Schaffen die Schattenseiten an Menschen und Dingen leichter übersehen und war in der Regel mit jedermann zufrieden, der ihm nicht gerade auf die Füße trat. So übersah er denn auch meist die Sünden seiner kleinen Kinder und zeigte wenig Neigung, die Abnormitäten unseres Verhaltens ernstlich nach Grund und Folgen zu beachten. Zwar wenn er sich belästigt fühlte, fuhr er wohl einmal dazwischen, doch weniger, um uns zu fördern, als sich selber Ruhe zu verschaffen. Im allgemeinen schien er unsere Ausschreitungen mehr von der lächerlichen Seite aufzufassen, und es mag seinem harmlosen, für das Komische äußerst empfänglichen Sinn oft bitterböse angekommen sein, bloß aus Gefälligkeit für meine Mutter jenes bekümmerte Gesicht zu erzwingen, dessen ich oben gedacht habe. Indessen hatten wir Kinder doch einen heiligen Respekt vor ihm, hüteten uns, ihn zu erzürnen, und gehorchten ihm aufs Wort. Es war eben ein anderes Genre von Edukation.

In der Tat, wenn es möglich wäre, willkürliche Wege bei der Erziehung von Kindern einzuschlagen, so fragte es sich, welches Verfahren den Vorzug verdiene, das der Mutter oder des Vaters. Ich genoß inzwischen beides und hätte demnach jedenfalls recht wohl geraten können; aber es sprechen bei der Erziehung noch ganz andere Faktoren mit, das sind die äußeren Lebensverhältnisse, die man nicht machen kann und die sehr häufig gerade da am nachteiligsten influieren, wo sie vorher am günstigsten erschienen.

Mein Vater war als Künstler hochbegabt, und sein eiserner, durch nichts, selbst nicht durch Krankheit unterbrochener Fleiß hatte ihm schon bei jungen Jahren zu einem hohen Grade öffentlicher Anerkennung verholfen. Dazu war er ein Mann von seltener Herzensgüte und von so überaus einnehmendem Wesen, daß ihm trotz seines leicht aufflammenden Temperaments überall, wo er sich zeigte, die Freunde und Verehrer wie Tau aus der Morgenröte geboren wurden. Den Kurfürsten etwa ausgenommen, erschien mir daher mein Vater als der vornehmste und verehrungswürdigste Mann in der sächsischen Residenz, und wenn's ihm einfiel, sich mit mir abzugeben, fühlt' ich mich hoch erhoben.

So war ich denn auch sehr glücklich, wenn ich ihm ausnahmsweise, zum Beispiel an meinem Geburtstag, im Atelier Gesellschaft leisten durfte. Da gab es so viel Herrlichkeiten, Statuen, Bilder, Kupferstiche, alte Knochen, Gliedergruppen, sonderbare Geräte und Stellagen. Ich sah dann der Arbeit zu und durfte fragen, was ich wollte; oder auch der Vater gab mir irgendwas zu meiner Unterhaltung heraus. Dann setzte ich mich kreuzbeinig auf die Diele wie ein Türke und spielte mit zum Teil sehr wertvollen Sachen, oder ich durchblätterte die schönsten

Kupferhefte, am liebsten die Raffaelischen Bogen von Chapron, ein Werk, das mit seinen biblischen Objekten die Ähnlichkeit hat, sowohl Kinder als Weise anzuziehen und zu befriedigen.

Adam und Eva, die Arche Noä, die Geschichten der Erzväter und des Moses, diese uralten, ewig neuen Sachen erfüllten mich mit Teilnahme und mit Staunen. Am merkwürdigsten war mir Gott Vater, über der Erdkugel schwebend, nicht nur wegen dieses beneidenswerten Schwebens, sondern ich war auch bemüht, mir seine Gesichtszüge einzuprägen, damit ich wisse, wie er aussähe, wenn ich mein Gebet hersagte.

Da kam mir einst ein sehr natürlicher Gedanke, den freilich, eben wie das folgende Gespräch, mehr das Gedächtnis meines Vaters als das meinige bewahrt hat. Ich fragte nämlich, woher man es denn wisse, daß Gott die Welt erschaffen habe.

Ob ich denn glaube, erwiderte der Vater, daß das Bild, an dem er male, ebensogut auch von sich selbst entstehen könne.

«Nein», sagte ich, «du mußt es malen.»

«Nun denn, wenn ein so kleines Ding nicht ohne Meister sein kann, wie sollte da die ganze Welt von selbst entstanden sein?»

Ich wandte ein, ob sie nicht jemand anders gemacht haben könne; aber der Vater sagte, der Meister sei allezeit größer als sein Werk; wer aber größer als die ganze Welt wäre, könne niemand anders als der liebe Gott sein.

Ein Blick auf mein Bild bestätigte mir die Wahrheit dieser Worte, denn allerdings war Gott hier größer als der angedeutete Kreisabschnitt der Erde, über der er schwebte.

«Wer aber», fragte ich weiter, «wer hat denn eigentlich den lieben Gott gemacht?»

Da antwortete der Vater, der sei von Ewigkeit, ohne Anfang und ohne Ende, wandte sich herum und malte weiter.

Diese Worte imponierten mir. Ohne Anfang, ohne Ende! – Ich sah mein Bild genau darauf an und war sehr nachdenklich geworden. Endlich sagte ich: «Das wäre aber eine schöne Geschichte, Vater, wenn wir nun sterben und in den Himmel kommen, und am Ende wäre gar kein lieber Gott da!»

Dafür nannte mich mein Vater einen dummen Jungen, jedenfalls das Gescheiteste, was er gesprochen hatte, und die gelehrte Unterhaltung war zu Ende. Später aber, da er durch Gottes Gnade seinen damaligen Standpunkt überwunden hatte, gestand er, wie jener Kindereinfall, so natürlich aus seiner Deduktion hervorgegangen, ihn in Verlegenheit gebracht, da er nichts anderes enthalten habe als seinen eigenen Hintergedanken.

Glücklicherweise beruht auch unser Glaube nicht auf klugen Folgerungen und Schlüssen, die, wenn sie ihn auch oft bestätigen mögen, ihn ebenso oft auch widerlegen und nach Kant nichts anderes sind als Fehlschlüsse. Ein besseres Zeugnis gibt Gott selbst von seinem Namen auf allerlei Weise, und gerade in jener ernsten Zeit, von der ich schreibe, hat er sich in vieler Menschen Herzen offenbart.

5. *Zuwachs*

Meine Kindheit fällt in eine der mörderischsten Geschichtsperioden. Während unsere kleine

Familie auf der halben Gasse ein Friedensbild häuslichen Glücks darstellte, trank die weite Erde das Blut ihrer Kinder in Strömen, und entsetzliche Hekatomben wurden dem Ehrgeiz eines einzelnen hingeopfert, vor dessen Hauche alles Leben welkte wie das Gras vor dem Samum der Wüste. Das alte tausendjährige römische Reich war in Scherben zerfallen, Preußen mit den Mittelstaaten in den Staub getreten oder abhängig geworden, und nur Österreich fristete noch eine Art von kümmerlicher Selbständigkeit.

Meine Eltern litten schwer hierunter, allein wir Kinder empfanden es nicht. Wir saßen warm und wohlig im mütterlichen Nest, und ich erinnere mich, daß jener fürchterliche Krieg mir damals nur als Hindernis unserer Reise nach Rußland beklagenswert erschien. Für diese hatte jedoch der Tilsiter Friede endlich neue Aussicht eröffnet. Mein Vater mochte nicht länger Zeuge der Schmach des deutschen Landes bleiben: er nahm die alten Pläne wieder auf und wollte reisen, sobald es irgend tunlich.

Die Sache schien jetzt bitterer Ernst zu werden. Der Reisewagen ward von neuem nachgesehen und aufmerksam geprüft, mein Vater ließ seine Pistolen instand setzen, und ich putzte mit Kreide meine blecherne Trompete und den Messingknopf an meiner Peitsche, damit das alles späterhin keinen Aufenthalt verursache. Indessen blieb doch immer noch einiges zu bedenken. Die Arbeiten des Vaters, die erst vollendet sein wollten, zogen sich in die Länge; es wurde Winter, und endlich schien es nötig, vor allen Dingen noch ein Ereignis abzuwarten, das von größerer Wichtigkeit als jene Reise war und mir für meine Person eine Bekanntschaft verschaffen sollte, die gleich mit Bruderliebe anfing und als herzliche Freundschaft noch heutigentags besteht.

Ich spielte eines schönen Morgens oben bei Engelhards mit meinem Freunde Ludwig und war eben im Begriff, ein sehr wohlgeborenes Exemplar von Seifenblase zu vollenden, als mein Vater eintrat und mich abrief. Ich konnte mich aber nicht wohl entschließen, die köstliche, sich immer noch steigernde Farbenpracht eines Werkes zu zerstören, das an meinem Atem hing, und bat daher durch Nasentöne und Zeichen mit der linken Hand um Aufschub, bis ich erfuhr, es sei soeben ein Schwesterchen vom Himmel angekommen, was ich begrüßen solle.

Da ließ ich die Seifenblase platzen und ging an der Hand des Vaters hinab zur Mutter, deren Bette ich mich leise mit verhaltenem Atem nahte. Sie strich mir die Haare aus der Stirn und zeigte mir das Angesicht der Schwester, die ich mit Ehrfurcht betrachtete, weil sie so frisch aus Gottes Hand hervorgegangen. Die weiß gewiß noch, dachte ich, wie es im Himmel bei der seligen Maria aussieht.

Danach ward auch mein Bruder hergeführt, die Novität in Augenschein zu nehmen; und da es Nacht ward, stieg vielleicht ein seliger Geist vom Himmel nieder, um bei der Begrüßung der Geschwister nicht zurückzustehen. Oder wäre jene liebliche Erscheinung etwa nur von der phantastischen Natur des oberwähnten Kalbes gewesen?

O nein! wir wollen die alte Geschichte von den Engeln, die bei der Wiege der Kinder sind, für keine Fabel halten. Zwar unser stumpfer und zerstreuter Blick vermag es in der Regel nicht, den Schleier zu durchbrechen, mit welchem die

Beschränkung unserer Sinnlichkeit eine obere oder innere Natur verhüllt. Doch mag es immerhin Momente geben, wie deren auch die Heilige Schrift erwähnt, da sich das Dasein einer feineren jenseitigen Leibhaftigkeit dennoch offenbaren und auch an unserem groben Organ erscheinen kann wie ein Silberblick auf träger Schlacke.

Wem aber ausnahmsweise, wie meiner Mutter in jener Nacht, eine solche Wahrnehmung geworden, um dessen Seele ist gewiß ein heiliges Band geschlungen, welches gleich einem stetigen Verlangen das Herz nach der ewigen Heimat hinzieht. Hier wenigstens war dies der Fall, denn meine Mutter fragte fortan noch ernstlicher als vordem dem nach, was aller Menschen Seelen not tut, und fand vorerst durch Herder, auf dessen Schriften Schubert hingewiesen, einiges Verständnis für die unendliche Schönheit des geoffenbarten Gotteswortes. Die Schönheit aber lieben wir, und Liebe lernt leicht glauben. So dankten meine Mutter und durch sie wir alle dem teuren Herder großes Gut.

Die Reise nach dem Norden

Die große Freude, nun auch ein Schwesterchen zu haben, hätte sich uns leicht in Leid verkehren mögen, denn die Mutter erkrankte sehr bedenklich und erholte sich nur langsam. Bei so bewandten Umständen erklärte unser Arzt und treuer Hausfreund, der Dr. Pönitz, die russische Reise vorderhand für unausführbar und verordnete statt dessen den Gebrauch der Radeberger Eisenquelle.

Nun traf es sich, daß meine Eltern in letztvergangener Zeit die Bekanntschaft einer Familie gemacht hatten, welche ein Abdruck der unserigen war. Der Senator Dr. W. Volkmann aus Leipzig (Sohn des bekannten Reisenden in Italien) war in Geschäften seiner Stadt für längere Zeit nach Dresden delegiert und hatte Frau und Kinder mitgebracht, zwei Knaben in meinem und meines Bruders Alter und ein Schwesterchen, das etwa mit dem unserigen zugleich geboren war. Die Mutter Volkmann, mit der meinigen gleich alt, hieß «Tugendreich», und dieser Name war gut angeschlagen, da Frau Tugendreich nicht arm an allen besten Eigenschaften war. Der Vater Volkmann seinerseits war, wie der meinige, ein Zwilling, mit ihm in einem Jahr, in einem Monate und fast auf einen Tag geboren. Sie hatten auch in einem und demselben Jahr geheiratet, und ihre Hochzeitstage lagen sich so nah, daß sie sie miteinander feiern konnten. Zu solchen Ähnlichkeiten kamen endlich noch die wesentlicheren des Geschmackes und der Gesinnung, daher sich zwischen beiden Familien ein genußreicher Umgang gestalten konnte, der bald in treue und ausdauernde Freundschaft überging.

Da nun die Mutter Volkmann, in gleicher Lage wie die meinige, von ihrem Arzt zu gleicher Radeberger Brunnenkur verurteilt ward, so beschloß man, gemeinschaftliche Sache zu machen, und mietete sich nicht im Badeetablissement selbst, sondern im benachbarten Lotzdorf ein. Das gab doch wenigstens eine Reise von anderthalb Meilen, ein gut Stück Weges nach Norden hin, und da es nicht anders sein konnte, immerhin einen annehmbaren Ersatz für die aufgegebene größere.

Unser dottergelber Reisewagen ward nun hoch bepackt mit allem Nötigen, mit Koffern, Waschen und darüber hingeschnallten Bettsäcken; vier Pferde wurden vorgelegt, und die ungeheure Maschine setzte sich in Bewegung, in ihrem Innern die beiden Frauen mit ihren sechs Kindern, die Venus und ein Mädchen auf dem Bocke, der Postillion im Sattel, und die Väter blieben mit dem Versprechen zurück, uns zu besuchen, sooft sie könnten.

Wir Kinder waren selig wie die Götter und segneten den tiefen Sand der Heide, durch welchen der schwere, in seinen hohen Federn schwankende Wagen sich nur mühsam durcharbeitete, denn er verlängerte das außerordentliche Vergnügen des Reisens. Wir fanden uns in einer neuen Welt. Die nordische Landschaft des rechten Elbufers war uns noch fremd, und unsere Spannung steigerte sich, je tiefer wir in die Dunkelheit der Kiefernwälder eindrangen. Das war der rechte Ort für Außergewöhnliches. Was konnte man nicht alles erleben und zu sehen kriegen, vielleicht wilde Schweine, und unter glücklichen Umständen – wer wollte wissen und ermessen, was noch sonst!

Es zeigte sich indessen gar nichts, die Erfahrung etwa abgerechnet, daß keine Rose ohne Dornen ist. Der jüngere Volkmann nämlich war nach und nach verstummt und nachdenklich geworden. Dann bekam er einen fatalen magenverderblichen Ausdruck, legte den Kopf in den Schoß der Mutter, und das übrige wird man sich denken. Es war entsetzlich! Das Schaukeln des Wagens hatte seine Kraft gebrochen, das Übel steckte an, man mußte halten, und der stumme Wald vernahm das Angstgestöhn der Menschenkinder. So war die kleine Reise ein rechtes Lebensbild: mit Übermut begonnen und mit Angst beendet; aber der Himmel folgte.

Das Dörfchen

Das kleine Lotzdorf mochte an und für sich recht wenig Reize haben. Doch hierin urteilt jeder anders. Für Kinder hat nur das Nächste ein Interesse, sie leben vorzugsweise im Vordergrunde. Da unterhält sie jede Kleinigkeit, und die Ferne mag beschaffen sein, wie's Gott gefällt. In Lotzdorf gab's gar keine Ferne: alles, was die Gegend darbot, lag nah und war zu greifen. Ich hatte ein Verständnis für diese einfache Natur und denke noch heute mit wehmütiger Lust des flachen Baches mit seinem Kieselgrunde, der kleinen Waldschlucht, in die er sich geheimnisvoll verlief, des hohen Feldrains mit seinen Brombeersträuchern und der warmen Hänge, an denen wir mit unseren Müttern lagerten. Diese hatten sich am äußersten Ende des Dorfes in benachbarten Häusern eingerichtet. Bei Leineweber Ulbrichs hausten Volkmanns, wir bei Maurer Großmanns, achtungswerten und vermöglichen Leuten, die mit ihrem einzigen Töchterchen, namens Lore, ihr Haus nicht füllten und ein paar Zimmer missen konnten. Meine Mutter bewohnte bei ihnen eine große bäuerliche Stube mit frisch gekalkten Wänden, an welchen eine lange, weißgescheuerte Holzbank rings herumlief. Dielen, Tische, Stühle glänzten von Sauberkeit, und durch die niedrigen, von Blumen und Weinlaub dicht umrankten Fenster stahl sich das Sonnenlicht, zu mancherlei Farben gebrochen. Der Raum aber hinter dem Ofen war doch das Schönste; wie in allen sächsischen Bauernstuben, fand er sich durch ein etwa drei Fuß hohes Podium ausgefüllt, welches «die Hölle» genannt wurde und zum Schmoren des Hausvaters am Feierabend bestimmt war. Diese Hölle ward mir zu meiner Einrichtung überlassen und fand sich an Regentagen wie geboren zur Fabrikation von kleinen Ringen und Ketten aus Pferdehaar, die Lore mich flechten lehrte.

Bei schönem Wetter dagegen kümmerte man sich nicht um Pferdehaare; wir trieben uns dann mit Volkmanns und hinzugesellten Bauernkindern, mit oder ohne Aufsicht, fast den ganzen Tag im Freien umher, und meine sonst so ängstliche Mutter ließ hier geschehen, was ihre Freundin guthieß, erwägend, daß die unschuldige Dorfjugend mit der verderbten Brut der Städte nicht zu vergleichen sei. Auch muß ich meinen ländlichen Freunden aus jener Zeit das Zeugnis geben, daß ich gewiß von ihnen nichts Schlimmeres gelernt habe, als sie von mir. Denn daß sie etwa die kleinen, glatten Schmerlen, die sie mit den Händen haschten, sowie auch die sogenannten Butterkrebse, ja alle Krebse, die sie fingen, roh und lebendig verzehrten, war gewißlich keine sittliche, vielleicht nicht einmal eine Geschmacksverirrung. Sie lehrten auch uns diese Wasserjagd und lachten uns aus, daß wir unsern Fang erst durch den Umweg des Kochtopfes in den Magen brächten, wodurch die beste Kraft verloren ginge. Wenn sie endlich etwas abergläubisch waren, so teilten sie dieses Laster wenigstens mit Julius Cäsar, Wallenstein, Napoleon und anderen großen Herren, die doch zweifelsohne zur besten Gesellschaft gerechnet wurden.

So lag zum Beispiel unfern des Großmannschen Hauses auf einer sandigen, mit Gras bewachsenen Anhöhe eine morsche Hütte, bewohnt von einem alten Ehepaar, mit Namen Burkhard. Diese Leute, vielleicht durch eigene Schuld heruntergekommen, gehörten zu den Parias im Dorfe. Niemand verkehrte mit ihnen, und wegen ihrer mürrischen Gemütsart waren sie der Schreck der Kinder, die sich die sinnlosesten Geschichten von ihrer Grausamkeit erzählten. Auch sahen sie beide wie Krautteufel aus, zur Zeit der Reife in Erbsenfeldern aufgestellt, daher wir ihnen bei zufälligen Begegnungen schon in angemessener Ferne auszuweichen pflegten.

Von der Frau wurde halblaut erzählt, daß sie eine alte Hexe sei – worunter wir uns nichts anderes dachten als etwas ganz Entsetzliches – und daß sie nachts, bisweilen splitternackt, auf Nachbarsäckern Unfug treibe. Was eigentlich? das wußte keiner. Das aber wußten die Kinder, daß niemand anders als sie das große Irrlicht gewesen sei, durch das verlockt die Radeberger Botenfrau vergangenen Herbst den Hals gebrochen. Der Mann aber – sagten sie – würde auch wohl wissen, wie es zugehe, daß er ohne Arbeit ein Wohlleben führen könne. Auf letzteres wurde großes Gewicht gelegt, und ich fand es auch recht übel. Wenn man freilich – so wurde behauptet – eine gewisse Kröte von der Größe eines ledernen Tabaksbeutels, die tief unter dem Hause niste, beseitigen könne, so würden die Leute ihre Kraft verlieren.

Nun weiß ich nicht, ob wir wirklich die Absicht hatten, jene verderbliche Kröte auszugraben, oder was uns sonst bewog – kurz, wir begaben uns mit unseren kleinen Schaufeln frisch ans Werk; die Bauernkinder halfen, und nach mehrtägiger Arbeit hatten wir einen Stollen in jenen Hügel eingetrieben, der groß genug war, uns alle aufzunehmen. Unterdes hatte aber auch der alte Burkhard bemerkt, daß er unterminiert wurde, und seine Vorkehrung getroffen.

Wir, nichts Schlimmes ahnend, hockten in unserer Höhle und sangen ein Liedchen, das unter den Dorfkindern sehr im Schwange war. Noch entsinne ich mich der anziehenden Stelle: «Schöne Dame Kummeran, laß mich sehen deinen Schein.» – «Kummeran» war übrigens kein Name, sondern nur eine Korruption von: Komm herein! – Da plötzlich, als wir so recht *con amore* sangen, da erschien vor dem Eingang der Höhle der alte Burkhard wie ein schwarzer Höllengeist und machte sich mit seiner Hacke unverweilt daran, den Eingang zu verschütten.

So mochte es dem Häuflein des Ulysses zu Sinn gewesen sein, als Polyphem sich zeigte. Wir waren wie vom Blitz getroffen und hatten keinen Laut mehr in der Kehle, denn es schien uns nur die Wahl zu bleiben, entweder lebendig begraben zu werden oder jenem Mörder unter die Hacke zu laufen. Endlich löste sich der Krampf, und die Höllenangst brach in Geschrei aus.

Da hielt der alte Burkhard inne. «Ja so», sagte er, «seid ihr da drinnen, ihr gottverdammte Höllenbrut? Nun wart', ich will euch!»

In der Tat mag dieser Auftritt dem armen Manne, der es wohl nicht so ernstlich meinte, eine süße Genugtuung für die Nichtachtung gewesen sein, die er von seiten der Jugend erfuhr. Auch tat er uns weiter nichts zuleide, sondern begnügte sich damit, für angebliche Schändung seines Grundstückes von unsern Müttern einige Groschen zu erpressen.

Diese Mütter waren übrigens durch den Gebrauch des Bades und den wohltätigen Einfluß der Landluft zusehends erstarkt und sehr bald imstande, den größten Teil des Tages mit uns und unseren Freunden im Freien zuzubringen. Unter ihrer Führung sammelten wir im nahen Holze große Quantitäten wilder Beeren, die mit einem Aufguß von frischer Milch zum Abendbrot verschmaust wurden. Wir lagerten dann im Grase um einen mächtigen Holztrog und löffelten mit den Bauernkindern unsere kalte Schale ohne Ekel. Dann faßten wir uns alle bei den Händen, drehten uns tanzend in großen Kreisen oder durchzogen in langen Schlangenlinien singend das Dorf, während die alten Bauern mit ihren Tabakspfeifen schmunzelnd vor den Türen saßen.

Kamen aber erst die Väter von Dresden heraus und brachten sie wohl noch Freunde mit, wie zum Beispiel den Landschaftsmaler Friedrich und den allgemeinen Liebling Kraft, einen jungen Estländer, der sich unter meines Vaters Leitung ebenfalls zum Maler bildete, so gab es großartigere Lustbarkeiten, als zum Beispiel Kegelschieben auf der Gänseweide oder Vogelschießen mit trefflichen Schnappern, die Volkmann lieferte. Dazu ward stets auch die Dorfjugend eingeladen, und die gewonnenen Preise, als Taschenmesser, Brummeisen, Sonnenringe und dergleichen, beglückten dergestalt, daß mancher vor Freuden verstummte und sich wegschlich, um des Besitzes sicher zu werden.

Eines schönen Nachmittags schlug Friedrich

uns Kindern ein ganz besonderes Vergnügen vor, nämlich mitten im Wasser einen Turm zu errichten. Mit Begeisterung schleppten wir, den flachen Bach durchwatend, die Bausteine herbei, und Friedrich, in einer Art von Fischeraufzug wie ein hochbeiniger Reiher in der Flut stehend, ordnete sie zur Pyramide oder Säule, die bald mannshoch aus dem Wasser aufstieg. Die übrige Gesellschaft war hinzugekommen und schaute, am Ufer gelagert, dem Jubel zu; und hier gedenke ich einer merkwürdigen, unserem Hause schon seit längerer Zeit befreundeten Gestalt, die mir bei dieser Gelegenheit zuerst in die Erinnerung tritt.

Henriette Courtan, in jüngeren Jahren mit der uns ebenfalls befreundeten Familie des Buchhändlers Hartknoch von Königsberg in Dresden eingewandert, lebte hier selbständig von den Zinsen eines kleinen Vermögens und in sehr ausgedehnten Freundeskreisen, in denen sie sich mit Eifer einer großen Humanitätstätigkeit hingab. Wo Hilfe not tat, Unterstützung, Pflege, Fürsprache, Rat und Tat, da war die Courtan bei der Hand mit eigenen oder fremden Mitteln, über welche letztere sie mit seltener Virtuosität zu disponieren wußte.

In der Tat brauchten auch Betrübte sie nur anzusehen, um sich augenblicklich aufzuheitern, denn sie strahlte wie die liebe Sonne in gelb- und feuerroten Farben und verdeutlichte sich noch mehr durch höchst phantastische Gewinde von schleierartigen Bandagen um Kopf und Schultern. Da sie nun übrigens ganz verständig und nichts weniger als hübsch war, so blieb es unbegreiflich, was sie zu einem so herausfordernden Kostüm bewegen konnte, an dem die Damen alles auszusetzen, die Herren aber beständig Veranlassung fanden, sich mit ihr herumzunecken. Wir Kinder nannten sie ihrer schwarzen Haare wegen die «schwarze Tante». So hieß sie auch bald allgemein, und es hat lange gedauert, bis ich entdeckte, daß sie auch noch einen anderen Namen hatte.

Heute nun war die schwarze Tante mit den Dresdner Freunden zu uns herausgepilgert, lagerte mit den übrigen am Ufer und schaute mit steigendem Interesse dem babylonischen Turmbau zu. Das Rufen Friedrichs, das Geschrei der Knaben, der Jubel im Wasser ward immer berauschender, und lockend plätscherte die kühle Welle über die bunten Kieselsteine des Baches. Das alles mochte sie gezogen und bewogen haben, kurz, auf einmal war die Tante barfuß, und ehe man sich's versah, ständerte auch sie hochgeschürzt und glückselig wie eine Bachstelze in der Flut umher.

Nun wollten zwar die Frauen schelten, aber sie störte sich nicht daran, weil sie es natürlich finden mochte, daß Fröhliche natürlich würden. Ist aber einer nur erst recht natürlich, so kann man gar nicht wissen, wo es enden wird. Die schwarze Tante war auf den glatten Steinen nicht recht sicher und geriet in immer tieferes Wasser.

Da sprang Friedrich zu, unbarmherzige Wassergüsse um sich sprühend. Er wollte die Nymphe haschen, um sie auf seinen Turm zu setzen, zu ihrer eigenen Sicherheit, wie er behauptete. Sie schrie vernehmlich, suchte zu entrinnen, glitschte, fiel und wurde triefend ans Land gefischt. – Die Frauen enteilten mit der eingeweichten Freundin.

Damit war indes die Freude nicht zu Ende, kam vielmehr nun erst recht zum Ausbruch. Man wollte nämlich weder der Zeit noch bösen Buben die Ehre gönnen, Friedrichs Kunstwerk wieder zu zerstören, dies vielmehr selbst besorgen; und alles stieg ins Wasser. Volkmann zwar, als obrigkeitliche Person und Ratsherr, vergab dem Dekorum nicht so leicht etwas; heute aber zog er dennoch mit den übrigen Rock und Stiefel aus, sprang in den Bach und raffte Steine aus der Tiefe.

Es begann nun eine treffliche Kanonade und ein unsägliches Vergnügen, denn im Zerstören ist große schöpferische Lust für jedermann. Die Geschosse, aus starker Faust entsendet, prallten von allen Seiten gegen das Denkmal, mit abgerissenen Trümmern zurück ins Wasser stürzend. Dies sprühte, mannigfach zerklüftet, um den dunkeln Bau, Staubregen und Kaskaden bildend, in welchen der Strahl der Abendsonne zitterte, bis die Zerstörung vollendet war und ein ländliches Mahl vor Volkmanns Türe die Festlichkeit beschloß.

So lebten wir in Lotzdorf ganz zufrieden und ohne sonderliche Gravität und Gene, nicht nur wir Kleinen, sondern auch die Großen, die sich dadurch von wirklich Großen unterschieden, bis endlich alle mit Bedauern aus dem kleinen Dörfchen schieden.

Der Geburtstag

Wir waren sämtlich nach der Stadt zurückgekehrt, gekräftigt und gebräunt, und meine Mutter fand sich so gebessert, daß sie sich einem unbequemen Werke, das ihrer wartete, gefahrlos unterziehen konnte. Die kleine Schwester nämlich schien mehr Platz zu brauchen als wir andern alle; unsere Wohnung war wenigstens zu eng geworden und man hatte sich nach einer anderen umsehen müssen, was übrigens mit um so leichterem Herzen geschehen konnte, als unsere bisherigen lieben Hausgenossen schon früher ausgeflogen waren. Schuberts waren abgereist, Engelhards umgezogen und Lais seiner Kränklichkeit erlegen. Ich hatte daher beim Abschied nur Fritz Pezold zu umarmen, der mich jedoch des Sonntags noch ab und zu besuchte.

So bezogen wir denn im Spätsommer des Jahres 1808 die zweite Etage des Brelingschen Hauses an der Neustädter Allee, der schönsten und freundlichsten Straße Dresdens. Dies Haus, vor etwa hundert Jahren vom Grafen Zinzendorf erbaut, trug mit großen goldenen Buchstaben die an dem ganzen Sims hinlaufende Inschrift: «An Gottes Segen ist alles gelegen» und wurde kurzweg «der Gottessegen» genannt, den wir auch sämtlich drin gefunden haben.

Wir Kinder waren mit dem Wechsel sehr zufrieden, wir durchrannten mit Geschrei die neuen Räume, und da das Gebäude sich im Viereck um den Hof zusammenschloß, war es ein Staatsvergnügen, so immer zuzulaufen und doch unfehlbar wieder am Ausgangspunkte anzulangen, wie Weltumsegler. Auch bot die schöne Promenade vor den Fenstern willkommenen Raum zum Spielen sowie der wüste, mit Wegerich bewachsene kleine Garten, in dem wir wühlen und machen konnten, was wir wollten. Nicht sehr entfernt am Wiesentore wohnten Volkmanns, und Eltern und Kinder verkehrten täglich miteinander, je mehr und mehr zu einer einzigen Familie verwachsend.

Das alles war nicht übel; in anderer Art aber hätte ich mich beklagen können, wenn ich den Verstand dazu gehabt hätte. Die regelmäßigen Beschäftigungen nämlich, zu denen ich früher angehalten worden, hatten wegen Krankheit der Mutter schon im Döpmannschen Hause eine Unterbrechung erlitten. Vielfache Zerstreuungen waren nachher hinzugekommen, der Badeaufenthalt, neue Bekanntschaften, endlich der Umzug. Da nun die treue Mutter ihren Unterricht wieder beginnen wollte, zeigte es sich, daß ich alles vergessen hatte und überhaupt nicht mehr der alte war. Wieder von vorne anzufangen, machte Unlust, man plagte sich von beiden Seiten, ich lernte nichts, und als die Mutter obendrein von neuem erkrankte, kam ich aus Rand und Band, nahm zu an Torheit und Ungunst bei den Menschen, ganz besonders bei Frau Venus.

Diese arme Kinderfrau mochte damals bittere Tage haben. Die Mutter meist bettlägerig, der Vater von seiner Arbeit absorbiert, sollte sie allein nicht nur die Schwester warten, sondern auch auf mich und meinen kleinen Bruder achten, der ebenfalls den Sündenpfad der Ungezogenheit zu betreten anfing. In der Tat mochte es allein schon eine Aufgabe sein, nur das mit einem Saugschwamm versehene Milchfläschchen zu hüten, aus dem die Schwester genährt ward, denn die gute Frau brauchte eben nur den Rücken zu wenden, so waren wir wie die Kälber drüber her und sogen's aus. Schalt sie, so lachten wir und dachten auf neuen Unfug, versteckten ihre Sachen, brannten Papier und Haare an und prüften ihre Geduld auf jede Weise. Kurz, der alte Adam entfaltete sich dermaßen, daß es mir selbst bisweilen leid tat, doch konnte ich's nicht wohl ändern.

Solcher Leichtsinn ward durch einen Trauerfall gedämpft, der mir zu Herzen ging. Ein Schüler meines Vaters nämlich, der schon genannte Kraft, den ich sehr liebte, war schwer erkrankt. Mein Vater, meine Mutter und alle Freunde taten alles, was sie konnten, ihn zu erhalten; doch starb er schon nach einigen Tagen, und zwar infolge eines Wäschewechsels, den er in einem unbewachten Augenblicke gegen das Gebot des Arztes unternommen hatte. Er wurde in unserem Hause betrauert wie ein Sohn und Bruder.

Einige Tage nach dieser Katastrophe fiel mein Geburtstag. Als ich des Morgens früh erwachte, war mein erster Gedanke an Kraft, der heute begraben werden sollte. Dann bemerkte ich Licht im Zimmer, und wie die Mutter, leise herumwirtschaftend, bereits das Bett verlassen hatte. Nun fiel mir auch der Geburtstag ein, und der Gedanke, daß die mütterliche Liebe für mich ungezogenen Jungen schon so früh bemüht sei, rührte mich nicht wenig. Ich lag mit dem Gesicht gegen die Wand, um aber der geliebten Mutter die Freude der Überraschung nicht zu verderben, kniff ich die Augen noch obendrein gewaltsam zu und hütete mich, mein Wachsein zu verraten.

Endlich rief die Mutter, ich solle aufstehen, es wäre sieben – und von den verschiedenartigsten Gefühlen bewegt, wandte ich mich herum. Aber in der Erwartung geburtstaglichen Glanzes war ich freilich sehr überrascht, nichts als ein heruntergebranntes Talglicht zu finden, bei dem die Mutter sich angekleidet hatte. Vom Geburtstage schien gar keine Rede sein zu sollen. Ich tröstete mich indessen mit der Wahrscheinlichkeit, daß bei einem alten Knaben von sechs Jahren, wie ich nun einer war, die bisherige Bettbescherung unstatthaft geworden und ich am Frühstückstische beschenkt werden würde wie der Vater. Als ich indes auch dort nichts fand und die Mutter mir statt der Geburtstagsschokolade gleichgültige Milch vorsetzte, mußte ich mir Gewalt antun, um meinen Schreck nicht zu verraten. Es war ein kummervolles Beieinander; keiner sprach etwas, und genossen wurde wenig.

Endlich ließ die Mutter sich vernehmen: «Du armer Junge! Du hast heute einen traurigen Geburtstag!»

Ach ja wohl! das war es eben. Meine Mutter hatte dem Faß den Boden ausgestoßen, und das Salzwasser schoß mir aus den Augen. Jene fuhr fort, erzählte mir von Kraft, wie er diesen Morgen begraben werde und wie das keine Stunde sei für Lust und Festlichkeit. Übrigens würde ich es ja wohl selbst am besten wissen, ob mein Betragen seit Lotzdorf so gewesen, daß man Freude an mir gehabt und wünschen könne, mir welche zu machen; sie hoffe aber, ich würde von nun an Sorge tragen, mich zu bessern; dann würden auch die Geburtstage wieder besser werden.

Die Mutter sprach sehr ernsthaft und ausführlich, und ich armer Schächer fühlte mein Unrecht äußerst lebhaft, so daß es mir unnatürlich vorgekommen wäre, noch obendrein beschenkt zu werden. Ich faßte aber die trefflichsten Vorsätze, und wenn diese auch mannigfach zu meiner Beschämung ausliefen, so mag doch Hinfallen und Wiederaufstehen uns armen Menschenkindern dienlicher sein als Aufstehen und nicht wieder Hinfallen.

Unterdessen stieg allgemach der Tag auf über die Dächer der gegenüberliegenden Häuser, die Lichter auf dem Frühstückstische verloren ihren Schein, und von der stillen Straße herauf dröhnte das dumpfe Rollen eines sich schwerfällig fortbewegenden Fuhrwerks. Wir traten ans Fenster und sahen eine lange Reihe dunkler Gestalten, den Vater an der Spitze, hinter dem Sarge des Freundes vorüberziehen. Meine Mutter trocknete sich die Augen, und auch ich weinte, denn ich hatte ihn sehr lieb gehabt.

Als am Abend desselben Tages Volkmanns mit noch anderen Freunden kamen und meine Mutter den Tee bereitete, schickte sie mich ins Nebenzimmer nach der vergessenen Zuckerdose. Ich nahm ein Licht und öffnete die Türe. Aber – wie soll ich das Außerordentliche einer Überraschung schildern? Ich stand wie geblendet von der Herrlichkeit der Lichter, der Blumen und Geschenke, die auf weißgedeckter Tafel vor mir ausgebreitet waren. Ich mußte nach Luft schnappen, dann warf ich mich der Mutter in die Arme.

Die gleichfalls überraschte Gesellschaft drängte nun heran, man bewunderte, man freute sich mit mir, untersuchte die einzelnen Gegenstände und amüsierte sich ein Weilchen, ihren Gebrauch zu prüfen – als auf einmal die Stimme meines Bruders laut ward. Er hatte die ganze Zeit über, die Fäuste in den dicken Backen und die Ellbogen auf den Tisch gestemmt, vor dem Kuchen gestanden und seine Blicke in dem Zuckergusse wurzeln lassen, bis er nun endlich in die akzentuierten Worte ausbrach: «Geht denn das Essen noch nicht los?»

Das war allen aus der Seele gesprochen; der Kuchen wurde abgeschlachtet, und uneingedenk der Eindrücke des Morgens, schmauste ich behaglich mit den anderen und wußte nicht, welch ein Komplott die Großen unterdes an ihrem Teetisch machten. Sie waren nämlich übereingekommen, einen Informator anzunehmen, der bei uns wohnen, die kleinen Volkmänner aber mit unterrichten und uns Kinder allesamt in Zucht halten sollte. Den rechten Mann zu solchem Werke glaubte Vater Volkmann in einem jungen Theologen, namens Senff in Leipzig, bereits zu kennen und eröffnete mit ihm sofort die nötige Unterhandlung. Gleich nach Ostern sollte der neue Lehrer bei uns eintreffen, und wir Kinder sahen ihm als etwas Neuem gern entgegen, nicht ahnend, daß dieser Senff auch seine Schärfe haben könne.

6. Das Amthaus

Mein Vater war für den größten Teil des Winters nach Weimar gegangen, um diese Stadt für eine Sammlung auszubeuten, die seine Werkstatt illustrierte. Er hatte nämlich seit Jahren den Aufenthalt namhafter Zeitgenossen in Dresden benutzt, um sie zu malen, und besaß bereits die lebensgroßen Brustbilder von Schubert, Werner, Rühle, Fernow, Böttiger, Lais, Morgenstern, Seume, Oehlenschläger und anderen.

Jetzt sollten die weimarischen Koryphäen die Sammlung krönen. Der treffliche Meister verlebte schöne Tage im kleinen Musenstädtchen an der Ilm und schrieb zufriedene Briefe. Goethe und Wieland saßen bereitwillig in eigener Person; die Bilder Schillers und Herders dagegen konnten, weil beide bereits das Zeitliche gesegnet, nur nach den Totenmasken, nach schon vorhandenen Bildern und nach der Beschreibung nächststehender Freunde gemalt werden, galten jedoch gleichfalls für sehr gelungen. Es waren vier herrliche, überaus charakteristische Gemälde, die der rückkehrende Meister seiner berühmten Sammlung einverleibte.

Inzwischen war gegen Ende der Abwesenheit meines Vaters die Mutter erkrankt, wahrscheinlich infolge verfrühten Wochenbettes. Wir Kinder erfuhren nur, daß sie unpaß sei und größte Schonung nötig habe; wenigstens verlangte der Arzt von uns, wir sollten da sein, als existierten wir nicht, und da das seine Schwierigkeiten hatte, so ward beschlossen, wenigstens mich und meinen Bruder einstweilen ganz aus dem Hause zu tun. Volkmanns, die allerdings das nächste Anrecht zu solcher Belästigung gehabt hätten, waren damals nicht vorhanden, indem sie einen vorübergehenden Aufenthalt in Leipzig machten, aber die Hofrätin Näke nahm uns gern in ihre Hütten auf.

An ihrer Hand zogen die kleinen Exulanten in dem altehrwürdigen Amthause auf der Pirnaischen Gasse ein, wo sie alles anders als zu Hause fanden, nämlich schlechter, wie sie meinten. Der Unterschied lag, abgesehen davon, daß das Amthaus nicht der Gottessegen und Näkes nicht unsere Eltern waren, vorzüglich in der Einrichtung. Meine Mutter bewohnte ihre besten Zimmer selbst, helle, luftige Räume mit einfarbigen Wänden, deren Schmuck sich auf wenige gute Bilder beschränkte. Nichts war bei uns verhangen, verschleiert oder verkramt – keine Vögel, keine

Blumen, keine Gerüche und nichts, was bloß des Putzes wegen dagewesen wäre. Sehr einfach waren auch die Möbel, im rechtwinkligen Kastenstil der Zeit, den man griechisch nannte und der mich ganz befriedigte.

Anders war es im Amthaus. Die heiteren, nach der Straße gelegenen Räume der schönen Wohnung wurden nicht bewohnt und schienen nur ihrer selbst wegen da zu sein. Es waren glänzende Putzgemächer, zu schade zum Gebrauch. Die Familie beschränkte sich vielmehr auf einige enge Zimmer, die nach dem düstern, von hohen Gebäuden umstellten Hofe sahen, dessen Ödigkeit sich durch das eintönige Plätschern eines Röhrbrunnens noch bemerklicher machte. Die Fenster gaben daher nur wenig Licht, das überdem noch durch bunte Gardinen gebrochen war. Die gedrängten Möbel, im Zopfstil phantastisch gespreizt und ausgeschweift, waren mit Porzellan, mit Muscheln und allerlei unnützen Nichtswürdigkeiten besetzt. Auf den Fensterbrettern standen Balsaminen, Geranien und Nelken; gelangweilte Goldfische in gläsernen Kugeln zierten die Spiegeltische, abwechselnd mit Potpourris, welche die Zimmeratmosphäre mit starken Gerüchen füllten. Das Hauptstück aber und die Krone aller Langweiligkeit war ein Vogelbauer von Golddraht, dessen Insasse, ein alter Dompfaffe, unablässig den Anfang des Dessauer Marsches pfiff.

Fremdartiges widersteht anfänglich. Doch gewöhnten wir uns bald nach Kinderweise und wurden heimisch bei den guten Menschen, die es sich angelegen sein ließen, uns den Aufenthalt in ihrem Hause so angenehm zu machen, als sie konnten. Jeden einzelnen von ihnen, besonders den alten Vater und die drei Söhne, schloß ich ins Herz und freute mich der heiteren Unterhaltungen am Mittagstische, der die ganze Familie zu vereinen pflegte.

Die Gegenstände des Gesprächs sind fast in jedem Hause andere. Bei uns zum Beispiel war vom Essen nie die Rede. Meine Mutter hatte dafür entweder selbst wenig Sinn oder wollte ihn in uns nicht wecken. Was sie für leicht verdaulich hielt, das schmeckte ihr und mußte uns am besten schmecken, und da in dieser Hinsicht nichts über unschmackhafte Speisen geht, so wurden diese für gewöhnlich vorgezogen. Mein guter Vater hatte zwar seine Vorurteile für Spargel, für Blumenkohl und Krebse, die stillschweigend berücksichtigt wurden; sonst aß er stillschweigend auch alles andere.

Bei Näkes dagegen war das Essen nichts weniger als ein verschwiegenes Kapitel und wurde stets zum Gegenstand lebhafter Unterhaltung. Jedweder hatte da nicht nur sein Lieblingsessen, womit er der Reihe nach bedacht ward, sondern an Fisch und Braten sogar sein Lieblingsstückchen, um das daher kein Streit sein konnte. Die allgemeine Leidenschaft war zarter Karpfen aus den Moritzburger Teichen, eine Schüssel, bei deren Erscheinen die allgemeine Stimmung augenblicklich in Fisch-Moll überging. Ein jeder wußte dann sein Kopf-, Schwanz- oder Mittelstückchen fast mit Rührung zu verspeisen und so herauszustreichen, daß man glauben konnte, es sei die Rede von ganz verschiedenen Gerichten. Uns Kindern legte man, wahrscheinlich wegen der Gräten, bloß Milch und Rogen vor, uns einredend, daß diese wohlschmeckendsten Teile nur Gästen verabfolgt würden. Auch mundeten mir besagte Eingeweide ganz vortrefflich, nur daß ich mich des unverdienten Vorzugs schämte.

Es waren heitere Mittage im Kreise dieser freundlichen Menschen, die es so wohl verstanden, Kleines groß zu machen, ja, wenn nichts anderes dagewesen wäre, ein Butterbrot zum lukullischen Mahle geadelt hätten. Man würde dann nur gestritten haben, ob Rinde oder Krume, dick oder dünn gestrichene Butter den Preis verdiene.

Dieser Fähigkeit der Illusionen, die sich keineswegs nur auf Speisen beschränkte, verdankte die Familie viele gute Stunden, sowie freilich, namentlich in späteren Jahren, auch manchen Schmerz, welcher mitunter ebensowenig begründet sein mochte als die Vorzüglichkeit eines Fischkopfes vor dem Schwanzstück. Damals aber war es ein glückliches Zusammenleben: zwei Töchter und drei erwachsene Söhne von verschiedenem Berufe, alle wohlbegabt und geistvoll, mit den Eltern unter einem Dach, mittags und abends ihre Erlebnisse gegenseitig austauschend.

Besonders liebenswert erschien der Hausvater selbst, wenn er mit seinem gepuderten Kopf, in Kniehosen und Schnallenschuhen aus den Geschäftslokalen unter die Seinigen trat. Redlichkeit und Güte leuchteten aus seinen grauen Augen, sein anspruchsloses Wesen legte keinerlei Zwang auf, und immer stimmte er gern in die gute Laune seiner Kinder ein. Auch gegen uns, die fremden Kinder, die ihre Füße unter seinen Tisch hingen, war er gleichmäßig gut. Bisweilen nahm er uns sogar, vielleicht aus Erbarmen gegen seine Frau, mit sich in sein Arbeitszimmer und duldete unsere lauten Spiele, während er amtliche Erlasse las und unterzeichnete. Die Akten standen da zu Schanzen aufgetürmt. Dahinter versteckte ich meinen Bruder, und wenn ich dann klagte, daß er verloren sei, und der Alte ihn fruchtlos rief und suchte, bis er laut lachend aus seinem Versteck hervorbrach, konnte der würdige Mann so erstaunt aussehen, daß wir immer glaubten, ihn getäuscht zu haben.

Um in jenes abgelegene Arbeitszimmer zu gelangen, hatte man einen winkligen Korridor zu passieren, der zum ausschließlichen Gebrauch der Amtsfamilie eine Nebenverbindung unter den verschiedenen Teilen des labyrinthischen Gebäudes herstellte und dessen mysteriöses Dunkel uns Kindern je nach der Tageszeit mehr oder minder Bangigkeit einflößte. Man hatte uns nämlich davon in Kenntnis gesetzt, daß dort der Niemand hause, dem alle schon begegnet sein wollten.

Nun wäre ich möglicherweise alt genug gewesen, um mich nicht vor niemandem zu fürchten, wenn nicht das Wesen der Gespensterfurcht gerade in der Furcht vor nichts bestände. Man scheut sich, etwas wahrzunehmen, was nicht da ist, und wird sogleich beruhigt, sobald man sich nur überzeugt, daß wirklich etwas da ist. Indem ich nun den Bruder zu fürchten machte, fürchtete ich mich selbst am meisten, und wir spielten gewissermaßen mit der Gefahr, wenn wir uns des Abends damit amüsierten, so lange aus der halbgeöffneten Tür in jenen dunkeln Gang zu blikken und den Niemand anzuschreien, bis uns das Entsetzen überkam und wir die Türe eilig zuschlugen.

Diese Unterhaltung mochte der Mutter Näke

wegen einströmender Kälte und des Lärmes, den wir machten, wenig zusagen. Sie gebot uns deshalb häufig Ruhe, hatte sich neuerdings sogar bis zu der Drohung verstiegen, wenn wir bei ihr nicht guttun wollten, uns gänzlich wegzutun, etwa zu Mamsell Claß; dennoch vergaßen wir uns fort und fort und fingen, der Bilderbücher und des Stillsitzens überdrüssig, immer wieder an zu wildern und die Neckereien mit dem Niemand fortzusetzen.

Eines schönen Abends nun, da das Gruseln nicht recht gelingen wollte, trieb ich den Vorwitz so weit, das Zimmer zu verlassen und den unheimlichen Korridor entlang zu wandeln, als wäre das ein Kinderspiel. So recht in der Verfassung, dem Niemand zu begegnen, schritt ich leichtsinnig fürbaß, während mein Bruder mir in vorgebeugter Stellung mit an die Knie gestemmten Händen nachsah, jeden Augenblick bereit, laut aufzubrüllen.

Unweit der Stubentüre machte der Gang ein Knie, von welchem der Schein einer entfernten Lampe sichtbar wurde, die vor dem Arbeitszimmer des Oberamtmanns brannte. Da! – wahrhaftig, da war etwas! Ich unterschied ganz deutlich eine kleine, verteufelte Gestalt, die mir entgegenhuschte. Ich prallte zurück, und, meinen Bruder über den Haufen werfend, stürzte ich ins Zimmer. Der Kleine entwischte schreiend auf allen vieren, während die Hofrätin Näke ihre Brille abnahm und ernstlich scheltend von ihrer Arbeit aufstand. Gleichzeitig war aber auch der Niemand eingedrungen.

Da löste sich der Zauber, denn, bei Licht besehen, war dieser Niemand niemand anders als Mamsell Claß, die ich seit meinem Abenteuer in der Mädchenschule hier zum ersten Male wiedersah. Sie mochte beim Oberamtmann ein Geschäft gehabt und dann, vertraut mit der Gelegenheit des Hauses, jenen Gang benutzt haben, um die befreundete Familie zu besuchen. Daß mir's ganz wohl bei dieser Verwandlung gewesen wäre, kann ich nicht sagen, da es der Mutter Näke jetzt leicht einfallen konnte, ihre Drohung wahrzumachen. Indes, es schien ihr dies doch nicht einzufallen, und alles löste sich in Wohlgefallen auf, bis auf den Umstand, daß Mamsell Claß mich auf den Schoß riß und mich küssen wollte – Strafe genug für meine Unart.

Beim Abendessen traf mich freilich der Spott der Tischgenossen; aber der Hausvater nahm mich in Schutz. Er mochte sich erinnern, daß auch er in früheren Zeiten vor Frauenzimmern geflüchtet war, und es verzeihlich finden, daß ich ein Weib für ein Gespenst gehalten.

Wie lange wir bei Näkes hausten, hab' ich vergessen: den Eindrücken nach, die mir geblieben, ein halbes Jahr; in Wahrheit vielleicht nicht länger als acht Tage; aber die Erinnerung weilt mit dankbarer Liebe und mit Wehmut bei diesen guten Menschen, deren glückliches Familienleben nur zu schnell zu Ende ging. Die Engel des Hauses, die beiden Eltern, starben bald nach jener Zeit kurz hintereinander, das alte trauliche Amthaus, da man so heimisch gewesen, mußte verlassen werden, und die Wege der Geschwister gingen auseinander. Sie waren sämtlich liebenswerte Menschen, die Söhne ausgezeichnet und geachtet in ihrem Beruf, die Töchter jeder Teilnahme der Freunde gewiß; dennoch begann sich mehr oder weniger in ihnen allen ein Gefühl des nicht Zugehörigen und Fremdseins zu entwickeln, das sie vereinsamte und je mehr und mehr von anderen Menschen isolierte. Unverheiratet blieben sie alle und sind nun schon seit einer langen Reihe von Jahren aus einem Leben geschieden, das seinen Glanz für sie verloren hatte.

Das Krankenzimmer

Die Trennung von der Mutter war uns durch Besuche, die wir bisweilen an der Hand der Pflegerinnen machen durften, erleichtert worden. Dennoch zogen wir, als sie genesen, mit Befriedigung wieder in unser altes Nest ein. Auch kam der Vater nun zurück, und unser Leben, das so lange aus dem Geleis gewichen, hätte sich wieder regeln mögen, wenn nicht neue Störung eingetreten wäre.

In Dresden gingen die Spitzblattern um, und wir drei Geschwister erkrankten gleichzeitig daran. Das war nun keine sonderliche Freude, doch hatten gerade wir Patienten die wenigste Unbequemlichkeit davon. Es ging uns in der Tat nichts ab; unsere kleinen Betten, gegen das Herausfallen mit Geländer versehen, standen gesellig nebeneinander in einem freundlichen, mit unterhaltenden Bildern versehenen Zimmer. Die pflegende Mutter war immer bei uns, der Vater ab und zu, und während das Schwesterchen mit seinen eigenen Händen spielte oder an der von Weimar mitgebrachten Kinderklapper kaute, besahen wir andern die vom Vater mit großer Munifizenz gespendeten Kupferwerke, schnitten Papierfiguren aus und kneteten allerlei Blumen und Gestalten aus buntem Wachs, mit denen wir die Ränder unserer Bettstellen beklebten. Unter solchen Umständen läßt sich's schon krank sein, und ich hätte auch heute nichts dagegen, wenn Spitzblattern das einzige Übel wären, was den Menschenleib betreffen könnte.

Die angenehmste Erinnerung aus jener Krankheitsperiode knüpft sich an die Abendstunden, wenn die Rouleaus herabgelassen, die Lichter angezündet waren und die Schwester schlief. Dann fand die Mutter Ruhe, sich mit ihrem Strickstrumpf zwischen uns zu setzen, und wir plauderten von allem, was uns einfiel. Am liebsten war's uns, wenn die Mutter was erzählte, namentlich von ihrer fernen Heimat, die wir auch als die unsrige betrachteten, von jenem abgelegenen Küstenlande mit seinen dunkeln Wäldern und schimmernden Wiesenflächen, mit seinen frischen Quellen und ewigen Morästen, durchirrt von Elentieren, Bären, Wölfen, wo auch die Großeltern hausten und zahlreiche liebe Verwandte unser dachten, und wohin wir selbst auch bald zurück sollten.

Die wilden Bestien waren jedoch das beste, und namentlich wußte meine Mutter von Wölfen sehr effektvoll zu berichten. Ob sie auch Kinder fräßen, fragten wir, und es erfolgte nachstehende wahre oder doch aus wahren Umständen zusammengesetzte Geschichte, denn mit Märchen ließ die Erzählerin sich nie ein.

«Es war einmal ein kleiner Junge, der war vier Jahre alt und hieß Inrik. Seine Eltern waren Bauersleute und wohnten in einem abgelegenen Walddorf. Der Inrik war aber nicht so angezogen wie die Lotzdorfer Bauernjungen; er hatte nichts am Leibe als ein kurzes Hemd von grober Leinwand.

Nun traf sich's, daß die Mutter Piroggen gebacken hatte – das sind kleine runde oder viereckige Kuchen von Brotteig, gefüllt mit Sauerkraut oder auch mit Möhrenbrei, wie sie die Leute dort zu Lande lieben. Von diesen Piroggen band die Mutter welche in ein Tuch, gab es dem kleinen Inrik in die Hand und sagte: ‹Geh, bring's dem Vater auf das Feld; aber eile dich, damit er's warm kriegt!›

Der Kleine faßte den Knoten des Tuches fest und sprang wohlgemut in seinem Hemdchen davon. Er mußte aber durch einen großen Wald laufen, wo viele Erdbeeren standen; doch weil ihm die Mutter gesagt hatte, daß er sich eilen sollte, so rührte er keine an und kam bald zu seinem Vater. Der ruhte im Schatten am Rande des Waldes, an den sein Feld stieß. Er ruhte von der Arbeit und wollte eben sein Vesperbrot, die mitgebrachte saure Milch, verzehren, als Inrik bei ihm anlangte. Da freute sich der Vater über den Kleinen und über die Piroggen, ließ ihn neben sich niedersitzen und gab ihm auch davon.»

«Das war eine hübsche Geschichte», sagte mein Bruder, und er wollte auch Perücken essen. Aber die Mutter bedeutete ihm, die Geschichte sei ja noch nicht zu Ende, und erzählte weiter:

«Als nun die Feldarbeit wieder anging, machte sich der Inrik auf den Rückweg, und da er keine Eile hatte, pflückte er von den schönen roten Erdbeeren, die am Wege standen. Die schmeckten ihm so süß und immer süßer, je mehr er davon aß, daß er endlich an nichts anderes dachte als an die Erdbeeren und, je nachdem sie wuchsen, immer tiefer in den Wald lief. Da er nun satt war, pflückte er auch noch ein Sträußchen für die Mutter und wollte dann zurückgehen auf den Weg. Aber er hatte die Richtung verfehlt und geriet in dichtes Gestrüpp, aus dem er sich nicht wieder herausfinden konnte. Da wurde er ängstlich und irrte mit seinem Erdbeersträußchen kreuz und quer und stundenlang umher, bis seine kleinen nackten Füßchen von Dornen zerrissen und er so müde war, daß er nicht weiter konnte. So setzte er sich denn weinend unter eine alte Fichte, und traurig und erschöpft, wie er war, sangen ihn die Drosseln bald in Schlaf.

Er hatte sich nur etwas ausruhen wollen und dann weitergehen; aber er schlief so fest und lange, daß, als er endlich erwachte, der Nachtwind bereits die Wipfel der Birken wiegte. Da fing der arme Junge bitterlich zu weinen an und rief laut nach seiner Mutter, die ihn freilich nicht hören konnte. Aber ein Paar schärfere Ohren hörten ihn.

Es war ein Morast in der Nähe, in dessen Mitte eine alte Wölfin auf dem Lager lag. Die hörte den Hilferuf des kleinen Inrik, streifte ihre Jungen von sich ab, erhob sich und zog leichten Schrittes mit hohlem Leibe über den bruchigen Boden hin. Plötzlich fühlte der jammernde Knabe sich von einer kräftigen Tatze zu Boden gestreckt und war fast des Todes, als er die glühenden Augen des Raubtieres dicht an den seinigen erblickte. Die Wölfin beschnoperte den Knaben, der in seiner Angst still wie ein Toter dalag. Dann faßte sie ihn mit scharfen Zähnen bei seinem Hemdchen und trat den Rückzug mit ihm an.

Eilig ging's nun fort über Stock und Block, durch dick und dünn. Halb trug die Wölfin den geraubten Knaben, halb trieb sie ihn durch Peitschen mit ihrem dicken Schwanze zum Selberlaufen an. Endlich legte sie ihn zwischen drei kleinen Wölfen mit breiten Köpfen und kurzen

Schwänzen auf ihr Lager nieder und leckte seine Füße, während die Kleinen mit ausgelassener Freude kreuz und quer über ihn wegkrochen. Wahrscheinlich sollten sie noch etwas mit ihm spielen, ehe er gefressen würde, aber Inrik hatte dazu wenig Lust, kaum wußte er, was mit ihm vorging.

Da knackte es in den dürren Ästen, die auf dem Morast zerstreut umherlagen, die Wölfin spitzte die Ohren, fuhr auf und schoß einem großen, schwarzen Hund entgegen. Unter Geheul und Bellen entspann sich nun ein fürchterlicher Kampf; Hund und Wolf hatten sich gegenseitig gepackt, rissen sich nieder und wälzten sich blutend im Moraste, daß das Gewässer hoch aufspritzte. Indem wurden Männerstimmen laut, und Bauern mit Äxten eilten herbei.

Inriks Vater war, geängstet über das Verschwinden seines Kindes, mit Nachbarn und Hunden ausgezogen und hatte schon seit Stunden den Wald durchsucht. Jetzt allen übrigen voran, schlug er den Wolf tot.

‹Der muß hier sein Nest haben›, sagten die Männer und begaben sich ans Suchen. Da fand man das halbnackte Kind mit seinem Erdbeersträußchen in der Hand wie tot unter den kleinen Wölfen, die ihre dicken Köpfe ängstlich ineinander geschoben hatten. Der Vater riß sein Söhnchen an sich, schloß ihn ans Herz und fing laut an zu jammern, denn er dachte, daß er tot wäre. Aber Inrik schlug bald die Augen auf, klammerte seine Ärmchen um den Hals des Vaters und sagte weiter nichts als: ‹Ein großer Hund hat Inrik gebissen!› Die jungen Wölfe aber verkaufte man dem Gutsherrn, der seine Freude daran hatte und sie als Kettenhunde groß zog.»

Bei der zweiten Hälfte dieser Erzählung war auch mein Vater eingetreten und hatte sich, die Hände auf dem Rücken, vor dem Kachelofen aufgepflanzt. Jetzt sagte er, er könne vor dem Inrik keinen rechten Respekt haben. Ein Junge, und ganze vier Jahre alt, sollte sich was schämen! Wäre er keck aufgesprungen und hätte den Wolf mit einem fürchterlichen Blicke angesehen, so würde der sich bald aus dem Staube gemacht haben.

Die Mutter bezweifelte, daß der Wolf sich daran gekehrt haben würde; aber der Vater blieb bei seiner Meinung. «Der kleinste Mensch», sagte er, «kann Wunder tun, wenn er nur den Mut dazu hat. Hätte der Wolf ihn aber doch gefressen, so wäre er wenigstens mit Ehren umgekommen.»

Mit dieser Spitzblattergeschichte schließt die Periode der ersten ungeschulten Maitage meiner Jugend ab, und das Kennzeichen des Knabenalters, die Plage regelmäßigen Unterrichtes in dem, was niemand zu wissen begehrt, in den abstrakten Formen der ersten Elemente, ließ mich fortan einen leisen Vorgeschmack vom Ernst des Lebens gewinnen.

ZWEITER TEIL

1. Die Kaiserlichen

Wenn man Erinnerungen aus früherer Zeit fixieren will, um sie aufzuzeichnen, ermißt man erst, wie sie chaotisch sind, wie schwer zu ordnen, und wie wenig des Erlebten man behalten hat. Mir wenigstens ist bei Abfassung dieser Blätter oft zumute, als durchschiffte ich ein Nebelmeer, nur hin und wieder einzelne hervorragende Wipfel gewahrend, die als feste Punkte Dazwischenliegendes erraten lassen.

So finde ich mich auch jetzt, da ich von der Ankunft des langerwarteten Lehrers berichten möchte, gar sehr im dunkeln, denn ich weiß nichts mehr davon, ebensowenig als von seiner Abreise, die etwa drittehalb Jahr später erfolgt sein mag. Im Bilderbuch alter Erinnerung erscheint er mir wie eine Wolke, die am blauen Himmel aus nichts entstanden und wieder in nichts zerronnen ist, doch aber Spuren ihres Segens auf der Flur zurückließ.

Das Bild meines lieben Lehrers Senff tritt mir zum ersten Male bei Gelegenheit eines abendlichen Spazierganges entgegen, den er mit uns und den kleinen Volkmännern am Elbufer machte. Es war ein schöner Juniabend des Jahres 1809. Wir hatten unter Anleitung des Lehrers einen Steindamm in den Strom hinausgebaut, auf dessen Spitze von zusammengetragenen Reisern ein Feuer angezündet wurde. Das flammte hoch auf, und wir hatten unsere Freude daran, bis wir durch einen vom anderen Ufer heranrudernden Schiffer mit harten Worten angeherrscht und weggewiesen wurden.

Zwar hatten wir Knaben, der Kraft unseres Mentors vertrauend, vorgeschlagen, den Wüterich mit einem Steinhagel zu begrüßen; Senff aber meinte, der Mann sei ohne Zweifel in seinem Recht, wo nicht, so pflege bei Streitigkeiten der Klügere nachzugeben. Wir zogen uns also zurück, noch ehe jener das Land erreichte, aber von Schmähungen verfolgt, die nicht zu schmeichelhaft klangen und mich besonders in Senffs Seele kränkten, denn man vernahm da Worte wie: «Großer Bengel» und «Dummheiten machen» und «Komm nur wieder, du Tausendschockschwerenöter, daß ich dir ans Schafsleder lange!»

Wir taten indessen, als ob wir taubstumm wären, schritten eilig weiter und waren bald dem Bereiche jenes Störenfrieds entronnen, freilich nur, um einem anderen Feind ins Garn zu gehen. Wir fanden nämlich, als wir die Stadt erreichten, zu unserer größten Überraschung das Tor gesperrt. Zwei fremdartige Reiter, ein kohlschwarzer und ein strohgelber, hielten da mit blanker Waffe und wiesen jedermann zurück. Die Stadt war offenbar in irgendeine Hand gefallen, ob in Freundes oder Feindes Hand, war vorläufig einerlei und erwies sich so auch später. Genug, wir waren ausgesperrt, und Senff mochte sich abermals in einiger Verlegenheit befinden. Für uns Kinder hatte jedoch dies Abenteuer auch seine schmeichelhaften Seiten, denn immerhin war's doch ein tüchtiges Erlebnis, so mitten in den Krieg geraten und ordentlich exiliert zu sein.

Was nun werden sollte, wohin wir uns zu wenden hätten und auf welche Weise wir die Nacht verbringen würden, vielleicht in einer Dorfschenke oder bloß im Wald unter Kieferbüschen, das waren interessante Fragen, die wir untereinander diskutierten, während Senff seine Beredsamkeit fruchtlos erschöpfte, um die Passage freizukriegen, bis dies endlich uns und anderen durch die Dazwischenkunft eines höheren Offiziers gelang und wir ohne weitere Fährlichkeiten nach Hause kamen.

Der Krieg von 1809 mochte der populärste sein, den Österreich jemals führte. Zwar hatte der hartbedrängte Kaiserstaat die Waffen fast des ganzen Weltteiles wider sich, die Sympathien aber für sich, und namentlich in Deutschland begrüßte man die anfänglichen Fortschritte der österreichischen oder der «kaiserlichen» Kriegsheere mit hoher Freude. So war es auch in dem politisch mit Napoleon verbündeten Sachsen. Auch hier freute man sich der Fortschritte des Feindes und schenkte der gerechten Sache, für die er kämpfte, die wärmste Teilnahme.

Als daher jetzt der österreichische General am Ende, ganz unerwartet von Böhmen ausbrechend, das unbewachte Dresden überrumpelt hatte und besetzt hielt, erwies man diesen ungebetenen Gästen von seiten des Publikums die ungeheucheltste Feindesliebe. Ganz besonders interessierte der edle, seiner Erbländer beraubte Herzog von Braunschweig, der sich mit seinem Freikorps den Kaiserlichen angeschlossen hatte. Ihn und seine schwarzen Husaren umleuchtete ganz vorzugsweise der Nimbus patriotischer Opferfreudigkeit, und es fehlte auch in Dresden nicht an begeisterten jungen Leuten, die sich unter seine Fahne stellten.

Auf dem freien Platze zwischen Wiesentor und Jägerhofe wurde die Dresdener Mannschaft eingeritten, unter welcher ich zu meiner Freude bald ein paar wohlbekannte Gesichter entdeckte, die sogenannten anderen Jungens, die ich sehr lange nicht gesehen hatte und die bereits vollständig eingekleidet, mit dem silbernen Totenkopf am Hute, auf feurigen Rossen einherbrausten. Da sie mich bemerkten, hob mich der eine auf sein Pferd und verschaffte mir dadurch das stolze Bewußtsein, mit den berühmten Totenköpfen auch einen Ritt gemacht zu haben.

Als er mich abgesetzt, wollte er sich zeigen und trieb sein Pferd durch Peitschenhiebe zu solchem Rasen an, daß es mit ihm stürzte und der arme Junge wie tot vom Platze getragen ward. Bald darauf verließ der Herzog Dresden, sich mit seiner Heldenschar nach Franken wendend, und ich habe von dem Schicksal jener beiden jungen Leute, deren Mutter uns schon damals verlassen hatte, etwas Weiteres nie mehr gehört.

Nun aber rückte österreichische Landwehr ein, schmuckloses und vierschrötiges Volk in grauen Waffenröcken und grüne Zweige an den Mützen. Diese Leute exerzierten Tag für Tag vor unseren Fenstern, und ich trieb mich gern unter ihnen herum, indem ich mich besonders für einen einzelnen interessierte, der eigentlich gar nicht zu ihnen gehörte und seiner Kompagnie als ein recht unverdauter Bissen im Magen liegen mochte. Dieser Mensch war ein richtiger Franzose, der als Kriegsgefangener den österreichischen Fahnen nur gezwungen folgte. Er saß gewöhnlich allein für sich auf einer der Bänke unter den Linden, trug den Arm in der Binde und sah entsetzlich elend aus. Als ich mich an ihn machte, ließ er mich das grobe filzartige Tuch seines Waffenrocks fühlen und sagte: «*Français* fein – kaiserlik Art i slekt», und da wir Zeugen von der Art und Weise wurden, mit der die österreichischen Unteroffiziere ihre Leute behandelten, bemerkte er: «*Corporal français*, sie ist öflik, aber *Autrichien* viel große Stock.»

In der Tat war es wohl anerkennenswert, mit welcher Geduld die damaligen Franzosen ihre Rekruten übten, was wir später im Jahre dreizehn, da in Dresden viele junge Mannschaft lag, oft zu beobachten Gelegenheit hatten, und an so anständige Behandlung gewöhnt, mochte jener arme Kerl sich allerdings in deutschen Händen nicht zum wohlsten fühlen. Ich erzählte meiner Mutter von ihm und ward durch sie in den Stand gesetzt, ihm zuweilen etwas Geld und Nahrung zuzustecken, wodurch er so gerührt ward, daß er im Eifer seines Dankes den wenigen deutschen Worten, die er kannte, vollends den Hals brach.

Inzwischen machte der Waffenstillstand von Znaim diesem Umgang bald ein Ende, und mein armer Franzose räumte mit seiner österreichischen Gesellschaft das gastliche Dresden. Dafür aber rückte nun Talkenberg mit dem sächsischen Kontingente ein und trat wieder seinen Dienst in unserem Haus an. Er war siegreich zurückgekehrt und wußte Haarsträubendes zu erzählen, namentlich von der Wagramer Schlacht. Doch war es nicht das, was ihm das Herz meines Vaters gewann, sondern daß er seines Sieges nicht recht froh war, vielmehr versicherte, wie jede Patrone, die er für die Franzosen abgebissen, ihm noch jetzt im Leibe kollere.

Bei uns fand Talkenberg mancherlei verändert. Frau Venus zwar, die während seiner Abwesenheit weggekommen, vermißte er wenig und nahm's nicht übel, statt ihrer ein jüngeres Wesen anzutreffen; aber Senffs Erscheinen stand ihm nicht zu Sinn. «Dein Vater», sagte er mir, «hätte dir ein Pack Bücher unter den Arm schieben und dich in die Schule schicken sollen, das wäre gescheiter gewesen. Dann wären wir so wie sonst miteinander spazierengegangen, und es hätte ein rechter Kerl aus dir werden können.»

2. *Ob Herr Senff ein Heiliger gewesen*

Mein Umgang mit dem alten Freunde Talkenberg war freilich jetzt so ziemlich auf nichts reduziert, denn für Feier- wie für Arbeitsstunden war ich dem Lehrer übergeben, wohnte mit auf seinem Zimmer, ging mit ihm aus und ein und spielte auch gewöhnlich unter seiner Aufsicht. Das alles war kein Nachteil, denn Senff war ein trefflicher und frischer Mensch, und nichts konnte verfehlter sein als Talkenbergs Annahme, daß ich unter seiner Zucht verprinzeln und die Anwartschaft auf einen rechten Kerl verlieren würde. Senff hatte vielmehr ganz entschiedenen Widerwillen gegen jede Art von Verweichlichung, gegen alles verschrobene und gemachte Wesen wie gegen Affektation und angelernte Manieren. Er wollte, daß wir uns zeigen sollten, wie wir eben waren, gewöhnte uns an strenge Wahrheit unserer Ausdrucksweise und duldete keine Äußerung, die nicht im Einklange mit unserer Empfindung und Einsicht gewesen wäre. Fiel dergleichen bei anderen Kindern vor, so machte er uns aufmerksam und lachte darüber. Freilich wurden bei solchen Wahrheitsbestrebungen so manche hergebrachte Formen konventioneller Höflichkeit mit anderen Affektationen in einen Topf geworfen, und ich wuchs unvermerkt in eine Richtung hinein, die mir im späteren Verkehr mit Menschen hinderlich geworden; denn die Gesellschaft will nichts weniger als Wahrheit, mit der sie nicht bestehen kann. Dafür blieben wir aber auch allesamt von jenem gemachten Wesen frei, das, bei Männern wie bei Frauen widerwärtig, jede freundschaftliche Annäherung unmöglich macht.

In solcher Natürlichkeit verstanden wir Kinder uns vollkommen mit unserem Lehrer und machten es ihm daher auch ganz vollkommen zu Dank. In anderer Hinsicht mußte namentlich ich mich erst gewöhnen lernen. Zwar daß Senff beim Unterricht auf Ordnung halten, mich meistern und durch Besserwissen molestieren würde, hatte ich anders nicht erwartet, daß er aber auch die Anmaßung haben würde, meine Spiele zu beherrschen, das war mir überraschend und außerordentlich zuwider. Doch mochte er gerade damit den besten Einfluß üben, indem er nicht nur eine mir angeborene unstete Leidenschaftlichkeit in meinen Liebhabereien zu zügeln und mir durch sein tätliches Eingreifen allerlei praktische Kenntnisse und manuelle Geschicklichkeiten beizubringen wußte, sondern mich auch nötigte, bei allem, was ich tat, mir meines Tuns bewußt zu werden und mit der gewissenhaftesten Akkuratesse zu verfahren.

Inzwischen war mir die Unbequemlichkeit solches Zwangs einleuchtender als dessen Nutzen. Ich fühlte mich in der gewohnten Freiheit allzusehr beschränkt, und da Senff noch obendrein seiner Neigung, mich bei den Ohren zu zausen, nicht immer Einhalt tat, mich auch hin und wieder mit Püffen und Kopfnüssen regalierte, so vereinigten sich alle diese Umstände, mich irre an ihm zu machen, und ich fing nachgerade an, ihn in meinem Herzen für einen Bösewicht zu halten.

Diese Annahme wurde jedoch beizeiten durch eine seltsame Erscheinung paralysiert. Es traf sich nämlich, da ich meinem Lehrer in der Rechenstunde gerade gegenübersaß, daß ich einen wunderbaren Schein um seinen Kopf bemerkte. Vielleicht, daß der Kontrast seiner dunkelbraunen Locken zu dem hellerleuchteten Hintergrunde einer gelben Wand an der Grenze beider den Anschein einer Lichtverstärkung bewirkte, oder was es sonst sein mochte, genug, ich sah eine Glorie wie um gemalte Heiligenbilder und geriet darüber in die eigentümlichsten Vermutungen.

Die besten Menschen waren bei ihren Lebzeiten für Bösewichter gehalten und hingerichtet worden, das wußte ich aus einem die Martern der Heiligen darstellenden Kupferwerke meines Vaters, und war es daher nicht denkbar, daß auch Herr Senff ein Heiliger und nur von mir verkannt sei, wie jene von ihren Zeitgenossen? Heute wenigstens war doch ein Glanz durch seinen Hirnschädel gebrochen, der solche Deutung zu rechtfertigen schien.

Diese Vermutung teilte ich meiner Mutter mit. Sie erwiderte, man könne das so nicht wissen; indessen hätten Kinder ihre Lehrer immer als geheiligte Personen anzusehen, sie als solche zu verehren und ihnen zu gehorchen. Ich wandte bescheiden ein, Herr Senff raufe mich freilich sehr bei den Ohren; aber die Mutter erwiderte, das würde sich schon geben. Meine Aufgabe sei jetzt die, daß ich mich untadelhaft gegen ihn betrüge, dann würde er zuverlässig auch freundlicher mit mir umgehen.

Nun kann ich mir das ehrende Zeugnis nicht versagen, daß ich von dieser Zeit an wirklich bemüht war, den Weisungen der Mutter nachzukommen, und so gelang es mir denn auch, mich einigermaßen mit der Art und Weise meines Lehrers auszusöhnen. Ich lernte einsehen, daß er es gut mit mir meinte, gewann ihn lieber und halte ihn noch heute wert in meinem Herzen.

Unterricht

Ich weiß es nicht, ob Senff gleich mit der Absicht und vielleicht gerade deshalb in unser Haus gekommen war, um sich fortan der Malerei zu widmen, oder ob er, durch das lebhafte Kunstgetriebe, in das er sich versetzt fand, angesteckt, erst zu solchem Entschluß gelangte – kurz, er wollte nun auch Maler werden, zeichnete und malte fortwährend, und indem er uns unterrichtete, genoß er gleichzeitig die Unterweisung meines Vaters. Mit bewundernswürdigem Eifer arbeitete er den ganzen Tag, zugleich lehrend und lernend unter uns Kindern, und sein langer Malstock, mit welchem er, hinter der Staffelei vorlangend, jeden erreichen konnte, erinnerte die Träumer ans Aufmerken.

Senffs Unterrichtsmethode war, soweit ich mich ihrer entsinne, die Pestalozzi-Krugsche, wobei es weniger darauf ankommen sollte, daß man was lernte, als vielmehr auf die Art und Weise, wie dies geschah. Das Lernen war zu seinem eigenen Gegenstand geworden, und die formale Kopfbildung sollte den Fachkenntnissen voraus oder doch wenigstens Hand in Hand mit ihnen gehen. Man hatte den Weg der älteren Schule, von der Praxis zur Theorie, vom Glauben zur Einsicht verlassen und experimentierte nun einmal zur Abwechslung von der verkehrten Seite; denn nichts schien rationeller, als vorerst das Gefäß zu formen, ehe der Inhalt eingeschüttet wurde.

Wie naturwidrig diese Methode und wie gefährlich sie in ihren Konsequenzen sei, mochten damals nur wenige begreifen, weil es an Erfahrungen fehlte. Es huldigten ihr die besten Köpfe, und nach alter Weise zu unterrichten, wäre philiströs gewesen. So hatte ich denn nun damit zu beginnen, vorerst das schon Gewußte zu vergessen und es mir unter der Zucht der neuen Methode von neuem anzueignen. Denn daß einer etwa lesen konnte, schien unstatthaft, bevor er das Sprechen begriffen hätte, und selbst das Sprechen wertlos ohne die nötige Kunde von der Entstehung der einzelnen Sprachlaute.

Es gab daher nicht wenig zu beschaffen und zu begreifen, ehe es möglich wurde, den eigentlichen Leseunterricht zu beginnen. Lehrer und Schüler sperrten gegenseitig die Mäuler auf, ersterer, um anschaulich zu machen, wie und auf welche Weise er schnurrend, zischend, säuselnd oder schnalzend die Zunge lege, letztere, um dem prüfenden Auge des Lehrers die nötige Einsicht in ihre respektiven Sprachwerkstätten zu gestatten. Je nachdem nun Zunge, Zähne, Lippen oder Gaumen tätig waren, wurden die produzierten Konsonanten auch benannt als «Zisch-, Schnurr- und Säusellaut, Lippen-, Zahn-, Gaumenschluß» usw.

So schnurrten, säuselten und zischten wir denn einander an wie Schlangen und waren so eingenommen von dieser Sache, daß uns nichts abgeschmackter und altmodischer vorkam als das Buchstabieren der älteren Schule. Ich prahlte daher auch gegen meine Freunde, die in ordinären Schulen waren, mit Schnurrlauten und Gaumenschlüssen und achtete es wenig, wenn Ludwig Engelhard und Fritz Pezold mich damit auslachten.

Wenn nun freilich auf diese Weise mancherlei begriffen wurde, ohne Buchstabieren und Syllabieren jedoch ein fester Grund in der Rechtschreibung nicht gelegt werden konnte, so schien die neue Lehrweise doch ganz besonders beim Rechnen angebracht, das seiner Natur nach jeden Dogmatismus ausschließt. Wir rechneten bloß im Kopf. Schriftliches Rechnen war als undurchsichtiger Schematismus fürs erste ausgeschlossen. Nichts wurde angenommen, bevor es eingesehen war, und selbst das Einmaleins lernten wir nicht eher auswendig, als bis wir's ausgerechnet und uns überzeugt hatten, daß es sich wirklich so verhalte.

Wo wir der Anschauung bedurften, bediente Senff sich sehr zweckmäßiger, von ihm selbst erfundener Rechenklötze, welche, zu verschiedenen Größen abgeteilt, die nötigen Beweise lieferten. Auch spielten und bauten wir in Freistunden mit solchen Rechensteinen, so daß die arithmetischen Proportionen sich uns auf alle Weise einprägten. Unter ihrem Bilde, und nicht der Ziffern, schwebten mir denn auch immer die Zahlengrößen vor. Ich rechnete nach gedachten Klötzen, eine treffliche Methode, die mich bald in den Stand setzte, ziemlich verwickelte Aufgaben mit Schnelligkeit zu lösen und für meine Jahre Ungewöhnliches zu leisten. Dies war indessen nur ein Resultat zweckmäßiger Unterweisung, denn die natürliche Befähigung zum Rechnen fehlte mir; sie war mir eben nur eingepflanzt und verschwand wieder, wie ein Pilz, der über Nacht gewachsen ist.

Ich weiß es nicht, ob es zu rasch gesteigerte Anforderungen waren, an denen ich erlahmte, oder ob meine Natur eine Tätigkeit, die ihr nicht adäquat war, nur bis zu einem gewissen Grade ertragen konnte – kurz, nach einem heftigen Auftritt in der Rechenstunde schleppte unser Informator mich beim Kragen in das Atelier des Vaters, laut klagend, daß der dumme Junge nun plötzlich nicht mehr wisse, wieviel einmal eins sei.

Das war nur allzu wahr. Ich hatte mich in einer schwierigen Aufgabe dergestalt verwickelt und verfangen, daß ich mich plötzlich in den allereinfachsten Zahlenverhältnissen nicht mehr zu orientieren vermochte. Und so blieb es; ich faßte gegen das Kopfrechnen einen unüberwindlichen Abscheu, wurde damit nicht weiter gequält und zu der Mechanik des Zifferrechnens übergeführt, worin ich jedoch nur sehr geringe Fortschritte machte.

Inzwischen wurde auch das Lateinische angefangen, Geschichte, Geographie und Naturgeschichte betrieben. Doch muß ich zu meiner Schande bekennen, daß es mir damals ziemlich einerlei war, wie die Römer ihre Tische benannt hatten, ob *mensa* oder anders, ob Sardanapal ein Weichling oder ein Held gewesen, ob die Erde eine Scheibe, eine Kugel oder ein Triangel sei, und ob die Fische ihre Jungen säugten oder mit Kuhmilch auferzögen. Mit *einem* Wort, es fehlte mir an Wißbegierde, und am liebsten hätte ich den ganzen Tag gezeichnet oder andere praktische Dinge getrieben, bei denen doch etwas herauskam.

Belustigungen

Mein lieber Schulgenosse und Freund Alfred Volkmann, ein hübscher und braver Junge, war mir bald der liebste unter den Gespielen meiner Kindheit geworden, wie er denn auch der ausgezeichnetste und begabteste war. Etwas älter, aber zugleich verständiger als ich und mir in allem überlegen, zeigte er schon damals Eigenschaften, die für sein Fortkommen in der Welt Erfreuliches erwarten ließen. Namentlich verband er mit einem klug aufmerkenden Sinn in allem, was er trieb, gewissenhafte Ausdauer und viel Energie des Fleißes; daher er mir denn auch nicht selten als Muster vorgehalten wurde. Nachdrücklicher noch mochte indes sein Beispiel wirken, wie ich mich unter anderem eines Falles erinnere, da er mich zwar nicht durch Fleiß und Einsicht, wohl aber durch eine allerliebste Aufmerksamkeit gegen seine Mutter sehr in Schatten stellte.

Wir hatten nämlich, ich weiß es nicht durch welchen besonderen Glücksfall, ein jeder einige Groschen klingender Münze in unseren Besitz bekommen. Was ich für meine Person damit machen sollte, war mir nicht zweifelhaft. Ich ließ mich in der Portechaise über die Brücke tragen und wieder zurück, voraussetzend, daß Alfred sich sein Leibessen, nämlich warmen Quarkkuchen, vom Bäcker kaufen würde. Statt dessen aber hatte er, um seine damals etwas leidende Mutter zu erquicken, vom Konditor aus der sogenannten grünen Bude ein Glas Eis geholt, das sie besonders liebte. Oh, wie mich das beschämte! Hatte ich nicht auch eine kränkelnde Mutter? Und es war mir noch niemals eingefallen, zu ihrer Erquickung etwas beizutragen.

Die Achtung, die mein Freund mir abnötigte, hinderte mich indessen nicht, ihm gelegentlich auch einmal die Faust zu zeigen. Alfred, der freilich das meiste besser wußte als ich, war rechthaberisch und konnte, wenn er Widerspruch erfuhr, sehr maliziös werden; ich aber war so empfindlich wie eine Spinne, und beide waren wir heftig. Aber an Veranlassung zum Streite fehlt es ja bekanntlich unter Kindern ebensowenig als unter Potentaten, und so geschah es denn, daß wir uns im besten Spiele plötzlich an den Kragen fuhren und uns so lange prügelten und zerrten, bis wir aus Erschöpfung wieder Friede machten. Mit keinem meiner Freunde habe ich mich öfter und ernstlicher entzweit als gerade mit diesem Alfred; doch aber wüßte ich nicht, daß wir je als Feinde auseinandergegangen wären. War die Balgerei vorüber, so war es auch die Feindschaft, und in Liebe und Haß blieben wir uns unentbehrlich, solange wir beieinander waren.

Auch Alfreds Lieblingsbeschäftigung war das Zeichnen. Er exzellierte sogar in dieser Kunst, und ich bestrebte mich, es ihm darin in Sauberkeit und Akkuratesse gleichzutun. Gewöhnlich kopierten wir gemeinschaftlich einen und denselben Reiter oder sonst eine Figur aus den damals erschienenen Kriegsszenen von Sauerweid, und ich erinnere mich, daß es mir dabei weniger darum zu tun war, das Original zu erreichen, als vielmehr den Reiz wiederzugeben, den die Kopien meines Freundes gleich bei der ersten Anlage für mich hatten.

Unsere künstlerische Tätigkeit beschränkte

sich übrigens nicht bloß aufs Zeichnen, wir schnitzten auch aus Holz und kneteten allerlei Gelungenes aus buntem Wachs, zum Beispiel kleine nackte Neger mit Palmbäumen und Kochfeuern, welche letztere aus brandgelbem Wachse dargestellt wurden. Endlich machten wir auch Papparbeiten und verfertigten überhaupt fast alle unsere Spielsachen nach Anleitung des Lehrers, der sehr richtig urteilte, daß eben dieses Anfertigen das Beste bei der Sache sei.

Das Genußreichste, was Senff uns lehrte, war die Kunst, gewisse kleine trianguläre Gestalten, sonst «Krähen» genannt, aus Papier zu falten, bei deren Anfertigung jedoch der letzte vollendende Bruch so schwierig war, daß er gar nicht gelehrt werden konnte; es mußte einem vielmehr wie zum Verständnis der Schellingschen Identitätsphilosophie erst eine glückliche intellektuelle Anschauung kommen oder mit anderen Worten ein großer Seifensieder aufgehen, ehe man es vermochte, die sorgfältigst vorbereitete Krähe durch jene letzte schöpferische Quetschung zu vollenden. Diese Vollendung pflegten wir daher geraume Zeit hindurch dem Altmeister Senff zu überlassen, bis wir endlich selbst, einer nach dem anderen, hinter die Schliche kamen. «Kannst du schon den letzten Bruch machen?» – Das war lange die brennende Tagesfrage unter uns, während es uns doch ganz einerlei war, ob einer schon die fünfte Deklination konnte oder nicht.

Inzwischen sollten jene Papierfiguren nach Senffs Willen nichts weniger als Krähen darstellen, mit denen sich nichts anfangen läßt, sondern vielmehr Soldaten, als welche unsere gehorsame Phantasie sie denn auch willig gelten ließ, da ihre völlig indifferente Form jedwede

Deutung zuließ. Ja, unser guter Wille verbiß sich dergestalt in diese kleinen, kantigen Gestalten, daß sie uns bei weitem natürlicher erschienen als jene bleiernen Flachköpfe, die das Ansehen haben, als seien sie aus Herbarien entronnen.

Durch verschiedene Papierfarbe und kleine Veränderungen im Bruch stellten wir nun alle Waffengattungen, selbst Reiter dar, da Senff die Erfindung gemacht hatte, jene Soldaten durch eine höchst geniale allerletzte Manipulation dergestalt zu verändern und auszudehnen, daß sie ein fast transzendentales Aussehen gewannen und Pferden reichlich so ähnlich sahen als früher Menschen. Man brauchte eben nur das Fußvolk daraufzusetzen. Endlich wurden aus Federposen und Fischbeinbügeln kleine Wurfgeschütze gemacht, die für Kanonen galten und ihre Geschosse mit Vehemenz durchs Zimmer trieben.

Kaum wüßte ich, daß mir jemals irgend etwas in der Welt mehr Vergnügen gemacht hätte als die Ausrüstung dieser Papierarmee und das Spiel damit. Wir brachten es nach und nach ein jeder auf die ungeheure Zahl von achthundert bis tausend Mann, für deren Aufstellung wir Risse und Spezialkarten mit Kreide auf die Diele zeichneten. Wer nach zehn Schüssen die meisten Leichen hatte, verlor an seinen Grenzen, und stündlich veränderte sich die Landkarte in unserem Zimmer wie draußen in der weiten Welt.

So arbeiteten und spielten wir uns in den Spätherbst und Winter hinein, bis die Weihnachtszeit sich mit ihrem wunderbaren Treiben nahte und auch unsere Beschäftigungen mit dem Stempel des Geheimnisses bezeichnete. Das gemeinschaftliche Spielen hatte nun ein Ende, jeder kramte und kleisterte für sich, und keiner durfte hinsehen, was der andere machte. Zu letzterem verpflichtete man sich durch Eide, die sehr leicht zu halten waren, da jeder, genugsam von seinem eigenen Werk erfüllt, wenig Neigung hatte, von dem des anderen Notiz zu nehmen oder etwas davon zu erwarten. Auch mag sich der alte Satz, daß Geben seliger als Nehmen sei, am meisten in den gegenseitigen Geschenken bewahrheiten, die sich Kinder machen, deren Gaben, außer dem sogenannten *pretium affectionis,* was jedoch nur der Geber damit verbindet, nicht den geringsten Wert zu haben pflegen, wie denn auch der Empfänger immer sicher ist, daß jener sich das Ding gewißlich nicht vom Herzen gerissen hat, sondern selber nicht gebrauchen konnte.

Wo nun die eigene Kunstfertigkeit nicht ausreichte oder es an Material fehlte, kauften wir das Fehlende auf dem Weihnachtsmarkt, der in Dresden nach einem eigentümlichen Backwerke der Striezelmarkt genannt wird. Acht Tage vor dem Feste pflegte sich der Dresdner Altmarkt mit einem ganzen Gewimmel höchst interessanter Buden zu bedecken, die abends erleuchtet waren und große Augenlust gewährten. Das Glitzern der mit Rauschgold, mit bunten Papierschnitzeln und goldenen Früchten dekorierten Weihnachtsbäume, die hellerleuchteten kleinen Krippen mit dem Christuskinde, die gespenstischen Knechte Ruprechts, die Schornsteinfeger von gebackenen Pflaumen, die eigentümlich weihnachtlichen Wachsstockpyramiden in allen Größen, endlich das Gewühl der Käufer und höfliche Locken der Verkäufer, das alles regte festlich auf.

Hier drängten auch wir uns des Abends gar zu gern umher, schwelgend in dem ahnungsreichen Dufte der Tannen, der Wachsstöcke, Pfefferkuchen und Striezeln, die in einer den Wickelkindern entlehnten Gestalt, reichlich mit Zucker bestreut, vor allen zahlreichen Bäckerbuden auslagen und Löwenappetit erregten. Nach genauester Prüfung alles Vorhandenen kauften wir dann einige kleine grüne oder rote Wachsstockpyramiden, auf Kartenblätter gewickelt, das Stück zu einem Pfennig, sogenannte Pfefferkuchenzungen zu demselben Preis oder ein paar Bogen bunten Papiers, um unsere Privatbescherung damit auszustatten.

Inzwischen konnten wir in unserem Eifer den vom Kalender angegebenen Zeitpunkt nie ganz erwarten und fingen schon an vorhergehenden Abenden an, in Alkoven oder anderen verdachtlosen Winkeln unseren Kram geschmacklos aufzustellen, zündeten einige Wachsstockschnittchen dabei an und überraschten uns dann gegenseitig unaufhörlich, bis der wahre heilige Abend herankam und uns alle überraschte.

Kurioses Zeug

In dem geräumigen Wohnzimmer meiner Mutter stand ein schönes Bild, das, auf einigen Stufen erhöht, den mittleren Teil der Hauptwand fast bis zur Decke füllte. Es war dies eine Kopie des berühmten Dresdner Raffael, die mein Vater unlängst vollendet und der Mutter geschenkt hatte. Diese Kopie wurde damals dem Originale gleichgestellt. Es schien dasselbe, nur ohne die Mängel, welche Zeit und frühere Verwahrlosung hinzugetan hatten. Große Summen waren schon vor der Vollendung dafür geboten worden, allein mein Vater wollte sich nicht davon trennen; es sollte das Palladium seines Hauses werden, und unter dem himmelreinen Auge dieser Mutter Gottes sollten seine Kinder heranwachsen. Auch knüpfen sich sehr selige Kindererinnerungen an dieses Bild, unter dem wir saßen und das ich anzublicken pflegte, wenn die Mutter am Sonntagmorgen aus der Heiligen Schrift vorlas und uns aufmerken lehrte auf die Worte unseres Erlösers. Seinen vollen Zauber entfaltete es indessen erst am Weihnachtsabend, wenn die vielen Kerzen brannten und das magisch beleuchtete, wie von innerem Licht durchglühte Bild zu leben schien.

Dieses herrlichen Anblicks erfreuten wir uns zuerst im Jahre 1809, da Volkmanns und Senff den ersten Weihnachten mit uns verfeierten. Die ganze kleine Gesellschaft schien die Augen nicht wieder abwenden zu wollen, und fast hätte es notgetan, uns Kinder zu erinnern, daß es heute noch andere Interessen für uns gab.

Unterdessen wir uns nun unseren Tischen nahten und die Herrlichkeiten in Augenschein nahmen, mit denen man uns beschenkt hatte, wurde Senff vermißt. Man hörte aber, daß er gebeten habe, ihm nicht zu folgen, und siehe da! – als die Kerzen des Lichterbaumes im Ersterben waren – da flogen plötzlich die Flügeltüren auseinander, und ein Lichtmeer strahlte uns entgegen. Senff hatte den Fußboden des großen Vorsaales dicht besetzt mit Hunderten von kleinen Lampen, die er aus Nußschalen gebildet und zu einem riesigen Halbmond vereinigt hatte. In die Höhlung dieses Türkensterns, der wie Pontius ins Kredo in unseren Weihnachtsabend paßte, hatte er die kunstvoll gefertigten Geschenke aufgestellt, die er für uns Kinder gearbeitet hatte: für mich einen Prachtschild mit silbernem Adler, für Alfred einen nicht minder schönen Löwenschild. Der Effekt des Ganzen war sehr überraschend, doch noch nicht genügend für Senffs Erfindungsgabe.

Als man sich satt gesehen, schlug der ideenreiche Künstler der Gesellschaft vor, ihm nach dem Hinterhause zu folgen. Dort befand sich ein zweiter Vorsaal, der zu den Gemächern meines Vaters führte, und hier hatte Senff auf der Diele aus kleinen von Papier gemachten Häusern, Palästen und Moscheen die Stadt Konstantinopel aufgebaut. Man konnte nichts Saubereres sehen als diese Papierstadt. Dichtgestreuter weißer Sand bezeichnete das Land, blauer das Meer, das von kleinen Schiffen belebt war.

Nachdem nun Senff eine skizzenhafte Erklärung der hervorragendsten Punkte gegeben, bemerkte er, daß Konstantinopel häufig abzubrennen pflege, und damit legte er einen Zunder unter das erste Haus der Vorstadt Pera. Bald brach die Flamme aus, ergriff das nächste Gebäude und die ganze Straße, verzweigte sich nach anderen Straßen, sprang in die Brunnen, die mit Spiritus gefüllt waren, und verbreitete sich über die ganze Stadt. Zuletzt wurde das Serail ergriffen, dessen zahlreiche Türmchen als Miniaturfeuerwerk aufsprühten, die Vorstellung mit Knalleffekt beschließend.

Auf solche Weise wußte unser Lehrer uns stets neuen Stoff zuzuführen, denn natürlich waren wir begierig, alles nachzumachen, von den kleinen Nußlampen an bis zu den kleinen Schiffen und Papiergebäuden. Die Festungen und Städte, die wir für unsere Kriegsspiele bis dahin nur als

Grundrisse verzeichnet hatten, erhoben sich jetzt zu allen Dimensionen des Raumes, und wir nahmen zu an mancherlei Kenntnis und Geschicklichkeit.

Die Töpfer

Auch im Freien wurden wir zu zweckmäßigen Übungen angehalten. Unsere Spaziergänge mit Senff waren weglose Entdeckungsreisen durch die Wälder, welche den Ortssinn übten, wir badeten, kletterten, liefen Schlittschuh und Stelzen. Freilich geht es mit manchen dieser Dinge wie mit den Näkeschen Fischgerichten, ja wie mit allem in der Welt, das schmackhaft gemacht werden soll: es muß aus eigenem Vermögen etwas Salz, das heißt etwas Täuschung, hinzugetan werden. So zum Beispiel stelzten wir nicht schlechthin wie die Marschbauern, sondern unsere Stelzen waren Pferde und wurden als solche ordentlich abgewartet, in die Schwemme geritten, gestriegelt und geliebt. Daß dergleichen Pferde aus zwei unzusammenhängenden Hälften bestanden, störte nicht im geringsten. Wir selbst waren auch nichts weniger als Knaben, sondern große Herren und Ritter, die gegeneinander turnierten. Auf einzelner Stelze hüpfend, gebrauchten wir die andere als Lanze und suchten uns damit gegenseitig umzustoßen. Überhaupt erlangten wir große Geschicklichkeit, wir liefen, sprangen und tanzten auf unseren Stelzen fast so flink und sicher wie zu Fuße. Aber der beste Schwimmer ertrinkt, sagt man, und der beste Fechter wird erstochen. So konnte es denn geschehen, daß auch ich mit meiner Stelzerei beinah den Hals brach.

Die Straßenjugend hatte auf der winterlichen Promenade vor unserem Hause eine Glitschbahn eingefahren, oder – mit dem technischen Ausdruck – eine Schinder ausgerissen, die mich natürlich auf den Einfall brachte, meinem Gaul das Schindern beizubringen. Einen Anlauf nehmend, sprang ich frisch auf die Bahn; aber anstatt gleichmäßig fortzugleiten, fuhren die langen Stelzenbeine nach verschiedenen Weltgegenden auseinander, das Gerüst schlug unter mir zusammen und ich dermaßen aufs Eis, daß die Besinnung augenblicklich weg war.

Die Frau des benachbarten Töpfermeisters Thomas hatte im Fenster gesessen und mich stürzen sehen; sie eilte heraus, nahm mich in die Arme und trug mich der nicht wenig erschrockenen Mutter zu; denn ob ich tot oder lebendig sei, war auf den ersten Blick nicht zu erkennen. Ich erholte mich indessen schnell und war bald so weit genesen, daß ich der Frau Nachbarin persönlich meinen Dank abstatten konnte. Da wurde denn gleich große Freundschaft geschlossen, und von dieser Zeit an verfehlte ich nicht, die Töpfersleute häufig zu besuchen. Es waren freundliche Menschen; aber mehr noch zog mich die Werkstatt an, wo keineswegs bloß Töpfe, sondern auch Köpfe und mannigfaltige andere Kunstwerke gefertigt wurden. Die schönen, aus weichem Ton geformten Arabesken, Löwen, Greife, Sphinxe und niedlichen Gewandfiguren nach antiken Mustern gefielen mir fast besser als die Bilder meines Vaters, wenn sie so überraschend fertig und wohlgeboren, wie die Minerva aus dem Haupt des Jupiter, aus ihrer klumpigen Form hervorgingen.

Daß mein Bruder, sobald er von diesen Wundern hörte, mich zu begleiten pflegte, ist selbstverständlich. Wir gingen wie andere ernste Arbeitsleute in der Werkstatt ein und aus, und während die Töpfer töpferten, kneteten wir nicht minder allerlei Kuriosa aus ihrem Ton, wobei wir nicht allein ihre Mienen und Gebärden nachzuahmen strebten, sondern auch alle Werkzeuge beanspruchten, deren jene sich bedienten. Für solche Teilnahme luden uns die guten Leute denn auch wohl sonntags zu ihrer Mahlzeit ein. Dann war im Töpferhause alles neu und anders, die Werkstatt geschlossen, in Flur und Zimmer weißer Sand gestreut, und selbst der Meister Thomas – an Werkeltagen von seinen Tonklumpen wenig unterschieden – erschien im veilchenblauen Frack mit buntgeblümter Weste und weißer Binde. Er war ein korpulenter, etwas schnaufender Mann, der mir in seinem Staate den vollkommensten Respekt einflößte.

Es mochte sein, daß die Obersachsen damals das gebildetste Volk in Europa waren, wenigstens hielten sie sich selbst dafür, und wirklich zeichnete sich der Bürgerstand, vorzugsweise der Dresdner, durch angeerbte Urbanität und eine Höflichkeit aus, die, sooft sie auch von den Barbaren verlacht ward, im Grunde doch jedermann wohl tat. Unsere Töpfersleute aber konnten in jeder Beziehung als Sachsenspiegel gelten, daher meine Mutter uns ohne Sorge mit ihnen verkehren ließ. Nicht nur mit Fremden, sondern auch untereinander benahmen sie sich aufs wohlanständigste; nie hörte man ein unbemessenes Wort, und der ganze Hausstand zeugte nicht nur von Wohlstand, sondern auch von althergebrachter, guter Zucht und Ordnung.

Vor jeder Mahlzeit wurde von der Hausmutter laut gebetet. Dann erst setzte man sich und verspeiste zwar die meisten Gerichte auf nächstem Wege, gleich aus der Schüssel, aber doch mit solcher Sauberkeit, daß mich kein Ekel ankam. Dazu sah man's den Leuten an, daß ihnen der Bissen, den sie in den Mund schoben, nichts weniger als selbstverständlich war, sie ihn vielmehr als Gottes Gnadengabe respektierten. Besondere Ehrfurcht wurde dem Brote gezollt, welchem man eine Art von Heiligkeit beizulegen geneigt schien. Kugeln daraus zu drehen oder es sonst zur Belustigung zu kneten, galt für den heillosesten Frevel, daher mir, als ich gelegentlich in diese Sünde verfiel, eine ernste Rüge zuteil ward. Zum Kneten, sagte mir Frau Thomas, wäre der Ton; das liebe Brot aber sei eine Gabe Gottes, nicht zum Spielen, sondern zur Notdurft und Nahrung des Leibes. Wer es nicht achte, zeige, daß er satt sei; den Satten aber werde Gott auch andere Speise entziehen und sie den Hungrigen geben.

Diese Rede beschämte mich nicht wenig und machte auf mich daher so tiefen Eindruck, daß ich sie nicht vergessen habe. Frau Thomas würde zwar nicht gescholten haben, wenn ich die Kugeln aus Wachs gedreht und hernach weggeworfen hätte, obgleich man mehr Geld für Wachs zahlt als für Brot; auch hatte sie nichts dagegen, daß ich meine Knallbüchse mit Stükken roher Kartoffeln lud, die sie mir zu diesem Zweck selbst lieferte, obgleich Kartoffeln doch auch zur Notdurft und Nahrung des Leibes dienen. Es ist aber weder der Geldwert noch die Genießbarkeit, die dem Brote diesen Nimbus gibt, sondern die Idee, die wir, seitdem man das Vaterunser betet, damit verbinden, die hohe

Idee nämlich des Inbegriffs aller von Gott zu erbittenden leiblichen Bedürfnisse, zu welchem Brote Luther sogar «fromm Gemahl, gut Regiment und gute Nachbarn» zählt.

Jahrelang bin ich bei meinen lieben Thomaschristen ein und aus gegangen, bis der Tod auch ihr Familienleben sprengte. Ich habe dort nur Dankenswertes genossen und fühle mich daher auch jenem Stelzensturz verpflichtet, der mich zu ihnen führte, wie ich denn überhaupt die Erfahrung gemacht habe, daß sogenannte Unfälle häufig weiter nichts sind als die Eintrittspreise zu großen Freuden. Zunächst war es ein anderer, nicht minder halsbrechender Sturz, dem ich das Vergnügen meiner ersten Fußreise verdankte.

Der Sprachlose

Unser Hauswirt mußte Gelegenheit gehabt haben, sehr wohlfeil Holz zu kaufen, denn in dem Gärtchen hinter seinem Hause stand ein reicher Vorrat für viele Jahre aufgeklaftert. Dies öde Gärtchen, ohnedem schon ein Bild des verfluchten Ackers, hatte damit den höchst denkbaren Grad von Ödigkeit erreicht. Aber Kinder und Wahnsinnige fragen wenig nach dem Aussehen der Wirklichkeit, die ihrer schöpferischen Phantasie doch nur zur Unterlage dient, unwirkliche Luftschlösser daran aufzubauen. So vertrug auch ich mich prächtig mit jenen Holzstößen, die ich nicht hätte missen mögen und die mir unendlich mehr Genuß gewährten als elegante Blumenrabatten und alles, was man sonst zum Schmuck der Gärten rechnet. Ich kletterte daran herum, überstieg sie wie Gebirge oder sah sie für Schlösser und Kastelle an, die man stürmen und verteidigen konnte.

Von der höchsten dieser Burgen hatte ich förmlichen Besitz ergriffen. Sie lehnte sich an die Gartenmauer und reichte bis unter die Kronen der alten Linden des Nachbargartens, die ihr Laubdach darüber breiteten. Unter diesem Blätterdache, vor aller Welt versteckt, verträumte ich die genußreichsten Stunden, hörte aus nächster Nähe die Maikäfer im Gezweige brummen und roch den süßen Duft der jungen Lindenblüten.

Als ich nun eines schönen Nachmittags, dort oben im labendsten Laubschatten sitzend, mir aus der reichlich vorhandenen Kiefernrinde ein Schiffchen schnitzte, bemerkte ich über mir etwas, das einem Neste glich. Um besser sehen zu können, schob ich mich weiter rückwärts, und immer weiter, bis ich, in völligem Vergessen meiner Situation, dem Rande des Holzstoßes so nahe kam, daß der Schimmel plötzlich alle war. In einer Hand das offene Messer, in der anderen das angefangene Rindenschiffchen, schlug ich hintenüber und stürzte etwa sieben Fuß tief gerade auf den Rücken.

Durch Gottes gnädige Bewahrung hatte ich nicht den Hals gebrochen. Ich sprang sogleich wieder auf und wollte auf den Schreck tief aufatmen – aber die Respirationswerkzeuge versagten ihren Dienst. Nach mehrmaligen vergeblichen Anstrengungen, Luft zu schöpfen, erfaßte mich eine Höllenangst. Ich lief zu meinem Bruder, der im verfallenen Lusthäuschen hockte und Maikäfer aufmarschieren ließ, ihm meine Not zu klagen; aber ich vermochte keinen Laut hervorzubringen und mühte mich mit verzweifelten Gestikulationen fruchtlos ab, nur einigermaßen verständlich zu werden. Darüber war der Kleine, der keine Ahnung von meinem Unfall hatte und alles für Narrenteiding hielt, dermaßen aufgeheitert, daß er sich fast überschlug vor Lachen. Um ihn zum Ernst zu zwingen, war ich in meiner Todesangst schon nahe daran, ihm in die Haare zu fahren, als endlich das Hindernis zu weichen schien und ich mit Mühe einige Luft bekam. Oh! besser hat mir nie ein Labetrunk geschmeckt als dieser halbe Kubikzoll Lebensluft, für den ich ja gern alle meine Papiersoldaten hingegeben hätte.

«Ich bin von der Burg gefallen», sagte ich. Da merkte der Kleine auf und wurde nun ebenso teilnehmend, als er vorher lustig gewesen war, rieb mir auf mein Verlangen auch den Rücken aus Leibeskräften, bis die Respiration sich wenigstens insoweit hergestellt hatte, daß der Gang ins Haus und die Treppen hinauf unternommen werden konnte.

Der herbeigerufene Arzt verlangte fortgesetzte Bewegung in freier Luft, und schon am nächsten Morgen machte Senff sich mit uns und den Volkmannschen Kindern auf den Weg nach dem etwa drei Meilen entfernten Tharandt. Von dieser kleinen Reise ist mir wenig und doch sehr viel geblieben, die Erinnerung nämlich einer ungewöhnlichen Glückseligkeit. In der Tharandter Gegend wanderten wir unausgesetzt umher, zwischendurch an schönen Punkten lagernd, bis meine Beklemmung nach vier bis fünf sonnigen Frühlingstagen ziemlich spurlos verschwunden war und wir zu unserer gewohnten Lebensordnung nach Dresden zurückkehrten.

3. Abermals eine Lustreise

In der politischen Welt gab's ausnahmsweise Frieden, aber wie Napoleon ihn zu machen pflegte, einen Frieden, der die Keime neuen Krieges in sich trug. Die beiden Machthaber jener Zeit, Napoleon und Alexander, hatten sich zwar zu Erfurt mit brüderlicher Liberalität um den Weltteil vertragen, aber die Folgen dieses Vertrages schienen beiden bald nicht mehr erträglich. Schon im folgenden Jahre entfremdete man sich wieder, denn weder hatte Rußland während des österreichischen Krieges von 1809 den französischen Erwartungen genuggetan, noch entsprach der Wiener Frieden den russischen. Die darauf folgenden Übergriffe Frankreichs in Norddeutschland endlich sowie die fortgesetzte Umgehung der Kontinentalsperre von seiten Rußlands waren nicht geeignet, das gegenseitige Vernehmen wieder herzustellen. Zwischen beiden Mächten erfolgte ein unfruchtbarer Notenwechsel, und unsere estländischen Verwandten mahnten schon im Sommer 1810 ernstlich zur Rückkehr, damit mein Vater von seinen Kapitalien, die in Rußland standen, nicht abgeschnitten würde.

So geschah es denn, daß die alten Pläne wieder auftauchten. Der gelbe Wagen wurde abermals aus seiner Remise gezogen, genau geprüft und dem Sattler behufs einiger noch anzubringenden Bequemlichkeiten übergeben. Man sprach davon, das Mobiliar samt allem Entbehrlichen unter dem Hammer zu verkaufen, und wegen der Spedition der Bilder und anderer Sachen, von denen man sich nicht trennen wollte, ward mit Sachverständigen beraten. Daß die Reise mit nächstem Frühjahr fortgehen werde, konnten wir Kinder daher kaum bezweifeln, und unsere Phantasie entzündete sich im voraus an den Freuden und Gefahren weiter Wanderung.

Indessen lag es in der Eigentümlichkeit des Vaters, daß er, durch augenblickliche Eindrücke angeregt, Pläne entwerfen und bis ins Detail verfolgen konnte, die sich nachher ganz von selbst verzettelten und vergessen wurden. So entsinne ich mich, daß etwa im Jahre 1808 mit großer Entschiedenheit von einer Übersiedelung nach Rom geplant und alle Freunde dadurch alarmiert wurden; ja, sogar von Konstantinopel war die Rede, als von dem schönsten Fleck der Erde, wo man wohnen müsse, nur daß man warten wollte, bis die Russen es erobert hätten.

Mein Vater war ein selbständiger Mann; er konnte wohnen, wo er wollte, und es mochte ihn erquicken, sich dieser seiner Freiheit von Zeit zu Zeit bewußt zu werden. Im Grunde aber war er doch mit seinem dermaligen Aufenthalte so zufrieden, daß er sogar einen sehr vorteilhaften Ruf an die Berliner Akademie ausschlug, es vorziehend, in Dresden Titularprofessor ohne Gehalt zu werden. So waren denn auch die russischen Pläne, als die Zeit herankam, wieder verdampft, diesmal vielleicht, wie immer, aus sehr vernünftigen Gründen, denn bei näherer Erwägung mochte es einleuchten, daß der Aufenthalt in einer voraussichtlich friedlich bleibenden Stadt einer Ansiedelung auf dem Kriegsschauplatze mit Kind und Kegel vorzuziehen sei.

Ich freilich, in den bereits die Unruhe des Wandervogels gefahren war, dachte anders. Die Lust nach einer Ortsveränderung war mir in

Saft und Blut gedrungen, und das gewohnte Leben hatte ich bereits so ausdrücklich zu Grabe getragen, daß mir diese wiederauflebende Leiche fast entsetzlich war. Ich griff daher mit Freude nach einer kleinen Schadloshaltung, die mir die Gunst der Umstände gewährte. Mein Lehrer Senff wollte nämlich seine Eltern besuchen, die in Halle lebten, und hatte sich's erbeten, mich mitzunehmen. Das gab doch wenigstens eine Reise, und wie ich heute glaube, war es die genußreichste, die ich in meinem Leben machte.

Wohl mancher geht zu seinem Vergnügen nach Paris und London und kehrt enttäuscht zurück, weil er, wie Nicolai in Italien, wohl Hitze, Unbequemlichkeit und Flöhe, aber nicht das gefunden hatte, was er suchte, nämlich das Vergnügen. Ich dagegen fand davon viel mehr, als ich erwartet hatte. Halle ist zwar eigentlich ein Ort, den keiner zum Vergnügen aufsucht. Wenn man die berühmten Namen einiger Lehrer der Hochschule abzieht, möchte wenig Nennenswertes übrigbleiben, und Lehrer sind kein Gegenstand des Verlangens für Knaben meines Alters. Die Güte und Freundlichkeit aber, welche ich damals dort erfahren, hat mir die düstere Braunkohlenstadt so lieb gemacht, daß mir das Herz noch heute warm wird, wenn mein Weg mich durchführt.

In einem leichten Korbwägelchen, das Senff selbst regierte, verließen wir Dresden an einem schönen Sommermorgen des Jahres 1811. Wir rollten vergnügt zum weißen Tore hinaus, die Elbe entlang bis Meißen, wo wir Mittag machten und den berühmten Dom besuchten, dessen Inneres mir, trotz meines Unverstandes, ja vielleicht auch gerade wegen dieser Eigenschaft, den lebhaftesten Eindruck machte. Ganz besonders nämlich interessierte mich ein Gegenstand, der von Kennern sonst nicht sonderlich beachtet wird und auch uns nur im Vorübergehen gezeigt ward. Es war dies ein altes Tabernakel des hohen Chors, dessen Schmucklosigkeit sich von einem gewöhnlichen kleinen Wandschränkchen, um Brot und Käse zu verwahren, in gar nichts unterschied. Aber sehr deutlich vernahm das Ohr zu jeder Zeit in seiner Höhlung einen sonderbaren Ton, sehr ähnlich dem Wogen und Wallen gewaltiger Feuerflammen. In katholischen Zeiten, erzählte der Küster, habe man geglaubt, es sei dies ein vermauerter Zugang zum Fegefeuer, während man jetzt nicht wisse, wie jener Ton entstehe. Nun behauptete zwar Senff, daß alles ganz natürlich sei. Es könne angenommen werden, meinte er, daß sich hinter der Rückwand dieses Schränkchens ein unterirdischer Gang hinziehe, der einen Luftzug ermögliche, durch welchen der flackernde Ton veranlaßt würde, vielleicht eine Vorrichtung aus alter Zeit, das abergläubige Volk zu schrecken. Aber die erbaulichen Eindrücke des alten Doms, unter deren Einflüssen ich stand, schienen mir so profane Deutung nicht wohl zuzulassen, und weil ich überdies meinte, Luftzüge von Feuerflammen unterscheiden zu können, neigte ich mich still für mich jener katholischen Ansicht zu und entsinne mich kaum, daß mir in meinem späteren Leben je eine Bußpredigt tieferen Eindruck gemacht hätte als diese *demonstratio ad aures*, die alle Zweifel über den Haufen warf. Fegefeuer und Hölle verwechselte ich freilich, und warum, dachte ich, sollte es nicht möglich sein, daß die Alten einen Zugang zur Hölle gefunden? Und warum auch hätten sie sonst den Schlund vermauert, der sich nach Senffs Meinung hinter der Nische befand?

Ich war nicht wegzubringen von dem Loche. In vorgebeugter Stellung, mit verhaltenem Atem, mit runden Augen und offenem Munde horchte ich in die rätselhafte Höhlung hinein, dem gespenstischen Lodern unsichtbarer Flammen lauschend, bis Senff mich bei der Hand ergriff und wegzog. Aber wie ein Träumender durchwanderte ich fortan die weiten Räume, indem meine Gedanken einzig bei jenem schauerlichen Orte weilten, da keine Liebe mehr ist, kein Glaube und keine Hoffnung.

Der Pfarrgarten

Nach drei Tagen, die sehr heiß und staubig waren, langten wir mit unserem Pferdchen in Halle bei Senffs Eltern an, die mich freundlich bei sich aufnahmen. Senffs Vater war der erste Pastor, den ich Gelegenheit hatte, von nahem zu besehen, und der erste und älteste einer langen Reihe guter Männer, die ich später in diesem Stande kennen lernte. Die heitere Würde seines Wesens wie die sorgfältige Güte seiner Frau ließen mich so schnell heimisch werden, daß ich die beiden lieben Alten nach ihrem Wunsche schon am ersten Abend Großvater und Großmutter nennen konnte.

Nicht minder gefiel mir ein drittes Figürchen, ein niedlicher Backfisch von etwa dreizehn Jahren, namens Lorchen, wenn ich nicht irre, eine verwaiste Verwandte des Senffschen Hauses, an der die treue Sorgfalt der Großmutter Senff sich für spätere Jahre Trost und Stütze erzog. Lorchen nahm mich bald bei der Hand und führte mich durch die Hintertür des Hauses in den Garten, dessen Schönheit mich höchlich überraschte. Die abendliche Kühle, die einem hier entgegenduftete, durchwürzt vom Wohlgeruch der weißen Lilien, die in niegesehener Fülle zwischen Zentifolien blühten, war nach der heißen Fahrt auf staubigen Chausseen so erquicklich, daß man denken konnte, ins Himmelreich versetzt zu sein. «Hier wollen wir alle Tage spielen», sagte Lorchen, «und ich will dir alles zeigen.»

Der Garten mochte in der Tat recht schön sein, wenigstens war er im Vergleich zu unserem Dresdner Holzstall ein Paradies. Von hohen Mauern eingefriedigt, glich er jenen kleinen, traulichen Klostergärtchen, deren Hauptreiz in ihrer Heimlichkeit besteht. Im Rücken hatte man das Pfarrhaus mit seinen Nebengebäuden. Rechts lief eine Langwand der altersgrauen Moritzkirche hin mit ihren Spitzfenstern und Strebepfeilern, deren tiefe Winkel mit Syringen und anderen Gesträuchen ausgepflanzt waren. Dem gegenüber erhoben sich ein paar mit Efeu verkleidete Brandmauern benachbarter Gebäude, und geradeaus war es ein Teil der alten krenelierten Stadtmauer, der das Ganze von der vorübergehenden Saale abschloß. Das Innere des Gärtchens war seiner altertümlichen Einfassung ganz angemessen. Rechtwinklige, mit Buchsbaum eingefaßte Kieswege, an die sich blumige Rabatten schlossen, durchschnitten die üppigen, hier und da mit Zwergbäumen bestandenen Erdbeer- und Gemüsequartiere, und um das Lusthäuschen, das sich an die obberegte

Stadtmauer lehnte, standen in Kübeln Myrten, Oleander und Lorbeerbäumchen. So wenigstens schwebt mir die Örtlichkeit noch vor.

Wir gingen den breiten Hauptweg hinunter und traten in das Gartenhäuschen. Ein süßer Blumenduft erfüllte das kleine Gemach, und auf dem Tische stand ein Tellerchen mit Erdbeeren, die Lorchen vorsorglich für mich gepflückt hatte. Sie lehrte mich auch, die zarten Früchte mit steifem Grashalm spießen und zierlich verspeisen, und half selbst dabei getreulich. Dann erkletterten wir miteinander die Stadtmauer, uns umzublicken. Wir nahmen Platz in einer alten, halbverfallenen Schießscharte, aus deren Gestein eine Fülle wilder Blumen, Kamillen, Kampanulen und wilder Salbei hervorwucherten, und waren bald die besten Freunde. Lorchen erklärte mir die Aussicht auf Strom und Vorstadt, deren wir uns hier erfreuten, und wußte von den Halloren Erstaunliches zu erzählen, bis mein Auge und meine Fragen endlich an der alten Kirche hafteten. Die wollte sie mir auch noch zeigen, und wir durchschritten abermals den Garten, im Vorübergehen die dicken Stachelbeeren prüfend, die eben zu reifen begannen. Durch ein kleines Seitenpförtchen, welches Lorchen öffnete, traten wir in die Kirche ein.

Gelehrtes über die Moritzkirche

Ob die Moritzkirche, die ich seit jener Zeit nicht wiedersah, dem Bilde gleicht, das mir von ihr geblieben, weiß ich nicht zu sagen; sie imponierte mir aber damals sehr. Das Halbdunkel des weiten Raumes, die hohen Gewölbe, der Hall unserer Tritte, die alten Fahnen und Epitaphien wie das rote Licht der scheidenden Abendsonne, das hin und wieder am Gestein der alten Pfeiler spielte, das alles erfüllte mich mit ehrfurchtsvollem Staunen, so daß ich unwillkürlich meine Mütze zog und schweigend neben der hellen Gestalt der Führerin hinschritt, die meine Empfindung nicht zu teilen schien und, als wäre sie hier zu Hause, von einem Gegenstand zum anderen eilend, mich mit lauter Stimme auf alles Bemerkenswerte aufmerksam machte. Da fiel mir eine in Mannshöhe an einem Pfeiler befestigte dunkle Figur auf, ein schwarzer Ritter, schwer gewappnet vom Kopf bis zu den Füßen, der mit seinem bestäubten Antlitz gleichgültig in den Raum hinausstierte. An dem ausgezackten Saume seines Waffenrockes hingen nach dem Geschmack des Mittelalters viele kleine Glöckchen oder Schellen. Lorchen erhob die Hand und sagte, das sei der Ritter Moritz; der habe die Moritzkirche erbauen lassen.

Ich fand, daß er ein schlechtes Gesicht habe, und Lorchen wollte wissen, daß er auch gar kein guter Mann gewesen sei. «Aber warum», fragte ich, «hatte er denn die vielen Klingeln an seinem Rock?» Lorchen erwiderte, das wäre nötig gewesen, damit man sich vor ihm habe hüten können, und das wolle sie mir erzählen. Zu diesem gegenseitigen Genusse des Erzählens und Sicherzählenlassens machten wir es uns so bequem als möglich; wir ließen uns nebeneinander in einem Kirchstuhl nieder, gerade vor dem bösen Ritter, den ich mir mit Muße ansah, während meine liebenswürdige Begleiterin sich etwa folgendermaßen vernehmen ließ:

«Der Ritter Moritz wohnte drüben auf der

Moritzburg, einem alten Schlosse, das wir uns auch besehen wollen. Er war ein störriger Mann, der in der Gegend hier herum viel Unfug trieb und mit jedermann in Feindschaft lebte. Er hatte aber eine fromme Schwester, namens Elsbeth, die ging umher, beschenkte die Armen, heilte die Kranken, und wenn der böse Bruder einen beschädigt hatte, suchte sie es wieder gutzumachen.

Nun traf es sich, daß der Ritter einst bei Tafel mit seinem Burgkaplan in Streit geriet. Der war nicht weniger störrig als der Ritter, aber ein alter, gebrechlicher Mann, und da sie nun beide vollauf gegessen und getrunken hatten, fing der Ritter an, über Pfaffen und Kirche zu spotten und zu lachen. Der Alte entgegnete mit harter Rede. Da gab ein Wort das andere, bis beide wie wütende Truthähne aussahen und Fräulein Elsbeth vor Angst und Schrecken bleich ward. Endlich schlug der Ritter mit seiner Eisenfaust auf den Tisch, daß die Becher umstürzten, nannte den Pfaffen einen Schlauch und schrie ihn an, daß, wenn er je wieder Klöße essen wolle und einen Trunk dazu tun, so solle er zusehen, wo der Zimmermann das Loch gelassen. Der Pfaffe aber fürchtete sich weder vor Gott noch Menschen; vielmehr verachtete er den Ritter, weil der weder lesen noch schreiben konnte und in der Beichte vor ihm knien mußte, richtete sich auf, so hoch er es vermochte, streckte dem Burgherrn seine kralligen Finger entgegen und sprach einen Fluch über ihn aus, der so schrecklich gewesen sein soll, daß Fräulein Elsbeth fast den Tod davon hatte. Da warf der Ritter den ganzen Tisch um, ergriff den Pfaffen, hob ihn in die Luft und schleuderte ihn mit solcher Macht gegen eines der Saalfenster, daß Fensterrahmen, Glasscheiben, Pfaffe und alles miteinander hinunter in den Burggraben polterten. Als er das getan hatte, blieb er, ohne sich zu rühren, wie versteinert mitten im Saale stehen.

Da stand er wie eine Rolandssäule, bis die gute Elsbeth, die hinuntergeeilt war, wieder eintrat. ‹Der Pfaff ist tot›, sagte sie. Dann brach sie in einen Strom von Tränen aus, rang die Hände und beschwor den Bruder, er solle eilig seinen Frieden mit der Kirche machen, sonst werde man ihn von Land und Leuten bringen, noch ehe der Wind über die Haferstoppel gehe.

Als das der Ritter hörte, schüttelte er sich, daß die Ringe an seinem Panzerhemde klirrten, ließ seinen Rappen satteln und ritt hinauf nach dem Petersberge, wo sonst ein großes Kloster stand. Da lebte ein alter, heiliger Abt, dem beichtete er alles und verlangte die Absolution von ihm. Der Abt entsetzte sich und schwur bei seinem Schutzpatron, dem heiligen Petrus, daß der Ritter gebannt sein solle und ausgeschlossen von aller christlichen Gemeinschaft für Zeit und Ewigkeit, bevor er nicht zu Gottes und des heiligen Moritz Ehren eine Kirche aufgerichtet hätte, so lang und so breit, daß sie weder im Thüringer noch im Meißner Lande ihresgleichen hätte.

Fortan wurden die Bauern aus allen Dorfschaften des Ritters aufgeboten und mußten Steine schleppen mit ihrem Fuhrwerk; die Maurer und Steinmetzen schwangen ihre Hämmer, die Zimmerleute ihre Äxte, und der große Bau stieg wie ein Wunder in die Höhe. Der Ritter aber stellte sich zu allen Stunden auf dem Bauplatze ein und trieb die Arbeiter zur Eile an, denn er hatte keine Ruhe in seiner Seele und konnte es nicht erwarten, daß die erste Messe in der neuen Kirche abgesungen und der Bann von ihm genommen würde. Wenn er dann die Leute nicht beim Werke oder auch nur lässig fand, so warf er einen nach dem anderen nieder und prügelte sie windelweich.

Da sann die gute Elsbeth auf eine List, wie sie die armen Bauleute schützen möge. Sie nähte dem Ritter kleine Glöckchen an seinen Harnisch, und weil sie ihm sagte, das klinge kriegerisch und schön, so ließ er sich's gefallen. Wenn er nun aus seiner Moritzburg heraustrat, konnte man's auf dem Bauplatze gleich hören, und alles war in voller Arbeit, wenn er angeklingelt kam. Aber trotz der größeren Ruhe rückte die Arbeit jetzt schneller fort als vordem, wo die Arbeiter vor lauter Angst zu keiner Überlegung kommen konnten, und nach drei Jahren war der große Bau vollendet. Darauf hielt der Ritter eine Rede und belobte den Baumeister über alle Maßen; in der Nacht aber ließ er ihn heimlich aufgreifen und im hohen Chor vermauern, so daß man lange Zeit nicht wußte, wo er geblieben war.»

Die Geschichte schien hiermit zu Ende, denn Lorchen stand auf und führte mich ins Chor, wo ich den leichenhaften Kopf eines Menschen mit einer viereckigen kleinen Mütze aus der Mauer herausstarren sah. «Hier steckt er drin», sagte sie. Auf meine Frage, was denn der Baumeister getan habe, erwiderte sie, daß sie's nicht wisse; aber möglicherweise habe der Ritter besorgt, daß der geschickte Meister irgendwo anders noch eine schönere Kirche bauen könne, die größer und breiter als die Moritzkirche sei. Übrigens sei dies das letzte Verbrechen gewesen, das er begangen habe, nicht wegen eingetretener Besserung, sondern während der Einweihungsfeierlichkeit der neuen Kirche habe er so viel Wein getrunken, daß ihn der Schlag gerührt und er der Länge nach tot hingeschlagen sei.

Ich sah nun auch den Leichenstein des Ritters Moritz, und die langgestreckte Figur eines geharnischten Mannes in halberhabener Arbeit schien mir die Worte meiner Führerin: «der Länge lang hingeschlagen», zu bestätigen. Auf einem benachbarten Steine lag die vermummte Gestalt der guten Elsbeth, die ebenfalls ein ziemlich schlaggerührtes Aussehen hatte, und dann verließen wir die dunkelnde Kirche.

Lorchen

Die Tage in Halle verflossen angenehm und schnell. Mit Arbeit pflegte mein Lehrer mich nicht zu übernehmen, zu meiner und wohl auch seiner Schonung. Ich schrieb des Morgens mit halbzölligen Buchstaben an meinem Tagebuch, welches von Zeit zu Zeit unter Senffs witziger Aufschrift: «Meister Wilhelms Wanderjahre» an meine Eltern abging. Das war alles; und übrigens tat ich, was ich wollte, wenn ich's nicht vorzog, zu tun, was Lorchen wollte, die sich gern mit mir befaßte und deren sanftem Kommando ich willig unterlag.

Unter diesen Umständen geschah es, daß ich eines schönen Nachmittags beim Kaffee, den ich nicht trinken durfte, und gelangweilt vom Gespräch der Großen, das ich nicht verstand, mit der Hand in meine Tasche fuhr und darin ein Stück Bindfaden fand. Das gab sogleich Ideen.

Ich verlief mich in den Garten, zäumte eine zerbrochene Bohnenstange als Reitpferd auf und wandelte ein Nelkenstäbchen mittels angehefteter Parierstange zum Schwert um. Für die Koppel wollte der Faden nicht mehr reichen. Ich steckte daher die Waffe bloß durchs Knopfloch, und so ausgerüstet, sprengte ich meiner Freundin ritterlich entgegen.

Lorchen besah mein Schwert, lobte es und schenkte mir ein schönes himmelblaues Band, das sie mir als Wehrgehenke um die Achsel schlang. Dann brach sie einen Lilienstengel voll duftend weißer Glocken und gab ihn mir mit dem Bemerken, daß Ritter Lilien in der Hand haben müßten. Übrigens – sagte sie – wohne sie dort im Gartenhäuschen, und wenn ich mich müde geritten, sollt' ich sie besuchen.

Ich warf mein Pferd herum, tummelte es durch alle Wege, ließ es über die Rabatten springen und war noch gar nicht müde, als ich schon zum Gartenhäuschen einschwenkte. Lorchen saß mit einem Buche auf der Schwelle. Ihre frischen Farben und ihr dunkles Haar, in das sie mittlerweile ein weißes Röschen eingeflochten, harmonierten lieblich mit ihrem himmelblauen Kleide, und ich sah zum ersten Male, daß meine Freundin schön war.

Sie habe da eine herrliche Geschichte, rief sie mir entgegen, die wolle sie mir vorlesen; wenn ich's möchte. Wohl mochte ich das und ließ mich gern an ihrer Seite nieder, während sie mit heller Stimme den «Handschuh» von Schiller vortrug und mich damit die erste Bekanntschaft des großen Dichters machen ließ. Oh, wie umhüpften diese wohlklingenden Verse mein Ohr, so leicht und lieblich, und umgaukelten die Phantasie mit buntem Wechsel der lieblichsten Bilder. Etwas Schöneres glaubte ich nie gehört zu haben und täuschte mich auch schwerlich.

Lorchen fragte, wie mir's gefallen. «Hübsch», sagte ich, schwang mich auf die Bohnenstange und jagte wieder durch den Garten. Ich war natürlich der Ritter Delorges, Lorchen die Kunigunde; aber ich dachte: verlassen werd' ich sie deswegen doch nicht. Als ich zurückkam, sollte das Lesen zur Abwechslung an mir sein. Ich nahm das Buch und las standhaft wie ein Kantor, während Lorchen gefaßt gen Himmel blickte und den Lilienstengel, den sie mir abgenommen, auf und nieder wiegte. So ging es Tour um Tour, und ich fand Wohlgefallen an so gelehrter Unterhaltung.

Ähnliche Spiele wiederholten sich fortan fast täglich. Ich raste durch den Garten mit einer Hast, als hätte ich meilenweite Strecken zurückzulegen, um zu dem Pavillon zu kommen, wo Lorchen mich empfing, mich mit Erdbeeren, Stachelbeeren, Pflaumen stärkte und wir dann miteinander in den Zauberhain der Dichtung traten. Wir lasen Schillersche und Bürgersche Balladen und anderes, was ich vergessen habe. In der Tat weiß ich es nicht, wo jenes gute Mädchen die Geduld hernahm, so ausdauernd mit mir dummem Jungen zu verkehren. Freilich stand sie selbst damals den träumerischen Phantasien der Kindheit wohl noch näher als den Interessen reiferer Jahre, und in der Einsamkeit ihres zurückgezogenen Lebens mit zwei alten Leuten mochte meine Gesellschaft ihr lieber sein als keine. Ohne sie wäre ich damals schwerlich vom Heimweh freigeblieben, zu dem ich immer neigte; sie aber gab jenen Tagen in der Fremde Blumenduft und

Schimmer und war so allerliebst und gut mit mir, daß ich ihrer freundlichen Gestalt noch heute nicht ohne Rührung denken kann.

Der Eßschlaf und die erste Leiche

Unter den aushäusigen Vergnügungen, die mir in Halle zuteil wurden, stand eine Exkursion nach Friedeburg am Fuß des Petersberges obenan, wo ein älterer Bruder meines Lehrers Pastor war. Die Großeltern und Lorchen waren mit, und es fehlte nicht an jeder ländlichen Kurzweil, das heißt, man ging spazieren, speiste im Freien, machte und empfing Besuche usw.

Am besten gefiel es mir im Pfarrgärtchen bei den Stachelbeeren, in deren Dickicht ich und Lorchen auch meist anzutreffen waren. Da zehrten wir ärger als die bösartigsten Raupen. Als wir uns nun einmal bei diesem Geschäft der Geißblattlaube nahten, wo die Alten Kaffee tranken, rauchten und unserer nicht achten mochten, kam es vor, daß ich mit Essen feierte und auf die sonderbaren Geschichten horchte, die der ältere Bruder Senff und seine Frau zum besten gaben.

Diese Mitteilungen galten einer Erscheinung, die dazumal das allgemeinste Interesse erregte, weil man sie als endlichen Erfahrungsbeweis für die Selbständigkeit der Menschenseele begrüßen zu dürfen glaubte, und von der ich hier zum ersten Male Kenntnis nahm.

Daß die Friedeburger Senffs eine Tochter hatten, welche in jüngster Zeit langwierig krank gewesen und endlich auf rätselhafte Weise genesen war, wußte ich zwar schon aus Lorchens Munde.

Sie wäre nämlich, erzählte diese, von ihrer Mutter so lange gestreichelt worden, bis sie geweissagt und selbst die Mittel zu ihrer Heilung angegeben hätte, und das wäre eine neue Methode. Hier unter dem Stachelbeerbusche erfuhr ich nun das Nähere.

Die Kranke nämlich, ein junges Mädchen von Lorchens Alter oder vielleicht auch ein paar Jahr älter, war ganz von selbst in jenen rätselhaften Zustand verfallen, da die Seele ohne sinnliche Vermittlung eine deutliche, stoffdurchdringende Wahrnehmung der objektiven Welt haben soll, und hatte sich selbst während dieser Clairvoyence eine fortgesetzte magnetische Kur verordnet, welche übrigens nicht der Arzt ausführte, sondern die eigens von jener angewiesene Mutter. Der Rapport, welcher sich infolgedessen zwischen Mutter und Kind gebildet hatte, war überaus lieblich, und wurde davon viel erzählt. Beide führten fortan unter gegenseitig gesteigerter Zuneigung ein gewissermaßen gemeinschaftliches Seelenleben, und schlafend sah die Kranke ihren mütterlichen Engel in so leuchtend herrlicher Gestalt, daß sie keine Worte fand, sie zu beschreiben. Wohl aber beschrieb sie klar und deutlich die Mittel zu ihrer Genesung und bestimmte Tag und Stunde, da sie wieder geweckt sein wollte. Unter diesem «Wecken» verstand sie aber das, was man im gemeinen Leben besser «Einschläfern» nennen würde, denn merkwürdigerweise bezeichnete sie den todähnlichen, magnetischen Schlaf mit dem Worte «Wachsein», während sie den normalen wachen Lebenszustand «Eßschlaf» nannte. Als sie nun, schon in der Besserung, zum letztenmal in ihrer Weise wach war, wußte sie dies und beklagte es bitter, daß ihr von nun an der Anblick der verklärten mütterlichen Gestalt entzogen sein sollte. «Erst im Himmel, Mutter», hatte sie weinend gesagt, «werde ich dich wiedersehen wie heute, so schön, so herrlich schön!»

Die Kranke war nun schnell und vollständig genesen, und als wir nach Friedeburg kamen, befand sie sich – vielleicht zu einer Nachkur – bei einer befreundeten auswärtigen Familie im ununterbrochensten Eßschlaf, daher ich sie nicht sah.

Das war es, was ich damals aus dem Gespräch der Großen auffing und mir später, bei reiferen Jahren, von Senff bestätigt ward – immerhin genug, in dem Gehirne eines phantastischen Knaben die mannigfachsten Gedanken anzuregen. Namentlich glaubte ich jetzt den Schlüssel zu jener Glorie zu haben, die ich unlängst um meines Lehrers Haupt gesehen hatte. Ich konnte damals wohl ein wenig somnambul gewesen sein und durfte mich in diesem Falle einer Fähigkeit erfreuen, die ich gern einmal zur Perfektion gebracht hätte, namentlich um meine Mutter in ihrer himmlischen Gestalt zu sehen. Die Eindrücke jener Zeit drängten und verdrängten sich indes so rasch, daß ich am einzelnen nicht lange haften konnte.

So brachten wir, nach Halle zurückgekehrt, unter anderem einen Abend bei Senffs zweitem Bruder zu, welcher Anatom und Professor an der Klinik war. Was mir zuerst auffiel, war ein gewisses süßlich widerliches *jenesaisquoi*, das mir schon auf der Treppe auffiel und alle Räume der Wohnung durchwebte. Die Ursache lag übrigens zutage, denn an den Wänden des Vorsaales prangte eine reiche Sammlung anatomischer

Präparate, die in wasserhellem Spiritus alle Gattungen und Arten des Unaussprechlichsten enthielt.

Kinder haben bei ihren Sammlungen kaum andere Zwecke als ästhetische, sie pflegen ihre Schmetterlinge und Siegel nur zur Augenweide aufzustellen; was aber einen erwachsenen Mann bewogen haben konnte, dergleichen ekelhafte Mißgeburten, Geschwülste und Geschwüre nicht nur sorgfältig zu bewahren, sondern obendrein noch damit zu prunken, wie das hier der Fall schien, war mir unverständlich. Inzwischen mußte diese Sammlung dennoch ihren Reiz haben; vielleicht war es der französischer Romane, der Reiz des Gräßlichen, denn während die Großen sich im Nebenzimmer lachend unterhielten, stand ich noch lange allein vor jenen Gläsern und schaute mit genußvollem Abscheu an, was mir so sehr mißfiel. Schon etwas übelig, ward ich zum Essen gerufen, wo meiner eine neue Prüfung wartete. Man war glücklicherweise schon beim Nachtisch, als ein Bürgersmann hereintrat und dem Professor ein ansehnliches Paket in blauem Zuckerpapier überreichte. Dieser schien darüber in so hohem Grade erfreut, daß ich auf einen tüchtigen Pfefferkuchen oder Stollen schloß, den vielleicht ein dankbarer Bäcker für empfangenen ärztlichen Beistand spende. Statt dessen lag nach Entfernung aller Emballagen ein kleiner nackter Kinderleichnam auf dem Tische, mit grünem, hochaufgetriebenem Bauche. Sichtlich befriedigt befühlte und bestreichelte der Gelehrte diesen ohne Zweifel nicht wenig instruktiven Leib, gab dem Manne Geld und sprach zur Magd: «Trag's in den Keller!»

Ob nun noch andere Gründe hinzukamen,

weiß ich nicht, kurz, in der Nacht fand in meinem Bette eine Eruption statt, die das ganze Haus alarmierte.

Mein Geheimnis

Daß Halle ein Ort ist, wo junge Leute was profitieren und zu neuen Anschauungen gelangen können, muß schon aus dem Vorhergehenden erhellen, und dennoch bin ich mit dem Wichtigsten noch im Rückstand.

Meine Mutter, die in ihrer Kindheit mit abstraktem Religionsunterrichte, den eine alte Gouvernante erteilte, schrecklich gelangweilt worden, mochte wünschen, uns vor gleicher Belästigung zu bewahren. Im Einverständnis mit dem Vater und unseren Miteltern Volkmanns war die Religion daher von unserem Schulplan abgesetzt. Das Heilige sollte nicht wie lateinische Grammatik traktiert werden; es durfte nicht zur Schulplage werden, sollte uns vielmehr Herzenssache, Erhebung, Trost und Freude bleiben – und allerdings, wenn die Mutter gelegentlich in stillen Feierstunden mit uns Kindern von göttlichen Dingen sprach, so war dabei kein Leiden, nur herzerhebende Erbauung. Daß diese Unterhaltungen, die wir alle liebten, nichts anderes als die Religion zum Gegenstande hatten, ahnten wir nicht im geringsten. Unter Religion dachten wir uns vielmehr etwas ganz Apartes, für Kinder Unzugängliches, wovon nur zu reden unsererseits die äußerste Affektation verraten würde. Als daher Ludwig Engelhard einmal unter den Lehrgegenständen seiner Schule auch der Religion gedachte, so schien uns dies für seine Jahre ebenso unpassend, als wenn er in der Astrologie oder Kabbala unterrichtet würde, und wir befragten unseren Lehrer, ob es wohl wahr sein könne.

Um uns also die Religion nicht zu verleiden, verschonte man uns mit ihrer schulgerechten Unterweisung, und aus ähnlichen Gründen mochten wir denn auch in keine Kirche kommen, mit Ausnahme der katholischen, die Senff der geistlichen Konzerte wegen, welche dort gegeben wurden, ab und zu mit uns besuchte. Der mit den Eltern ganz einverstandene Lehrer mochte denken, daß wir von der Predigt doch nichts verstehen, uns langweilen und endlich einen Widerwillen vor öffentlichen Gottesdiensten in unsere reiferen Jahre mit hinübernehmen würden, vor welchem Nachteil man uns bewahren wollte. Daß gerade das Gegenteil damit erreicht wurde, lehrte später die Erfahrung.

Obgleich ich nun in Halle mitten in einem Pfarrhause lebte und dieses wie ein Sperlingsnest am Gotteshause angeheftet war, wurde ich hier dennoch nach denselben unkirchlichen Grundsätzen behandelt; und als am ersten Sonntagmorgen, den ich hier verlebte, die anderen alle zur Kirche gingen, schien es mir ganz selbstverständlich, daß ich zu Hause blieb. Ich wußte es nicht anders und hatte kein Verlangen nach einer Sache, die ich nicht kannte. Allein gelassen, schrieb ich vorerst einige Zeilen an meinem Tagebuche und schlenderte dann aus Langerweile im Hause herum, bis ich zufällig die offene Bodentreppe fand.

Rumpelkammern und Bodenräume haben für Kinder ein bedeutendes antiquarisches Interesse. Ich machte mich sogleich ans Werk, den alten Trödel des Hauses zu durchstöbern, als meine Aufmerksamkeit sich plötzlich einem anderen Gegenstande zuwandte. Mir war's, als hörte ich sprechen. Ich horchte auf: da schwieg die Stimme, aber es umschwebte mich ein wundervoller Klang, immer mächtiger anschwellend gleich den Orgeltönen, die ich zu Dresden in der katholischen Kirche gehört hatte. Darauf ging es in Harmonien über, und bald durchbrauste ein mächtiger, vollstimmiger Gesang aus Hunderten von Kehlen den einsamen Boden – ich aber stand da mit offenem Mund und Ohren wie ein Behexter. Doch bald erwachte der von Senff gepflegte Forschungstrieb: ich mußte der Sache auf den Grund gehen und examinierte die Lokalität so lange, bis ich dort oben an der Giebelwand eine viereckige Öffnung gewahrte, die nicht ins Freie zu gehen schien.

Von dort drang offenbar der Tönestrom herein. Ich baute mir ein Treppchen von ein paar Kisten, kletterte hinauf und schmiegte meinen kleinen, biegsamen Körper in die tiefe Fensterbrüstung, die ich fast gänzlich ausfüllte. Da hockte ich wohlgeborgen wie eine junge Mauerschwalbe und blickte in den oberen Raum der Moritzkirche, sogar bis auf die Kanzel, wenn ich mich vorbog, was übrigens des Hinunterfallens wegen vermieden wurde.

Ich war bis dahin, wie gesagt, ein Fremdling im Hause meines Gottes gewesen, ich hatte keine Idee von einem öffentlichen Gottesdienst gehabt und wußte weder, was ein Choral, noch was eine Predigt war. Von alledem ward ich heute zum ersten Male Zeuge, und was ich dabei empfand, ist unaussprechlich. Kinder sind eines hohen Aufschwungs ihrer Gefühle fähig, und möglich, daß ich bei aller meiner Religionslosigkeit in meinem Mauerloche andächtiger war als irgendeiner der exzentrischen Schreier, die da drinnen Gott mit lauter Stimme priesen. Hätte ich mitten in der Gemeinde gesessen, so wäre ich vielleicht weniger gerührt gewesen, aber dieser Gottesdienst hatte für mich zugleich den Reiz der Heimlichkeit, die von Salomo gepriesene Niedlichkeit des gestohlenen Brotes, und «keine Kohle, kein Feuer kann brennen so heiß, als heimliche Liebe, von der niemand nichts weiß», welche Liebe man auch in Andacht transponieren kann.

Da schwieg die Orgel, und es begann die Predigt. Ich beugte mich neugierig vor und stürzte zwar nicht hinunter, wohl aber erblickte ich die ehrwürdige Gestalt des alten Senff in seinem schwarzen Chorrock. Ich konnte alle seine Worte hören, und sie dünkten mich sehr fromm und gut, obgleich ich schwerlich verstand, wovon die Rede war; doch ist das Nebensache, wenn man sich nur erbaut.

Als das Amen gesprochen wurde und die Kirchengebete begannen, fühlte ich übrigens, daß es genug sei. Ich schob mich aus meinem harten Neste heraus und kletterte herab, dehnte und streckte mich mit Behagen und gelobte mir, mein köstliches Geheimnis für mich zu behalten. Dies gelang auch bis zum nächsten Sonntag, wo Lorchen mich hier entdeckte und es nicht leiden wollte, daß ich ferner in das Loch kroch. Sie saß noch mit mir auf der Kiste, bis der Gesang zu Ende war; dann kam ich niemals wieder her.

Nach etwa vierzehntägigem Aufenthalt in Halle sollte unsere Wanderschaft mit einer Tour in die Berge beschlossen werden, auf welcher Senffs alter fünfundsiebzigjähriger Vater wie auch der Bruder Professor uns begleiteten, so daß wir gerade einen Wagen füllten.

Professor Senff war ein ziemlich wohlbeleibter, etwas pockennarbiger, jovialer Mensch mit breiter Brust und kurzem Halse, einer von denen, die gerne in Hemdärmeln sind und niemals ein Halstuch umlegen und den Hut auf dem Stocke tragen, ein guter Schwimmer und rüstiger Fußgänger. Er war voll Witz und guter Laune und hatte mich so in der Gewalt, daß ein Blick genügte, mich zum Ausplatzen zu bringen. Wenn er wollte, konnte er entsetzlich dumm aussehen, und diese Dummheitsflagge steckte er auf, wenn die Gesellschaft im Wagen stumm und faul ward; dann brach alles in Lachen aus. Auch konnte er zwei Schock Kirschen essen, ohne die Kerne auszuspucken; dann aber zählte er diese wieder aus dem Munde, und siehe da, es fehlte keiner. Dieses Kunststück nachzumachen, bemühte ich mich die ganze Reise, brachte es aber nicht weiter als bis auf zwanzig, und hintennach taten einem noch die Backen weh.

Wir fuhren über Mansfeld und machten Mittag auf dem alten Grafenschlosse, wo damals, in westfälischen Zeiten freilich, nur ein Gastwirt hauste. Von der geschichtlichen Bedeutung der Mansfelder Grafen hatte mir Senff das Nötige gesagt, so daß ich nicht ganz unvorbereitet die einfachen, halbverfallenen Räume ihrer ehemaligen Residenz durchwanderte. Ganz besonders interessierten mich die Souterrains, die weitläufigen Keller und Gänge, in denen wir bei Lampenlicht umherirrten. In dem großen Gewölbe unter der Kirche, wenn ich nicht irre, der ehemaligen Grabstätte der Grafen, hatte ich mich, den anderen voraneilend, etwas zu weit vorgewagt, als mich ein «Halt, junger Herr!» des Führers andonnerte, und noch zu rechter Zeit erwischte mich Professor Senff beim Kragen, sonst wäre ich wie Hamlets Geist versunken und in einen Schacht gestürzt, der dicht vor meinen Füßen steilrecht in die Tiefe ging.

Dergleichen Löcher sollte es, nach Aussage des Führers, in diesen Kellern viele geben, um tieferliegenden Gängen, deren Ende man nicht kenne, Luft zuzuführen, und die Vorstellung einer so endlosen unterirdischen Welt, die selbst den Bewohnern des Schlosses unbekanntes Land war, erfüllte mich mit ehrerbietigem Staunen. Überhaupt war mir's auf dem Mansfelder Schlosse, der ersten alten Burg, die ich zu sehen bekam, gar wundersam zumute, als sei ich der Gegenwart entrückt, als berühre mich eine längst verflossene, aber große Zeit mit geisterhaftem Flügelschlage und schlösse mich in träumerische Umarmung. Mit einer mir bis dahin unbekannten, nach dem, was unwiderruflich vergangen war, zurückgerichteten Sehnsucht verließ ich zögernd, noch oft mich umblickend, die altersgrauen Mauern des berühmten Schlosses.

Nicht minder haben sich mir, wenn nicht die Begebenheiten, doch die Gemütseindrücke der übrigen Reise eingeprägt. Ich sah das erste Gebirge, stand hoch auf dem Brocken, weit aufatmend über Nebel und Wolken, und stieg, durchrieselt von den Schauern der Unterwelt, hinab in die kristallenen Eingeweide der Erde.

Wie lebhaft Kinder doch empfinden mögen! Ich habe das später alles ohne sonderliche Emotion wiedergesehen und namentlich kaum begreifen können, wie das feuchte, dunkle Loch der Baumannshöhle mir damals einen so mächtigen Eindruck machen konnte. Aber freilich war das alles auch unendlich schöner und charakteristischer als jetzt. Der Harz war noch ein abgelegenes Waldgebirge mit ungebauten Wegen, die sich malerisch durch die Täler zogen. Geradlinige Chausseen mit schattenlosen Obstalleen oder gar, wie heutzutage, Schienenwege gab's noch nicht. Im Bodetale sah man weder Kellner noch Hotels, man hörte dort noch nichts vom Lärm der Kegelbahnen, und kein Konditor hatte sich unter jenen Felsenhängen angesiedelt. Unverziert und unverschnörkelt stand der Falkenstein noch in seiner ursprünglichen Einfalt da, und die Tropfsteinwände der Höhlen, jetzt geschwärzt vom Dampf der Feuerwerke, waren rein und weiß wie Zucker. Man reiste freilich unbequemer, aber ebendeswegen mit reichlicherem Genuß; denn mit dem Preise, den wir dafür zahlen, steigt der Wert der Dinge.

Der letzte Ort am Harz, den wir berührten, war Ballenstedt. Gleichgültig sah ich das weiße Schloß mit seinen Gärten an, nicht ahnend, daß ich als Flüchtling bald hierher zurückkehren sollte, und noch weniger, welche tief einschneidende Bedeutung dieser kleine Ort einst für mein späteres Leben haben würde.

Von Halle aus ging's dann weiter und ohne Aufenthalt zurück nach Dresden.

4. Der Komet und Margarete

In Dresden wollte es mir anfangs nicht gefallen; nicht etwa, weil ich nun die Welt gesehen, Halle, Ballenstedt, Brocken und Baumannshöhle, sondern weil ich die gewohnte Häuslichkeit nicht vorfand. Schmerzlich vermißte ich meine Mutter. Sie hatte nach beendigter Kur im Radeberger Bade, das sie jährlich brauchte, auf Verlangen des Arztes noch einen Weinberg bezogen, um dort mit meiner Schwester den Rest des Sommers zu verleben. Der Vater leistete ihr meist Gesellschaft, und da auch Volkmanns von einem Aufenthalte auf ihrem Gute Tschorta bei Leipzig noch nicht zurück waren, blieben mein Bruder und ich vorerst allein in Dresden am Senffschen Schultisch übrig.

So verödet, wie wir waren, hatten weder Studien noch Spiele Reiz. In steter Sehnsucht nach Eltern, Genuß und Freiheit, zählten wir die Wochentage als bloße Nullen ab, den Zähler Sonntag vollzumachen, den wir gemeinschaftlich in Loschwitz auf dem Weinberge zu verfeiern pflegten. Und in der Tat war es kein Hund – wie die Studenten sagen –, nach sechstägiger, heißer, mühsam durchgeplagter Schulzeit am Sonntagmorgen auf freier Bergeshöhe im Paradiese Gottes zu erwachen. Da fuhr man ungeweckt in aller Frühe schon vor 5 Uhr aus dem Bette, während man sich doch in Dresden, trotz Senffs Geschrei und Rütteln, kaum um 7 Uhr ermuntern konnte.

Mein erstes war dann, wie ich war und aus den Federn fuhr, hinaus ins Freie zu treten, wo mich in der Regel schon der Winzerjunge, Gottlieb Braun, ein derber Junge meines Alters, erwartete. Auch er pflegte in dieser frühen Stunde nicht anders als im Negligé, nämlich im bloßen Hemde, zu erscheinen. Wir gingen dann mit nackten Füßen behaglich durch das tauige Gras zum Röhrbrunnen hin, in dessen frischem Wasser wir uns wuschen. Hierin war Gottlieb Meister. Er lehrte mich den Mund voll Wasser ziehen und dieses geräuschvoll in starken Strahlen gegen die ausgebreiteten Hände blasen, von denen es ins Gesicht rikoschettierte. Ich übertraf indes den Meister bald, indem ich mit ganzem Leibe in den Trog sprang, was jener mir nicht nachtun konnte, weil er von seinem Hemde unzertrennlich war. Seine Mutter pflegte ihm nämlich am Johannistage jedes Jahres ein ganz neues Hemd auf den Leib zu nähen, welches er zwölf Monate lang tragen mußte, um es dann als abgenutzten Lumpen über den Zaun zu werfen.

Wenn wir gebadet hatten, drängte eine Lust die andere, und man konnte es radikal vergessen, daß es auch noch Rechenstunde und lateinische Grammatik in der Welt gebe. Um die Mutter freilich, auf die ich mich doch zumeist gefreut, bekümmerte ich mich wenig. Wenn wir Kinder uns herumtrieben, den Abfluß des Röhrbrunnens abdämmten und Überschwemmungen machten oder Höhlen in den Sand des Weinbergs gruben, in denen uns kein Burkhard schrecken durfte, war sie beim Vater und den Freunden, die sie sonntags zu besuchen pflegten; doch aber war es wesentlich das Bewußtsein der mütterlichen Nähe, das mir jene Tage so verklärte, Spiel und Speisen würzte und das Scheiden schwer machte. Wenn dann der spätere Abend herankam und sie mir beim Abschied noch den verwüsteten Hemdkragen glattstrich und mich auf die Stirne küßte, dann fühlte ich's erst recht, wie lieb ich meine Mutter hatte, und schonte meinen Kragen auf dem ganzen Wege, damit er möglichst lange bliebe, wie er von ihrer Hand gelegt war.

Bei diesen nächtlichen Wanderungen in die Stadt, die wir teils zu Fuße machten oder auch in größerer Gesellschaft zu Wasser, erschien dann regelmäßig am Himmel unter tausend und abertausend kleinen Sternen die Feuerrute des riesigen Kometen von 1811.

Gottlieb hatte mir gesagt, daß das Krieg bedeute, und weder Senff noch die übrigen aufgeklärten Freunde unseres Hauses widersprachen, denn leider war der einsame Segler dort oben nicht der einzige Prophet, der damals Unheil und schwere Zeit verkündete. Das mächtige Kaiserreich Napoleons rüstete jetzt offenbar in allen seinen Teilen, und auch Rußland raffte sich auf und wies die Zähne. Es rief die Reichswehr zu den Waffen und konzentrierte imposante Kräfte an den Grenzen. Durch Allianzen suchten beide Mächte sich zu stärken, und im Spätherbst 1811 mochte wohl niemand mehr ernstlich an die Erhaltung des Friedens glauben. Große und kleine Leute fühlten sich beängstigt und zürnten dem Blutmenschen Napoleon und seiner ruhelosen Nation, die in ihrer Tobsucht nimmer müde wurde, die erschöpften Völker in immer neue Händel zu verwickeln.

Da geschah es, daß um jene Zeit des bittersten Franzosenhasses eine blutjunge Pariserin von kaum 17 Jahren nicht nur in unser Haus verschlagen ward, sondern auch festen Fuß bei uns faßte. Wir Kinder, die wir einen eigentlichen Unterschied zwischen Spitzbuben und

Franzosen nicht anzunehmen vermochten, sahen dies neue Familienglied mit scheelen Blikken an und mußten unseres ungefügen Benehmens wegen zu mehrerer Artigkeit ernstlich vermahnt werden. Bald aber faßten wir Zutrauen zu dem heiteren Mädchen und überzeugten uns, daß Marguerite Neff, oder Margarete, wie wir sie mit deutscher Betonung nannten, an allen Übeltaten ihres Volkes ebenso unschuldig war als unsere kleine Schwester.

Margarete hatte eine harte Jugendzeit durchlebt. In den Schreckenstagen der Revolution geboren, war sie erst im dritten Jahre, und zwar heimlich im Keller unter Weinfässern, getauft und somit ihr eigener Taufzeuge geworden. Dann hatte sie ihre Eltern verloren, war von unbemittelten Verwandten lieblos erzogen und endlich ins Ausland gejagt worden, um sich mittels ihrer Sprache selbständig zu erhalten. Rat- und freundlos kam sie nach Dresden und, Gott weiß wie, in unser Haus, wo meine Mutter sie aus Erbarmen mit ihrer Jugend zurückhielt, bis sich eine bessere Stelle für sie gefunden hätte. Da ging es denn an ein tüchtiges Parlieren mit Großen und mit Kleinen, und wir Kinder legten wenigstens in der Aussprache guten Grund zu ferneren Studien.

In unserer Feindschaft gegen Napoleon störte Margarete uns übrigens mit keinem Blick. In ihrem Reiseköfferchen verwahrte sie unter anderem Plunder, den sie uns gern vorwies, auch ein gleich einer Omelette zusammengerolltes Ölbild, ein männliches Porträt mit rotem Kragen, bloß mit Lokalfarben angestrichen und ganz geeignet, die Sperlinge damit zu schrecken. Nichtsdestoweniger pflegte Margarete diesen Götzen mit zerstörenden Küssen zu bedecken, denn er stellte ihren einzigen Bruder vor, der in Spanien von fanatischen Bauern wie ein Schwein geschlachtet worden war. Er sei so gut und brav gewesen, sagte sie mit heißen Tränen, und habe doch so ganz entsetzlich enden müssen.

Dann wieder hielt sie uns die Fratze neckend vor die Augen, daß wir entsetzt zurückfuhren, und fragte, ob wir nicht fänden, daß man sich davor fürchten könne. Es sei entsetzlich häßlich ausgefallen und gar nicht ähnlich. Aber der Bruder sei zu arm gewesen, einen Maler zu bezahlen, und ein Kamerad hätte es nur aus Gefälligkeit gemacht.

Die traurige Katastrophe des geliebten Bruders gab Margarete übrigens weniger den Mördern als Napoleon schuld. Frankreich, sagte sie, sei schön und groß genug, und man hätte jene spanischen Kannibalen in Frieden lassen mögen; aber der Kaiser bezwecke nicht das Glück der Franzosen, sondern den Ruin der ganzen Welt, und sie hasse ihn *de tout son cœur*. Das taten wir denn auch so weit als kindermöglich und gewannen Margarete dabei immer lieber, die bald wie eine ältere Schwester unter uns waltete und während der Kriegsdrangsale, die unser warteten, durch ihre Sprache und Landsmannschaft mit dem Feinde dem ganzen Hause von mancherlei Nutzen war. Sie war ein prächtiges Mädchen, französische Beweglichkeit mit deutscher Solidität verbindend, und hat es meine Eltern nie bereuen lassen, daß sie sich ihrer angenommen.

Da wir nun unsere kleine Sauvegarde im Hause hatten, so dauerte es auch nicht lange, als im Westen schwere Wetterwolken aufstiegen, und schon im Frühjahr 1812 wälzten sich die Heersäulen der krieggeübten französischen Armeen nach Norden. Durch Dresden zogen sie in dichtgedrängten Massen. Noch schweben mir die langen, dunkeln Züge der alten Garde mit ihren stolzen Adlern, hohen Bärenmützen und martialischen Gesichtern wie düstere Traumgebilde vor; vorweg der kriegerische Lärm der Trommeln und Pfeifen, dann die gespenstischen Gestalten der Sappeure mit blinkenden Äxten und langen schwarzen Bärten, und hintennach endlose Reihen von Trossen.

So ging es täglich unter unseren Fenstern durch, Mann an Mann und Brigade an Brigade. Ich bekam fast alle Waffengattungen des großen Heeres zu sehen, die hohen Kürassiere mit beschweiften Helmen und goldenen Panzern, die leichtberittenen Chasseurs, Ulanen, Dragoner, Husaren, Voltigeurs, alle Gattungen von Infanterie und Artillerie mit guter Bespannung, endlich lange Züge von Pontons und Kriegsgerät. Es war eine gar treffliche Armee, wie sie die Welt noch nicht gesehen, wohlversorgt und ausgerüstet mit allem Nötigen; sogar an Winterschuhe hatte man gedacht und an grüne Brillen gegen die Blendungen des Schnees. Endlich sahen wir noch ein ganzes Geschwader von jungen Nähterinnen auf kleinen Pferden folgen, vielleicht um die Soldaten im rohen Rußland vor Verwilderung zu bewahren.

Aber auch die deutschen, spanischen und italienischen Truppen, die dem Machtgebot des Zwingherrn folgten, sahen kriegerisch und trotzig drein. Sie hatten seine Siege mit erfochten, teilten die Ehren seiner Armee und sollten mit dieser auch die letzte Katastrophe teilen.

Zu Anfang Mai erschien Napoleon selbst und empfing, von zahlreichen anderen Vasallenfürsten umgeben, auch die Besuche seiner hohen Verbündeten, des Kaisers Franz und Königs Friedrich Wilhelm. Letzterem begegnete ich bei Gelegenheit eines Spaziergangs auf der Brühlschen Terrasse und schloß ihn gleich ins Herz, weil er so würdig aussah und so traurig und Senff mir sagte, er sei ein guter königlicher Herr.

Es gab überhaupt damals recht viel zu sehen in Dresden. Die Anwesenheit so vieler Kriegsheere erfüllte die Stadt mit kriegerischem Pomp; Glocken und Kanonen spielten zum Empfang der Fürsten auf, großartige Paraden und Manöver unterhielten sie, und bei Nacht erstrahlte die Stadt im Zauberglanze tausendfältiger Lampen. Ich weiß es nicht, ob es bei dieser oder einer anderen napoleonischen Gelegenheit war, daß sich ein von bunten Papierlaternen komponierter breiter Regenbogen in allen Farben des Lichtes vom Elbspiegel aus hoch über die Brücke spannte – das Reizendste, was man von nächtlichen Lichteffekten sehen konnte. Auch Feuerwerk durchprasselte die Luft, Tempel und Namenszüge flammten in Brillantfeuer, und jedenfalls mochte man klug tun, im voraus zu triumphieren, da sich nachher keine Veranlassung mehr dazu finden wollte.

Dabei lagen alle Häuser voll Militär, das fast in allen Zungen Europas durcheinander lachte, sprach und fluchte. Auch wir, obgleich nur

Mietsleute, hatten einen General im Quartier, der mit seinem Gefolge fast die Hälfte unserer Räume einnahm, und die bedrängte Mutter erschrak nicht wenig, als sich eines schönen Morgens zum Überfluß auch noch ein Flügeladjutant des neben uns residierenden Königs von Neapel einfand. Während ein Arrangement getroffen wurde, ihn unterzubringen, entspann sich zwischen ihm und meiner Mutter die folgende Unterhaltung.

Wenn Madame vielleicht den Kaiser sehen wolle, sagte der Fremde, so möge sie nur ans Fenster treten, er werde gleich vorbeireiten.

Vielmehr werde sie sich, erwiderte meine Mutter, mit Erlaubnis ihres Gastes in die Hofzimmer zurückziehen, da sie wenig Neigung fühle, den Mann zu sehen, der im Begriffe sei, ein armes Volk zu zertreten, das ihm nichts getan habe.

Jener lachte und sagte, es würde auch zu nichts führen, als die Augen wieder abzuwenden. Darauf fügte er vertraulich hinzu: «Glauben Sie mir, Madame, ich teile Ihren Geschmack und könnte Sie um solche Hofzimmer wohl beneiden.» Dies Bekenntnis war etwas unerwartet von einem Offizier der großen Armee, und meine Mutter brach das Gespräch ab. Bei näherer Bekanntschaft zeigte sich indessen, daß der vermeintliche Franzose ein Italiener und als solcher vielleicht nicht ganz unberechtigt war, sich den Beglücker seines Vaterlandes aus dem Wege zu wünschen. Mit meinem Vater, der Italienisch mit ihm sprach, wurde er schnell vertraut und wußte beim Glase Wein als Augenzeuge schauerliche Dinge zu berichten. Er nannte Napoleon einen Geist der Finsternis, der im Himmel und auf Erden nichts respektiere als sich selbst. Am besten wüßten das, die ihm am nächsten ständen, seine Marschälle und Verwandten, welche oft versucht sein möchten, sich in Hofhinterzimmer zu wünschen, wenn sie sich für ihre Fürstentitel buchstäblich mit Füßen müßten treten lassen. Bei seinem endlichen Abmarsch sagte er meiner Mutter: «Ich wünsche Ihnen Glück, Madame, zu diesem klugen Kriege, der Ihre Feinde aufessen wird. Sie sehen schwerlich viele von uns wieder.»

Was meine Wenigkeit anlangt, so teilte ich zwar aufrichtig den Widerwillen meiner guten Mutter gegen den Helden des Jahrhunderts, doch hatte mich das nicht abgehalten, mich an jenem Morgen auf die Straße zu begeben, um mir den hochgewaltigen Mann, dessen Name auf allen Lippen war, möglichst von nahem zu besehen. Auch war es mir gelungen, in einem Augenblicke, da er anhielt, um eine Meldung anzuhören, nicht weit von seinem Pferde Fuß zu fassen. Da blickte ich ihm lange in sein gelblich fahles, damals schon gedunsenes Gesicht, das mir den Eindruck eines Leichenfeldes machte. Seine festen, imperatorischen Züge waren kalt und ruhig, sein Auge tot, und gleichgültig ruhte sein trüber Blick ein Weilchen auch auf dem kleinen, ihn neugierig anstarrenden Knaben. Dann ritt er langsam weiter, von seinem glänzenden Stabe gefolgt.

Neben ihm war Murat, der König von Neapel. Er sah phantastisch aus, wie ein Theaterprinz, trug ein Barett mit Straußenfedern, gestickte Schnürstiefel und einen kurzen, reich mit Gold belegten Waffenrock. Aber neben der einfachen Gestalt des Kaisers entschwand er dem Blicke schnell. Jenem blickte ich lange nach, dem kleinen, unscheinbaren, großen Manne in seinem schlichten Überröckchen. Das also war er! dacht' ich.

Napoleon ritt seitdem noch oft vorüber, doch meine Mutter sah ihn nie. Wie nachteilige Speisen ihr nicht schmeckten, auch nicht die delikatesten, so mochte sie auch nichts sehen, was ihr verderblich schien, wenn es auch noch so interessant war. In ihren Augen war jener große Mann nichts anderes als eine dem Abgrunde der Hölle entstiegene Schreckgestalt, ein Dieb, ein Räuber, ein Mörder, ein Vielfraß an Ländern, Blut und eitler Ehre. Seine Größe bewunderte sie am wenigsten. Was sie davon erkannte, schrieb sie lediglich dem Zorne Gottes zu, der ihn als einen giftigen Skorpion vom Staube aufgerafft, die Welt mit ihm zu geißeln. Man kann sich daher ihr Befremden denken, als sie erfuhr, daß eine Dame unserer Bekanntschaft voll Begeisterung ausgerufen habe: «Oh, daß ich ihm die Füße küssen dürfte – und dann sterben!»

«*Veder Neapoli – e poi morir!*» parodierte mein Vater. Er seinerseits hatte übrigens jede Gelegenheit wahrgenommen, den großen Mann zu sehen, sooft er konnte, nicht, um daran zu sterben, sondern nur, sich seine Züge einzuprägen. Dann malte er ein schönes, düsteres Bild, das er seiner Sammlung von Zeitgenossen einverleibte.

5. *Von den kleineren Größen*

Die Franzosen waren abgezogen, und hinter ihnen wirbelte der Staub auf, wenigstens in unserem Hause. Es ward mit Besen gefegt, gescheuert und gelüftet; dann erfreute man sich wieder der altgewohnten Lebensordnung und des ungestörten Verkehrs mit zahlreichen Freunden und Bekannten, deren Gemeinschaft die Last der Zeit erleichterte.

Konventionellen Umgang waren meine Eltern so glücklich, nicht zu kennen, und doch auch waren sie so wenig als irgend jemand in der Lage, sich ihre Gesellschaft ganz willkürlich zu wählen; was ihnen aber davon zufiel, war meistens von der Art, daß sie Genuß daran hatten, den zum großen Teil sogar wir Kinder mitempfanden. Unter den künstlerischen Freunden unseres Hauses aber stand uns Kleinen jedenfalls der Landschaftsmaler Professor Friedrich obenan, vielleicht weil er sich am meisten mit uns einließ und, was mich anbelangt, seine Eigentümlichkeit mir schon damals nichts weniger als unverständlich war und mich ganz besonders anzog.

Friedrich war ein sehr aparter Mensch. Mit seinem ungeheuren Kosakenbarte und großen, düsteren Augen hatte er ein treffliches Modell zu einem Bilde meines Vaters abgegeben, das den König Saul darstellte, über den der böse Geist vom Herrn kommt. Doch wohnte in ihm vielmehr ein Geist, der keine Fliege kränken, viel weniger geneigt sein konnte, den frommen Harfenisten David zu erlegen, ein sehr zarter, kindlicher Sinn, den Kinder und kindliche Naturen leicht erkannten, mit denen er daher auch gern und zutraulich verkehrte. Im allgemeinen war er menschenscheu, zog sich auf sich selbst zurück und hatte sich der Einsamkeit ergeben, die je länger, je mehr seine Vertraute ward und deren Reize er in seinen Bildern zu verherrlichen suchte.

Dergleichen Bilder waren früher nicht gewesen und werden schwerlich wiederkommen, denn Friedrich war ein Einundeinzigster in seiner Art wie alle wirklichen Genies. Es ist schade, daß man Kunstwerke nicht beschreiben kann; man kann eben nur ihren Stoff andeuten, und es war sonderbares Zeug, was Friedrich malte. Nicht paradiesische Gegenden voll Reichtum und lachender Pracht, wie Claude sie liebte und alle diejenigen gern sehen, die nur Stoff und Machwerk ansehen. Sehr einfach, ärmlich, ernst und schwermutsvoll, glichen Friedrichs Phantasien vielmehr den Liedern jenes alten Keltensängers, deren Stoff nichts ist als Nebel, Bergeshöhe und Heide. Ein Nebelmeer, aus dem eine einsame Felsenkoppe ins Sonnenlicht aufragt, ein öder Dünenstrand im Mondschein, die Trümmer eines Grönlandfahrers im Polareise – so und ähnlich waren die Gegenstände, die Friedrich malte und denen er ein eigentümliches Leben einzuhauchen wußte.

Mein besonderer Liebling unter diesen Bildern war ein junges Kiefernbäumchen im wirbelnden Schneewetter. Dichter Schnee lag oben darauf und fußhoch darum herum. Darunter aber, im Schutz des Nadeldaches, war es sehr heimlich, da war der Schnee nicht hingelangt, da schliefen die Kinder des vergangenen Sommers, Heidekraut und welke Halme und ein paar zusammengekrochene Schneckenhäuschen, im tiefsten Frieden. Das war das ganze Bild.

Mit so einfachen Mitteln große Wirkungen zu machen, vermag nicht jeder, und doch liegt es so nahe, Einfaches und Bekanntes darzustellen, wenn man verstanden sein will. Ein Kiefernbäumchen ist uns jedenfalls verständlicher als ein Palmbaum, den wir nie gesehen. Inzwischen hatte Friedrich doch immer nur ein kleines Publikum, weil er, wennschon mittels bekannter Formen, dennoch etwas zur Anschauung brachte, was die meisten Menschen fliehen, nämlich die Einsamkeit. Hätte mein Vater die Fremden, die seine Werkstatt besuchten, nicht regelmäßig auf Friedrich verwiesen und überall Lärm für ihn geschlagen, so würde der bedeutendste Landschaftsmaler seiner Zeit gehungert haben.

Dieser originelle Meister entstammte traditionell einem alten Grafengeschlecht, das, evangelischen Bekenntnisses wegen, vorzeiten aus seinem Stammsitz Friedrichsdorf in Schlesien ausgewiesen, sich nach Pommern gewandt und dort der Seifensiederei ergeben hatte. Auch unser Friedrich war der Sohn eines Greifswalder Seifensieders, und von den Eigenschaften seiner Ahnen hatten sich nur die inneren Werte tapferer Wahrheitsliebe, stolzen Freiheitssinnes und einer hohen moralischen Selbständigkeit auf ihn vererbt. Im übrigen war er so arm wie Kepler, von dem der Dichter singt: «Er wußte nur die Geister zu vergnügen, drum ließen ihn die Leiber ohne Brot.» Auch Friedrich kam aus seiner bedrängten Lage nie heraus, weil er zu menschenscheu und unbeholfen, vielleicht zu gut für diese Welt war. Namentlich nach dem Tode meines Vaters gestaltete sich sein Leben immer trüber, aber der Adel seiner Seele blieb ungebrochen. Die Felsenkoppe, die aus Nebeln nach der Sonne schaut, das war sein Bild.

Näher noch als Friedrich, mit dem er nicht allzuviel Berührungspunkte hatte, stand meinem Vater ein anderer namhafter Maler, der geist- und kenntnisreiche Professor Hartmann, derzeit Direktor der Akademie, um die er große Verdienste hatte. Wie Friedrich und wie fast alle Menschen, stammte auch Hartmann aus einem Hause, das seine Adelstitel abgelegt hatte, nämlich von dem alten, durch Leier und Schwert berühmten schwäbischen Geschlecht der Hartmann von der Aue. Hoch und stattlich gewachsen, von freier Haltung und feinen Manieren, gewandt und liebenswürdig, ehrenhaft in allen Beziehungen und sehr wohlgeordnet in seinen Finanzen, trug er von Kopf bis auf die Füße das Gepräge eines vornehmen Mannes. Er war auf der Karlsschule zu Stuttgart erzogen, für den Staatsdienst vorgebildet und besaß einen Schatz gelehrter Kenntnisse, den er fortwährend mehrte. Als Künstler hatte er sich einen Namen gemacht, und obgleich seine Bilder mehr meditiert als erfunden waren, so hielt mein Vater ihn doch sehr hoch als gründlich durchgebildeten Historienmaler und bediente sich gern seines Rates. Ebenso schätzte er ihn als tüchtigen Menschen und liebenswürdigen Gesellschafter, kam fast täglich mit ihm zusammen und freute sich seines sprudelnden Witzes. Hartmann gehörte zu den treuesten Freunden unseres Hauses, übernahm nach meines Vaters Tode die Vormundschaft über uns Kinder und hat uns, solange er lebte, seine Teilnahme nicht entzogen.

Außer den beiden Obengenannten sprachen auch noch andere Kunstgenossen im «Gottessegen» ein und wurden wert gehalten. So der bekannte Sepiazeichner und Erfinder dieser Manier, Professor Seidelmann, und seine geistvolle Frau, eine Venezianerin, die ebenfalls malte, ein schwarzes Schnurrbärtchen und sogar auch den Professortitel hatte, den irgendeine Akademie ihr aus Courtoisie verliehen haben mochte. Dann der bekannte Schlachtenmaler Sauerweid, der namentlich des Abends auf dem Weinberge als geschickter Feuerwerker sehr geschätzt war, die talentvolle Therese aus dem Winkel, der bescheidene Bildhauer Kühne, Friedrichs Spezialfreund, und der Galerieinspektor von Demiani, ein Ungar, der sich indessen mehr durch Sachkenntnis und Gefälligkeit in seiner amtlichen Stellung als durch eigene künstlerische Leistung hervortat. Ein größeres Bild sollte er jedoch gemalt und auch ausgestellt haben, welches im Kataloge als eine Hagar in der Wüste bezeichnet worden. Es war eine öde, mannigfach zerklüftete Berglandschaft, so wie man etwa geneigt ist, sich die sinaitische Wüste vorzustellen; im Hintergrunde aber sonnte sich auf moosigem Felsen ein auffallend dickes Hippopotamus. Auf die Frage, wo denn die Hagar wäre, wurde man auf jenes ferne Ungeheuer verwiesen, welches sich denn auch bei näherer Besichtigung als die Gruppe einer Frau mit einem Kinde auswies.

Unter den Künstlern habe ich hier noch des berühmten Kupferstechers Professor Müller zu gedenken, der gerade damals mit Ausarbeitung seines bekanntesten Blattes, der Sixtinischen Madonna, beschäftigt war. Mein Vater hatte den Umriß dazu selbst gezeichnet; er interessierte sich sehr für diese Arbeit, besuchte Müller fleißig und nahm auch mich bisweilen mit. Da konnte ich mich denn nicht satt sehen an den edlen

Gestalten jenes Bildes, das ich zwar zu Hause täglich vor Augen hatte, das mir aber hier aus hell poliertem Kupfergrunde mit ganz neuem Reiz, wie aus einem Lichtmeer, entgegentrat. Der Abdruck auch des besten Stiches hat mehr oder minder immer etwas von dem kalten und sterilen Charakter der Federzeichnungen; auf der Platte aber ist Wärme, Licht und Leben, man vermißt die Farbe nicht und empfindet einen Zauber, der wenigstens in meinen Augen die Wirkung bunter Bilder noch übertrifft oder doch nur ausnahmsweise und nur von den größten Koloristen erreicht worden ist.

Bei einem dieser Besuche schenkte mir Müller eine kleine Kreidezeichnung, die er in Rom nach Raffael gemacht hatte. Es war dies ein jugendlicher Kopf aus der «Schule von Athen», mit wenigen Strichen meisterhaft aufs Papier geworfen und vollendet. Die Zeichnung sah so leicht und selbstverständlich aus, daß ich dachte, es könne dergleichen keine Hexerei sein, und mich ans Kopieren gab. Aber wohl zwanzigmal, zuletzt mit Tränen, habe ich das schöne Köpfchen nachgezeichnet und es in allerlei Fratzen verwandelt, die weder mit dem Original noch untereinander die geringste Ähnlichkeit hatten, bis ich endlich erkannte, daß es doch eine Hexerei war, und mich mit der gewonnenen Einsicht meines Unvermögens begnügen mußte. Das Müllersche Original aber verwahre ich noch heute als ein teures Andenken an den Geber und bewundere es jetzt mehr als damals.

Unter den wissenschaftlichen Zelebritäten Dresdens mochte meinem Vater der als einer der ersten Archäologen seiner Zeit bekannte Hofrat Böttiger am nächsten stehen, ein Mann, dessen hervorragendste Eigenschaften nächst einer überaus großen Gelehrsamkeit seine Freigebigkeit mit derselben und eine Dienstfertigkeit waren, die alle Vorstellung überstieg. Es sei ganz unmöglich, wurde gesagt, auch nur fünf Minuten lang mit Böttiger zu verkehren, ohne irgend etwas gelernt oder einen dankenswerten Dienst von ihm empfangen zu haben.

Andere gelehrte oder literarische Freunde waren: der alte, freundliche Bibliothekar Dasdorf, der meine Mutter mit jeder gewünschten Lektüre aus der Königlichen Bibliothek zu versorgen pflegte, der Professor Hasse, nachmaliger Biograph meines Vaters, der Graf von Loeben, in seinen Poesien *Isidorus orientalis* geheißen, der Minister von Nostitz, der sich Artur von Nordstern nannte, der Hofrat Winkler, Herausgeber der «Abendzeitung», der nachmalige Dichter des «Freischütz», Hofrat Kind, und der durch seine Erfindung künstlicher Mineralwasser sehr bekannt gewordene Apotheker Dr. Struve.

Letzterer beschäftigte sich damals mit Versuchen einer Zuckerbereitung aus Kartoffeln, um den immer teurer werdenden Rohrzucker zu ersetzen. Eines Abends brachte er uns ein Pröbchen davon mit. Da aber der Hals des Fläschchens zu eng war, den dicken Sirup zu entlassen, war man genötigt, eine Rabenfeder hineinzutauchen, die wir der Reihe nach ableckten, erst die Großen, dann die Kinder. Die Mutter zwar zog es vor, davonzubleiben; alle anderen aber waren sehr befriedigt und nicht weniger verwundert, wie es möglich gewesen, der herben Knolle eine solche, wenn auch etwas brenzlige Süßigkeit zu entlocken.

Weniger bekannte Namen als die vorgenannten übergehe ich hier und will in folgendem nur einzelner gedenken, die auf die innere Entwickelung meiner Eltern und durch diese auch auf uns Kinder einen für alle Zukunft maßgebenden Einfluß übten.

Christliche Influenzen

Die durch Geist und Herz, wie durch jeden persönlichen Wert gleich ausgezeichneten Brüder Joseph und Karl von Zezschwitz, beide im höheren Staatsdienst und etwa um jene Zeit durch Amt und Beruf nach Dresden geführt, hatten sich meinen Eltern schnell befreundet. Sie sowohl als ihre liebenswürdigen Frauen gehörten nach Geburt und Neigung der Brüdergemeinde an, welche damals vorzugsweise eine Trägerin reiner und gesunder Gotteserkenntnis war, und nach dieser Richtung hin erschlossen sie jetzt auch unserem Hause ganz neue Kreise von Ideen und Menschen. Durch sie wurden die Eltern mit einer Klasse von Personen bekannt, welche die Welt zu allen Zeiten mit den unliebsamsten Bezeichnungen, als Heuchler, Frömmler usw., zu brandmarken und zu kreuzigen pflegt, und namentlich war meine Mutter aufs freudigste überrascht, gerade unter solchen die trefflichsten Menschen zu finden, einem Geschlechte angehörig, nach welchem sie bis dahin in unbestimmter Herzensahnung vergeblich ausgesehen hatte.

Die hervorragendste Erscheinung unter diesen neu gewonnenen Freunden und Bekannten war eine hochgestellte Dame, eine Burggräfin zu Dohna, geborene Gräfin zu Stollberg-Wernigerode, in welcher meine Mutter die Realisierung ihres höchsten Ideals von weiblicher Anmut und Würde zu erkennen glaubte und die sie daher bald und zumeist vor allen Frauen ihrer Bekanntschaft liebte und verehrte. Wir Kinder blickten zu ihr auf wie zu einem höheren Wesen, und mein Vater wünschte sie katholisch, damit der Papst sie kanonisieren könne.

Auf dem schönen Gute Hermsdorf, zwischen Dresden und Königsbrück, lebte die Gräfin in häuslicher Stille und Zurückgezogenheit mit ihrem gleichgesinnten, streng kirchlichen Gemahl, mit welchem sie nur selten in die Stadt kam, dann aber immer bei uns vorsprach. Sie war eine Frau in ihren besten Jahren, von einnehmendstem Äußeren, mit weichen, dunkeln Augen, etwas bräunlichem Teint und einem Gesichtsausdruck so still und würdig, wie etwa Perugino ihn seinen heiligen Frauen zu geben wußte. Auf ihrer ganzen Erscheinung lag eine Weihe, die mehr oder weniger alle berührte, die sich ihr nahten, und wer von ihr ging, nahm sicherlich auch einen Segen mit.

Nicht daß diese teuere Gräfin gepredigt hätte wie ihre berühmte Zeitgenossin, die Frau von Krüdener, aber die wunderbare Hoheit ihres durchaus demütigen Wesens, die herzliche Teilnahme im Ausdruck ihres schönen Auges, die Treuherzigkeit im Ton der Stimme und am rechten Fleck ein gutes Wort der Aufmunterung, des Trostes, der Anerkennung oder Bitte, sowie auch eine stets sich gleichbleibende Heiterkeit des Geistes, das waren ebenso unabsichtliche als starke Zeugnisse von der Kraft und Herrlichkeit des Glaubens, der in ihr lebte und Gestalt gewonnen hatte. Die Leiden und selbst die Sünden anderer, auch die an ihr begangenen, fühlte sie als ihre eigenen. Sie hatte daher Entschuldigung für alles und herzliches Erbarmen für jeden Irrenden, insonderheit auch für die Feinde des Namens Jesu, deren Feindschaft sie doch auch selbst nicht selten traf. Denn so hoch die Gräfin von denen verehrt ward, die das Glück hatten, ihr persönlich nahen zu dürfen, so traf dennoch auch sie die Schmach Christi von seiten so mancher, die sie nicht kannten, und die Verleumdung ward nicht müde, recht bösartige Gerüchte über sie in Umlauf zu setzen. Sie war aber darüber weder verwundert noch erbittert, da es ja ihrem heiligen Herrn und Meister nicht anders ergangen und ihr, als seiner Jüngerin, nichts Besseres verheißen war. Dergleichen Persönlichkeiten aber predigen durch ihr bloßes Dasein eindringlicher und besser als alle Eloquenz der Kanzeln; doch wußte die Gräfin auch zu reden, wo sich's paßte, und Rechenschaft zu geben von ihrem Glauben. Zu ihren Freunden sprach sie gern von dem, was ihr das Herz erfüllte, und meiner Mutter öffnete sie den Blick in eine selige Welt trostreichen Erkennens.

Es ist mancherlei geredet und gestritten worden über den Begriff und Wert der Tradition in christlicher Kirche. Man hat einerseits eine Kette von Menschensatzungen als Zeugnisse des Heiligen Geistes dem Worte Gottes gleichgestellt, andererseits ebenso irrtümlich angenommen, daß die Heilige Schrift an sich schon genügsam zu ihrem Verständnisse ausreiche, für solche wenigstens, die den guten Willen zu verstehen hätten. Doch habe ich mehrfältig erfahren, wie der Sinn des geschriebenen Wortes selbst dem reinsten Willen verborgen bleiben konnte, bis das lebendige Zeugnis der gläubigen Gemeinde dem Verständnisse zu Hilfe kam.

Dieses persönliche Zeugnis lebendiger Menschen von ihrem Erkennen, Glauben, Lieben und Hoffen möchte ich mir erlauben, die rechte, zum Verständnisse der Schrift unerläßliche Tradition zu nennen. Sie ist nicht bei dieser oder jener Konfession, wenigstens nicht zu allen Zeiten und nicht immer in gleicher Reinheit: sie ist bei der ganzen gläubigen Christenheit aller Konfessionen, mit anderen Worten, bei der allgemeinen christlichen Kirche. Sie ist das Licht und das Zeugnis des Heiligen Geistes, der bei der Gemeinde bleiben und durch sie zeugen wird bis an das Ende aller Tage.

Meine Mutter war eine jener glücklichen Naturen, die eine natürliche Affinität zum Worte Gottes haben. Von ihrer Kindheit an hatte sie sich mit wunderbarer Liebe zu der heiligen Person des Kinderfreundes Jesu hingezogen gefühlt, dessen Vorbild und Geboten sie nachzuleben strebte, so gut sie konnte. Obschon sie im väterlichen Hause unter Einflüssen hatte leben müssen, die ihrem Verlangen nach geistlichem Wachstum die Nahrung möglichst entzogen, hatte sie dennoch die vereinzelten Strahlen christlicher Wahrheit, die an sie herandrangen, immer ohne Widerstreben in sich aufgenommen. Sie glich einer harmonischen Saite, die mitklingt, wenn verwandte Töne angeschlagen werden, hatte ein sehendes Auge und hörendes Ohr und lernte in der Regel, wo sie gute Lehren fand.

Demungeachtet aber, und obgleich meine liebe Mutter die Quelle in der Hand hielt und die Bibel fleißig las, besonders seit ihr diese durch manches, was sie von Herder gelesen, lieb und wert geworden, hatte sie doch bis dahin gerade die beseligendsten Aussprüche derselben kaum bemerkt, und erst jetzt im persönlichen Verkehr mit gereifteren Christen, und durch diese hingewiesen auf eine spezifisch christliche Literatur, begann ihr allgemach die Decke von den Augen zu fallen. Sie wurde angesteckt durch das Kontagium einer ewigen Heilung und trat ein in die Vorhallen des auf Golgatha erbauten Heiligtums, da Jesus Christus selbst das Hochamt hält.

Wesentlich aus der Hand jener unvergeßlichen Gräfin nahm meine Mutter den Schlüssel zu dem offenkundigen Geheimnis der Erlösung, und nun erst fing sie an, die Heilige Schrift auch zu verstehen, sie als Wort Gottes zu begreifen und zu glauben. Nicht daß sie damals gleich von vornherein zu einer fertig abgeschlossenen theologischen Ansicht gelangt wäre, zu der sie es überhaupt nie brachte: es waren eben nur Anfänge christlichen Anschauens und Erkennens, das seiner Natur nach niemals abschließt.

Inwiefern nun meine liebe Mutter bei solcher Bereicherung ihres inneren Lebens einer Selbsttäuschung erlegen oder nicht, darüber mochten die Ansichten ihrer älteren Freunde auseinandergehen. Ich kenne es aber nicht anders, und zwar nach einer langen Reihe von Erfahrungen, als daß alle diejenigen, denen es durch Gottes Gnade gelang, den Christenglauben zu ergreifen, eine köstliche Perle gefunden zu haben meinten, in deren Besitz sie sich beseligt und versöhnt mit Gott und Menschen fühlten. Umgekehrt aber habe ich es auch stets erfahren, daß Gläubige, die in ihrem Glaubensleben gestört wurden, dies immer auch in ihrem Seelenfrieden waren. Was meine Mutter anbelangt, so bekannte sie selbst von sich, nicht etwa, daß sie besser und vollkommener geworden, sondern daß sie in ein Element geraten, in welchem es ihr wohl war und da sie volles Genügen fand. War das Täuschung, so möchte ich allen Menschen solche Täuschung wünschen.

Die stillen Sonntagmorgen, die wir Kinder bei der Mutter zu verbringen pflegten, wurden jetzt immer segensreicher für uns. Wir saßen dann um den runden Tisch, wir Brüder zeichnend, die Schwester mühsam Strümpfe strickend für ihre Puppe, während die Mutter uns irgend etwas Erbauliches vorlas, etwa aus den damals erscheinenden Krummacherschen Kinderschriften, dem «Sonntage», dem «Festbüchlein» und anderen, oder auch Geschichten aus der Heiligen Schrift. Dann unterhielt sie sich mit uns über das Gelesene auf eine Weise, die wir wohl verstehen konnten, und in solchen Stunden schlang sich um die natürliche Liebe der Familie noch ein anderes, heiligeres Band, das unser aller Herzen trotz mannigfaltiger späterer Verirrung nicht nur untereinander, sondern, wie ich hoffe, auch mit unserer ewigen Heimat auf immer fest verknüpft hat.

Auch der Vater fand sich jetzt bisweilen, namentlich wenn wir auf dem Lande waren, mit irgendeiner leichten Arbeit zu diesen kleinen Hausgottesdiensten ein. Er hatte keinen Widerspruch in seiner Seele und hörte freundlich zu, sich anfänglich wohl nur des ruhigen Beisammenseins mit den Seinen freuend. Da kam es auch über ihn, und allgemach ward auch er von jener wunderbaren Ansteckung ergriffen, die aus tugendhaften Leuten arme Sünder macht und das Herz zu einer Liebe entzündet, die nicht von dieser Welt ist. Doch es mögen dies aber auch nur die ersten Lockungen der Gnade, die ersten Anfänge himmlischer Berufung gewesen sein. Das entschiedene Eingreifen der geoffenbarten Wahrheit blieb einem späteren Lebensabschnitt vorbehalten.

6. Die Neuigkeit des Stiefelputzers

Die politischen Ereignisse gingen ihren Gang und wurden in unserem Hause aufs lebhafteste besprochen. Zwar las mein Vater keine Zeitung, weil er keine Zeit dazu zu haben meinte; unser Hausarzt aber und treuer Freund, der Dr. Pönitz, las dafür jede. Er war, wie viele seiner Fachgenossen, ein lebendiges Tageblatt und kam zur Zeit und Unzeit, das Haus mit Nagelneuestem zu alarmieren.

Meine Eltern hatten die kolossalen französischen Armeen, geführt von den größten Feldherren der Zeit, nicht ohne Besorgnis nach Rußland ziehen sehen; daß aber dies riesige Reich so rasch und fast im Umsehen erobert werden würde, hatten sie sich nicht träumen lassen. In der Dresdener Hofkirche ward ein Tedeum nach dem anderen abgesungen zur Verherrlichung der siegreichen Fortschritte des großen Kaisers, bis endlich der Sturz des altehrwürdigen Moskau die Alleinherrschaft Napoleons über den Kontinent zu begründen schien.

Nichtsdestoweniger baute meine Mutter noch auf Alexanders kaiserliches Wort, daß er nicht

Frieden schließen werde, solange sich ein feindliches Bajonett auf russischer Erde zeige. Allein der Vater meinte, Napoleon sei jetzt Herr in Rußland, und der Friede werde sich ganz von selber schließen, eine Aussicht, die trostloser als jeder Krieg schien.

Da brachte der getreue Pönitz, anfänglich zwar nur als unverbürgtes Gerücht, die sich bald bestätigende Nachricht von dem schauerlichen Brande Moskaus. Man kannte den Hergang jedoch nicht und wußte nicht, ob man dies Ereignis zum Vorteil oder Nachteil deuten solle, bis ein Brief aus der fernen Heimat meiner Mutter den Weg zu uns gefunden und von dem Aufschwunge der öffentlichen Meinung wie von der Siegeszuversicht erzählte, welche infolge jenes Brandes ganz Rußland belebe und alle Stände zu jedem Opfer begeistere.

So durfte man denn wieder hoffen. Es war nicht unwahrscheinlich, daß solche Entschlossenheit Erfolge haben müsse, und diese Hoffnung schien sich denn auch bald in allerlei Gerüchten zu realisieren, die sich mit Eintritt des Winters häuften und rasch von Mund zu Munde flogen. Jetzt wußte Pönitz viel zu sagen von ernstlichen Verlegenheiten der großen Armee, von Hunger, Frost und Blöße, von schrecklicher Bedrängnis, unglücklichen Gefechten, Rückzug und Flucht, und immer lauter und kecker wurden die Gerüchte, obschon die offiziellen Berichte noch längere Zeit zu täuschen suchten. Gewisses war nicht zu erfahren, und die Spannung steigerte sich ins Ungeheure.

«Was gibt es Neues?» Das war die herrschende Phrase jener Zeit und die gangbare Rede, mit der sich jedermann begrüßte. «Was gibt's Neues, Blanke?» so pflegte mein Vater auch seinen Stiefelputzer anzureden, einen alten verdrossenen Mann, der für den abermals zu Felde liegenden Talkenberg vikarierte und, wenn es ihm überhaupt zu antworten beliebte, sich wohl herbeiließ, etwas von den Neuigkeiten mitzuteilen, die er auf seinen Gängen in die Stadt erfuhr. Nun mochte es etwa gegen die Weihnachtszeit sein, als der Alte sich auf obige Frage hinter den Ohren kratzte und gleichgültig erwiderte, er wisse nischt – außer etwa nur das, daß der Napoleon in der Nacht eingepassiert wäre.

«Wer sagt das?» rief mein Vater, indem er aufsprang und den alten Brummbär bei den Schultern packte.

«Nu, nu!» erwiderte der, «wer soll's denn sagen? Die Leute sprechen's.»

Der Vater ließ alles stehen und liegen, eilte in die Stadt und kam bald mit der Bestätigung der großen Novität zurück. Napoleon war wirklich angekommen, unangemeldet, allein und ohne alte oder junge Garde. Ganz überraschend war er halberfroren bei seinem Gesandten vorgefahren, hatte diesen aus den Federn geschreckt, sich in sein warmes Bett gelegt und war vor Tagesanbruch schon wieder abgereist. Der Hiobspost von dem Untergange der Armee vorauseilend, hatte er Norddeutschland wie ein Blitz durchzuckt, um in ein Dresdener Bett zu schlagen; dann zuckte er weiter bis Paris.

Der alte Blanke bekam für seine Nachricht einen Taler, und die zahlreich vorsprechenden Freunde tranken vom besten Rheinwein, den wir im Keller hatten. So wackere Gesichter hatte man lange nicht gesehen, denn wenn

Napoleon als sein eigener Kurier die Armee verlassen hatte, so mußte ihm das Wasser reichlich an die Kehle gehen.

Die Explosion

Nun folgte eine Neuigkeit der anderen; die früheren Gerüchte bestätigten sich und wurden von der Wahrheit noch überboten. Wir hörten jetzt offiziell von dem grauenhaftesten aller Rückzüge, ja von der völligen Vernichtung der unüberwindlichen Armee. General York ging über. Russische Heere drangen unaufhaltsam vor. Das niedergetretene Preußen erhob sich mit jugendlicher Kraft, und immer näher rückte auch uns die langersehnte Befreiung. Schon zu Anfang März ward der Wintzingerodesche Vortrab an der Elbe erwartet; der König von Sachsen verließ seine Residenz, und das schwache französische Kommando, das unter Regnier Dresden noch besetzt hielt, zog sich in die Altstadt mit der offenkundigen Absicht, die Brücke hinter sich zu sprengen. Die schöne Brücke, den Stolz des ganzen Landes, wollte man zerstören, und mit ihr vielleicht die halbe Stadt!

Es ist begreiflich, daß die Aufregung der ohnehin franzosenfeindlichen Einwohnerschaft durch solchen Vandalismus aufs äußerste gesteigert ward. Als daher das Pflaster aufgerissen wurde, um die Mine anzulegen, rottete sich das Volk zusammen und hinderte die Fortsetzung der Arbeiten mit Gewalt. Wie heute erinnere ich mich eines lauten tumultuarischen Geschreis auf den Straßen. Man rief nach Hilfe wider die Franzosen, und da wir gerade beim Abendessen saßen, griff mein Vater in der Eile nach dem Tranchiermesser, barg es unter seinem Rock und rannte mit Sturmeseile fort. Die Mutter rief und blickte ihm schwer geängstigt nach; aber glücklicherweise hatten die Franzosen, dem Andrang weichend, ihr Zerstörungswerk bereits sistiert. Bewaffnete Bürgerhaufen bewachten die Brücke.

Da zog am anderen Morgen der Marschall Davout von Meißen her mit einer imposanten Macht von 12000 Mann, die das Gerücht auf 20000 steigerte, in Dresden ein und stellte sich drohend *à cheval* der Brücke auf. Der Altstädter Schloßplatz mit den angrenzenden Straßen sowie der Neustädter Markt und die Lindenallee vor unseren Fenstern füllten sich mit Militär, das, vom Eilmarsch ermüdet, die Gewehre zusammenstellte und sich zum Biwak auf offener Straße anließ.

Ich lag mit meinem Bruder im Fenster, auf das Gewimmel blickend. Da zog leise, fast unbemerkt, ein schweres, zu dieser Jahreszeit sehr ungewöhnliches Gewitter die Elbe herauf, und plötzlich rollte ein majestätischer Donner über die Stadt hin. Die überraschten Franzosen reckten die Köpfe in die Höhe, sperrten die Mäuler auf, und wie auf ein verabredetes Zeichen äfften Tausende von Stimmen den Donner des Himmels nach. Aber in demselben Augenblicke schlug ihnen auch ein so energischer Sturzregen in die Zähne, daß sie fluchend unter ihre Mäntel krochen und sich zu bergen suchten, wie sie konnten. Die armen Menschen könnten ihr fast leid tun, sagte meine Mutter, wenn sie nicht allzusehr gelästert hätten, denn sie gehörte noch zur alten Schule, die im Donner Gottes Stimme vernahm.

Unterdes erfuhr man, daß die Vorstellungen des Magistrates den Marschall bewogen hatten, die Anlegung der Pulvermine in der Brücke sachverständigen Bergleuten zu vertrauen, was einigermaßen beruhigend wirkte. Doch aber ward der gesamten Einwohnerschaft aufs strengste anbefohlen, sich am nächsten Morgen weder auf der Straße noch in den Fenstern betreffen zu lassen. Letztere öffnen, wurde angeraten, damit sie nicht zersprängen.

Wir Kinder freuten uns dieser eigentümlichen Situation ganz kindisch. Wir hatten andere Interessen als die Großen, und auf einen Schaden mehr oder weniger kam es uns auch nicht an. Wir hofften, daß die katholische Kirche und das Schloß einstürzten, unsere Wohnung wenigstens wanken werde, und freuten uns unsäglich darauf, sämtliche Fenster auf die Straße fliegen zu sehen. Die Mehrzahl der Hausbesitzer mochte fürchten, was wir hofften.

Nun dämmerte der verhängnisvolle Morgen über die wohlbekannten Dächer der gegenüberliegenden Häuser herauf. Die Straßen waren öde und verlassen, und in banger Erwartung einer großen Katastrophe ruhte alle Arbeit. Man hörte keinen Laut in der weiten Stadt. Die Fenster standen offen trotz des frischen Morgens, doch ließ sich niemand blicken, und nur der aufsteigende Rauch aus den Feueressen bezeugte, daß die Einwohnerschaft nicht ausgestorben sei.

Wir hatten uns sämtlich in einen Alkoven zurückgezogen, der an das Wohnzimmer der Mutter stieß, um uns vor den Quadersteinen der Brücke zu sichern, von denen man annehmen zu dürfen glaubte, daß sie wie Vögel durch die Luft fliegen und in die Außenwände der

Häuser schlagen würden. Es waren Augenblicke der höchsten Spannung, denn die nächste Minute konnte über Tod und Leben entscheiden, und wir Kinder fingen an, dem vernünftigen Wunsche Raum zu geben, daß doch alles recht gut ablaufen möchte.

Da geschah ein dumpfer Schlag. Die Mutter faßte nach uns Kindern – doch waren mein Bruder und ich bereits beim Vater am Fenster und sahen eine dicke Rauchsäule über der Brücke aufwirbeln. Gleichzeitig flogen alle Haustüren auf, und die Bewohner drängten auf die Straße, den Schaden zu besehen. Aber siehe da! zwei Bogen und ein Pfeiler fehlten freilich an der Brücke, sonst war diese unbeschädigt, und auch die umliegenden Gebäude hatten nicht gelitten. Die Franzosen waren drüben in der Altstadt abgesperrt und nur eine kleine Abteilung sächsischer Infanterie bei uns zurückgeblieben. Mein Vater rieb sich die Hände: «Gottlob!» sagte er, «nun sind die Affen fort, und hoffentlich für immer!»

Die Russen

Der «Gottessegen» war ein hohes Haus, außer dem Erdgeschoß noch vier Etagen übereinander; dann folgte erst der Dachboden, an welchem alle Mietsleute ihren Anteil und Verschluß hatten. Hier oben war eine romantische Welt, ein Labyrinth von dunklen, winkligen Gängen, Verschlägen und Rumpelkammern voll alten, weggesetzten Hausrates und voll Reiz für Kinder. Überdem erfreute man sich aus den Dachluken einer weiten Aussicht auf die Meißener Gegend, wie auch nach Norden über das

Schwarze Tor hinaus bis auf die waldigen Höhen der Radeberger Heide.

Indem mein Bruder und ich nun eines Morgens hier unser Wesen hatten, fiel es uns ein, doch einmal auszuschauen, ob die Russen noch nicht kämen. Wir blickten angestrengt und lange in die Ferne und wollten eben die Köpfe wieder einziehen – da! – nein, es war keine Täuschung – da zeigten sie sich wirklich! Am Saum des fernen Kiefernwaldes, wo dieser an eine öde Sandfläche grenzte, die sich bis zur Stadt heranzog, war plötzlich ein neuer Gegenstand erschienen, ein dunkles Etwas, das sich lebhaft hin und her bewegte. Dann waren es zwei und immer mehrere. Bald schwärmte es wie ein Mückenschwarm der Stadt zu.

«Die Russen! die Russen!» frohlockten wir, und fort ging's mit Sturmeseile, den Eltern das entzückende Ereignis zu verkünden. Mein Bruder krallte sich fest an meine Jacke, schreiend, er wolle es auch mit sagen, denn er habe es zuerst gesehen, was auch nahe an die Wahrheit streifte. So wirbelten wir gekoppelt und doppelt die Treppe hinunter und drangen atemlos in das Arbeitszimmer des Vaters, der, empört über unser Ungestüm, den Malstock hob und uns die Flegelei verwies. Da er aber den Grund unserer Aufregung erfuhr, eilte er, die Arbeit vergessend, mit uns auf den Boden und blickte mit seinem scharfen Auge in die Ferne. Wir hatten recht gesehen: es waren Kosaken, die lustig auf dem Sande schwärmten und sich der Festung immer kecker nahten.

Ob wir hier Zeugen des ersten Schusses wurden, der aus der Stadt fiel, oder ob meine Phantasie die Erzählung anderer zum eigenen Erlebnis umgeprägt, kann ich nicht sagen; doch glaube ich gesehen zu haben, wie einer der Kosaken, nahe an die Palisaden heranreitend, auf den Knall einer Flinte taumelte und dann tot vom Pferde fiel, das ruhig neben ihm stehen blieb. Plötzlich aber war er wieder lebendig, sprang in den Sattel, schwenkte seine hohe Mütze gegen seine Mörder und jagte dann zurück zu seinen Kameraden. Dies Stückchen gefiel uns dermaßen wohl, daß wir es nachher, um es Margareten und anderen anschaulich zu machen, des öfteren wie eine Komödie aufgeführt haben. Ich kam auf einer Fußbank angesprengt, mein Bruder feuerte hinter dem Holzkorb vor, und dann geschah alles so wie dort.

An demselben Morgen sahen wir aus unseren Fenstern, wie zwei schlanke, hechtblaue Sachsenleutnants einen kleinen stämmigen Kosakenoffizier mit verbundenen Augen vorüberführten.

«Sie haben ihm ins Gesicht geschossen», sagte mein Bruder ruhig, «und ihn dann gefangen.»

Aber der Vater belehrte uns, daß das ein Parlamentär sei, den man zum Kommandanten führe. Ich sah den kleinen, straffen Parlamentär mit so lebhaftem Interesse an, daß er mir mit seinen festen, kurzen Schritten, seinem breiten Nacken und der stolzen Haltung seines verbundenen Kopfes noch heute ganz lebendig vor den Augen steht. Nach einigen Stunden verbreitete sich die sehr willkommene Nachricht, daß die Neustadt am folgenden Morgen übergeben werden solle.

Nächsten Tags in aller Frühe zog denn auch die sächsische Besatzung ab, während sich unsere Neustädter Honoratioren am Schwarzen Tor versammelten, um die Kosaken zu empfangen. Diese, geführt vom Obristen Brendel, etwa 800 Mann stark, zogen in guter Ordnung ein und machten unweit des Tores, auf dem damals noch freien Platze zwischen Kirche und Kaserne, halt. Auch mein Vater war mit uns Knaben hingegangen.

«Das sind deine Landsleute», sagte er mir, in welcher Bezeichnung für mich eine Aufforderung zu ungemessener Zärtlichkeit lag. Gern hätte ich wenigstens einigen die Hand gedrückt, da ich's nicht allen konnte, wenn mein Vater mich nicht an der seinigen festgehalten und die strenge Haltung dieser wilden Krieger mir nicht einiges Bedenken eingeflößt hätte.

Inzwischen dauerte die anfängliche militärische Erstarrung des jovialen Kosakenvölkchens nicht allzulange. Was irgend Beine hatte in der Neustadt, war nach dem Tore geeilt, und von allen Seiten drängten die Bürger mit freudigem Zuruf auf ihre Befreier ein. Diese Russen waren als Feinde der Franzosen teure Freunde und Gesinnungsgenossen: sie wurden wie Brüder empfangen, und enthusiastisches Jauchzen erfüllte den Platz. Der Branntwein strömte; jeder hatte ihn mitgebracht, und jeder wollte der erste sein, den langersehnten Barbaren den Hals damit zu füllen. Halb zog man sie, halb sanken sie im Freudentaumel aus den Sätteln. Man umarmte, man küßte sich und sprach in allen Zungen, bis die Quartierbilletts verteilt waren und die glücklichen Wirte mit ihren Mannschaften abzogen. Es war ein Funke der weltgeschichtlichen Begeisterung einer großen Zeit, der in die Herzen des Dresdner Volkes gefallen war.

Meinen Eltern ward ein Offizier zugeteilt, mit dessen Burschen wir Kinder, wie mit den übrigen

Kosaken im Hause, bald gute Freundschaft machten. Unsere gegenseitige laute und ununterbrochene Konversation war zwar sehr überflüssig, da wir uns nicht verstanden, doch gab es andere Mittel, sich zu befreunden, und Taten sind mehr wert als Worte. Wir schleppten unseren Freunden Lebensmittel zu, schenkten ihnen unsere ersparten Kupfermünzen und gingen ihnen zur Hand, so gut wir es vermochten. Sie dagegen schnitzten uns hölzerne Lanzen und Säbel, zeigten uns ihre Waffen, unter denen uns besonders ihre langen, in diversen Türkenkriegen erbeuteten und zum Teil sehr reich mit Silber eingelegten Pistolen wohlgefielen, und ließen uns auf ihren kleinen Pferden reiten.

Diese Kosaken aus den Freiheitskriegen waren gutartige, kindliche Burschen, zwar etwas diebisch und sehr versoffen, wie unser Hauswirt finden wollte, aber doch dabei recht fromm. Als einer von ihnen mit einer Meldung an seinen Offizier zu uns ins Zimmer trat und das große Marienbild erblickte, bekreuzte er sich sogleich und blieb mit aufgerissenem Munde wie angenagelt an der Türe stehen, keinen Blick von jenem Heiligtum verwendend. Der Offizier ersuchte meine Eltern in französischer Sprache, dem armen Kerl, der noch nie in seinem Leben ein so schönes Bild gesehen, zu gestatten, daß er näher hinzutrete, und meine Mutter, in aller Eile die Trümmer ihres halb vergessenen Russisch zusammenraffend, lud ihn nun selbst in seiner eigenen Sprache dazu ein.

Da überwog fürs erste die freudigste Überraschung jede andere Empfindung. Die heimischen Laute entzückten den Weithergekommenen, er krümmte und schmiegte sich mit lauten

Exklamationen vor meiner Mutter bis zur Erde, küßte und streichelte den Saum ihres Kleides und suchte auf alle Weise seine Freude zu bekunden. Dann wieder betrachtete er das Bild mit größter Verwunderung und erbat sich schließlich die Erlaubnis, auch einige Kameraden herzuführen.

So dauerte es denn nicht lange, daß ein ganzer Haufe von Kosaken mit ihren Schleppsäbeln die Treppe hinaufrasselten. Sie nahten sich dem Bilde aufs ehrerbietigste, warfen sich auf die Knie, bekreuzten sich und verrichteten ihre Andacht wie in der Kirche. Dann besprachen sie sich leise über das Wunderwerk, vor dem sie standen, und zogen sich dankend mit vielen Verbeugungen wieder zurück. Dasselbe wiederholte sich an demselben Tage noch öfter.

Der im vergangenen Jahre bei uns einquartiert gewesene französische General hatte sich vor demselben Bilde schmunzelnd eine Köchin gewünscht, die der Maria gleiche, worauf seine Adjutanten lachten und dem Gespräch eine so frivole Wendung gaben, daß meine Mutter das Zimmer verließ. Unsere Kosaken waren indes keine Generale, sondern nur gemeine Russen, denen man noch etwas Ehrfurcht vor dem Heiligen zugute halten konnte. Außerdem waren sie ein frisches, fröhliches Völkchen, voll Gesang und guter Laune und, wie gesagt, bisweilen auch voll Branntwein. Nüchtern aber oder trunken gingen sie doch immer ihrem Feinde keck zu Leibe, und täglich erzählte man sich von der unerschrockenen Gewandtheit, mit der sie ihre Streiche auszuführen wußten. Auf ihren unermüdlichen Pferden schwammen sie über den Strom, erschienen plötzlich im Rücken der Franzosen, die sie unablässig neckten und erschreckten und ihnen Abbruch taten, wo sie konnten. Bei Nacht gelang es ihnen sogar, zahlreiche am anderen Ufer versteckte Kähne wegzunehmen und nach der Neustadt überzuführen.

Der schlaue Führer dieses kecken Haufens, Obrist Brendel, war wunderlicherweise ein Deutscher und interessierte demnächst durch seinen ungeheuren Bart, der an üppiger Vegetation alle Vorstellung übertraf und ihm bis zum Gürtel reichte. Brendel hatte dem Vernehmen nach früher in österreichischen Diensten gestanden, wo er, wie man sagte, sich genötigt gesehen, jenen reglementswidrigen Auswuchs, da er ihn nicht abschneiden wollte, in langen Flechten unter die Uniform zu knöpfen. Als ihm aber auch dies verleidet worden, habe er endlich in der Vorliebe für seinen Bart seinen eigentlichen Beruf erkannt und sei Kosak geworden. In Dresden erfreute sich dieser bärtige Obrist einer dreifachen Huldigung. Die nichts von seiner Herkunft wußten, feierten ihn als Russen und furchtbaren Barbaren, die anderen als wohlgesinnten deutschen Landsmann, und alle, die mit ihm in Berührung kamen, freuten sich seiner kräftigen und jovialen Persönlichkeit. Er ward schnell zum Löwen des Tages; aber obschon man ihn nach Kräften zu fetieren suchte, konnte er sich doch mit dem faulen Leben nicht vertragen. Er mußte vorwärts und die Nachhut der Franzosen weiterdrängen.

Der Marschall Davout war zwar unmittelbar nach Sprengung der Brücke mit dem Kerne seiner Truppen abgezogen, doch standen in der Altstadt immer noch 3000 Mann, die mit der Pudelmütze nicht wegzuschlagen waren. Da geschah es aber, daß wir etwa in der zweiten Nacht nach Brendels Ankunft durch starken Trommelwirbel und ein schwerfälliges Gerassel aus dem Schlafe aufgestört wurden. Jedermann dachte an den Einmarsch eines Armeekorps mit zahlreicher Artillerie, und man war daher nicht wenig erstaunt, am nächsten Morgen die Straßen leer und alles beim alten zu finden. Der ganze Spektakel war nichts anderes gewesen als ein Gespenst, das Brendel heraufbeschworen, um die Franzosen aus der Altstadt wegzuschrecken. Er hatte nämlich aus den benachbarten kleinen Städten und Ortschaften die sämtlichen Trommler der Schützengesellschaften zusammentreiben und durch die Straßen der Neustadt wirbeln lassen. Hinter ihnen fuhren mit Steinen schwer beladene Leiterwagen. Die Franzosen aber hatten richtig Schein mit Sein verwechselt: sie waren abgezogen, und Brendel schwamm mit seinen Kosaken durch den Strom, sie zu verfolgen. Erst hinter ihnen schloß ein interimistischer Holzbau die große Bresche in der Brücke.

Jetzt brachte jeder Tag sein Neues. Auf die Kosaken folgten reguläre russische Truppen. Das Wintzingerodesche Armeekorps zog größtenteils durch Dresden, und zwar in bester Haltung mit Sang und Klang, mit fliegenden Fahnen und umgeben von dem Nimbus der gerechten Sache, für die es stritt. Solche Durchmärsche mit anzusehen, wäre an und für sich schon gut genug gewesen; wir Kinder aber hatten dabei noch ein spezifisches Interesse. In der russischen Armee nämlich dienten viele Livländer, unter denen sich leicht Verwandte finden konnten, eine Menschenklasse, die uns Kindern bis dahin fremd geblieben war, da die Familien des Vaters wie der

Mutter so weit von uns zu Hause waren. Wir sahen daher jeden russischen Offizier darauf an, ob nicht vielleicht ein Onkel in ihm stecke, suchten auch einzelnen, die uns wohlgefielen, durch vertrauliches Zunicken eine Entdeckung zu erleichtern, an der ihnen, wie wir meinten, ebensoviel gelegen sein mußte als uns selbst. Auf diese Weise erhielten wir manchen freundlichen Gruß zurück, ohne jedoch zu unserem Zweck zu kommen.

Aber die rechten Onkels stellten sich ganz von selber ein, und oh, wie klopfte mir das Herz, als ich eines Morgens in der Haustür stehend, von einem anreitenden Husarenoffizier gefragt ward, ob hier mein Vater wohne. Es war ein Vetter meiner Mutter, namens Georg von Bock, ein wunderschöner junger Mann vom stattlichsten Aussehen. Fast verschlang ich ihn mit den Augen und hatte eine Freude, die nur durch die vergangene Verwandtendürre erklärlich werden konnte. An seinem Arme ging ich stolz durch die Straßen bei den präsentierenden Posten vorüber und fühlte mich nicht schlecht geschmeichelt, wenn begegnende Soldaten Front vor uns machten. Das war doch anders als mit Talkenberg! Und oh, wie anziehend waren die Gespräche dieses Onkels für groß und klein, denn er hatte die ganze Kampagne in Rußland mitgemacht und erzählte in trefflicher Weise als Augenzeuge von den Schlachten bei Smolensk, bei Moshaisk, bei Maloi-Jaroslawez und von den Greueln an der Beresina. Leider konnte er nicht immer bleiben: er mußte weiter, wie andere liebe Verwandte, die ihm folgten, und wie ein Traumbild sind mir diese ersten Russen mit ihren Onkels hingeschwunden.

Es war eine große, herzerhebende Zeit, der wir entgegengingen, das Aufleuchten eines unvergleichlich herrlichen Morgens. Die ersten Strahlen deutscher Freiheit flammten blutigrot im Osten auf, begeisternde Verheißung spendend, und wie auf den Ruf der letzten Posaune regten sich die weiten Totengefilde des großen deutschen Vaterlandes zu neuem Leben, aber auch zu blutiger Arbeit. Das Wort Friedrich Wilhelms hatte sein scheintot darniederliegendes Volk aus schwerem Traum erweckt, und in frisch erstarkender Kraft schüttelte es die mächtigen Glieder und zersprengte seine Ketten, um wie ein einziger Mann zu seinem Könige, zur deutschen Sache und zu sich selbst zu stehen.

Ich war ein Kind und meiner kindischen Meinung nach ein Russe, aber dennoch fühlte auch ich mich von dem gewaltig heranbrausenden Sturm berührt, in welchem sich das Erwachen des nationalen deutschen Geistes damals so herrlich manifestierte. Das deutsche Blut in meinen Adern behauptete sein Recht, und mit Entzükken sah ich das erste freie deutsche Heer in Dresden einziehen.

Auf Wintzingerode folgte Blücher mit den Preußen, und waren die Russen von der Bevölkerung gut empfangen worden, so freute man sich jener doppelt, da man sie mit Recht als die Repräsentanten neu erstehender Ehre und Selbständigkeit des allgemeinen deutschen Vaterlandes ansah. Besonders erweckte gerade in dieser Beziehung das Erscheinen der Lützowschen Jäger den größten Enthusiasmus. Ein solches Korps aus lauter gebildeten, für nationale Freiheit glühend begeisterten jungen Männern hatte die deutsche Welt kaum je gesehen. Diese frischen Jünglinge schienen den Freiheitskämpfern des alten Griechenlands zu gleichen, denn wie jene zogen sie jung und heiter, schön und todesfreudig in den Kampf fürs Vaterland und seine Ehre. Man schwärmte laut für sie, und da sie nicht für die Sonderinteressen irgendeines deutschen Stammes, sondern für die allgemeine deutsche Sache streiten wollten, so fehlte es nirgends, und auch in Dresden nicht, an jungen Helden, die sich in ihre Reihen drängten. Unter diesen mochte der damals schon in weiten Kreisen bekannte und persönlich so beliebte junge Dichter Theodor Körner eine der glänzendsten Erscheinungen sein. Den sehe ich noch, wie er, Abschied nehmend, vor meinen Eltern stand. Seine schöne Gestalt im Schmuck der Waffen, der begeisterte Blick seines Auges, sein freundliches Wesen sowie die gute Meinung, die jeder von ihm hatte, das alles machte in mir den lebhaftesten Eindruck, und dankbar empfand ich's, daß er auch mich in seine Arme schloß.

Näher als Körner, den wir wenig kannten, stand uns ein anderer Freund, der jetzt ebenfalls im Begriff war, Dresden mit den Lützowern zu verlassen. Es war dies ein junger Maler, von Geburt ein Pommer, namens Kersting, ein frischer, jovialer, für seine Kunst begeisterter Mensch, der soeben angefangen hatte, durch eigentümlich ansprechende Bilder die öffentliche Aufmerksamkeit auf sich zu ziehen. Er malte nämlich in kleinem Format auf Holztafeln sehr saubere Porträts, ganze Figuren und in einer Umgebung, die ebenfalls Porträt war.

Es ist von unleugbarem Interesse, geliebte oder

ausgezeichnete und denkwürdige Personen in der ihnen eigentümlichen und ihrem Berufe angemessenen Umgebung zu sehen, die, wo sie sich auf charakteristische Weise gestaltet hat, keine Zufälligkeit mehr ist, so wenig als das Haus der Schnecke, das aus ihr selbst hervorgeht. Dies aber war in hohem Grade der Fall bei meinem Vater, wie auch bei dem schon früher genannten Freunde unseres Hauses, dem Landschaftsmaler Friedrich, welche beide Kersting in seiner Weise malte.

Das eigentliche Arbeitszimmer meines Vaters, das jedoch fremden Besuchern, die er im Vorzimmer unter seinen fertigen Bildern zu empfangen pflegte, verschlossen blieb, enthielt eine Welt der verschiedenartigsten Gegenstände. Die Wände waren hageldicht bedeckt mit Gipsen, mit Studien und allerlei künstlerischen Kuriositäten, mit seltenen Kupferstichen, Handzeichnungen berühmter Meister und dergleichen mehr. Aber auch Handwerksgeräte, wie jeder es im Hause brauchen kann, paradierte über einer Hobelbank in reicher Auswahl, als Sägen, Beile, Feilen, Meißel und anderer Utensilien. Desgleichen fielen die vielen Waffen auf, für die mein Vater große Liebhaberei hatte. Da sah man Armbrüste, Kugelbüchsen, Pistolen, Flinten und sehr kostbare Windbüchsen von verschiedener Konstruktion, auch Hieb- und Stichinstrumente bis zum Stockdegen herab. In den Ecken saßen oder hockten Gliederpuppen von verschiedenen Größen; hoch aufgerichtet aber stand unter Schädeln und Gebeinen ein vollständiges menschliches Skelett, das Entsetzen der Dienstmädchen, wenn sie mit Aufträgen von der Mutter durch die halbgeöffnete Türe schauten.

Endlich türmten sich reiche Sammlungen von

Kupferstichen und Pasten nebst selbstgefertigten Modellen aus Ton oder Wachs in Schränken wie auf Tisch und Stühlen auf, zwischen Farbenkästen, Reibsteinen, Paletten, Staffeleien und künstlerischem Geräte aller Art.

So mochten Maler, Bildhauer, Kupferstecher, Architekten, Archäologen, Zimmerleute, Tischler, ja auch Krieger hier das meiste finden, was sie brauchten, mit Ausnahme von Büchern, denn mein Vater hatte niemals weder Zeit noch Lust zum Lesen und hatte es auch nicht nötig, da Böttiger für ihn Gelehrtes, meine Mutter Belletristisches und Theologisches und Pönitz das Politische las. Denn dazu habe man Freunde, pflegte er zu sagen, daß sie für einen lesen.

In jenem chaotischen Arbeitszimmer war indessen dennoch keine Unordnung, da jedes Ding sich so ziemlich immer wieder auf demselben Platze oder Stuhle fand und mein Vater, was er brauchte, im Finstern greifen konnte. Er fühlte sich aber behaglich in solcher Anhäufung und behauptete, daß bei leeren Wänden und in aufgekramten Zimmern jede Phantasie verkümmern müsse.

Friedrichs Atelier dagegen war von so absoluter Leerheit, daß Jean Paul es dem ausgeweideten Leichnam eines toten Fürsten hätte vergleichen können. Es fand sich nichts darin als die Staffelei, ein Stuhl und ein Tisch, über welchem als einzigster Wandschmuck eine einsame Reißschiene hing, von der niemand begreifen konnte, wie sie zu der Ehre kam. Sogar der wohlberechtigte Malkasten nebst Ölflaschen und Farbelappen war ins Nebenzimmer verwiesen, denn Friedrich war der Meinung, daß alle äußeren Gegenstände die Bilderwelt im Innern stören.

Ebenso verschieden als die Arbeitszimmer war denn auch das Aussehen der beiden Arbeiter selbst. Mein Vater, brünett mit glattrasiertem Kinn, war stets sehr ordentlich gekleidet, während der hochblonde und kosakenbärtige Friedrich sich bei der Arbeit mit einem langen, grauen Reisemantel zu begnügen pflegte, der es zweifelhaft ließ, ob er sonst noch etwas darunter habe; und wer ihn kannte, wußte, daß dies nicht der Fall war.

Somit war es ein glücklicher Gedanke, diese beiden namhaften Männer mit ihren Ateliers als Gegenstände zu behandeln und auszustellen. Die Bilder verkauften sich auf dem Flecke, und andere Bestellungen folgten, so daß der wackere Kersting allerdings ein großes Opfer brachte, gerade jetzt seine künstlerische Tätigkeit zu unterbrechen. Indessen freute sich mein Vater seines Entschlusses und schenkte ihm nicht nur die Kugelbüchse zu seiner Equipierung, sondern übte ihn auch täglich im Schießen, bis er abzog.

Bald hörten wir, daß er beim Sturme der erste auf der Schanze gewesen, daß er Offizier geworden und das Eiserne Kreuz erhalten habe. Oh, wie begeisterten mich dergleichen Berichte! Ich wäre gar zu gern auch mitgezogen; aber ich war zu klein und hatte mich vorderhand nur mit Grammatik und Vokabeln herumzuschlagen.

8. Goethe

Nach den Preußen unter Blücher rückte Tschernitscheff nach Dresden vor. Die schöne Zeit des Onkels kehrte wieder. Russische Garden zogen ein, an ihrer Spitze Kaiser Alexander und der König Friedrich Wilhelm. Gleichzeitig aber fand sich noch ein anderer hoher Gast ein, ein Machthaber und Gewaltiger sondergleichen, der zwar über Roß und Reiter nicht verfügte, dessen Stimme auch im Rate der Monarchen nicht gehört ward, der aber dennoch in einer anderen Sphäre fast unumschränkte Macht ausübte.

Solange ich denken konnte, hatte der Name Goethe in dem Freundeskreise unseres Hauses einen mehr als königlichen Klang gehabt. Er war ja auch der Jupiter des deutschen Olymps, seine Worte waren Sprüche von kanonischer Bedeutung, sein Urteil die letzte Instanz in allen Gebieten des Schönen, in der Gedankenwelt und aller Weisheit der Menschen. Goethe war der einzige deutsche Dichter, an welchem mein Vater Geschmack fand, weil er der einzige sei, der deutsch schreibe, sagte er, und so weit ging er in der Wertschätzung seines Lieblings, daß er den Goetheschen «Faust», ihn gleich an die Bibel reihend, für das zweitbeste Buch der Welt erklärte.

Nicht so die Mutter. Für sie waren die Dichtungen des großen Meisters mannigfach verletzend. Zwar erkannte sie die Pracht und Wahrheit der Goetheschen Darstellung, den Wohlklang und die Einfalt der Sprache vollkommen und vielleicht mit größerem Verständnis an als die meisten unbedingten Anbeterinnen jenes geistigen Leviathans; aber es schien ihr diese hohe Meisterschaft zumeist an unwürdige Stoffe verschwendet, und es betrübte sie, allerlei Unsauberkeit der Sünde mit derselben, ja mit noch größerer Liebe behandelt zu sehen als sittlich Reines und Schönes. Sie wollte, daß so herrliche Kräfte allein im Dienste Gottes tätig wären, wie sie dies an Klopstocks und Herders Muse rühmte, die sie deshalb entschieden vorzog.

Dagegen nahm mein Vater seinen Liebling aufs wackerste in Schutz. Er entgegnete etwa, daß Goethe weder Schulmeister noch Pfaffe, sondern Dichter und als solcher wie alle Künstler nur mit seinem eigenen Maß zu messen sei. Er schildere die Dinge weder, wie er wünsche, daß sie sein möchten, noch wie Gott sie etwa fordern möge: er stelle sie vielmehr ganz einfach bloß nach ihrer Wahrheit dar, so wie sie wirklich wären, ohne sich ein Richteramt darüber anzumaßen. Was allen bekannt sei, was jeder habe und besitze, heiße es nun Glück oder Unglück, Gutes oder Böses, das stelle er als Wirkliches oder Unausweichliches dar, und zwar in einem versöhnlichen Lichte, bei dessen Schönheit und Liebenswürdigkeit man sich beruhigen könne.

Inzwischen blieb die Mutter bei ihren Sätzen. Wenn Dichter nur nach ihrem eigenen Maß bemessen werden dürften, sagte sie, so habe keiner einen Vorzug vor dem anderen. Überdem sei es keine Kunst, den Glücklichen mit seinem Lose auszusöhnen. Wem es wohlgehe in dieser Welt, wie dem Besprochenen selbst, der sei gar leicht befriedigt. Unglückliche aber würden schwerlich Trost in Goethes Schriften finden und sittlich Verirrte keine Stütze. Die letzteren aber mit ihren Zuständen noch obendrein versöhnen zu wollen, sei ganz unverantwortlich.

So stritt man hin und wider mit vielem Recht auf beiden Seiten; aber dem Ruhm des großen Mannes geschah dadurch kein Abbruch. Der Dichter, wie ihn meine Mutter suchte, fand sich aber nirgends, und immer blieb es wahr, daß, wenn Künstler nur nach eigenem Maße zu bemessen seien, allein das Maß des Genies, nicht das des moralischen Wertes ihrer Werke oder Personen entscheiden dürfe.

In meinen Kinderaugen gewann der Vielbesprochene durch solche Diskussionen nur an Bedeutung. Ich hatte nichts von ihm gelesen, und doch erschien er mir auf Autorität des Vaters hin wie eine Sonne, vor deren Glanz jedwedes andere Gestirn verbleichen müsse. Ja, er war allgemach in meiner Vorstellung zu einem solchen Koloß angewachsen, daß ich selbst für den einziehenden Kaiser Alexander nur ein halbes Auge hatte, da ich zwei Minuten vorher den hochgefeierten Dichter gesehen, an seiner Seite gestanden und freundliche Worte aus seinem Munde vernommen hatte.

Goethe war nämlich am Morgen des Einzugs der Monarchen ganz zutraulich bei uns eingetreten, und da er den Vater, der ihn anderwärts suchte, nicht zu Hause fand, hatte er die Mutter um Erlaubnis gebeten, bei ihr bleiben zu dürfen, um aus ihren Fenstern und vom Straßengedränge unbelästigt den erwarteten Einzug mit anzusehen. Er werde in keiner Weise stören, hatte er hinzugesetzt, wolle sich ganz still verhalten und bitte, keinerlei Notiz von ihm zu nehmen.

Die Mutter glaubte zu verstehen, daß er selbst unbelästigt sein wolle. Sie überließ ihm daher ein Fenster, setzte sich mit ihrer Arbeit in ein anderes und drängte sich ihm mit keiner Unterhaltung auf. Da stand er denn, der prachtvoll hohe Mann in seinem langen Überrock und blickte, die Hände auf dem Rücken, behaglich auf das bunte Gewühl des drängenden Volkes nieder. Er sah sehr heiter aus, und meine Mutter glaubte es ihm abzufühlen, wie dankbar er ihr für die Schonung sei, mit der sie ihn gewähren ließ, denn sie wußte, wie sehr der seltene Gast bis dahin von der bewundernden Zudringlichkeit schöngeisterischer Damen belästigt und gequält gewesen. Er pflegte sonst immer von großer Cortège umgeben zu sein, und da er so allein gekommen, nahm meine Mutter an, daß es ihm gelungen, sich vielleicht, vom Gedränge begünstigt, aus seiner anbetenden Umgebung wegzustehlen und hierher zu retten, um die feierlichen Eindrücke eines geschichtlichen Ereignisses ungestörter in sich aufzunehmen.

Sie rief daher auch mich hinweg, der ich dem großen Manne immer näher rückte und ihn anstarrte, wie einer, der zum ersten Male in seinem Leben einen Walfisch oder Elefanten sieht. Er aber zog mich an sich, legte die Hand auf meine Schulter und fragte mich dies und jenes, unter anderem auch, ob ich mich darauf freue, den Kaiser von Rußland zu sehen.

Ich sagte: ja, ich freute mich darauf, weil er mein Pate wäre, und allerdings hatte ich bis jetzt in dieser glücklichen Illusion gelebt, bloß weil ich eben auch Alexander hieß. Meine Mutter gab indes sogleich die nötige Aufklärung, und Goethe fragte nun manches über Rußland. So war sie dennoch mit ihm ins Gespräch gekommen.

Indem ward heftig an der Klingel gerissen. Ich sprang fort, um die Tür zu öffnen, und herein drang eine unbekannte Dame, groß und stattlich wie ein Kachelofen und nicht weniger erhitzt. Mit Hast rief sie mich an: «Ist Goethe hier?»

Goethe! Das war kurz und gut. Die Fremde gab ihm gegen mich, den fremden Knaben, weiter kein Epitheton, und kaum hatte ich die

Zeit, mein einfaches Ja herauszubringen, als sie auch schon, mich fast übersegelnd, unangemeldet und ohne üblichen Salutschuß, wie ein majestätischer Dreidecker in dem Zimmer meiner Mutter einlief.

Mit offenen Armen auf ihren Götzen zuschreitend, rief sie: «Goethe! ach Goethe, wie habe ich Sie gesucht! Und war denn das recht, mich so in Angst zu setzen?» Sie überschüttete ihn nun mit Freudenbezeugungen und Vorwürfen.

Unterdessen hatte sich der Dichter langsam umgewendet. Alles Wohlwollen war aus seinem Gesichte verschwunden, und er sah düster und versteinert aus, wie eine Rolandssäule. Auf meine Mutter zeigend, sagte er in sehr prägnanter Weise: «Da ist auch Frau von Kügelgen.»

Die Dame machte eine leichte Verbeugung, wandte dann aber ihrem Freunde, dessen üble Laune sie nicht bemerkte, ihre Breitseiten wieder zu und gab ihm eine volle Ladung nach der anderen von Freudenbezeugungen, daß sie ihn glücklich geentert, beteuernd, sie werde sich diesen Morgen nicht wieder von ihm lösen.

Jener war in sichtliches Mißbehagen versetzt. Es mochte ihm etwa zumute sein wie einmal meiner Wenigkeit in der Mädchenpension, und ohne Zweifel würde auch er, wenn er die Wahl gehabt, ein heimliches Produkt Ruten der aufdringlichen Zärtlichkeit seiner ekstatischen Freundin bei weitem vorgezogen haben. Er knöpfte seinen Oberrock bis ans Kinn zu, und da mein Vater eintrat und die Aufmerksamkeit der Dame, die ihn kannte, für einen Augenblick in Anspruch nahm – war Goethe plötzlich fort.

Entsetzt eilte die Getäuschte ihm nach, sich jeden Abschied sparend. Ob sie ihn noch erreichte, weiß ich nicht, da in demselben Moment die Ankunft der Monarchen das ganze Interesse von uns Rückbleibenden fesselte.

Während seines damaligen Aufenthaltes in Dresden habe ich indes den großen Dichter noch öfter anzustaunen Gelegenheit gehabt, und zwar stets mit einer Ehrfurcht, die sein königliches Wesen ganz von selbst hervorrief. Er schenkte meinen Eltern einen Mittag, und außerdem erinnere ich mich, daß wir die Rüstkammer miteinander besehen haben.

Diese ungemein reiche Sammlung alter Waffen befand sich damals noch in ihrem ursprünglichen Lokale, einem alten, burgartigen Gebäude auf der Schössergasse, und ward von uns Kindern jeder anderen Sammlung, auch der Bildergalerie, bei weitem vorgezogen. Wollte der Vater uns recht hoch beglücken, so ging er mit uns hin.

Gleich unten auf der dunkeln Hausflur standen vor dem Treppeneingang als Schildwachen zwei schwergeharnischte Figuren, die einen schon im voraus in die erforderliche Stimmung brachten. Dann ging es die steinerne, mit alten Hellebarden dekorierte Wendeltreppe in die Höhe durch drei verschiedene Etagen, deren Säle mit Dolchen, Schwertern, Speeren, Kampagnen- und Turnierharnischen, Fahnen, alten Feuergewehren und historischen Andenken aller Art gefüllt waren. Die Waffen standen und hingen da sämtlich noch ohne Gepränge und Ostentation, wie zu der Zeit, da sie im Gebrauch gewesen, und auch die Luft schien noch dieselbe, die Johann Friedrich und Kurfürst Moritz schon geatmet, wenn sie durch diese Räume schritten. Aber gerade dieser Moderduft schien mir das beste: er war die Melodie des Heldenliedes, das die Wände sangen.

Später, nach 1830, als der Fortschritt auch in Sachsen einbrach, wollte man es besser machen und stellte diese Waffen, etwa ein Drittel davon veräußernd, um die Kosten des Umzugs zu bestreiten, in den hohen, hellen Korridoren des Zwingers auf. Man ordnete nun die alten Mordgewehre zu glänzenden Sonnen oder freundlichen Rosetten und Girlanden an den Wänden, verbannte jenen mysteriösen Geruch der Vorzeit und nahm der Sammlung endlich selbst den Namen, indem sie jetzt ganz elegant «Historisches Museum» heißt. Das ist der Fortschritt des Geschmackes.

Goethe sah die Rüstkammer noch in ihrem alten Graus und freute sich daran. Noch sehe ich seine majestätische Gestalt mit der lebendigsten Teilnahme unter den gespenstischen Harnischen herumwandeln, welche, wie lebendige Recken auf prachtvoll geschnitzten Streitrossen sitzend, in den niedrigen Räumen des alten Lokales fast riesengroß erschienen. Einer besonders imposanten Gestalt nahm Goethe den von Edelsteinen funkelnden Kommandostab aus der Eisenfaust, wog ihn in der Hand und zeigte ihn uns Kindern.

«Was meint ihr», sagte er, «mit solchem Zepter zu kommandieren, muß eine Lust sein, wenn man ein Kerl danach ist!» und er sah gerade aus, als wenn er selbst der Kerl danach wäre.

Das sind die dürftigen Erinnerungen eines Kindes von dem größten Genius seiner Zeit. Mit ihnen will ich diesen zweiten Abschnitt meines Jugendlebens schließen.

DRITTER TEIL

1. Das Haansche Institut und Kanonaden

Für die Erziehung von Kindern und Blumen ist eine der ersten Bedingungen Stabilität. Ein und derselbe bleibende Standort, ein und dieselbe pflegende Hand verbürgen ihr Gedeihen am besten. Über meiner Jugend aber waltete der Wechsel. Nicht der Wille meiner Eltern, sondern die Unruhe der Zeit trieb mich aus einer Schule in die andere und durch vieler Lehrer Hände, so daß ich der beklagenswerten Blumenstaude eines Kindergärtchens glich, die von der Hast und Ungeduld der kleinen Gärtner jeden Augenblick ausgehoben und versetzt wird.

Des Zeitpunktes, da mein erster Lehrer mich verlassen, erinnere ich mich nicht mehr. Er war Volkmanns nachgezogen, die sich nach Leipzig zurückgewendet hatten. Ein anderer Lehrer, namens Gremberg, hatte ihn abgelöst, doch war dieser wieder verschwunden, nur stumpfe Erinnerung hinterlassend. Endlich vertrauten uns die Eltern einer öffentlichen Anstalt an, dem in der Altstadt gelegenen Haanschen Privatinstitut, das ihnen zwar sehr gerühmt war, sich mir aber gleich in den ersten Wochen durch folgenden Vorfall schlecht empfahl.

Wir hatten lateinische Exerzitien eingereicht, bei deren Rückgabe es sich zeigte, daß meine Arbeit die fehlerfreiste war. Den Lehrer konnte dies insofern befremden, als ich mein Antrittsexamen aus Blödigkeit nicht sonderlich bestanden hatte und demzufolge wahrscheinlich unterschätzt und zu tief gesetzt war. Indem er mich nun scharf fixierte, fragte er, ob ich mir auch von meinem Vater habe hübsch helfen lassen? Die ganze Klasse blickte auf mich hin.

Kinder können, auch wenn sie unschuldig sind, bei dem Gedanken, daß man sie in Verdacht habe, leicht in Verlegenheit geraten, und mir stieg das Blut ins Gesicht, als ich meine alleinige Autorschaft beteuerte. Der Lehrer nahm dies für ein Symptom der Schuld. Wer die Wahrheit spräche, ließ er sich vernehmen, brauchte nicht bis an die Ohren rot zu werden, und die schlechteste Arbeit sei immer besser als eine Lüge. Damit warf er mir mein Heft verächtlich zu.

Mir war es zumute wie der Jungfrau von Orleans im Schiller, da sie sich plötzlich im Verdacht der Hexerei sieht. Mein Selbstbewußtsein ruhte wesentlich auf meiner Ehrlichkeit. Eltern und Geschwister hatten mir bis dahin allezeit aufs Wort geglaubt, und nun sah ich mich plötzlich vor der ganzen Klasse als feigen Lügner angeprangert. Ich war aufs äußerste empört, doch nicht gewillt, mich weiter zu verteidigen. Einerlei, dacht' ich, was der von einem denkt, und fortan soll er an mir den liederlichsten Schüler haben, weil er's nicht besser haben will. Ich wollte meine Arbeiten geflissentlich mit Fehlern spicken und ihm dann sagen, ich hätte das getan und würde es auch weiter tun, weil er einem Lügner ja doch nicht glauben werde, daß er's besser könne. Politische Zwischenfälle verhinderten inzwischen diese Rache.

Als wir eines Tages aus der Schule kamen – es mochte der vierte Mai des Jahres 1813 sein –, gewahrten wir ein befremdliches Rennen und Laufen der Leute auf der Straße. Bald sahen wir Haufen russischer Soldaten, untermischt mit Fuhrwerk jeder Art. Alles eilte von der Altstadt her der Brücke zu. Wie wir diese selbst passieren konnten, begreife ich heute nicht mehr, denn lange Züge von Menschen, Pferden, Wagen und Geschützen drängten sich in buntem Durcheinander drüber hin; die Kosaken ritten selbst auf den Trottoiren.

Zu Hause angekommen, fanden wir den Onkel Georg, ermüdet von dem Ritte und als Augenzeuge von der Lützener Schlacht berichtend. «Geschlagen sind wir nicht», sagte er, «aber wir gehen zurück bis an die Oder.»

«Besser, ihr wäret geschlagen», erwiderte mein Vater, «und gingt bis an den Rhein vor.» Oh, es war recht trostlos, die Armeen weichen zu sehen, bei deren Fahnen die Freiheit war, um von neuem französischer Botmäßigkeit zu verfallen! In Eilmärschen warfen sich die Russen durch die Stadt, und der hölzerne Neubau der Brücke flammte im Angesicht des nachdrängenden Feindes auf. Die Altstadt Dresden war wieder in Napoleons Hand.

In Neustadt blieb von Russen nichts zurück als eine reitende Batterie nebst einer Schwadron Husaren und dem Onkel Georg. Letzterer hatte sein Hauptquartier bei uns aufgeschlagen und sagte, daß man die Elbe noch drei Tage halten werde. Da sah ich denn den Krieg recht aus der Nähe.

Die russischen Kanonen standen auf der Klosterwiese, von wo aus sie den Strom beherrschten und die Bresche in der Brücke bestrichen. Von drüben herüber feuerten die Franzosen, und ihre Geschosse pfiffen die Straße entlang. Sogar schlug eine Büchsenkugel durch eins unserer Fenster. Da dieses nicht in der Schußlinie lag, so mußte sie von irgendeinem Gegenstande, etwa von einem Ast der Linden vor dem Hause, abgeworfen sein. Sie war gegen die Rückwand des Zimmers geschleudert und von da auf das Bett meiner Mutter gefallen, das diese soeben verlassen hatte. Die Kugel war formlos, abgeplattet, zackig und mit Holzteilchen behangen und mochte auf ihrem weiten Wege von mindestens tausend Schritten schon mancherlei Beschädigung erlitten, vielleicht auch angerichtet haben.

Der Eindringling ward sehr genau betrachtet, und ich erinnere mich, daß unser Hauswirt, durch den Augenschein verleitet, die Ansicht geltend machte, dies mörderische Projektil sei nicht nur mit kleinen Widerhaken versehen, sondern auch, um die Wunde zu verunreinigen, mit Sägespänen gefüllt gewesen. Wozu der Haß im Kriege führen könne, sei gar nicht zu ermessen, sagte er.

Wenn ich mich nun in unsere damalige Lage zurückversetze, so kann ich nicht begreifen, wie mein guter Vater auf den Gedanken verfallen konnte, den Onkel mit uns Kindern zu den Kanonen auf der Klosterwiese zu begleiten. Wir sahen hier die russische Batterie aus nächster Nähe feuern, bis sehr unerwartet auch von gegenüber ein Geschütz aufkrachte, welches in demselben Augenblick erst angelangt sein mochte. Wir hörten das Sausen der Stückkugel, die, an uns vorüberfahrend, in die Mauer des Hübelschen Gartens einschlug.

«Sehen die Esel denn nicht, daß hier Menschen stehen?» sagte mein Vater, nahm uns Kinder bei den Händen und eilte mit uns fort, so schnell er konnte.

Zu Hause angelangt, entschädigte uns indessen ein großartiges Schauspiel, das wir aus den Bodenfenstern gefahrlos übersehen konnten.

Napoleon wollte unterhalb Dresdens den Übergang erzwingen; aber die Russen hielten fest und schossen ihm mehrere Brücken in den Grund. Es war eine rasende Kanonade: keine Schüsse mehr, ein einziger unablässig rollender Donner. Der ganze Westen hüllte sich in Pulverdampf.

Ein Erlebnis jagte nun das andere. Am nächsten Morgen sahen mein Bruder und ich die auf der Klosterwiese postiert gewesenen Kanonen nebst den Husaren, also unsere ganze Besatzung, im schlanken Trabe abziehen. Der Onkel saß am Flügel und phantasierte. Ich schrie ihm zu, daß alles fliehe, aber er hatte keine Ohren für mich. Seit längerer Zeit mochte er kein Instrument angetroffen haben und schien jetzt ganz vertieft in musikalische Reminiszenzen und Gedanken. Ich konnte seine Ruhe nicht begreifen und lief zu meinem Vater; der aber kramte und packte in einer Kiste und wollte auch nichts von mir wissen. Da begegnete ich dem Stiefelputzer, der eben Brot vom Bäcker brachte. Aus purer Menschlichkeit hatte der Alte dies Geschäft der Köchin abgenommen wegen der Kugeln, die einem auf der Straße wie Bremsen zu begegnen pflegten.

«In einer Viertelstunde», sagte er, «sind sie da. Sie haben schon ein Schiff im Wasser, und der Russe gibt Fersengeld.»

Nun rannte ich wieder zu dem Onkel, der sich, als gäbe es gar keine Franzosen, immer noch in sanften Harmonien wiegte. «Sie haben schon ein Schiff im Wasser, Onkel!» schrie ich, «und werden dich gewiß noch fangen!» Indem trat auch sein Reitknecht ein und rapportierte. Da endlich stand der Onkel auf, schnallte den Säbel um und eilte fort; ich lief mit ihm die Treppe hinunter. Im Hofe standen seine Pferde, er schwang sich auf, und dahin flog er wie auf Sturmes Flügeln.

Meine Mutter, die in der Wirtschaft beschäftigt gewesen, war durch die Nachricht von dem plötzlichen Aufbruch ihres Vetters fast verletzt. Sie öffnete das Fenster und bog sich weit hinaus. Der Onkel war nicht mehr zu sehen.

Da plötzlich, es konnten keine fünf Minuten vergangen sein, da stürmten in rasender Karriere die zurückkehrende Batterie nebst Onkel und Husaren wie ein rasches Traumbild unter unseren Fenstern weg, und gleich darauf hörten wir wieder den Donner der Geschütze. Es folgte Schuß auf Schuß, und mitten auf der Elbe versank ein großes Schiff. Man sprach von 300 Franzosen, die ihr Leben dabei eingebüßt hätten.

«Heute halten wir uns noch», sagte eine Stunde später der Onkel Georg, «aber morgen müßt ihr euch für die Franzosen einrichten.»

Mit dieser Einrichtung waren übrigens alle Hände im Hause schon sehr beschäftigt, denn man erwartete Plünderung, und jeder war bemüht, sein Hab und Gut zu bergen. Auch war unsere Wohnung zu heimlichen Verstecken wie geboren, denn sie enthielt nicht weniger als vier dunkle Piecen, so angelegt, daß, wenn man Zeit behielt, ein Paar Tapetentüren zu verkleiden, niemand ihre Existenz so leicht erraten konnte. Da hinein hatten meine Eltern ihre wertvollsten Sachen gerettet, und auch wir Kinder hatten unseren Kram dazugelegt. Namentlich war die kleine Schwester sehr beruhigt, ihre geliebte Puppe Salli, einen fast lebensgroßen Balg, in

Sicherheit zu wissen. So mochten die Plünderer denn kommen, die Schwester hätte nichts verraten.

Der Rückfall

Es war am Morgen des 10. Mai, als die russischen Kanonen ihre letzten Adieus nach der Altstadt sandten, und bald darauf bestand die ganze russische Besatzung unserer Neustadt wieder einmal nur aus dem Onkel Georg und seinem Reitknecht. Er war abermals allein zurückgeblieben, vielleicht um den Genuß verwandtschaftlichen Beisammenseins soweit als möglich auszudehnen. Unterdessen bauten die Franzosen, die keine Schiffe mehr ins Wasser ließen, sehr eifrig an der Brücke. In kürzester Frist konnten sie erwartet werden.

Unter solchen Umständen imprimieren sich die Erlebnisse. Mein Vater und der Onkel schritten Arm in Arm durchs Zimmer, die nächste Zukunft besprechend, die Mutter saß schreibend an ihrem Pult. Sie wollte ihrem Vetter einige Zeilen der Empfehlung an Graf Dohnas mitgeben nach Hermsdorf, das er passieren mußte. Wir Kinder aber verließen das Fenster nicht, beharrlich ausschauend, ob sich noch keine Franzosen auf der Brücke zeigten. Dort saß Napoleon, wie wir wußten, in einem Pfeiler, mit der Uhr in der Hand die Zimmerleute treibend.

«Da kommt schon einer», rief mein Bruder, und alles sprang ans Fenster. Von der Elbseite her jagte ein einzelner Reiter die Straße herauf und saß vor unserem Hause ab. Ob Feind oder Freund – wer konnte es wissen. Aber da ging auch schon die Türe auf, und herein trat ein trefflich schöner Mann von ritterlichem Aussehen. Ähnlich den Braunschweiger Husaren, war er ganz schwarz gekleidet, trug eine breite eiserne Kette um den Hals und ein Schwert an der Seite. Ich glaubte einen Helden aus der Ehrenzeit des weiland Deutschen Reiches zu sehen, und empfangen ward er, als wäre er ein solcher. Er wurde Graf Gröben genannt und war, wie ich später erfahren, derselbe Gröben, der schon Anno neun im Verein mit dem Grafen Dörnberg den hessischen Aufstand leitete. Wie er sich zu uns gefunden und ob er überhaupt meine Eltern oder den Onkel schon früher kannte, weiß ich nicht; ich hörte nur, daß er, seit Tagen von den Seinigen versprengt, soeben durch die Elbe geschwommen sei. Bei dieser Gelegenheit war nach ihm geschossen worden, auch war sein Pferd verwundet, und er selbst mochte der Erquickung wohl bedürftig sein, welche die Mutter ihm eilig reichte.

Doch war eigentlich er es, der die übrigen erquickte, denn sein ganzes Wesen trug das Gepräge ungebeugten Mutes, und seine Worte waren die eines gottbegeisterten Propheten, der die Ketten seines Volkes fallen sieht und Gott im voraus preist. Ein herrlicher Mensch, dem unser aller Herzen zuflogen.

Als der Graf etwas gegessen und es zum Abschied kam, stand er noch lange vor dem Bilde der Heiligen Jungfrau, die mit seliger Ruhe auf ihn niederblickte, und konnte sich an dem Anblicke dieses stillen Friedensangesichtes nicht satt sehen, bis mein Vater ihn hinwegzog. Wir gingen alle mit hinab in den Hof. Die Pferde standen am Röhrbrunnen; das des Grafen blutete und schien müde; als es aber seinen Reiter fühlte, warf das edle Tier den Kopf auf und trug ihn an der Seite seines Kameraden ungefährdet nach dem benachbarten Hermsdorf, wo beide Kriegsgenossen, gastlich empfangen, noch einen schönen Friedenstag verlebten. Uns aber war es zumute, als hätten die Engel Gottes uns verlassen.

Kaum waren unsere Freunde fort, so schloß sich der «Gottessegen» gleich einer Zitadelle. Die eisernen Fensterläden des Erdgeschosses wie die schweren Flügel der Haustüre wurden eingeriegelt und letztere überdem noch von innen mit starken Balken gesperrt. Das kleine Pförtchen in der Gartenmauer, das auf die einsame Ränitzgasse führt, konnte im Notfall zur Flucht dienen. Man dachte sich die Franzosen sehr erbost wegen des jubelnden Empfanges, den die Kosaken in der Neustadt gefunden hatten.

Etwa zehn Minuten nach Abzug unserer letzten Beschützer sahen wir aus der Ferne das Aufblitzen und Funkeln der französischen Bajonette. Es hatte von unserem Fenster aus den Anschein, als ob sich ein breiter Lichtstrom von der Brücke in die Neustadt wälze, die denn auch in wenigen Minuten von Franzosen überschwemmt war. Wir waren in die Botmäßigkeit Napoleons zurückgesunken.

Unsere Besorgnisse wegen Plünderung erwiesen sich übrigens als eitel. Die Franzosen hielten gute Ordnung und zogen weiter, wie sie kamen, den Russen auf der Bautzener Straße folgend. Andere Regimenter rückten freilich nach, und die Stadt blieb überfüllt mit Militär. Dresden ward zum Waffenplatz und zur Basis aller weiteren Operationen Napoleons, und da bei so bewandten Umständen an eine baldige Wiederkehr eines ruhigen Verkehrens auf den Straßen nicht zu denken war, ein Sieg der Verbündeten auch die Neustadt von der Altstadt abermals getrennt hätte, so mußte für uns Kinder von der entlegenen Haanschen Schule abgesehen werden. Die Eltern nahmen uns dort wieder weg, und ich sagte diesem Institute gern Valet.

2. *Zelebritäten*

Dem «Gottessegen» gerade gegenüber wohnte eine Familie, die meinen Eltern schon von Rußland her bekannt war. Herr Schönberg, ein geborener Dresdener, hatte in Petersburg reich geheiratet und als Kaufmann glückliche Geschäfte gemacht. Dann hatte er sich nach seiner Vaterstadt zurückgezogen, um hier zu privatisieren und seine Kinder zu erziehen. Die letzteren waren mit uns in gleichem Alter. Der älteste Sohn, August, ein braver Junge von robustem Körperbau und ehrlichem, geradem Wesen, war mein Spezial. Er war sogar gleich mir in Petersburg geboren, daher wir uns schon durch Landsmannschaft verbunden glaubten und treulich zueinander hielten. Ich erinnere mich nicht, daß ich mich je mit ihm veruneinigt hätte. Wir blieben Freunde bis ins Mannesalter und wären es heute noch, wenn ihn mir nicht der Tod entrissen hätte. Sein jüngerer Bruder Eduard, ein zarter, geistig sehr begabter Knabe, war wie der meinige ein Dresdener Kind. Wir nannten diese beiden Sächsers und sie uns Peters. Ein dritter Bruder endlich und ein Schwesterchen waren noch sehr klein, belebten aber unseren Kinderkreis auf ihre Weise.

In diesem reichen Hause verlebten wir sehr frohe Stunden. Es gab da alles, was das Herz sich wünscht: Schaukelpferde, sehr natürliche, mit Fell überzogen und glänzenden Geschirren, Federbälle, Brummkreisel, Kegelschub und Billard, und nicht das Schlechteste war der schöne Garten mit schattigen Alleen und blühenden Gesträuchern, mit Kinderbeeten, Schaukeln und vielem Raum zum Wildern und Stelzengehen. Es war ein Kinderhimmel, der sich auch noch dadurch empfahl, daß die weiche, bis zur Schwäche gütige Hausfrau unsere Spiele zwischendurch und häufig durch ein Tellerchen mit Obst, mit Kuchen oder anderen Delikatessen zu unterbrechen wußte.

Die Mutter pflegte uns aus Grundsatz wenig Leckereien und niemals außer der Zeit zu essen zu geben, wofür ich ihr noch heute danke. Dafür freilich vertrugen wir's in fremden Häusern desto besser, und namentlich bei Schönbergs, die sehr gut lebten. Herr Schönberg hielt persönlich was auf gute Küche. Er urteilte in Geschmackssachen weniger illusorisch als reell, und man sah Männer an seiner Tafel, die auf ein Butterbrot nicht einzuladen waren, selbst große Herren, wie den russischen Fürsten Putjatin, der seit langer Zeit in Dresden domizilierte.

Besagter Fürst war für uns Kinder im höchsten Grade bemerkenswert, da er jenen schätzbaren Originalen angehörte, über deren Aussterben neuerdings so viel geklagt wird, mit denen Dresden aber dazumal noch reichlich versehen war. Sie fanden sich in allen Klassen der Gesellschaft, und es steht wohl nichts im Wege, diese Blätter mit den Umrissen einiger der hervorragendsten Gestalten dieser Art zu illustrieren.

Wer Peter Groll war, wußte jedes Kind. Daß dieser Mann aber weder Peter hieß, noch auch Groll, und nur die Kinder ihm seiner grollenden Gemütsart wegen diesen Namen angelästert hatten, das wußten nur wenige. Früher war er Schirrmeister bei der Post gewesen, jetzt aber privatisierte er aus mir unbekannten Gründen, wahrscheinlich seiner Grobheit wegen.

Peter Groll war einer von denen, die Falstaff gespaltenen Rettichen vergleicht, ein kleiner Mensch mit übergroßem Kopf und kurzen Säbelbeinen. Dazu trug er ein Paar Kanonenstiefel mit Sporen, einen ungeheuren Stürmer und einen sauerkrautfarbenen Frack, der bis an die Fersen reichte. Die Frackschöße, in denen seine Fäuste steckten, standen weit ab vom Leibe, weil sie vollgepfropft mit Steinen waren. Nicht daß er Mineralog gewesen wäre; er war nur bewaffnet und hatte dies der Kinder wegen nötig, die ihm wie Krähen einem Käuzchen in hellen Haufen folgten, unablässig «Peter Groll» schreiend. Plötzlich drehte er sich denn um, fuhr mit allen Fäusten aus den Taschen, und die Kartätschen sausten unter die zerstiebende Brut, die ihm im nächsten Augenblicke wieder schreiend folgte. Er brauchte daher sehr viele Steine.

Man hätte denken sollen, daß solche Lebensart unangenehm gewesen wäre; doch mußte Groll es anders ansehen, denn wenn er zufällig einmal ungeschoren blieb, schien ihm doch etwas zu fehlen. Mein Bruder war einmal Zeuge, daß er in den Taschen rasselnd stehen blieb, sich rund umsah und wie Goliath gegen die Philister ausrief: «Will denn alleweile kener kummen? Wo sein denn heite alle Ludersch?»

Der schon genannte Hofrat von Zezschwitz pflegte es gern zu erzählen, wie auch er die Bekanntschaft jenes Mannes gemacht hatte. Von einem Ausflug in die Oberlausitz, wo er begütert war, heimkehrend, lag Zezschwitz am heißen Nachmittag schlummernd in der Wagenecke, während der Postillion an einer Waldschenke, der Schenkhübel geheißen, die Pferde verschnaufen ließ. Da ward der Schlag aufgerissen, und ein Unbekannter schwang sich ein. Zezschwitz rieb sich die Augen. Er habe nicht das Vergnügen, sagte er, den Herrn zu kennen, und müsse bitten, ihm seinen Wagen allein zu überlassen. Jener aber legte seine Frackschöße auf den Knien zusammen und erwiderte: «Ich will Se was sagen, heren Se, das kennen Se sich überlegen: das dahier is Bostgescherre, und meine Berson is Scherrmeister bei der Bost gewest. So wäre ich wohl ooch noch dermit fahren kennen, so gut wie ener, heren Se!»

«Lieber Schwager!» redete Zezschwitz jetzt den herantretenden Postillion an, «vielleicht kannst du den Herrn Schirrmeister hier überreden, daß er sich lieber auf den Bock verfügt.» Aber der Schwager hatte seinen Mann schon bei den Stiefeln.

«Luder!» schrie Peter Groll. Doch damit lag er auch schon unten, und dahin rollte der Wagen, von einem Steinhagel verfolgt. Herr von Zezschwitz wunderte sich am meisten darüber, daß der Postillion über den ganzen Vorfall auch kein einziges Wort verlor.

So entsinne ich mich auch, daß mein Bruder bei Gelegenheit einer Fahrt nach Loschwitz sehr entzückt aufschrie: «Schnell, Mutter! da geht Peter Groll!» – Die Mutter, die von diesem wohl gehört, ihn aber nie gesehen hatte, bog sich aus dem Wagen und fuhr sogleich entsetzt zurück. Ihr Blick war in nächster Nähe einer blutroten, weit ausgestreckten Zunge begegnet – von der Größe einer Rindszunge, wie sie behauptete –, welche sich ihr aus dem weiten Rachen eines kirschroten Nußknackergesichtes entgegenschwang. Dies kleine Erlebnis war ihr trotz ihres gerechten Schreckens so lächerlich gewesen, daß sie sich in späteren Jahren daran zu erheitern pflegte.

Nicht minder berühmte Figuren waren die alte Marlise und der Buchhändler Helmert. Erstere, die mit Meerschweinchen, Kaninchen und Kanarienvögeln auf offenem Markte hökerte, lag ebenfalls in ewiger Fehde mit der Jugend und überdem mit jeder Art von Straßenhunden, die eine unwiderstehliche Neigung zeigten, ihre Hinterbeine an den Meerschweinbauern aufzuheben. Die Kinder dagegen machten unablässige Versuche, ohne Geld zu kaufen, bloß um sich an dem entsetzlichen Schelten der Alten zu ergötzen und bei dieser Gelegenheit manchen erquicklichen Hieb davonzutragen, dergleichen das erboste Weib, ohne sich zu erheben, mit ihrer langen Angelrute austeilte, einerlei, wo's hinkam, über Kopf und Bäuche.

Helmert dagegen war der große Liebling aller Kinder. Die Tradition berichtete, daß er vorzeiten eine eigene Verlagshandlung besessen habe; da er aber vermöge seiner großen Gutmütigkeit den Vorteil seiner Kunden mehr als seinen eigenen im Auge hatte, so war er nachgerade so heruntergekommen, daß sein ganzes Vermögen sich endlich auf den Haufen alter Bücher beschränkte, mit denen er zu meiner

Zeit am Neumarkt an einem offenen Tische marktete.

Als ich auf meinem Wege nach der Haanschen Schule das erstemal an ihm vorüberkam, wich ich ihm seines Aussehens halber aus. Ein schwarzes Tuch turbanartig um den kleinen greisen Kopf gewunden, die übrige Mumie aber mit einem langen feuerroten und talarartigen Schlafrock bekleidet, glich er einem Hexenmeister, der durch ein Wunder dem Brandpfahle entsprungen ist. Da ich ihn indessen bei öfterem Vorübergehen im freundlichsten Verkehr mit Kindern fand, faßte ich Zutrauen. Ich kaufte einiges bei ihm und ward Zeuge, wie er armen Knaben, die blaß und hungrig aussahen, die abgenutzten Schulbücher, um die sie handelten, ganz unentgeltlich überließ. Daß er nur ein einziges Geschirr besäße und auch aus diesem speise, erzählte sich die Jugend im Vertrauen.

Dergleichen vorurteilslose Leute gab es außerdem noch mehrere. Unter allen aber der merkwürdigste war ohne Zweifel jener russische Fürst Putjatin, den ich zwar täglich auf der Straße sah, der mir aber im Schönbergschen Hause als im Verkehr mit anderen Menschen doppelt interessant war. Der Fürst gehörte der vornehmsten Gesellschaft an, er war ein gebildeter, geistvoller und sehr kenntnisreicher Herr, doch aber etwas ganz Apartes und seine Erscheinung so auffällig, daß ich nicht weiß, wem es mehr zur Ehre gereichte, ihm oder der Straßenjugend, wenn diese ihn nicht nur ungehudelt ließ, sondern ihm sogar mit Achtung auswich.

Meine Dresdner Zeitgenossen werden sich erinnern, daß ihnen je zuweilen bei Regenwetter ein wandelndes Schilderhaus oder ein Pavillon von schwarzem Taffet begegnet ist. Das war der Fürst. Sich bei Exponierung des ganzen übrigen Körpers nur allein den Kopf zu schützen, hielt er nicht für zuträglich und erfand daher diese Veranstaltung, welche, mit kleinen Glasfenstern versehen, die ganze Gestalt bis an die Knöchel bedeckte.

Bei schönem Wetter war etwas mehr zu sehen. Der Fürst trug alsdann eine zweckmäßige, sehr großschirmige Mütze, blaue Brillen, das breite schwarze Halstuch übers Kinn gezogen und einen langen, bis an die Füße reichenden, fest zugeknöpften Überrock. Rechts von der Brust herab hing an einem silbernen Haken das ansehnliche Paket jenes kompendiösen Schirmes, links aber eine elegante Hundepeitsche und eine große Flöte oder Schalmei. Vor ihm her bewegten sich ein paar Möpse, welche taub zu sein schienen, denn sie kehrten sich ebensowenig an die starken Signale, die der Fürst ihnen von Zeit zu Zeit auf seiner Schalmei gab, als er sich an ihren Ungehorsam. Er begnügte sich, ihnen seinen Willen kundzutun, es ihnen überlassend, ob sie sich fügen wollten oder nicht. Ohne seine Hunde aber sah man ihn nie. Er liebte und bewunderte sie wie ihr ganzes Geschlecht und pflegte zu behaupten, die Hunde seien die eigentlichen Menschen, die Menschen eigentlich Hunde.

Übrigens war es nur wenigen bekannt, daß man unter dem langen Überrocke des Fürsten vergebens nach Beinkleidern gesucht haben würde. Putjatin nannte besagtes Kleidungsstück die unlautere Ursache vielfacher Unlust. Es wäre ihm nicht unwahrscheinlich, sagte er, daß sowohl Römer als auch Bergschotten ihre bekannte Mannhaftigkeit nur der Sansculotterie zu danken hätten, und Rücksichten, die man sich selber schulde, seien Grund, sie abzulegen.

Auch ging Se. Durchlaucht hierin allen mit gutem Beispiel vor, indem er sich begnügte, beide Beine von oben bis unten gleich Wickelkindern mit Leinwandstreifen zu umwinden. Diese Art von Toilette, die er sich herbeiließ, eines Abends bei Schönbergs vorzuweisen, glich einem geschienten Knochenbruche und flößte uns Kindern Entsetzen ein.

Überhaupt hatte der Fürst so seine eigenen Sanitätsmaximen. Zum Beispiel genoß er niemals Brot im primären Zustande, wie es der Bäcker liefert, sondern nur geröstet, in welcher Form er es auch in fremde Häuser mit sich führte, sogar an den Hof. Er hatte nämlich ermittelt, daß im rohen Brote, wie er es nannte, wenn auch nicht chemisch nachzuweisen, doch ein verzweifelt scharfer Giftstoff stecke, welcher die Not der Skrofeln erzeuge und nur durch Rösten zu paralysieren sei. Auch hörte man ihn dartun, der offenbare Grund sehr vieler Übel sei der, daß man die Haut unausgesetzt durch Kleidung oder Betten den Einwirkungen der Luft entzöge. Nun sei es leider nicht tunlich, durchgehends nackt zu gehen wie die Kaffern, doch wolle er Herrn Schönberg hiermit allen Ernstes tägliche Luftbäder angeraten haben. Daß Se. Durchlaucht diese selbst brauchte, war sehr bekannt. In seinem Empfangszimmer hatte er sich ein Entresol oder Zwischendeck erbaut, auf welchem er, unsichtbar für die Besucher, die er im unteren Raume annahm, sich mit ihnen bestens unterhaltend, *in puris naturalibus* umherzuwandeln pflegte. Auf diese Weise glaubte er, die verlorene Zeit der Visiten am zweckmäßigsten auszunutzen.

Man mag aus alledem entnehmen, daß es dem Fürsten nicht an Ideen fehlte: er triefte vielmehr von Erfindung. Wenn er zur Winterszeit nach Hofe fuhr, so sah man Dampf aus seinem Wagen gehen, weil er ihn heizbar gemacht hatte. Bei schönem Sommerwetter dagegen zeigte er sich in zurückgeschlagener Kalesche – wie weiland König Richard III. zwischen den beiden Bischöfen – zwischen zwei ansehnlichen Blasbälgen, welche, durch die Bewegung der Wagenräder in Tätigkeit gesetzt, ihm Kühlung spendeten, und zwar so energisch, daß er sich genötigt sah, den Hut zu halten. Für seine zweckmäßigste Erfindung aber hielt der geistreiche Herr eine gewisse Zuckersägemaschine, welche er eines Abends im Schönbergschen Hause arbeiten ließ.

Wir Kinder wurden gerufen und staunten die neue Maschine bescheiden an. Auf dem Tische stand ein kleiner Sägebock von poliertem Buchsbaum, zusammengesetzt aus einer niedrigeren und einer höheren Gabel, auf denen der Zuckerhut waagerecht zu liegen kam, den zwei Livreebediente mittels einer gewöhnlichen Säge in zollstarke Scheiben zerteilten. Es war ihnen jedoch keineswegs gestattet, schlechtweg zu sägen, wie man Holz sägt, sondern es mußte dies in einem vorgeschriebenen Takt geschehen, den ich nicht anders zu bezeichnen wüßte als mit drei Viertelnoten und einer Viertelpause. Davon hing alles ab, sagte der Fürst. Endlich wurden die abgeteilten Scheiben nach demselben Takte mit Messer und Hammer in gleichmäßige Würfel zerschlagen.

Worin der Vorteil dieser Maschine läge? flüsterte mir August zu. Ich wußte es aber nicht.

Gemüts- und Fußbewegung

Nach diesen Abschweifungen wende ich mich nun wieder dem Schönbergschen Hause zu und dem Anteile, den es an meiner Menschenbildung hatte. Zu jener Zeit nämlich, als wir das Haansche Institut verließen, hatten Schönbergs meinen Eltern das freundnachbarliche Anerbieten gemacht, uns Kinder an dem häuslichen Unterrichte der ihrigen Anteil nehmen zu lassen – ein Vorschlag, der dankbar angenommen wurde. Namentlich war ich sehr einverstanden mit diesem Arrangement, da mir der Lehrer, Herr Magister Schulz, wegen seines freundlich sanften Wesens schon früher wohlgefallen hatte. Ich war ihm gut und lernte daher auch gut bei ihm.

Zum ersten Male fand ich jetzt Vergnügen am Lateinischen, und selbst die Rechenstunde war zu ertragen. Wir rechneten um Pfeffernüsse; wer's zuerst hatte, steckte seine Nuß ein. Und wie sehr interessierte mich die mathematische Geographie! zu hören, wie die Erde sich am unsichtbaren Faden um die Sonne schwinge, wie Tag und Nacht entstehen und die verschiedenen Jahreszeiten! Auch in der Logik machten wir einen Anfang zur Regulierung der Begriffe; Geschichte und Naturgeschichte waren angenehme Promenaden durch die Wunder Gottes im Menschengeiste und in der Natur.

Vor allem aber zogen mich die Religionsstunden an, die ersten in meinem Leben, vielleicht weil sie weniger regelrechtem Unterrichte als vielmehr Erbauungsstunden glichen, bei denen man sich ganz passiv verhalten konnte. Der Lehrer wirkte ausschließlich aufs Gefühl, ohne uns mit Memorieren oder Schreibereien zu belästigen. Er las uns zu dem Ende einen Abschnitt aus dem Evangelium vor und sprach darüber oft so rührend, daß ich mich entsinne, wie wir bisweilen alle miteinander, nicht nur wir Kinder, sondern auch der Herr Magister selbst mit seinem tiefbewegten, pockennarbigen Gesicht, in Tränen der Rührung zerflossen.

Schulz war Rationalist; er konnte uns deshalb nichts Positives geben und ließ uns in der Tat ganz unwissend in allen wesentlichen Elementen des Christenglaubens. Was er indessen selber hatte, das gab er uns. Er erwärmte unsere Herzen für die Schönheit der Tugend Christi und suchte uns zur Nachfolge anzureizen. Auch sprachen seine gemütlichen Vorträge mich in so hohem Grade an, daß sie mich zum wiederkäuenden Tiere machten. Was ich behalten, schrieb ich nachher zu Hause aus eigenem Antrieb nieder, mich noch einmal daran erbauend.

Mit diesen Stunden hoher Weihe kontrastierten andere, welche zunächst nicht die Rührung des Herzens, sondern die der Füße bezweckten. Die Schönbergschen Kinder waren nämlich auch mit Tanzunterricht behaftet, an dem wir gleichfalls teilnehmen durften. Zu dem Ende erschien zweimal in der Woche ein entsprungener russischer Leibeigener, namens Fededoff, der in Dresden als Tanzmeister blühte, und stülpte unsere Füße von den Hacken auf die Spitzen.

Ich gestehe frei, daß diese Sache anfänglich nicht ohne Bedenken für mich war, weniger wegen des Zwanges, den ich dabei zu erleiden hatte, als vielmehr wegen der vier kleinen Mädchen aus der Schönbergschen Verwandtschaft, die sich mit weißen Handschuhen und netten Kleidern dazu einzufinden pflegten. Nicht daß sie so fürchterlich gewesen wären, auch ging Freund August zutraulich genug mit ihnen um, aber ich konnte ihm das nicht nachtun. Die kleinen bunten Wesen waren mir zu fremd, sie genierten mich, und ich dachte, daß ich in ihren Augen ein Einfaltspinsel wäre.

Dennoch geschah das Wunder, daß gerade sie es waren, oder vielmehr war es eine von ihnen, die mich mit der Tanzstunde versöhnte. Die kleine Hexe hieß nach ihrer Tante Schönberg Katharina, wurde auch Kathinka oder Käthchen genannt, wie's gerade kam, und war ein feines Kind. Mir fiel zuerst die Grazie ihrer Bewegungen auf, dann ihr eigentümlich zartes Aussehen, das ich der Blüte des Sauerklees vergleichen möchte. Je öfter ich sie sah, desto besser gefiel sie mir, sie stahl sich immer tiefer in mein Herz, und ich hatte bald nur Augen für sie allein. Dennoch wagte ich es nicht, ihr zu nahen, ja, so erhaben schien sie mir in ihrer Anmut, daß, als wir endlich von den ersten Vorübungen, den Verbeugungen, Knicksen und einzeln einstudierten Pas zum eigentlichen Tanzen übergingen, mir der Mut fehlte, gerade sie aufzufordern.

In der Tat, wenn die Mädchen nicht aggressiver wären als wir, so achte ich dafür, es sei unmöglich, daß jemals ein Paar zustande käme. Käthchen fing selbst an. Sie war es, die mir eines Morgens mit großer Freundlichkeit das erste Tänzchen proponierte. Oh, da ging's prächtig! Der Meister Fededoff rief «Bravo!», und Käthchen flüsterte mir zu, sie hätte mich recht lieb, und ich sollte sie bald wieder holen. Hatte mich doch vordem schon der bloße Anblick ihres Hütchens oder Schleiers bewegt, wenn ich diese Dinge im Vorzimmer liegen sah, und nun gar hielt ich das kleine Wesen selbst in den Händen, flog mit ihr durch den Saal hin, und nahm mir's gar nicht übel, wenn ich ihr sagte, daß ich mit ihr am allerliebsten tanze.

Zu weiteren Erklärungen zwischen uns kam's nicht, und sie wären auch unnütz gewesen, da sie nur Wiederholungen der ersten sein konnten. Aber Katharina war fortan meine Kaiserin. Ich lebte ihr zu Dienst, ich sah ihr alles an den Augen ab, und vor dem Hause, da sie wohnte, ging ich mit gezogener Mütze vorüber, obgleich ich wußte, daß ihre Zimmer nach dem Garten lagen. Mein einziger Vertrauter in dieser Sache aber ward mein Bruder, und zwar bei folgender Gelegenheit.

Der Hofrat Zezschwitz hatte einen wahren Engel von kleinem Töchterchen, mit Namen Salli, nach welcher auch die vor den Franzosen gerettete Puppe meiner Schwester benannt war. Bei ihrem zarten Alter aber – sie zählte erst drei Jahre – war sie von uns Knaben nicht eben sonderlich beachtet worden. Nun traf es sich, daß jener liebe väterliche Freund uns beide Brüder eines Abends in froher Laune gemeinschaftlich umfing, versichernd, einer von uns müsse sein Schwiegersohn werden, er habe es auch dem Fräulein schon gesagt, und sie sei einverstanden. Mein Vater sagte augenblicklich ja dazu, so solle es sein, und ich als der ältere solle mich zuerst entscheiden.

In großer Aufregung zerrte ich den Bruder ins

dunkle Nebenzimmer, und indem ich ihm hier die Vorteile dieser Verbindung auseinandersetzte, bestürmte ich ihn mit dem Verlangen, daß er sich melden sollte.

Ich sei aber doch der ältere, sagte der Kleine, ich müsse anfangen, und ich meinerseits versicherte, daß ich das auch wolle, aber nicht mit Salli, auf welche ich zu lange warten müsse. Darauf ließ ich mir die heiligste Verschwiegenheit geloben, und von der Dunkelheit begünstigt, entdeckte ich meinem Bruder, daß ich schon eine andere liebe, nämlich Käthchen.

Eine Weile war er still, dann sagte er ganz trocken: «Die liebe ich aber auch.»

Das war entsetzlich! «Lieber Dicker!» sagte ich, «ich habe dir immer viel zu Gefallen getan, nun tu mir nur das und nimm die Salli. Dann kannst du machen, was du willst, du kannst auch mit meinen Sachen spielen und mit meinem Farbenkasten malen.»

Da reichte der Edle mir die Hand und sagte fest: «Ich will sie heiraten.»

3. Bedrängnisse und Schrecken

Auf dunklem Grunde erscheinen oft die schönsten Farben, und schlimme Zeiten können den kleinen Freuden, die sie übriglassen, wohl zur Folie dienen. So war auch mein liebes Dresden im Frühjahr 1813 eigentlich kein Ort für Spiel und Tanz und die Zeit so böse, daß ich heute nicht begreife, wie wir Kinder überhaupt nur ungefährdet zueinander über die Straße kommen konnten.

Die mörderische Schlacht von Bautzen war geschlagen. Der Schnitter Tod hatte eine reiche Ernte im Schoße der Erde geborgen, und was er übrigließ, hatten die Ährenleser aufgesammelt. Zwanzigtausend mehr oder minder verstümmelte Muttersöhne wurden in die Dresdner Hospitäler eingespeichert, und viele Hunderte von Wagen, angefüllt mit den Jammergestalten Verwundeter, passierten unsere Fenster täglich. Die Stadt glich einem einzigen großen Lazarette, und aus den allerwärts, selbst in Privathäusern, dazu hergerichteten Lokalen tönte das Geschrei der armen Opfer, die von neuem unter den Messern der Chirurgen bluteten. Selbst wir Kinder wurden jezuweilen unfreiwillige Zeugen solcher Szenen, die noch lange Zeit danach in meine Träume reflektierten. Der Pöbel aber, welcher des Entsetzens nie genug hat, fabelte noch überdem von ganzen Ladungen unheilbarer Kranker, die, um mit ihnen zu räumen, nachts in den Strom geschüttet würden. Man haßte die Franzosen wie den Tod, man traute ihnen alles zu und glaubte alles. Wahrhaftig nein, das waren keine Zeiten für die Gedanken eines Freiers.

Es waren aber nicht allein die Kranken, auch die Gesunden zehrten an dem Mark der Stadt. Die Häuser waren dermaßen mit Einquartierung überfüllt, daß im «Gottessegen» allein ab und zu bei fünfhundert Mann auf einmal lagen und wir uns auf wenige Hinterzimmer reduziert sahen. Auf den Straßen tobte ein ununterbrochenes kriegerisches Durcheinander; zahlreiche, fortwährend aus dem Westen anlangende junge Mannschaft wurde einexerziert, Adjutanten, Kuriere, Ordonnanzen jagten durcheinander,

Batterien rasselten, und arme Bauern, die Vorspann leisten mußten, prügelten ihr müdes Vieh und wurden von den französischen Kommissären und Gendarmen selbst geprügelt. Mord und Totschlag fehlten auch nicht.

So schallte eines Abends, da wir eben zu Bette gehen wollten, von der entfernten Ränitzgasse über unseren Garten herüber der furchtbare grelle Schrei: «Herr Jesus Christus!» Dies Wort ward trotz der Entfernung deutlich von uns allen verstanden, und mir fuhr's durch Mark und Bein, als gleichzeitig mein Vater aufsprang und sagte: «Da ist ein Mensch erschlagen!»

Am anderen Morgen erfuhren wir, daß zwei französische Grenadiere sich eines Mädchens bemächtigt hatten; sie rief um Hilfe, und ein des Weges gehender sächsischer Dragoner, der ihr beistehen wollte, war unter obigem Geschrei mit gespaltenem Schädel zusammengebrochen.

Dergleichen Unordnungen erschreckten jezuweilen die Bevölkerung, obgleich man anderseits den französischen Behörden hinsichtlich ihrer Sorge für die öffentliche Sicherheit Gerechtigkeit widerfahren lassen mußte. Sie zeigten guten Willen und mochten tun, was sie konnten; aber die Zusammenhäufung von Kriegsvolk in der verhältnismäßig kleinen Stadt war zu bedeutend, und diese jüngste französische Armee zum großen Teil aus Gesindel aller Art zusammengesetzt. Eine eiserne Disziplin, wie sie die Russen hielten, mochte bei den damaligen Franzosen nicht möglich sein.

Zu solchen Drangsalen kam noch die Furie der Teuerung. Die unentbehrlichsten Lebensmittel waren kaum für Geld zu haben, und die Not erreichte eine solche Höhe, daß der Magistrat den Brotverkauf selbst an sich nahm. Mein Vater mußte in jener Zeit täglich in Person aufs Rathaus gehen, um zu erhalten, was ihm nach gewissenhafter Teilung zukam, und befremdlich genug sah es aus, wenn der treffliche Mann, unter jedem Arm ein Brot, nach Hause kam. Ein Sack Erbsen oder ein Pfund Reis waren damals namhafte Geschenke, die wohlhabende Familien sich untereinander machten.

Ich erinnere mich der Freude, die wir Kinder hatten, als es am 11. Mai, dem Geburtstage meines Bruders, der guten Mutter gelungen war, für Geld und gute Worte den ganzen Vorrat einer benachbarten Konditorei auszukaufen, der doch nur in drei kleinen altbackenen Brottörtchen, das Stück zu einem Sechser, bestand. Damit schloß sie uns in eine Kammer, um zu verhindern, daß die herumlungernden Franzosen die Leckerei nicht wittern sollten. Wir aber dünkten uns an eines Königs Tafel. Die kleine Schwester neigte den Kopf zur Seite und verspeiste ihren Anteil brockenweis mit halb geschlossenen Augen, mein Bruder machte sich vier gleiche Teile und zählte zwischen jedem Teil bis fünfzig, und ich verschlang die ganze Herrlichkeit auf einmal.

Diese Not an Lebensmitteln ward durch den zehnwöchigen Waffenstillstand, der mit Anfang des Monats Juni eintrat, nicht wesentlich gemildert. Immer noch lebte die große Mehrzahl der Erwachsenen mehr von Angst und Ärger als vom Brote. Die ganze Umgegend war verwüstet und aufgezehrt. Dreißigtausend Garden mußten fortwährend allein von der Stadt erhalten werden, und der altangeerbte Wohlstand der meisten Hausbesitzer ging in die

Wicken. Zwar brachte der Glanz des kaiserlichen Hoflagers viel Geld in Umlauf, aber kein Brot, und auch jenes floß wesentlich in die Taschen auswärtiger Spekulanten. Die hohen Gäste und die vielen Herrlichkeiten, die man zu sehen kriegte, wie zum Beispiel die besten Kräfte der Pariser Bühne, halfen wohl verzehren, aber nicht ernähren.

Ein Kindermord und seine Folgen

Weniger nachteilig als die lebendigen Schauspieler wirkte in konsumtiver Beziehung ein großes, ebenfalls von Paris herangewandertes Marionettentheater. Etwas Vollkommneres war noch nicht gesehen worden, und jedermann, der Zeit und Muße fand, ergötzte sich daran. Uns Kinder brachte eines Abends der von Leipzig angereiste Vater Volkmann hin.

Wir hatten noch niemals ein Theater gesehen; aber obgleich wir eigentlich nicht recht wußten, was da vorgehen würde, erwarteten wir doch immer etwas recht Erkleckliches, dem vielen Geld entsprechend, das Volkmann an der Kasse gezahlt hatte. Auch sprachen uns der dekorierte Saal, der Kronleuchter, die vielen Menschen und der schön gemalte Vorhang, den wir für eine Wand hielten, schon recht an. Ich nahm die Vereinigung dieser Dinge für die Komödie selbst und saß in der behaglichsten Stimmung auf meiner Bank. Beim Beginn der Ouvertüre sahen mein Bruder und ich uns bedeutungsvoll an. Wir fanden, daß eine Komödie ein Staatsvergnügen sei.

Wer aber beschreibt unsere Überraschung,

als es nun klingelte, die bunte Rückwand vor unseren Augen aufrollte und dem Blicke freie Aussicht auf die herrlichsten Paläste gestattete. Wir sahen abwechselnd Jerusalem und Bethlehem, denn das Stück stellte den Bethlehemitischen Kindermord vor. Ich war ganz wie bezaubert. Das Unnatürliche und Steife in den Bewegungen der Puppen störte mich nicht. Vielmehr war es mir ausgemacht, daß diese Würde und Einfalt der Manieren vor zwei Jahrtausenden wirklich gang und gäbe gewesen sei. Auch ist es nicht zu leugnen, daß die Volkspoesie der Puppenspiele wegen ihres fürchterlichen Ernstes und ihres Mangels an spielender Reflexion sich der Großartigkeit des alten Heldenliedes nähert. Wie prächtig war dieser dunkelrote König Herodes! wie zermalmend sein Grimm, als er sich vom Throne erhob und zornig mit seinem Reichsapfel Fangeball spielte! Und wie rührend sah es aus, als die beklagenswerten, in tiefe Trauer gehüllten Mütter ihre Kinder zur Schlachtbank führten. Es war ein langer Zug, den das Orchester mit einem sanften Trauermarsch begleitete. Ohne Aufhören und Ende zogen sie vorüber, während man hinter der Szene das gräßlichste Massaker hörte.

Zu Hause hatte ich nichts Eiligeres zu tun, als alles nachzumachen. Es wurde ein Theater konstruiert, gepappt, gekleistert und angestrichen. Auf Notenpapier malte ich den König Herodes und die übrigen, wie sie mir im Gedächtnis waren, und schnitt sie sauber aus. Dann wurde mit der Aufführung des Kindermordes vorgegangen. Die Geschwister gaben Publikum und Orchester zugleich ab. Mein Bruder trompetete schmetternd mit dem Munde und schlug die

Pauken auf seinem eigenen Leibe, und auch die kleine Schwester machte tapfere Musik, bis ich klingelte und die Vorstellung ihren Anfang nahm.

Inzwischen wurden wir des einfachen Sujets bald überdrüssig. Ich fing an, mich in eigenen Ideen zu ergehen, und nun erst gewann die Sache rechten Reiz für mich. Ich wurde ein berühmter Puppenspieler unter meinesgleichen, ja selbst Margarete verfehlte nicht, mir zuzusehen mit *assez bien* und *fort joli!* und da ich alles selbst machen mußte, Text, Malereien und Aufführung, so hatte ich immerhin auch meinen Nutzen von diesen Spielereien.

Mein Vater will sich nicht einsperren lassen

Der Monat Juli war zu Ende, desgleichen die Friedenshoffnungen, die sich an die Unterhandlungen in Teplitz, Prag und Dresden geknüpft hatten, und der Wiederausbruch der Feindseligkeiten stand in Aussicht. Es war nicht unwahrscheinlich, daß die Verbündeten – gestärkt durch den Anschluß Österreichs und Schwedens – jetzt darauf ausgehen würden, den Feind in seiner Operationsbasis anzugreifen, und mein Vater, der seine Familie den Drangsalen einer möglichen Belagerung nicht aussetzen wollte, entschloß sich, Dresden mit den Seinen zeitweilig zu verlassen. Ein Brief aus Anhalt gab uns die Direktion.

Bei Gelegenheit meiner Harzreise habe ich des freundlich am Fuße des Gebirges gelegenen Ballenstedt schon gedacht. Hier wohnte eine Schülerin meines Vaters und sehr werte Freundin unseres Hauses, die talentvolle, nachmals in weiten Kreisen bekannt gewordene Karoline Bardua. Sie hatte sich zum Zwecke ihres Studiums längere Zeit in Dresden, und zwar in unserem Hause, aufgehalten, wo sie sich der größten Wertschätzung erfreute. Selbst meine Mutter, die sonst für weibliche Genies sehr wenig Sympathien hatte, machte hier doch eine Ausnahme. In der Tat war Karoline auch eine von den Naturen, die in keinerlei Klassenbegriff aufgehen; man konnte sie mit hergebrachtem Maßstab nicht bemessen. Sie war etwas für sich und etwas Ganzes, was jedermann gern respektiert. Gutmütig, lebhaft, keck, ideenreich und hochbegeistert für Menschen und Dinge, kehrte sie sich im persönlichen Verkehr zwar nicht allzu streng an hergebrachte Formen und Redensarten, aber es lag nichts Anstößiges in dieser Freiheit, weil die geniale Frische und höchst achtbare Solidität ihres Wesens jede Überschreitung ausglich. Für die Kunst hatte Karoline Bardua entschiedenen Beruf. An Ausdauer, Fleiß und Konzeptionsfähigkeit übertraf sie ihr Geschlecht und zeichnete sich aufs vorteilhafteste vor allen übrigen Schülerinnen meines Vaters aus, der sich ihrer daher auch mit besonderem Interesse angenommen hatte und sich ihrer Erfolge herzlich freute, solange er lebte.

Jetzt nun hatte uns die dankbare, für ihren Meister und die Seinigen besorgte Schülerin seitens ihrer Eltern eingeladen, nach Ballenstedt zu kommen, wo das schön gelegene Barduasche Haus für alle Raum bot. Auch war jene saubere Bergstadt damals der rechte Ort für kriegsmüde Menschen, denn bis hierher war kein feindliches

Bajonett gedrungen. Abgelegen und entfernt von großen Straßen, glich das Bernburgsche Oberherzogtum einer Insel, deren glückliche Gestade der stürmische Ozean nicht überschreiten darf. Freilich hatte der Herzog als Rheinbundfürst auch seine Kontingente stellen müssen. Seine Truppen hatten sich in Tirol und Spanien geschlagen, und seine Kassen mochten den Krieg wohl fühlen; im allgemeinen aber erfreute das Land sich aller Segnungen des Friedens und nahm trotz der erhöhten Steuern an Wohlstand zu, da es seine reichen Ernten bei hohen Preisen vorteilhaft verwerten konnte.

Unter diesen Umständen waren meine Eltern schnell entschlossen und trafen die nötigen Vorbereitungen zur Reise. Vor allem mußte für die rückbleibende Margarete gesorgt werden, die keinen Platz im Wagen gefunden hätte. Sie wurde Schönbergs übergeben, welche gleich uns Dresden verlassen wollten, um sich eventualiter und fürs erste auf dem Bloßen niederzulassen. So hieß ein reizender Weinberg mit stattlichen Wohngebäuden und schönen Gärten, den Herr Schönberg in der Meißner Gegend besaß. Zwar hatte er es schicklich erachtet, dies Besitztum nach dem Namen seiner Frau in «Katharinenhof» umzutaufen, doch kehrte sich kein Mensch an die Verbesserung, selbst nicht die eigenen Kinder. Der alte gerechte Name triumphierte.

Margarete war somit wohlversorgt. Es wurde gepackt, und zwischendurch umarmte man die schwarze Tante und andere Freunde, die Abschied nehmend ab und zu gingen. Bei dieser Unruhe des Aufbruchs fand mich mein Vater eifrig zeichnend. Ich kopierte aus einem Almanach mit mühsamen Sepiapunkten die Gestalt eines kleinen Mädchens, das, am Wasserfalle sitzend, Vergißmeinnicht zum Kranze windet.

Für wen das werden solle, fragte der Vater.

«Ach!» sagte ich gedehnt, «die Käthchen hat mich um ein Andenken geplagt.»

«Nun, so mache auch etwas Gutes», erwiderte der Vater, nahm mir den Pinsel ab und arbeitete mir selbst hinein. Die Zeichnung gelang weit über mein Vermögen, und August übernahm es, sie an ihre Adresse zu befördern.

Es war in der Mitte des August des Jahres 1813, als wir unsere Reise in dem Mietwagen des Lohnkutschers Hempel antraten. Das Reisepersonal bestand aus der Familie und einem Mädchen meiner Mutter mit Namen Rose, die beim Kutscher saß. Ich erinnere mich der Abfahrt nicht mehr; wohl aber mögen meine Eltern Gott gedankt haben, als sie die Stadt im Rücken hatten, die damals ihren schwersten Ängsten, der Schlacht bei Dresden und der späteren Belagerung entgegenging.

Aber auch auf freiem Felde fehlte es nicht an Waffenlärm und Spuren der Verwüstung. Wir fuhren zunächst durch zerstörte Dörfer, und eine Brandstätte betrachtend, hatte meine Mutter sich etwas vorgebeugt. Sie schien aber kein Glück mit Aussichten zu haben, denn sogleich fuhr sie mit dem Ausrufe zurück: «Nun helf' uns Gott, da kommen gar die Türken!»

Auch sahen wir uns in wenig Augenblicken von dichtgedrängten Haufen türkischer Reiter umgeben. Inzwischen erklärte mein Vater sie nur für verkleidete Franzosen. Es war das bekannte Mameluckenkorps, das Napoleon zum Andenken an Ägypten in den Ländern der Christenheit umherschweifen ließ. Meine Mutter schloß die Augen. Vor wirklichen Türken würde sie sich ohne Zweifel mehr gefürchtet haben, aber ihr Anblick hätte sie weniger verletzt als der von Christen, die als Türken gegen Christen zogen und jeden Augenblick gewärtig sein mußten, in ihrem Narrenkleide zu verenden.

Diesem Mameluckenmarsch entgegen konnten wir stundenlang nur langsam vorwärtskommen. Auch waren die Leute zum Teil betrunken, fingen Händel mit dem Kutscher an, schrien, fluchten, flunkerten mit blanker Klinge durch den Wagen und molestierten das Mädchen auf dem Bock, bis mein Vater Plätze mit ihr tauschte. So blieb die Reise bis Leipzig sehr beschwerlich, da wir überall Truppenabteilungen begegneten, die sich auf Dresden zogen. Alle Gasthäuser waren mit Offizieren überfüllt, das Nachtlager in Oschatz ganz abscheulich.

Dafür ward mir am zweiten Abende die Freude in Leipzig, meinen alten Lehrer Senff und den Freund Alfred zu umarmen. Wir blieben einen ganzen Tag bei Volkmanns, und ohne Zweifel sah ich in Leipzig recht viel Neues, doch hafteten nur Dinge, an denen nichts gelegen ist. So zum Beispiel machte Alfred mich aufmerksam auf einen Herrn, der uns gegenüber im offenen Fenster lag und Tabak rauchte. Der Mann sah ganz wohl aus, hatte schwarzes Haar und schwarze Augen, eine große, feingebogene Nase und trug einen dunkelblauen Rock.

Ich solle ja nicht lachen, warnte Alfred, es wäre ein französischer Spion. Einen Spion hatte ich noch nie gesehen, wußte nur, daß man dergleichen aufzuhängen pflegte. Ich sah daher den Mann in seinem blauen Rocke schon am Galgen und gönnte ihm von Herzen diese Erhöhung.

4. In Ballenstedt

Ungefährdet hatten wir das Ziel unserer Reise erreicht und waren im Barduaschen Hause aufs beste aufgenommen. Man hatte uns die ganze obere Etage eingeräumt, einfache, helle und geräumige Zimmer, wie die Mutter sie liebte, mit freier Aussicht nach allen Seiten. Gegen Morgen sah man über Gärten weit in das Land hinaus bis auf die fernen Türme Bernburgs. Nach Abend baute sich das nahegelegene Ballenstedter Schloß hoch und stattlich auf seinem grünen Wallberge auf, und gegen Mittag begrenzten die waldigen Berge des Tiergartens unmittelbar den kleinen, wohlgepflegten Küchengarten des Hauses. Da endlich mein arbeitsamer Vater gleichfalls nach Norden freies Licht zum Malen fand, so entsprach diese Wohnung allen Bedürfnissen und Wünschen aufs allerbeste, und man richtete sich gar behaglich darin ein.

In der unteren Etage hausten unsere Gastfreunde, bei denen wir auch speisten. Der Hausvater Bardua, schon ziemlich hoch in Jahren, war herzoglicher Kammerdiener. Er war ein würdiger, freundlicher und bescheidener Mann, von seinem Fürsten und von jedermann geschätzt. Wir Kinder wurden schnell mit ihm vertraut und nannten ihn Großvater. Da ihn indessen sein Beruf fast unausgesetzt an die Person des Fürsten knüpfte und er wenig zu Hause war, hatte die Sorge für die Familie von jeher vorzugsweise in den Händen seiner klugen Frau gelegen. Diese war in ihrer Art sehr ausgezeichnet. Lebhaft und tatkräftig, hatte sie sich in jüngeren Jahren tüchtig gerührt, und alles, was sie unternommen hatte, war gelungen. Sie hatte den Wohlstand des Hauses geschaffen und ihn durch die Erziehung ihrer sehr begabten Kinder auch für die Zukunft gesichert. Ihr ältester Sohn war bereits in Koswig bei einer Landesbehörde angestellt, der jüngere besuchte noch das Bernburger Gymnasium. Wir fanden somit nur die beiden Töchter vor, die wackere Malerin Karoline und ihre jüngere Schwester Minchen, ein sehr geistvolles, wohlaussehendes Mädchen von etwa 15 Jahren, das sich mit uns Kindern gern zu schaffen machte.

Außer dem obberegten Hausgärtchen besaßen Barduas noch einen großen Obstgarten – von der Bienenzucht, die früher dort betrieben worden, der «Bienengarten» genannt –, welcher als Enklave des herzoglichen Tiergartens mitten im Walde lag. Dieser Garten war seines herrlichen Obstes wegen berühmt, und namentlich war er reich an Pflaumen aller Arten und Gestalten. Hierher brachte Minchen uns vor allen Dingen, und während sie, mit der kleinen Schwester spielend, Puppengärten baute, fraßen wir Knaben uns tief in die Reineclaudenbüsche ein. Auch die gelben Pflaumen mit rotgesprenkelten Bäckchen, die großen Eierpflaumen und Muskatellerbirnen schmeckten uns recht sehr. Es ist unglaublich, welche Massen Obstes Kinder vertragen können; wir hatten das früher selbst nicht so gewußt und hielten Göttermahle, die unvergeßlich blieben.

Waren wir satt, so schwand das Interesse an dem Garten, er wurde uns zu eng trotz seiner Größe. Wir zogen dann die nächste Umgebung vor, ein bergiges, mit Niederholz bestandenes Terrain, weite Blicke von den Höhen und in den Niederungen trauliche Verstecke – was konnte es zum Spielen Besseres geben! Mein Bruder und ich gefielen uns so in dieser Wildnis, daß wir beschlossen, uns hier ansässig zu machen. Wir bauten an der Blanke des Bienengartens ein Ding von Steinen, das wir, gelehrt, wie wir waren, «*Arx nemorosa*», die Hainburg, nannten. Behufs des Burgfriedens wurden Gesetze erfunden, als deren wesentlichstes ein unverbrüchliches Schweigen galt, nicht nur, damit jeder denken konnte, was er wollte, sondern auch, um Vögel und andere Tiere nicht zu verscheuchen.

Als wir fertig waren, bezogen wir das Schloß, das freilich nur aus Grundmauern bestand; aber wir dachten uns das übrige hinzu. Dort lagen wir regungslos in tiefster Stille, blickten in das grüne Laubdach der überhängenden Birkenzweige, horchten dem Flüstern des Waldes, dem Hämmern des Spechtes und freuten uns des zarten Goldgitters, das die Sonne auf den rasigen Boden malte, wie der bunten Schmetterlinge, die darüber hinirrten. Wer uns so gesehen, hätte uns für tot halten mögen, und vielleicht tat auch dies die schlanke, weiße Hirschkuh, die eines Morgens ganz in unserer nächsten Nähe aus dem Dickicht trat, wenn sie uns überhaupt bemerkte.

Aber im Augenblick waren wir lebendig und sprangen auf das Tier ein, wie die Pardel. Das stutzte, schreckte kurz auf, wandte sich auf den Hinterläufen, und fort ging die Jagd durch dick und dünn. Hatte das Wild seinen Vorsprung, so blieb es stehen und sah sich neugierig um. Dann duckten wir uns ins Heidekraut und suchten es auf allen vieren zu beschleichen, bis es aufs neue flüchtig ward.

Der Großvater Bardua hatte gesagt, daß man mit der Hand gefangene Hirsche behalten dürfe;

nur müsse man sie beim Wedel fassen, dann seien sie gleich verloren. Solche Hoffnung gaben wir bald daran, aber wir hatten von unserer Jagd doch den Vorteil, das schöne Tier recht lange in Sicht zu behalten, und dieses vergnügte sich vielleicht nicht minder, mit uns zu spielen, bis ihm endlich die Sache nicht mehr anstand und es auf Nimmerwiedersehen abging.

Der Hirsch war fort und wußte wahrscheinlich, wo er war; wir wußten weder dies, noch wo wir selbst waren. Wir stießen indessen bald auf einen Jagdweg, und siehe da! ein leichtes Fuhrwerk flog daher, auf weichem Rasenteppich geräuschlos hinrollend. Man hörte kaum den Tritt der großen Rappen, nur hin und wieder das Anschlagen des Lederzeuges mit seinen silbernen Schnallen. Im Wagen saß ein stattlicher Herr im grünen Uniformsüberrocke und neben ihm ein Livreejäger, der die Kugelbüchse hielt. Hintenauf war die Beute gebunden, ein schöner Damhirsch.

Wir traten zur Seite und grüßten ehrerbietig, denn darin waren wir einig, daß wir den Landesherrn gesehen hatten, von dem im Barduaschen Hause fortwährend die Rede war. Als wir bei Tisch viel Redens davon machten, wurde unsere Vermutung bestätigt, zugleich verwarnte man uns aber, von unseren Jagden als von polizeiwidrigen Freveln abzustehen. Den Herzog sollten wir bald deutlicher zu sehen kriegen.

Ein Besuch bei Hofe

Der alte Bardua brachte die Nachricht mit vom Schlosse, es habe ihn der Herzog nach uns Kindern gefragt, und da Se. Durchlaucht nichts ohne Ursache täte, so glaubte er, daß wir in den nächsten Tagen zum Erbprinzen eingeladen werden würden. Das war eine wichtige, fast schreckliche Neuigkeit, die uns in große Spannung setzte. Zwar hatten wir schon mancherlei Potentaten gesehen, den König von Sachsen, Napoleon und andere, aber nur von weitem auf der Straße, wie man Kirchtürme und ferne Berge ansieht, die einen weiter nichts angehen; dergleichen aber ordentlich zu besuchen und mit ihnen zu sprechen wie mit anderen Leuten: ob das ein Vergnügen sein werde? Die Mutter bezweifelte es. Sie fand überhaupt so vornehmen Umgang wenig geeignet für uns und wäre gern ausgewichen; der Vater aber meinte, wenn wir eingeladen würden, so bliebe doch eigentlich nichts anderes übrig, als hinzugehen.

Inzwischen machte uns der Erbprinz erst einen Probebesuch in Begleitung seines Gouverneurs, des Hofrat Beckedorff, welch letzterer, sich mit meinem Vater in ein Gespräch vertiefend, uns seinen Zögling überließ. Der Prinz war ein wohlgebildeter Knabe, schlank, von durchsichtig zarter Gesichtsfarbe und hochblond. Er mochte damals etwas über acht Jahre alt sein und stand somit in der Mitte zwischen mir und meinem Bruder. Wir sahen uns ihn genau an, etwa wie einen jungen Vogel Strauß, ohne daß er das Interesse, das wir ihm zeigten, zu erwidern schien. Er zeigte uns vielmehr die aufrichtigste Gleichgültigkeit, bis es gelang, ihn unter die Pflaumenbäume des Gartens zu bewegen. Da wurde er handlicher. Er habe Ziegenböcke, sagte er, und einen Fuchs, und wir könnten ihn am Nachmittag auf dem Schlosse besuchen.

Ziegenböcke und ein Fuchs sind liebenswürdige Eigenschaften. Wir sahen den reichen Prinzen bewundernd an und freuten uns auf die Genüsse des Nachmittags. Als sich die Stunde indessen nahte und wir uns anziehen sollten, fanden wir doch wieder einiges Bedenken. Der Prinz für seine Person zwar war uns nun bekannt, wie wir aber den Herzog und die Herzogin bestehen sollten, falls wir mit diesen hohen Herrschaften zusammenträfen, das stand auf einem anderen Blatte. Wohl waren wir bis dahin nicht in der schlechtesten Gesellschaft aufgewachsen, nach dem Maßstabe der großen Welt jedoch immer nicht in der besten, und wer konnte wissen, was in jenen höchsten Kreisen für feine Sitte herrschte? Wir hatten davon die abenteuerlichsten Vorstellungen und quälten uns mit hypochondrischen Besorgnissen vor möglichen Flegeleien, die wir begehen könnten. Wir erkundigten uns daher ausführlich bei der Mutter, wie wir uns zu benehmen hätten.

Da trat der Vater ein und ließ sich überaus tröstlich vernehmen. Er sagte, wir sollten uns gar nicht benehmen, sondern sein wie immer, und wenn wir etwas weniger ungezogen wären, würde es nichts schaden. Man würde uns fragen, wie alt wir seien, wie wir hießen, wie unsere Schwester hieße, und ob wir sie recht lieb hätten, vielleicht auch, ob es uns in Ballenstedt und bei Barduas gefiele. Die Antworten würden wir wohl auswendig wissen. Im übrigen würden wir mit dem Prinzen spielen und dabei mehr auf sein Vergnügen als auf das unserige bedacht sein.

So ausgerüstet und gestählt, wie auch aufs sauberste gekleidet, gewaschen und gekämmt, folgten wir dem Hoflakaien, der uns abzuholen kam, passierten respektvoll den am Schloßtor aufgestellten Posten und traten so ernst wie Tiere in das Portal ein. Dann wurde eine Türe aufgerissen, und wir traten in ein helles Zimmer mit weiter Aussicht über Berg und Tal. Hier trat uns der Hofrat Beckedorff entgegen und begrüßte uns wie hübscher Leute Kinder, und auch der Prinz erschien und war viel zutulicher als am Morgen. In seinem Gesicht lag ein herzgewinnender Ausdruck von Freundlichkeit, und ungescheut entwickelte er einen neuen Reichtum liebenswürdiger Eigenschaften.

Er führte uns zuvörderst an seinen Schrank und zeigte auf, was er besaß. Da sahen wir Dinge, von deren Möglichkeit sich unsereins nichts hätte träumen lassen, zum Beispiel einen Reichsadler, aus lauter kleinen Muscheln zusammengesetzt, eine mit goldenen Scharnieren versehene Walnußschale, aus welcher sich ein Paar lederne Handschuhe entwickelten, die dem Prinzen paßten, ein Petschaft, welches beim Druck des Siegelns ein musikalisches Ständchen von sich gab, und mehr dergleichen Kuriositäten. Es war ein Vergnügen des Staunens, wie Reisende es beim Beschauen des Grünen Gewölbes zu Dresden empfinden. Auch an eigentlichen Spielsachen war kein Mangel, man sah Bleisoldaten von den schlanksten Proportionen, Kreisel, Federbälle und Kegelspiele. Aber auf meinen gefälligen Vorschlag, damit zu spielen, erwiderte der Besitzer, man besähe das nur.

Dagegen nötigte der Prinz uns bald hinaus in den Schloßhof, den Fuchs zu begrüßen, der in einer Ecke an der Kette lag, gleich einem Hündchen, und Rossel hieß. Rossel stank gewaltig, was besonders interessierte, demnächst war er leichtfüßig und gewandt und vergnügte uns durch graziöse Sprünge, bis ein Wagen vorfuhr, der uns in die Berge führen sollte. Zwar hatten wir eigentlich erwartet, auf den Ziegenböcken zu reiten, aber der Prinz belehrte, die seien im Marstall, und man reite nur des Morgens. So stiegen wir denn in den Wagen, und es war auch zu ertragen, so bequem und leicht durch die waldigen Täler hinzufliegen. Unsere Zuneigung zum Prinzen blieb im Wachsen.

Aber der hinkende Bote kam hinterdrein. Um die Teezeit zurückgekehrt, wurden wir zur Herzogin beschieden. Beckedorff nahm seinen Hut und wandelte vor uns her mit einer Zuversicht, als ginge es zu Tische; wir anderen folgten, und, die langen Korridore durchschreitend, blieb Zeit genug, zu überlegen, wie es anzufangen sei, sich nach der Weisung meines Vaters gar nicht zu benehmen. Das Herz ward immer schwerer, und ziemlich engbrüstig betrat ich Hand in Hand mit meinem Bruder das grünseidene Audienzzimmer der Herzogin, welche mit ihrer Tochter, der Prinzessin Luise, und einer Hofdame allein war. Beckedorff stellte uns als sächsische Refugiés vor.

Die Herzogin war eine Prinzessin aus dem hessischen Kurhause, Tochter des patriotischen, durch Napoleon entsetzten Kurfürsten Wilhelm mit dem Zopf. Sie schwebt meinem Gedächtnisse als eine schöne, hochherzige und gebildete Dame vor. Ihre Gesichtszüge trugen das Gepräge des Adels und der Anmut; aber es spielte ein Anflug der Trauer hindurch, deren Grund teils in dem Jammer des Vaterlandes, teils in persönlichen Verhältnissen liegen mochte, die erst später begriffen werden konnten.

Die hohe Frau empfing uns mit mütterlicher Güte, und da sie obendrein gerade die Fragen an uns richtete, die von der Welterfahrung meines Vaters vorausgesehen waren, so schwand die anfängliche Beklommenheit sehr schnell. Ich atmete freier auf und gewann ein Auge für die vornehme Gesellschaft, in der ich mich befand.

Vor allem gefiel mir die Prinzessin Luise. Sie war erst kürzlich konfirmiert und mochte nicht über sechzehn Jahre alt sein. Zwar sprach sie wenig, sah aber so reizend aus, daß es Mühe machte, sie nicht in einem fort anzusehen. Ihre regelmäßigen Züge hatten den freundlich träumerischen Ausdruck eines Heiligenbildes, und da mein Vater sie bald nachher malte, urteilte Beckedorff von dem sprechend ähnlichen Bilde, daß man es getrost über jeden Altar hängen könne.

Als der Tee getrunken war, wurden wir Kinder in das anstoßende Vorzimmer verwiesen, wo allerlei Spielzeug zur Disposition stand. Unter diesen Dingen zog mich als Sachverständigen besonders ein kleines Puppentheater an mit herrlichen Figürchen und Dekorationen. Der Prinz genehmigte ein Schauspiel. Ich würde mich allerdings heutzutage nicht zu einem solchen Wagnis drängen, aber damals war ich in der Übung und brannte vor Verlangen, mit so auserlesenem Material zu hantieren. Ich fühlte mich in meinem Elemente, und während ich die vorhandenen Mittel überschaute und die Püppchen sonderte, erfand ich nach Beschaffenheit derselben einen Stoff, der mir geeignet schien, den Prinzen zu amüsieren.

Ich hatte nur moderne Figuren vorgefunden, keine Helden, keine Ritter oder Räuber; daher entschloß ich mich, ein Lustspiel aufzuführen. Kasper und Christel, die unverschämten Dienstboten eines kranken Herrn, sollten diesen durch Impertinenz, durch Zank und Widersetzlichkeit so lange reizen, bis er sie im Übermaß des Zornes beide zum Fenster hinauswerfen würde. Ein Schluß, von dem ich mir Effekt versprach.

Der Prinz und mein Bruder saßen bereits auf ihren Plätzen, und ich bat letzteren, die Ouvertüre zu beginnen. Er zeigte aber nach der offenen Tür der Herzogin und traf andere Auskunft, die ihn weniger genierte. Er besaß nämlich die Fertigkeit, mit seinen beiden dicken, kreuzweis ineinandergelegten Händen wie mit einem Blasebalg zu operieren und Töne herauszuquetschen, die dem Prinzen so neu waren, daß er sich vor Lachen fast überschlug. Dadurch kam er gerade in die rechte Stimmung; ich zog den Vorhang, und das Stück begann. Der kranke Herr erschien, klagte seine Leiden und rief nach Christel. Da brach der Prinz von neuem aus. Er hatte jene in seiner Gegend nicht gewöhnliche Abbreviatur noch nicht gehört, und sein Lachen wiederholte sich, sooft der Name genannt ward. Als ich dies bemerkte, sah ich ein, daß ich mir andere Witze sparen könnte, ließ die Christel unaufhörlich von allen Seiten rufen, und der Prinz kam gar nicht aus der Freude. So wohlfeilen Erfolg hatte ich in meiner Komödiantenlaufbahn noch nicht gehabt und nie mit größerem Genusse gespielt, als plötzlich die Flügeltüren nach der Galerie zu auseinanderflogen und, gestützt auf eine schwarze, mit Silber beschlagene Krücke, ein Herr hereintrat, den ich sogleich für den schon im Tiergarten entdeckten Landesfürsten erkannte. Er trug denselben dunkelgrünen Überrock mit Silberknöpfen und Aufschlägen von hellgrünem Samt, kurzgeschorene gepuderte Haare und hohe Stiefel von weichem Leder.

Der Herzog Alexius war lahm von Kindheit an, und zwar durch einen Sturz, den er, wie man sich erzählte, aus der Wiege getan. Er gehörte aber zu denjenigen Menschen, denen das, was sie sind, wohl ansteht, und die ihn kannten, fanden ihn nicht entstellt durch sein Gebrechen. Vielmehr gab die gestützte Haltung seiner kräftigen Gestalt einen Ausdruck imposanter Ruhe, welcher die festen Züge seines imperatorischen Gesichtes sehr wohl entsprachen. Er war ein ernster, verschlossener, aber wohlmeinender Herr, der sein schönes Land aus angeborener Machtvollkommenheit ganz selbständig regierte und als Landesfürst im In- und Auslande in Achtung stand.

Der Erbprinz war beim Eintritt seines Vaters aufgesprungen, und alle drei standen wir in tiefster Devotion vor dem hohen Herrn, der einige Fragen an mich tat und mir befahl, in meinem Spiele fortzufahren. Die kleine Gesellschaft im Teezimmer war ebenfalls hereingetreten, um den Herzog zu begrüßen, mein Mut aber auf Null gesunken. Dennoch ward ich zur Fortsetzung genötigt. Ich spielte mit Todesverachtung weiter, aber der Prinz lachte nicht mehr bei dem Zauberworte Christel, und da sich die übrigen noch obendrein laut unterhielten, verließen mich alle Gedanken. Ohne irgendeine Entwickelung herbeigeführt zu haben, ließ ich den Vorhang fallen, indem ich dunkelrot und mit brennenden Augen erklärte, das Stück sei aus. Ich hatte unter aller Kritik gespielt, aber dennoch wurde ich von den Damen sehr gelobt, was mir die ungerechte Meinung gab, daß sie wenig von der Kunst verständen. Auch weiß ich nicht, was bitterer ist, unverdienter Tadel oder unverdientes Lob. Am schwersten zu ertragen sind jedenfalls verdienter Tadel und verdientes Lob.

Der Herzog pflegte des Abends für sich allein oder mit einigen seiner Herren zu speisen. Als das Souper serviert werden sollte, verzog er sich daher wieder in seine Gemächer. Ich war damit ganz einverstanden, denn Respekt und Appetit sind ziemlich unverträgliche Gesellen. Gerade weil ich den hohen Herrn so tief verehrte, hob er sich jetzt wie ein Gewicht von meinem Magen, und mit merklicher Erleichterung konnte ich nun dem ersten Fürstenmahl entgegengehen, das mir geboten ward.

Man sagt den russischen Bauern nach, sie glaubten, daß der Kaiser nichts als Schweinebraten äße und geschmolzene Butter dazu tränke. Einen solchen Luxus trauten wir unseren Herrschaften zwar nicht zu, aber wir dachten doch, es würde Dinge geben, die unsereiner weder dem Namen nach noch von Geschmack und Ansehen kenne. In der vornehmen Welt hat inzwischen auch beim Essen die Form den Vortritt vor dem Inhalt. Der Wert fürstlicher Tafeln liegt weniger in goldenen Äpfeln als in silbernen Schalen, weniger in Speisen als in Tellern, Schüsseln und sonstigem Gerät, und billig hätten wir erstaunt sein müssen über die Menge schweren Silbers, das den kleinen Tisch bedeckte, wenn wir nicht alles für Zinn gehalten hätten, wie das bei Näkens Brauch war. Die Speisen glaubten wir zu kennen. Es waren dieselben, die wir auch zu Hause hatten, nämlich saure Milch, Eier, Fleisch, Kartoffeln und Obst. Wir bemerkten aber dennoch einen anderen, sehr schmeichelhaften Unterschied. Wir fanden nämlich, ein jeder vor seinem Kuvert, ein kleines Kristallfläschchen voll goldhellen Weines, eine Perle, deren Wert wir nicht verkannten. Auch verschmähten wir keineswegs, Gebrauch davon zu machen. Wir schenkten uns fortwährend ein, weniger des Trinkens als des Einschenkens wegen, und nur tropfenweise, damit es länger fließen sollte. Ich bemerkte, daß mein dicker Bruder dabei den Kopf ein wenig auf die Seite legte und den Mund vorstreckte, wie der Vater dies zu tun pflegte, wenn er sich sein Gläschen füllte. Mein Glas war nimmer leer und nimmer voll und ich selbst so sicher im Benehmen wie ein alter Türke, der Opium im Leibe hat.

In dieser meiner selbstvergessenen Stimmung reichte mir der neben mir sitzende Prinz sein Brötchen, es durchzuschneiden. Das Messer war so scharf wie Gift. Ich durchschnitt das Brot, aber zugleich auch das obere Glied meines linken Ringfingers fast zur Hälfte, so daß es hing. So böse war der Schnitt, daß der herzogliche Leibarzt, Hofrat Heinecke, gerufen wurde, der mich schiente und verband; und erst zehn Jahre später bekam der Finger seine frühere Haltung wieder. Da ich viel Blut verloren hatte, ließ die Herzogin uns aus übergroßer Sorge nach Hause fahren.

Als wir, voll der interessantesten Erlebnisse, bei den Eltern eingetroffen waren und ich nach gewohnter Weise Bericht abstatten wollte, schrie mein Bruder mich an: «Heute laß mich erzählen, heute gelingt's mir!»

Jener nach unserer Meinung in der großen Welt verlebte Abend war der erste unter vielen folgenden. Wir waren von nun an häufig auf dem Schlosse, begleiteten den Prinzen auf Promenaden und Ausfahrten und – was uns besonders vergnügte – nahmen teil an seinen Übungen auf der Reitbahn.

Ich habe noch keinen Knaben gesehen, der nicht gern auf Ziegenböcken gesessen hätte. Die prinzlichen waren schöne, hochbeinige Tiere mit stolzen Bärten und Gebärden; auch fehlte es ihnen nicht an Kräften, weder uns zu tragen, noch auf den Sand zu setzen, was letzteres den Prinzen, der wie ein alter Husar im Sattel klebte, nicht wenig amüsierte. Als wir beiden Neulinge etwas schließen lernten, wurde Karussell geritten: vorweg Beckedorff als Vorbild auf hohem Pferde und hintennach wir Kleinen auf Ziegenböcken, einer hinter dem anderen, mit Degen nach dem Ringe stechend.

Es waren schöne Jugendtage, vergoldet von jener Romantik, die für Anfänger in dem Verkehr mit hohen Personen liegt, und nicht minder gewürzt durch die nebenbeilaufende Plage regelmäßigen Unterrichts, der uns auch hier wie überall verfolgte. Auf den Rat eines trefflichen Mannes, des herzoglichen Oberhofpredigers Starke (Verfasser der «Häuslichen Gemälde», einer damals viel gelesenen Sammlung kleiner moralischer Novellen), hatten die Eltern uns der Ballenstedter Ortsschule anvertraut und daran jedenfalls sehr wohlgetan. Öffentliche Schulen mögen sein, wie sie wollen: wenn die Zucht darin nicht ganz aus Rand und Band ist, sind sie privatem Unterrichte immer vorzuziehen. Sie entkleiden die Jugend jeden äußerlichen Vorzuges, dessen sie sich etwa erfreuen mag, und lassen ihr nichts anderes übrig als Kopf und Fäuste, oder was sonst niet- und nagelfest an einem Knaben ist. Ein jeder steht da allen als seinesgleichen gegenüber, nur persönliche Vorzüge gelten und müssen erstrebt werden, wo sie fehlen. Die Schule und die Wildnis sind die einzigen Orte, wo der Mensch an sich was gilt, allein auf sich gesetzt ist und der Charakter sich entwickelt.

Was nun die Ballenstedter Schule anbelangt, so war zunächst der Rektor Eisfeld ein Mann, dessen Wert nicht vorschnell in die Augen sprang. Korpulent, von gedrungenem Gliederbau und derbgeschnittenen Gesichtszügen, verriet sein Aussehen wenig vom Gelehrten. Das zurückgekämmte Haar, der grobe Überrock und die hohen rindsledernen Stiefel gaben ihm vielmehr einen bäuerlichen Anstrich, dem auch seine Manieren und seine massive Redeweise ganz entsprachen. Er bediente sich durchweg des Dialekts der unteren Volksschicht und trug diese bequeme Nachlässigkeit der Rede sogar auf fremde Sprachen über, indem er zum Beispiel das Schluß-s in *pars* (der Teil) wie *sch* aussprach, den Vokal aber langzog und *paarsch* sagte.

Seine Schüler pflegte dieser Lehrer weder mit Du, noch Sie, noch Ihr, noch Er anzureden. Man sollte meinen, es bliebe nichts anderes übrig; doch half sich Eisfeld mit Der. «Der dekliniere einmal...!» befahl er mir, als wir uns behufs vorläufiger Prüfung das erstemal auf seinem Zimmer eingefunden hatten. Nach schwach bestandenem Examen führte der Scholarch uns in seine Schule ein. Diese war noch ganz nach altem Zuschnitt und mochte sich seit Albrecht des Bären Zeiten nicht sonderlich verändert haben. Ein einziges sehr großes, von den Jahrhunderten geschwärztes Zimmer vereinigte die Lateiner von *mensa* bis zum Cornelius Nepos mit einer Anzahl von Seminaristen, aus denen fertige Lehrer für die Kantorschulen hervorgingen. Es gehörte in der Tat Talent dazu, eine so ungleichartige Masse von Kindern und Jünglingen gleichzeitig zu unterrichten und zu regieren. Hat aber einer dies Problem gelöst, so war es der Rektor Eisfeld. Seine Schüler machten ihm in der Regel alle Ehre, wenn sie aufs Gymnasium kamen oder ihre respektiven Schulämter antraten.

Für uns Fremdlinge hatte die öffentliche Schule noch den Vorteil, daß wir auf leichte Weise mit den eingeborenen Knaben des Ortes bekannt wurden und zahlreichen Umgang fanden, der uns verhinderte, auf dem Schlosse zu verprinzeln. Schon gleich am ersten Morgen fiel mir ein schmucker Junge, Adolf Kirchner, auf. Wir saßen nebeneinander, tauschten unser Butterbrot und machten Freundschaft. Dieser Adolf hatte die liebenswürdige Eigenschaft einer eigenen kleinen Ziegenbocksequipage, mittels welcher er sich, namentlich bei schlechtem Wetter, den weiten Schulweg abzukürzen pflegte. Davon hatte er mir schon während des Unterrichtes das Nötige zugeflüstert, mir auch in der Freiviertelstunde die Tiere gezeigt, die im Stall des Rektors, seines Verwandten, standen, und, da wir denselben Weg hatten, sich erboten, uns nach Hause zu kutschieren.

Glückselig wie die Heimchen saßen wir auf

dem kleinen Wagen, den zwei kräftige Böcke dahinrissen. Der Regen hatte sich verzogen, blauer Himmel lachte nieder, und das Bild der lieben Sonne funkelte in den Pfützen, die an den eiligen Rädern aufspritzten. Es war herrlich! und nimmer hätten wir gedacht, daß wir schon nach zwei Minuten über neuer Lust den neuen Freund nebst seinen Ziegenböcken vergessen würden. Als wir aber mit unserem Fuhrwerk in die Nähe des an der Kastanienallee gelegenen Gasthauses «Zur Stadt Bernburg» kamen, standen da zwei fremde Knaben vor der Tür, die Hals und Augen nach uns ausstreckten, als hätten sie noch niemals ihresgleichen gesehen. Schon wollten wir böse werden, da riefen sie uns beim Namen – und nun war es aus mit der Fuhre. Wir flogen aus dem Wagen, und während Adolf Kirchner unbeachtet weiterrollte, begrüßten wir aufs tumultuarischste ein paar alte Dresdner Freunde.

Die neuen Ankömmlinge, Julius und Moritz Kaskel, waren die Söhne eines in Dresden sehr angesehenen Mannes, des Bankiers Michael Kaskel. Die Bekanntschaft dieser Familie hatten wir im Radeberger Bade gemacht und in Dresden weiter fortgesponnen. In dem geselligen Kaskelschen Hause auf der Wilsdruffer Gasse, wie im Koselschen Garten an der Elbe, den die Familie im Sommer bezog, hatten wir Stunden reichen Genusses erlebt. Nach Volkmanns und Schönbergs mochten die Kaskelschen Kinder uns am nächsten gestanden haben, und sie daher hier in der Fremde so unerwartet vorzufinden, war übergroße Freude.

Die steigende Kriegsnot in Dresden hatte den Vater unserer Freunde, der selbst sein Geschäft nicht verlassen konnte, veranlaßt, wenigstens Frau und Kinder wegzuschicken, und unser Weg war auch der ihrige geworden. Während wir beim Rektor Eisfeld deklinierten, waren sie sehr unvermutet in der «Stadt Bernburg» eingelaufen.

Madame Kaskel mietete sich mit ihrem Häuflein in unserer Nähe ein und hielt gute Nachbarschaft. Namentlich teilten wir Kinder fortan Freud und Leid auf allen Wegen, in Schule, Feld und Wald, beim Spielen auf der Straße wie in den Kämpfen mit der Straßenjugend, die uns oft hart bedrängte. Es waren namentlich die Kantorschüler, die mit uns Rektorschülern und Lateinern in herber Feindschaft lebten. Der ganze männliche Nachwuchs des Ortes war durch die Schulen in zwei Lager geteilt, und es war wunderbar, woher die Händel alle kamen. Ich glaube nicht, daß wir sie suchten, wir mieden sie aber auch nicht; aber wir führten sie mit Eifer und wurden selbst darüber zur Straßenbrut.

Bei diesen Kämpfen konnte ich in eine Leidenschaft geraten, die mich aller Vernunft beraubte. Ich entsinne mich, daß ich den einen meiner Feinde, einen großen, starken Jungen, der mich durch einen wohlgezielten Steinwurf in helle Wut versetzt hatte, bis in das Haus seiner Eltern verfolgte. Ich drang mit ihm zugleich ins Zimmer, schlug ihm meinen Bücherriemen um die Ohren und merkte erst, wo ich war, als sein Vater, ein herrschaftlicher Kutscher namens Westphal, die Hetzpeitsche von der Wand riß. Da prallte ich ernüchtert zurück und war schon auf der Straße, als ich hinter mir den Knall der Peitsche und das Grollen des alten Löwen hörte.

Infolge der ungewohnten Freiheit, die wir genossen, war unsere frühere hausbackene Gesittung wunderschnell in wildes Wesen umgeschlagen. Mit Kaskels, die bis dahin gleichfalls unter informatorischer Zucht gestanden, war es nicht anders. Zwar taten wir eigentlich nichts Böses, aber durch wilde Auftritte, wie der obige, wurden wir so berühmt, daß alle etwaigen Vorkommnisse auf unser Konto kamen und nicht das kleinste Steinchen mehr ins Fenster fliegen konnte, ohne daß die Dresdener Brut, wie man uns nannte, in den Verdacht der Täterschaft geraten wäre. Die Eltern konnten dem nicht steuern, denn Isolierung ist in kleinen Orten ganz unmöglich; auch hatten sie in die Natur und in den außerordentlichen Reichtum unserer Erlebnisse keine Einsicht und tadelten höchstens, daß wir erhitzt aussähen. Ich aber kann nicht leugnen, daß es mir selbst manchmal zu arg ward und ich schon deshalb gern aufs Schloß ging, weil ich mich dort von meiner eigenen Ungezogenheit erholen konnte.

Ich hatte gerade damals viele Ideen zu neuen Stücken, die ich mit dem vorhandenen, durch mich ansehnlich bereicherten Materiale aufzuführen vor Verlangen brannte; aber der Prinz wollte immer wieder Kasper und Christel sehen. Wenn ich ihm sagte, wir wollten heute dies oder das aufführen, erklärte er ganz einfach, es würde doch wohl Kasper und Christel werden. Und so wurde es denn auch immer, denn meine Mutter hatte es mir fest eingebunden, nie zu vergessen, daß ich des Prinzen wegen Komödie spiele, er nicht meinetwegen zusähe.

Mein Vater fand, daß ich im umgekehrten Falle jenes Malers zu Dordrecht sei, der nichts anderes malen konnte als eine Glocke, womit er alle Kneipenschilder seiner Vaterstadt zu dekorieren pflegte. Der einzige Unterschied lag in der Farbe: zur blauen, zur roten, zur gelben Glocke; und anders wußten es die unschuldigen Dordrechter nicht seit Menschengedenken – bis endlich ein junger, von der Wanderschaft heimkehrender Gelbschnabel den tollen Einfall hatte, statt der beliebten Glocke einen spanischen Reiter auf seinem Schilde sehen zu wollen. Der Maler sträubte sich: es würde sich schlecht machen, sei wider die Mode und den guten Ton, die Leute würden sich dran stoßen, sie würden das Bild mit Kot bewerfen, und es sei unerhört und ganz unmöglich. Da aber der junge Gelbschnabel dennoch ganz unerschütterlich auf seinem Willen verharrte, so rief der Künstler endlich ungeduldig: «Nun, wenn Mynherr es denn nicht anders haben will, so kann's ja auch ein spanischer Reiter werden; das aber sage ich ihm, viel anders aussehen als eine Glocke wird's drum doch nicht.»

5. *Die jugendlichen Verbrecher*

Unter dem buntesten Wechsel von Hof-, Schul- und Straßenleben war der Sommer vergangen; die Tage wurden frischer, das Laub färbte sich, und aus den Tälern stiegen herbstliche Nebel, die zuweilen die ganze Welt zu bedecken schienen.

In diese Nebelmeere auszulaufen, war unsere Lust. Dann war der Tiergarten ein neues, unbekanntes Land, in welchem man das Vergnügen, sich zu verirren, leichtlich genießen konnte, bis man etwa ans gegenseitige Wildgatter gelangte, an welchem man sich wieder orientieren konnte. Da staunten wir denn hindurch in den alten Hochwald, der sich von hier aus über alle Kämme des Gebirges bis zum Brocken hinzog.

Dieser majestätische Wald, mit uralten Eichen und Buchen bestanden, war für uns ein unbekanntes Thule und ein Paradies, aus dem wir ausgeschlossen waren, denn es war streng verboten, das Gatter zu übersteigen. Wir blickten aber hindurch in die kolossalen Säulengänge und Gewölbe der vom Nebel verschleierten Baumriesen und horchten in feierlicher Stille dem unsichtbaren Fallen der reifen Eicheln oder auch, wenn das Glück uns wohlwollte, dem Schreien der wilden Edelhirsche, deren es innerhalb des Tiergartens keine gab. Schluchzend hob es an und röchelnd, wie ein sterbender Leviathan, dann folgte ein langgezogener, in allen Dissonanzen der Baßskala tremulierender Schrei, haarsträubend und unvergleichlich. Kinder sind glückselige Poeten. Der frische Spiegel ihrer Seele reflektiert noch alle Wunder der Natur mit gleicher Schärfe, und überall ist eine Fülle des Genusses.

Eines Sonntags morgens war ich mit meinem Bruder auf solcher Wanderung in einen Teil des Niederwaldes geraten, der die Loden genannt wurde. Ein Luftzug hatte sich erhoben, und die Nebel zogen hin und wieder ihre Schleier ab; einzelne Sonnenstrahlen spielten hindurch und warfen bleiche Lichter auf den grasigen, betauten Fußpfad. Im Vollgenusse sonntäglicher Freiheit durchschritten wir das zartbeleuchtete Gebüsch, nicht ahnend, daß wir wenige Minuten später reif zum Kerker sein würden. Aber man ist nie vergnügter als unmittelbar vor einer begangenen Dummheit.

Siehe! da zeigte sich, eingeklemmt zwischen Zweigen des Gebüsches, ein kleiner, glatter Sprenkel, in dessen Pferdehaarschlinge ein toter Vogel hing. Da er noch warm war, löste ich die Schlinge und versuchte, ihm Luft einzublasen, aber der arme Narr blieb tot. Wohl hatten wir gehört, daß es herzlose Buben gäbe, die Vögeln nachstellten, und hielten jetzt den Beweis in Händen; aber wenigstens sollten sie ihrer Schandtat nicht froh werden. Wir nahmen den Vogel mit, um ihn der Schwester mitzubringen, knickten den Sprenkel ein und ergingen uns in harten Reden über die Brutalität des Vogelstellens.

Wie aber beschreibe ich unsere Empörung, als wir nun weiterziehend einen Sprenkel nach dem anderen fanden und es damit kein Ende nehmen wollte. Alle waren sie mit der Lockspeise der roten Vogelbeeren wohl versehen, und in vielen hingen Vögel. Wir hätten die Kinder, die das getan, ohrfeigen können, bis ihnen die Backen abgeflogen wären.

Unser Spaziergang bekam nun einen praktischen Zweck. Die Nebelträume waren vergessen, und, ergrimmt über die Bosheit vogelstellerischer Mitkinder, beseitigten wir alle Sprenkel und Vögel, die wir fanden, um sie als Trophäen mit nach Hause zu bringen. Und kaum wußte ich, daß mir vor dem Richterstuhle meines Gewissens jemals eine Tat gerechtfertigter erschienen wäre als gerade diese. So auch sah mein kleiner Bruder, der mit Sprenkeln beladen, in seiner runden Jacke vor mir herschritt, wie die Ehrenhaftigkeit selbst aus. Selbst von hinten sah man ihm das gute Gewissen an, und er tat sehr respektable Äußerungen, daß wir's dem Prinzen sagen wollten, und der würde es seinem Vater sagen, und was dann weiter werden würde, sollte uns schon recht sein.

In dieser selbstzufriedenen Stimmung begegnete uns ganz wie gerufen ein Jägersmann, den wir sogleich zum Zeugen des entdeckten Frevels machen konnten. Kaum aber hatten wir den grünen Jüngling – er hieß Krummhaar – angelächelt, um ihn zu grüßen, als er uns auch schon beim Kragen hatte, uns verdammte kleine Strolche nannte und uns fragte, wie wir uns unterstehen dürften, herzogliche Dohnenstiege auszurauben.

Was Dohnenstiege waren, ahnten wir nicht. Wir wußten gar nicht, daß es eine landesherrliche Prärogative sei, zu dieser Jahreszeit Sprenkel oder Dohnen in den Forsten auszustellen, um die heimziehenden Drosseln zu berücken. Wir hatten es ja für bloße Büberei gehalten und sagten dies. Aber unsere Entschuldigungen machten keinen Eindruck; Dohnen und Vögel wurden uns abgenommen und wir mit der Verheißung entlassen, daß man uns schon zu finden wissen werde. Und in der Tat erhielt mein Vater schon am Nachmittage ein forstamtliches Schreiben des freundlichen Inhaltes, daß seine Söhne, weil bei Plünderung des Dohnenstieges Ihrer Durchlaucht der Herzogin betroffen, gesetzlich in Gefängnisstrafe verfallen seien. Auf Höchsten Spezialbefehl jedoch solle in Berücksichtigung unserer Jugend und Unerfahrenheit für diesmal von allem weiteren Verfahren gegen uns Abstand genommen werden, was hierdurch ganz ergebenst zur Kenntnis des Herrn Professors gebracht sei.

Damit wären wir denn der väterlichen Rache überantwortet gewesen; doch aber hatte glücklicherweise für den gestrengen Vater sowohl die Natur der Missetat selbst als die Vorstellung von der Einkerkerung seiner kleinen Familie so viel Erheiterndes, daß wir wenig um seinen Zorn bekümmert waren. Sehr schwer jedoch fiel uns die Sache auf, als wir fast unmittelbar nach jener amtlichen Rüge für den Abend aufs Schloß befohlen wurden. Wie sollten wir's denn fertigbringen, gerade heute der von uns geplünderten Fürstin oder gar dem Herzoge in den Wurf zu kommen? Es lag ein Hohn in dieser Einladung, der uns nahezu empörte, und wir fühlten keine Neigung, mit denen zu Tische zu sitzen, in deren Belieben es stand, uns in den Turm zu werfen oder nicht. In ähnlicher Erregung singt Prometheus: «Erhebet ein Streit sich, so stürzen die Gäste geschmäht und geschändet in nächtliche Tiefen», und solchen Ausgang zu vermeiden, hielten wir es fürs beste, unseren Schloßverkehr ganz abzubrechen. Hatten wir doch Kaskels und die ganze Ortsjugend! Was brauchten wir mit vogelstellerischen Fürsten umzugehen? Wir baten die Mutter, keine Einladung für uns mehr anzunehmen. Aber sie erwiderte, wenn wir Männer werden wollten, so dürften wir uns nicht schämen, die Folgen unserer Taten auf uns zu nehmen, und sagte für den Abend zu.

So blieb nichts anderes übrig, als sich stark zu machen. Ich spreizte meine Stacheln wie ein Igel und sagte meinem Bruder, die Herzogin sei eine Frau, und damit Holla! Was brauche sie auch den Vögeln nachzustellen, und mache sie uns Vorwürfe, so wollten wir die Wahrheit sagen. Mein Bruder war sehr einverstanden und sah fest und böse aus.

In trotziger Stimmung gingen wir aufs Schloß, wo wir inzwischen alles anders fanden, als wir erwartet hatten. Der Krammetsvögel ward gar nicht gedacht, und die unerwartete Huld und Freundlichkeit der Herzogin schmolz uns sehr schnell die Hornhaut von der Seele. Anstatt des gefürchteten Verdrusses fand ich die weichste Freude und wurde um so vergnügter, als sich heute auch die schöne Prinzessin zu unserem Spiel gesellte. Ich war um so mehr in meinem Elemente, als wir Komödie spielten. Wir führten nämlich Sprichwörter auf, welche die Herzogin mit wunderbarer Schnelligkeit erriet.

Da trat zu unserem Schrecken auch der Herzog ein. Aber auch er erwähnte nichts, weder von Dohnenstiegen noch von Ketten und Banden. Er war vielmehr in der allerhumansten Verfassung, und da er hörte, was wir machten, entschloß er sich sogar, auch mitzuspielen, und riß zu diesem Ende sogleich die Direktion an sich. Seine Idee war kurz und gut und fürstlich. Er ordnete uns in eine Reihe, die Kleinsten voran, dann die Prinzessin, er selbst mit seiner Krücke machte den bescheidenen Schluß. So zogen wir ins Teezimmer, einer hinter dem anderen, und defilierten im Gänsemarsche bei der Herzogin vorüber. Was das vorstellen sollte, dacht' ich; aber die Herzogin riet: «Das dicke Ende kommt nach!» und der Herzog lachte hart auf.

Diese liebenswürdige Teilnahme des hohen Herrn versöhnte mich einigermaßen mit seiner

Macht, und als wir nach Hause kamen, war ich der Ansicht, daß uns das Forstamt falsch beschuldigt haben müsse, denn hätten wir wirklich am Eigentum der Herzogin gefrevelt, so wäre sie nicht so freundlich gewesen, auch hätte der Herzog nicht gerade heute mit uns gespielt, was er sonst nie tat. Meine Mutter aber sagte, es sei weiter nichts, als daß die Herrschaften zu viel Lebensart hätten, um ihren Verdruß zu äußern, was uns den höchsten Begriff von solcher Lebensart beibrachte.

6. Die Erhebung

Die politischen Stürme, welche, den Anfang eines neuen Tages verheißend, damals schon die größere Hälfte des Vaterlandes durchtobten, hatten die Ballenstedter Gegend noch nicht berührt. Der Herzog war noch Rheinbundfürst, und seine Länder, eingeschlossen von der unnatürlichen Komposition, die man das Königreich Westfalen nannte, lagen noch mit diesem zu Napoleons Füßen. Es lastete daher ein schwerer Druck auf den Gemütern, wenn auch nicht der Schuljugend, doch aller Patrioten, an denen Anhalt nicht ärmer war als alle anderen deutsche Gaüe, und mit Verlangen blickte man nach den Wetterwolken aus, die sich im Osten zusammenballten. Da fuhr die Nachricht von der Schlacht bei Leipzig wie ein Blitz durch die Schwüle und reinigte die Atmosphäre mit einem einzigen Schlage.

Die Herzogin Friederike hatte ihrer ganzen Individualität und Lage nach an der Schmach des deutschen Landes besonders schwer getragen. Saß doch ein König Jerome auf ihres erlauchten Vaters altem Stuhle, mit seinen Kreaturen eine Wunderwirtschaft treibend, die sie empörte, und war doch ihr Gemahl so wenig Herr in seinem Lande, daß er genötigt werden konnte, seine Fahne gegen deutsche Freiheit zu entfalten. Fürwahr, am schwersten waren unsere Fürsten von der Fremdherrschaft betroffen, und davon hatte wenigstens die Herzogin Friederike ein lebendiges Bewußtsein. Nun aber nach den Leipziger Tagen gab sich die hohe Frau dafür auch einer ganzen, vollen Freude hin, vielleicht der ungetrübtesten in ihrem freudearmen Leben.

Der Herzog Alexius schloß sich unverweilt den alliierten Mächten an zu Schutz und Trutz. In großer Eile war ein schönes freiwilliges Jägerkorps gebildet, die Landwehr aufgeboten und durch alle Ortschaften des Herzogtums ein Landsturm organisiert. Fröhlicher Waffenlärm erfüllte bald das ganze Land, alle Werkstätten erklangen von kriegerischen Liedern, und alle Kräfte regten sich im Dienste einer guten und gerechten Sache. Ein schöner, frischer Frühlingsmorgen war auch für Anhalt angebrochen.

Es handelte sich jedoch gegenwärtig nicht nur ums Dreinschlagen, sondern auch ums Heilen und um die Pflege zahlloser Verwundeter. Die sächsischen Spitäler waren überfüllt, und ihr Hilferuf drang namentlich ins Herz der Frauen, die in wohltätigen Vereinen zusammentraten, Schmuck, Geld, Kleider, Wäsche und allen Fleiß der Hände mit Freuden opfernd. Binden und Bandagen, Bettwäsche und warme Decken wurden in Fülle angefertigt, und wer nichts

Besseres zu tun hatte, tat das Beste und zupfte Scharpie. Diese letztere Art von Handarbeit war epidemisch, in allen Häusern wuchsen Berge von Scharpie an, und besonders eifrig war der Hof. Da saß die ganze Gesellschaft, Kinder wie Erwachsene, um den runden Tisch, ein jeder sein Läppchen in den Fingern und vor sich einen großen Ameisenhaufen von gezupften Fäden. Dazu las Beckedorff die Zeitung oder sonst was vor, und zwischendurch ward Tee getrunken und mit allen Stimmen ein weithin schallendes franzosenfeindliches Lied gesungen.

Das alles war ganz in der Ordnung. Befremdlich aber schien es mir, wenn auch ein französisches Herz genötigt wurde, an solchem Aufschwung teilzunehmen. Die Herzogin hatte vor Jahren das Unglück gehabt, auf einer Reise durch die französische Schweiz den Fuß zu brechen, und war in dem Hause eines Landgeistlichen von dessen Tochter mit so hingebender Liebe gepflegt worden, daß sie dieselbe nicht wieder von sich lassen wollte. Sie hatte daher ihre Nobilitierung bewirkt und sie dann als Hofdame an den Hof gezogen.

Solange nun Napoleons Herrschaft in Deutschland andauerte, hatte das Fräulein vielleicht aus Zartgefühl, und weil ihr eigenes engeres Vaterland ja unter gleicher Knechtschaft seufzte, nichts weniger als französische Sympathien gezeigt; jetzt aber, nach der blutigen Niederlage ihrer Stammgenossen, mochte sie dennoch durch den triumphierenden Jubel der Gebieterin etwas verletzt sein, entzog sich wenigstens der Teilnahme an diesem Jubilieren, wo sie konnte. Nun sollte eines Abends ein ganz neuer patriotischer Hymnus gesungen werden,

den die Herzogin besonders begünstigte, weil er in Ballenstedt gedichtet und komponiert war. Wir Kinder waren angewiesen, so recht aus voller Kehle mit allen Registern loszugehen, und umstanden bereits das Instrument – als die Hofdame vermißt ward. Sie ward gerufen, gesucht und fand sich endlich im Nebenzimmer, etwas verschnupft und hoch beteuernd, daß sie dieses Lied nicht singen könne.

Aber die Herzogin wollte keinen Widerspruch ertragen. Sie mochte der Meinung sein, daß, wenn Germanen sieben Jahre lang für französische Triumphe geläutet, kanoniert, illuminiert und bankettiert hätten, sich nun wohl auch einmal eine gallische Stimme in deutsche Freude mischen könne, und zwar um so mehr, als es doch nur eine helvetische und neutrale war. Das arme Mädchen wurde herbeigekrallt und mußte singen. Wenn ich nicht irre, so waren es zwölf lange Verse, die ihr abgemartert wurden. Aber damit schien denn auch die Sünde ihrer Nationalität vollständig abgebüßt, und die Betrübte ward umarmt, geküßt und auf das liebenswürdigste versöhnt.

Ich mache Ernst

Unterdessen war der Krieg bis in das Herz der Barduaschen Familie eingedrungen. Der jüngere Sohn Louis war von Bernburg herbeigeeilt, um sich als Freiwilliger zum Jägerkorps zu stellen. Sein Vater hatte nichts dagegen, die Schwestern lobten ihn, aber die Mutter war in Verzweiflung.

Der Krieg, zürnte sie, sei für Soldaten, nicht

für hübscher Leute Kinder. Der Herzog habe Gesindel genug im Lande, das nichts Besseres wert sei, als totgeschossen zu werden. Sie aber habe ihre Söhne nicht dazu geboren, bestrickt, beflickt und für teures Geld unterrichten lassen, daß sie wie die dummen Töffel Theriaks hinter dem Kalbfell hergehen sollten. Wenn Seine Durchlaucht keine gescheiten Leute mehr im Lande dulden wolle, so könne er sie auch ohne Krieg loswerden; sie aber brauche ihren Sohn, «und du bleibst», schloß sie, «und marschierst zurück auf deine Schule.»

Louis aber war ganz obstinat, und es gab Gegenreden, Bitten, Streit und Tränen die Fülle, bis der geängstete Vater, der den Unfrieden nicht länger ertragen konnte, sich endlich an den Herzog wandte mit dem Ersuchen, um der Mutter willen den Sohn zurückzuweisen. Aber der Herzog hatte an seine Krücke geschlagen und gesagt, wenn die nicht wäre, so stünde er selbst längst vor dem Feinde. Er wolle dem braven Louis nicht im Wege sein.

Damit war alle Opposition gebrochen. Die treue Mutter fand sich in die Notwendigkeit und besorgte die Equipierung für den geliebten Sohn mit gewohnter Umsicht. Louis aber belebte das ganze Haus mit seiner Kriegslust. Er war ein geistreicher und hübscher Junge, dessen Gesichtszüge lebhaft an Theodor Körner erinnerten. Mein Vater zeichnete ihn für die Zurückbleibenden in seinem Waffenschmucke, und o wie glücklich schien er mir in diesem glänzenden Gepränge für Recht und Freiheit auszuziehen!

Zahlreiche Kameraden kamen öfter ins Barduasche Haus, gemeinschaftliche Angelegenheiten mit Louis zu beraten. Dann träumten sie von Ruhm und Fährlichkeiten, lachten, sangen, führten kecke Reden und verhöhnten die Muttersöhnchen, die zu Hause blieben. Deren waren freilich nur sehr wenige. Fast in allen Häusern wurde gerüstet, wurden Waffen und Lederzeug geputzt, Kugeln gegossen und Tornister zugerüstet. Aus dem ganzen Lande, ja aus aller Herren Ländern lief Botschaft ein, wie die Jugend scharenweis zu den Fahnen ströme. Selbst von jungen Mädchen hörte man, die, von der allgemeinen Begeisterung fortgerissen, sich verkleidet in den Kriegsdienst eingestohlen hatten. Die ganze Nation hatte einen mächtigen Aufschwung genommen in allen ihren Schichten, mit Hab und Gut, mit Leib und Leben und mit allen ihren Kräften zu sich selbst zu stehen.

Und ich? Glühenden Auges und klingenden Ohres hatte ich das alles mit angesehen und angehört. Sollte ich nun allein zu Hause bleiben, und zwar aus keinem anderen Grunde, als weil ich erst elf Jahre alt wurde, während andere, die doch ganz vor kurzem auch nicht älter waren, ihre Haut frischweg zu Markte trugen? Durch meine Straßenkämpfe war ich sehr erstarkt, ich fühlte mich fast unüberwindlich, und meine Kugel, dachte ich, würde gerad so weit als eine andere fliegen. Auch besaß ich bereits ein Mordgewehr, nämlich einen alten Stutzen, den ich auf dem Boden gefunden und vom Großvater Bardua zum Geschenk erhalten hatte.

Zwar ähnelte diese Waffe einigermaßen dem Lichtenbergischen Messer, denn sie bestand eigentlich nur aus einem Ladestock und einem Schaft. Das Rohr war weg, und auf das Schloß konnte sich kein Mensch im Hause mehr besinnen; doch war es eben noch ein Stutzen, so gut als Louis XVIII. damals ein König war, nämlich erstens von Rechts wegen und dann, weil beide nach Umständen restauriert werden konnten. Ich phantasierte mir einstweilen ein Rohr hinzu, putzte die Beschläge am Kolben spiegelblank, und Louis übte mir die Griffe ein.

Durch den Besitz gefälliger Werkzeuge können latente Gelüste, Gaben und Kräfte geweckt werden. Goethe bekannte, durch ein Bund frischgeschnittener Federn allezeit zu dichterischer Arbeit angeregt zu sein, und Achilles ward durch ein Schwert zum Mann und Helden. So mochte es denn zunächst auch jener Stutzer sein, der es mich als meinen Beruf erkennen ließ, etwas Franzosenblut zu vergießen. Die brennendste Begier, den Feldzug mitzumachen, verzehrte mich, und nur ein einziges frommes Bedenken hielt mich noch zurück, der Blick auf meine Mutter. Zwar konnte sie nicht nein sagen, wenn sie gar nicht gefragt ward, und Louis wollte mich «unter der Hand» mitnehmen –; aber wenn sie nun geweint hätte, wie Louis' Mutter weinte? Mit meiner Mutter hatte ich mich vor allen Dingen zu verständigen.

Ich erzählte ihr, der Louis würde nun bald abziehen, und fragte, ob sie auch recht traurig sein würde, wenn er ihr Sohn wäre. Sie sagte: freilich wohl; aber noch viel trauriger würde sie sein, wenn er zu Hause bleiben wollte, denn jetzt sei es die erste Pflicht eines jeden Deutschen, für sein Vaterland zu streiten.

Das klang nicht übel, ich faßte mir ein Herz, vertraute mich der edeln Mutter und bestürmte sie um ihre Einwilligung. Sie redete mancherlei dagegen, aber ich wußte alle ihre Einwürfe zu beseitigen. Endlich strich sie mir nach ihrer Weise die Haare aus der Stirn, legte mir den Hemdkragen zurecht und hieß mich mein Heil versuchen. Wenn der Hauptmann von Voß mich annehmen wolle, sagte sie, so habe sie nichts dawider, und dabei sah sie so heiter wie spartanische Mütter aus.

Herz und Füße hüpften mir vor Freude, und im Umsehen war ich auf der Kommandantur. Der Hauptmann hörte mich geduldig an, obgleich ich so weitläufig wie ein Leineweber war, denn ich hielt es für geraten, ihm alle seine etwaigen Einwürfe schon im voraus abzuschneiden. Ich sagte ihm von der Einwilligung meiner Mutter, und wie auch der Vater ja sagen würde, wenn ich nur erst Soldat wäre. Zwar wäre ich noch klein, aber stark und besäße auch einen Stutzen; mit diesem könnte ich bei der Bagage bleiben und hinter dem Packwagen vorfeuern.

Der Hauptmann führte mich unter das Militärmaß, das ich, mich streckend, auszufüllen strebte, und beide sahen wir uns prüfend in die Augen, so ernsthaft wie die Käuzchen. Endlich sagte er das große Wort: «Zum Train nicht untauglich.»

Zum Train! – Recht klar war mir die Sache nicht; doch dachte ich, der Hauptmann werde ohne Zweifel das Richtige getroffen haben. Zur Deckung der Bagage, so verstand ich's. Ich blieb dann bei den Wagen, konnte fahren, wenn ich müde war, und gewissermaßen hinter Schanzen fechten.

Freilich, bemerkte Herr von Voß, komme bei Soldaten auch etwas auf die Bewaffnung an, ich solle ihm daher vor allen Dingen meinen Stutzen holen. Der war geputzt und reichlich eingeölt; er konnte sich wohl sehen lassen und war schnell herbeigeschafft. In weniger als einer Viertelstunde war ich wieder da. Ich fand den Hauptmann schreibend und blieb respektvoll in der Türe stehen. Als das Schreiben kuvertiert und zugesiegelt war, winkte Herr von Voß mich heran, besah das Flintenwrack und schien zufrieden. Schloß und Lauf müßt' ich mir freilich noch dazu erobern, sagte er; ich sei übrigens angenommen, und hier sei das Patent; das möchte ich meinem Vater bringen.

Berauscht von meinen Erfolgen, schwebte ich nach Hause. Im Vorübergehen zeigte ich der Mutter das großgesiegelte Kuvert, das ich dem Vater überbrachte. Als dieser aber das Schreiben auseinanderfaltete, glaubte ich Verse zu bemerken. Der Hautpmann wird doch keinen Spaß mit mir getrieben haben? Ach ja freilich! Die Züge des lesenden Vaters erheiterten sich ja mehr und mehr; dann reichte er das Blatt der Mutter, die mir gefolgt war, und sagte lachend: «Wilhelm ist Trainknecht geworden!»

Bei diesem Titel und der Art, wie mein Vater ihn prononcierte, fielen mir die Schuppen von den Augen; aber anstatt Gott zu danken, wie Don Quichotte und andere Narren, wenn sie zur Vernunft erwachen, war ich vielmehr aufs äußerste verletzt. Ich entwich auf den Boden und erhing mich hier zwar nicht, warf aber meinen Verführer, den Quasistutzen, zurück in den Rummel, aus welchem ich ihn kürzlich erst erlöst hatte, um ihn niemals wieder anzusehen.

7. *Mein Bruder verändert sich*

Die Bernburger Bataillone waren ausgerückt, und den zurückgelassenen Trainknecht tröstete die vorgerückte Jahreszeit. Es fror und schneite greulich, und jedes Kind konnte begreifen, daß es zu Hause besser war als auf dem Marsche. Ich verschmerzte, was nicht zu ändern stand, ging in die Schule und ergab mich nebenbei den mannigfaltigen kleinen Freuden, die auf dem Eise und im Schnee blühen. Wir schlittschuhten, schneeballten, und ganz besonders glitten wir fleißig und in großer Gesellschaft auf Handschlitten die Berge hinab.

Letzteres Vergnügen möchte ich noch heute für die Vollendung aller Knabenfreuden halten. Die Füße wie Pistolenhalfter steif nach vorn gestreckt, sitzt man in zurückgelegter Stellung rittlings auf dem kleinen, aus drei Brettchen zusammengeschlagenen Schlitten, greift mit den Fäusten in die Zügel, und durch Anstreichen der Schneebahn mit dem Absatz sich frei dirigierend, schießt man abwärts wie ein Geier. So jagen eine Menge kleiner Schlitten schreiend und lärmend hintereinander her, bemüht, sich auszuweichen, zu haschen, anzurennen oder umzuwerfen, und hierin liegt für die wilde Unruhe der Knabenseele unendliche Befriedigung.

Dies würde auch mein Bruder nicht bestritten haben. Er war ein echter Junge und kannte die Sache aus Erfahrung; auch war er kein Spielverderber und gönnte anderen die Freude von ganzem Herzen – für seine Person aber beteiligte er sich seit kurzem an dergleichen Wildrungen nur mäßig, isolierte sich und ging seine eigenen Wege. Die seine Verhältnisse nicht kannten, mochten denken, er sei duselig oder stolz geworden. Die Sache hing aber anders zusammen.

Barduas gerade gegenüber lag eins der schmucksten Häuser der Stadt, das von einer einzeln stehenden Dame bewohnt ward. Diese, eine Mamsell Schäfer, schien kränklichkeitshalber auf ihr Zimmer reduziert und ging, soviel ich mich erinnere, niemals aus. Sie amüsierte sich aber bisweilen, unseren Spielen aus ihrem Fenster zuzusehen, und wurde von uns hochgeschätzt, weil sie stets zur gelegensten Zeit, das heißt immer, wenn sie uns gewahrte, Brezeln und sonstige Leckerbissen zur Hand hatte, mit denen sie nicht kargte. Ein besonderes Interesse aber zeigte sie für meinen Bruder, entweder weil er ebenso gesund und strotzend aussah, als sie selber blaß und mager war, oder auch, weil sie ihn überhaupt am meisten sah; denn solange sie sich am Fenster zeigte, pflegte er sich, seiner materiellen Gesinnung halber, nicht allzuweit zu entfernen. Sie blickte ihn dann wohl huldvoll an, öffnete das Fenster und steckte ihm der Gaben allerbeste zu, bis sie den kleinen Schmarotzer so weit gekirrt hatte, daß er sich in einem unbewachten Augenblicke sogar bewegen ließ, zu ihr ins Haus zu treten. Da hatte sie ihm denn allerlei vorgespiegelt und damit geendet, ihm ihre Hand anzubieten.

Ob mein Bruder auf diese Verbindung aus eigentlicher Neigung oder eigentlich aus Eigennutz einging, weiß ich nicht zu sagen; allerdings aber ging er darauf ein und hielt sich allen Ernstes für gebunden. Die Vermählung wurde mit Schokolade und Biskuit vollzogen, beide Eheleute nannten sich beim Vornamen und du, und mein Bruder bezog in dem schönen Hause seiner

Gemahlin ein eignes, reichlich mit Spielsachen ausgestattetes Kabinett, wo er fortan einen großen Teil seiner freien Zeit verbrachte. Ich aber nannte ihn «Herr Schäfer», was er bei den großen ihm zugefallenen Vorteilen gern mit in Kauf nahm.

Mein Schwesterchen

Da doch immer eine gewisse Reife dazu gehört, die Vorzüge eines fremden Ortes zu würdigen, so ist anzunehmen, daß meine kleine schwarzäugige Schwester nur geringen Vorteil von ihrem Ballenstedter Aufenthalte haben konnte. Es mochte ihr etwa wie den Leuten gehen, die ohne genügende Vorkenntnisse nach Italien reisen und dort im besten Falle nichts anderes finden, als was man überall fürs Geld hat, nämlich Nahrung, Obdach und gute Freunde.

An alledem fehlte es denn auch nicht in Ballenstedt, und die anspruchslose Reisende schien ganz zufrieden. Sie war mit einigen gleichalterigen Knospen bekannt geworden, besuchte und wurde besucht, machte sich mit ihren Freundinnen kleine Kuchen von Milch und Semmel mit geringer Zutat von Zucker oder von Korinthen, küßte und stritt sich mit ihnen und trieb's wie andere Kinder. Doch war sie anders als die meisten anderen kleinen Mädchen. Gedankenvoll und ernst und voller Energie des Vorstellungsvermögens, war ihr Spiel in allen Fällen volle Wahrheit. Namentlich wenn sie allein war, konnte sie so wahrhaft mütterlich und innig mit ihrer dicken, einst vor den Franzosen geborgenen Puppe Salli verkehren, daß sie mir, obgleich ich selbst Phantast und Komödiant war, ebenso betört vorkam, wie etwa ich dem Hauptmann Voß erscheinen mochte. Allen Ernstes glaubte sie dann Mutter zu sein und wirtschaftete rastlos flüsternd in Ecken und Winkeln mit ihrem Kind, ganz unbekümmert um die Gesellschaft der Großen, wenn diese auch noch so angeregt und laut war. An einem Novemberabende besprach man in dem kleinen Teezirkel der Eltern die traurige Lage des von den Franzosen immer noch besetzten Dresdens. Die Briefe des Bankiers Kaskel waren ausgeblieben, aber die Zeitungen berichteten Grausenvolles. Hungersnot und Elend aller Art hatten in der belagerten Stadt fast die Grenzen der Möglichkeit erreicht. Aus Düngerhaufen wühlte das arme verhungerte Volk Kartoffelschalen und anderen Wegwurf, und dazu wütete das Lazarettfieber in allen Klassen der Bevölkerung, wöchentlich an fünfhundert Menschen dahinraffend. Die Gesellschaft war in betrübter, sorgenvoller Stimmung, Madame Kaskel aufs äußerste beängstigt, und selbst wir Knaben waren einigermaßen betreten über das Schicksal unserer armen Heimatstadt.

Da flog die Türe auf, und herein trat ein Bekannter, der joviale Assistenzrat Gottschalk, der sich später durch sein Werkchen über die Harzburgen und durch sein Adelslexikon bekannt gemacht hat, hastig verkündend, daß Dresden über sei; die Garnison habe sich den Österreichern mit allem Kriegsgerät ergeben. Das war nun ganz was Prachtvolles. Mein Vater schickte nach Champagner, und Gottschalk wurde gefeiert und umhalst, als wenn er Dresden selbst befreit hätte. Da es inzwischen an einem Stuhle für ihn fehlte, so entfernte Beckedorff die Puppe Salli, welche auf einem noch vakanten Sessel unter

Schals und Tüchern begraben war, und rückte diesen an den Tisch.

In demselben Augenblicke aber schoß auch meine kleine Schwester schon aus irgendeinem entfernten Winkel herbei und barg, Zeter schreiend, ihr Gesicht im Schoß der Mutter. Die ganze Gesellschaft war erschrocken; alle fuhren auf und drängten sich, den Schaden zu besehen. Man war der Meinung, das Kind habe sich verletzt, vielleicht ein Auge ausgestoßen, und es dauerte lange, ehe es der Mutter gelang, die krampfhaft Weinende aufzurichten, zu besehen und zum Sprechen zu bewegen. Endlich wurde unter Schluchzen und Verschlucken der folgende Jammer offenbar: die am Scharlach schwer erkrankte Puppe Salli hatte im größten Schweiß gelegen, und während nun die arme Mutter, die niemanden zu schicken hatte, selbst nach der Apotheke gerannt war, hatte Beckedorff das todkranke Ding aus seinen Decken gerissen und es im bloßen Hemde aufs kalte Fensterbrett gelegt.

«Und nun», schloß die verzweifelte Mutter und erstickte fast an diesem Satze, «und nun hat Salli sich gewiß erkältet!»

So ernsthaft war die Szene, daß niemand lachte. Vielmehr war jedermann bemüht, zu trösten und Mittel anzugeben, wie die Erkältung unschädlich zu machen sei. Auch mag hier noch bemerkt werden, daß die Puppe von allen nachteiligen Folgen verschont blieb.

Die thüringische Reise

Kaskels hatten Ballenstedt schon seit längerer Zeit verlassen, als auch wir im Februar des Jahres

1814 zum Aufbruch rüsteten. Die Eltern dachten jedoch nicht auf dem nächsten Wege nach Dresden zurückzukehren, da eine Cousine meiner Mutter, die an den herzoglich gothaischen Oberforstmeister von Ziegesar verheiratet war, sie eingeladen hatte, den Rückweg über ihren im Altenburgischen gelegenen Wohnsitz Hummelshain zu nehmen.

Uns Kindern war es in Ballenstedt so wohl geworden, daß wir um so weniger gern ans Scheiden dachten, als wir nicht direkt nach Dresden gehen, sondern das uns völlig fremde Hummelshain erst überwinden sollten, und besonders war wohl anzunehmen, daß meinem Bruder der Gedanke schwerfiel, eine Verbindung wieder aufgeben zu sollen, die ihm so nützlich war. Inzwischen waren wir noch nicht fort, und mancherlei Hindernisse stellten sich der Abreise entgegen, an welche sich die Hoffnung knüpfte, den Frühling vielleicht doch noch in Ballenstedt zu erleben.

Das Geschlecht der Lohnkutscher war nämlich für Ballenstedt noch unerschaffen, und die Ökonomen, die sonst für Geld und gute Worte anzuspannen pflegten, wollten ihr Geschirr an diese Jahreszeit nicht wagen. Postpferde gab es auch nicht, und wären sie dagewesen, so fehlte wieder ein Vehikel. Durch die Luft fliegen konnten wir aber ebensowenig als zu Fuß gehen, und so sollte denn die Reise wirklich noch verschoben werden – als sich sehr unerwartet und zum Schreck des jungen Ehemanns plötzlich ein gewisser Bäcker meldete, der uns für schweres Geld bis Erfurt fahren wollte. So mußte es denn doch geschieden sein. Man sagte allerseits den Freunden Lebewohl, die Koffer wurden gepackt, und bei träufelndem Tauwetter hielt der bewußte Bäcker zur bestimmten Morgenstunde vor der Haustür.

Sehr einladend sah die Gelegenheit nicht aus. Der Wagen, von unbeschreiblichen Proportionen, hing altersschwach und lahm in seinen Federn, die Schläge waren mit Bindfaden befestigt und die hart eingetrockneten Fensterladen weder einzuknöpfen noch zurückzuschnallen. Die Pferde standen da mit tiefgesenkten Häuptern, dem Anschein nach halb schlafend oder tot, und niemand konnte begreifen, wie sie nur bis hierher gelangt waren. Aber seine Pferde wären gut, sagte der Kutscher, begrüßte jedoch jeden Koffer, der ihm zugetragen wurde, mit schweren Seufzern.

Endlich war alles fertig, und Barduas wurden umarmt, soweit dies anging, denn wenigstens wir Kinder konnten die Arme nicht sehr rühren, da wir verpackt und eingewickelt waren wie Kokons. So wurde einer nach dem anderen in den höchst jammervollen Kasten verladen, bis sich zuletzt auch noch das «Mädchen aus der Fremde», wie sie in Ballenstedt genannt wurde, nämlich die getreue Rose, darstellte, um gleichfalls aufzusteigen. Sie hatte, um sich vor Kälte und ihre sieben Sachen vor dem Verderben des Einpackens zu schützen, alles auf den Leib gezogen, was sie an Wäsche und Kleidern besaß, und sah wie das Heidelberger Faß aus. Der Kutscher hatte jeden Einsteigenden im Geist gewogen und zu schwer befunden. Als er aber dieses Ungeheuers von Mädchen ansichtig wurde, tat er einen schauderhaften Fluch und schwur, ihn solle dieser oder jener holen, wenn er sie in den Wagen ließe.

So möge er sich denn hinpacken, wo er hergekommen wäre, schrie ihn der Vater an, ließ wieder abladen; dieser erste Anlauf war gescheitert.

Mamsell Schäfer hatte aus ihrem Fenster das ganze Mißgeschick mit angesehen. Sie hatte mit ihren Schwiegereltern so gut wie keinen Umgang gehabt und kannte namentlich meine Mutter, die ebenso einhäusig als sie selbst war, nur von gelegentlichen nachbarlichen Fensterbegrüßungen. Nichtsdestoweniger fühlte sie sich nun zu einer Tat bewogen, welche über die notwendigste Nächstenliebe noch hinausging. Sie bot uns nämlich ihren eigenen Reisewagen an und wußte sogar Pferde aus einem benachbarten Dorfe aufzutreiben, so daß unsere Abreise sich schon am nächsten Morgen erfüllen konnte.

Aber trotz bester Equipage war's doch immer nicht die beste Fuhre. Die Wege gingen auf, und der Wagen taumelte wie ein Trunkenbold von einer Seite auf die andere, bis er schließlich in der Naumburger Gegend in einem Schneeloch stekkenblieb. Mein Vater und der Kutscher sprangen ab. Sie durchnäßten sich fast bis zum Halse, indem sie mit Geschrei und Prügeln taten, was sie konnten, auch legten sich die Pferde mit allen Kräften ins Geschirr und taten ebenfalls, was sie konnten – aber der Wagen stand wie eingenietet.

Da schien es denn ein Glück zu sein, daß ganz in nächster Nähe ein Haufen Schneeschipper arbeitete. Mein Vater sprach sie an; sie sagten aber, sie wären angestellt, die verschneiten Gräben auszuschaufeln, daß kein Wagen hineinpolterte, und das übrige ginge sie nichts an. Der Kutscher entgegnete, die Löcher auf der Straße wären schlimmer als alle Gräben, und sie sähen doch, daß wir schon drin stäken; aber es war so wenig mit ihnen anzufangen als mit der Armsäule am Wege, die eben auch zwei unnütze Pfoten in die Luft streckte, und weder Bitten noch Geld konnten sie bewegen, ihren Beruf verständiger aufzufassen.

So saßen wir denn abermals fest, und keine Mamsell Schäfer guckte zum Fenster heraus. Mein Vater und der Kutscher hielten Kriegsrat, und es schien nichts anderes übrigzubleiben, als den Wagen zu entleeren und abzupacken – eine schlimme Aussicht für die kränkelnde Mutter und uns alle. Aber siehe! da nahte sich mit fröhlichem Gesange ein kleines, auf dem Marsch begriffenes Detachement von etwa zwanzig russischen Soldaten. Als diese sahen, was hier los oder vielmehr steckengeblieben war, legten sie unaufgefordert und augenblicklich Hand an. Ein paar starke Kerle krochen unter den Wagen und hoben ihn mit ihren Rücken, daß er in den Fugen krachte, während andere schoben, schrien und in die Pferde hieben. Im Augenblicke waren wir aus dem Pfuhl heraus, und unsere Retter zogen beschenkt und singend weiter.

Diesmal hatte der rohe Russe den rohen Deutschen überflügelt. Auch erinnerten sich die Eltern aus ihrem früheren Leben in Rußland ähnlicher Beispiele rascher, uneigennütziger Hilfeleistung, und meine Mutter nannte die Russen gutherzige Menschen. Der Vater stimmte bei, nur sagte er, dürften diese gutherzigen Menschen nicht vornehm werden.

Ohne weitere Fährlichkeiten gelangten wir nach Jena, wo mehrere Tage gerastet wurde. Wir waren in dem Hause des Stallmeisters Seidler abgestiegen, dessen talentvolle Tochter Luise, eben wie die Bardua, Schülerin meines Vaters war und jetzt alles aufbot, unseren Aufenthalt so angenehm als möglich zu machen. Von hier aus waren wir sehr viel unter Menschen, am meisten bei der schon von Dresden her befreundeten Familie des Buchhändlers Frommann, der eins der angenehmsten Häuser in Jena machte. Hier fanden auch wir Kinder unsere Rechnung, da die eben heranwachsende Tochter Allwina sich unser aufs dankenswerteste annahm. Allwina war anmutsvoll, dienstfertig, lebendig, jeder Zoll an ihr ein Mädchen, was ihr ungemein zustatten kam, da sie kein Junge war. Sie trieb sich wacker mit uns herum, haschte und versteckte sich, zeichnete und zeigte Bilder und hockte, Geschichten erzählend, mit uns in Winkeln.

Als wir wieder im Wagen saßen, um die letzten Meilen nach Hummelshain zurückzulegen, und die Eltern untereinander von den mancherlei interessanten Menschen sprachen, die sie in Jena kennengelernt, richtete der Vater das Wort auch an uns Kinder und fragte, wer denn uns von allen am besten gefallen habe.

«Allwina!» sagten wir wie aus *einem* Munde.

Da lachte der Vater und sagte, wenn er sich recht besänne, ginge es ihm ebenso, und die Mutter pflichtete ihm vollständig bei. Ein junges Mädchen von etwa fünfzehn Jahren hatte den Preis über alle Genies der Musenstadt davongetragen. Das ist die wunderbare Macht, die auch die jüngsten Mädchen üben, wenn sie nur weiblich sind.

Von dem Städtchen Kahla aus, wo wir Mittag gemacht hatten, führte unser Weg unausgesetzt durch Hochwald, der die Aussicht erst dicht vor dem Ziele unserer Reise freigab. Wir fuhren durch das wohlgelegene Dorf nach dem herzoglichen Schlosse, welches Herr von Ziegesar als Amtswohnung innehatte, und wurden von diesem aufs beste empfangen. Die Tante freilich fanden wir nicht. Sie war bei einem Besuche am weimarischen Hofe gewissermaßen auf dem Herzen der Erbgroßherzogin gestrandet. Diese hatte die Freundin nicht entlassen wollen, und es sei da nichts zu machen, wurde gesagt; man müsse warten, bis sie wieder flott werde.

Ich freute mich, daß wenigstens die Kinder zu Hause waren, die uns mit Wohlwollen begrüßten. Sie standen uns an Zahl und Jahren gleich und waren die ersten einigermaßen verwandten Altersgenossen, die wir mit Augen sahen. Der älteste Sohn, Hermann, ging uns zwar eigentlich nichts an, da er aus einer früheren Ehe seines Vaters stammte, doch wurde er als vollgültig mit angenommen. Sein gutes Aussehen wie sein ehrenfestes Wesen gewannen mich auf der Stelle, und auch die beiden jüngeren Geschwister, Otto und Mariechen, ließen das Beste erwarten.

Mariechen lebte noch wie meine Schwester im Kinderparadiese zwischen Traum und Wachen. Sie war jedoch sehr niedlich und lebendig und rühmte sich, daß der Riese Goliath Gevatter bei ihr gestanden habe. Als wir's nicht glauben wollten, fing sie an zu weinen und sagte, es wäre wahrhaftig wahr. Da gaben wir es zu.

Es war ein wahres Vergnügen, sich so anzusehen und miteinander bekannt zu werden. Aber, o wie bedauerten wir die arme Tante, daß sie an dieser Lust behindert war; hatte Hermann doch gesagt, daß sie sich so auf uns gefreut habe. Wir sprachen ziemlich lieblos über diejenigen, die sie zurückhielten, und wie denn Kinder ganz ernstlich von den untunlichsten Dingen handeln können, so entwarfen wir für den Fall, daß sie nicht bald käme, die abenteuerlichsten Pläne gewaltsamer Befreiung. Des Umstandes, daß hierzu scharfe Hirschfänger nötig waren, die von den Jägerburschen geliehen werden sollten, erinnere ich mich noch deutlich.

Unter solchen zum Teil sehr aufregenden Gesprächen durchwanderten und besichtigten wir die Räumlichkeiten des Hauses. Das Hummelshainer Schloß komponierte sich damals aus dem *Corps de logis* oder dem eigentlichen Schloß, das mit seiner altertümlichen Einrichtung für gewöhnlich leer stand, und einem modernen Seitenflügel, den Ziegesars bewohnten. Beide Schloßteile umfaßten mit den dazu gehörigen Ställen und Remisen drei Seiten eines weiten steinernen Hofes. Die vierte begrenzte das Staket eines freundlichen Gartens.

In diese Lokalitäten wurden wir Neuangekommenen so eingefügt, daß meine Eltern mit der Schwester einige wohlgelegene Piecen des alten Schlosses bezogen, wir Knaben aber ein erwünschtes Unterkommen in den Mansarden des Seitenflügels fanden, wo die Vettern mit Herrn Bäring, ihrem Lehrer, hausten. Da wir uns alle vier in ein und dieselbe Kammer gebettet fanden, so war die Aussicht auf die Nächte sehr erfreulich, denn Kinder lieben beim Einschlafen die größtmögliche Geselligkeit, weil sie gerade in den Augenblicken, die dem Verluste der Besinnung vorhergehen, am stärksten leben. Auch lärmten und spektakelten wir entsetzlich, warfen uns die Kissen an die Köpfe und pflegten uns erst zu beruhigen, wenn Herr Bäring dräuend eintrat.

Jagdfreuden

Gleich in der ersten Nacht trug sich ein Umstand zu, der sich in Raffs Naturgeschichte nicht ganz unvorteilhaft würde ausgenommen haben. Ich erwachte von dem Schelten meines Bruders, der sehr ungehalten schien und mir auf Befragen mitteilte, es habe ihn was gebissen. Ich entgegnete, es möchte eine Wanze gewesen sein. Er sagte aber: «Nein, etwas ganz Großes!» und Hummelshain wäre ein Nest.

So lamentierte er und wollte sich nicht beruhigen, bis Herr Bäring aus der Nebenstube mit Licht eintrat. Da fand sich denn die strotzende Backe des armen Herrn Schäfer zunächst dem Auge blutig geschunden und geschrunden, daß es häßlich zu sehen war, und der Mörder fand sich auch, nämlich eine frisch verreckte und noch warme Maus. Der Kleine hatte sie, vom Schmerz geweckt, noch halb bewußtlos, ergriffen und an die Wand geschleudert.

Daß diese Maus – es war eine ganz natürliche mit scharfen Schneidezähnen, klaren Ohren und perfidem Geruch – nirgend anders als zur Tür hereingekommen und daß es draußen auf dem Boden viele gäbe, darüber waren Herr Bäring und die Vettern einig. Wir eröffneten daher vom nächsten Morgen an den schonungslosesten Vertilgungskrieg gegen dieses menschenfressende

Ungeziefer. Nicht allein stellten wir zahlreiche Studentenfallen auf, sondern lagen in unseren Mußestunden persönlich im Hinterhalt mit Armbrüsten und Blaseröhren. Die Sache wurde zur Passion, und wir erlegten viele Mäuse.

In der Folge stellten wir zu unserem Beistand sogar noch einen Unterförster an, einen Igel nämlich, den wir im Walde aufgegriffen hatten. Wir mästeten ihn nebenbei mit Milch, damit er stärker und kühner würde, und bauten ihm eine bequeme Höhle, so daß es ihm eigentlich an nichts gebrach. Dennoch war er eines Morgens aufs unheimlichste verschwunden.

Zu wissen, daß sich ein Igel irgendwo an einem bestimmten Fleck aufhält, hat wenig auf sich; weiß man dagegen nur, daß einer im Hause ist, so ist's bedenklicher, weil man ihm ganz unvorbereitet an den allerunpassendsten Orten begegnen könnte. Durch diese Vorstellung war namentlich die weibliche Hausgenossenschaft geniert, und wir suchten den Entschwundenen tagelang, um ihn wieder in den Wald zu tragen, aber er wollte sich nicht finden lassen. Übrigens wäre es gut, daß wir den Schweinigel los wären, sagte die Köchin, denn wenn er böse würde, schösse er seine Stacheln auf zehn Schritt und weiter, und wohin er träfe, wäre ihm egal. Daß dies eine im thüringischen Volke verbreitete Annahme war, erfuhr ich später.

Der Hetzgarten

Da ich doch einmal wie Wachs in vieler Meister Händen war, so freute ich mich jetzt, in keine schlimmeren als in die Herrn Bärings gefallen zu sein. Er war ein Informator, den man sich gefallen lassen konnte, ein weicher, liebenswürdiger Mensch und tüchtiger Lehrer, bei dem wir wacker lernten. Überdem empfahl er sich noch dadurch, daß es ihm nicht einfiel, unsere Spiele zu beherrschen, was ich nach Senffs Analogie am sichersten erwartet hatte; er ließ uns vielmehr darin frei gewähren und begnügte sich bloß, uns fleißig vom Mäuseboden zu verscheuchen, um sich Ruhe und uns an die Luft zu schaffen.

Wir verfügten uns dann gern in den sogenannten Hetzgarten, einen weiten, von Mauern eingefriedigten und an die Rückseite des Schlosses angelehnten Plan, zwar lediglich zum Zwecke fürstlicher Sauhetzen bestimmt, in Ermangelung jagender Prinzen aber wie geboren zum freien Tummelplatz für Knaben, die man hier sorglos dem Schutze der Waldgötter anvertrauen zu dürfen glaubte. Es war dies eine herrliche Wildnis, weglos, steglos, nur Anger, Busch und Gestrüppe, voll Disteln, Kletten und jeglichen Unkrauts. Da gab's nichts zu verderben, jedweder mochte sich behaben, sich Bahn brechen und herumwüsten, wie er wollte: ein guter Ort für jede Art von kriegerischen Manövers.

Hermann und ich pflegten uns beim Soldatenspiele kreuzweis in unsere Brüder zu teilen. Ich kommandierte den kleinen Otto, der sich in den Spiegelwänden seiner und meiner Phantasie zu einer ganzen Schwadron Dragoner multiplizierte, während Hermann an meinem Bruder den gleichen Schatz besaß. Damit kam jeder auf seine Rechnung; wir älteren Brüder waren mächtiger, die jüngeren waren mehr. Auf Stöcken einhersprengend, suchten wir uns zu beschleichen und prallten dann mit Furie aufeinander. Köstliche Stunden verlebten wir so, das Übermaß der Kräfte in heftigster Bewegung verwertend.

Zu solchen Spielen fand sich täglich noch ein fünfter Held von unserem Alter ein, dessen Vater, ein Herr von Schmerzing, in Hummelshain begütert war. Wie alle Schmerzings, hieß er Hannibal, wozu wir, da er immer zur Hand war, noch den Beinamen Anteportas fügten. Hannibal Anteportas war ein braver Junge, an dessen Umgange wir Geschmack fanden, hatte gediegene Fäuste und prügelte sich, an unseren Spielen teilnehmend, wacker mit uns herum. Er repräsentierte dann die dritte Macht, war Schwadron und Kommandeur in *einer* Person, und seine Bundesgenossenschaft war sehr gesucht. Dieser Hannibal brachte eines Tages noch anderweitigen Besuch mit, einen Verwandten, namens Stockhausen, der preußischer Kadett war, einen kleinen Schleppsäbel trug und, obgleich nur wenig Jahre älter als wir, doch schon mit aller Anmut und Würde eines jungen Offiziers geziert war. Natürlich konnte in Gegenwart eines so gesetzten Fremden von kindischem Soldatenspiel nicht wohl die Rede sein. Wir schlenderten vielmehr mit ihm ganz wohlanständig und gesetzten Wesens im Hetzgarten umher und unterhielten uns von großen Dingen, wobei es denn auf mehr oder weniger kleine Prahlereien nicht gerade ankommen mochte.

Bei dieser Gelegenheit erzählte ich, daß während unseres Aufenthaltes zu Ballenstedt ein gewaltig großer Adler durch das offenstehende Fenster der Schloßküche auf einen toten Hasen gestoßen sei und diesen vor der Nase des bestürzten Kochs, der ihn eben abziehen wollte, entführt habe. Von der Wahrheit dieser interessanten Geschichte war ich so überzeugt wie von meinem Leben, weil sie im Barduaschen Hause erzählt worden, und daher recht wesentlich verletzt, als Stockhausen sie als Aufschneiderei ins Lächerliche zog. Darüber gerieten wir in Wortwechsel, die Freunde hetzten, und ich, an Umgang mit Offizieren nicht gewöhnt, mochte die Worte wenig wählen. Da schlug mein Gegner an seinen kleinen Schleppsäbel, beteuernd, daß, wenn ich Soldat wäre, er nicht umhinkönnen würde, mir auf der Stelle einige Unzen Blutes abzuzapfen.

Sogleich wollte ich zu Dienst sein, rannte ins Schloß, entlehnte meines Vaters Stocksäbel, denselben, mit dem ich schon vor acht Jahren den Bayern abgetan, und stellte mich zum Kampf. «Macht keine Dummheiten!» gebot Hermann; auch Anteportas suchte zu vermitteln; aber Stockhausen zog und spottete. Da drang ich mit Schwadronhieben auf ihn ein, er deckte sich, und die Klingen zischten aneinander hin wie giftige Schlangen. Daß wir uns nicht verletzten, war wunderbar; aber es mochte doch noch ein Rest von Vorsicht in der Wut sein. Ein zufälliger Treffer freilich würde diese so gesteigert haben, daß ohne die Dazwischenkunft einer höheren Macht notwendiges Unheil erfolgt wäre.

Unter diesen Umständen erschien Herr Bäring wie gerufen. Von einem Spaziergange heimkehrend, durchwandelte er den Garten, und da er den Klang der Waffen hörte, sprang er zu und riß uns auseinander. Der Zweikampf hatte übrigens die gewöhnliche Wirkung. Stockhausen reichte mir die Hand, und wir waren wieder die besten Freunde.

Nach etwa acht bis zehn Tagen, die wir uns ohne sie behelfen mußten, war denn auch die Tante von Weimar zurückgekehrt und mit einem Jubel empfangen worden, als sei sie von der Leuchtenburg entsprungen. Auch zweifelte ich nicht, daß es ihr selber so zumute sei, denn als sie uns in tiefer Bewegung und mit Tränen in die Arme schloß, glaubten wir, sie weine nachträglich noch darüber, daß man sie so lange von uns zurückgehalten habe.

Die Tante war eine noch sehr junge Frau von einnehmendstem Äußeren, mehr anmutig als regelmäßig schön, mehr herzlich als geistreich, mehr leidenschaftlich als beweglich, eine ursprüngliche Natur, harmonisch in sich selbst und durchaus wahr. Ein eigentümlicher Kontrast, in welchem ihre lebhafte, fast stürmische Empfindung zu der wohltuenden Ruhe ihrer Sprache und aller ihrer Bewegungen stand, gab ihrer Erscheinung das höchste Interesse. Wie meine Mutter, stammte auch sie aus einer jener deutschen Familien, die, obgleich seit Jahrhunderten in Estland ansässig, sich dennoch ihre vaterländische Sprache und Art erhalten haben. Sie hatte das Glück, im Schoße der Ihrigen aufzuwachsen, jedoch nicht genossen, sondern war schon als Kind dem kaiserlichen St. Katharinenstift in Petersburg übergeben worden, das sie erst verließ, um die nach Weimar heiratende Großfürstin Marie Pawlowna als Hofdame zu begleiten. Am weimarischen Hofe lernte sie Ziegesar kennen und folgte ihm auf sein einsames Waldschloß.

Meine Mutter befreundete sich schnell mit

dieser ihr bis dahin persönlich fremd gebliebenen Cousine, deren offenes, ungeschminktes und doch so graziöses Wesen jedermann anzog. Beide Frauen fanden in ihren Ansichten und Erlebnissen reichliche Berührungspunkte und regten mit ihrer Geistesfrische auch die Väter an. Die Unterhaltungen am Teetisch oder des Abends nach dem Essen in des Onkels Zimmer mögen guter Art gewesen sein, wenigstens war keine Langeweile dabei, und wenn meine durch Arbeit und Spiel sehr reichlich besetzte Zeit es erlaubte, so lauschte ich gern dem Gespräch der Alten. Wenn aber die Tante sich ans Instrument setzte und mit ihrer glockenreinen Stimme ein geistliches Lied intonierte, dann vergaß ich vollends jedes Spiel und hockte mich still in eine dunkle Ecke. Wie ist das deutsche Kirchenlied doch so voll Kraft und Seele! Man hörte damals im Gesellschaftsleben nicht viel anderes als Goethesche Lieder, für welche Kinder, mit Ausnahme des «Erlkönigs», kein Verständnis haben; das Kirchenlied war aus den Häusern ausgewandert. Diese Art des Gesanges trat mir hier als etwas Neues entgegen und machte auf mich vielleicht gerade deshalb um so tieferen Eindruck.

Frau von Ziegesar hatte durch ihre Erziehung, durch Erinnerung und Familienbande zwar warme Sympathien für Rußland behalten, aber aus deutschem Blut entsprossen und mit einem deutschen Mann verbunden, teilte sie die vaterländische Begeisterung des Volkes, dem sie nun auch bürgerlich angehörte, um so aufrichtiger, als die später aufgekommene Idee, Rußland als den Erbfeind Deutschlands anzusehen, noch nicht erfunden war. Das deutsche Bewußtsein setzte sich damals vornehmlich französischer Nationalität wie deren Eigentümlichkeit entgegen, welche mit jeder denkbaren Untugend identifiziert wurde. Deutsch sein hieß dagegen tadellos sein, unerschrocken, wahrhaftig, treu fromm und wohlanständig. Dies Deutschtum pflegte die Tante, im Gegensatz zu dem, was man französisch nannte, mit Sorgfalt in uns Kindern und wußte uns dermaßen für Vaterländisches zu begeistern, daß wir uns sogar der allereingebürgertsten französischen Worte schämten. Mein Bruder und ich nannten sie daher nicht Tante, sondern Muhme, und konnten gewiß sein, ihr damit zu gefallen.

Ebenso ließ Herr von Ziegesar sich gern Oheim nennen. Um eine halbe Kopflänge höher als andere große Gestalten, mochte er jener Riese Goliath gewesen sein, dessen Mariechen sich von ihrer Taufe her erinnern wollte. Dieser treffliche Oheim war ein Ehrenmann von altem Schrot und Korn, als welcher er auch weit und breit im Lande respektiert ward. Mir imponierte er vornehmlich als Hausherr, da er ein strenges Regiment führte und sich, ganz im Gegensatz zu meinem Vater, um alles kümmerte, was vorkam. Die kleinste Unordnung und Ungehörigkeit ward auf der Stelle gerügt, wenn auch mit großer Ruhe und ohne Poltern, doch mit sehr anzüglicher Satire.

Vernachlässigte Körperhaltung war streng verpönt. Wir mußten vor jeder Mahlzeit einen langen, vom Speisezimmer auslaufenden Korridor mit methodisch auf dem Rücken verschränkten Armen in gerader Haltung dreimal auf und nieder marschieren, ehe wir uns setzen durften, und dann erst wurden wir für genügend ausgestreckt gehalten, um bei Tisch gerade zu verbleiben. Vergaßen wir uns dennoch, so saß uns auch schon der Gabelstiel des Oheims auf dem Rücken, oder wenn er uns etwa nicht erreichen konnte, so hörte man ihn von Schneidergesellen, Fiedelbogen und anderen krummen Dingen murmeln und fuhr betroffen auf. Ich saß und wandelte damals so gerade wie ein Ladstock, da doch früher die mannigfachen Ermahnungen meiner treuen Mutter niemals etwas Aufrichtendes für mich gehabt hatten. Gewiß ist auch mit Spott und Gabelstielen mehr auszurichten.

Nach gleicher Methode wurde man auch zu jeder anderen Wohlanständigkeit gezwungen. Wer mit Tintenflecken, langen Nägeln oder sonst nicht ganz probemäßig bei Tisch erschien, konnte nicht lange ausdauern. Der Oheim sprach dann etwa von Leuten, die aussähen, als wären sie hinter dem Zaun geboren, und der Getroffene machte, daß er fortkam, um sich zu korrigieren. Flatterhaftigkeiten, Prahlereien, leeres Geschwätz und gefräßiges Schmatzen dämpfte er schnell durch vergleichsames Reden von Franzosen, Unaufmerksamkeit und Verdrossenheit bewunderte er als eskimosche Temperamentsvorzüge, und ließen wir es an irgendeiner Ehrerbietung fehlen, so erkundigte er sich höflich, wo wir studiert hätten, in Flegelstädt oder Lümmelburg.

Dergleichen Korrektionen waren kurze Zügelgriffe mit rascher Wirkung, obgleich der Oheim uns kein saures Gesicht dabei zeigte. Nur einmal hatte ich den Eindruck, als sei er wirklich aufgebracht gewesen, und zwar bei folgender Gelegenheit.

Herr Bäring hatte spartanische Geschichte

mit uns getrieben, bei welcher Gelegenheit wir für Abhärtungen aller Art begeistert wurden. Insonderheit bewunderten wir die Standhaftigkeit, mit welcher die Knaben ihre periodischen Geißelungen ertrugen. Dem Schmerz so ohne Zuck und Muck zu trotzen, erschien sehr männlich, und wir verlangten nach ähnlicher Übung. Da aber Herr Bäring hierauf nicht eingehen wollte, so bläuten Hermann und ich uns gegenseitig mit einer alten Reitpeitsche ab, wobei die jüngeren Brüder als Ephoren gegenwärtig sein und aufpassen mußten, ob wir Schmerz verrieten. Zur Belohnung wurden sie dann auch gedroschen.

Nun wohnte im benachbarten Försterhause ein Jagdjunker von Ende, der uns mancherlei Vergnügen machte. Er fertigte uns dreieckige Hüte von Pappe, schenkte uns altes Riemenzeug zu Koppeln für unsere Schwerter, lehrte uns Sporen von Weidenzwieseln schneiden und dergleichen mehr. Hermann und ich besuchten ihn daher fleißig, um ihm Gelegenheit zu geben, uns durch irgend etwas zu erfreuen, und fanden in der Regel unsere Rechnung dabei.

Bei einem dieser Besuche zeigte uns Herr von Ende ein paar Ordenskreuze, die er aus Blei gegossen und mit bunten Bändern versehen hatte. Diese Dekoration, sagte er, wolle freilich verdient sein, und nur *der* könne Anspruch darauf erheben, der, ohne mit den Augen zu zwinkern, drei markige Hiebe mit seinem Kantschu ertrüge. Das war das richtige Wasser auf unsere Mühle. Wir hatten gute Vorstudien gemacht, drängten uns zur Probe und wurden beide dekoriert.

Beim Abendessen fragte der Oheim, was wir

da für Kreuze hätten, und ich erzählte den Hergang. Da legte jener den Löffel weg und sagte in fast melancholischem Tone, daß ihm jeder Appetit vergehe. Dann aber fuhr er auf und fragte, ob wir denn Türken oder Schranzen oder was wir wären, daß wir uns für unseren Vorteil malträtieren ließen. O der greulichen Schande, sich schlagen zu lassen um solchen Tand! Und daß er das an seinen eigenen Kindern und Tischgenossen erleben müsse, sei entsetzlich.

Wir waren wie mit Blut übergossen und zerrten an unseren Bändern, um die fatalen Kreuze loszuwerden, die jetzt wie Feuer brannten. Bäring zwar nahm uns in Schutz. Jedes Ding, sagte er etwa, habe zwei Seiten, sei Ehre oder Schande, je nachdem man es begriffe, und er könne nichts so Entsetzliches drin finden, wenn wir uns bestrebten, jenen welthistorischen lazedämonischen Knaben nachzueifern. Der Oheim aber erwiderte: was für ein Pack die Spartaner gewesen, könne man schon aus ihrer schwarzen Suppe sehen, und er glaube, daß die polnischen Wölfe sie in jeder ihrer Tugenden bei weitem überträfen. Wir aber wären Deutsche, wir hätten uns deutschen Begriffen von Ehre und Schande zu bequemen.

Wir hatten eine ausreichende Lehre empfangen und waren ganz einverstanden damit, daß unsere Orden durch Herrn Bäring mit dem Ersuchen zurückgesandt wurden, uns für die Folge mit derlei Auszeichnungen zu verschonen.

9. Der Ölzweig

Meine Eltern fühlten sich so wohl in Hummelshain, daß fürs erste keine Rede vom Weiterreisen war, der Vater sich sogar zu seiner gewohnten Tätigkeit einrichtete und zu malen begann. Unter anderem entwarf und vollendete er hier ein Gemälde von halb prophetischer Natur, das mir noch lebhaft vorschwebt. Das Bild sollte zunächst den Sturz des Luzifer durch den Erzengel Michael vorstellen. Aber die dämonisch schönen Gesichtszüge des Luzifer erinnerten lebhaft an das Felsenantlitz des Helden von Korsika, wie die des Engels an den Kaiser Alexander – eine Beziehung, die heute vielleicht abgeschmackt sein würde, damals aber um so zulässiger erschien, als man in beiden Imperatoren die historischen Träger sich entgegengesetzter Prinzipien erblicken wollte und nicht abgeneigt war, den nordischen Kaiser als Repräsentanten der großen Hilfe Gottes anzusehen, die man bereits erfahren hatte.

Wenn aber der Sturz Napoleons auch von Rußland her datierte, so konnte er doch nur durch die gemeinsame Anstrengung der Verbündeten vollendet werden. In der Bewaffnung, in den Farben und sonstigen Attributen des Engels fanden sich daher speziellere Beziehungen auf jede der alliierten Mächte, auf England, Österreich, Preußen. Der Schild zum Beispiel mit dem Marien-Theresienkranze deutete auf Österreich, das Adlerschwert auf Preußen, der Greif über dem Helm auf die sich keck erhebende Volkskraft usw.

Man konnte damals noch gerecht sein, weil man unter den gewaltigen und wahren Eindrücken der Ereignisse stand. Man durfte sich gegenseitig gelten lassen, weil man sich gegenseitig noch brauchte. Aber schon ein oder zwei Jahre später wurde alles anders, und ein Bild wie dieses, welches Gott die Ehre gab und jedem seinen Anteil, wäre kaum noch da verstanden worden, wo man am wenigsten geprahlt hat, nämlich in Wien und Petersburg. Um ein Berliner Verständnis zu ermöglichen, hätte der Engel einem preußischen Landwehrmanne gleichen müssen, während John Bull ebenfalls nicht abgeneigt war, sich ganz allein für den großen Michael zu halten.

Als jenes Bild begonnen wurde, war der Ausgang des Krieges, obgleich man sich bereits auf französischem Boden schlug, doch noch sehr zweifelhaft; aber die Ereignisse rechtfertigten die Voraussicht meines Vaters, die Verbündeten zogen in Paris ein, Napoleon stürzte von seinem Kaiserstuhl ins Meer, der Friede wurde unterhandelt, und endlich erlebten wir eine Nacht, deren herzerhebende Feier mir immer unvergeßlich bleiben wird.

Es mochte neun Uhr abends sein, als wir, alt und jung, noch sämtlich auf dem Hofe waren, um uns der Kühlung des Abends zu erfreuen. Über das Staket des Gartens hingen die Blütentrauben des Zytisus und der Syringen, vom Hetzgarten herüber ertönte das Lied der Nachtigall und über das Dorf der ferne Froschteich. Die Eltern saßen im Gespräche beieinander auf der breiten Freitreppe des alten Schlosses, und wir Kinder rannten umher, mit Haselstöcken Kröten erlegend, die um diese Stunde ihre Promenade zu beginnen pflegten – als der *pastor loci*, ein kleiner, runder Mann, sehr eilig und erhitzt mit Hut und Wanderstab durchs Schloßtor schwenkte.

Ich habe den Namen dieses Herrn vergessen, vielleicht nie gehört, da er bloß der Herr Pastor genannt wurde. Ziegesars hatten wenig Umgang mit ihm, daher man ihn eigentlich nur auf der Kanzel zu sehen bekam, wenn er seine Predigt hersagte. Desto häufiger erblickten wir die Frau, wenn auch nur aus der Vogelperspektive. Unsere Mansardenfenster hatten nämlich die Aussicht auf den Pfarracker, wo sich die Frau Pastorin fleißig zeigte, und zwar in Reiterstiefeln mit hochgeschürzten Röcken und einem dreieckigen Bauernhute auf dem Kopfe. So trieb sie unter Hott! und Hüh! ein Joch Milchkühe mit dem Pfluge vor sich her, oder auch sie düngte, hackte und beschaufelte das Feld. Sie besorgte allein die ganze Ökonomie des Pfarrhofes und war recht eigentlich der Großknecht wie auch der Großherr ihres Mannes, der für einen menschenscheuen und unbeholfenen Weisen galt, mit dem im praktischen Leben nichts Sonderliches anzufangen sei.

Heute war der Herr Pastor aber wie ausgetauscht. Er kam zu Fuß von Jena angerannt, wo er gelehrte Freundschaft begrüßt haben mochte, und brachte den Frieden mit. Diese Nachricht hatte er, einen Teil des Dorfes durcheilend, schon in die Fenster geschrien, und viele Leute folgten. Der nächtliche Schloßhof füllte sich mit Männern, und der Oheim ersuchte den von Freude berauschten, über sich selbst erhobenen Friedensboten, ein Dankgebet zu halten. Da verlieh ihm Gott ein fröhliches Auftun seines Mundes, und er sprach begeisterte Worte. Nach dem Amen aber stimmte er mit allem Volk das herrliche deutsche Volkslied an: «Nun danket alle Gott!» Ziegesars Jäger fielen mit ihren Waldhörnern ein, und weithin schallte der Lobgesang über das Dorf hinaus in die stille Frühlingsnacht.

Wir Kinder hatten den Krieg gar nicht als Last empfunden; jetzt aber war es uns doch zumute, als sei der Teufel aus der Welt gefahren, und da die Großen Hände schüttelnd durch die Reihen der Leute schritten und alles sich beglückwünschte und umarmte, umarmten auch wir Kleinen uns untereinander und die Eltern und den Pastor und die Bauern, und hatten großen Jubel. Die Männer aber hoben ihren Pfarrherrn auf die Schultern und trugen ihn nach seiner Wohnung.

Es war nun Friede in Europa, und allerwärts ward er gefeiert mit Orgelton und Glockenklang, mit Kuchen und unendlich vielem Schießen. Man glaubte. einer herrlichen Zukunft entgegenzugehen, und eine Zeitlang ließ sich's auch so an – aber diese Erde ist kein Himmelreich; sie ist es nie gewesen und wird's nie werden. Die Franzosen freilich war man los; aber der Geist der Verneinung, dessen Repräsentanten sie gewesen, blieb, erstarkte je mehr und mehr und führte eine innere Feindschaft und einen Krieg der Ansichten und Meinungen herbei, der aufreibender ist als jeder andere und nachgerade unser Staats- und Kirchenleben in seinen Grundfesten erschüttert hat.

Nur eine ganz kurze Geschichte

Fast unmittelbar an jene Friedensnacht reiht sich die Erinnerung an ein Erlebnis anderer Art, das die Hummelshainer Physiognomie für kurze Zeit sehr wesentlich veränderte. Der Erbgroßherzog von Weimar machte nämlich mit seiner Gemahlin einen mehrtägigen Aufenthalt bei Ziegesars, womit, wenn ich nicht irre, die Frau Erbgroßherzogin noch den Nebenzweck verband, sich von meinem Vater malen zu lassen. Da prangte das Schloß in Blumen und Girlanden, die Herren in Uniformen, die Dienerschaft in Tressen, und wir Kinder traten in den Hintergrund. Wir waren von den Tafeln ausgeschlossen und durften überhaupt nur wenig sichtbar werden, denn die Hofetikette läßt die Kindlein fernbleiben. Auch hatten wir gar kein Verlangen, vorzutreten, und waren ganz zufrieden, uns hinter den Kulissen von den angenehmen Schnippelbrocken zu ernähren, die uns die Tante reichlich zukommen ließ.

Inzwischen geschah es, daß die Frau Erbgroßherzogin uns eines Tages ganz privatim zu sich befahl. Uns allen, und besonders mir mit meiner Senffschen Natürlichkeit, war wenig an dieser Ehre gelegen; aber die Güte, mit der wir empfangen wurden, die milde Schönheit und der ganze feine kaiserliche Nimbus der hohen Frau versöhnten uns in solchem Grade, daß wir höchstderselben alles übrige verziehen hätten, wenn wir darum angegangen worden wären.

Der Erbgroßherzog dagegen würde sich wahrscheinlich in keiner Weise um uns gekümmert haben, wenn nicht einer von uns genötigt worden wäre, sich ganz unwillkürlich selber vorzustellen. Das ging so zu:

Nachdem wir Kinder aus respektvoller Entfernung Zeugen vom ersten Empfange der hohen Herrschaften gewesen waren, hatte sich eins von uns in der Freudigkeit seines Herzens veranlaßt gefunden, ein Asyl aufzusuchen, dessen notwendige Existenz ein offenkundiges Geheimnis in allen Häusern ist. Da er aber vergessen hatte, den Riegel vorzuschieben, so konnte es geschehen, daß ihn ein Kammerdiener überraschte, der hohen Besuch vermeldete. Der erschrockene Junge wollte entwischen, wie er eben war, aber der rasch eintretende Fürst hielt ihn zurück und fing in dem geräumigen Gemach sogleich zu konversieren an. Aufs wohlwollendste fragte er nach Namen, Alter und Aussichten, und ob man diesen Ort oft zu besuchen pflege.

Es gibt so manche Parallelen zwischen den höchsten und niedrigsten Ständen, unter denen die Unbefangenheit in natürlichen Dingen obenan steht. Diese Unbefangenheit hatte den überraschten Neuling schnell zutraulich gemacht, und während beide auf entgegengesetzte Weise mit ihrer Toilette beschäftigt waren, ging die Unterhaltung leicht und gut vonstatten. Ich hatte übrigens den Vorteil von dieser improvisierten Audienz, daß mir bei anderweitigen zufälligen Begegnungen als altem Bekannten freundlich zugenickt wurde.

Die Asiaten

Meine arme Mutter war recht schwer erkrankt, und ich erinnere mich, daß ich bisweilen große Sorge um sie hatte und manche Träne weinte, besonders wenn ich sie so gar nicht sehen durfte, oder wenn der Arzt geheimnisvollen Angesichts aus ihrem Zimmer trat und mit dem Vater flüsterte. Aber Kinder sind nur momentaner Sorge fähig. Wenn ich dann wieder mit den anderen wilderte, sah mir kein Mensch was an. Die Mutter lag am Nervenfieber und war in ihren Phantasien umgeben von den Eindrücken der letzten Jahre, von Krieg und Kriegsgeschrei, sah Truppen ziehen und hörte die Fanfaren der Hörner und Trompeten unausgesetzt bis zur Erschöpfung.

Wir anderen erlebten unterdessen ähnliches in Wirklichkeit, was namentlich für die Tante nicht viel weniger erschöpfend als Phantasien sein mochte. Verschiedene auf dem Rückmarsch begriffene Kosaken- und Baschkirenregimenter passierten nämlich nacheinander Hummelshain und rasteten daselbst. Das Schloß lag voll von fremden Reitern, und das arme Mühmchen hatte viel zu schaffen, um allen Anforderungen zu genügen, die aus Küche und Keller wie aus der Krankenstube ohne Unterlaß an sie ergingen.

Ich war durch diese friedlichen Kriegsszenen nur angenehm zerstreut. Wir Knaben trieben uns, soviel wir konnten, unter dem fremden Volk umher, befreundeten uns mit einzelnen der Leute und hatten sogar das Glück, daß ein besonders liebreicher Baschkire, ein unproportionierlich dicker Kerl, uns nicht allein den Gebrauch seines Bogens lehrte, sondern uns sogar selbst dergleichen schnitzte, die trefflich schossen. Der Dienst, den unser dicker Gönner uns damit erwies, war aber um so dankenswerter, als er nicht wie unsereiner so ohne weiteres zu seinem Taschenmesser kommen konnte, sondern erst viel Umstände damit hatte. Wir fahren *brevi manu* in die Tasche und holen heraus, was uns beliebt; jener Baschkire aber hatte zu unserem Erstaunen erst drei Paar weite Hosen ab- und drei lange Unterwesten aufzustreifen, ehe dasjenige Kleidungsstück erreicht war, in dessen Tasche seine sieben Sachen waren. Wie viele Hüllen unter dieser noch zu beseitigen gewesen wären, um bis zum Menschen an sich zu kommen, konnte nicht ermittelt werden; doch dachte ich, daß, wenn der Kerl erst ganz vollständig abgewickelt wäre, so würde er vielleicht so schlank sein wie ein Aal.

Alle diese Asiaten schienen sich in Hummelshain besonders zu gefallen. Denn nicht allein, daß die Tante jezuweilen mit ihnen in ihrer Muttersprache koste, sie beköstigte sie auch mit nationalen Speisen, mit Roggenbrei, mit Sauerkraut, mit Zwiebeln, Kohl und Salzfischen, so daß sie die meiste Zeit den Hof mit ihrem Jubel füllten, sangen, tanzten, auf dem Kopf standen und sich balgten.

Ein junger Kosak spielte die tatarische Leier, die Balalaika, als Meister und sang dazu wie Orpheus. Die anderen tanzten dann und waren dabei so natürlich, daß Rousseau seine Freude daran gehabt hätte. Sie glichen überhaupt dem Ideale jenes Philosophen ziemlich und hatten alle Eigenschaften der Wilden, mit Ausnahme des eigentlichen Kannibalismus. Ein Rest zwar war auch von diesem noch geblieben, aber doch nur in sublimiertester Gestalt, indem sie nicht sich selber verspeisten, sondern nur, etwa zum Nachtisch und während der Siesta, ihr gegenseitiges Ungeziefer. Mein Vater fand, es gäbe dies den wahren Kreislauf der Säfte, wie wenn Kühe mit ihrer eigenen Buttermilch gefüttert würden.

Mir hatte die Balalaika ganz außerordentlich gefallen. Sie klimperte so hell und lustig, und es erschien mir keine Hexerei, sie zu spielen. Ich fabrizierte mir daher auch eine, welche wohl gelang und, wenn auch gerade nicht fürs Auge und noch weniger fürs Ohr, doch ausreichend für mein Bedürfnis war. Ich befestigte nämlich ein Lineal auf eine alte Schachtel und spannte darauf freilich nicht zwei Saiten, als welche auf eine richtige Balalaika gehören, sondern nur eine, weil mehr nicht aufzutreiben waren. Auch brachte ich die Verschiedenheit der Töne nicht durch Fingerdruck, sondern dadurch zuwege, daß ich das gefällige Lineal mehr oder weniger zurückbog, wodurch die Spannung der Saite verändert ward. Ich hatte ein ganz neues Instrument erfunden, auf welchem ich so viel Geschicklichkeit erwarb, daß Hermann bisweilen, wenn auch mit Anstrengung, die Melodien erraten konnte, die ich vortrug. Die Kosaken lobten mich sehr ausdrucksvoll und legten mir nichts in den Weg, wenn ich den zweiten Diskant zu ihren Tänzen klimperte.

Kurz vor dem Abzug des fröhlichen Völkchens erlebten wir noch eine kleine Untat und deren Korrektion. Es wurden ein paar Löffel, ein Betttuch und andere Kleinigkeiten vermißt, die sich sämtlich in den weiten Hosen des Balalaikakünstlers wiederfanden. Dafür ließ ihn sein Hetman vor das Schloßtor führen und ihn ohne alle Kommiseration zerdreschen. Ein paar Kameraden packten den Delinquenten bei den Haaren, rissen ihn zu Boden und walkten ihn dermaßen mit ihren Kantschun ab, daß der Jagdjunker von Ende ihm wenigstens hundert bleierne Kreuzchen als Äquivalent geschuldet hätte. Der arme

Kerl wand sich im Staube wie ein Wurm, und seine Kleider, Bart, Haar und Gesicht überzogen sich mit allen Elementen des Fahrweges, bis die Fürsprache des zufällig dazu kommenden Oheims ihn befreite.

Es war das erstemal in meinem Leben, daß ich einer ernstlichen Prügelexekution beiwohnte. Der Eindruck war überaus empörend. Daß Menschen eine Gewalt über ihresgleichen übten wie über Hunde, schien mir schimpflich. Man hätte meiner Meinung nach den Mann vermahnen mögen so eindringlich und beweglich, als man irgend wollte, oder auch ihn einsperren bei gesunder Kost und in gesunden Räumen; sich aber an ihm vergreifen, das schien aller Menschenwürde Hohn zu sprechen und entehrend für beide Teile.

Mein Kosak schien sich inzwischen an seiner Ehre so wenig gekränkt zu finden als etwa ein Korpsstudent, der aus dem Karzer tritt. Als er sich kniend bei seinem Offizier für Strafe und bei dem Oheim für dessen Fürsprache bedankt hatte, zogen die Kameraden mit ihm davon. Sie achteten ihn gerade wie zuvor und tanzten auch am Abend wieder nach seiner Balalaika.

10. Rieseneck und Orlamünde

Die Mutter war unter der Behandlung des seinerzeit berühmten Hofrats Stark in Jena so weit genesen, daß sie zu nachträglicher Stärkung eine Badereise antreten konnte. Sie wählte die ihr bekannte Radeberger Quelle, und der Vater mit dem Schwesterchen begleitete sie dahin. Warum mein Bruder und ich nicht auch von der Partie sein konnten, weiß ich nicht. Wir blieben in Hummelshain zurück, wo es nun recht einsam ward; denn da nun auch der Oheim sich nach Karlsbad, Herr Bäring aber auf eine Vergnügungsreise begab, so war die Hausgenossenschaft sehr eingeschmolzen. Die liebenswürdige Tante war alles in allem; sie war aber auch Ersatz für alles, sie gab sich uns jetzt gänzlich hin, wir arbeiteten und spielten meist unter ihren Augen und freuten uns den ganzen Tag auf die schönen Exkursionen, die sie des Abends mit uns machte.

Die Lage von Hummelshain begünstigte dergleichen. Ein prächtiger Hochwald, der die ganze Dorfflur einschloß, zog sich bis an den Hetzgarten heran. Dieser Wald war Anfang und Ende unserer Ausflüge. Wir pilgerten aufs Geratewohl durch dick und dünn, durch feuchte Gründe und über würzige Höhen, von denen sich mitunter die schönsten Fernsichten ergaben ins Saaltal hinein und auf die Leuchtenburg. An irgendeinem bequemen Platze ward gelagert. Aus Heidekraut und Moos bereiteten wir der Tante einen Sitz, schleppten Holz herbei, zündeten Feuer an, brieten mitgebrachte Kartoffeln in der Asche oder schmorten Steinpilze, die wir unterwegs gesammelt hatten. Durch Geplauder und Gesang ward das Mahl gewürzt, oder auch die Tante erzählte uns Geschichten aus alter Heldenzeit, die sie zum großen Teil selbst erfinden mochte, die uns aber immer für Vaterland, für Ehre und Manneswürde begeisterten.

Sehr liebten wir alle einen abgelegenen Ort im Walde, da vorzeiten ein im Dreißigjährigen Kriege zerstörtes Dorf gestanden hatte. Noch jetzt zirpten die Heimchen im Dickicht unter versunkenen Feuerstellen. Das Dorf hatte Rieseneck geheißen; jetzt trug diesen Namen eine von Tannen und Buchen umstandene Waldwiese, die mit Heuraufen und Krippen zum Behuf der Hirschfütterung versehen war. Ein einsames Jagdhaus stand am Rande, aus dessen Fenstern man die Wiese übersah. Von hier liefen unterirdische Gänge aus, dicht vor jener Futterstelle in kleine, mit Schießfenstern versehene Rasenhügel aufsteigend. Diese Vorkehrung hatte den Zweck, das Wild aus nächster Nähe zu betrachten oder auch fürstlichen Personen einen sicheren und mühelosen Schuß zu gewähren. Oh, welche Lust! wenn nun das Waldhorn seine weichen, langgezogenen Töne in den Forst hinausrief und die Hirsche sich stolz und langsam, einzeln und in Rudeln, der Fütterung nahten, und wir staken mit verhaltenem Atem in den Löchern so nahe, daß wir den Spiegel im Auge der edeln Tiere sahen! Sperlinge, Krähen und Rebhühner habe ich später genugsam und ohne sonderliche Kommiseration erlegt; die Hasen, die ich geschossen, taten mir schon leid; aber auf einen Hirsch zu schießen, hätte ich mich ohne Hungersnot nicht wohl entschließen können, und zwar wegen der näheren Bekanntschaft, die ich damals auf dem Rieseneck mit diesen edeln Tieren gemacht hatte.

Über den Rieseneck hinaus lag eine Höhe, von wo man über Tannenwipfel das ferne Orlamünder Grafenschloß erblickte. Hier lagerten wir eines Abends im Heidekraut um das verglimmende Feuer. Die blasse Mondessichel hing am Himmel, und aus der Tiefe stiegen Dünste. Die Rede kam natürlich auf die weiße Frau von Orlamünde, wie sie im Berliner Königsschloß, zu

Weimar und anderwärts bis in die neueste Zeit unzweifelhaft gesehen worden. Und hier im Angesicht der alten Mauern, die sie bewohnt hatte, erzählte uns die Tante etwa die folgende Legende.

Vor alten grauen Zeiten, als in deutschen Landen noch die Faust regierte, lebte in jenem Schlosse eine junge verwitwete Gräfin mit zwei kleinen Knaben, deren Vormund der junge ritterliche Burggraf Friedrich von Hohenzollern war. Der kam bisweilen angeritten, um nach seinen Mündeln zu sehen, und weil er ein gar stattlicher Herr war, von edler Sitte und voll Achtung für die Frauen, so geschah es, daß die Gräfin ihn sehr lieb gewann. Wenn er daher nach Orlamünde kam, bezeigte sie sich so freundlich und demütig gegen ihn, daß sie auch sein Herz gewann und er sie gar zu gern zur Frau genommen hätte. Er war aber ein guter und getreuer Sohn, und da er merkte, daß seine Eltern gegen die Verbindung waren, so schwieg er still und wollte warten, bis die verehrten Alten anderen Sinnes würden. So verlief ein Jahr nach dem anderen – der Graf blieb immer stumm und dem Anschein nach so kalt wie ein Marmorstein gegen die schöne Witwe, die er doch von Herzen liebte.

Da hörte die tiefbetrübte Frau von einem Mönch, der ihr Vertrauter und in ihren Geschäften auf dem Hohenzollern gewesen war, daß der junge Graf geäußert habe, die Gräfin Orlamünde sei die schönste Blume in deutschen Auen; solange sich aber nicht vier Augen schlössen, könne er sie nicht in seine Krone flechten. Damit mochte er seine Eltern gemeint haben; die Gräfin aber deutete die Rede auf ihre Kinder. Da fuhr der Satan ihr ins Herz, daß sie dieselben heimlich erwürgte. Sie beweinte sie aber öffentlich und begrub sie mit Gepränge.

Inzwischen war die Sache ruchbar geworden und vor ein heimliches Gericht gebracht, das bei nächtlicher Weile einen Span aus dem Orlamünder Schloßtor hieb und die Gräfin verfemte. Graf Friedrich aber war Schöffe des Gerichtes und wurde mit der Ausführung des Spruches beauftragt, der auf Tod lautete. Er allein unter allen Richtern mochte den Grund des Verbrechens erraten und sollte nun diejenige opfern, die ihn mehr geliebt hatte als ihre eigenen Kinder. Aber er war ein Mann und pflichtgetreuer Richter. Die Gräfin fiel von seiner Hand. Als ruheloser Schatten durchwandert sie nun, Unheil verkündend, die Häuser derer, die von dem geliebten Mörder stammen.

Die Tante hatte uns diese tragische Geschichte so vorgetragen, daß wir entzückt waren von der Tat des Grafen. Wir sprachen davon noch lange auf dem Rückwege und zweifelten nicht, daß wir uns bei ähnlicher Gelegenheit nicht weniger mannhaft zeigen würden.

Drakendorf

Jenes trauliche Waldleben wurde durch eine Ortsveränderung unterbrochen, die schon den ganzen Sommer über in Aussicht gestanden und keine geringen Erwartungen angeregt hatte. In der Gegend von Jena nämlich liegt am Fuß der alten Lobdaburg das schöne Drakendorf, damals ein gemeinschaftliches Ziegesarsches Gut, welches alljährlich die verschiedenen Glieder der Familie für einige Sommerwochen zu vereinigen pflegte. Nach Bärings Rückkehr siedelten wir dahin über.

So schön es in Hummelshain gewesen war, so war doch Drakendorf noch schöner, nicht nur wegen der größeren Heiterkeit seiner Umgebungen, sondern besonders, weil es neu und anders war. Ein freundliches, modernes Wohnhaus, ein sonniger, weit ausgedehnter Park, lachende Fluren, von fließendem Wasser durchzogen und umkränzt von Laubholz, endlich die malerischen Räume des alten Bergschlosses mit weiter, entzückender Aussicht, das alles war einladend und schön. Nicht minder erfreute uns hier die größere Geselligkeit. Es fanden sich nämlich mit den Hummelshainschen in Drakendorf auch noch andere Glieder der Ziegesarschen Familie zusammen, nämlich der Bruder des Oheims mit Frau und Kindern und eine jüngere, noch unverheiratete Schwester, namens Silvia. Dazu kamen täglich Gäste aus dem nahegelegenen Jena, Leute guter Art und jeden Standes, deren Namen und Bilder meinem Gedächtnisse leider meist wieder entschwunden sind.

Ich entsinne mich indessen, daß die Frau Erbgroßherzogin eines Tages mit sechs wunderschönen Isabellen vor das Schloßtor sauste. Die hohe Dame verschwand am Arm der Tante im Inneren des Hauses. Mich Draußenstehenden aber nahm die begleitende Hofdame bei der Hand und trug mir Grüße an meinen Vater auf, den sie von Weimar her gut kennen wollte. Weil ich jedoch während dieser mir sehr gleichgültigen Sache weniger die Dame ansehen mochte als vielmehr die herrlichen Pferde, die mit der leichten Equipage langsam im Hofe kreisten, schärfte jene mir ihren Auftrag wohl zehnmal ein, damit ich's ordentlich begreifen und bestellen sollte. Sie heiße Baumbach, sagte sie, und ganz unmöglich würde ich dies vergessen können, wenn ich an einen Baum denken wollte, der am Wasser sei. Ich bestellte meinem Vater später viele Grüße von Fräulein Weidewasser.

Lebhafter interessierte ich mich für drei russische Kavallerieoffiziere, die zufällig in Drakendorf zusammentrafen und dort längere Zeit verweilten, bildschöne junge Leute, und alle drei untereinander vervettert, wie auch der Tante nahe verwandt. Sie hießen Ferdinand, Frommhold und Fritz von Sivers und schnitten mit einem dreimaligen «F. S.» ihre Namen, einer unter dem anderen, in den weißen Stamm einer Buche im Park. Vierzig Jahre später, während des westmächtlich-russischen Krieges, nannten die Zeitungen den einen von ihnen als Kommandeur des finnischen Armeekorps.

Nicht weniger anziehend erschien mir ein anderer junger Estländer, namens Walther. Er studierte in Jena, kam öfter von dort nach Drakendorf herüber und ist nachmals in seinem Vaterlande zu den höchsten kirchlichen Würden gelangt. Damals hatte er eine tolle Studentengeschichte, welche die Neuigkeit des Tages war, in die pathetische Form eines Epos gebracht, und gern erinnere ich mich des Entzückens, mit welchem ich der Deklamation des jungen Dichters lauschte, wenn er dies Heldengedicht, je nachdem es vorrückte, im Drakendorfer Freundeskreise vortrug.

Der tägliche und gefeiertste der Gäste, die von Jena kamen, war indes der Professor Köthe, nachmaliger Superintendent zu Allstedt, der Jugendfreund unseres geliebten Schubert, und auch unserem Hause aus früherer Zeit von Dresden her befreundet. Er war ein liebenswürdiger Gelehrter, bescheiden, sanft und klug, und gehörte zu den rüstigsten Vorkämpfern des wiedererwachenden Glaubens in der Theologie. Als Gottesgelehrter war Köthe von Gott gelehrt, als natürlich edler Charakter von Gott geadelt, und diesen Adel hatte vor allem Fräulein Silvia anerkannt. Sie hatte sich ihm verlobt, und beide waren entschlossen, ihre Pilgerreise fortan selbander fortzusetzen.

Nach der Rückkehr des Oheims von Karlsbad wurde eine glänzende Hochzeit ausgerichtet. Drakendorf füllte sich mit Freunden und Verwandten. Die reichbekränzte Kirche prangte und duftete vom Schmuck der Blumen. Dahin ging der Brautzug über die breiten, mit Laub und bunten Blüten bestreuten Kieswege des Gartens. Hermann und ich waren Brautmarschälle. Mit unseren weißen Stäben schritten wir feierlich und ernst vor der edeln, weiß verschleierten Gestalt der Braut einher; wir blieben auch am Altar zu ihrem Trost an ihrer Seite und hatten uns vorgenommen, jeden über den Kopf zu hauen, der sich unterstehen würde, ihr auch nur ein Haar zu krümmen. Nichtsdestoweniger aber war sie doch sehr bewegt; sie weinte und, wie mir's schien, recht schmerzlich, was ich mir nicht anders erklären konnte, als weil sie von dem dicht vor ihr stehenden Pastor so angeschrien wurde. Auch würde ich es heute noch für eine Wohltat halten, wenn die Herren Pastoren bedeutet würden, ihre Stimme in nächster Nähe nicht mehr zu erheben, als nötig ist.

Nach beendigtem Gottesdienste war solenne Kirchenparade. Hermann hatte die sämtlichen

Bauernjungens des Dorfes zu einer auf Stöcken reitenden Schwadron vereinigt. Er selbst war Rittmeister und zeichnete sich durch eine beneidenswerte Ulanenmütze von rotem Samt wie auch durch einen veritablen kleinen Säbel vor uns anderen aus, die wir nur mit selbstgemachten Papierhüten und Stöcken armiert waren. Der Sohn des Gerichtshalters, ein ernster Knabe, war freilich noch durch Achselschnüre von gelbem Federbindfaden als Adjutant beglaubigt. Ich war Quartiermeister, als welcher ich, da wir ewig auf dem Marsche waren, mit vielem Hin- und Herjagen von allen die reichlichste Motion hatte.

Als wir aus der Kirche kamen, fanden wir die Schwadron unter dem Kommando des Adjutanten bereits vor dem Schlosse aufmarschiert. Hermann setzte sich an die Spitze, und nun durchrasten wir den Garten wie verrückt, ohne daß das Brautpaar oder sonst jemand weiter auf uns geachtet hätte.

Bei Tafel imponierten mir die Zahl der Gäste, der Kuchen und der große kreisende Familienpokal mit seinen Toasten. Ich gewann von der Würde des jungen Paares eine noch höhere Vorstellung, als ich vordem schon hatte, und fühlte mich nicht wenig geschmeichelt, als der Bräutigam, dem ich gegenübersaß, das Wort auch an mich zu richten geruhte. Er sagte aber nichts Geringeres, als daß er bei Gelegenheit der Kirchenparade bemerkt habe, wie ich ohne eigentlichen Säbel sei, und er wolle mir einen Kosakensäbel schenken, den er von ungefähr besäße.

Vor Freude konnte ich's kaum aushalten bei Tisch und sehnte mich nach Einsamkeit, um ohne zerstreuende Eindrücke der Außenwelt meines zukünftigen Säbels zu gedenken. Ich träumte mich in alle erdenklichen Situationen mit jenem Säbel und dachte, wie er mir als Quartiermeister ziemen würde, und wie sehr als Rückreisendem nach Dresden. Ich dachte an den Kosakensäbel, wachend, schlafend, tagelang, wochenlang, ja monatelang erwartete ich ihn noch in Dresden mit der Post, bis ich mich endlich überzeugte, daß er vergessen war.

Nicht lange nach jenen hochzeitlichen Tagen zogen wir nach Hummelshain zurück und lebten dort in hergebrachter Ordnung, bis etwa um die Zeit der Pflaumenreife die Eltern wiederkehrten, uns abzuholen. Vom Abschiede, von der Reise und der Ankunft in Dresden weiß ich nicht das geringste mehr. Das Ende jener ganzen Lebensperiode wie der Anfang einer neuen ist mir mit Nacht umflossen; immer aber werde ich mit wärmstem Herzen meines geliebten Hummelshains gedenken, seiner dunklen Wälder, seines alten Schlosses und der trefflichen, mir ewig teuren Menschen, die dort hausten. Bis auf einen einzigen, den ehrenfesten Hermann, sind sie nach manchen bitteren Kämpfen und Verlusten, die ihrer harrten, bereits alle in eine bessere Welt gegangen, dahin ihre Hoffnung, ihre Liebe und ihr Glaube schon hier auf Erden stand.

VIERTER TEIL

1. Die Rückkehr des Königs

In Sachsen hatte sich während der Zeit unserer Abwesenheit sehr viel verändert. Die Zustände waren besser und schlechter geworden. Zwar waren es harte Drangsale gewesen, denen das geängstete Land im Jahre dreizehn fast erlag; aber jetzt, da es, freier aufatmend, sich den Schweiß vom Angesicht wischte, erblickte es vornehmlich nur das Unrecht, das seine Befreier ihm anzutun gedachten. Gerade jetzt, da endlich die fremden Dränger ausgetrieben waren, die übrigen deutschen Stämme, den Frieden und das wiederkehrende Recht begrüßend, in jugendlicher Freiheit erstanden und allerlei geraubter Besitz zurückging in die Hände der rechtmäßig Besitzenden, sah das arme Sachsen sich mit seinem Könige von solcher Gerechtigkeit ausgeschlossen. Der edle König saß im fremden Lande als Gefangener, büßend für die Sünden, die wesentlich nicht er, sondern die begangen hatten, die ihn gefangenhielten. Nicht seine Schuld war es gewesen, daß die Eifersucht deutscher Großmächte die Hoheit des Reiches unter die Hand eines Fremden beugte, und nicht er hatte, wie so manche andere, partikulären Vorteils halber mit der Gunst des Auslandes gebuhlt. Er war ganz ehrenhaft mit den Waffen in der Hand unterlegen und hatte sich dem Feinde erst dann verbündet, als er sich von seinen Riesenarmen umklammert fand. Und endlich – was konnte er dafür, daß er der letzte war, den der Übermächtige aus jener tödlichen Umarmung entließ?

Ebensowenig konnte man dem Lande einen Vorwurf machen. Das Volk war immer deutsch gesinnt, nichts weniger als verblendet durch die

Vorteile, welche die französische Allianz gewährte. Es hatte die Befreiungsheere mit offenen Armen empfangen, ihnen jeden Vorschub geleistet, und selbst die Armee hatte bei Leipzig den schmerzlichsten Beweis geführt, daß sie nur deutsch sein wollte.

Wenn also Sachsen dennoch als Feindesland behandelt wurde, so blieb kaum etwas anderes zu denken übrig, als daß Europa einzig und allein gegen Sachsen Krieg geführt, denn daß dies gegen Frankreich nicht geschehen, hatten die Mächte nicht allein erklärt, sondern die Natur des Friedensschlusses hatte es auch bewiesen. Frankreich war als befreundete Macht mit der zartesten Schonung behandelt worden; aber Sachsen sollte mit seinem Herzblut zahlen. So urteilte man damals in Dresden, wahrscheinlich auch heute noch, und ob mit Recht oder Unrecht, mögen diejenigen entscheiden, die sich die Geschichte jener Tage genauer angesehen haben als der Schreiber dieses.

Wir fanden vorerst ein russisches Gouvernement im Lande. Aber obschon dieses die gesprengte Brücke aus Landesmitteln restaurierte, auch von der Brühlschen Terrasse herab auf den Schloßplatz eine schwerfällige Treppe niederführte, so war die Stimmung, wie gesagt, doch sehr verbittert und verbitterte sich noch mehr, als im November an die Stelle der russischen eine preußische Verwaltung trat. Gleichzeitig begannen auch die Sitzungen des Wiener Kongresses. Von dort sollte die Entscheidung kommen, und welche es auch sein mochte, so ahnte man es doch in Sachsen, daß der schwarzweiße Storch den grünen Elbfrosch auf eine oder die andere Art verspeisen würde.

Rußland, dreimal größer als ganz Europa, mochte immer noch zu eng sein, um sich an sich selber genügen zu lassen. Es verlangte nach Lohn zu seiner Befreiung. Aber zu großmütig, diesen von Frankreich zu nehmen, gegen das es ja keinen Krieg geführt hatte, schien es ihm angemessener, sich, wie beim Tilsiter Frieden, an seinem Bundesgenossen zu erholen; es beanspruchte Warschau, und Preußen mochte sich dafür an Sachsen schadlos halten, das zufälligerweise niemandem gehörte. Die Sache war einfach genug, und man schien nur noch zu streiten, was besser sei: alles zu nehmen oder bloß das meiste. Darum stritt man auch in Dresden, und es waren gewiß nicht die schlechtesten Patrioten, die das völlige Aufgehen des Landes in Preußen einer Zerstükkelung vorzogen. Dieser Ansicht war auch mein Vater. Er fürchtete Verkümmerung für den zurückbleibenden Rest eines geteilten Landes und ward dafür von anderen hart getadelt, die ihrem geliebten Könige, damals vielleicht dem edelsten und gewissenhaftesten Monarchen der Welt, lieber jenen Rest als nichts erhalten wollten, sowie einem Teil der Bevölkerung wenigstens den altberühmten Namen.

Diese letztere Partei trug eiserne Ringe mit des Königs Bildnis, Kokarden an den Hüten, verachtete die Andersdenkenden und haßte Preußen wie den Tod – dasselbe Preußen, das vor kurzem noch als Vorkämpfer deutscher Freiheit so bewundert, so ehrenwert und groß gewesen, nun aber seinen Lohn dahinzunehmen schien. Ob es nun die Ringe taten, die Kokarden und der Haß, kurz, diese sächsische Partei behielt den Sieg, und Sachsen ward geteilt. Der größere und fruchtbarste Teil des alten Kurlandes ward abgerissen, und die altangestammte Treue der Untertanen umgeschworen. Was aber übrigblieb, empfing und ehrte den endlich im Juni zurückkehrenden König wie einen vom Tode auferstandenen Vater.

An diesem herzlichen Empfange beteiligte sich ein jeder nach Maßgabe seiner Begeisterung, seiner Mittel und seines Geschmackes. Einheimische und Fremde wetteiferten miteinander, dem gekränkten Könige ihre Teilnahme zu beweisen. Allen zuvor an Sinnigkeit und persönlicher Dahingabe aber tat es der obberegte Fürst Putjatin.

Der König kam von Böhmen her und hatte unweit Pirna das dem Fürsten gehörige Landgut Zschachwitz zu passieren. Hier angelangt, fand er sich durch singende Schulkinder aufgehalten, und zwar unmittelbar unter einer Ehrenpforte, in deren Wölbung eine kolossale Blumenkrone schwebte. Darin wiegte sich wie in einer Schaukel höchstselbst der alte Fürst und begrüßte den erschrockenen Monarchen von oben herab mit einer französischen Jubelrede, ihn reichlich mit Rosen bestreuend. Aus Furcht vor dem Blumenhagel soll der König gar nicht aufgeblickt und nichts erwidert haben. Erst beim Weiterfahren äußerte er gegen den neben ihm sitzenden Kavalier, der Prinz Putjatin scheine ihm etwas mentekapt zu sein.

Ich war damals ein Junge von zwölf Jahren, nahm aber lebhaften Anteil an den Dingen, die ich täglich verhandeln hörte. Bei dem Enthusiasmus, den ich von meinen Reisen für alles Deutsche zurückgebracht hatte, ärgerte und irrte mich sowohl das Verhalten Preußens gegen Sachsen als auch die brudermörderische Stimmung Sachsens gegen Preußen. Recht eigentlich

Partei zu nehmen vermochte ich daher nur gegen die, freilich erst durch Provokation wachgerufenen undeutschen Sympathien, die sich hin und wieder, und namentlich nach Napoleons Rückkehr von Elba, selbst unter Schulkindern zeigten. Von neuen Siegen des erkannten Erbfeindes Besserung zu erwarten, schien zu empörend und diente sächsischer Landsmannschaft nicht gerade zur Empfehlung. Wer aber undeutsch war, der war zu solcher Unnatur erst durch das Unrecht angestiftet, das Deutsche Deutschen angetan, und solches Unrecht ist von alten Zeiten her der alleinige Grund der großen Demütigungen gewesen, die unser teures Vaterland vom Auslande zu erdulden hatte.

Die Angersche Schule

Als wir von Hummelshain zurückgekehrt waren, fanden mein Bruder und ich uns sogleich wieder in jenem eigentümlichen Gedränge bunten Lehrerwechsels, der wie ein Schicksal an unserer Jugend haftete. Fürs erste hatte man uns von neuem den Unterricht im Schönbergschen Hause teilen lassen, aber nur auf kurze Zeit, da der Magister Schulz ein Pfarramt annahm und Freund August der Schnepfentaler Anstalt übergeben wurde. Hierauf ein abermaliger Durchgang durch das Haansche Institut, bis wir aus vergessenen Gründen auch von dort wieder weggenommen und der in nächster Nähe gelegenen Neustädter Rektorschule übergeben wurden.

Das gute Ansehen, in welchem diese Schule stand, dankte sie dem Talente und Verdienste des derzeitigen Rektors Anger, eines trefflichen

Schulmannes, dessen Liebenswürdigkeit und natürliche Würde zwanglose Disziplin hielt. Die Schüler wurden im Lateinischen bis zur Quarta, wohl auch zur Tertia der Gymnasien gefördert, während der Standpunkt dieser Gymnasialklassen in den Realien überschritten wurde.

Der Religionsunterricht, vom Rektor selbst erteilt, ward jeden Morgen mit einem Choral eröffnet, welchen der musikalische Mann auf der wohlklingenden Schulorgel zu begleiten und mit einem Vorspiel einzuleiten pflegte. Diese Präludien waren jedenfalls das beste an der Sache; es waren freie, die Ausdehnung gewöhnlicher Vorspiele weit überschreitende Phantasien, in welche der Spielende die ganze Fülle seiner religiösen Empfindung ausströmte, und zwar so gründlich, daß für den darauffolgenden Unterricht davon nichts mehr übrig zu bleiben schien.

Was Anger uns lehrte, war weniger Christentum als vielmehr Angertum. Zwar wurde jedem Vortrag ein Kapitel aus den Evangelien zugrunde gelegt, nicht aber als Glaubensbasis, sondern wunderlicherweise als Gegenstand einer das Verständnis der Klasse weit überbietenden Kritik, welche ermitteln sollte, was in dem verlesenen Abschnitt Wahrheit, was temporärer und lokaler Glaube, und was offenbarer Unverstand sei. Als Wahrheit blieb dann eigentlich nur das zurück, was sich für jedermann, der sich nicht gerade Ohrfeigen zuziehen will, von selbst versteht.

Es trat mir hier zum ersten Male in meinem Leben der nackteste Rationalismus ohne alle Heuchelei mit offenem Visier entgegen; ich erkannte aufs deutlichste den Unterschied zwischen dem Bekenntnis meiner Mutter und dem

Bekenntnis Angers und fühlte mich zu sehr entschiedenem Widerspruch aufgeregt, den ich mich denn auch gelegentlich nicht enthalten konnte laut werden zu lassen.

Mein lieber Anger – ich kann nicht leugnen, daß ich ihn trotz seiner Neologie noch heute lieb habe – pflegte in seinen Religionsvorträgen nicht selten naturgeschichtliche, physikalische und physiologische Exkursionen zu machen, um uns zu zeigen, was sein könne und was nicht. So hatte er uns einmal die Lebensbedingungen des menschlichen Körpers und die Veränderungen geschildert, welchen derselbe im Tode unterworfen sei, um die Unmöglichkeit zu erweisen, wirklich Totes wiederzubeleben. Da trieb mich's auf von meinem Sitze, und so verlegen ich auch war, brachte ich's doch glücklich heraus, daß, was vor Menschen unmöglich sei, doch wohl dem allmächtigen Gott gelingen möge, und ob denn Christus nicht auferstanden sei?

Ein beifälliges Gemurmel ging durch die Klasse, und der arme Rektor mochte in einiger Verlegenheit sein, da er trotz des herrschenden Rationalismus doch so weit nicht gehen durfte, die Auferstehung Christi vor Schulkindern zu leugnen. Was er erwiderte, weiß ich nicht mehr, mochte es auch nicht verstanden haben. Vielleicht sagte er, daß ein erwiesenes Wunder wie dieses allerdings nicht zu bezweifeln sei, daß aber der großen Unkenntnis alter Zeiten manches als Wunder erschienen sein möchte, was ganz natürlich oder vielleicht auch gar nicht zugegangen sei und bloß auf superstitiösem Hörensagen beruht haben möge. Jedenfalls nahm er mir dergleichen Einwürfe nicht übel und blieb mir immer freundlich.

Mit besserem Erfolg als die Religion behan
delte Anger die übrigen Zweige seines Unter
richtes, namentlich Physik und Geometrie, di
meine Lieblingsdisziplinen wurden. Die geo
metrischen Wahrheiten ließ er uns, wie eheder
Senff die arithmetischen, soviel als möglic
selbständig finden und regte uns überdem noc
durch Privataufgaben zu eigenem Forschen an
Daß ich damals die Quadratur des Zirkels nich
erfunden habe, war nicht meine Schuld; gebrüte
habe ich sehr viel darüber. Einmal erlaubte ic
mir sogar recht triumphierend in der Schule z
erscheinen, weil ich endlich das Problem gelös
zu haben glaubte. Ich war auf den ingeniöse
Gedanken geraten, einen Zwirnsfaden gena
um einen pappernen Zylinder zu passen un
dann denselben Faden mittelst Stecknadeln i
ein Quadrat zu spannen. Das Quadrat wa
leicht zu messen, und es ergab sich daraus, da
ein Zirkel von soundso viel Diagonaldurch
messer soundso viel Quadratmaß halten müsse
Ich wurde aber nur ausgelacht mit meinen
Fündlein.

Ganz besonders und vorzugsweise interes
sierte mich die Physik, welche Anger auf s
klare Weise vortrug, daß mir das damals Er
kannte großenteils noch heute geläufig ist. Hier
zu mochte der Umstand helfen, daß die Schul
ohne allen physikalischen Apparat war. De
Lehrer war genötigt, die fehlenden Instrument
in allen ihren Teilen scharf und genau an di
Schultafel zu zeichnen, und indem ich sie nach
zeichnete, begriff ich sie vollständiger, als die
durch das Anschauen wirklicher Maschinen ge
lingen mochte. Durch so erlangte Einsicht fan
ich mich befähigt, mir mancherlei Instrument

selbst anzufertigen und dann für mich das in der Schule Erlernte zu erproben. Ich studierte die Schwingungen des Pendels und der Darmsaiten, machte Versuche mit der Chladnischen Tafel, fabrizierte eine Wasserwaage aus Wachs und brachte aus Pappe, Stanniol und Pech einen Elektrophor zustande, der so wohl geriet, daß ich ihn mit Ehren in der Schule präsentieren konnte.

Da nun mein Vater sah, mit welchem Eifer ich diesen Studien nachhing, schenkte er mir eine kleine veritable Elektrisiermaschine. O welch ein Glück war das! Ich vergaß darüber sogar den Kosakensäbel und frappierte die ganze Hausgenossenschaft, von den Eltern an bis hinab auf Talkenberg, der wieder Stiefel putzte, durch derbe elektrische Schläge. Den Apparat vervollständigte ich von Tag zu Tag, machte ganze Batterien von Leidener Flaschen, Blitztafeln, Isolierschemel und dergleichen und gab Vorstellungen, die auch die Großen mit ihrer Gegenwart zu verherrlichen geruhten.

Endlich ward durch das Interesse, welches alle an diesen Wundern nahmen, auch unser Hausarzt, Dr. Pönitz, bewogen, mit seinem reichen Apparate bei uns zu experimentieren. Da sah ich die erste Voltasche Säule und spürte ihre Zauberwirkung, ich lernte die Kräfte des Magnetes kennen, sah Stahlfedern Sauerstoff verbrennen und mehr dergleichen Sonderbarkeiten. Es entstanden mannigfache Fragen, und wenig fehlte, so hätte ich mich entschlossen, mein künftiges Leben gänzlich dem Studium der Naturkräfte zu widmen.

Aber auch zu künstlerischen Leistungen regte mich die Schule an. Mehrere Schüler waren nämlich auf den Einfall gekommen, den Geburtstag unseres sehr verehrten Rektors durch ein Schauspiel zu zelebrieren und hatten auch mich zu ihren Beratungen gezogen. Welches Stück wir gewählt hatten, weiß ich nicht mehr, nur erinnere ich mich, daß ein Dieb durchs Fenster steigen mußte. Nun hatten wir zwar kein eigentliches Theater und wollten die Kulissen nur durch spanische Wände herrichten, die meine Mutter liefern sollte; wegen des Diebes war aber doch eine Wand mit einem Fenster nötig, Dinge, die wir uns selber machen mußten, und ein anstelliger Junge, Sohn eines Stubenmalers, namens Lehmann, übernahm die Leitung dieses Werkes. Als Atelier benutzten wir die Klasse nach geschlossener Schule. Die Bänke wurden weggeräumt, und bei dem matten Schein von ein paar mitgebrachten Talglichtern gingen wir mit Holzleisten, Nägeln, Kleister, Leim und Pappe, mit Schneiden, Hämmern und Farbereiben frisch ans Werk. Jeder tat sein Bestes, und wie der Rektor sich endlich freuen würde, war gar nicht auszusprechen. Freilich würde die Überraschung noch größer sein – schlossen wir –, wenn der Gefeierte die schöne Dekoration erst beim Anfange des Stücks zu sehen kriegte, aber dazu war ein Vorhang nötig, und woher den nehmen? «Der wird von Papier zusammengeklebt!» sagte ich und vermaß mich des weiteren zu versprechen, daß, wenn die anderen nur wüßten, wie er anzubringen sei, so wollte ich ihn wohl malen. Ich dachte:

wenn der Sohn des Stubenmalers die Wand mit dem Fenster zwingt, so wird der Sohn des Historienmalers wohl auch den Vorhang zwingen.

Mein Vorschlag wurde mit Applaus gelohnt. Lehmann umarmte mich sogar. «Ich male», sagte ich trocken, «den Genius der Kunst, schwebend mit seiner Leier auf himmelblauem Grunde, und Lehmann faßt das Ganze mit einer Wein- oder Hopfengirlande ein, oder wie er will, denn ich verstehe mich nur auf Figuren.» Sogleich skizzierte ich den Schweber auf ein Blatt Papier, Lehmann entwarf etwas wie eine Girlande darum, und diese erste Erfindung übertraf die Erwartung aller, auch meine eigene; ich brannte vor Begierde, sie auszuführen.

Die nächsten Abende fanden uns in voller Arbeit. Wir leimten erst Papiere an Papiere, verkleisterten uns dabei die Hände, die Hosen, Jacken und Haare, und am Ende klebte die ganze Geschichte unlösbar fest am Boden. Es war entsetzlich! Nur in Fetzen brachten wir den Vorhang wieder los und verbrauchten den ganzen Rest des Abends mit Reinigen des Fußbodens. Aber immerhin hatten wir jetzt gelernt, wie man's nicht machen müßte, und das nächste Mal ging's besser. Die *Tabula rasa* brachten wir wirklich zustande, und es fehlte jetzt nur noch eine Kleinigkeit, der Genius nämlich, den man von meiner Geschicklichkeit erwartete.

Ich überzog nun – wie es der Vater machte – die Skizze mit gelehrten Quadraten, desgleichen auch den Vorhang, und begann mein Werk ins Große aufzuzeichnen. Ich war durchglüht von Schöpferlust und arbeitete mit Begeisterung.

Nie habe ich später wieder so kecke und markige Kohlenstriche gemacht. Die anderen umstanden mich staunend, und als nun nach und nach die deutlichsten Umrisse einer lebensgroßen Gestalt erschienen, erquickte mich aufrichtiger Beifall. Nur das Gesicht ließ noch zu wünschen übrig. An dem seinigen, das er verzerrte, zeigte mir einer, wie es sich ausnähme. Ich sagte aber, das gäbe sich bei der Ausführung.

Darauf verließ ich die Werkstatt zwar sehr befriedigt von dem, was ich bis dahin geleistet hatte, aber doch mit einiger Besorgnis, die nicht bloß jenem Gesichte galt: ich wußte überhaupt nicht, wie's weiter werden sollte. Wohl konnte ich einen Umriß zeichnen, der mir und meinesgleichen genügte; ihn aber mit Farben, Licht und Schatten, und noch dazu in so bedeutender Größe auszufüllen, das fing mir an, bedenklich zu werden. Indessen war der Hintergrund das nächste, und das Weitere, hoffte ich, würde sich finden. Auch fand sich's wirklich.

Der treffliche Lehmann hatte einen großen Topf voll Farbe gerieben, schöne himmelblaue von erster Qualität, und in Strümpfen auf dem Bilde umherkriechend, begannen wir den Anstrich. Ich umzog die Umrisse, andere füllten, und in Zeit von einer einzigen Stunde war alles radikal verdorben. Unser bis dahin so wohlgeratener Vorhang war mit Falten überzogen wie ein Sturmmeer, welches verknöchernd die Farbe fleckig auftrocknen ließ. Trotz unserer physikalischen Gelehrtheit waren wir mit der Natur des Papiers doch zu unbekannt geblieben.

Mir fiel ordentlich ein Stein vom Herzen und den andern auch; denn so wenig ich mich einer weiteren Ausführung gewachsen fühlte, so wenig wußten jene, wie und wo sie den großen Vorhang befestigen und auf welche Weise sie ihn zum Auf- und Niederrollen bewegen wollten. Es machte mir daher keiner einen Vorwurf, und nach einiger Überlegung wickelten wir unser Tableau zusammen, um es auf dem Schulboden bis zum nächsten Geburtstage zu verwahren. Bis dahin konnten sich wohl Mittel finden, es zu glätten. Die Komödie führten wir ohne Vorhang auf.

Die Kindesmörderin

Nach so mannigfaltigen Bereicherungen meiner Erfahrung sollte ich in jener instruktiven Zeit auch noch mit einem andern Genre des Ruhmes bekannt werden, nämlich mit den Künsten graziöser Gebärdung. Die berühmte Madame Hendel-Schütz war nach Dresden gekommen und erfüllte die Stadt mit Gespräch. Auch bei uns hatte sie Besuch gemacht und meinen Eltern zwei Billetts zu einer Theatervorstellung verehrt. Meine Mutter zwar, deren nüchternem Wesen dergleichen eitle Schaustellungen ebenso zuwider waren als die Person der Schaustellerin selbst, wollte keinen Gebrauch davon machen, der Vater aber ging hin, und damit das Billett nicht umkäme, nahm er auch mich mit.

Da sahen wir denn den wunderbarsten Wechsel von lebenden Bildern, zuletzt die Künstlerin selbst als selige Mutter Gottes unter einer Schar von Engeln gen Himmel fahren. Mein Vater glossierte zwar über ungemalte Gemälde, die überall so reichlich vorhanden seien, daß man sich ihrer gar nicht erwehren könne, dennoch aber ging er nach beendigter Vorstellung mit mir auf die Bühne, um seine höfliche Anerkennung auszusprechen.

In ihren leichten Himmelfahrtsgewändern trat uns die blendend schöne Frau mit prachtvoll langem, aufgelöstem Haar entgegen, umgeben von jungen Mädchen, welche die Engel gemacht hatten. Sie hatte die hübschesten Backfische der Stadt mit sicherem Griffe zusammengerafft und sie in täglicher Übung vorbereitet, was mein Vater eine Magdalenenschule nannte. Ich glaubte nie etwas Schöneres gesehen zu haben als die ganze himmlische Gesellschaft, und ganz verblüfft, wie ich war, stellte mich mein Vater der Himmelskönigin vor.

«Ja» – rief Madonna –, «das ist des Meisters Sohn!» breitete mir die Arme entgegen und schloß mich an ihr Herz. So habe ich denn, ebenso wie ich in aller Unschuld einen Ritt mit den berühmten Totenköpfen machte, auch die Umarmungen jener schönsten Frau gekostet. Ich war aber spröde wie ein Käfer und sehr zufrieden, als sie mich wieder losließ. Ich wischte mir den Mund mit der Kehrseite der Hand und starrte die hellen, jugendlichen Engel an, die mir viel besser gefielen.

Inzwischen suchte die gütige Künstlerin den Vater wegen Abwesenheit seiner Frau, die er entschuldigt hatte, zu beruhigen. Wenn ihre Freunde nicht zu ihr kämen, sagte sie, so käme doch sie zu ihnen, und gewiß sollte die Mutter nichts verlieren, da sie sich ein Vergnügen daraus machen werde, bei ihr in ihren eigenen Zimmern eine Vorstellung zu geben; und recht viel liebe, gute Menschen möge mein Vater dazu laden. Dieser deprezierte mit Eloquenz; da er aber nur Bescheidenheitsgründe hatte, so blieb endlich nichts anderes übrig, als die seinem Hause angebotene Ehre anzunehmen.

Auf dem Rückweg sagte er, die Mutter werde gewiß verreisen, wenn sie's höre. Er brachte ihr die Neuigkeit mit zartester Schonung bei, alles ihrem eigenen Ermessen anheimstellend. Sie kam ihm aber aufs freundlichste entgegen und richtete ihre Zimmer für den Kultus jener fremdartigen Priesterin ein. Das nötige Arrangement ward bald getroffen. Unter einem Kronleuchter von Argentschen Lampen – eine neue Erfindung damals – ward ein erhöhtes Podium errichtet und mit Teppichen belegt, der grünseidene Vorhang vor dem großen Raffaelischen Bilde aber sorglich zugezogen, um einen ruhigen Hintergrund zu gewinnen, und vielleicht auch, daß die heiligen Augen des Christuskindes den Spuk nicht sähen. Zahlreiche Stühle wurden geordnet und ein Büfett durch Schirme versteckt. Die geladenen Freunde fanden sich zahlreich ein, und mit besonderer Auszeichnung ward die von ihrem Manne, dem Professor Schütz, begleitete Künstlerin empfangen; doch bat meine Mutter dringend, bei der beabsichtigten Vorstellung von jeder Mitwirkung ihrer Kinder absehen zu wollen. Zögernd und bedauernd gab Madame Hendel-Schütz nach.

Als die herrliche Gestalt das Podium bestieg, war alles Auge, und nun begannen die wunderbaren, so berühmt gewordenen Gewandwandlungen, an denen mein Vater sich aufrichtig ergötzte. Alle weiblichen Kostüme des klassischen Altertums, priesterliche und profane, vornehme und geringe, ägyptische, griechische, römische wechselten schnell vor unseren Augen in den Attitüden bekannter antiker Bildwerke, und immer war die Künstlerin höchst reizend. Jede Stellung, jeder Faltenwurf stand ihr wohl an, und selbst meine Mutter schien ihr mit wachsendem Interesse zuzusehen. Ich hing mit trunkenem Blicke an der götterartigen Erscheinung.

Da öffnete sich geräuschlos die Außentür, an der ich lehnte, so daß ich fast gefallen wäre, und herein trat, von weiten Reisen kommend, ein sehr lieber Freund unseres Hauses. Es war dies ein Privatgelehrter, namens Prztschstnowski, seines Zeichens Mineralog und Geolog und nebenbei ein großer Kunst- und Kinderfreund. Der Unaussprechlichkeit seines eigentlichen Namens wegen wurde er Prestanowski genannt, im vertraulichen Verkehr auch nur Prestano. Als er die große Gesellschaft und die befaltete Marionette auf dem Tritt sah, malte sich das dümmste Erstaunen auf seinem Gesicht; da ich ihm aber eine Erklärung zuflüstern wollte, hielt er mir den Mund zu und schlüpfte ungesehen hinter den Reihen der Zuschauer weg, sich im Büfett verbergend. Ich folgte leise nach und sagte ihm von der berühmten Person, die sich hier sehen lasse, aber er war nicht wegzubringen. Er blieb in seinem Versteck, fing an zu essen und behauptete, man sei am besten blind, wo so verrücktes Zeug vorgehe.

Die Vorstellung nahm unterdessen ihren ungestörten Fortgang. Als Sibylle imitierte die Künstlerin ein bekanntes Bild meines Vaters. Dann streckte sie sich nieder auf die Estrade, und unter ihren weiten Schleiern schienen die mächtigen Glieder einer Löwin zu schwellen: sie stellte eine Sphinx dar. Die Sphinx aber ward zur Jammergestalt einer büßenden Magdalena mit langem, aufgelöstem Haar, und diese erhob sich dann als *Mater dolorosa*, um sich endlich in eine heitere, strahlend schöne Himmelskönigin zu verklären. Ein Zuck und Ruck in den Gewändern, und die Verwandlung war stets vollständig vollbracht.

Gleich beim Eintritt hatte Madame Hendel-Schütz gefragt, warum das herrliche Marienbild verhangen sei, und nun, indem sie sich selbst zur Himmelskönigin wandelte, wußte sie ihre Drapierung so zu werfen – oder war es Zufall? –, daß sie den Vorhang auseinander trieb und das hohe, stille, schneeweiße Gesicht der Raffaelischen Maria über dem ihrigen hinwegschaute wie der Mond aus Wolken über einem Küchenfeuer. Das Raffaelische Gesicht war nur fingiert, das andere wirklich und wirklich schön – doch aber war dies etwas, was man sehen mußte, um sich des Unterschiedes zwischen Wahrheit und Manier recht vollbewußt zu werden. Ich begriff jetzt plötzlich etwas von dem Zorn des Trefflichen, der hinter dem Schirm saß, und selbst Professor Schütz schien so gestört, daß er herbeischlich und hinter dem Rücken seiner Frau den Vorhang leise wieder zuzog.

Nun aber geschah das Überraschendste. Die Züge der Aktrice verdunkelten sich, ihr Auge stierte, ihr Haar geriet in Unordnung, die schwereren Gewänder fielen ihr vom Leibe, und in wüstem, liederlichem Aufzug schien sie heißen Gewissenskampf zu kämpfen. Sie kniete nieder, wollte beten, aber der Himmel war verschlossen, die Hölle siegte. Da plötzlich schoß sie wie ein Lämmergeier herab auf meine kleine Schwester, packte sie, riß sie mit festem Griff vom Schoß der Mutter und sprang zurück mit ihrem Raube. In ihrem Gesichte malte sich Wahnsinn und

Verzweiflung, ein Dolch blitzte auf, und das vor Schrecken halbtote Kind hing den Kopf zuunterst über dem nackten fleischigen Arm der Kindesmörderin. Das alles war das Werk von ein paar Augenblicken und diese Darstellung vielleicht die glänzendste und beste; aber meiner Mutter war's doch außer allem Spaße. Erschrocken sprang sie auf und nahm ihr Kind sanft aus den Händen der Furie zurück.

Mit solchem Knalleffekte war die Schaustellung beendet, es ward ein Butterbrot gegeben, und Prestano ging zur freudigsten Überraschung seiner Freunde ungeschädigt an Leib und Seele hinter dem Schirm hervor.

Die Folge von diesen Vorgängen war natürlich, daß ich und mein Bruder alles nachmachten. Wir übten uns in Gebärdung und Drapierung und waren bald imstande, unseren Freunden eine Vorstellung zu geben, an welcher selbst Prestano nichts auszusetzen hatte. Madonnen und Magdalenen ließen wir weg, die Sphinx aber gelang nicht übel, und ganz vortrefflich war mein dicker Bruder als Sibylle. Plötzlich sprang er jedoch aus seinen Schleiern, fuhr sich mit allen zehn Fingern durch die Haare, und mittelst eines räuberischen Sprunges der Schwester, die als kleinste Zuschauerin voransaß, die Puppe Salli entreißend, übertraf er sich selbst als Kindesmörderin. Ich glaube nicht, daß die Kleine bei dieser Szene weniger empfand als vordem ihre Mutter; auch schalt sie den Bruder laut und ernstlich, besonders weil er in der Tat der Puppe eins versetzt hatte.

2. Gewinn und Verlust

Freud und Leid sind sonderbare Gesellen. Nicht selten tritt das, was uns am schwersten schädigt, zuvörderst in Gestalt von Lust und Freude auf, wie umgekehrt die Freude, namentlich die tiefere, innere und heiligere Freude sich häufig in der Totenmaske schweren Leidens einführt. Es war ein harter Schlag, der unser Haus im Spätherbst 1815 traf; in seinen Folgen aber war er so freudenreich, daß er als besondere Gnadenführung Gottes erkannt werden durfte.

Mein Vater hatte in den Kriegsjahren durch das Fallen der russischen Wertpapiere und anderweitige Störungen nicht unbedeutende Verluste an seinem Vermögen erlitten. Wir sahen ihn oft geängstigt und voll Sorge, bis der Friede neue Hoffnung brachte. Es schien möglich, daß, wie die Sachen eben lagen, wenigstens der Rest erhalten, wohl auch Verlorenes eingebracht werden mochte. Statt dessen erhielt er nun die Hiobspost, daß durch wohlgemeinte, aber unglückliche Unternehmungen eines Freundes alles fort und er so arm wie damals sei, als er von Rom aus in die Welt zog; ja viel ärmer, da nicht allein die frischere Kraft der Jugend fehlte, sondern jetzt auch eine Familie zu ernähren war.

Wir saßen gerade bei Tisch, als jener Schreckensbrief einlief. Mein Vater erbrach ihn und war tief erschüttert. Der Atem versagte ihm, er riß sich das Halstuch ab und hielt sich für zugrunde gerichtet. Das ganze Vermögen verloren! Fürwahr, es ist nichts Kleines für einen Familienvater, sich und den Seinen plötzlich den Boden unter den Füßen weggeschlagen zu sehen. Der Ärmste sprach von Bettelstab und Hunger. Die

Mutter tröstete; sie redete Worte des Glaubens und Vertrauens, und wir Kinder verschluckten eben noch den Bissen, der uns zwischen den Zähnen saß – dann legten auch wir die Gabeln nieder und blickten verlegen und dumm ins Leere.

Als wir uns bald darauf allein fanden, brach zuerst die Schwester das Schweigen: «Werden wir nun betteln müssen?»

«Wenn ich betteln soll», erwiderte der Bruder, «so hänge ich mich auf!»

Wir verfolgten den Gegenstand und fanden, daß wir, wenn es zum Äußersten käme, am besten tun würden, uns mit mimisch-plastischen Darstellungen zu ernähren wie Madame Hendel-Schütz, die keinen Mangel zu leiden schien. Darüber wurden wir ganz heiter und fingen wieder an zu essen.

Ein guter Trost im Unglück bleibt immer das Planen, wie man wieder herauskäme. Das taten auch die Eltern. Sie überlegten klüglich, und meine Mutter war aufs freudigste zu jeder Einschränkung bereit, berechnend, um wie viel billiger man leben könnte. Auch bestimmte sie den Vater leicht, die teure Miete und manches andere aufzugeben, dessen man sich bis dahin erfreuen konnte; nur Badereisen und Sommerwohnung, meinte er, seien unerläßlich für die immer ernstlicher kränkelnde Frau. Diese aber behauptete, daß niemand etwas nötig habe, was ihm versagt sei, und setzte alle ihre Paragraphen durch.

Es waren nun acht Jahre her, daß wir im «Gottessegen» wohnten. Zwar ging mancher Schrecken währenddem durchs Haus, aber Trost und Friede weilten. Die Zeit vergoldete jegliches Erlebnis, und alle hingen wir mit Zärtlichkeit an unserer lieben Wohnung. Es mochte daher ein schwerer Weg für meinen Vater sein, als er die Miete zu kündigen ging. Unser Hauswirt nahm diese Kündigung indessen nur zur Hälfte an. Wenn wir zu viel Raum hätten, hatte er sich verlauten lassen, so wolle er uns den Überfluß abnehmen, und zwar von Stund' an; er könne alles in seinem Nutzen verwenden, bis wir wieder danach verlangen würden. Das war ein dankenswerter Freundschaftsdienst.

Demnach entschlossen sich die Eltern, den nach der Straße zu gelegenen, bei weitem größeren und schöneren Teil der Wohnung abzutreten und sich auf wenige Hinterzimmer zu beschränken. Ebenso wurde der Weinberg aufgegeben, ein Dienstmädchen entlassen, und was uns Kindern und ihm selbst naheging – auch Talkenberg. Dieser Trostlose bekam jedoch Ersatz, indem mein Vater ihm durch den Einfluß seiner Freunde die Stelle eines Königlichen Floßinspektors in Elsterwerda verschaffte. Einen dankbareren Menschen hat die Sonne nicht beschienen. Er konnte nun sein Mädchen zur Frau Floßinspektorin machen und war ein gemachter Mann.

Was uns anlangte, so würden die obigen Einschränkungen bei dem laufenden Verdienste des Vaters wohl ausgereicht haben, um unsere Subsistenz zu sichern; aber der sorglichen Natur des trefflichen Mannes war das Bewußtsein unerträglich, aus der Hand in den Mund zu leben. Dazu kam ein Vorgefühl, das ihn von seiner frühesten Jugend an durch sein ganzes Leben begleitet hatte, nämlich das eines frühzeitigen Todes. Obgleich er kerngesund war und meine Mutter kränklich, so zweifelte er doch niemals, daß sie die Erziehung ihrer Kinder ohne ihn zu vollenden haben würde, und glaubte sich daher verpflichtet, dazu die nötigen Mittel zu hinterlassen. Zu diesem Zweck mußte er aber bedeutend mehr verdienen, als verbraucht ward, ja seiner ganzen bisherigen Tätigkeit, seinen teuersten künstlerischen Interessen entsagen, um sich noch einmal wie in den Tagen seiner Jugend dem Handwerk mit dem goldenen Boden zuzuwenden.

So nannte mein Vater die Porträtmalerei, weil er sie lediglich des Vorteils halber trieb. An und für sich ist sie das freilich so wenig, daß nur die genialsten Künstler imstande sind, ihre Aufgabe zu lösen. Das Individuelle charakteristisch zu fassen und auf eine Weise darzustellen, die nicht beleidigt, sondern erfreut, ist nicht bloß Sache des nachahmenden Talentes, sondern eine Arbeit des schaffenden Geistes. Das Porträt ist das schwierigste Objekt der bildenden Kunst.

Indessen war es nicht diese Schwierigkeit, die meinen Vater schreckte. Er war ein geborener Porträtmaler; seine besten Bilder waren Porträts, und alle seine Porträts waren Kunstwerke. Die unbedeutendste Natur fand unter seinen Händen für Bekannte wie für Freunde ihren Reiz; aber wir achten das am wenigsten, was wir am besten können. Mein Vater war sich, wenn er porträtierte, seines künstlerischen Schaffens kaum bewußt; er würde ebensogern gedroschen haben, gehackt und gegraben, wenn diese Beschäftigungen ebenso lukrativ gewesen wären. Die Ideen drängten sich dergestalt in seiner Seele, daß er sich oft sechs Hände wünschte, um schneller damit zu räumen; aber die Herren und Damen, die ihm saßen, waren nicht seine Ideale. Wenn er sie auf seine reine Leinwand abschrieb – die er deshalb stets beklagte –, hatte er mit Hamlet weder Lust am Weibe noch am Manne und konnte es niemals recht begreifen, warum die Leute sich nicht lieber etwas Schöneres malen ließen als ihre eigenen Kleider und Gesichter.

Dieser Vorwurf traf zwar nie die Dresdener, welche nach der Meinung meines Vaters zu gescheit waren, sich von ihm malen zu lassen; wenigstens war der Fall noch niemals vorgekommen und stand auch jetzt nicht zu hoffen. Um daher zu seinem Zweck zu kommen, mußte der verarmte Meister nicht nur eine Tätigkeit aufgeben, die ihn beglückte, sondern auch das noch schwerere Opfer des heimischen Herdes bringen. Wie ein junger Bursche mußte er auswandern, um sein Brot zu suchen, und ob er's finden würde, stand dahin, da nach solchem Kriege überall mehr Hunger als Brot vorrätig war.

Unter dem Vorwande, die Justinianische Galerie zu sehen, die damals in Berlin war, ging mein Vater fürs erste dorthin. Es war ein dunkler, naßkalter Novembermorgen, als er von uns Abschied nahm, und um so betrübter waren wir Rückbleibenden, als wir nicht allein den Vater verloren, sondern gleichzeitig unseren Rückzug aus den altgewohnten Räumen anzutreten hatten. Kaum war der Reisewagen abgefahren, so begann die Kramerei. Fast die Hälfte der Möbel wanderte auf den Boden, vieles wurde verkauft, und der Stolz des Hauses, das herrliche Marienbild, fand fürs erste in dem Atelier des Vaters ein gedrücktes Unterkommen. Im folgenden Jahre ward es sogar verkauft und verschwand für immer aus unseren Augen. Das war ein Todesfall in der Familie.

Wir fanden uns nun, wenn man die Zimmer des Vaters abrechnet, von denen er keins entbehren konnte, auf drei kleine Piecen reduziert. Senffs ehemaliges Zimmer avancierte zum Salon, nebenan schliefen Mutter und Schwester, mein Bruder und ich in der nach dem Hofe gelegenen Küchenstube, die bei Tage die Köchin innehatte. Unser Leben zog sich eng zusammen, es wurde kleiner und bedingte allerlei ungewohnte Tätigkeit. Mit einer Aufwärterin, die des Morgens auf einige Stunden kam, teilte meine Mutter die Dienste des entlassenen Stubenmädchens, und wir Knaben wurden unsere eigenen Stiefelputzer. Aber niemals hatten wir glänzendere Stiefel als gerade in jener ärmlichen Periode.

Ich kann nicht leugnen, daß, nachdem die erste Wehmut überwunden, diese Beschränkungen auch ihre Reize hatten. Das engere Aneinander erwärmte Leib und Seele. Es war, als wenn man sich auch geistig nähergerückt wäre, und das Bewußtsein, den Vater zu erleichtern, wog den verlorenen Raum auf. Selbst die Mutter, die am meisten hergegeben, schien nichts zu vermissen. Sie war immer heiter und dankte Gott für alles, denn sein wunderbarer Ratschluß wandelte ihr bereits das Leid in Freude.

Der treffliche Friedrich, aus dessen Landschaften immer tiefer Sinn sprach, hatte in jener Zeit ein schönes Bild vollendet. Auf hohem Felsenkegel, der, aus dunkler Tiefe aufsteigend, in den heiteren Morgenhimmel ragt, steht ein Kreuz. Daran klammert sich mit der einen Hand ein Weib, während sie die andere hilfreich dem nachkletternden Manne reicht. Das war ein rührendes Kapitel aus der Geschichte der Menschheit und insbesondere die Geschichte meiner Eltern. Die Mutter war vorangepilgert auf dem Glaubenspfade. Sie erreichte zuerst die Höhe, da ihres Herzens Trost stand, und zog jetzt den Mann nach, den sie liebte.

Es ist schon gesagt worden, daß in der Seele meines Vaters kein Widerspruch gegen die Richtung seiner Frau war. Im Gegenteil schien er das Christentum von Jahr zu Jahr mehr zu respektieren und konnte sich mitunter an geistlichen Gesprächen sehr erwärmen. Aber zwischen einem «Nicht nein» und einem «Ja» ist noch ein Unterschied. Das Wort vom Kreuz war ihm zwar keine Torheit, aber zu einer Kraft Gottes war es ihm auch noch nicht geworden; er verachtete es nicht, liebte es vielmehr, mochte es aber ansehen, wie er auch den griechischen Mythus ansah, in dem er vorzugsweise lebte, nämlich als Bild und Gleichnis, als ein Stammeln von schönen, unaussprechlichen Dingen.

Nun ward das alles anders. Auch meinem Vater wurden die Augen aufgetan, und seine Briefe gaben Zeugnis, daß er das heilige Brot des Lebens, welches ihm so lange nur Schaugericht gewesen, jetzt wirklich ergriffen habe, es genieße und daran erstarke. Er wußte es, daß auch sein Name eingetragen sei in das Buch des Lebens, und dies Bewußtsein verjüngte ihn, daß er auffuhr wie ein Adler. Er war ein neuer Mensch geworden.

Wie solches zugegangen? Wer mag das sagen! Gott läßt sich nicht in seine Werkstatt schauen, und mein Vater mochte es selbst nicht wissen. «Der Wind bläst, wo er will, und du hörest sein

Sausen wohl, aber du weißt nicht, von wannen er kommt und wohin er fährt; also ist ein jeglicher, der aus dem Geist geboren ist.» Es ist unmöglich, den Hergang dessen, was wir Bekehrung nennen, an sich und anderen zu begreifen. Unbewußte und unerkannte Kräfte influieren, und was den einen fördert, hindert den anderen. «Wenn Sie ein Schlachtfeld gesehen hätten», sagte meinem Vater der russische General Cancrin, «Sie würden nicht an Gott glauben.» – «Und wenn ich niemals an ihn geglaubt hätte», erwiderte Onkel Georg, «auf dem Schlachtfelde hätte ich ihn erkannt.»

Dasselbe wirkt nicht dasselbe, und man sieht, daß Schlachtfelder es nicht allein tun. Es kommt alles auf die Leute und auf den Zug der Gnade an. Der zerbrochene Wohlstand meines Vaters, der plötzlich wie ein lockeres Gerölle unter seinen Füßen wich, hätte ihn auch in den Abgrund reißen, seine Seele verbittern und erschlaffen können; aber das Kreuz stand über ihm, und die Hand der Mutter war auch noch da.

Soviel wissen wir, daß das Evangelium den Armen gepredigt ist, und daher mochte es auch mein Vater besser verstehen, als er arm ward. Am Geiste arm, das heißt kindlichen und demütigen Sinnes, war er zwar immer, daher er auch keine Feindschaft gegen Gottes Wort empfand; aber seine Zuversicht stand weniger zu dem lebendigen Gott als zu dem metallnen Fundamente, auf das sein Haus gebaut war. Dieser Mammon war nun zerschlagen, und in den Trümmern fand der anfänglich Erschrockene eine köstliche Perle, die ihn weit reicher machte, als er je vordem gewesen. Es war ein heiliges Licht in seiner Seele aufgegangen, das von nun an die letzten Jahre seines reinen Lebens auf das lieblichste verklärte.

So war es, so fanden wir es, und so fanden es alle, die meinem Vater näherstanden. Von anderen ward er nicht begriffen. «Eine fast zur Schwermut oder Lebensmüdigkeit sich hinneigende Frömmigkeit», schreibt sein Biograph, «erfüllte jetzt ausschließlich sein Gemüt, und die angestrengteste Tätigkeit im Bildnismalen, welches mit seinem künstlerischen Streben in offenbarem Widerspruche stand, verdüsterte seine nur ungern in der Wirklichkeit verweilende Einbildungskraft.» Es sitzen eben manchen Leuten wunderliche Brillen auf der Nase, daß es ihnen geht wie jenem Weisen Griechenlands, der den Schnee ganz ernstlich schwarz fand.

Mit dem selbstverleugnenden Fleiße meines Vaters war übrigens der Segen Gottes auch in anderer Art. Kaum war seine Anwesenheit in Berlin bekannt geworden, als er von allen Seiten mit Porträtaufträgen überhäuft ward. Es wurde Mode, ihm zu sitzen, und bald war vorauszusehen, daß ein Winter nicht hinreichen würde, auch nur die Köpfe aller derer auf die Leinwand zu bringen, die gemalt sein wollten. «Die guten Menschen», schrieb der Vater, «halten sich für beleidigt, wenn man sie abweist.» Er konnte nicht begreifen, wie den Leuten soviel an seiner Pinselei gelegen sei, und neigte sich der Meinung zu, Berlin müsse von einem epidemischen Sitzungsfieber heimgesucht sein. Die alten Petersburger Preise fand er hier zwar nicht; aber wenn er der Anstrengung nicht unterliege, schrieb er der Mutter, und nur noch einige Jahre lebe, so hoffe er gewiß, sie nicht mittellos zu hinterlassen, und jedenfalls möge sie schon jetzt wieder eine Sommerwohnung suchen, denn auch ihm würden nach der angestrengten Arbeit Landluft und Ruhe guttun.

So flatterte denn wieder ein buntes Fähnlein am Lebensschiff, und mit Wonne segelten namentlich wir Kinder dem Frühlinge entgegen, der den Vater wiederbringen sollte und auch den Weinberg – als plötzlich ein sehr unerwarteter Zwischenfall meinen Bruder über Bord warf. Der Herzog von Bernburg machte nämlich die Proposition, ihm denselben als ständigen Gesellschafter für seinen Erbprinzen abzutreten, wogegen Se. Durchlaucht sich verpflichten wollte, die Zukunft des jungen Herrn in seinen Landen gnädigst zu versorgen.

Immerhin war dies ein glänzendes Anerbieten, und mein Vater legte die Entscheidung in die Hand der Mutter, welche durch den zu fassenden Entschluß nicht wenig beunruhigt war. Ihrem Herzen widerstand es ganz entschieden, den kleinen Jungen in so zartem Alter wegzugeben, namentlich an einen Hof; von der anderen Seite aber trug sie auch Bedenken, ihrem Manne in seiner bedrängten Lage durch eine vielleicht unbegründete Ängstlichkeit die Beruhigung zu rauben, eines seiner Kinder, und zwar so vorteilhaft, versorgt zu wissen. Diese Erwägung sowie die besonderen Umstände, der ernste, zuverlässige Sinn des Herzogs, der würdige Charakter der Herzogin, Beckedorffs aufrichtige Freundschaft und Starkes nahes väterliches Auge, gaben endlich den Ausschlag. Es wurde meinem Bruder angekündigt, was ihm bevorstand.

Uns Kindern machte dies Ereignis natürlich großen Eindruck. Die kleine Schwester weinte um den Verlust des Bruders; ich aber hätte ihn um seine glorreiche Karriere beneiden können, wenn er nicht mein geliebter Bruder gewesen wäre, dem ich von Herzen alles Gute gönnte. Er selbst war schwankend zwischen der Anhänglichkeit an Heimat und Familie und dem Gelüsten nach des Prinzen Ziegenböcken, im ganzen aber gar nicht abgeneigt, sich in der Welt zu versuchen und sein eigenes Brot zu essen.

Im Frühjahr 1816 brachte mein Vater, gleich nach seiner Rückkehr von Berlin, den jungen Kavalier nach Ballenstedt.

3. Das Begerhaus

Die Trennung von meinem Bruder ward mir schwerer, als ich geglaubt hatte. Wäre er freilich nur verreist gewesen, etwa auf vierzehn Tage oder auch vier Wochen, so würde ich die zeitweilig gewonnene Ruhe dankbar genossen haben, denn er hatte einen neckischen Geist und übte vielen Schabernack; nun war er aber auf immer fortgegangen und gänzlich losgetrennt vom Hause, mir nur die kärgliche Aussicht hinterlassend, ihn ab und zu besuchsweise wiederzusehen wie einen Fremden.

Nach solchem Abschied lernen Geschwister es erst erkennen, was sie aneinander hatten, und wie der brüderliche Umgang durch nichts, auch nicht durch Freundschaft, zu ersetzen ist. Ich putzte nun des Morgens meine Stiefel allein, trank meine Milch allein und ging allein mit meiner Mappe in die Schule. Manch Brünnlein des Humors versiegte, und tausend kleine Erlebnisse, die außer dem verlorenen Bruder kein anderer so würdigen und belachen konnte, mußte ich fortan für mich behalten. Ich wußte nichts mehr anzufangen mit meinem eigenen Witz. Dazu kam freilich, daß ich mich unwohl fühlte. Schon im Winter hatte ich an bösartigen Beängstigungen gelitten, und die Mutter, welche die Ursache in zu anhaltender Beschäftigung mit der Elektrisiermaschine suchte, hatte diese weggeschlossen, ohne jedoch das Übel damit zu bessern. Jetzt wurde der Arzt gefragt. Er glaubte ein Nervenleiden zu erkennen und verordnete Landluft mit Faulenzerleben. Soviel als möglich sollte ich mich in freier Luft bewegen, graben, hacken und mich vergnügen – eine Kur, die ich, sobald der Weinberg bezogen werden konnte, Gelegenheit hatte, auf das gewissenhafteste durchzuführen.

Unsere neue Sommerwohnung war zwischen den Dörfern Loschwitz und Wachwitz auf der Höhe des damals von Poncetschen Weinbergs gelegen. Es war ein kleines zweistöckiges Haus, nach einem früheren Bewohner das Begerhaus genannt, mit hübschen, geräumigen Zimmern und an den Berg so gelehnt, daß man aus der oberen Etage geradeswegs auf eine Weinterrasse trat, die, von alten Walnußbäumen gegen die Mittagssonne geschützt, dennoch den Blick in die Ferne freigab. Die Lage war unvergleichlich. Etwa dreihundert Fuß hoch über der Elbe, gewährte sie weiten Einblick in ein buntes, traumartig schönes Land. Man übersah den Lauf des Stromes in einer Ausdehnung von wenigstens vier Meilen und darüber hinaus das weite Elbtal mit der fernen Hauptstadt und Hunderten von Dörfern, Kirchen und blinkenden Landsitzen, weithin bis an die Kämme des Erzgebirges und der böhmischen Berge.

In dieses liebliche Paradies zog der Vater mit uns hinaus, um hier eine Anzahl noch unvollendet gebliebener Berliner Bilder mit Muße auszuführen. Er malte Mäntel, Orden, Schals und ländliche Hintergründe, und die Mutter, welche trotz ihrer Kränklichkeit ein unverwüstliches Sprechorgan besaß, las ihm häufig dabei vor, Geistliches und Weltliches, und unter anderem auch die «Flegeljahre» von Jean Paul, die ihn in so hohem Grade amüsierten, daß er oft den Pinsel mußte ruhen lassen, um sich auszulachen.

Inzwischen erheiterte den rastlos Fleißigen auch noch ein anderer Umstand. Ich weiß zwar nicht, ob angenommen werden dürfe, daß mein Vater damals während seiner Arbeit ein Hühnereichen ausgebrütet habe; so viel aber ist gewiß, daß ihm eines Morgen ein kleines gelbes Kükchen mit krallen Augen aus dem Jabot hervorlugte und mit allgemeinem Jubel begrüßt ward. Er trug es fortan immer an sich wie eine Busennadel und versorgte es mit mütterlicher Zärtlichkeit. Beim Frühstück und nach dem Mittagessen ward es hervorgelangt und auf den Tisch gesetzt, wo es, die Brosämlein aufpickend, von einem zum andern spazierte. So wuchs es gedeihlich im Familienkreise auf und war bereits zur Ahnfrau eines künftigen Hühnerhofes ernannt, als es zum allgemeinen Schrecken zu krähen anfing. Es setzte Schwungfedern an und wurde ein so gewaltiger, menschenfeindlicher Hahn daraus, daß kein Auskommen mehr mit ihm war und er weggegeben werden mußte.

Was mich nun anlangt, so ging ich jeden Morgen auf ein paar Stunden bergabwärts nach dem nahen Loschwitz, um vom *pastor loci* geschult zu werden. Außerdem war ich ganz frei und konnte machen, was ich wollte. Vergnügen machte mir die Gärtnerei, die freilich wenig schulgerecht betrieben wurde. Ich legte für meine Schwester ein Labyrinth aus Bohnenstangen an, enge, kraus verschlungene Gänge, die sich mit Feuerbohnen bezogen und zum traulich verborgenen Bänkchen führten, das ich gezimmert hatte. Da saßen wir beide, uns der Einsamkeit erfreuend, und sprachen von Geheimnissen.

Auch Wanderungen wurden angetreten, die zum Teil sehr lieblichen Seitentäler des Bergzuges zu durchforschen oder auf den Höhen im Tannenwalde Pilze zu suchen, die dort in großen Nestern wuchsen und in der Küche stets willkommen waren. Bei Gelegenheit solcher Pilzjagd, die den Blick zur Erde zog, entdeckte ich ein eigentümliches Insekt, das ich anderwärts nie wieder angetroffen habe, den sogenannten Ameisenlöwen. Das sandgraue Tierchen ist von der Größe einer Buschwanze und bildet, indem es sich in den lockeren Sand wühlt, einen kleinen, sehr regelmäßigen, etwa zolltiefen Trichter, in dessen Tiefe es, unter Sand verborgen, unsichtbar lauert. Sobald sich nun eine Ameise am Rande des Trichters zeigt, so spritzt das Untier Sand auf, der den kleinen Wanderer ziemlich sicher hinab in die Tiefe reißt. Vergebens sucht er sich wieder herauszuarbeiten, neue Kartätschen erreichen ihn unausbleiblich, und immer rollt er wieder hinab in den Schlund, bis es dem Räuber gelingt, ihn mit seinen gespenstischen Fangarmen zu fassen und zu sich in die Unterwelt zu ziehen.

Um meiner Schwester dies zu zeigen, setzte ich eine Ameise an den Rand eines solchen Höllentrichters. Alsbald begann die Kanonade aus verborgener Batterie, und das arme Tierchen war seinem Schicksale verfallen. Die Schwester tadelte meine Grausamkeit. Wer konnte auch wissen, wie tief Ameisen empfinden und wie schmerzlich dergleichen Opfer von den Ihrigen vermißt werden mochten? Waren es nicht gar kluge kleine Tiere? Sahen wir nicht, mit welcher Sorgfalt sie ihre großen Eier an die Sonne trugen und wieder wegschleppten, wenn es regnen wollte? Bewunderten wir nicht die Riesenstärke dieser Zwerge, und wie sie in Staaten beieinander wohnen, da jeder sein Amt und seinen Beruf zu haben scheint? Da schleppten zwei gemeinschaftlich einen lebhaften Wurm hin, zehnmal größer als sie beide zusammen, andere trugen Tannennadeln zum Bau herbei oder räumten Sandkörner beiseite, und jeder schien zu wissen, was er tat und wollte.

Auf der großen Heerstraße, die zur Hauptstadt führte, entstand Tumult. Der Haufe der ab und zu laufenden Arbeiter trieb auseinander, und es bildete sich ein Kreis, in dessen Mitte zwei ritterliche Kämpen auf Leben und Tod turnierten. Es mußte dies ein Zweikampf sein, wahrscheinlich infolge mündlicher Beleidigung, denn Tatsächliches hatten wir nicht wahrgenommen. Da brach der eine Streiter tot zusammen, die Umstehenden eilten herbei, die Leiche wegzuräumen, und die Strömung auf der Chaussee nahm wieder ihren ordentlichen Verlauf, als wäre nichts gewesen.

Dagegen zeigte mir die Schwester denn auch, was sie entdeckte, ein Rotkehlchennest zum

Beispiel in der Weinbergsmauer. Niemand durfte es außer uns wissen als die Eltern und die Köchin, und sonst war niemand da. Wir sahen die Alten brüten, dann füttern und freuten uns an dem Familienleben der kleinen Wesen. Dergleichen Beobachtungen können Kinder auf dem Lande täglich machen und etwas dabei lernen und gewinnen, nämlich ein respektvolleres Erkennen des lebendigen Lebens in der Natur, welche Städtern leichtlich nur als gemalte Kulisse erscheint. Was aber in Form und Gestaltung erfreut, ist doch immer nur das Leben, das sich in ihnen ausprägt.

Die Nachkommen des Pontius Pilatus

Die Eltern hatten das Begerhaus auf einige Wochen verlassen. Sie waren mit dem Schwesterchen ins Bad gezogen, hatten mich jedoch nicht mitgenommen, damit der Unterricht beim Pastor nicht gleich wieder ins Wasser fiele. Ich blieb in Kost und Wohnung bei den Besitzern des Weinbergs, zwei steinalten Fräuleins von Poncet, die mit einem greisen Bedienten und einer ebenfalls alternden Pflegetochter Winter und Sommer auf ihrer ländlichen Besitzung hausten.

Alle vier zusammen mochten diese würdigen Menschen etwa dreihundert Jahre alt sein; aber auch in heraldischer Beziehung gehörte die Familie zu den ältesten. Die Poncets stammten angeblich aus altrömisch konsularischem Geschlecht, führten einen Legionsadler im Wappen und ihren Stammbaum zurück bis auf Pontius Pilatus. Gewiß schien, daß sie seit unvordenklichen Zeiten in der Gegend von Marseille, dem traditionellen Verbannungsorte ihres berühmten Ahnherrn, ansässig gewesen. Später ihres Kalvinismus wegen landesflüchtig, hatten sie sich nach Genf gewandt, und von dort war schließlich der Vater meiner lieben alten Fräuleins als Uhrmacher und Juwelier in Dresden eingewandert. Er muß ein ausgezeichneter Mann gewesen sein, wenigstens wußte er die Aufmerksamkeit des Hofes in so hohem Grade auf sich zu ziehen, daß der damalige Kurfürst und König von Polen, August III., ihm nicht nur die Aufsicht über das Grüne Gewölbe anvertraute, sondern ihn auch zum Geheimrat machte und mit einem adligen Gut in Polen belehnte.

So war Herr von Poncet zu Ansehen und Reichtum gelangt; aber das Glück hielt ihm nicht stand. Unfälle verschiedener Art, die polnischen Kriege, vor allem die Krankheit jener Zeit, das trügerische Forschen nach dem Stein der Weisen, dem er mit Leidenschaft oblag, hatten ihn nachgerade so heruntergebracht, daß er als armer Mann gestorben war. Der sehr verschuldete Weinberg, auf welchem jetzt die letzten Reste der Familie ihrem Ende entgegenwelkten, war alles, was er den Seinigen hinterlassen hatte.

Das Haus, das meine Pflegemütter bewohnten, lag etwa vierhundert Schritte abwärts vom Begerhäuschen. Es war von dem alten Geheimrat für die Bedürfnisse einer zahlreichen und vornehmen Familie hergestellt und fand sich noch jetzt mit einer Fülle altmodischer und kostbarer Möbel ausgestattet. Die Ahnenbilder an den Wänden in verschnörkelten Goldrahmen, die Schränke und Tische von Nußbaum mit zierlich eingelegter Arbeit, die großen venezianischen Spiegel, in facettiertes Glas gefaßt, und anderer kostbarer Hausrat gaben Zeugnis von dem ehemaligen Wohlstand der Familie.

Mir gefiel es gar wohl unter diesen alten Sachen und Menschen, die mir keinerlei Zwang antaten. Ich durchstöberte nach Belieben Keller und Bodenräume, besorgte die Kirschbäume nach Herzenslust und verschmierte Küche und Geschirr mit Kleister, Kohle, Salpeter, Schwefel und Schießpulver, um Feuerwerke zu bereiten, mit denen ich die Hausgenossen erfreuen wollte. Noch heute begreife ich die Herablassung der alten Damen nicht, mit der sie mir eines Abends in Mänteln und Kapuzen vor die Haustüre folgten, um die mageren Funken zu bewundern, die ich sprühen ließ.

Den Beschluß des Vergnügens sollte das Abbrennen einer großen Pulverschlange machen. Da aber die Masse, die schon einige Zeit auf der feuchten Erde gelegen, nicht gleich Feuer fangen wollte, so ließ ich aus meinem Pulverhorn noch etwas trockenes Pulver auf den glimmenden Zunder laufen. Ein bedeutender Knall! Ich ward von unsichtbaren Händen mit solcher Vehemenz zu Boden geschleudert, daß mir Hören und Sehen verging.

Die erschrockenen Zuschauer waren herbeigeeilt, mich toten Leichnam aufzuheben; aber siehe da, ich atmete, die Besinnung kehrte bald zurück, und kein Finger tat mir weh. Die Festigkeit des aus einer Kokosnuß bestehenden Pulverhornes hatte mich gerettet, es war nicht gesprungen, nur der aufgeleimte Abguß war abgeflogen. Anderen Tages fand ich beide Teile unversehrt im Weinberg wieder, und zwar zu meiner großen Befriedigung, da besagte Pulvernuß als eigene Arbeit des Harmschen Großvaters sehr wertgehalten wurde. Mein Vater hatte sie mir nebst einer alten Sattelpistole hinterlassen, um die Sperlinge damit aus den Kirschen zu schrecken; aber damit war's nun aus, wie auch mit allem Feuerwerkern, da das Pulver natürlich bis auf das letzte Korn verpufft war.

Die guten alten Fräuleins ließen mich den Schreck, den ich ihnen verursacht hatte, in keiner Art entgelten. Sie sagten mir kein böses Wort, bedauerten mich vielmehr nur wegen meines Un- und Umfalles, wie denn eine ganz ungemeine Herzensgüte der hervorstechendste Zug in den Charakteren der sonst sehr verschiedenen Schwestern war. Die älteste, Fräulein Fritze, trug, obgleich tief in den Achtzigern, immer noch die Spuren großer Schönheit. Außerdem war sie ziemlich stark, ziemlich nachlässig in Anzug und Manieren, ziemlich hinfällig und sehr pflegebedürftig. Gewöhnlich saß sie still in ihrem Lehnstuhl, den Klemmer auf der Nase, las Ritterromane oder schlief. Gelegentlich konnte sie freilich auch recht gesprächig werden; dann duzte sie jedermann wie ein Lateiner oder Tiroler und war überraschend derb. Ihre Gäste forderte sie zum Fressen und zum Saufen auf, nannte den sehr förmlichen Herrn Pastor «lieber Junge!» und die fünfzigjährige Pflegetochter «Wettermädel!» Von sich selbst pflegte sie, eine Prise nehmend, nicht ungern zu bekennen, daß sie in ihrem ganzen Leben nicht das geringste gelernt habe und doch nicht dümmer sei als andere Schafsköpfe auch.

Als ganz besonderer Liebling ihrer schwachen Eltern war das gute Mädchen möglichst mit dem verschont geblieben, was man Erziehung nennt. Man hatte sie tun lassen, was ihr beliebte, und es beliebte ihr, den Kopf nicht anzustrengen. Anstatt ihren Lehrern standzuhalten, hatte Fräulein Fritze es stets vorgezogen, sich in Küch' und Keller umzutreiben, hatte die Betten gemacht, am Waschtroge gestanden und den Mägden scheuern geholfen. Mit besonderer Passion aber hatte sie sich vergnügt, des Morgens in der Frühe, wenn alles noch schlief, die Gasse vor der Haustüre zu kehren, bei welcher Beschäftigung sie von einem in der Nähe wohnenden königlichen Pagen, dem jungen Grafen Marcolini, bemerkt worden war. Diesem hatte das wunderhübsche Mädchen wohlgefallen, er hatte sich zu ihr gesellt, hatte ihr den Kehricht weggeräumt, mit ihr gelacht, sich von ihr schelten lassen und schließlich damit geendet, ihr einen Kuß zu rauben, wofür sie ihm ihrerseits eine schallende Ohrfeige versetzte, die ihr noch in ihrem hohen Alter wohltat.

Inzwischen beruhigte dies den Grafen nicht, und da er sein Mädchen des Morgens nicht mehr auf der Straße fand, so wußte er sich im Hause einzuführen, wo er endlich förmlich um sie anhielt. War er auch mittellos zurzeit, so konnte ja noch alles aus ihm werden, was er zu seinen Gunsten anzuführen nicht verfehlte. Aber trotz dieser bestechenden Aussichten hatte der Geheimrat von Poncet doch nichts anderes zu erwidern, als daß es ihm ganz gleich sei, ob er seine Tochter in die Elbe würfe oder an den Hals eines Habenichts von Pagen, und wenig fehlte, daß er dem unzeitigen Bewerber zur Treppe hinuntergeleuchtet hätte.

Dieser war dermaßen beleidigt, daß er von

nun an nicht allein das Poncetsche Haus mit keinem Fuße mehr betrat, sondern nicht einmal mehr zum Fenster hinaussah, wenn Fräulein Fritze vorbeiging. Er wuchs aber rasch in der Gunst des Königs, stieg von einer Würde zur anderen, bis er endlich allmächtiger Minister war und König und Land beherrschte. In gleichem Verhältnis sank Poncets Stern immer tiefer durch Dämmerung zur Nacht, und zwar, wie die Familie vielleicht mit Unrecht annahm, nicht ohne feindliches Bemühen des zurückgewiesenen Freiers. Es kam so weit, daß Fräulein Fritze es für ein Glück erachten mußte, an einen Landgeistlichen mit Namen Scholz verheiratet zu werden. Sie hätte somit füglich Frau Pastorin heißen mögen; aber schon so lange war sie Witwe, daß man sich ihres Mannes gar nicht mehr erinnerte. So passierte sie dennoch immer noch als Fräulein Poncet und nahm's nicht übel, wenn man sie so nannte, ebensowenig als dies die Pflegetochter Fräulein Male tat, welche auf den Familiennamen wahrscheinlich gar keinen Anspruch hatte.

Von ganz verschiedenem Gepräge war die etwas jüngere, noch in den Siebzigern stehende Schwester, Fräulein Lore. Sie hatte eine leichte, zierliche Gestalt, ein feines Benehmen und war die personifizierte Sauberkeit in Kleidung, Worten und Werken. Immer heiter, fleißig und geschäftig, führte sie das Hauswesen, teilte sich mit Male in den Dienst der oft sehr wunderlichen Schwester und bediente sogar den uralten Bedienten, der als väterliches Erbteil in Ehren gehalten wurde, aber niemanden mehr bedienen konnte. Fräulein Lore hatte den Unterricht im väterlichen Hause besser benutzt als ihre ältere

Schwester. Sie war mehrerer Sprachen mächtig und wohlbewandert in verschiedenen Wissenschaften. Durch Selbststudium wie durch häufigen Verkehr mit Ärzten, die sie vor anderen Gelehrten schätzte und, wo sie ihrer habhaft werden konnte, nach Kräften auszubeuten pflegte, hatte sie sich schon als junges Mädchen eine Menge medizinischer Kenntnisse erworben, die sie bis ins hohe Alter zu erweitern strebte. Aus Kräutern, die sie selbst sammelte, bereitete sie Salben, Latwergen, Tränkchen und Essenzen und gab sich mit warmer Menschenliebe einer ausgebreiteten und völlig uneigennützigen Praxis hin, zu welcher sie sich durch das Vertrauen der armen Winzerbevölkerung, in der sie lebte, berechtigt und berufen fühlte. Quacksalbern würde man es heute nennen und ohne weitere Rücksicht auf den Ausfall vielleicht verbieten. Fräulein Lore blieb indessen unangefochten und hatte so treffliche Erfolge, daß die in schweren Fällen von ihr selbst herbeigerufenen Ärzte ihr das kluge Verfahren dankten, mit dem sie in der Regel schon vorgearbeitet hatte. Aber nicht nur bei leiblichen Unfällen – sie wurde überall zu Rate gezogen, wo Rat und Hilfe not taten; sie war die gute alte Fee der ganzen Gegend, unendlich verehrt von allen, die sie kannten, und schwerlich gab es einen Menschen in den Loschwitzer Bergen, der das gute Fräulein Poncet nicht gekannt hätte.

Die Geisterpost

Nach dem Abendessen pflegte die kleine Hausgenossenschaft noch auf ein Stündchen gesellig beieinanderzusitzen, und auch der alte neunzigjährige Bediente war nicht ausgeschlossen. Dieser, ein veritabler polnischer Edelmann, ein Herr von Franzisec, hatte vorzeiten in seinem Vaterlande – das *signum nobilitatis,* den Säbel, an der Seite – an Reichstagen, Königswahlen und Revolutionen ganz wacker teilgenommen, obgleich er nie was anderes gewesen war als ein Bedienter. Jetzt ruhte er von Ehren wie von Diensten, saß abends in der Ecke, schnitt Späne und schlief regelmäßig dabei ein. Ich meinerseits machte Schwefelhölzer für die Küche oder zeichnete, Fräulein Fritze drehte ihre Tabatiere zwischen den Fingern, die beiden andern Damen spannen. Dabei sprach, fragte oder erzählte jedes, was ihm einfiel, aber das Beste wußte immer Fräulein Lore. Sie sprach wie ein Buch, und mit Lust hing mein Auge an ihrem alten reinlichen Gesicht, wenn sie so Wunderbares aus der Vergangenheit berichtete. Sie erzählte meist von ihren eigenen oder ihrer Eltern und Verwandten Erlebnissen, alte kuriose Hofgeschichten, und wie die Schweden ins Land gefallen oder Friedrich der Große Dresden bombardiert hatte. Leider sind die beiden folgenden Histörchen das einzige Zusammenhängende, was mir von alledem wenigstens der Substanz nach geblieben ist. Die Ausführung ergänze ich je nach der Individualität der Gesprächsteilnehmer.

Die Rede war auf den berüchtigten Schröpfer gefallen, der seinerzeit in Dresden Aufsehen machte. Ich fragte, wer er eigentlich gewesen sei und was er getan habe, und Fräulein Lore ließ sich etwa folgendermaßen vernehmen: «Schröpfer», hub sie an, «war seines Zeichens ein erzschlauköpfiger Leutebetrüger und verstand sein Handwerk aus dem Grunde. Er wußte die Menschen so zu verblenden, daß sie das Unwahrscheinlichste für wahr hielten und mit ihm nach dem Stein der Weisen suchten. Dieser Stein – fügte Fräulein Lore zu meiner Belehrung hinzu – war aber eigentlich gar kein Stein; vielmehr wurde das Geheimnis einer gewissen Essenz oder Flüssigkeit nur so genannt, welche freilich schon des Nachsehens wert gewesen wäre, denn sie sollte alle Krankheiten heilen, alte Menschen verjüngen, Blei in Gold verwandeln und mit Geistern in Verbindung bringen.»

«Dummheiten waren's», unterbrach Fräulein Fritze, «und es hätte mancher besser getan, davon zu bleiben, so hausten seine Töchter nicht auf Weinbergen, wären heute noch gute Partien, so alt sie sind, und das Wettermädel, die Male, säße auch auf einem breiteren Gestell.»

«Es hätte ja wohl manches besser sein können», fuhr die Erzählerin fort, «wenn's anders gewesen wäre; aber wer konnte denn dafür? Im Fieber deliriert man, und man hatte damals eine Art von Wechselfieber. Man wollte Blei in Gold verwechseln, und es waren nicht die Dümmsten, die das wollten. Wenigstens waren es die Angesehensten und Reichsten, denn um die Armen, die es am nötigsten gebraucht hätten, bekümmerte Herr Schröpfer sich so wenig, als ob sie gar nicht auf der Welt gewesen wären. Aber mit Fürsten, Grafen und hohen Staatsbeamten fand er sich zusammen, verschloß sich mit ihnen in heimliche Goldküchen, vertröstete sie von einem Jahr aufs andere und prellte sie endlich gründlich.»

«Und merkten sie's denn gar nicht?» fragte ich.

«Ebensowenig», fuhr die Alte fort, «als ich und du was gemerkt hätten. Er hatte sie zu sehr verblüfft, denn er machte Dinge, die kein Mensch begreifen konnte. So zum Beispiel lebte damals in Dresden ein gewisser Herzog Karl von Kurland, ein Prinz aus dem sächsischen Hause, den die Russen von Mitau vertrieben hatten. Der residierte in dem schönen Palais am Wall, zwischen dem Gewandhause und dem Pirnaischen Tor, was jetzt die chirurgische Akademie ist. Dort versammelte sich bisweilen des Abends eine kleine Gesellschaft von Herren, die im Vertrauen des Herzogs standen, unter ihnen auch mein Vater. Es waren zwanglose kleine Soupers; man aß und trank und lachte und plauderte ohne Gene.»

«Unnützes Zeug nämlich», ergänzte Fräulein Fritze, indem sie eine Prise nahm, «horrende Geschichten von Liebschaften und dergleichen. Merke dir's, junger Bengel! daß du dich nie mit Liebschaften breitmachst!»

Fräulein Lore streichelte mir das Haupt und sagte: «Das wird er ja wohl niemals tun!» Dann fuhr sie fort: «Die Unterhaltung jenes Abends brachte der Gesellschaft freilich keinen Nutzen. Herr Schröpfer, der damals anfing, die Aufmerksamkeit auf sich zu ziehen, war ebenfalls anwesend, und da er sich mit den kurländischen Verhältnissen nicht unbekannt zeigte, so beschränkte sich die Unterhaltung bald auf dortige Erinnerungen, denen sich der Herzog mit Vergnügen und in bester Laune hingab. Hundert Dukaten, rief er, indem er sein Glas auf den Tisch stieß, gäbe er darum, zu wissen, was jetzt eben die tolle Gräfin X. mache.

Der Herzog mochte das freilich nur so hingesagt haben, denn wer hätte ihm Auskunft geben sollen? Aber um so mehr war man erstaunt, als Herr Schröpfer sich erbot, die gewünschte

Nachricht zu schaffen. Er wollte augenblicklich, sagte er, einen Brief nach Mitau befördern, nur müsse der Herzog zurückdatieren, damit die Sache dort nicht auffiele, und mit der Antwort dreißig Minuten Geduld haben.

‹Unmöglich!› rief mein Vater; der beste Renner könne in dreißig Minuten keine drei Meilen machen, geschweige denn dreihundert, und die Antwort wolle auch geschrieben sein.

Die dreißig Minuten, sagte Schröpfer, seien nur die Antwort, sein Bote brauche gar keine Zeit. ‹Schreiben Ew. Durchlaucht!› fügte er hinzu, ‹ich setze hundert Dukaten gegen die ihrigen.›

Da schickte der Herzog nach Papier und Feder, schrieb, siegelte, adressierte, und Schröpfer reichte den Brief mit unverständlichem Gemurmel zur Türe hinaus. Der Herzog aber sagte leise zu meinem Vater: ‹Behalte Er die Augen offen, daß der Kerl uns keinen Streich spielt!›

Nun wußte niemand, ob es Zufall war oder was sonst, aber indem der Brief verschwand, erhob sich draußen ein Orkan. Der Sturm schlug wie mit Fäusten gegen die Fenster, polterte im Kamin und riß Ziegel von den Dächern; es war ein schrecklicher Aufruhr in der Natur. ‹Ein schlimmes Wetterchen›, bemerkte Herr Schröpfer, indem er sich die Hände rieb und die Unterhaltung in früherer Weise fortzuführen suchte. Den anderen Herren war die Sache unheimlich. Gespannt, was werden würde, zogen sie ihre Uhren aus den Taschen, und das Gespräch ward schleppend; bald schwieg man gänzlich. Das Unwetter draußen hatte sich gelegt, und auch im Zimmer war es so still geworden wie in einer Uhrmacherwerkstatt. Es war nichts zu hören als das Ticken der Taschenuhren, deren jeder die seinige vor sich liegen hatte, um den Gang des Minutenzeigers zu verfolgen.

‹Nur noch drei Minuten›, sagte der Herzog endlich. ‹Er wird sich dazuhalten müssen, Monsieur Schröpfer!›

In demselben Augenblicke fuhren alle Köpfe auf, und aller Augen starrten nach dem hohen Fenster des Gemaches, an welchem man ein scharfes Pochen vernahm, wie von dem Schnabel eines großen Vogels. Schröpfer eilte hin, schob den Vorhang zurück, öffnete und langte einen Brief herein, den er dem Herzog überreichte.

Der Herzog unterzog das Kuvert genauer Prüfung. Es mochte ihm auffallen, daß das Siegel schwarz und die Aufschrift von fremder Hand sei. Ob das Schreiben auch nichts Unangenehmes enthalten werde, fragte er. Schröpfer erwiderte, Se. Durchlaucht könnte es ja ungelesen in den Kamin werfen, würde aber natürlich die Wette damit verloren geben. Da brach der Herzog das Siegel auf und entfaltete den Brief. Aber seine Züge verfinsterten sich, er fuhr sich ein paarmal mit der Hand über die Stirn, warf sich zurück in seinen Lehnstuhl und sagte: wenn das etwa ein Spaß sein solle, so finde er ihn nicht sonderlich ergötzlich. Darauf reichte er das Blatt an meinen Vater, es vorzulesen.

Das Schreiben war von einem Bruder der Gräfin und enthielt nur einige Zeilen mit der Anzeige, daß letztere vor einigen Stunden gestorben sei. Bei der dringenden Eile des Kuriers, der sogleich wieder abreisen wolle und auf Antwort bestehe, sei ein Mehreres nicht möglich. Nach einigen Wochen bestätigte sich die Nachricht.

«Und diese Fabel lehrt», fügte Fräulein Fritze hinzu, «daß der Gottseibeiuns dem Monsieur Schröpfer seinerzeit den Hals umgedreht hat, im Rosental bei Leipzig.»

Die Pflegetochter Male bemerkte jetzt, sie könne so etwas nicht glauben. Der Schröpfer habe sich ganz natürlich erschossen, und ebenso sei auch die Briefgeschichte, selbst wenn sie ganz so vorgefallen, wie erzählt worden, natürlich zu erklären. Der Herzog und Schröpfer würden wohl unter einer Decke gespielt haben, um die Gesellschaft anzuführen.

«Ei du verwetterter kleiner Gelbschnabel», erwiderte Fräulein Fritze, «wie klug du bist! Und woher sollten sie wissen, daß das kurländische Mensch vor zwei Stunden abgefahren war?»

«Nun, die konnte ja eine erdichtete Person sein und der Herzog die Bestätigung der Nachricht späterhin nur vorgeben.»

«Im Rosental bei Leipzig», schloß Fräulein Fritze und schüttelte nachdenklich mit dem Kopfe.

Eine Beschwörung

Am nächsten Abende kam die Rede auf denselben Gegenstand, und Fräulein Lore erzählte noch die folgende Geschichte:

«Unser seliger Vater legte, wie viele Herren, einigen Wert aufs Essen, welches deshalb stets mit größter Sorgfalt bereitet werden mußte. Auch hatte er meist so guten Appetit, daß er die Zeit nicht erwarten konnte, und es war vorgekommen, daß wir ihn mit der Serviette im Knopfloch auf seinem Platze am gedeckten Tische vorfanden, noch ehe angerichtet war. Es befremdete und erschreckte uns daher nicht wenig, als er eines Tages auf seinem Zimmer blieb und nichts als Brot und Wasser zu sich nehmen wollte. Krank sei er gar nicht, sagte er, aber er habe seine Gründe.»

«Und», warf Fräulein Fritze ein, «wir anderen möchten für ihn mit schlingen!»

«Diese enthaltsame Lebensweise setzte er ohne Barmherzigkeit drei Tage lang fort. Am dritten Abend aber, in sehr später Stunde, ließ er plötzlich anspannen und fuhr ins kurländische Palais. Was dort vorgegangen, hat er uns erst viele Jahre später erzählt. Die Sache war folgende: Herr Schröpfer hatte nach und nach das schönste Zutrauen gewonnen, namentlich durch die sonderbare Geschichte mit dem Briefe; die Herren waren sämtlich seine Schüler geworden, und er durfte fortan bei den kleinen Soupers des Herzogs nicht fehlen. Hier wußte er durch trügerische Reden wie durch die Zeichen und Wunder, die er ab und zu zum besten gab, die Köpfe dermaßen zu verwirren, daß man am Ende keine Einsicht für zu tief hielt, die er nicht hätte haben, und kein Ding für zu schwierig, daß er's nicht hätte tun sollen. So konnte es denn geschehen, daß eines Abends ein sehr frevelhaftes Verlangen laut ward. Schröpfer sollte gewisse längst verstorbene Personen zitieren und erscheinen lassen. Anfänglich widerstand der Hexenmeister. Er bat die Herren, zu bedenken, daß sie selbst noch zu wenig in die Tiefen der Wissenschaft eingedrungen und daß es nicht ohne Gefahr sei, Kräfte zu entfesseln, deren Herr zu werden man die Mittel noch nicht habe. Aber man ließ dem spröden Zögerer keine Ruhe, und endlich gab er denn auch nach, jedoch nur unter der Bedingung, daß sämtliche Teilhaber sich eidlich verpflichteten, drei Tage lang zu fasten und während der Beschwörung mäuschenstill zu schweigen.

Am vorbestimmten Tage gegen Mitternacht fand sich also die kleine, durch Fasten etwas heruntergekommene Gesellschaft im Palais zusammen, und dem Beschwörer Schröpfer ward das Verzeichnis derer übergeben, die noch fehlten, nämlich der jenseitigen, von ihm besonders einzuladenden Gäste. Es waren lauter hohe Namen, meist aus dem Kurhause; außerdem aber noch der Doktor Luther. Herr Schröpfer schien bedenklich, nicht wegen der fürstlichen Personen, sondern Luthers wegen; der sei wohl besser wegzulassen, meinte er. Dies verlangte auch mein Vater, der ein guter Protestant war; aber alle Widerrede war vergebens, und Luthers Name blieb auf ausdrückliches Verlangen des Herzogs.

Man durchschritt nun eine lange Reihe dunkler Zimmer, der Nekromant voran mit einer Blendlaterne, bis man die Türe des großen Speisesaals – jetzt das anatomische Theater – erreichte. Hier machte Herr Schröpfer halt, wandte sich gegen die Nachfolgenden und legte den Finger an die Lippen. Dann öffnete er. Man trat schweigend ein, und die Herren nahmen auf bereitstehenden Sesseln Platz. Das Licht der Laterne warf seinen unsicheren Schein durch den Raum, dessen Grenzen man kaum erkannte; dann erlosch es, und die Gesellschaft befand sich in absoluter Finsternis.»

«Und zwar nach Leib und Seele», unterbrach Fräulein Fritze; «solcher Spuk ist große Schande für die Leute, die auf zwei Beinen gehen!»

Die Erzählerin fuhr fort: «So wartete man

einige Minuten, bis es von der Kreuzkirche zwölf schlug. Mit dem letzten Schlage begann die Beschwörung, anfangs nur leise murmelnd, dann immer deutlicher und lauter und leidenschaftlicher. Da! – es mag ein Schreck gewesen sein – da hörte man ein lautes Krachen im Getäfel des Parketts, als berste es auseinander, und von unten stieg weißlicher Dampf auf.

Jetzt rief Herr Schröpfer, von dem unser Vater glaubte, daß er rasend oder toll geworden sei, die bezeichneten Personen mit so lauter Stimme, daß es ein Gebrüll war, und allerlei Gestalten zeigten sich im Nebel; aber ihr Anblick war nichts weniger als erfreulich. Fast alle erschienen sie in kläglichem Aufzug und in kläglicher Gebärde. Man hätte ihnen die prächtigen Herren nicht angesehen, die sie waren. In Ketten oder nackt und von Flammen umzuckt, fuhren sie rasch wieder zur Tiefe, aus der sie aufgestiegen. Eine Ausnahme machte Friedrich der Weise, der, von einem milden blauen Licht umflossen, in der Höhe verschwand.

Mein Vater hatte gewissenhaft gefastet und geschwiegen und alles getan, was verlangt worden war, doch war er von Anfang an nicht ohne Mißtrauen gewesen. Der Umstand indessen, daß der Glaube des gegenwärtigen Fürsten so wenig geschont ward, begann seine Zweifel zu zerstreuen. Es war nun bloß noch Doktor Luther übrig, und von der Art, wie der erscheinen würde, ob auch in nackter Jammergestalt oder in würdiger Weise, wollte er seine Meinung abhängig machen.

‹Du! weiland Doktor Martinus Lutherus!› brüllte Schröpfer, ‹wo du auch seist, in der Finsternis oder im Lichte, oder zwischen beiden, ich rufe dich! Erscheine!› Aber der Nebel verdunkelte sich, und es zeigte sich nichts. Noch einmal rief Schröpfer, doch mit unsicherer Stimme, wie einer, den das Fieber schüttelt – und der Nebel versank.

‹Er soll aber doch kommen!› so gebot jetzt eine scharfe Stimme unter den Zuschauern. Da geschah ein fürchterlicher Schlag, als wenn das Haus zusammenbräche, und die Anwesenden prallten erschrocken aus der Türe und verstoben nach allen Seiten, wo sie Wege fanden. Später erklärte Schröpfer, es müsse ihn wundernehmen, daß man so davongekommen.»

«Er hat ihn aber nachher doch geholt», sagte Fräulein Fritze, «im Rosental bei Leipzig.»

4. Franz

Nach der Rückkehr meiner Eltern aus dem Bade war die Mutter mit einer Dame bekannt geworden, welche sich mittlerweile auf dem eine Viertelstunde weiter aufwärts gelegenen Schmidtschen Weinberge – demselben, den wir früher innegehabt – eingemietet hatte, um für einige Monate Landluft zu genießen und Eselsmilch zu trinken. Krank und trostbedürftig, wie sie war, lebte sie hier in ziemlicher Verlassenheit, da sie ohne alle Bekannte in den Bergen war und von den Ihrigen nur ein kleines Töchterchen im Alter meiner Schwester bei sich hatte, während ihre beiden Söhne durch die Schule, und ihr Mann, ein Dresdener Beamter, durch seine Geschäfte an die Stadt gebunden blieben. Inzwischen war doch Fräulein Lore, die Freundin aller

Hilfsbedürftigen, wahrscheinlich auf Sanitätswegen mit ihr bekannt geworden, hatte sie sehr krank gefunden und meine Mutter für sie interessiert, welche sie ihrerseits nun auch aufsuchte, um ihre Dienste und jede Hilfe anzubieten, deren sie etwa bedürftig sein möchte. Die Mutter ward mit solcher Freude aufgenommen, daß sie ihre Besuche von jetzt an täglich wiederholte, das ganz vereinsamte Töchterchen aber, namens Marie, auf den besonderen Wunsch der Kranken soviel als möglich in unser Haus zog.

Mariechen Kriegel war sehr niedlich. Sie sah aus wie Milch und Blut, hatte wundervolle kornblumblaue Augen, dunkles Haar und ein gar fröhliches Gemüt. Als sie das erstemal bei uns war, führten meine Schwester und ich sie ins Bohnenlabyrinth, wo ich den Mädchen die Schröpferschen Geschichten zum besten gab. Sie waren sehr erbaut davon, und meine Schwester, die kein geringeres Vertrauen in mich setzen mochte als jener Herzog in den Teufelsbraten Schröpfer, verlangte, ich solle auch einen Geist erscheinen lassen. Ich versprach's auf Mariens nächsten Besuch und empfahl den Mädchen mittlerweile strenges Fasten, was sie aber nicht genehmigten; ich sollte es umsonst tun.

Um einen Geist erscheinen zu lassen, muß man vor allen Dingen erst einen haben, und so war es denn auch meine erste Sorge, mir einen zu verschaffen. Sehr wohl entsann ich mich, wie die Mutter einmal Puppenbälge aus Lappen fabriziert hatte. Dergleichen, dachte ich, könne keine Hexerei sein, suchte mir einige Lumpen zusammen und wickelte, knetete und nähte daraus ein fingerlanges Männlein, dem ich ein lächerliches Gesicht anmalte.

Als nun die Beschwörung beginnen sollte, zog ich einen Kreis in den Sand, deklinierte *mensa* mit halblauter Stimme ganz durch, und dann überlaut schreiend: «Erscheine, Franz!» schleuderte ich mir das Püppchen von hinterrücks über den Kopf, daß es hoch in die Höhe wirbelte und zwischen den Mädchen niederfiel. Diese warfen sich sogleich darüber her, prüften es genau und lachten über die Mißgestalt und über das Gesicht, und daß der Geist ganz nackt sei. Sie wollten ihm ein Röckchen machen; ich aber meinte, er sei viel vollständiger bekleidet als wir, die wir die Leinwand nur auswendig hätten, während er durch und durch daraus bestehe. Das Spiel wurde häufig wiederholt. Franz konnte prächtig erscheinen und lernte es immer besser. Er flatterte wie ein Vogel durch die Lüfte, immer höher und weiter, endlich so weit, daß wir ihn nicht wiederfinden konnten.

Wir hatten das häßliche Alräunchen schon vergessen, als eines Abends der sonnengebräunte Winzer zu unserem Spiele trat und fragte, ob denn die kleinen Fräuleins nichts verloren hätten; er hätte beim Hacken was gefunden. Damit langte er den Franz hervor.

Das Gespenstchen wurde mit Lachen und Geschrei begrüßt. Ob es wohl noch fliegen könne? Ich warf es hoch in die Luft. O ja! es ging noch gut. Nur beim Niederwirbeln hatte es das Unglück, in den Brunnen zu fallen. Das war insofern merkwürdig, als nur eins der Bretter, die das Wasserreservoir der Plumpe deckten, schadhaft war und Franz gerade durch den Schaden durchflog. Wenn er das gewußt hätte, sagte der Winzer schmollend, so hätte er sich's lieber für seine Kinder ausgebeten, es sei ja schade darum. Wir aber machten weiter keinen Lärm von der Geschichte, damit der Vater sich nicht vor dem Wasser ekeln sollte.

Nun hatten wir damals ein geistreiches Dienstmädchen, die, weil sie mitunter an etwas anderes dachte als an das, was sie gerade machte, bisweilen Dinge machte, an die niemand gedacht hätte. «Was ist denn das?» sagte meine Mutter nicht ohne Entsetzen, als sie eines Tages beim Aufgeben der Suppe die Selleriewurzel für den Vater ausfischte. Dieser fuhr mit der Gabel danach: «Ein Homunkulus!» rief er; ich aber erkannte augenblicklich meinen Franz.

Vielleicht, daß die Köchin, indem sie den Eimer unter der Plumpe hatte, an den Sellerie dachte, beim Ansetzen der Suppe aber an die Plumpe. Als sie endlich die Wurzel zutun wollte, fand sie, daß dieselbe schon drin war, und beruhigte sich. Es war, als wenn der Geist, seitdem er einmal heraufbeschworen, nicht wieder zu bannen und zum Plagegeist der Familie geworden sei.

Jetzt wurde die Köchin hereinbeschworen und durch Vorzeigen des schauderhaften Wurzelwerks vernichtet; doch lachte mein Vater des Fischzuges und ging zum Braten über. Franz aber wurde gedörrt und wie ein Zauberer an freier Luft verbrannt.

Der Tod

Die kleine Marie kam jetzt täglich zu uns. Gewöhnlich holte ich sie ab und sah dann auch ihre Mutter. Diese war eine schöne Frau, aber die Hand des Todes hatte sie gezeichnet. Von

Blumen umgeben, lag sie abgezehrt und fiebernd unter einem offenen Zelte und blickte mit ihren hektisch klaren Augen hinaus in die weite sonnige Gotteswelt, die sie verlassen sollte.

Noch hoffte man freilich; das Aussehen war bisweilen besser, der Zustand erträglicher, aber der Weg, der eine Weile aufwärts führte, fiel immer wieder um desto tiefer ab. Die Kranke glich der kleinen Ameise, die bisweilen dem Zaubertrichter fast entronnen schien, durch erneute Anfälle des Unholds in der Tiefe aber stets von neuem zurückgeschleudert ward, bis jener sie mit seinen grauen Fangarmen ergriff und ihr das Leben aussog.

Wohl sah ich, daß Madame Kriegel recht sehr krank war, aber ich sah den Tod nicht, der aus der Tiefe nach ihr langte. Wenn ich, Marien abzuholen, an ihr Lager trat und sie mich an sich zog, mich streichelte und mir mit ihrer leisen Stimme schmeichelnde Worte sagte, konnte ich mir nicht denken, daß sie in wenigen Tagen unter der Erde sein werde. Noch weniger Ahnung hatte Marie von dem lebensgefährlichen Zustande ihrer Mutter. Sie küßte ihr fröhlich die Hand beim Abschied und wanderte dann in ihrem feuerroten Kleidchen und weißen Hütchen wohlgemut mit mir von dannen, um unter unserem alten Nußbaum am Begerhäuschen mit uns zu spielen und zu lachen.

Bald zog Mariechen ganz zu uns. Ihre Mutter, deren Krankheit so ernste Wendung nahm, daß niemand im Hause auf das kleine Mädchen achten konnte, hatte darum gebeten. Bei uns empfing sie die Todesnachricht und weinte sich satt in den Armen meiner Mutter.

Als nun die Beerdigung geschehen sollte,

nahm mein Vater mich mit ins Trauerhaus und trat mit mir vor den offenen Sarg. Die Leute sagten, es wäre eine schöne Leiche; ich aber starrte sie schaudernd an. Aus diesen einst so freundlichen Zügen grinste jetzt der kalte Hohn des Todes mit scheußlichem Triumph. Mir war's zumute, als wenn mein eigenes Leben stocke, als sei überhaupt alles Leben nur Lug und Trug, der Tod die einzige Wahrheit. Die kaum überwundenen Beängstigungen des Winters kehrten mit doppelter Kraft zurück.

So folgte ich dem Leichenzuge, der sich in glühender Mittagshitze zwischen niedrigen Weinbergsmauern langsam durch heißen Sand zog. Die Brombeersträucher am Wege, der Gundermann, der wilde Hopfen und die Kletten, die an den Mauern wucherten und rankten, gaben keinen Schatten, ebensowenig als die verworrenen Phantasien, die mein erhitztes Hirn erzeugte, Trost gewährten. Zwischen den beiden Söhnen der Verstorbenen einhergehend, sah ich den hochgetragenen Sarg in unmittelbarer Nähe vor mir hinschwanken. Ich träumte, sie trügen meine Mutter fort oder den Vater, und sah mich um, ob er noch folge. Dann war ich selbst in dem engen Kasten mit kaltem Blut und starren Gliedern, aber mit vollem Bewußtsein, und wer konnte wissen, ob es mit anderen Toten anders sei. Auch stellte ich mir vor, die Leiche möchte plötzlich, das hintere Giebelbrett des Sarges durchbrechend, mit wildem Scheinleben herausfahren, und dergleichen Unsinn mehr, welchen die voranziehende Dorfschule mit öden Grabgesängen begleitete.

Auf dem Gottesacker fanden wir die halbe Bevölkerung versammelt, das Grab neugierig umdrängend; aber gern wichen alle einer auffallenden Gestalt aus, einer kleinen mageren Figur im weißen Kleide, weißen Schal und einem hohen, gleichfalls weißen zylinderförmigen Turban, aus dessen Spitze lange kohlschwarze Locken ringelten.

«Eine Böhmsche!» – «Zigeunerin!» – murmelten die Winzer; ich aber erkannte unschwer schon von weitem die schwarze Tante. Sie war mit der Verstorbenen etwas bekannt gewesen und jetzt von Dresden herausgewandert, ihr die letzte Ehre zu erweisen. Mir war ihr Anblick tröstlich, sie erinnerte mich an lebensfrohe Tage, und ich freute mich zu hören, daß sie uns ins Begerhaus begleiten wollte, um einige Tage dazubleiben.

Die Anwesenheit der schwarzen Tante zerstreute mich indes nur wenig; die Gespenster des Todes und der Verwesung folgten mir auf Schritt und Tritt, hetzten mein Gemüt wie Furien, gingen zu Bett mit mir und peinigten meine Träume. Ich scheute mich vor dem Essen, konnte namentlich kein Fleisch ansehen, weil es ja alles Leichenfleisch war, und meine Kräfte schwanden um so mehr, als ich, von Angst und Unruhe getrieben, den ganzen Tag umherlief. Ich durchrannte aber die herrliche Gegend wie ein Blinder. Die Natur sowohl als die tröstlichen Glaubensworte der Mutter waren mir zur inhaltslosen Phrase geworden, und der Tod, diese größte der Lügen, blieb immer die alleinige und ausschließliche Wahrheit.

Aus dieser Hölle führte mich endlich die Hand meines Vaters auf gar wunderliche Weise. Er kannte wohl den Köder, nach dem ich schnappen würde, als er mir eines Abends aus der Stadt allerlei Utensilien zum Feuerwerkern mitbrachte. Das war eine Freude! Wenn ich saß und kleisterte oder die wohlgeratenen Patronen lud, so wich die Angst von mir. Es war mir dann zumute wie einem, den seine Mutter tröstet, während doch der wirkliche mütterliche Zuspruch ganz ohne Wirkung blieb. Es war eine kindische Heilung einer sehr kindischen Krankheit.

Noch wirksamer aber erwies sich jenes Mittel, als ganz unerwartet mein alter Freund Alfred Volkmann bei uns eintrat. Er kam von der Meißner Fürstenschule, um seine Ferien bei uns zuzubringen, und da auch er sehr passionierter Feuerwerker war, so war es doppelt lohnend, mit ihm gemeinschaftlich zu arbeiten. Wir machten Frösche, Schwärmer, Bombenröhren, Erdschläge und sogar Feuerräder, welche letzteren sich zwar immer nicht recht drehen wollten. Zwischendurch liefen wir auf die Höhen der Berge, entdeckten Aussichten, suchten Pilze und fütterten die Ameisenlöwen, über deren merkwürdige Lebensart wir nicht aus dem Erstaunen kamen. Auch schlichen wir mit meines Vaters preisgegebener Sattelpistole auf die Jagd und hätten mancherlei erlegen können, einmal sogar eine prachtvolle Ohreneule, die fest auf niederem Aste schlummerte, wenn die Pistole nicht fast regelmäßig versagt hätte. Davon war denn zu Hause viel Erzählens.

Unter so angenehmen Zerstreuungen verschwanden die beängstigenden Fratzen meiner kranken Phantasie, und die gewohnte Lebenszuversicht kehrte zurück. Dennoch aber erkrankte ich im späteren Leben mehr oder weniger jedesmal von neuem, sooft ich eine eingesargte Leiche sah, und immer waren es leichte mechanische Beschäftigungen, durch welche ich mich wieder heilte.

5. Marie und Marianne

Der Verlust, den die arme kleine Marie erlitten, war eine Bereicherung für unser Haus. Nach einem letzten Wunsche ihrer sterbenden Mutter ward dies fremde Blümchen gänzlich in unseren Familiengarten eingepflanzt und fühlte die Versetzung kaum, da der neue Standort ihr schon vordem heimisch war. Sie fand nach Kinderweise ihre Heiterkeit bald wieder und schloß sich zutraulich an meine Mutter, an meine Schwester und an uns alle an. So zog sie denn auch im Herbst mit uns nach Dresden, wo sich unser aller Leben neu gestaltete. Der Vater ging wieder nach Berlin, ich in die Schule, und auch die beiden Mädchen verlangten jetzt stärkere Kost als Puppenspiel. Ein geordneter Unterricht für sie schien an der Zeit, und meine Mutter, die sie nicht zur Schule schicken wollte, sah sich nach einer Lehrerin um.

Nun war sie schon vor Jahren mit einer jungen Dame bekannt geworden, die mit ihrer Mutter, einer verwitweten Pastorin Thierhoff aus Hamburg, sehr zurückgezogen lebte. Sie hieß Marianne, war zwar kränklich, doch von frischem Geist und Wesen, wohlwollend, gottesfürchtig, sehr kenntnisreich und jedes Vertrauens wert. Jetzt hatte sie ihre Mutter verloren, war durch nichts gebunden und ließ sich für die Erziehung der beiden Mädchen gern gewinnen. Im vierten

Stock des «Gottessegens» wurden einige Zimmer zugemietet, wo fortan Elevinnen und Gouvernante miteinander hausten und sausten.

Noch ein viertes Persönchen nahm dieser Menschenzwinger für ein paar Jahre auf, eine kleine Verwandte Mariannens, von welcher ich vergessen habe, ob sie deren oder meiner Mutter Pflegekind war. Ich weiß überhaupt nichts mehr von ihr, als daß sie Dasein hatte, das Gedränge im Hause vermehrte und sich ihrerseits nicht unbehaglich zu fühlen schien. Desto lebendiger aber schwebt mir Mariens Bild und Wesen vor. Sie war nicht gerade reich begabt, doch aber ganz gescheit, ein gutes, anspruchsloses Mädchen, bequem, gefällig und, wie gesagt, sehr niedlich. Mit kindlicher und schwesterlicher Treue teilte sie Freud und Leid und hing vom ersten Tage unserer Bekanntschaft an uns allen – wie auch wir an ihr – mit einer Liebe, die nur mit ihrem Leben endete. Sie war wie unsere rechte Schwester – so vertrauten wir ihr, so liebten und so hudelten wir sie, und könnte sie heute wieder zu uns treten, würden wir sie so begrüßen. Mit jedem Jahre ward sie hübscher, daß ich sie oft mit Bewunderung ansah; doch mochte unser offenes geschwisterliches Verhältnis einer romantischeren Neigung nicht günstig sein. Wir blieben wie von Anfang an immer unbefangen und schlecht und recht miteinander, und erst später, wenn ich der längst Verstorbenen gedachte, wie sie war, ward mir dies rätselhaft.

Marie mochte etwa acht Jahre bei uns gewesen sein, als sich endlich unser alter Plan realisierte und wir nach Rußland zogen. Dahin konnte sie uns nicht folgen: sie ging zurück in ihres Vaters Haus, und weiter kann ich ihrer ohne Wehmut nicht gedenken. Ihr ferneres Leben gestaltete sich ernst und traurig. Zwar blieb sie immer gut und gottergeben, doch traf sie bitterer Herzenskummer, dessen mannigfache Gründe anzuführen ich unterlassen muß. Ich will nur sagen, daß sie bald hintereinander ihre beiden Brüder verlor und dann auch ihren Vater. Die Verlassene reichte ihre Hand einem Landprediger im Erzgebirge, der ihre Erwartung vielfach täuschen mochte, und starb als blutjunge Frau im ersten Wochenbett. Nach Aussage des Arztes, der sie behandelte, soll sie in ihrer Sterbestunde ausgesehen haben, so wie man sich die Heilige denkt, deren Namen sie trug.

Damals freilich, als die kleine fröhliche, fast wilde Marie dort oben im Mädchenzwinger mit meiner Schwester unter Puppen und Schulbüchern ihr Wesen hatte, dachte niemand an so Trauriges, denn die blühendste Gesundheit strahlte ihr aus Aug' und Wangen, und ihr glückliches Temperament wie auch – was immerhin in diesem Leben mitspricht – der Reichtum ihres Vaters schienen die beste Zukunft zu verbürgen. Weit mehr mochte man sich um Marianne sorgen, die sehr schwächlich und gebrechlich war. Sie sah blaß und elend aus, und ihr abgezehrter kleiner Körper war fast unablässig von irgendeinem Schmerz gefoltert. Dennoch konnte man kein heitereres, frischeres und tatkräftigeres Wesen sehen. Mit gänzlicher Nichtachtung ihrer mannigfaltigen Beschwerden war sie doch immer auf dem Zeuge, besorgte ihren Unterricht mit Treue, nahm meiner Mutter, wo sie konnte, jede wirtschaftliche Mühe ab, leistete ihr Gesellschaft, wenn sie krank war, und war unermüdlich, bis sie denn plötzlich durch irgendein zu lange unterdrücktes Übel doppelt heftig niedergeworfen wurde. Dergleichen Anfälle ließen meist den Tod befürchten, aber immer genas die Kranke wieder, und immer kränklich, immer leidend, lebt sie noch heute, da ich dieses schreibe, während die kerngesunde Marie schon über dreißig Jahre in ihrem Grabe liegt.

Unter den Krankenlagern Mariannens bot eines sehr merkwürdige Momente dar. Ohne daß im entferntesten an magnetische Behandlung gedacht war – eine Kurart, die meiner Mutter, eben wie auch unserem Arzt, ein Greuel war –, verfiel die Kranke bisweilen ganz von selbst in einen Zustand, der alle Symptome des magnetischen Schlafes zeigte. Dann erging sie sich als Improvisatrice in dichterischen Ergüssen, eine Gabe, die ihrer nüchternen Natur sonst fremd war, oder sie nahm weit entfernte Dinge und Ereignisse wahr, als wären sie im Zimmer. Freunde, die sie besuchten, sah sie von weitem kommen, markierte alle Stationen, die sie passierten, den Altmarkt, die Brücke, die Allee. Jetzt träte der Kommende ins Haus, sagte sie, jetzt sei er auf der Treppe, nun vor der Tür und schneuze sich – und siehe da! – da zog die Klingel an.

Der interessanteste Fall mochte der folgende sein. Marianne erblickte ein jenseits der Elbe wohnendes Ehepaar in anscheinend großer Trauer. Die Frau hatte das Gesicht ins Sofakissen gedrückt, während ihr Mann mit einem offenen Briefe bei ihr stand. Das Zimmer aber, in welchem sich beide befanden, schien der Kranken unbekannt. Da sie sich nun mit der Frage quälte, was dort vorgefallen, so eilte mein Vater nach der Altstadt, um jene Personen aufzusuchen. Es waren dies ein Konsistorialrat Nauwerk und seine Frau, eine Tochter des bekannten Leipziger Professors Plattner. Beide fand mein Vater in Tränen, da sie soeben die Nachricht von Plattners Tode erhalten hatten. Das Zimmer aber war neu tapeziert und die Möbel umgestellt.

Wohl weiß ich, daß man dergleichen Geschichten gern ins Fabelbuch verweist; auch kann ich nicht als Augenzeuge reden, da ich damals nicht in Dresden war; dennoch aber glaube ich, auf die Autorität des Arztes und meiner Eltern hin, die obige Begebenheit hier als wohlverbürgte Wahrheit geben zu dürfen.

Marianne genas auf den Gebrauch von Mitteln, die sie sich in ihrem hellsehenden Zustande selbst verordnete, und blieb in unserer Familie, solange wir in Dresden lebten. Dann hauste sie eine Zeitlang mit Marien, bis beide sich bald nacheinander verheirateten. Von da an trafen auch ihr Herz sehr harte Schläge und übergenug des Jammers; doch blieb sie ungebeugt und tatkräftig wie vordem. Auch als ihr Mann starb und sie mittellos mit kleinen Kindern zurückließ, fand ihre Energie noch Wege. Trotz ihrer vorgerückten Jahre und körperlichen Hinfälligkeit begab sie sich von neuem an die Arbeit und legte eine Mädchenschule an, deren Frequenz sie in den Stand setzte, ihre Kinder zu erziehen.

Der älteste ihrer Söhne begründete sich in der Folge einen eigenen Hausstand zu Richmond in Australien, Mutter und Schwester nach sich ziehend, welche letztere sich dort verheiratete. Aus jenem fernsten Weltteile schrieb Marianne noch im Jahre 1861 als hochbetagte Frau, daß es ihr wohl gehe mit den Ihrigen. Möge Gott ihr alle Treue lohnen, die sie an unserem Hause getan hat!

Ein Wunder

Mein Vater war in Berlin von allen Klassen der Gesellschaft wiederum so ausgezeichnet und mit Aufträgen überhäuft worden, daß er voll Dank und Lobes war. Auch vom Bruder und über ihn lief gute Nachricht ein; er schien der Liebling seiner neuen Umgebung zu sein und war zufrieden. Die Mädchen waren unter Mariannens Zucht sehr wohl versorgt, und ich befand mich wohl in meiner Schule beim milden Anger.

Somit hätte alles gut sein mögen, wenn die Mutter nicht erkrankt wäre. Was ihr fehlte, weiß ich nicht, nur daß sie arge Schmerzen ausstand, wochenlang zu Bett lag und die Freunde zweifelhaft waren, ob es nicht Pflicht sei, den Vater zurückzurufen. Der Arzt kam täglich dreimal, Marianne und die schwarze Tante pflegten, und wir Kinder schlichen auf den Fußspitzen einher wie Diebe.

Nun traf es sich, daß eines Abends die ganze Hausgenossenschaft, Pflegerinnen, Schwestern und Dienstmädchen, sich für den Augenblick sämtlich verlaufen hatte und ich allein im Nebenzimmer bei der Kranken war. Draußen war finstere Nacht, und Sturm und Regen rasselten dermaßen mit den Fenstern, daß ich es für angemessen hielt, mich zum Trost der kranken Mutter bisweilen in der offenen Tür ihres Zimmers zu zeigen. Sie sollte sehen, daß sie nicht verlassen sei.

Da wurde die Klingel heftig angezogen. Ich

öffnete, und vor mir stand in Hut und Mantel mein lieber Professor Müller, derselbe, der mir einmal die Kreidezeichnung geschenkt hatte. Er war aber unheimlich verändert, sah widerwärtig aus und fragte mich barsch nach meiner Mutter. Daß sie krank sei, niemand sehen möge und weder sprechen könne noch dürfe, ließ er nicht gelten. Er wisse alles, sagte er, schob meine Wenigkeit beiseite und drang vorwärts. Der Arzt habe jeden Besuch verboten, rief ich; aber der Schauerliche war unaufhaltsam. Den Hut auf dem Kopfe, wie ein Quäker, erschien er plötzlich vor der Kranken, an deren Bette er in seinem Regenmantel ohne weitere Förmlichkeiten Platz nahm.

Da saß das Nachtgespenst so gerade wie ein Ladestock und sah mich sträflich an. «Geh hinaus», sagte er, «ich habe mit deiner Mutter allein zu reden.» Ich zögerte, aber die Kranke winkte mich mit der Hand fort. So ging ich denn, und da ich die beiden ruhig miteinander sprechen hörte, setzte ich mich wieder an meine Arbeit.

Ob der Herr Professor nicht den Hut abnehmen wolle, da es so warm im Zimmer sei, hatte meine Mutter gefragt, der aber erwidert: der Hut werde fortan nur noch vor der Himmelskönigin gezogen. Diese habe ihn großer Offenbarungen gewürdigt. Sie sei ihm in der letztvergangenen Nacht erschienen und habe ihm ein Gebot gegeben. Demgemäß werde er mit zwölf reinen Jungfrauen in weißen Kleidern und mit Kränzen in den Haaren vor Sr. Majestät dem König erscheinen, um von Höchstdemselben die Konzessionierung einer eigens für Kupferstecher zu errichtenden Akademie zu verlangen. Die nötigen Gelder seien sofort von Freunden der guten Sache zu entnehmen, von uns zweitausend Taler – und darum sei er hier.

Meine Mutter war in übler Lage. Vor Wahnsinnigen hatte sie die größte Furcht und auf den ersten Blick erkannt, wie krank Müller sei. Wie sollte sie sich schützen, wenn er rasend wurde? Konnte die Himmelskönigin ihm nicht gebieten, sie oder mich zu opfern, das Haus in Brand zu stecken und jedes erdenkliche Unheil anzurichten? Ihn nicht zu reizen, hatte sie mich weggewiesen und zeigte bewundernswerte Fassung.

Wegen des Geldes, sagte sie, solle schleunig an ihren Mann geschrieben werden; aber – fügte sie unvorsichtigerweise hinzu – woher er, Müller, es denn wisse, daß jene Maria kein Traumbild gewesen?

Da richtete der sich hoch auf, und seine Gestalt schien bei dem matten Schein der Kerze riesenhaft zu werden. «Woher ich's weiß?» sagte er. «Daher weiß ich's, weil die Jungfrau mich mit allen Kräften ausgerüstet hat, die nicht von Träumen kommen.»

«Das ist was anderes!» erwiderte die Mutter, die nicht im geringsten zweifelte, daß diese Kräfte ausreichen würden, sie auf der Stelle zu erwürgen.

Jener fuhr in feierlichem Tone fort: «Sie sind sehr krank, Madame! und Ihr Arzt ist so gescheit als andere; dennoch wird er Ihnen in Ewigkeit nicht helfen. – Ich aber tue es auf der Stelle!»

Die Mutter war in Angstschweiß gebadet, als Müller jetzt, seinen Filzhut abziehend, ihr die Hand aufs Haupt legte und unter häufiger Nennung des Namens Maria lateinische Sätze murmelte. Darauf setzte er seinen Hut wieder auf und sagte: «Nun stehen Sie auf und wandeln Sie, Sie sind gesund!»

«Vollkommen!» bestätigte die Mutter.

«So schreiben Sie Ihrem Manne, was Ihnen geschehen ist, und danken Sie es der Jungfrau.» Mit diesen Worten entfernte sich der Unheimliche ohne Gruß, wie er gekommen. Ich leuchtete ihm hinaus und eilte dann zu meiner Mutter zurück, die ich in Tränen fand.

«Der arme Müller!» sagte sie, «er hat den Verstand verloren!»

Inzwischen war so viel richtig, daß die Mutter in der Tat gesund war. Der Schreck, die Angst und die Spannung aller Seelenkräfte hätten ihr verderblich werden können, hatten sie aber in diesem Fall wahrscheinlich genesen lassen. Sie stand wirklich auf und wandelte, die rückkehrenden Hausgenossen fast erschreckend.

Die Betörten

Müller war an jenem Abende nicht in sein Haus zurückgekehrt, sondern trotz Sturm und Regen spazierte er im Vollgenusse seiner Wunderkraft zum Tore hinaus, weithin durch die sogenannte Heide, bis nach dem anderthalb Meilen entfernten Hermsdorf. Dort wußte er nämlich einen gichtkranken Leinweber, den er ebenfalls kurieren wollte. Da er aber das Haus verschlossen fand, auf sein Poltern und Rufen auch niemand öffnete, zerschlug er ein Fenster und ward beim Einsteigen vom Dorfwächter verhaftet. Glücklicherweise kannte ihn der Guts- und Gerichtsherr, Burggraf zu Dohna, wenigstens von Ansehen und brachte ihn noch denselben Abend in seinem Wagen zurück nach Dresden, wo er unter Aufsicht gestellt ward.

Übrigens hatte Müller im Laufe des Tages bereits seine Proselyten gemacht. Unterstützt von dem leichtbetörten reformierten Prediger Stieffelius, dem er sich zuerst anvertraute, war es ihm gelungen, mehrere junge Damen zu überreden, sich bei dem projektierten Aufzuge zu beteiligen. An ihrer Spitze stand ein uns bekanntes liebenswürdiges Mädchen, eine junge Bremerin, die sich in Dresden aufhielt, um sich zur Malerin auszubilden. Diese, von Müllers nächtlicher Exkursion nichts ahnend, begab sich folgenden Morgens zu ihm mit Proben weißen Zeuges, in das die Prozession sich kleiden sollte. Zu ihrem Schrecken fand sie den Propheten streng bewacht und in ärztlicher Behandlung. Den obstinaten Doktor aufzuklären, wollte ihr nicht gelingen. Sie war außer sich. Ob man denn niemals aufhören werde, hatte sie gefragt, die Werkzeuge des Himmels zu kreuzigen und zu verfolgen? Da sie aber hörte, daß ihr Heiliger sich rühmte, meine Mutter geheilt zu haben, faßte sie schnell den Plan zu einer Rettung.

Wir saßen noch beim Frühstück, als das arme Mädchen in Begleitung des Herrn Pastors Stieffelius, von dessen Existenz wir bis dahin nicht die geringste Kenntnis hatten, bei uns einbrach und sich, durch Tränen lächelnd, der genesenen Mutter um den Hals warf.

«Sie sind gesund?» rief der gleichfalls entzückte Geistliche, und da die Mutter dies nicht leugnete, bestürmten beide sie mit aller Wut der Überredung, sogleich mit ihr aufs Stadtgericht zu eilen, um durch ihr Zeugnis den verkannten Müller zu befreien. Schon warte die mitgebrachte Portechaise in der Hausflur, fügten sie hinzu.

Es waren tolle Augenblicke: meine Mutter war ebenso entsetzt über die Verworrenheit ihrer Gäste, als diese vor Freude berauscht waren über das Wunder, das sie vor Augen sahen. Und stand die gestern noch halbtot gewußte Frau denn nicht in Wahrheit frisch und gesund vor ihnen? Und mußte Müller nicht aufs glorreichste triumphieren, wenn sie als lebendiger Beweis von Müllers hoher Wunderkraft vor der Obrigkeit erschiene?

Die guten Menschen kannten meine Mutter wenig, die ebenso gern im Ballett aufgetreten wäre, als sich in der Eigenschaft eines Wunderobjektes vor der Obrigkeit zu präsentieren. Zudem erklärte sie sich ihre Genesung ganz natürlich. Zwar war sie weit entfernt, es in Abrede stellen zu wollen, daß Gott auch heute noch Propheten erwecken könne; aber den Professor Müller hielt sie für keinen solchen, sondern nur für einen Kranken, den man beweinen, nicht aber in seiner Tollheit bestärken möge. Verletzt durch solche Skepsis, zogen sich endlich die beiden Proselyten samt ihrer mitgebrachten Portechaise wieder zurück, und meine Mutter klagte, daß die ganze Welt verrückt geworden sei. Es wären ja nur drei im ganzen, erlaubte ich mir zu bemerken, aber sie entgegnete, es reiche das schon aus, und wie viele außerdem noch angesteckt wären, könne man gar nicht wissen.

Unsere Wohnung glich nun einem Jahrmarkt, so drängte sich's und wogte, da sich Bekannte und Unbekannte von dem stattgehabten Wunder persönlich überzeugen wollten, und vielleicht hätte es nur von meiner Mutter abgehangen, dem armen Thaumaturgen eine Gemeinde zu gewinnen. Müller selbst versank unterdessen immer tiefer in die schauerlichen Abgründe des Wahnsinns. Mit seinem Prophetenamte begnügte er sich nicht mehr, hielt sich für Christus, fing an zu toben und mußte auf den Sonnenstein gebracht werden, wo er bald verstorben ist.

So endete einer der harmlosesten und liebenswertesten unserer Dresdener Bekannten. Er machte den Eindruck eines stillen, bescheidenen Menschen, dessen Leben keinerlei Ausschweifung darbot und dessen Denkungsweise von Schwärmerei weit ablag. Vielleicht aber, daß die Riesenarbeit seines letzten Werkes, der so berühmt gewordene Kupferstich nach der Sixtinischen Madonna, an welchem er sieben Jahre lang mit rastlosem Fleiße gearbeitet, durch Überanstrengung sein Nervenleben gestört und ihm das erste Trugbild zugeführt hatte.

FÜNFTER TEIL

1. Die Tabakspfeife

Ich bin hiermit vor einem Abschnitt meines Jugendlebens angelangt, welcher vorzugsweise durch das Bild eines Mannes illustriert ist, dessen fremdartige und doch sympathische Art entschiedenen Einfluß auf meine Entwicklung übte, eines teueren Lehrers und sehr werten Freundes, freilich von sonderbarem Außenwerke und oft verkanntem innerem Werte – doch eines Edelsteins vom reinsten Wasser.

Zu schildern vermögen wir nur, was wir begreifen und verstehen, daher kein Mensch vom andern ein getreues Bild zu entwerfen vermag, ja keiner von sich selbst. Es sind nur Bruchteile, die wir aneinander erkennen, um so geringere, als die uns entgegenstehende Natur die unserige überragt, und solche Bruchstücke können es denn auch nur sein, die sich in meiner Erzählung von den Personen finden, die ich schildere.

Ich war im vergangenen Herbste vierzehn Jahre alt geworden und schien alt genug und ausreichend gelehrt, um kommenden Frühlings die Kreuzschule oder ein auswärtiges Gymnasium zu beziehen. Über die Wahl der Schule war noch nichts entschieden. In jedem Falle sollte ich vorher konfirmiert werden, und meine Mutter sah sich nach einer geeigneten Vorbereitung für mich um. In Dresden wollte sich nichts finden, wohl aber wurden wir durch Freunde, namentlich durch die Gräfin Dohna, auf einen Landgeistlichen namens Roller hingewiesen, der, wie wir jetzt erfuhren, für den einzigen gläubigen Theologen der Umgegend galt. Er war Pfarrherr zu Lausa, einem Dorfe, das zu dem Dohnaschen Gute Hermsdorf gehörte, und sehr empfehlend schien es, daß der regierende Graf zu Stolberg-Wernigerode sich entschlossen hatte, zwei seiner Söhne von weitem herzubringen, um ebenfalls von diesem Manne unterrichtet und konfirmiert zu werden. Mich an so ausgezeichneter Unterweisung teilnehmen zu lassen, schien wünschenswert, und meine Mutter war daher nicht wenig erfreut, als Roller sich bereit erklärte, mich in sein Haus zu nehmen.

So wurde denn mein Köfferchen gepackt, und eines schönen Nachmittags fuhr meine Mutter mit mir hinaus nach Lausa. Ich war in jener Gegend völlig fremd, hatte aber von Menschen und Dingen die günstigste Erwartung, besonders von der Person des Herrn Pastors selbst, den ich mir nach allem, was ich gehört hatte, als einen Heiligen dachte, strahlend und mild, noch liebreicher und sanfter als meinen ehemaligen Lehrer Schulz. Ich freute mich auf die Freiheit, die ich unter dem milden Regiment eines so guten Mannes genießen würde, auf das Landleben, auf Wald und Flur, auf das Dohnasche Haus und den Umgang mit den beiden jungen Grafen.

Wir waren lange durch Tannenwald gefahren, als sich dieser endlich lichtete und das hübsch gelegene Kirchdorf Lausa in einiger Entfernung sehen ließ. Rechts ab vom Wege zeigte sich ein blauer See, der Großteich genannt, umkränzt von Wald und Wiesen, die größte Wasserfläche, die ich bis dahin gesehen hatte. Es lag kein Schnee, die liebe Sonne blickte warm und freundlich über den Tannenhügel, und der Gedanke, an jenen einsamen Gestaden täglich zu spazieren und zu schwärmen, entzückte mich nicht wenig.

Mit so angenehmen Voraussetzungen rollte ich im Pfarrhof ein.

Der Pastor Samuel David Roller war ein kleiner, untersetzter Mann, von breiten Schultern, hoher Brust und markigem, sehr starkem Gliederbau. Sein großes, männlich schönes Gesicht, dessen feste Züge aus Stein gehauen schienen, trug den Stempel unwandelbarer Kraft, deren Starrheit jedoch durch einen Zug des Leidens um die dunklen Augen wie durch das lange, glatt gekämmte Haar gemildert wurde, das bis über den Rockkragen fiel. Der Frack von grobem Tuch, kurze Kniehosen und hohe rindslederne Stiefel gaben seiner Erscheinung einen bäuerlichen Anstrich. In straffster Haltung, wie ein Korporal, trat er uns entgegen, verbeugte sich vor meiner Mutter und reichte mir die Hand, die sich wie Büffelhorn anfühlte; dann richtete er mich gerade. Endlich sehr bedächtig redend, legte er mir gleichgültige Fragen vor und entließ mich. Ich sollte zu seinen Schwestern gehen oder in den Garten, bis ich gerufen würde.

Diese Schwestern mochten irgendwo vorhanden sein, aber den Garten sah ich vor mir und ging hinein. Ein sonderbarer Mann! dachte ich, der freilich meinem Ideale von einem Heiligen wenig gleichkam. Ich war zweifelhaft, ob er mir gefallen sollte, und mit sehr gemischter Empfindung durchstöberte ich den weitläufigen, noch sehr winterlichen Garten.

Siehe! da langte ein Fliederzweig nach meiner Mütze, hätte sie mir fast vom Kopfe gerissen. Halt! dachte ich, riß ihn ab und schnitt mit meinem Taschenmesser ein Stück davon, um aus langer Weile das Mark herauszuschälen.

Aber nein, es konnte auch ein Pfeifenköpfchen daraus werden! Voll plötzlichen Interesses schnitzte ich es so sauber aus, als ich vermochte, steckte ein Schilfrohr dran, das ich am Ententümpel fand, und gefiel mir darin, kalt zu rauchen, bis man mich ins Haus rief.

Ich fand die ganze Pfarrgenossenschaft beisammen, der ich nun vorgestellt wurde. Der Junggeselle Roller hauste mit drei unverheirateten Schwestern und einem Bruder, sämtlich älter als er. Die Schwestern waren wie ehrbare Bäuerinnen gekleidet, denen sie auch im Wesen und Benehmen glichen. Luise und Charitas teilten sich in die materielle Pflege des Bruder Pastor, indem sie der Haus- und Feldwirtschaft vorstanden, während die kränkliche, aber sehr lebhafte Marianne seine Interessen pflegte und ihn durch ihre Munterkeit erheiterte. Sie unterstützte ihn in seinen Liebhabereien, hielt seine mancherlei Sammlungen in Ordnung, liebte und lobte seine Blumen und machte die Honneurs im Hause. Mir kamen sie alle freundlich entgegen, selbst die kleine, windschiefe Gestalt des Bruder Jonathan, der sehr wider seine Neigung zu meiner und meiner Mutter Begrüßung herbeigeschleift und uns unter dem Prädikate eines Ökonomen präsentiert ward. In der Tat war er gelernter Schneider, hatte aber sein Handwerk wegen Leibesschwäche aufgegeben. Jetzt verrichtete er allerlei Dienste im Hause, tat Botengänge und war wie der Papst *servus servorum,* oder mit anderen Worten Hausknecht. Endlich hatte ich noch drei Mägden die Hand zu reichen, nachdem sie sich die ihrigen gehörig an den Schürzen abgerieben hatten. Sie wurden unter der Benennung von Hauskindern herbeigerufen und unmittelbar nach der Begrüßung wieder weggescheucht. Die älteste, etwas verwachsene, führte, wie die jedesmalige Großmagd des Hauses, den Namen Rhode aus der Apostelgeschichte, weil eine ihrer Vorgängerinnen den Grafen Dohna, als dieser eines Abends spät zur Pfarre kam, während man ihn doch verreist glaubte, für ein Gespenst gehalten hatte. Die jüngste, Christiane, war von ihrem vierten Jahre unheilbar taub gewesen, und als Roller sie nach dem Tode ihrer Mutter aus Barmherzigkeit zu sich nahm, hatte sie sogar die Sprache vergessen. Doch war es seinen Bemühungen gelungen, sie nicht allein notdürftig sprechen, sondern auch die Rede anderer mit den Augen absehen zu lehren. Sie schrieb und las geläufig, war in der Religion unterrichtet, konfirmiert und hing mit schwärmerischer Verehrung an ihrem Lehrer. Nach der naiven Art der Taubstummen begrüßte sie mich mit besonderer Emphase, drückte meine Hand ans Herz und schrie mir mit weit aufgerissenem Munde zu, sie werde meine Stiefel putzen und meinen Rock ausklopfen.

Auf diese Präsentationen folgte der Abschied von meiner Mutter, mit welcher ich am liebsten wieder nach Dresden zurückgefahren wäre, da ich an meinen sämtlichen neuen Hausgenossen, sowohl an den Brüdern als an den Schwestern und nicht minder an den sogenannten Hauskindern, nur sehr wenig Geschmack fand. Ich stellte mich aber getrost und folgte den schwerfälligen Schritten des Pastors die Holztreppe hinauf in sein Studierzimmer, wo ich mich, während jener seinen Rock wechselte, als künftiger Mitbewohner zu orientieren suchte.

Dies Studierzimmer war ein längliches Gemach mit zwei Fenstern in der Front und einem im Giebel. Von dem letzteren zog sich durch das halbe Zimmer eine schmale, mit Wachstuch überzogene Tafel, während der untere Raum für beliebige Zwecke frei blieb. Ein kleines Schreibepult, ein Spiegeltisch ohne Spiegel mit einer Stutzuhr, ein Bücherbrett, mehrere Stühle und ein Sofa bildeten das übrige Mobiliar. Über dem Sofa hing ein Immortellenkranz, der ein lebensgroßes Brustbild einschloß, von Roller selbst in Pastell gemalt. Es stellte seine verstorbene Mutter dar, erdfahl, mit halbgeschlossenen Augen und einer großen, widerwärtigen Haube.

Roller beleuchtete dies Kunstwerk mit seiner blechernen Küchenlampe und sah mich forschend an. Da ich nichts äußerte, sagte er in seiner langsamen Weise: «Nun, mein Sohn! Wenn es dir nicht gefällt – ich kann auch Tadel ertragen!»

Ich erwiderte, es möchte wohl recht ähnlich sein.

Roller lachte hart, setzte die Lampe auf den Wachstuchtisch und sagte: «Es ist schon gut!» Er hatte augenscheinlich Lob erwartet, worüber ich mich nicht genug verwundern konnte.

Darauf bemerkte er mein selbstgemachtes Tabakspfeifchen, das ich noch immer in der Hand hielt. Er nahm es mir ab und schien im Anschauen verloren, worüber ich abermals verwundert war, da dergleichen Allotria bei mir zu Hause nicht beachtet wurden. Für Roller aber hatte alles Ding Interesse, selbst das geringste, und fast mit gleicher Aufmerksamkeit konnte er ein wirkliches Kunstwerk wie auch ein paar neue Stiefel prüfen und betrachten bis ins Detail. So zerlegte er denn auch mein Pfeifchen in seine Teile, die er seiner Kurzsichtigkeit wegen einzeln zum Auge führte und schweigend der genauesten Besichtigung unterwarf.

Dieses stumme Examen dauerte so lange, daß ich wegen des Endurteils besorgt ward. Aber nein! mein Pastor schien befriedigt. Ob ich denn schon rauche, fragte er sanft. Ich verneinte, fügte aber hinzu, daß ich sehr große Lust dazu hätte.

«Diese Lust», erwiderte Roller, «liegt in der männlichen Natur, soweit sie nämlich unverderbt ist. Nur Weichlinge und Schwachköpfe verleugnen sie und halten die Pfeife für ein unreines Tier, was jüdisch ist und nichts beweist; denn als Petrus einmal auf dem Dache saß wie ein Sperling, hatte er eine große Offenbarung. Ein Tuch voll unreinen Gewürmes schwebte zu ihm nieder, und es geschahe eine Stimme aus den Wolken, die sprach: ‹Schlachte und iß!› So stopfe denn, mein Sohn, und zünde an!»

Mit diesen Worten schob er mir den bleiernen Tabakskasten zu, und wer war glücklicher als ich? Es war der erste Augenblick in diesem Hause, zu dem ich hätte sagen mögen: bleibe! du bist so schön! wenn ich nicht vielmehr gewünscht hätte, daß er schon vorüber wäre und die Pfeife brenne.

Während ich nun stopfte, bereitete mein Pastor alles zur ersten Lektion vor, die sogleich beginnen sollte. Der öffentliche Unterricht hatte nämlich schon vor vierzehn Tagen angefangen, und ich mußte privatim nachgefördert werden. Zwei Kammern mündeten in das Studierzimmer. Die eine war Schlafstube, die andere, mit Büchern, Naturalien, Kuriositäten und allerlei

Trödel angefüllt, hieß das Museum. Dahinein war Roller jetzt gegangen, um, wie er sagte, die notwendigsten Requisiten herauszuholen. Ich dachte, es würde eine Bibel sein; aber statt dessen kam er mit einem alten unüberzogenen Schafspelz zurück, den er sorgfältig vor dem Ofen ausbreitete, das Fell nach oben. Er habe ihn vom Nachtwächter gekauft, sagte er, für einen Taler, und jener von den Kosaken für fünf Groschen und vier Pfennig; doch könne ihn der König tragen, wenn er wolle.

Hierauf untersuchte Roller meine Pfeife, fand sie zu lose gestopft und drückte den Tabak fester ein. «So wenig als möglich Luft», belehrte er, «damit die Saugwerkzeuge sich mit aller Kraft dagegen legen und das edle Gut nicht zu schnell abbrennt.» Dann zündete auch er sich eine Pfeife an.

Endlich waren alle Vorbereitungen beendet. Der Pastor blies die Lampe aus und öffnete die Ofentüre, aus welcher ein mächtiger Feuerschein hervorbrach, dessen rote Glut dem alten Fell des Pelzes das Ansehen eines goldenen Vlieses gab. Wir aber streckten uns darauf nieder wie ein paar Seehunde, ein alter und ein junger, die sich am Strande sonnen, und in dieser Situation empfing ich rauchend meinen ersten Katechumenenunterricht.

Roller begann mit einem Examen. Er fragte mich nach dem ersten Gebot: ich kannte es nicht. Ich wußte auch vom ersten Glaubensartikel nichts, hatte nie davon gehört, und selbst das Vaterunser war mir fremd. Endlich mußte ich sogar die sehr allgemeine Frage nach dem, was ich denn eigentlich wisse, unbeantwortet lassen, teils weil vielleicht der Hochgenuß des

Rauchens mich zu sehr in Anspruch nahm, besonders aber, weil ich in der Tat gar nichts zu wissen glaubte. Meine bisherigen Lehrer hatten mir nichts Positives gegeben, sie hatten mein Gedächtnis leer gelassen, und auch meine Mutter hatte mehr das Herz als den Kopf bedacht. Von Katechismus und Gesangbuch hatte ich nie Notiz genommen und war ganz formlos.

Stadtkinder, sagte Roller entschuldigend, wüßten freilich in der Regel wenig und die kleinsten Bauernmädchen in seiner Schule mehr als ich. Zwar sähe er, daß ich kein Wilder oder Anthropophage sei, sonst würde er nicht so ruhig bei mir auf dem Fell liegen, aber viel gelehrter sei ich auch nicht. Doch, fügte er hinzu, das schade wenig, da er dennoch einen Grund in mir legen wolle, an dem sich Welt und Teufel zuschanden kratzen sollten. Nach solcher Einleitung ging er sogleich ans Werk, sagte mir die Gebote mit der Lutherschen Erklärung vor und ließ sie mich wörtlich nachsprechen. Da schien es mir denn, daß ich dennoch mehr wisse, als ich gedacht hatte, denn ich kannte den Inhalt sämtlicher Gebote, nur nicht dem Wortlaute nach und nicht nach der Reihe.

«Ist es nicht genug», sagte ich, «wenn ich den Sinn weiß? Auf die Worte kommt's ja nicht an!»

Aber Roller erwiderte: «Hier liege ich, und da liegst du! Wenn du's besser weißt, so unterweise mich. – Aber», fuhr er auf, «was ist denn das mit deiner Pfeife?»

Ich blickte nieder – mein Pfeifenkopf war eine glühende Kohle. Ich hatte den Tabak aufgeraucht und, ohne es zu merken, den Fliederkopf dazu. Roller nahm mir die Brandstätte ab und warf sie in den Ofen.

Ob mir's nicht übel sei? – aber ich war kerngesund.

«Dergleichen!» sagte Roller ganz verwundert, «dergleichen! dergleichen!» zündete die Lampe an, ging ins Museum und kam mit einer niedlichen kleinen Tabakspfeife zurück, die er mir spendete, weil ich – wie er sagte – zum Raucher geboren sei. Zu meinem Entzücken fügte er hinzu, ich könne rauchen, soviel ich wolle. Dann ergriff er seinen vier Fuß langen, aus einer fast armsdicken Weinrebe geschnittenen Stab und wanderte nach dem eine halbe Stunde entlegenen Hermsdorf zu Dohnas, wo er mit Ausnahme der Dienstage und Sonnabende jeden Abend zuzubringen pflegte. Mich aber schickte er mit meiner Pfeife hinunter zu seinen Geschwistern.

Rollers Herkommen

Lieber wäre ich freilich mit nach Hermsdorf gegangen oder hätte mich für mich beschäftigt; doch verging der Abend besser, als ich dachte und der befremdliche Eindruck, den die Hausgenossen mir anfangs machten, verlor sich gänzlich. Die Schwestern waren schlecht und recht so auch der Bruder Jonathan, und allen konnte ich das Bestreben abfühlen, mir den Aufenthalt bei ihnen angenehm zu machen. Sie fragten mich nach meinen Gewohnheiten und Bedürfnissen und klärten mich über die Ordnungen des Hauses auf. Unter anderem erfuhr ich, daß ich beim «Bruder», wie der Hausherr *par excellence* genannt ward, schlafen und arbeiten, auch allein mit ihm speisen würde, im übrigen könne ich mich aufhalten, wo ich wolle, und wolle ich allein sein, fügte Jonathan hinzu, so möge ich zu ihm kommen; er wohne drüben über dem Hof im Auszug.

Als wir zu Abend gegessen hatten – ein treffliches Mahl von Kartoffeln und sauren Gurken, mit frischem Ziegenkäs zum Nachtisch –, kamen auch die Hauskinder mit ihren Spinnrädern herein, setzten sich um den Kachelofen und fingen an zu schnurren wie der Kater. Luise und Charitas spannen ebenfalls, doch nicht am Rade, sondern mit der Spindel, worin sie große Meisterschaft besaßen. Herr Jonathan, den Klemmer auf der Nase, flickte einen Rock für den Bruder, und nur Marianne, welche an der Gicht litt, saß untätig im Lehnstuhl. Ich zeichnete und hörte den Dorfgeschichten zu, die man sich erzählte und die fast so natürlich waren als die Auerbachschen.

Unter anderem sollte Dahlheims Eve Rosine zu dem säbelbeinigen Gottlieb Menzel gesagt haben, er wäre gut im Kriege.

«Nu, warum denn, Evchen?»

«Darum, daß dir die Kugeln zwischen den Beinen durchfahren.»

«So hätte das Mensch nicht zu mir sprechen sollen!» bemerkte die Großmagd Rhode.

«Wäre auch keine Ursache gewesen», sagte Jonathan, «und was die Antwort anbelangt, die würdest du nicht schuldig geblieben sein.»

«Nun freilich nicht, Herr Roller! Um die hätte ich mich noch lange nicht geniert, wenn ich der Gottlieb wäre.»

«Der ist aber besser», sagte Jonathan, «er hat die Jungfer heute früh bloß beim Bruder angezeigt.»

«Recht so, wie ein Schuljunge!»

«Oder wie ein Bräutigam», fuhr Jonathan fort, «als seine Braut hat er sie angezeigt. Im Mai wollen sie Hochzeit machen.»

Rhode riß ihre schwarzen Augen auf. «Ich habe nichts dagegen», sagte sie und spann ihre Fädchen weiter.

Noch lange glossierten die Hauskinder über diese und andere erstaunlichen Begebenheiten; ich aber rückte näher zu Marianne, welche angefangen hatte, mir von ihrer Familie zu erzählen. Sie sprach insonderheit vom Bruder David, wie der sich den Pfarrherrn habe sauer werden lassen und nun die Stütze der Familie sei. Was mir davon sowie aus späteren Mitteilungen Rollers noch erinnerlich ist, mag hier auf die Gefahr hin folgen, daß (da 50 Jahre zwischen damals und heute liegen) manche meiner Angaben vielleicht nicht aktenmäßig erfunden werden möchten.

Der Vater der Rollerschen Geschwister war Pastor in Heynitz bei Meißen gewesen und früh verstorben. Er hatte eine Witwe mit sieben Kindern hinterlassen, von denen nur der älteste Sohn, mit Namen Benjamin, versorgt war. Dieser hatte studiert und stand als Hauslehrer in Polen. Dagegen war das jüngste Kind, unser Samuel David, erst sechs Jahre alt, als die Mutter, den Heynitzschen Pfarrhof verlassend, sich mit ihrem Häuflein nach dem Dorfe Söbrigen bei Pillnitz wandte, wo sie für ein paar hundert Taler, die sie aus dem Verkauf der Sachen ihres Mannes wie aus ihrem Anteil an der letzten Ernte zog, ein kleines Anwesen erwarb. Von hier aus gingen die heranwachsenden Töchter nach und nach in Dienste, während der zweite Bruder, Jonathan, fürs erste ein Unterkommen im hallischen Waisenhause und später in einer

Schneiderwerkstatt fand. Sich selber und den kleinen David mußte die Witwe mit einer Jahrespension von etwa zwanzig Talern und ihrer Hände Arbeit durchzubringen suchen, so gut und übel es gehen wollte. David besuchte die Dorfschule und war ein Wunder an Fleiß und Fähigkeit. Daß er Pastor werden wollte, darüber kam kein Zweifel in seine Seele. Wie sein seliger Vater, so wollte auch er, wenn er groß wäre, im Priesterrock und Kragen vor der horchenden Gemeinde stehen und des Abends mit würdevollem Grüßen durchs Dorf spazieren. Auch setzte er seine Mutter des öfteren in Erstaunen, wenn er sich sonntags nach der Kirche vor ihr aufpflanzte und die Predigt fast wörtlich wiederkäute oder auch eine eigene hielt, daß ihm die Weisheit nur so vom Munde floß. Da mochte es der armen Frau schon manche Träne kosten, wenn sie dachte, daß bei ihrer großen Armut aus dem David doch nichts anderes werden könne als ein Winzer oder Drescher.

Inzwischen war der Pastor Löffler in Hosterwitz, zu dessen Gemeinde Söbrigen gehörte, auf den fähigen Jungen aufmerksam geworden. Er nahm sich seiner an und ließ ihn an dem Unterrichte teilnehmen, den seine eigenen Söhne am Vormittage durch einen jungen Kandidaten namens Müller erhielten. Von nun an rannte David jeden Morgen nach dem benachbarten Hosterwitz hinüber, wo er sich Kopf und Magen füllte, denn zur Ehre der Hosterwitzer Pfarrfrau sei es gesagt, daß sie den armen Jungen nicht ohne Mittagsbrot entließ. Des Nachmittags blieb er in Söbrigen, und da ihn alle ländlichen Arbeiten sehr vergnügten, so half er Winzern und Gärtnern bei Schnitt und Pflege des Weinstocks und der Obstbäume, drosch, als er stärker wurde, mit den Dreschern oder stand dem alten Fährmann auf der Elbe in seiner Profession bei.

Das Schifferwesen hatte für den stämmigen Burschen besonderen Reiz, und wenn, wie das nicht selten vorkam, die großen Elbkähne in Söbrigen anlangten, so machte David sich hinzu und war unter dem Schiffsvolk wohl gelitten, weil er alles richtig angriff und rudern konnte wie ein Seehund. Als er heranwuchs, nahm ein befreundeter Schiffer ihn sogar auf verschiedenen Fahrten mit nach Torgau, Wittenberg und Magdeburg und lohnte ihn wie andere Knechte. Von solchen Reisen erzählte Roller später mit Vergnügen, sowohl von der harten Arbeit des Ruderns, Stoßens und Ziehens, was die Brotsuppen würzte, als auch von der Behaglichkeit des Segelns, das Muße zum Studieren gab. Wenn sich der Wind in die große graue Leinwand legte und das schwere, mit Pirnaischen Quadern beladene Schiff wie eine Flaumfeder auf dem Strom hinblies, dann zog der gelehrte Matrose seinen Horaz hervor oder sein griechisches Testament und erbaute seinen Geist, während der Leib sich in bequemer Ruhe auf einem Sacke streckte.

Fast ist es unbegreiflich, wie ein Dorfjunge unter anstrengender Feld-, Garten- und Schiffsarbeit mittelst einiger oft unterbrochener Privatstunden doch so weit gefördert werden konnte, daß er es wagen durfte, sich mit achtzehn Jahren auf der gelehrten Kreuzschule in Dresden zum Examen zu melden. Aber er bestand es und erhielt das Maturitätszeugnis. Dieser seltene Fall mochte Aufmerksamkeit erregt haben und zu den Ohren des Ministers Grafen Hohenthal von

Königsbrück gekommen sein, welcher sich bewogen fand, dem angehenden Studenten eine Studienunterstützung auf drei Jahre zu gewähren. Ein Bauer in Söbrigen schenkte das Reisegeld mit einem Taler und acht Groschen, und damit machte der glückselige Jüngling sich auf den Weg zur Musenstadt.

In Leipzig ging es an ein tüchtiges Studieren, wenn auch unter mancherlei Entbehrungen, denn das Stipendium war, nach Art von dergleichen Hilfen, so knapp zugeschnitten, daß damit weder zu leben noch zu sterben war. Obgleich der eifrige Studiosus durch Unterrichtgeben noch zuverdiente, konnte er doch, wenn er nicht nackend gehen und verhungern wollte, die nötigen Kollegiengelder nicht erschwingen. Er mußte sich auf Publika wie auf ein paar geschenkte Vorträge beschränken, und was den Tisch anlangte, so glich er des Juden Esel, dem das Fressen abgewöhnt werden sollte. Da gedachte er denn wohl der kräftigen, wohlgeschmalzten Brot- und Zwiebelsuppen auf dem Schiffe, und die sonst so heiteren Studienjahre waren die bittersten seines Lebens.

Roller war indessen aus festem Holz geschnitten: er überwand Hunger und Blöße wie auch die Neologie seiner Lehrer und Genossen und rettete den Glauben seiner Väter aus dem Schiffbruch der damaligen Theologie. Endlich absolvierte er zu Dresden sein Examen, und zwar in nassen Hosen, weil er unterwegs einer in die Elbe gefallenen Bauernfrau nachgesprungen war und ihr samt ihrem Korbe wieder herausgeholfen hatte. Jetzt stand der Weg zur Kanzel offen.

Fürs erste mußte freilich gehauslehrert werden, und später befähigte das Vertrauen verschiedener Dresdener Familien den überaus tüchtigen Kandidaten, mit Hilfe seiner Schwester Marianne ein eigenes Erziehungsinstitut anzulegen, was den besten Fortgang hatte. In dieser Lage fühlte er sich ganz zufrieden und dachte vorderhand nicht an Veränderung – als ihn eines Morgens der alte Gönner Graf Hohenthal zu sich entbieten ließ und ihm das Pfarramt auf seinem Gute Döbernitz bei Delitzsch übertrug. Das war nun freilich besser, als Schulmeister sein. «Es war mir zu Sinne», sagte Roller zu seiner Schwester, «da ich vom Herrn Minister fortging, als fielen die Häuser über mich, so tanzte mein Herz!»

Döbernitz war zwar nur eine kleine Stelle, allein sie genügte den Bedürfnissen, die Roller für sich und die Seinigen hatte, um so mehr, als ihm eine Anzahl seiner Pensionäre dahin folgte. Mit diesen teilte er nun sein Leben wie in Dresden, blieb ihnen Vater, Lehrer und Gespiele, durchschweifte die Umgegend mit ihnen nach Pflanzen, Schmetterlingen und Insekten, lehrte sie den Garten bauen, fischte und krebste mit ihnen in Teichen und dem kleinen Erlenbach, der das Döbernitzer Gebiet durchirrt. Dazu der Vollgenuß der ersten Amtsführung und eine Anhänglichkeit der Gemeinde, die heute, da ich dieses schreibe, ihren ehemaligen Pastor in wertem Andenken hält. Es war die glücklichste Periode in Rollers Leben, von der er gern erzählte, wie auch von der seltsamen Art und Weise, mit welcher sie schon nach vier Jahren wieder abschloß.

Als unser Pastor nämlich eines Sonntags aus der Kirche kam, fand er einen unbekannten

Herrn auf seinem Zimmer. Es war eine hohe, zugeknöpfte Gestalt von aristokratischem Typus. Die tiefliegenden Augen wie das dunkle ins Gesicht gezogene Kopf- und Barthaar gaben dem Fremden ein auffallend düsteres Aussehen. Geradeso hatte sich Roller die Stuhlherrn heimlicher Gerichte des Mittelalters gedacht, wenn sie sich einen recht darauf ansahen, ob sie ihn spießen oder würgen sollten.

Inzwischen stellte sich der Fremde nur als Burggraf zu Dohna vor und gewann noch mehr in Rollers Augen durch Annahme einer Pfeife Tabak. Das Gespräch war bald im Gange. Der Graf war in der Kirche gewesen und knüpfte an die Predigt an, sich mannigfaltige Erläuterung erbittend; es war, als wolle er die Gesinnung des anderen bis auf den Grund erforschen. Aber überall begegneten sich die gleichen Sympathien, und die dunkeln Gesichtszüge des Grafen klärten sich nachgerade zu einer so herzgewinnenden Freundlichkeit auf, daß Roller bald die wärmste Zuneigung für ihn empfand.

Als die Pfeifen ausgedampft hatten, erhob sich der Graf und langte nach seinem Hute. Er sei eigentlich gekommen, sagte er, dem Herrn Pastor die in seinem Kirchdorfe Lausa vakant gewordene Pfarrstelle anzutragen, und hoffe zuversichtlich, derselbe werde ihn nicht abschlägig bescheiden.

Roller stutzte und erwiderte kein Wort. Als aber der andere in ihn drang, sich zu entscheiden, sagte er, er kenne weder Lausa noch den Grafen, noch dies und das. Die Sache wolle überlegt sein.

Der Graf dagegen schien vom Überlegen nichts zu halten. Er mochte denken, daß ein richtiges Ding auch gleich sein Ja und Amen in der Tasche habe, und wo das fehle, sei das Ding nicht richtig; kurz, er umarmte den Pastor herzlichst und verließ das Zimmer. Jener folgte, bittend, er möge bleiben und ihm und seinen Schwestern verzehren helfen, was Gott etwa bescheren werde; auch könne nach dem Schluß des Nachmittagsgottesdienstes noch manches gute Wort am Platze sein. Aber der Rückzug des Grafen war gar nicht aufzuhalten. Er habe Eile, sagte er, und stieg in seinen Wagen. Da schwang sich Roller nach, so wie er eben war, und fort ging es im schärfsten Trabe.

Graf Dohna war ein Enkel Zinzendorfs, und wenn er diesem großen Manne auch weder an Genialität noch an praktischem Geschick gleichkam, so doch gewiß an ungefärbter Frömmigkeit wie auch an treuer Sorgfalt für das geistliche Gedeihen seiner Untertanen. Die Besetzung der Pfarr- und Schulämter auf seinen weitläufigen Besitzungen war ihm daher ein Gegenstand gewissenhaftester Bemühung. Aber wenn er auch nur bekenntnistreue Männer berief, so konnte doch auch unter solchen fehlgegriffen werden, daher es wohl zu denken wäre, daß er sich im gegenwärtigen Falle ein rasches, ja ein augenblickliches Entgegenkommen Rollers als ein Zeichen höherer Ratifikation gesetzt hätte.

Doch dem sei, wie ihm wolle. Jetzt saßen die beiden trefflichen Männer nebeneinander im Wagen und mochten nicht wenig erstaunt übereinander sein – Roller über das kurzangebundene Wesen des Grafen und dieser, Rollern ohne Hut an seiner Seite zu sehen. Anfänglich fand keiner das Wort, bis Roller endlich fragte, ob Lausa in Polen oder in Schweden liege.

«Über der Elbe», lautete die Antwort, «zwischen Dresden und Königsbrück!»

Als Roller darauf nach anderen unwesentlicheren Fragen nun auch die tat, ob die Gemeinde sich auch zur Kirche hielte, erzählte der Graf von einer uralten Kanzel, an welcher ein Gebetlein eingegraben stehe, daß Gott sie allezeit vor falscher Lehre bewahren wolle. Das sei denn auch in Gnaden so geschehen und dieser Predigtstuhl vielleicht der einzige in Sachsen, von welchem seit dreihundert Jahren das Wort Gottes unverkürzt und ohne Unterbrechung verkündet worden. Wo das der Fall sei, da hielten sich die Leute auch zur Predigt und zum Sakrament, und so groß sei in Lausa der Andrang der wachsenden Gemeinde, daß jüngst die Kirche habe erweitert werden müssen. Jetzt wolle er – der Graf – noch einen neuen Turm daraufsetzen, der weit ins Land hinein locken solle.

Immer mehr des Guten ward berichtet; das Bestechendste aber blieb immer die Persönlichkeit des Grafen, dessen Eigentümlichkeit unseren Pastor im hohen Grade befriedigte. Mit einem Kollator Hand in Hand zu gehen, der in solcher Weise im Worte Gottes lebte und Gottes Werk zu fördern strebte, das mußte eine gesegnete Amtsführung geben. Nach einer Weile Weges ließ Roller halten und stieg aus. Daß er nach Lausa käme, stehe fest, sagte er. Der Graf rief erfreut zurück, das sei ein gutes Ding! und fort flog die leichte Chaise. Die Sache war abgemacht.

Wenn Jean Paul die Menschen ganz einfach in zwei Klassen teilt, nämlich in Arkadier und Schafmeister, so war Roller unbedingt ein Arkadier vom reinsten Blute. Er wußte daher, als er nach Döbernitz zurückkam, auch nicht, ob er sich pekuniär verbessert oder verschlechtert habe, weil er zum Schrecken seiner Schwestern vergessen hatte, nach den Lausaer Pfarreinkünften zu fragen. Doch fand er nachmals eine Stelle, die ihn in den Stand setzte, nicht nur seine Mutter reichlicher zu unterstützen als bisher, sondern auch nach deren bald erfolgtem Tode alle seine unverheirateten Schwestern nebst dem kränklich gewordenen Schneider Jonathan zu sich ins Haus zu nehmen. Die älteste Schwester, Konkordia, hatte sich von Döbernitz aus an einen schon bejahrten Delitzscher Pastor, einen Magister Faber, verheiratet. Als dieser sich nun bald nach Abzug seines Schwagers altershalber pensionieren ließ und Graf Dohna ihm sein nahe bei Lausa gelegenes Schloß Grünberg zum Wohnsitz anwies, hatte Roller die Freude, mit Ausnahme des Bruders Benjamin, der eine Rektorstelle in Marienwerder innehatte, alle die Seinigen, wenn nicht unter seinem Dache, doch so nahe zu haben, daß er sie täglich sehen konnte. So standen die Sachen, als ich nach Lausa kam.

2. *Unterricht und Arbeit*

Mein Leben gestaltete sich anders, als ich erwartet hatte. Von sanften Rührungen war ebensowenig die Rede als von einsamen Spaziergängen an Teichen. Ich wurde kurz gehalten; jeder Schritt war vorgeschrieben und meine Freiheit mehr geschmälert als je zuvor. Ich fühlte mich daher in den ersten Tagen nichts weniger als behaglich. Aber nach und nach gewöhnte ich mich; ja, ich fand so viel Verwandtes, Wohlverständliches und Anregendes in der Persönlichkeit meines Pastors, daß er mein Herz gewann und sein Haus mir heimisch wurde.

Um sieben Uhr des Morgens stand ich auf und trat ins Studierzimmer, wo Roller, das Kosakenvlies am Leibe und als Myops über seine Schreiberei weit hingebeugt, schon seit fünf Uhr tätig war. «*Salve!*» pflegte er zu grüßen, schob mir ein Buch zu, faltete die Hände, und ich las eine kurze Morgenandacht von Luther vor, welcher der Pastor bisweilen noch ein freies Gebet zufügte. Dann erhob er sich, schob mit dem Fuße einen an der Diele angebrachten Schieber zurück und rief durch die Öffnung hinunter nach dem Frühstück, mich gleichzeitig belehrend, daß dieses Loch nicht Loch, sondern anständiger Gitter genannt werde, wonach ich mich zu richten habe.

Das Frühstück bestand für den Pastor in einem Kochtopf mit aufgeweichtem Schwarzbrot. Dazu goß er etwas Milch und löffelte es mit einem Blechlöffel gleich aus dem Topfe, während ich reine Milch erhielt. Außerdem ward noch ein flaches Becken gleichfalls mit Milch serviert – für die Kammerjäger, sagte Roller; – und auf den Ruf einer Handglocke fanden sich drei schöne weiße Katzen ein, die gewohnte Spende zierlich aufzulecken. Nichts hindere sie, zu kommen, sagte der Hausherr, und wären sie auch im Keller, auf dem Boden oder in der Scheune, da alle Türen mit Katzengittern versehen seien.

Waren die Katzen abgefüttert, so öffneten wir ein Fenster, vor welchem ein Taubenbrett angebracht war. Dieses wurde zuvörderst mit der Kelle von den Rückständen gereinigt, welche die unschuldigen Tiere darauf zurückzulassen pflegten, und mit Erbsen, Wicken oder anderem Gesäme bestreut. Darauf schwirrten auf den Pfiff des Pastors etwa dreißig der schönsten Tauben von den Dächern, drängten sich auf dem kleinen Brett zusammen und trommelten die Körner mit großer Gier auf. Jede von diesen Tauben hatte ihren Namen, meist nach englischen Staatsmännern, die Roller sich auf diese Weise merkte. Da gab es einen Castlereagh, Cathcart und andere dergleichen mehr. Mit älteren Naturgeschichten anzunehmen – ward ich belehrt –, daß Tauben keine Galle hätten, sei lächerlich. Ich sähe selbst, wie sie sich lieblos hackten und verdrängten. Sie seien auch nichts besser als Parlamentsmitglieder und Minister und brauchten daher auch keine besseren Namen.

Nach so getaner Fütterung von Mensch und Tieren zündeten wir uns beide unsere Pfeifen an, und zwar der Pastor eine lange, die bis zur Erde reichte. Damit setzte er sich wieder an seine Arbeit, während ich ihm gegenüber Platz nahm, mich mit Katechismus und Gesangbuch auf den nachfolgenden Unterricht vorbereitend. Für Knaben gibt es in der Welt nichts, was dem kleinen Lutherschen Katechismus an Langweiligkeit gleich käme, wenn er nämlich an und für sich ohne weitere Zutat genossen wird; die Pfeife aber versüßte ihn mir dergestalt, daß jenes Morgenstündchen mir das liebste am ganzen Tage war.

Gegen neun Uhr stellten sich denn auch die beiden jungen Grafen Stolberg ein, mit frisch geröteten Backen von Hermsdorf kommend, ein paar schlanke und hochbeinige Rassegestalten.

Der ältere Bruder, ein lebensfrischer, heiterer, nach außen gerichteter Knabe, hieß zwar Hermann, aber Roller, dem es bei den natürlichen Namen seiner Zöglinge nie recht wohl ward, nannte ihn Herr Mann und lachte über die Lüge, da er weder das eine noch das andere sei. Der jüngere, Bernhard, ein zartes, stilles, in sich gekehrtes Gemüt und von uns dreien jedenfalls der frömmste, wurde Benzig genannt, ich Schwimm. Unter diesen Spitznamen stellte Roller uns auch einander vor. Unsere Väter, fügte er hinzu, möchten ebenso namhafte als mannhafte Leute sein, wir aber seien noch gar nichts, wenn nicht etwa *trunci* oder Klötze, aus denen jedoch im guten Falle noch etwas werden könne, und am Behauen wolle er's nicht fehlen lassen.

Während solcher und anderer anzüglicher Redensarten pflegte unser Pastor sich zu rasieren und den Pelz, der ihm das Ansehen eines Troglodyten gab, mit einem anständigen braunen Überrocke zu vertauschen. Draußen im Vorsaal versammelten sich unterdessen die Bauernkinder, etwa vierzig an der Zahl, und wenn sie zu laut wurden, mußte Herr Mann, als ältester unter den Konfirmanden, eine Gesangbuchnummer durch die Tür schreien. Dann sangen sie mit heller Stimme, bis es vom nahen Turme neun schlug und wir alle miteinander, der Pastor an der Spitze, in unseren Hörsaal, die sogenannte stille Stube, einzogen.

Diese stille Stube, so genannt von ihrer stillen Lage nach dem Kirchhof, ist mir sehr lieb geworden. Hier schwiegen die mannigfaltigen Zerstreuungen, die kleinen Sorgen und jeder Lärm der Außenwelt; der Friede der Gräber blickte durch die hellen Fenster, und der verborgene Mensch des Herzens merkte auf den Ernst der Worte, die hier gesprochen wurden. Hier zog auch Roller einen neuen Menschen an. Was er an sonderbaren und zerstreuenden Eigenheiten haben mochte, war im Kosakenpelz zurückgeblieben und hatte der wohltuendsten Würde Platz gemacht.

Übrigens konnte ich mich gleich in der ersten Stunde überzeugen, wie sehr die Bauernkinder, obgleich sämtlich jünger, mir doch an Kenntnis überlegen waren. Sie hatten nicht allein den Lutherschen Katechismus fest im Kopf, sondern auch einen reichen Schatz an Sprüchen und Liedern und damit ein geordnetes Fachwerk für alles, was ihnen an geistlicher Erkenntnis noch werden konnte, während mein derartiger Besitz ziemlich unordentlich umherwilderte.

Auf den Grund des Katechismus baute Roller das ganze Gebäude seiner Unterweisung auf. Er warf uns die Gebote ins Gewissen und pflanzte uns die Heilswahrheiten ins Gedächtnis, nicht deklamatorisch, nicht sentimental, auch nicht sehr herzlich, aber einfach, nüchtern, ernst und mit der imposanten Ruhe eines alten Praktikers, der an die kräftigste Wirkung dessen glaubte, was er zu geben hatte. Ja, wenn er merkte, daß er weich ward oder daß wir es wurden, so lenkte er augenblicklich ein und ließ uns singen oder Sprüche sagen, da Rührungen seiner Meinung nach zu nichts anderem führen konnten, als Heuchler zu machen oder Schwärmer. Vielleicht daß Roller, dem es so wenig an Herz fehlte, daß er sich vielmehr vor dessen Regungen zu fürchten hatte, in dieser Furcht zu weit ging; aber jedenfalls war er in anderer Lage als mein erster Religionslehrer Schulz, der im dunkeln unsicheren Schrittes einherging, mit der Wünschelrute das Geld zu suchen, das Roller schon in der Tasche hatte und nur verteilte. Schulz schürfte gemeinschaftlich mit seinen Schülern nach unbekannter Wahrheit und mochte wohl tun, ihr weniger mit dem Kopfe als mit dem Herzen nachzugehen; Roller dagegen fing gleich da an, wo jener im besten Falle aufgehört haben würde, indem er uns die schon gefundene Wahrheit so kategorisch vortrug wie etwa Anger die Physik. Gründete sich doch auch sein Glaube nicht auf Spekulation, sondern auf Geschichte, und von allen geschichtlichen Tatsachen war ihm die Offenbarung Gottes die wohlverbürgteste. So gab er sie auch seinen Schülern, und schwerlich war einer unter uns, der in jenen Stunden seines Glaubens nicht gewiß gewesen wäre. Nicht müde und gelangweilt, noch weich und weinerlich, sondern frisch und getrost verließen wir um elf die stille Stube, um in den Lärm der Alltäglichkeit zurückzugehen.

Wenn dann die beiden Stolbergs nach dem schönen Hermsdorf abzogen, beneidete ich sie anfänglich wohl um ihre Freiheit, da ich geneigter war, mit jenen oder allein ein Stündchen umherzustreichen, als die Liebhabereien meines Pastors zu teilen, das heißt Dünger und Sand auf Beete und Wege zu karren, Entwässerungsgräben zu ziehen, Bäume zu pflanzen und zu beschneiden, Holz im Pfarrbusche zu schlagen, Eichenklötze zu sprengen, Gartenbänke und Fensterladen anzustreichen und dergleichen Freuden mehr. Das alles wäre ja ganz hübsch gewesen, wenn ich's hätte für mich als freie Kunst betreiben können; der Frondienst aber ermüdete um so mehr, als mein Meister in solcher Lust kein Maß hielt. Weder Sturm noch Regen noch Mittagsglocke wurden für etwas geachtet, der Hunger für weniger als nichts. Wir aßen nicht eher, als bis das angefangene Werk vollendet war, nämlich um drei oder vier, um eins oder zwölf, wie's gerade kam. Dann aber hätte man an unserem Appetit ermessen können, daß uns solche Lebensweise wenigstens keinen Schaden brachte.

Die Mahlzeit

Daß Leute von so unregelmäßiger Tischzeit, als mein Pastor und ich, nicht mit den übrigen Hausgenossen zusammen speisen konnten, sieht jeder ein. Mit Ausnahme der Sonntage, wo die Hausarbeit ruhte und Familientafel stattfand, pflegten wir beiden Gartenknechte daher nachzuexerzieren. Zu dem Ende fanden wir die lange Wachstuchtafel im Studierzimmer nicht gerade gedeckt, wohl aber frisch abgewaschen und glänzend reinlich hergestellt. Tischtücher hielt Roller nicht für praktisch. Wenn sie auch alle Tage gebadet würden, pflegte er zu sagen, so blieben sie doch immer voll widerwärtiger Fasern, die sich nicht allein ans Brot hingen und zum Nachteil für die Därme mit eingeschlungen würden, sondern auch die Kleider ruinierten; und tagtäglich könne man es in allen Tischtuch- und Serviettenhäusern sehen, daß die Leute sich mit schwarzen Hosen setzten und mit weißmelierten wieder aufstünden. Naß abgewaschenes Wachstuch sei dagegen so reinlich als ein abgewaschener Teller und so sehr der rechte

Grund und Boden für alle Speisen, daß man diese im Notfall auch ohne Schüssel unmittelbar darauf aufkellen könne.

Auf diese reinliche Tafel wurden alle Gänge auf einmal aufgesetzt, teils um den Appetit danach zu bemessen, teils jede weitere Bedienung überflüssig zu machen. Dann aßen wir, die Mahlzeit nach Belieben von hinten oder vorn anfangend, alles hintereinander weg, die festen Speisen von besonderen Tellern, Gemüse und Brei aber gleich aus der Schüssel, und zwar vermittelst kleiner Brotschaufeln, die an die Gabel gesteckt und jedesmal mit verspeist wurden. Roller war vergnügt und guter Dinge, gab allerlei zum besten und wußte auch mich, namentlich durch paradoxe Behauptungen, nicht allein zum Mitsprechen, sondern auch zum Streiten anzuregen.

Er behauptete zum Beispiel, daß Unvernunft vernünftiger als Vernunft sei, Grobheit höflicher als Höflichkeit, daß Chausseen die Kommunikation hemmten und bloße Füße wohlanständiger als bloße Hände seien. Auch stritt sich's hübsch darüber, was besser sei, die Suppe mit den Schweden zuletzt oder mit den Sachsen vorweg oder endlich, nach Rollers Hausordnung, gar nicht zu essen. Endlich tischte mein Wirt beim Nüsseknacken wohl noch etliche Rätsel auf, deren er viele, und zwar alle nach ein und derselben Schablone, auszuhecken pflegte. Einiges der Art möge hier zur Probe folgen.

«Welcher Vogel nistet in der Kirche?»

Ich riet natürlich auf Sperlinge und Tauben. Die Auflösung war aber: «Der Orga- oder Storchanist!»

«Welches reißende Tier ist unentbehrlich bei jedem öffentlichen Gottesdienst?»

Man hätte denken mögen, es sei der alte Adam, welcher gewissermaßen wie eine wilde Bestie durch die Predigt zu erlegen sei. Die richtige Antwort war aber: «Das Kanter- oder Panthertier!»

«In welche Stadt dürfen die Beine nicht mit hinein?»

Hierin war ich ganz Unwissenheit, aber Roller schrie mich an: «Peterwardein! oder die Beine müssen draußen sein!»

Über solche Auflösungen konnte ich ungemessen lachen und ward darum gelobt. Andere, sagte mein Pastor, lachten zwar auch, nämlich Schulmeister und Kandidaten aus Höflichkeit, Superintendenten, Konsistorialräte und sonstige Honoratioren aus Ärger, die Gräfin Dohna aus Mitleid; ich aber aus dem ff, und das sei die schmeichelhafteste Tonart. Überhaupt schien mein guter Pastor nicht ganz unzufrieden mit mir zu sein. Er erwies mir viel Freundlichkeit, und gewiß hätte ich mich ihm gleich von Anfang zutraulicher angeschlossen, wenn seine Derbheit mich nicht allzuoft verletzt hätte. Ein Beispiel mag genügen.

Nachdem wir unser erstes Mittagsessen sehr friedlich miteinander absolviert hatten, wurde mir geboten, in die Unterstube hinabzuschreien: «Nehmt die Speisung weg! – Aber vernehmlich!» fügte Roller hinzu, «denn nicht immer hören meine Schwestern leicht!»

Ich öffnete das Gitter und den Mund. Da mir indessen jener kategorische Satz gegen die alten Damen nicht zu ziemen schien, so übersetzte ich ihn ins Respektvollere und rief hinab: «Der Herr Pastor läßt bitten, das Essen abzutragen!» Doch hatte ich kaum ausgesprochen, als Roller mit der Faust auf den Tisch schlug, daß die Teller tanzten.

«Heißt das Aufträge ausrichten», polterte er mich an, «oder lügen?» Ich sah ihn erschrocken an. «Ja!» tobte er weiter, «gelogen hast du!»

Das hieß mir an die nackte Seele greifen. Mein unerfahrenes Gewissen sprach mich von jenem feigen Laster völlig frei, und ich war stolz auf meine Ehrlichkeit. Ich entgegnete daher mit einiger Empörung, ich löge nie.

«O weh!» erwiderte Roller gedehnt, «zweimal in einem Atem gelogen: erstens durch falsche Bestellung und zweitens durch heuchlerisches Bekenntnis!»

«Und drittens», fügte ich mit bebender Stimme hinzu, «habe ich in meinem Leben nie gelogen und lüge auch jetzt nicht.» Damit griff ich nach meiner Mütze und wollte das Zimmer verlassen. Aber Roller rief mir sein gebieterisches «Halt!» zu und hielt mir etwa folgende Predigt.

«Du bist empfindlich, mein Sohn», begann er in ruhigem Tone, «weil ich die Pflicht der Freundschaft gegen dich übe und dir deine Fehler sage. Wenn du aber zu weichlich für ein wahres Wort bist, wie willst du denn jemals Unrecht ertragen? Und das muß jeder lernen, der ein Mann werden will. Nein, unterbrich mich nicht. Ich gab dir einen Auftrag. Den konntest du ablehnen; übernahmst du ihn aber, so mußtest du ihn wortgetreu ausrichten, durftest ihn nicht verbrämen und lackieren. Das ist Weiberwerk! Aber du wolltest dich niedlich machen, und darüber hast du Dinge gesagt, die meine Schwestern in das gerechteste Erstaunen setzen mußten. Sie sind nicht gewohnt, daß ich sie bitte, ihre Schuldigkeit zu tun, und ebensowenig pflegen sie das Essen wieder abzutragen, es sei denn, daß sie es versalzen oder verbrannt hätten. Oh, mein Lieber! Das Essen hatten wir verzehrt, und was übrigbleibt, Geschirre, Löffel, Gläser, heißt nicht Essen, sondern Speisung. Endlich sagtest du, du hättest nie gelogen. Das war das Schmerzlichste, denn damit machtest du den zum Lügner, welcher bezeugt hat, daß alle Menschen Lügner sind. Da merke auf, *mi fili!* und laß dir raten, daß du den selbstgerechten Mönch nicht mästest in deinem Herzen.»

Die gute Absicht der Verständigung versöhnte mich, und ich konnte allenfalls den Lügner tragen, der auf allen Menschen saß. «Ich kann Ihren Schwestern keine Befehle geben», sagte ich; «wenn ich aber nicht jeden Auftrag zu übernehmen brauche...»

«Nein, beileibe nicht!» rief Roller in seiner jovialsten Weise; «wenn dir's nicht ansteht, sträube dich!»

Gesellige Freuden

Wegen des späten Essens waren die Nachmittage sehr beschränkt. Roller machte gewöhnlich Hausbesuche, und mir ward irgendein Vergnügen oktroyiert, wie zum Beispiel in der alten holländischen Bilderbibel nicht mehr und nicht weniger als drei Bilder zu besehen, von denen ich nachher Rechenschaft zu geben hatte, oder die Äxte zu schleifen für den morgenden Gebrauch oder, was besser war, die Spatzen mit der Windbüchse zu molestieren. Aber am besten nahm ich's auf, wenn ich den Ackergaul Peter aus dem Stalle ziehen und nach Grünberg zu den alten Fabers reiten durfte.

Außer auf prinzlichen Ziegenböcken hatte ich noch nicht geritten: aber Roller war sehr sorglos. Er lehrte mich das Aufzäumen und Satteln und überließ mich dann der Willkür des Pferdes, das, alt und lebensmüde, keine sonderlichen Allotria mehr trieb. So mußte die Übung meine Lehrerin werden, oder vielmehr ward Peter mein Lehrer, und ich ergab mich seiner Leitung. Je nachdem er es für angemessen hielt, ging er entweder seinen imperturbabeln Ackergaulsschritt, oder er erfreute sich wohl auch an einem für mich mehr schmerzhaften als scherzhaften Hundeträbchen. Roch er endlich den Grünberger Stall, so setzte er sich in Galopp, und ich hatte kein Verdienst dabei und konnte es auch nicht hindern, wenn ich wie ein Ordonnanzoffizier in den Schloßhof hineinsprengte.

Die Frau Magisterin Faber kam mir gewöhnlich schon vor der Haustür entgegen und empfing mich mit einer Auszeichnung, als wäre ich der Graf Dohna selbst gewesen. Dann führte sie mich ins saubere Wohnzimmer, wo ihr alter Mann, stets fein bekleidet mit schneeweißer Halsbinde, im Lehnstuhl saß und mir die Hand entgegenhielt.

Die alten Fabers waren die vortrefflichsten Menschen. Sie hatten ihr Leben hinter sich und ruhten einer in des anderen Pflege aus. Er, der Magister, sollte seinerzeit ein tüchtiger Pastor gewesen sein und war noch ein tüchtiger Gelehrter, wenigstens in meinen Augen, da er sich immer von gelehrten Sachen mit mir unterhielt. Wir sprachen einsichtsvoll von *ablativis absolutis*, vom *accusativo cum infinitivo*, von Stamm- und abgeleiteten Wörtern und dergleichen sprachlichen Verhältnissen. Auch von Cäsars Feldzügen, von seiner Kriegskunst und seinen Kriegsmaschinen, von römischen Legionen und von mazedonischer Phalanx war die Rede, und ich bekam die wertvollsten Aufschlüsse. Dazu wurde aus Kalkpfeifen ein Tabak geraucht, der, zu einem Drittel mit Kornblumen gemischt, so wohltätig für die Augen sein sollte, daß ich ordentlich fühlen konnte, wie die meinigen sich erquickten. Auch Kaffee, Bier und Milch gab's da, nebst Kuchen, Butterbrot und Honig und viel Bedauern, daß man nichts Besseres habe.

Die Magisterin Faber gehörte zu den barmherzigen Seelen, die nie glücklicher sind, als wenn sie sich für andere aufreiben können, und freute sich daher jedes Menschen, der in ihre Hände fiel, ihm zu dienen, ihn zu pflegen und zu füttern. Mir tat sie alles dreies in einem Grade, als wenn ich ein vornehmer Herr, ein alter hilfloser Magister und ein junger Vielfraß in *einer* Person gewesen wäre. Kaum wußte ich, wie ich mich meinerseits für alle diese Güte ausreichend demütigen sollte, und bin in meinem Leben nicht bescheidener gewesen als gegenüber dieser unbeschreiblich guten Frau.

Den Rückweg schlug ich gewöhnlich über Hermsdorf ein, um wenigstens im Vorbeireiten nach dem stattlichen dreigetürmten Schlosse hinzublicken, das so lockend über die Waldung seines Parkes hervorsah. Gern wäre ich dort bisweilen eingesprochen, wo Menschen und Sitten mich besonders anheimelten, aber gerade dahin ward ich niemals dirigiert. Sei es nun, daß Roller in dieser Zeit jugendlichen Umgang zu zerstreuend für mich fand, oder daß er besorgte, es werde mich das vornehme Haus vereiteln – kurz, ich betrat das Schloß nur dann, wenn ich ausnahmsweise mit meinem Pastor zu Tafel geladen war. Ich hätte daher die jungen Stolbergs außer den Unterrichtsstunden kaum gesehen, wenn nicht gewisse Gesellschaftsabende gewesen wären, die regelmäßig jeden Dienstag im Pfarrhause abgehalten wurden.

Auf diese Abende freute man sich die ganze Woche. Die Gäste bestanden aus der gräflichen Familie, dem Schulmeister, Kantor Eckhart mit seiner Frau und aus Fabers. Das Dohnasche Haus war ziemlich reich vertreten, da außer dem Grafen und der Gräfin nebst Herr Mann und Benzig auch noch zwei junge Komtessen Stolberg und ein paar alte Hausbeamte, nämlich der Sekretär des Grafen und eine Wirtschaftsdame, dazu gehörten.

Die letztere, Mamsell Gera, eine korpulente, hochbetagte Person mit grauem Haar und grauem Bärtchen, sollte einige Verdienste um das gräfliche Haus haben und ward deshalb sehr rücksichtsvoll behandelt. Als Tochter eines Organisten war sie in der Musik bewandert, spielte Flöte, Violine, Cello und mit Meisterschaft die Orgel. Letzteres Instrument hatte sie jedoch aufgegeben, da es ihr am verflossenen Erntefeste begegnet war, bei Gelegenheit eines heroischen Pedalläufers das Übergewicht zu verlieren und zum Entsetzen des Kantors rücklings von der Orgelbank zu schlagen. Teils wegen dieser Geschichte, die mir Roller einmal beim Nachtisch anvertraut hatte, und anderenteils wegen ihrer idiosynkratischen Scheu vor Katzen war mir die alte Dame merkwürdig. Wenn sie in Lausa erwartet wurde, fing man vor allen Dingen erst die Katzen ein und sperrte sie in Jonathans Zimmer, der ihrer treulich hütete. Dennoch geschah es, daß die stets Besorgte eines Abends nicht ins Zimmer wollte, versichernd, sie spüre Katzen und könne sich nicht täuschen. Alle Beteuerungen, die Katzen seien wie immer wohlverwahrt bei Jonathan, blieben fruchtlos, bis dieser arme Sünder endlich selbst erschien, ängstlich bekennend, daß der Kater ihm allerdings entsprungen sei, und zwar durchs Fenster, da er dieses geöffnet habe, um hinauszuspucken. Wirklich fand sich auch das Tierchen hinter dem Ofen, harmlos schlummernd.

Der alte Sekretär des Grafen, namens Zeidler, ein kleines, dürres Männchen von etlichen siebzig Jahren, ward seines Alters halber ebenfalls in Ehren gehalten. Daß er viel und langweilig von seiner adligen Abkunft sprach, übersah man schonend. Er hatte nämlich in des Grafen Bibliothek ein altes Adelslexikon entdeckt, in welchem unter anderen sächsischen Geschlechtern auch eins seines Namens mit Wappen, Emblemen und historischen Notizen verzeichnet war. Daß er dieser vornehmen Familie entstamme, darüber kam ihm gar kein Zweifel. Er ließ sich sofort das Wappen stechen und teilte jedermann im Vertrauen mit, daß eigentlich auch seine Wenigkeit von Adel sei. Gegen Bürgerliche pflegte er, gutmütig mit den Fingern schnalzend, hinzuzufügen: «Doch denke ich, als Adam drasch und Eva spann – wer war damals ein Edelmann?»

Der Kantor Eckhart endlich, ein hochgewachsener, wunderschöner Greis, mit ernstem Blick und silberweißem Haar, vom Grafen Dohna sehr bezeichnend «der getreue Eckhart» genannt, galt für einen in seinem Fache höchst ausgezeichneten Mann. Er hatte die größten

Verdienste um die Ortsschule wie auch um viele andere Schulen des Königreichs, indem er eine ganze Anzahl junger Leute zum Lehrfach vorbereitet hatte, die seiner Zucht die größte Ehre machten. In Ansehung dessen hatte ihm denn auch das Konsistorium den Kantortitel verliehen, eine Auszeichnung, die zu jener Zeit für Dorfschulmeister selten vorkam. Ich hatte diesen Mann sehr lieb und stattete ihm bisweilen Besuche ab, um mir vom Siebenjährigen Kriege erzählen zu lassen, dessen Drangsale er zum Teil mit durchgemacht hatte.

Das waren, außer den schon bekannten, die hervorragenderen Mitglieder der Dienstagsgesellschaft, lauter gute Leute, die sich trotz mancherlei kleiner Schwächen sämtlich untereinander achteten und liebten. Nachdem am langen Wachstuchtische der Tee getrunken war, wurden wir jungen Leute, gewöhnlich unter Aufsicht einer Rollerschen Schwester oder jener alten Katzenfeindin, abgesondert, uns untereinander mit Bilderbesehen oder geselligem Spiel zu unterhalten. Das waren freundliche Stunden. Die beiden jungen Gräfinnen, Lenorchen und Karolinchen, die bei der Tante Dohna in Hermsdorf ihre ganze erste Jugendzeit verlebten, waren liebliche, harmlos heitere Mädchen von zwölf bis sechzehn Jahren, fromm und verständig und immer zum Lachen geneigt. Wenn die von Roller vorgeschriebenen vier bis fünf Bilderbibelbilder bis zum Überdruß durchstudiert waren, so machte es den jungen Damen besonderes Vergnügen, die alte Haushälterin zur Leerung ihrer Taschen zu bewegen, um sich immer wieder von neuem über die Fülle des Inhalts zu verwundern. Auch war es ganz erstaunlich, was da alles herauskam: Medikamente und Pflaster aller Arten, Verbandzeug, Tabaksdosen, Bestecke, Etuis mit den scharmantesten Utensilien, Bücher, Wachsstöcke, Feuerzeug, Lakritzenbonbons gegen Trockenheit im Munde, sogar einige einfache Nahrungsmittel für den Fall plötzlichen Heißhungers. Es nahm kein Ende, und mit Interesse besahen wir alle diese Gegenstände, uns den Gebrauch erklären lassend.

Durften wir unter den Großen bleiben, so hatten wir zwar meist zu schweigen, langweilten uns aber keineswegs, da Roller Rücksicht nahm auf alles, was ihn umgab, und seine Unterhaltung für jedermann verständlich war. Gewöhnlich ließ er irgendeine Kuriosität von Hand zu Hand gehen, ein seltenes Insekt, das er gefangen, eine römische Lampe, ein buntes Steinchen aus dem Mosaik der Sophienkirche in Konstantinopel, eine Südseemuschel, eine Zeichnung, eine Jerichorose, immer Dinge, denen er den höchsten Wert beimaß und denen er allgemein ansprechende Seiten abzugewinnen wußte. Überraschend schnell schlug dann die achte Stunde, da denn die teueren Gäste sämtlich den Pfarrhof wieder verließen, um bei sich zu Hause ihre Abendsuppe einzunehmen.

Geheime Elsternkraft

Unter die Vergnügungen, denen ich in Lausa ausgesetzt war, muß eine Beschäftigung gezählt werden, die an und für sich zwar nichts weniger als amüsant war, aber durch die Beteiligung Rollers, welcher auch die geistlosesten

Arbeiten *cum grano salis* zu genießen wußte, dennoch einigermaßen erträglich wurde. Wir setzten uns nämlich, mein Pastor und ich, einander gegenüber an die Wachstuchtafel, ein gewisses schwarzes Pulver zu gleichen Gewichtsteilen in ebenfalls gleichgroße Papierhülsen füllend, und dabei pflegte Roller mit ganz besonderem Vergnügen sich selbst als Doktor, mich aber als Subjekt und Pharmazeuten zu verhöhnen und allerlei sonderbare wie auch sehr ärgerliche Erlebnisse zu erzählen, die auf die Sache Bezug hatten.

Von Jonathans Kränklichkeit ist schon die Rede gewesen; derselbe war ein äußerst gebrechlicher Mensch, der früherhin an bösen Krämpfen gelitten hatte, die für epileptisch galten. Ärztliche Behandlung wie kluger Freunde Rat waren lange Jahre hindurch erfolglos geblieben, als endlich ein fremder Handwerksbursche, der zufällig fechtend auf den Hof kam und Zeuge eines solchen Anfalles wurde, sich folgendermaßen vernehmen ließ. Jede Krankheit, sagte er, indem er einem Topf mit Zwiebelsuppe zusprach, den Charitas ihm spendete, sei ein Übermaß des Feuers in Blut und Nerven. Inzwischen habe jedes Feuer auch sein Wasser, das es lösche, wenn man's nur kenne. So gäbe es denn auch ein kleines Tierchen, welches das böse Wesen dämpfe und vertilge, und nicht ehrlich wolle er sein und zeitlebens keinen Speckkuchen mehr essen, wenn er nicht selbst dadurch geheilt worden sei. Auch sei besagtes Tierchen überall zu Hause und habe so viel Namen, daß es gar nicht zu verfehlen sei. Es heiße nämlich: Elster, Alster, Alkaster, Schalaster, Heister oder Hester. In den heiligen zwölf Nächten, wo die

Natur – denn es sei ein Naturmittel – ihre ganze Kraft beisammen habe, schieße man dies nützliche Vögelchen; danach werde daselbe im Backofen verkohlt und pulverisiert. Von solchem Pulver müsse man täglich eine Messerspitze voll in Wasser nehmen, dabei ohne Wandel leben, nicht tanzen und sich nicht besaufen; so werde man die Krankheit bald vermissen.

Den Versuch zu machen, war Roller nichts weniger als abgeneigt. Zur angegebenen Zeit schoß er die erste Elster und behandelte den Bruder mit solchem Glück, daß jenes fürchterliche Leiden schon nach Monatsfrist gehoben schien und auch nicht wiederkehrte. Die Kur machte Aufsehen im Dorf; es meldeten sich andere Kranke und genasen gleichfalls. Zu meiner Zeit verkohlte Roller jährlich schon an hundert Schalaster, die ihm von allen Seiten, sogar vom Harz und aus Schlesien, durch Freunde eingeliefert wurden, und versandte die Pulver bis Hamburg, Königsberg und Wien. Diese ausgedehnte Praxis nahm ihm einen bedeutenden Teil seiner Zeit, denn fast täglich überliefen ihn die Pulverleute, wie er sie nannte, oder hatte er sein schwarzes Mittel brieflich zu versenden. Da er aber von der Wirksamkeit fest überzeugt war, so freute er sich, daß Gott ihm einen Weg eröffnet habe, sich für die Heilung seines Bruders dankbar zu erweisen, und wies beharrlich jede Gegenleistung ab. Er verlangte nichts von seinen Patienten als gewissenhaften Bericht, wie es bekommen sei, und da dieser häufig ausblieb, andererseits aber immer neue Versuche gemacht wurden, Geld und Geschenke anzubringen, so war auch recht viel Ärger bei der Sache.

«Daß diese Stadtleute verdammt wären mit ihrem Gelde!» sagte er dann wohl, «für alles wollen sie's entweder haben oder geben; aber daß sich einer dankbar erweisen und wie ein vernünftiger Mensch melden sollte, wie ihm was bekommen, dazu sind sie doch zu einfach in ihren Sperlingsköpfen. Wenn ich», fuhr er fort, «dem dümmsten Kerl im Dorfe einen Scheffel Weizen zur Aussaat schenke mit der Bedingung, daß er mir hernachmals ansage, das wievielte Korn er geerntet habe, so kann ich einen körperlichen Eid darauf tun, daß er mir kein Geld anbietet; er nähme lieber noch etwas dazu. Aber zu seiner Zeit pocht es an meine Türe, und mein Mann stellt sich richtig dar und sagt: ‹Mit Verlaub, Herr Pastor, das dritte Korn oder das siebente›, oder, wenn er guten Dung hat und ein großmäuliger Kerl ist, so sind es wohl auch eine Mandel von jedem Korn gewesen. Nun: solche Klugheit kann man freilich von Städtern nicht erwarten, aber mit ihrem Gelde sollen mir diese Krämer doch vom Leibe bleiben!»

Dergleichen Reden hielt der uneigennützige Arzt nicht selten, und daß es jeder hören konnte, aber seinen Zweck erreichte er nicht, denn die Leute boten ihm immer wieder Geld an. So eine Dresdner Dame, deren Sohn er geheilt hatte. Diese schickte zwanzig Taler Gold mit der ergebenen Bitte, der Herr Pastor möge, wenn er das Gold für sich nicht nehmen wolle, einen beliebig wohltätigen Gebrauch davon machen.

«Daß dich!» sagte Roller in großer Entrüstung und expedierte die Summe sogleich zurück, begleitet von einem obligaten Handschreiben, welches seiner Meinung nach ausreichend deutlich war, um es auf immer mit jener undankbaren Frau zu verderben. Nichtsdestoweniger erschien am anderen Tage ein Fäßchen Wein, zwar ohne Angabe des Absenders, doch vermutlich aus derselben Quelle, und die Schwestern, welche häufig vornehme Gäste zu bewirten hatten, empfingen es mit ungeheuchelter Freude. Der Bruder aber erkannte den Feind auch in dieser Verkappung, und wenn ihn nicht die Würde seines Amtes hinderte, sagte er, so würde er das Weib in ihrem eigenen Wein ersäufen. Sofort ließ er das Fäßchen, trotz aller Fürbitte der Hausgenossen, auf die Treppe legen, den Kran daran und einen derben Henkelkrug daneben; allen Pulver- und Bauersleuten aber, die von ihm gingen, empfahl er, sich im Vorübergehen zu bedienen und sich dabei nicht etwa von der Bescheidenheit übermannen zu lassen. Im Umsehen war's so weit, daß auch der pfiffigste Küfer kein Tröpfchen mehr herausgezapft hätte, und das war die Strafe jener Dame.

3. Die Konfirmation

Am Palmsonntag war ich früh aufgestanden und hatte die neuen Kleider angezogen, die meine Mutter tags zuvor geschickt. Des Fracks zwar schämte ich mich, weil ich bis dahin nur Jacken getragen hatte, aber weil die jungen Stolbergs in Eskarpins sein würden, sagte Roller, so sei der Frack das geringste, was ich tun könne.

Mich an mich selbst zu gewöhnen, ging ich in den Garten. Es war ein herrlicher Morgen. Die Frühsonne strahlte festlich durch das knospende Gesträuch und funkelte in den geschwollenen Fruchtaugen der Obstbäume. Die Stachelbeeren hatten sich bereits in grüne Florschleierchen gehüllt, die Weiden trugen gelbe Kätzchen, Erlen und Nüsse ihre wunderlich geschwänzten Blüten, die Lerchen tremulierten in hoher Luft, und aus den Wipfeln der alten Linden pfiff die Drossel. Die Natur beging ganz augenscheinlich ihren Geburtstag.

Ich Ärmster aber war im Frack und sollte öffentlich vor der ganzen Gemeinde examiniert werden. Letzteres lag mir besonders schwer im Gemüte wegen des Katechismus, der, wo er nicht in früher Kindheit überwunden wird, schwer ins Gedächtnis eingeht. Ich hätte den Frack darangegeben, wenn ich das Examen losgewesen wäre.

In dieser Stimmung trafen mich Herr Mann und Benzig. Sie sahen in ihren Kniehosen und mageren Beinen auch nicht zum Verlieben aus, doch waren wir allesamt zu feierlich gestimmt, um uns mit Lächeln aufzuhalten. Etwas durchfröstelt von der kalten Morgenluft, überhörten wir uns den Katechismus unter reichlichem Schneuzen und versammelten uns dann mit allen Bauernkindern zum letzten Male in der stillen Stube. Hier trat Roller zu uns im vollen Ornat und führte uns unter dem Geläute der Glocken in feierlicher Prozession über den Kirchhof, zwischen Gräbern hindurch und hinein in die festlich bekränzte Kirche. Mein erster Blick fiel auf das andächtige Gesicht meiner Mutter. Sie war in aller Frühe mit meiner Schwester, Marien und Mariannen ausgefahren und in Hermsdorf abgestiegen, von wo sie mit Graf Dohnas zur Kirche kam. Die Orgel intonierte prächtig, und unter dem Begrüßungsgesange der Gemeinde scharten wir uns um den Altar, welcher mit ein paar hohen Palmenzweigen, einer Spende meiner Mutter, dekoriert war.

Vor uns stand Roller. Es war an diesem Menschen nichts Modernes, nichts Gesetztes und Gemachtes. Er sah wie ein Felsen aus vom ersten Schöpfungstage, wie ein Denkstein aus uralter Zeit. Die feste Gestalt, das unwandelbar edle Gesicht, die ruhige Haltung, die objektive Rede, aus der nicht die Zerrissenheit menschlicher Meinungen, Vermutungen und Gefühle, sondern die majestätische Gewißheit ewig unwandelbarer Wahrheit sprach: das alles hatte etwas Apostolisches. Sein dunkles Auge lag auf uns mit dem Ausdrucke – nicht des Stolzes, sondern der sorgenden Liebe, und als er nun aus der Tiefe seines Herzens zu uns sprach, stahl sich eine Träne nach der anderen über das steinerne Gesicht. Diese innere Bewegung eines Mannes, der seine Empfindung sonst unter Schloß und Riegel hielt, ergriff mich mehr noch als die Worte, die er sagte, und sehr bald fand ich mich so tief eingetaucht in die Feier jener heiligen Stunde, daß ich auf Worte kaum noch hörte.

Zu einigem Aufmerken kam's erst wieder, als ich, kniend auf den Stufen des Altars, meine Hand in Rollers rechter, seine linke auf meinem Haupte, den Segen der Kirche empfing.

«Gibst du dich dem Herrn Jesu mit Leib und Leben zum Eigentum hin?» So fragte mich Roller, und ich sagte: «Ja!» und meinte es aufrichtig und ehrlich.

Darauf sprach er weiter: «Selig sind, die reines Herzens sind! – Soll mir's hart ergehen –

laß mich feste stehen – und selbst in den schwersten Tagen – niemals über Lasten klagen – denn durch Dornen hier – geht der Weg zu dir.»

Roller pflegte sich auf die Sprüche und Verse, die er seinen Konfirmanden bei der Einsegnung sagte, nicht vorzubereiten, sondern sich dabei ganz dem zu überlassen, was der Augenblick ihm zuführte. Er wußte daher nachträglich selbst nicht, was er gesprochen hatte, aber Angehörige und Freunde schrieben solche Worte, die wie Orakel angesehen wurden, nach, und so waren denn auch mir jene Sprüche erhalten worden, die mir durch mein langes Leben vielfach mahnend und stärkend zur Seite gestanden haben.

Ich war nun eingetreten in die Reichsritterschaft der Kirche und, ihrer Gnadengüter teilhaftig, hatte ich am Grünen Donnerstage mit der ganzen Gemeinde und unter Absingung des Liedes: «Schmücke dich, o liebe Seele» zum ersten Male das Sakrament des Altars empfangen. Auch hatte ich an Erkenntnis zugenommen, gelernt, was recht und falsch sei, gut und böse; im übrigen aber war ich unverändert geblieben, das heißt, ein lieber, guter Junge in meinen eigenen Augen, und wenn etwas von der Aussaat aufgegangen sein sollte, die ein treuer Lehrer damals in meine Seele legte, so würde dies doch erst einer viel späteren Periode meines Lebens angehören, da ich aus eigener Erfahrung mit dem heiligen Antonius bekennen lernte, daß der wesentlichste Fortschritt, dessen wir als Christen fähig sind, in der fortschreitenden Erkenntnis unseres eigenen inneren Verderbens liegt.

Meine Mutter war mehrere Tage im gastfreien Hermsdorf verblieben, um an der Kommunion mit teilzunehmen. Danach war sie nach Dresden zurückgegangen; ich aber sollte noch in Lausa bleiben, bis im Mai der Vater von Berlin zurück sei und eine längst projektierte Familienreise zum Bruder Gerhard angetreten werden könne. In Ballenstedt sollte dann mit Beckedorff und Starke über meine nächste Zukunft beraten werden, namentlich über die Wahl eines Gymnasiums, das meine Eltern aus vielfachen Gründen in der Nähe des Bruders wünschten.

Ich war in Lausa völlig eingebürgert und erfreute mich überdem seit kurzem der Gesellschaft eines jugendlichen Genossen, daher ich desto lieber zurückblieb. Mein neuer Freund, nur wenig Jahre älter als ich, hieß Otto von Löben. Frühzeitig verwaist, war er Roller übergeben worden und in dessen Hause verblieben, bis er die St. Thomasschule in Leipzig beziehen konnte. Roller sah ihn daher wie einen Sohn an, und wie gewöhnlich verbrachte Otto auch diesmal seine Ferien bei dem Pflegevater.

Dieser Otto war ein frischer, bildschöner Bursche, der von nun an Freud und Leid, Vergnügen und Arbeit mit mir teilte. Wissenschaftlich ward freilich damals nichts getan. Roller hatte seine Arbeit hinter sich, Otto verfeierte seine Ferien, und uns alle umgab das Jauchzen des anbrechenden Frühlings – wer konnte da studieren! Wir gruben, pflanzten, angelten und krebsten, schlämmten den Gartenteich mit weitaufgestreiften Hosen und fuhren mit dem alten Peter Holz aus dem Busche, das wir selbst geschlagen, und dampfenden Dünger aufs Feld. Es waren dies lauter Vergnügungen nach Rollers Ansicht, für uns mitunter böse Klippen, da leicht ein ungeschicktes Anfassen oder andere Versehen vorkommen konnten, die bei der aufbrausenden Gemütsart unseres Herrn und Meisters unangenehme Auftritte zur Folge hatten. Aber in Gemeinschaft trägt sich alles, und Otto verstand es so prächtig, Verdrießlichkeiten abzuschütteln und wegzulachen, daß ich die Meinung von ihm faßte, er sei durch gar nichts weder zu kränken noch zu betrüben.

Auf meinen Vorschlag sollte bisweilen auch spaziert werden, wovon ich mir mehr Vergnügen und bessere Unterhaltung versprach als vom bloßen Düngen oder Holzhacken; aber Roller hatte davon so wenig einen Begriff als seine Bauern, daher diese Art von Naturgenuß auch nie so recht gelingen wollte. Wohl machten wir uns öfter auf den Weg, kamen aber selten weiter als fünfzig Schritte über den Pfarrhof hinaus, weil es überall soviel zu sehen gab.

So wie mein lieber Pastor sich nämlich für Menschenwerke jeder Gattung interessierte, so daß er ebensowenig bei einem am Fenster ausgestellten Holzpantoffel als bei dem Belvederischen Apoll ohne die umständlichste Besichtigung vorbeigegangen wäre, so und noch viel lebhafter für alle Werke Gottes, und zwar – vielleicht weil er Myops war – zunächst für die kleinsten. Während ich, ins Weite schweifend, mich an Totaleindrücken ergötzte, übten auf jenen Sandkörnchen, Staub, Schimmelpflanzen, Blattläuse, Erdflöhe und dergleichen Kleinigkeiten die größte Anziehung. *De minutis rebus* – pflegte er zu sagen – denke mein Unverstand viel zu gering. Weil aber diese Scheidemünze der Natur überall so verschwenderisch verstreut ist und stets genauester Prüfung unterlag, so hemmte sie uns auf Schritt und Tritt, und was man einen Spaziergang nennt, der nichts zum Zwecke hat, als sich aus der Stelle zu bewegen und die Herrlichkeit der Schöpfung aufs Gemüt wirken zu lassen, kam nie zustande.

Mehr nach meinem Geschmacke waren gewisse Gänge, die bei Nacht unternommen werden mußten. Otto und ich pilgerten nämlich jeden Abend gegen zehn Uhr in Begleitung der beiden Hofhunde nach Hermsdorf, um unseren Pastor abzuholen, der, wie schon gesagt, dort allabendlich verkehrte. Wir gingen dann aber weder ins Schloß noch auch nur in den Hof hinein, sondern warteten bescheiden draußen, unter alten, unbelaubten Pappeln auf dem Erdboden liegend, der Kühlung wegen ein jeder mit einem Hunde zugedeckt, bis der schwere Schritt des Pastors und das Aufstampfen seines ungeheuren Knotenstockes vom Hofe her erschallte.

Roller hatte stets eine laute Freude, uns vorzufinden, nannte uns Fledermäuse, Finsterlinge, Nachtgespenster und trat den Rückweg in bester Laune an. Im Dunkeln war er am genießbarsten. Wenn ihm die Außenwelt entschwand mit ihren *minutis rebus,* die ihn zerstreuten, dann offenbarte sich erst der Reichtum seines inneren Lebens, und seine Rede wurde oft erbaulich. Zu sehen gab's zwar auch im Dunkeln; aber es ist doch nicht ganz gleich, was wir ins Auge fassen, den Orion oder eine Käsemilbe. Der Glanz des nächtlichen Himmels tat uns stets das Herz auf, und Roller wußte gut Bescheid dort oben, kannte die Sternbilder mit Namen, den

Gang der Planeten und den höchst sonderbaren Lauf des Mondes. Das waren schöne Gänge, und wenn wir uns drauf niederlegten in Rollers dunkler Kammer und er den Abendsegen betete, da war mir's oft zumute, als sei die Seele durch ein frisches Bad gegangen. Die einfachen Worte des Gebetes hallten fort in meinem Herzen, bis ich einschlief.

Als meine Zeit in Lausa abgelaufen war und ich die Tauben noch einmal gefüttert, dem Bruder Jonathan, den Schwestern und allen Hausgenossen die Hand gereicht und den Hunden über die Schnauzen gestrichen hatte, fuhr mich Roller selbst in seinem Planwägelchen nach Dresden, indem er mich unterwegs vom Raupenfraß und den Mitteln dagegen unterhielt. Im «Gottessegen» angelangt, wollte er sich nicht aufhalten, verlangte aber von meiner Mutter ein Glas Bier; «denn», sagte er, «wenn junge Leute voneinandergehen, so tun sie einen Trunk.» So schieden wir.

Mein lieber Pastor Roller glich einer Shakespeareschen Dichtung, aus derber Laune und schwerem Ernst gewoben, deren vielfache Ungehörigkeiten wir über dem unerschöpflichen Interesse vergessen, das uns das Ganze einflößt. Wenn mich die harten Kanten seiner primitiven Natur auch oft verletzten, so übte diese andererseits doch wieder den größten Reiz auf mich. Ich hatte mich daher schon während dieses unseres ersten Zusammenlebens dem seltsamen Manne recht eng angeschlossen. Ich hatte ein Verständnis für seine Besonderheit, er für die meinige, und trotz aller Verschiedenheit der Jahre umschlang uns bald ein Band gegenseitigen Wohlgefallens und Vertrauens, das nachmals zu fester, unwandelbarer Freundschaft wurde. Dreißig Jahre lang haben wir miteinander persönlich und brieflich im zutraulichsten Verkehr gestanden, dem erst der Tod des alten treuen Kirchenmanns ein Ende machte.

Zum Schlusse dieses Abschnittes mögen hier noch zwei Gedichte und ein Brief des seligen Roller stehen, in denen sich die ganze Eigentümlichkeit des Mannes nach allen Seiten ausprägt. Die ersten beiden Strophen in Knittelversen hat Roller noch als Kandidat gemacht, vielleicht um seinen Schülern den Nutzen der Gestalt unserer Erde klarzumachen. Es lautet:

«Die Welt ist rund,
Und das ist gesund,
Denn hätte sie Ecken und Spitzen,
Könnten wir nicht so bequem drauf sitzen.
So kann auch das Wasser herunterlaufen,
Sonst müßten wir alle darunter ersaufen.
Daß sie aber rund ist und wir länglich,
Darüber sei ja niemand bänglich,
Denn – wären wir nur einerlei Statur,
So kugelten wir durch die ganze Natur.
So aber trotzt man der ganzen Welt,
Wenn man die Beine der Quere stellt.»

Die nachfolgenden reizenden Verse schickte mir mein alter Freund mit einer kleinen Dedikation im Jahre 1823 zu meinem Geburtstage.

«Ich möchte dir zum Morgenliede singen
Mit tausend Stimmen meinen Dank!
Die Seele fliegt mit Adlerschwingen –
Und wär' sie müde, matt und krank:
O Jesu! deine Siegeskraft

Mir Freude, Mut und Kräfte schafft.
Was füllt mir sonst mein Herz bis oben,
Daß es von Frieden überfließt
Und sich in Danken, Lieben, Loben
Als wie ein Tränenstrom ergießt?»

Der Brief endlich ist an mich und meinen Bruder gerichtet, da wir im Jahre 1843 auf einer gemeinschaftlichen Reise unsere Vaterstadt Dresden besuchten und von hier aus durch einen expressen Boten bei unserem alten Lehrer angefragt hatten, ob wir ihn anderen Tages besuchen dürften. Er lautet:

Lausa bei Dresden, den 21. Martii 1843

Du Mann! Du Mann! Kinder Gottes!

Halt! werde ich Euch noch umfangen können in meiner natürlichen Dürftigkeit? Ihr seid über das Maß gewachsen, länder-, völker-, wälderkundige Leute! Da stehe ich noch an meiner Schwelle und wundere mich über die Fliege an der Wand, daß sie ruckweise geht und fein summet, und haben jede Gattung ander Geäder in den Flügeln, darüber sich ihr gläsernes Pergament spannt. – Holla! ihr Fliegen an der Wand, irret mich nicht!

Ihr seid morgen, Ihr Brüder, unaussprechliche Male willkommen, wöllkommen, wohlgekommen. Bis um zehn Uhr habe ich nur die Konfirmandenseelchen, doch wird wieder um zwölf Uhr ein entsetzlich kleines Kind unter die Erde gebracht, abgesungen mit drei Versen, hinausgewiegt bis auf den Gottesacker, dort nach dem Morgensegen mit Sand und Rasen und Heidekraut zugedeckt, bis es wieder warm wird.

Vier Arten Blumen blühen Euch in meinem Garten entgegen: *Helleborus* drei Arten, *Galanthus* eine, desgleichen meine Hauskinder in mühseligen Gewändern, aber ameisig. Meine Schwestern strecken Euch treue mütterliche Hände entgegen. Esset Ihr Schinken?

Das Zeichen am Himmel, als ein Lichtstreifen unter dem Riegel des Orion vom Kopf des Hasen ausgehend, schräg ab nach dem Horizont, deutet mir. Forschet fleißig nach, wie es Verständige ansehen; es ist mir was Ungesehenes in meinem ganzen Leben auf diesem Rund. Drei Abende ließ es sich sehen, gestern nur schwächer und breiter.

Mehr nicht heute. Gott zum Gruß und Abschied. Schon höre ich das Rauschen Eurer Füße! Kommet und bleibet, sobald und lange als möglich.

S. D. Roller

SECHSTER TEIL

Mein Vater wurde durch gehäufte Arbeit in Berlin so festgehalten, daß er für seine Person von der Ballenstedter Reise abstehen mußte; er hatte jedoch die Mutter autorisiert, sich mit uns übrigen allein auf den Weg zu machen und wegen des Gymnasiums eine Wahl für mich zu treffen. Ich war daher von Lausa mit der angenehmen Erwartung heimgekehrt, sofort eine schöne Frühjahrsreise anzutreten, und sehr unangenehm überrascht, statt dessen als Patient ins Bett wandern zu müssen.

In Dresden grassierte das Scharlachfieber, und da sämtliche Hausgenossen meine Stimme verändert, rauh und übeltönend fanden, ich auch nicht leugnen konnte, daß mir der Kopf ein wenig eingenommen sei, so schien die Vorsicht meiner Mutter nicht ganz grundlos. Der Arzt war leider über Land, aber was er anordnen würde, glaubte man zu wissen, nämlich Bettwärme und Fliedertee. Beides ward auf der Stelle angewandt, ich schwitzte wie ein Braten, und gegen Abend war nicht allein der Puls beschleunigt, sondern es schien auch, als röte sich die Haut. Ich fühlte mich sehr unbehaglich, und mit Teilnahme wünschten mir die Mädchen gute Nacht, während die besorgte Mutter sich im anstoßenden Alkoven zur Ruhe legte.

Ich kann nicht leugnen, daß ich wie ein Sack schlief. Als mich am anderen Morgen die Sperlinge mit ihrem Morgenliede wachschrien, war ich vorerst ganz angenehm überrascht, mich nicht in Rollers Kammer, sondern in einer Umgebung zu finden, an der die süßesten Erinnerungen meines Lebens hafteten, im Wohnzimmer der Mutter. Dann fiel mir ein, daß ich das Scharlachfieber habe. Ich besah Brust und Arme; aber da war keine Spur von Ausschlag. Ich fühlte mich so gesund wie die Spatzen in den Linden, sprang aus dem Bett und öffnete das Fenster, die frische Luft in vollen Zügen einzuatmen. Ein glänzender Morgen! Drüben aus dem Schönbergschen Hause stieg der von der Sonne durchleuchtete Rauch wie eine Lichtgestalt auf, Marktleute zogen durch die Straßen, und über die Elbe her riefen die katholischen Glocken zur Frühmesse. Es war herrlich. Ich gedachte des Wiedersehens mit meinem Bruder, dem nun nichts mehr im Wege stand, und fühlte mich sehr selig.

Mittlerweile war auch die Mutter aufgestanden und ins Zimmer getreten. Als sie den Patienten fast unbekleidet am offenen Fenster sah, mochte sie glauben, das Delirium sei schon in voller Blüte, und rief mich erschrocken beim Namen. Ich wandte mich um; ich wollte sagen, daß ich wieder ganz gesund sei – aber da ich zu sprechen begann, befremdete es mich selber, wie Bässe, Gurgellaute und Diskante durcheinanderpfiffen. Ich war in der Tat sehr heiser und wurde ohne Kommiseration wieder ins Bett gesteckt. Jedenfalls sollte ich liegen bleiben, bis der Doktor entschieden haben würde. Der kam auch endlich, besah und examinierte mich genau. Dann sagte er schmunzelnd, ich sei nicht kränker als ein junges Hähnchen, das zu krähen beginne; die Stimme bräche sich, und das sei alles.

So war ich denn nun offiziell für gesund erklärt, und der Reise stand nichts mehr im Wege. Der unbequeme Wagen des Lohnkutschers Hempel war hoch aufgepackt worden, die Mutter, Marianne, Marie, meine Schwester und ein Dienstmädchen nahmen Platz im Inneren, und ich schwang mich zum Kutscher auf den Bock mit meiner Pfeife.

«Rauchst du denn?» fragte meine Mutter.

«Nur mäßig!» rief ich zurück, «ich habe es vom Pastor Roller gelernt.»

Da mußte ich wieder absteigen und die Pfeife dem Hausmann in Verwahrung geben. Es sei dasjenige von dem bei Roller Erlernten, sagte die Mutter, was ich vergessen müsse, bis der Vater darüber entschieden haben würde.

Am dritten Tage gegen Abend langten wir in Merseburg an. Als der Reisepaß am Tore vorgezeigt worden, bemerkte der wachthabende Unteroffizier, er habe Befehl, eine Dame dieses Namens anzuhalten und mit ihrer Begleitung aufs Schloß zu führen.

Meine Mutter protestierte und berief sich auf den Regierungspräsidenten von Schönberg, der sie kenne und für sie bürgen werde. Aber jener ließ sich auf Erklärungen nicht ein; er täte nur seine Schuldigkeit, sagte er, und bäte, ihm das nicht übelzunehmen. Ich ward nun zu den übrigen in den Wagen verpackt, ein Kriegsknecht nahm an meiner Stelle Platz auf dem Bocke, und so karrten wir langsam als Gefangene durch die Straßen. Meine liebe Mutter war sehr verwundert, sich in dieser Lage zu sehen, und Marianne seufzte über die Rücksichtslosigkeit in Preußen, während es uns Kindern ganz gelegen kam, zur Abwechslung einmal etwas Kerkerluft zu riechen, zumal der mächtige Herr von Schönberg uns ja bald befreien mußte.

Endlich rasselten wir in den weiten Schloßhof

ein und hielten am Portale; ein Diener riß den Schlag auf, und lachend über seinen gelungenen Anschlag trat uns Herr von Schönberg entgegen, der, was wir nicht ahnten, seine Amtswohnung hier hatte. Er entschuldigte die Gewalttat, welche er sich gegen uns erlaubt, damit, daß ihm in der Eile ein anderes Mittel, sein Haus eines erwünschten Besuches zu versichern, nicht eingefallen sei, und führte uns hinauf zu seiner Gemahlin. Diese war eine Schwester der Gräfin Dohna, durch welche sie erst tags zuvor von der Reise meiner Mutter unterrichtet worden, und wie denn der hervorragendste Zug ihres Charakters eine ungemeine Herzensgüte war, so mochte sie den Wunsch haben, den Reisenden bei dieser Gelegenheit so viel Gutes zu erweisen, als in ihren Kräften stand. Meine Mutter hatte diese treffliche Frau in Hermsdorf kennengelernt, war auch in Dresden, wo Herr von Schönberg während des preußischen Guberniums eine einflußreiche Stellung innehatte, in einiger, die Armenpflege betreffender Geschäftsberührung mit ihr gewesen und liebte sie so sehr, daß sie ihr keinesfalls vorbeigereist wäre. Ein Besuch im Schönbergschen Hause lag allerdings im Reiseplan, und wenn auch nicht im allerentferntesten daran gedacht worden, dort zu herbergen, so erlagen wir doch jetzt recht gerne der Gewalt. Es ward beschlossen, einen Tag in Merseburg zu rasten.

Schönbergs hatten ein einziges Töchterchen, namens Auguste, ein feines kleines Mädchen mit klugen Augen und langen blonden Locken. Diese nahm sogleich meine Schwester und Marien in Beschlag, während die Großen sich zurückzogen und ich mir selbst überlassen blieb. Verlegen klemmte ich mich in einer Fensternische umher, den Blick bald auswärts auf die Gegend, bald einwärts auf die Mädchen werfend, bis ich daselbst ein derbes altes Buch entdeckte, eine Chronik von Merseburg, und bald war ich in diese Lektüre so vertieft, daß ich nichts mehr von Verlassenheit wußte. Es waren wunderliche Geschichten, für deren Wahrheit ich nicht einstehen möchte, dazumal aber glaubte ich alles, weil das Buch so ernst und fromm war. Unter anderem stand da schwarz auf weiß mit Angabe aller Namen und Data die folgende Begebenheit verzeichnet:

«In der heiligen Osterzeit, des Morgens früh, da es noch dunkelt, wackelt der alte Küster des Domstiftes mit seinem Laternchen über den Schloßhof, um zur Frühmette zu läuten. Da, beim Eingang in die Kirche, huscht etwas an ihm vorüber; er blickt auf und sieht sich umgeben von schattenartigen Gestalten, unter denen er mehrere erst jüngst begrabene Personen erkennt. Entsetzt läßt er sein Laternchen fallen und entwischt zurück ins Kämmerlein. Beim Anbruch des Tages aber wird er zum Bischof entboten, der ihn hart anläßt, seiner Erzählung keinen Glauben beimißt und ihn mit schwerer Strafe bedroht, wenn er je das Läuten wieder verträumen sollte.

In der zweiten Nacht geht der beängstete Küster denselben Weg, sieht weder rechts noch links, obgleich ihm manches verdächtig ist, und tritt, an allen Gliedern zitternd, in den Dom. Hier blickt er auf und findet das Schiff der Kirche angefüllt von einer gespenstischen Gemeinde; auf der Kanzel aber steht im weißen Predigerhemdchen ein schlotterndes Gerippe, das dem Eindringlinge seine dünnen Knochenhände entgegenschwenkt.

Die Domherren hören abermals kein Läuten, und der ergrimmte Bischof läßt beim Anbruche der dritten Nacht den Geisterseher samt seinem Bette in die Sakristei sperren, damit er's ja nicht wieder verschliefe; und sollte es auch zum drittenmal nicht läuten, so würde er's mit seinem Kopfe büßen, wird ihm versichert. Aber es hat dennoch nicht geläutet, und der Küster war verschwunden. Keine Spur war von ihm übrig, nur vor dem Hochaltare fand sich ein Häufchen Asche.»

Der Dom

Unterdessen mochte unsere gütige Wirtin sich meiner doch erinnert haben, denn kaum hatte ich die obige Geschichte beendet, als sie zu mir trat und mir einen Schlüssel überreichte. Wenn es mir Vergnügen mache, sagte sie, die Kirche zu besehen, so ginge der Weg durch jene Türe und immer weiter; die letzte Türe öffne der Schlüssel.

Das hieß meinen Geschmack ins Schwarze treffen. Ohne Verzug machte ich mich auf den Weg, und daß ich so allein war, war das beste, denn bei Besuchen, die man der Vorzeit abstattet, braucht man keine Zeugen. Ich konnte fühlen, denken und träumen, was ich wollte, erinnere mich auch, daß ich dachte, wie die alten Regenten des Domstiftes ohne Zweifel mit demselben Schlüssel denselben Weg gewandert seien, wie ehrwürdig sie etwa dabei ausgesehen haben könnten mit ihren Krummstäben, hohen Mützen und goldenen Gewändern, und wie schade es sei, daß sie sich jetzt in bloße Regierungspräsidenten verwandelt hätten.

Unter dergleichen elegischen Betrachtungen durchwanderte ich eine Reihe von Gemächern und Gängen, bis ich an die verschlossene Türe gelangte, die richtig meinem Schlüssel wich und mir den Eintritt in einen kleinen, weißgekalkten Durchgang voll sonderbarer Schildereien gestattete. Das war denn etwas ganz Verwunderliches! In alten, wurmstichigen Rahmen hing hier Bild an Bild, neben-, unter- und übereinander, daß die Wände davon bedeckt waren. Es waren lauter Stilleben; nicht aber, was die Maler so zu nennen pflegen, gerupftes Geflügel, tote Hasen und dergleichen – nein, es waren vielmehr die toten Herren Bischöfe des Stiftes selbst. In Lebensgröße, mit eingesunkenen Augen und hippokratischen Gesichtern, an denen die Verwesung bereits genascht zu haben schien, waren sie da in ihren Särgen liegend abgebildet, einer beim andern. Ich hatte keine Liebhaberei für Leichen, und dennoch war ich hier wie festgebannt. Ich las die Namen, besah die Wappen und empfand ein tiefes Mitleid mit diesen abgefallenen welken Blättern und mit mir selber, der ich ja auch dereinst ein solches werden sollte.

Mühsam riß ich mich los und gelangte mittelst einer kleinen gewundenen Steintreppe hinab in eine altersgraue Sakristei, wo mir sogleich ein Gegenstand ins Auge fiel, der mich versteinerte. Dem Treppchen gegenüber war mit Eisenklammern ein hohes Kreuz an die Wand geheftet, und daran hing unter Staub und Spinnweben ein lebensgroßer, aus Holz geschnittener Leichnam, angestrichen mit der

Farblosigkeit des Todes, voll Blut und Schwielen. Wirkliche Dornen umflochten das natürliche Haar, das über den vorgebeugten Kopf herabfiel und das Gesicht bedeckte. Der tote Christus schien leibhaftig dazuhängen – aber dergleichen Leibhaftigkeit erweckt mehr Schauder als Erbauung. Ich mußte des Küsters denken, der hier schlafen sollte und dessen Bett vielleicht gerade unter jenem Bilde stand. Da war's natürlich, daß nichts übrig bleiben konnte als ein Häufchen Asche.

Wie aus einem Grabe trat ich gedankenvoll und wohlvorbereitet aus der Sakristei hinaus in die Hallen des altehrwürdigen Domes. Ich durchschritt den weiten, geheimnisvollen Bau nach allen Richtungen, durchforschte die Seitenschiffe und Kapellen, faltete meine Hände am Hochaltare, besah die Bilder, Schnitzwerke, Fahnen und Wappen an den Pfeilern und wich, nachdem ich mich etwa eine Stunde umhergetrieben, erschrocken zurück vor einem zweiten lebensgroßen Kruzifix, das mir aus einer dunkeln Ecke unerwartet entgegenstarrte.

Der sinkende Abend wob bereits seine Schleier um die Gewölbe, und es begann mir etwas unheimlich zu werden; doch tritt ein Knabe zur Abwechslung recht gern einmal heraus aus der gewohnten Lebenszuversicht, und ich genoß das Gruseln wie eine Kalteschale zur Sommerszeit, besonders vor einem gewissen hohen, reichverzierten Eisengitter, hinter welchem schwarze Nacht war. Als mein Auge sich jedoch gewöhnte, unterschied ich die Umrisse mehrerer hochaufgebauter Laden, wahrscheinlich die Särge der Bischöfe, die vor alters hier in Merseburg ihr Wesen hatten. Da lagen sie nun weggepackt wie alte abgelegte Mäntel in engen Koffern, vielleicht – wie denn manche Grüfte wohl konservieren – noch mit denselben Gesichtern, die ich eben gesehen. Über das alles hatte ich meine Gedanken, und die Totenpredigt der Chronik fiel mir auch wieder ein. Dunkel genug war's dazu schon, wie es mir schien, und so gut wie vor 400 Jahren konnte der gespenstische Prädikant auch heute seine Knochenhände schwingen, wenn er wollte. Ein kalter Grabeshauch ging durch die Eisenstäbe, und ein Geräusch ließ sich vernehmen wie das Knarren eines Kastendeckels, den man mit Vorsicht öffnet. Rüsteten sie sich vielleicht da drinnen schon, die Predigt anzuhören?

Jetzt wurde meine Kalteschale mir zu frisch, und ich trat den Rückzug an, wiewohl bedächtig und gemessenen Schrittes, denn ich wagte nicht zu eilen, um das Entsetzen nicht zu wecken und zu reizen, das sich hinter mir zu erheben drohte wie ein bissiger Hund. Das schlimmste war die Passage durch die dunkle Sakristei mit ihrem Bildwerk; aber man muß nur bei solchen Gelegenheiten den Kopf nicht wenden und sich nicht umsehen. Ich kam glücklich durch, wie auch durch die Leichengalerie, die Tür fiel ins Schloß, und bald befand ich mich wieder in bewohnten Räumen. Inzwischen sollte meine Mannhaftigkeit noch auf eine härtere Probe gestellt werden.

Der Schloßboden

Herr von Schönberg galt für einen Mann von gutem Humor. So komisch sei Papa, hatte die kleine Auguste meiner Schwester vertraut, daß es ganz einerlei sei, was er sage, und wenn er auch nur nach dem Salzfasse verlange, ausplatzen müsse man. Ich fand dies auch bestätigt: der liebenswürdige Herr war während des Abendessens so wohl aufgelegt, daß ich vor Lachen kaum schlucken konnte und mich in der sorglosesten Stimmung befand – als ein einziges Wort der Hausfrau mich plötzlich aus allen Himmeln warf.

Frau von Schönberg fragte mich nämlich, ob ich mich auch fürchte, allein auf dem Boden zu schlafen; sonst möchte ich's sagen, und es würde anderer Rat zu schaffen sein.

Ich? und allein auf dem Boden dieses großen alten Schlosses? – Alle Leichen, Gespenster und Schrecknisse des Domes fielen mir plötzlich wieder auf die Seele, und ich fürchtete mich entsetzlich. Aber wer wird so etwas sagen?

«Ich fürchte mich niemals», log ich tapfer, trotz meiner gerühmten Ehrlichkeit, sagte gute Nacht und folgte schaudernd dem Bedienten, der mich hinaufgeleitete.

Der Schloßboden, den wir weithin durchschritten, war allerdings der richtige Ort für jedes denkbare Entsetzen. Er erschien mir als ein großer schwarzer Raum ohne Anfang und Ende; nur hin und wieder streifte der Schein der Laterne die Balken des Dachstuhls und das schräg auflaufende Gemäuer eines kolossalen Schornsteins. Und wohin ging denn endlich meine Reise? Ich hoffte allerdings nicht, in dieser unheimlichen Grenzenlosigkeit verbleiben zu müssen, hatte aber von der Kammer, in die man mich etwa führen würde, auch nicht gerade die glänzendste Erwartung. Da öffnete mein Begleiter eine Türe, und ich ward sehr angenehm durch ein allerliebstes, sauber möbliertes Zimmer überrascht, dessen freundliche Tapete beim Schein der beiden Kerzen, die jener anzündete, hell aufleuchtete. Mit einer weniger als die meinige durch Chroniken und Bischofsgrüfte erfüllten Phantasie hätte es einem hier ganz behaglich werden können.

Inzwischen waren da ein paar verwünschte Seitentüren. Ich untersuchte sie und fand, daß sie zwar einzuklinken, aber nicht zu verschließen waren.

«Wer schläft denn dort?» fragte ich, in der Hoffnung, der Diener werde dies von sich selber oder einem seiner Mitknechte bekennen. Schon eine Magd wäre mir zum Trost gewesen. Aber jener erwiderte lakonisch: «Leere Bodenkammern!» und es wollte mich bedünken, als wenn er unheimlich dazu gelächelt habe.

Der scheint mehr zu wissen, dachte ich, als wünschenswert ist, und sagte: «So wird einen hier wohl niemand stören!»

«Niemand, es ist keiner auf dem ganzen Boden als der junge Herr.» Damit zog der gefühllose Mensch mir die Stiefeln aus, und ich entließ dies letzte lebendige Wesen mit schwerem Herzen, um mit meinen Einbildungen, vielleicht mit Schlimmerem, allein zu bleiben.

In der Tat befand ich mich in einer Lage, die nur ganz phantasielosen Knaben gleichgültig sein konnte; aber die Notwendigkeit ist die beste Gouvernante. Ich faßte mich, so gut es gehen wollte, betete den Paul Gerhardtschen Vers: «Unverzagt und ohne Grauen», löschte mein Licht aus und kroch ins Bett. Dann suchte ich mir die angenehmsten Dinge vorzumalen, ich dachte an meine Tabakspfeife und an

Rollers Schmerlbach und war bereits dem Einschlafen ganz nahe – als sich etwas ereignete, was mir urplötzlich mein volles Bewußtsein zurückgab. Es war mir nämlich, als hörte ich Atemzüge, wie von einem zweiten Schläfer.

Befremdet fuhr ich auf und horchte: – es ward laut geatmet.

«Ist jemand hier?» rief ich mit meiner übergeschnappten Stimme. Da war's ganz stille.

Vielleicht hatte ich mich doch betrogen, wie bei den Gesichtstäuschungen meiner Kindheit. Ich entsann mich aber, daß damals alles verschwunden war, wenn ich die Augenlider schloß. Ähnlich konnte es ja auch mit dem Gehöre sein, und da ich leider keine Ohrenlider hatte, so mußte das Kopfkissen als ein solches dienen. Ich kroch darunter und zog die Decke über alles. So lag ich eine Weile und dünkte mich gesichert, wie der Vogel Strauß, wenn er seinen Dummkopf in den Sand steckt.

Aber dennoch! war's da nicht wieder? Ja, wahrhaftig! – Durch Decken und Kissen atmete es hindurch, und immer deutlicher und kräftiger, so etwa, als wenn einer zwar tonlos, aber recht aus tiefer Brust geseufzt hätte.

Ich streckte den Kopf wieder vor. Wach war ich ganz vollständig und konnte nicht an Täuschung denken; ich dachte aber auch nicht mehr an Spuk. Es drängte sich mir vielmehr in diesem Augenblicke eine natürliche Erklärung auf. Hatte doch der Diener bei Erwähnung der Seitentüren nichts weniger als unverdächtig ausgesehen, und war es daher nicht sehr wohl anzunehmen, daß nebenan eine scheintote Leiche liege? und daß diese, im Begriff, sich zu ermuntern, schwer mit dem Atem ringe?

Ich mußte mir dies zugeben, wie auch die weitere Konsequenz, daß nämlich besagte Leiche jeden Augenblick ins Zimmer treten und sich in ihrem halbtoten Zustande zu mir ins warme Bett legen könne. Mit solchen Aussichten aber liegenzubleiben und einzuschlafen, war ganz unmöglich. Ich schleuderte alles ab, was auf mir lag, sprang aus dem Bett und fuhr in meine Kleider, in die Strümpfe nämlich, denn alles übrige hatte der Bediente mitgenommen, und so gerüstet, tappte ich nach der Türe und trat hinaus in die absolute Finsternis des Bodens.

Glücklicherweise fehlte mir der Ortssinn nicht. Ich wußte, wo ich hergekommen war, und mit Händen und Füßen vor mich fühlend, erreichte ich die Treppe, aus welcher mich eine tröstliche bewohnte Luft anhauchte. Jetzt war mein Plan gemacht: ich wollte hinab in den Hausflur steigen und mich bis zum Tagesanbruch im Domestikenzimmer verhalten, das ich leer glaubte, dann aber unbemerkt in meine Mansarde zurückgehen. Als ich jedoch die Tür öffnete, schimmerte mir Licht entgegen, und umgeben von geputztem und ungeputztem Schuh- und Stiefelwerk, den Kopf auf den Tisch gelegt und schlafend, fand ich den Mann, der mich so furchtlos zu Bett gebracht, und fast hätte ich's bereut, ihn angerufen zu haben, also erschrak er. Da ich ihm nun die Erlebnisse des Bodens mitgeteilt und den Entschluß zu erkennen gegeben hatte, hier unten zu verbleiben, war er zwar nicht ohne Teilnahme, wußte mich aber doch zu überreden, daß es namentlich wegen des Aufsehens vernünftiger sein würde, wieder hinaufzugehen. Er wolle mich begleiten, sagte er, und bei mir bleiben, bis ich mich überzeuge, daß es der Wind sei, der etwa in Schornsteinen oder Dachschiefern röchle, oder irgend etwas anderes. Jawohl, was anderes! – Das dachte ich eben auch.

Daß mein Tröster mit mir ging, war noch das beste. Wir durchstöberten furchtlos die Seitenkammern und alle Umgebungen des Zimmers. Dann setzten wir uns nebeneinander hin und horchten – ich in großer Spannung, jener abgespannt und unschlüssig, wie lange er eigentlich zu bleiben habe. Er war entsetzlich schläfrig. Um ihn festzuhalten, befleißigte ich mich der anziehendsten Unterhaltung, ähnlich wie jenes Mädchen in «Tausendundeiner Nacht», das dem mörderischen Sultan endlose Geschichten erzählte, um ihre Hinrichtung zu verzögern. Dennoch aber rieb er sich die Augen, gähnte und erhob sich endlich. Ich sei ja nun beruhigt, sagte er, und würde mich nicht mehr fürchten. Das war freilich keine ganz richtige Voraussetzung; doch schämte ich mich, den armen Kerl länger zu belästigen. Er zündete sein Laternchen an, wünschte mir abermals gute Nacht und wandte sich, die Türklinke zu erfassen – da! –

Da strich noch rechtzeitig und sehr vernehmlich wieder einer jener geisterhaften Seufzer durchs Zimmer hin. Der abgehende Bursche stutzte. «Meiner Sixen!» sagte er, «es ist an dem!» Beide lauschten wir in atemloser Stille den schauerlichen Tönen.

In Gesellschaft ist so etwas erträglicher, man ist vernünftiger und geneigter zu besonnener Forschung. Das Atmen schien vom Fenster herzukommen, und als wir dieses geräuschlos geöffnet hatten, hörten wir es deutlicher.

Es war schon tröstlich, daß es draußen war, und da mein Beschützer jetzt nach einigem Besinnen den Grund erriet, schwand jegliche Besorgnis. «Davor können Sie ruhig schlafen», sagte er, «das sind die alten Eulen in den Dachluken, die blasen so!»

Ich blieb nun gern allein und horchte nicht allein in dieser, sondern auch in mancher anderen Nacht dem sonderbaren Schnaufen mit Befriedigung: rührte es doch von lebendigen Wesen her, die in meiner Nähe wachten. Meine nächtliche Flucht blieb übrigens verschwiegen, so daß sich wenigstens keine Schmach zur ausgestandenen Angst gesellte.

Der erste Roman

Meine arme Mutter war in jener denkwürdigen Nacht noch schlimmer dran gewesen. Zwar hatte sie keine Eulen gehabt, wohl aber Schmerzen; sie war an einem Herzübel erkrankt, von dem sie ab und zu ohne merkliche Veranlassung belästigt und umgeworfen wurde. Ans Weiterreisen war jetzt nicht zu denken, und unsere Wirte hätten Gelegenheit gehabt, ihre eigenmächtige Gastfreundschaft zu bereuen, wenn sie nicht die Menschenfreundlichkeit selbst gewesen wären.

Was mich anbelangt, so war ich mit dem verlängerten Aufenthalte wohl zufrieden, denn von Tag zu Tag gefiel es mir besser in Merseburg, und daß ich viel allein war, kränkte mich am wenigsten. Genoß ich doch zum ersten Male in meinem Leben die Süßigkeiten eines eigenen Zimmers, das mir, seitdem ich mich mit den

Gespenstern abgefunden, immer heimischer und lieber wurde. Sagt doch das Sprichwort, eigener Herd sei Goldes wert; aber auch schon ein eigenes Zimmer ist was Großes, eine Welt, in welcher auch ein Knabe König sein und herrschen kann. Die Untertanen sind Träume und Gedanken von großer Schönheit, wenn man jung ist; ungehindert heißt man sie gehen und kommen, gestaltet und wandelt sie ganz nach Belieben; und überdem, so stört man niemand, wenn man sich ein Liedchen dazu pfeift, und macht man sich's bequem, etwa die Beine auf den Tisch gelegt, so darf es einem keiner verweisen.

In solcher überaus günstigen Lokalität saß ich nun stundenlang mit einem Büchlein, das die sorgliche Dame des Hauses mir gegen die Langeweile verordnet und verehrt hatte, indem sie es zugleich, um ihm mehr Wert zu geben, als eine Lieblingslektüre ihres Mannes bezeichnete. So brauchte ich mich seiner denn auch nicht zu schämen, obgleich es eigentlich ein Kinderschriftchen war. Es führte, wenn ich mich recht erinnere, den Titel: «Geschichte der heiligen Genoveva, für die Jugend bearbeitet von dem Verfasser der ‹Ostereier›», und war meines Wissens der erste Roman, den ich zu lesen kriegte.

Romane werden für nachteilig gehalten, weil sie die Phantasie erhitzen, in welcher Beziehung selbst zwischen guten und schlechten ein Unterschied nicht stattfindet, und auch der meinige, ein recht guter, trug in der Einsamkeit des eigenen Zimmers dieselbe Frucht. Die mich umgebende Wirklichkeit nahm ein romantisches Gewand an, indem ich unwillkürlich die Züge des Gelesenen in sie hineintrug. Das alte Schloß, in welchem ich herbergte, wurde mir zur Burg von Simmern, Frau von Schönberg zur Gräfin Siegfried und die kleine Auguste mit ihren langen Goldlocken und feinen, geistvollen Gesichtszügen zur kleinen, von frommen Eltern in gottesfürchtiger Häuslichkeit erzogenen Genoveva. Umgeben von dem Strahlenkranz der letzteren, stahl sich das allerliebste Mädchen mir ins Herz, und willig hätte ich Taten getan und Blut verspritzt, wenn ich das liebliche Kind dadurch vor allen Golos, Felsenlöchern und Hirschkühen hätte schützen können, die möglicherweise ihrer Zukunft drohten. Das war aber keineswegs der ganze Vorteil, den ich aus meiner Lektüre und gehobenen Stimmung zog.

Ich würde mir unrecht tun, wollt' ich behaupten, daß ich meine Zeit nur mit Zimmerhocken zugebracht hätte. Ich trieb mich vielmehr sehr umher, allein und mit den Mädchen, und alles, was ich sah, gefiel mir. Zwar glaube ich kaum, daß Merseburg mit seinen nächsten, überaus nüchternen Umgebungen damals für gewöhnliche Reisende viel Anziehendes haben konnte; ich aber sah es im Zauberlichte der Romantik, und das war der wesentlichste Vorteil, den ich von meinem Romane hatte. Das alte Schloß zwar und die Kirche hatten jedenfalls Interesse für jedermann, aber die kahlen Weidenufer der Saale, welche zur Sommerszeit hier nur ein Bach ist, die kleine, baufällige Brücke, über die wir täglich spazierten, die öde Windmühle und der Galgenberg, von welchen Höhen aus die spitzgetürmte Stadt betrachtet wurde, das alles und mehr dergleichen mochte an sich selber gleichgültig genug sein; für mich aber bildeten alle diese Punkte die Szenerie zu dem schwärmerischen Aufschwung, den ich genommen, und dem damit verbundenen Gefühle eines ungewöhnlichen inneren Wohlseins.

Ich hatte bis jetzt, und keineswegs als Blinder, in einem der schönsten Teile des Elbtales gelebt und mich doch nie versucht gefühlt, nach der Natur zu zeichnen, weil ich dachte, ich hätte dazu keine Fähigkeit; jetzt aber, begeistert von Merseburgs Gänseweiden, sollte ich erkennen, daß der Mensch bei weitem mehr zu leisten vermag, als er gewöhnlich denkt, sobald ihm nur die rechte Lust ankommt. Die Lust ist das Talent.

In dieser Beziehung erzählte mir Roller einst die folgende Episode aus seinem Leben. Bis in sein fünfundzwanzigstes Jahr hatte er nie «gemalt», wie er sich ausdrückte, weil er dachte, er könne es nicht. Da schenkte ihm jemand ganz zufällig einen Rotstift, um Korrekturen anzustreichen. Roller hatte noch niemals einen Rotstift besessen; er war neugierig auf seine Wirkung und konnte der Versuchung nicht widerstehen, ihn noch vor Schlafengehen mit einem scharfen Messer anzuschneiden und zu probieren.

Lichtenberg hat gesagt, es mache jedermann Vergnügen, Stanniol mit der Schere zu schneiden. Es ist der weiche Schnitt, der so vergnügt; aber ebenso vergnügt auch der fette Strich des bunten Rötels. Dies war es auch, was Roller reizte, und da es gerade nichts zu korrigieren gab, so zog er ziemlich gedankenlos die Umrisse einer Aurikel nach, die vor ihm im Wasserglase blühte. Es war ihm anfänglich nur um die Lust des fetten Striches zu tun; bald aber wurde er warm bei seiner Arbeit, denn zu seiner eigenen Überraschung wollte das Bild fast ähnlich werden, und mit steigendem Eifer schraffierte er drauflos, bis die Aurikel samt dem Glase wie ein Wunder auf dem umgedrehten Briefkuvert stand, das er dazu benutzt hatte.

In der glücklichsten Stimmung schickte sich Roller nun zum Schlafengehen an, aber ehe er das Licht löschte, trieb es ihn noch einmal aus der Kammer, und noch einmal würdigte er die Zeichnung seines ungeteilten Beifalls.

Am anderen Morgen, als er aus dem Bette fuhr, war die Aurikel sein erster Griff, und so gelungen fand er sie, daß, wenn er nicht sein eigener Zeuge gewesen wäre – einem anderen würde er's gar nicht geglaubt haben, daß er das selbst gemacht hätte. «Von da an konnte ich malen», sagte mein alter Freund.

Ähnliche Überraschungen erlebte ich nun auch an mir. Wie jenen das Handwerkszeug, so hatte mich das Objekt gereizt; ich wagte mich dran und übertraf meine Erwartungen. Das erste war die Saalbrücke, die schon mit einigen Strichen dastand, weil die gefällige Phantasie alle Auslassungen supplierte. Ich zeichnete nun viel im Freien, und wenn ich dann, in meine Bodenkammer zurückgekehrt, die Mappe aufschlug, glaubte ich die Sachen selbst zu sehen, die Brücke, das Schloß, die Mühle, den alten Turm im Garten und anderes. Es war eine glückselige Zeit, da mir das alles gelang und ich nicht müde wurde, meine eigenen Aurikeln zu betrachten. Kleinmut und Mißlingen lernte ich erst später kennen, denn Anfänger bedürfen des Mutes, um fortzuschreiten, und Fortgeschrittene der Demut, um nicht zurückzugehen.

2. Ballenstedt

Die Mutter war genesen. Wir hatten Merseburg verlassen und waren am Orte unserer Bestimmung angekommen. Mein Bruder sah gesund und kräftig aus, ja, er war so strotzend, daß ihm, wie man sich erzählte, ab und zu die Backen platzten. Dennoch konnte ich ihn anfänglich nicht ohne Bewegung ansehen, da er sich mit seinen kurzgeschorenen Haaren und dem bunten Kragen an seiner Jacke wie ein Miniaturlakai ausnahm. Zwar waren es die Farben der Hofuniform, wie sie ebenfalls auch der Erbprinz, ja selbst der Herzog trug; ich aber konnte nichts anderes darin erblicken als ein Abzeichen der Dienstbarkeit. Und daran reihte sich noch die Erwägung, daß der jüngere Bruder vom väterlichen Herd verstoßen sei, sich unter Fremden sein Brot zu suchen, während ich, der vier Jahre ältere, noch als Nestvöglein gefüttert, es so viel besser hatte. Das war's, was mich so rührte.

Die Sklaverei hatte übrigens den Mut des jungen Herrn so wenig gebrochen, daß man sich vielmehr allerlei von seinem kecken Gehaben zu erzählen wußte. So unter anderem war er eines Abends etwas verspätet, erhitzt und mit dunkelroten Backen ins Teezimmer der Herzogin getreten. Der Prinz, der auffallend blaß und zart aussah, rief ihm entgegen: «Guten Abend, Junker Feuersbrunst!» und: «Guten Abend, Prinz Nachtlicht!» erwiderte der Begrüßte, ruhig seinen Platz einnehmend. Man habe nicht gewußt, wohin sehen, bemerkte die referierende Hofdame, um das Lachen zu unterdrücken.

Ein anderes Mal, als die Herzogin in gesprächiger Laune viel von ihren Reisen in der

Schweiz erzählte und sich dann, plötzlich unterbrechend, mit der Frage an meinen Bruder wandte, warum er denn heute so schweigsam sei, sagte er lakonisch: «Kann ich denn zu Worte kommen?»

Napoleon I. erzählte dem Las Casas als Beleg, wie weit die Unverschämtheit der Hofleute ginge, folgende Anekdote. Der Kaiser hatte die Gewohnheit gehabt, einen gewissen Kammerherrn zu fragen, wieviel Kinder er habe, und jedesmal zur Antwort erhalten: «Drei.» – Einmal gab der so Befragte jedoch sieben an, und da der befremdete Kaiser ihm einwarf, es seien ja ganz vor kurzem nur drei gewesen, erwiderte jener: «Ich fürchtete Eure Majestät zu langweilen, wenn ich immer dasselbe sagte.»

Die Antworten meines Bruders hätten als weitere Belege für Napoleons Behauptung dienen können; aber am Ballenstedter Hofe scheint man damals nachsichtiger gewesen zu sein, wenigstens blieb der kleine Kavalier unangefochten und war jedermanns Liebling. Auch hatte es den Anschein, daß er sich selbst in seiner Lage wohlgefiel, daher ich mich über seinen bunten Kragen bald zu trösten wußte. Jetzt schenkte man ihm viel freie Zeit, so daß er den größten Teil des Tages mit uns zusammen sein und sich mit Mutter und Geschwistern laben konnte.

Über mich ward indessen ein Beschluß gefaßt, der auch mich befriedigte und dem Bruder den abermaligen Abschied sehr erleichtern mußte. Die Mutter hatte mit Beckedorff und Starke über die Wahl eines Gymnasiums konferiert und war von beiden Freunden dahin bestimmt worden, den Landessuperintendenten Dr. Krummacher aus Bernburg abzuwarten, der demnächst in Ballenstedt zu predigen hatte. Das Bernburger Gymnasium war ihrer Meinung nach vortrefflich, und wolle Krummacher mich ins Haus nehmen, so sei nichts Besseres für mich auszudenken.

Meine Mutter hatte für Krummacher eine ähnliche Verehrung wie für Klopstock, Herder, Schubert und Pestalozzi, welche alle ihrer Meinung nach nicht Beifalls oder eitler Ehre wegen schrieben, sondern lediglich getrieben von dem Eifer, ihren Mitmenschen nützlich zu werden. Die Aussicht, mich vielleicht der Obhut eines so trefflichen Mannes anvertrauen zu können, erfüllte sie daher mit frohester Hoffnung.

Bald kam auch der Ersehnte und trat in unserem Gasthof ab. Meine Mutter ließ ihn zu sich bitten, und ich ward gerufen. Ich fand einen Mann von kleinem, aber kräftigem und ebenmäßigem Körperbau. Seine edle Haltung, das leicht gepuderte Haar und die feine schwarze Kleidung, die er trug, gaben ihm das Ansehen eines kirchlichen Würdenträgers; das prächtige Gesicht aber voll Geist und Leben und freundlicher Würde entzückte mich. Als ich meine respektvolle, in der Tanzstunde erlernte Verbeugung vollendet hatte, ergriff er mich bei beiden Schultern, und mich weit von sich abhaltend, sah er mir mit stiller Frage lange und scharf ins Auge; dann schloß er mich herzlich in seine Arme und erklärte sich bereit, mich bei sich aufzunehmen.

Indessen konnte ich vor Johanni bei Krummachers nicht einziehen, und da meine Mutter ihre Rückreise gleich nach Pfingsten anzutreten hatte, so wurde das Anerbieten Beckedorffs, mich unterdessen seiner Fürsorge zu überlassen, mit Genehmigung des Herzogs dankbar angenommen. Ich bezog ein Zimmer auf dem Schlosse mit herrlicher Aussicht auf die waldigen Berge und verlebte abermalige Freudentage, an die ich nicht nur wegen des Zusammenseins mit meinem Bruder und den verschiedenen Agrements, die mir das Hofleben gewährte, sondern ganz besonders wegen des täglichen Verkehrs mit einem Manne wie Beckedorff aufs dankbarste zurückdenke.

Der Gouverneur des Prinzen, Hofrat Beckedorff, gehörte zu den hervorragendsten Persönlichkeiten, die ich gekannt habe. Ein imponierendes und doch gefälliges Äußere, ritterliche Fertigkeiten und Manieren, umfassende Kenntnisse, Genialität und spielender Witz, das waren Eigenschaften, durch die er die Gesellschaft dominierte, während sein ehrenhafter und wohlwollender Charakter ihm die Achtung näherer Bekannten sicherte. Wenn dergleichen glänzende Gestalten es nicht unter ihrer Würde halten, sich jungen Leuten freundlich zuzuwenden, so wird ihnen in der Regel eine begeisterte Verehrung zuteil, was in meinem Falle um so mehr zutraf, als dieser ausgezeichnete Mann sich nicht etwa nur gönnerhaft zu mir herabließ, sondern sich fast brüderlich zu mir stellte und auf Spaziergängen und allerwege wie die «Spenersche Zeitung» von gelehrten und anderen Dingen mit mir plauderte. Es waren dies Unterhaltungen, die mir um so mehr gefielen, als sie mich über mich selbst erhoben und meine geistige Entwickelung fast über meine Jahre förderten.

Soweit ich sehen konnte, schien sich das Interesse Beckedorffs vorzugsweise der Kirche und ihrer Zukunft zuzuwenden. Auch er war berührt von dem Geiste des zu jener Zeit wieder erwachenden Glaubenslebens, aber er war es in anderer Weise als andere gottesfürchtige Freunde meiner Eltern. Den letzteren war das Christentum vorzüglich eine innere Herzensangelegenheit: sie suchten es für sich selbst zu fassen und anderen zugänglich zu machen; welcherlei Gestalt es aber im Staate finden und wie es seinerseits den Staat gestalten möge, darum sorgten sie sich wenig. Beckedorff dagegen verlangte vor allem nach der Kirche. Der subjektive Glaube ohne die Garantien eines äußeren, festbegründeten Institutes war ihm ein leibloser Geist, der gelegentlich verwehen und sich wie die Wolken des Himmels aufs mannigfaltigste verwandeln mußte. Die verschiedenen in protestantischen Ländern zu Recht bestehenden Kirchenformen aber schienen ungenügend, da sie nicht nur selbst im Fluß begriffen waren, sondern auch den Geist verloren hatten, den zu halten sie bestimmt gewesen, und sie zu bessern, fehlte jegliche Autorität.

In der katholischen Kirche aber, die mit ihrer Vergangenheit nie gebrochen hatte, glaubte Beckedorff die geschichtliche Entwickelung der apostolischen zu sehen. Sie war in seinen Augen die Kirche Christi, und trotz allen lokalen und temporellen Mißbrauchs, der nicht abgeleugnet wurde, war sie die einzig mögliche. Sie war ein Postulat der Zeit, nicht nur für die einzelne Seele, sondern ganz besonders für den Staat, der nur in ihr sein sittliches Fundament zu suchen hatte. Da es nun aber bei gangbaren Vorurteilen sehr unwahrscheinlich schien, daß die protestantischen Staaten ihren Vorteil so bald begreifen würden, so stand für die nächste Zukunft eine Periode der gewaltsamsten Umwälzungen in Aussicht, welche für schöne Wissenschaft und Kunst wenig oder keinen Raum lassen konnte, daher mein väterlicher Freund mir ernstlich von einer Kunstkarriere abriet, auf die mich meine Neigung hinwies. Seiner Meinung nach sollte ich mich vielmehr dem öffentlichen Leben widmen, da man wohlgesinnte Männer für den Staatsdienst bald mit der Laterne suchen würde.

Das etwa mochten die Gegenstände sein, über welche sich Beckedorff am häufigsten gegen mich ausließ, sowie auch die Gedanken, die ihn später selbst in den Staatsdienst und in die Arme der römischen Kirche trieben. Hätte ich länger unter dem Einflusse dieses überlegenen Geistes gestanden, so möchten auch für mich dieselben Konsequenzen eingetreten sein, aber ich ging, wie schon gesagt, durch vieler Lehrer Hände, die in sehr verschiedener Weise auf mich influierten. Immerhin erweiterte sich mein Gesichtskreis, und ich gedenke jener Ballenstedter Tage als einer angenehmen Zeit des Erwerbens und der Bereicherung.

Nachdem ich nun auf solche Weise in Merseburg und Ballenstedt ein Weilchen als großer Herr in Schlössern gelebt und mit geistvollen Männern altkluge Unterhaltung gepflogen hatte, sollte ich zur Abwechselung einmal wieder Schulkind werden. Der Tag meiner Abreise rückte heran, und Beckedorff schenkte mir zum Andenken ein schönes Buch, eine damals von Köthe herausgegebene Übersetzung der «Nachfolge Christi». Daß ihm, dem jovialen Hofmanne, beim Abschiede die Tränen in die Augen traten, werde ich ihm nie vergessen.

3. Ankunft in Bernburg

Bernburg, die Kapitale des Herzogtums, ist ein an beiden Seiten der Saale wohlgelegenes Städtchen, das zu jener Zeit etwa 7000 Einwohner zählen mochte. Über der Stadt thront malerisch auf einem Felsen das uralte Schloß, die Krone Anhalts. Mit stattlichen Mauern, starken Türmen und einer Mannigfaltigkeit von Gebäuden selbst einem Städtchen gleichend, blickt es hinab auf den Ort und den Strom, welcher, jenen durchschneidend, sich zwischen Rebenhügeln, grünen Wiesen und lieblichen Laubgehölzen hinzieht. Unfern des Schlosses und mit demselben in gleicher Höhe erhebt sich die Kathedrale des Landes, die Schloß- oder Ägidienkirche, welche von einem geräumigen Rasenplatz umgeben ist. Hier liegt in fast ländlicher Einsamkeit die Wohnung des Superintendenten.

Vor diesem Hause fuhr ich am Johanni-Abend des Jahres 1817, auf meinem Gepäcke sitzend, bestäubt und müde in einem einspännigen Leiterwägelchen vor. Die Post, welche jetzt zweimal täglich auf glatter Chaussee in wenigen Stunden von Ballenstedt nach Bernburg hinrollt, ging damals nur zweimal in der Woche, und zwar des Nachts, wo sie denn auf den bösen Wegen so oft umzuschlagen pflegte, daß nur Wagehälse sich dieser Gelegenheit bedienten. Beckedorff hatte daher ein eigenes Fuhrwerk für mich gemietet mit einem besonnenen Kutscher, der auf dem fünf Meilen langen Wege zwar seine richtigen zwölf Stunden unterwegs blieb, mich aber dafür auch mit unzerbrochenen Knochen am Bestimmungsorte abliefern konnte.

Die Herzlichkeit, mit der mich Krummachers empfingen, erfreute mich nicht weniger als die heitere Schönheit des hübsch gelegenen Hauses, denn ich hatte mir unter einer Superintendentenwohnung, nach Art der Dresdner Superintendentur, ein gar gespenstisches Kastell gedacht. Ich ward sogleich in ein freundliches Eckzimmer geführt mit drei hellen Fenstern, die teils nach dem Garten, teils auf die Kirche und den grünen Kirchhof blickten. Hier sollte ich wohnen, und zwar gemeinschaftlich mit zwei wackeren Söhnen des Hauses, dem Primaner Emil und dem Sekundaner Eduard, welcher letztere, kaum ein Jahr älter als ich, mir gleich zum voraus wie ein richtiger Spezialissimus aussah. Der älteste Sohn, der nachmals durch sein eminentes rhetorisches Talent so rühmlich bekannt gewordene Friedrich Wilhelm, studierte damals schon in Jena, der jüngste, mit Namen Julius, obgleich schon Quartaner, gehörte seinen Jahren nach noch so ziemlich in die Kinderstube und logierte bei der Mutter. Außer diesen vier Söhnen zählte die Familie noch zwei Töchter, die ältere, Marie, ein liebliches, auffallend hübsches Mädchen von achtzehn Jahren, und das kleine Julchen, das noch in die Ferkelschule lief und weitere Ansprüche auf Beachtung nicht erhob; indessen half es dasein, und wenn es fehlte, gab's eine Lücke am Familientisch.

Eine Bowle Maitrank, kunstvoll von Mariens Hand bereitet, dazu Gesang und muntere Reden, ließ mich den neuen Hausgenossen schnell bekannt werden. An so fröhlichem Tische glaubte ich noch nicht gesessen, mit liebenswerteren Menschen nie verkehrt zu haben. Arm in Arm mit Eduard und Emil schwelgte ich um zehn Uhr abends die Treppe hinauf nach unserem Zimmer und ging fröhlich schlafen, als ein zufriedener Junge.

Die Hausgenossen

In den weitesten Kreisen, wenigstens soweit die deutsche Zunge reicht, und auch wohl weiter, hatte der Name Krummacher den besten Klang. Der Verfasser der «Parabeln», des «Sonntags», des «Festbüchleins», des «Neujahrsfestes», der «Paragraphen» und anderer Schriften war in deutschen Landen als Schriftsteller sehr allgemein bekannt und hochgefeiert; wie liebenswürdig er aber als Mensch war, das wußten nur die Hausgenossen und nächsten Freunde, und hierin unterschied er sich sehr wesentlich von vielen anderen berühmten Männern. Am Hof und in der Gesellschaft, die er notgedrungen ab und zu besuchte, galt er für einen würdigen und feinen Mann, doch mußte man ihn des Abends in seiner weißen Pikeejacke und mit der Pfeife bei Weib und Kindern sehen, um den Dichter, ja weit mehr in ihm zu finden, als man auch nach seinen besten Schriften erwarten konnte.

Des Morgens stand er sehr früh auf und war den Tag über tätig in seinem amtlichen Beruf als Landesbischof oder in seinem natürlichen als Dichter; von acht Uhr abends aber bis zur Schlafenszeit lebte er ganz regelmäßig und ausschließlich der Familie. Da saß er zu Häupten der Tafel mit der vollen Würde des Hausvaters, aber auch mit jener freundlichen Hingebung, die das Vertrauen der Kinder weckt, hörte mit Interesse an, was sie ihm mitzuteilen hatten, und war unerschöpflich in Darreichung der reichsten Gaben aus den Schatzkammern seines Kopfes und Herzens. Fehlte es einmal an Anregung zur Unterhaltung, so las er einen Abschnitt aus seinen Lieblingsdichtern Klopstock, Claudius oder Hebel vor, und eine Freude war's und gab jegliches Verständnis, ihn dabei anzusehen, wie sich auf seinem herrlichen Gesicht voll Geist und Leben, voll Offenheit und feinster Erregung alle Nüancen der Dichtung widerspiegelten. Oder auch, er sagte uns ein Lied, eine Ode, einen schönen Vers vor, bis wir sie auswendig wußten. Ward ein Familienfest gefeiert, ein durchreisender Freund bewirtet, oder gab es sonst einen fröhlichen Anlaß, so ward Punsch getrunken und im Chor dazu gesungen, am liebsten die eigenen Lieder des Hausvaters, welche von einem jungen, vielversprechenden Musiker, namens Harder, der nur allzufrüh verstorben ist, in liebliche Musik gesetzt waren. Das waren herrliche Stunden! Die Krummacherschen Kinder sangen sämtlich hell und rein wie Glocken, trafen mit Leichtigkeit die Mittelstimmen nach Gehör, und der Vater sang den Baß, markierte, mit der Hand taktierend, alle Schönheiten des Textes oder der Musik und war dabei so selbstvergessen und ergriffen, daß ihm häufig die Tränen der Rührung in die Augen traten. Dazu wieder scherzte und lachte er mit uns und riß uns zu enthusiastischer Fröhlichkeit hin.

Ich respektierte und liebte diesen wahrhaft liebenswürdigen Mann sehr bald wie keinen außer meinem Vater; ja ich liebte ihn mit Begeisterung und konnte deshalb nicht «Herr Doktor!» zu ihm sagen, wie ihn andere nannten. Ich gab ihm daher den Namen «der Ätti», den

Vaternamen der «Alemannischen Gedichte», und so auch nannten ihn später fast alle seine jüngeren Freunde nach meinem Vorgang.

Aber auch die getreue Hausfrau hielt ihn lieb und wert. Sie war einfach, schlecht und recht, lebte ihrer Wirtschaft, versorgte das Haus aufs beste und war voll guter Laune, lustiger Gemeinplätze und Familienwitze, trank auch gern ein Gläschen Punsch mit ihren Kindern und lachte mit ihnen wie mit Geschwistern. Daß ich ein Fremder war, ließ sie mich nur insofern empfinden, als sie mir einen gewissen höflichen Vorzug einräumte und mich doppelt fütterte.

Auch Marie war sehr gut und pflegsam und, wie gesagt, sehr hübsch. Infolge dieser Eigenschaften war es natürlich, daß ich mich bei Tisch an ihrer Seite wohl placiert fand; doch außerdem bekam ich sie sowohl als ihre Mutter nur wenig zu Gesicht. Knaben wissen noch mit Jungfrauen nichts anderes anzufangen, als daß sie ein heimliches Belieben zu ihnen tragen, und das war auch mein Fall.

Desto leichter aber war mir der Verkehr mit meinen beiden Stubengenossen. Ich fand in ihnen ein paar prächtige Burschen, herzlich, gesellig und unverdorben, forsche Kerls nach unserer damaligen Ausdrucksweise. Der Primaner Emil, der sich zum Abiturientenexamen vorbereitete, war ein lebhafter Sanguiniker, ein feuriger, überaus jovialer Jüngling. Er führte über uns die Herrschaft des Seniorates, des Faustrechts und der Intelligenz, was wir uns gern gefallen ließen, da er der Ältere, der Stärkere und Gelehrtere war. Da er als Primaner die Erlaubnis zu rauchen hatte, ernannte er mich zu seinem Pfeifenstopfer; ein Amt, dem ich nicht ohne Eifer vorstand, weil die Befugnis damit verbunden war, die Pfeife anzurauchen, die dann so trefflich mundete, daß sie mir nur mit Gewalt wieder abgejagt werden konnte. Dabei ließ ich's jedoch bewenden und übertrat das Gebot der Mutter weiter nicht.

Der jüngere Bruder, Eduard, war klein von Gestalt, aber kräftig. Er hatte eine breite Brust, ein plutonisches Lockenhaupt und großes, treuherziges Gesicht mit einem Paar ehrlicher Augen. Ausdauernd fleißig und streng sittlich in Worten und Werken, war er ein ernster, energischer Mensch, ruhig, aber nachhaltig in Haß und Liebe. Sehr großes Wohlgefallen hatte er an derbem deutschem Witz und war selbst reichlich gesegnet mit starken Einfällen und Vergleichungen, daher wir oft hart miteinander lachten. Das bindet junge Leute am schnellsten. Wir schlossen uns ehrlich aneinander und wurden gute Brüder.

Einmal freilich bekam diese Freundschaft auch ihr Loch. Der Grund des Zwistes muß unerheblich gewesen sein, da ich gar keine Erinnerung mehr davon habe. Ich weiß nur, daß wir uns bei den Gurgeln hatten, und wenn auch die Klauen bald wieder losließen, so blieb doch der Friede aus. Eduard sagte, mein Freund sei er gewesen. Das war sein letztes Wort, und ich dachte: So fahre hin! – und ging allein spazieren. Wir gönnten uns fortan keinen Blick mehr, sprachen kein Wort mehr miteinander und setzten solchen Brudermord acht ganze Tage und acht Nächte fort, obgleich wir an *einer* Tafel speisten, an *einem* Tische arbeiteten und in *einem* Bette schliefen. Wäre freilich damals der ältere Bruder noch bei uns gewesen, so möchte es so weit nicht gekommen sein; der hatte aber bereits die Universität bezogen, und ohne Vermittlung konnten wir uns nicht wieder zusammenfinden.

In meiner Eigentümlichkeit lag nichts Unversöhnliches, und mein Zorn wäre bald verdampft gewesen, wenn der andere nicht gar zu entschlossen ausgesehen hätte. Dem mochte es ebenso gehen, und beide wollten wir uns in jeder Bedeutung des Wortes nichts vergeben. Zufälligerweise hatten wir damals ein Exemplar des «Don Quijote» auf unserem Zimmer. Wer gerade Zeit hatte, bemächtigte sich des Buches und schwelgte einsam in den Prügelsuppen und sonstigen Erquickungen des Helden. Da ging es denn bisweilen nicht anders, als daß man, die Gegenwart des Feindes und alle bösen Geister vergessend, laut ausplatzen mußte; und wie leicht konnte sich nicht hieran die selbstvergessene Mitteilung der Stelle oder die Frage knüpfen: «Worüber lachst du?» Dann wäre alles gut gewesen. Aber die bösen Geister dominierten, der Haß war Ton geworden, und wenn der eine sich vergaß und lachte, besann sich doch der andere und sah doppelt sauer drein.

So lebten wir, ohne wahrscheinlich selbst zu wissen, warum, in einer Art von Hölle, aus der wir uns selbst nicht mehr erlösen konnten. Dies tat jedoch der Ätti. Eines schönen Abends nämlich führte er uns hinaus, die Saale aufwärts nach den sogenannten Bornaschen Bergen, wo eine Obstplantage zum Kirschenessen einlud. Wir ahnten nicht im entferntesten, daß er von unseren gegenseitigen Gefühlen Kenntnis habe, als er uns plötzlich mitten im Genuß der Kirschen durch das höchst auffällige Verlangen in

Erstaunen setzte, wir sollten uns umhalsen. Er wisse, sagte er, daß wir eine elende Dummerei miteinander hätten, das müsse rasch und gründlich abgetan werden.

Wir zögerten und sahen trübe drein; aber der gestrenge Friedensdränger stampfte ungeduldig mit dem Fuße, und an Entrinnen war nicht mehr zu denken. Da taten wir die Arme auf wie Automaten, klappten sie wieder zu und befühlten uns so vorsichtig als möglich. Nichtsdestoweniger war dies kalte Scheinmanöver doch ausreichend gewesen, die zerrissene Freundschaft wieder zusammenzuflicken. Schon auf dem Rückwege lächelte gelegentlich der eine zu des anderen Witzen, und beim Schlafengehen ward zutraulich geplaudert.

Wie man sich bei Damen insinuiert

Bernburg war damals durch die Schönheit seiner Töchter sehr stattlich illustriert, aber aller Preis und Krone war doch Eduards ältere Schwester, die achtzehnjährige Marie. Das liebliche Mädchen war die Bewunderung der ganzen Schule, und wie schon angedeutet, hatte sie auch in meinem Herzen ihr verstohlenes Altärchen mit Opferdienst und Weihrauch. Sie mochte freilich davon nicht das geringste merken, denn naturwüchsige Knaben behalten ihre zarteren Empfindungen für sich, wenn schon das Bedürfnis, dem geliebten Gegenstande bemerklich zu werden, nicht immer ganz zu unterdrücken ist und sich gelegentlich in Flegeleien kundgibt. In diesem Falle mochte mein Freund August Schönberg sein, als er einmal der Versuchung nicht widerstehen konnte, der Königin seines Herzens an ihrem Geburtstage eine lebendige Maus in den Strickbeutel gleiten zu lassen. Es sollte dies keine Ungezogenheit bedeuten, sondern war nur die den Jahren und Fähigkeiten meines Freundes angemessene Form, sich in Erinnerung zu bringen, und überglücklich war er, die entsprechende Anerkennung dieser Huldigung auf der Stelle mit ein paar scharf gepfefferten Ohrfeigen davonzutragen. Mit ähnlicher Courtoisie Marien aufzuwarten, plagte denn auch mich der Teufel.

Sie hatte nämlich das Vergnügen, eines schönen Abends eine zahlreiche Gesellschaft von jungen Mädchen bei sich zu sehen, welche sie in einem Zimmer bewirtete, das mit dem unsrigen auf gleichem Flur lag. Eduard war ausgegangen, ich ganz allein. Die hellen Stimmen drangen lockend zu mir herüber, und ich konnte des Verlangens nicht Herr werden, auch meinerseits etwas zur Unterhaltung beizutragen. Mittelst gebrauchter Wäsche stopfte ich meine Kleider zu einer menschlichen Gestalt aus, malte ein Papiergesicht daran und stülpte einen alten Dreimaster des Ätti drauf, den ich von einem Schranke des Vorhauses entlehnt hatte. Diesen Krautteufel trug ich leise in den Flur hinaus und setzte ihn dicht vor das Zimmer der Mädchen auf einen Stuhl, so daß er in die Augen fallen mußte, wenn die Türe aufging. Dann lauschte ich mit unendlicher Geduld wenigstens eine Stunde lang am Schlüsselloch.

Endlich öffnete sich die Paradiespforte, und Marie selbst trat heraus, prallte aber augenblicklich mit einem so durchdringenden Schrei zurück, daß auch ich erschrak und statt eines

Vergnügens ein Unglück angerichtet zu haben glaubte. Es folgte ein gewaltiger Tumult, Öffnen und Zuschlagen der Türe mit abwechselndem Zeter-, Chor- und Sologeschrei; ich aber stand die größere Angst aus und war eben im Begriffe, mich hinauszuwagen, um den Spuk hinwegzuräumen, als Christine, die Köchin, mit ihrer Küchenlampe die Treppe hinauf zu Hilfe eilte. Anfänglich stutzte auch sie; bald aber rief sie lachend die jungen Damen heraus, stieß das Spektrum mit dem Fuße um, und das Entsetzen ging nun in die ausgelassenste Lustigkeit über.

Schrecklich war die Rache, welche die übermütigen Mädchen sich jetzt an diesem leblosen Scheusale zu verüben gestatteten. Unter hellem Gelächter ward der arme, hilflos am Boden liegende Balg beleuchtet, verhöhnt, herumgerissen und zu meiner größten Beschämung sogar ausgeweidet. Ein Stück alter Wäsche nach dem anderen zogen sie ihm aus dem Leibe, besahen jedes aufs ausführlichste, und von jedem ward mein eigener, deutlich eingenähter Name laut verlesen, sooft er dastand. Ich müsse herbei und exemplarisch abgestraft werden, rief eine Stimme; aber fort war ich durch die Hintertüre und kam den ganzen Abend nicht mehr zum Vorschein. Ich schämte mich entsetzlich.

Die Mädchen mochten sich trotz allen Schreckens nicht übel amüsiert haben; ich aber hatte eigentlich nichts davon, als daß Marie mir am anderen Morgen im Vorübergehen leichthin mit dem Finger drohte und ich errötend niederblickte, wegen der Wäsche. Der Ätti sagte mir noch obendrein ganz trocken, ich sollte künftig solche Witze lassen.

Marie hatte eine überaus herrliche Sopranstimme und sang mit größtem Beifall, namentlich ihres Vaters, der häusliche Musik sehr liebte; doch war es ihr beschwerlich, sich selber zu begleiten, ein Hindernis, an dem die Freude öfters scheiterte. Ich meinerseits hatte schon seit ein paar Jahren Klavierstunden gehabt, die auch in Bernburg weitergingen, nicht weil ich besondere Freude an der Musik gehabt hätte, am wenigsten an derjenigen, die ich selber machte, sondern weil die Eltern es so haben wollten. Jetzt kam ich auf den Gedanken, diese Stunden zur Einübung der Begleitungen für Mariens Gesänge auszubeuten, und das gab neuen Eifer. Mit einer solchen Sängerin zusammenzuwirken, war herzerhebend, schmeichelhaft und auch sehr dankbar, denn der Ätti hörte seine Tochter nun um so öfter singen. Marie sang mit Lust für ihren Vater, mit größerer Lust spielte ich für sie, und so kamen wir alle drei auf unsere Rechnung.

Je besser aber unsere Hauskonzerte jetzt von Tage zu Tage klangen und gelangen, je mehr auch wuchs mein Interesse für die Musik an sich, und es entstand zuzeiten ein immer wärmeres Verlangen nach selbständigerer Leistung. Nur das Klavier schien mir dazu nicht recht geschaffen. Wohl war es insoweit gar nicht übel, als es mich in zweckmäßigere Berührung mit Marien brachte, als jener ingeniöse Einfall mit dem Popanz dies vermocht hatte, außerdem aber, und für sich selber, langweilte mich der herzlos hämmernde Ton desselben um so mehr, als sich der Klang damaliger Instrumente zu den heutigen noch obendrein wie Kindertrommeln zu Kesselpauken verhielt. Welch eine andere Lust und welch himmlisches Vergnügen, dachte ich, müßte es sein, wenn diese Tasten sängen, etwa wie Mariens Stimme, oder wenn es auch nur wie Violinensaiten wäre. Mein Klavierlehrer, ein Herr Schmelzer, welcher Organist an der Ägidienkirche war, warf mir vor, daß ich zu wenig übe. «Ja!» seufzte ich, «wenn das Ding nur besser klänge, aber dieses Klimper-Klamper ennuyiert einen auf die Länge.» Da schlug der gute Mensch mir auf der Stelle Orgelstunden vor.

Wer war glücklicher als ich, als wir zuerst das Orgelchor erstiegen und Schmelzer mich vor allen Dingen in die Eingeweide des Riesen-instrumentes führte, mir dessen Mechanismus zu erklären. Da standen die Pfeifen wie Regimenter aufmarschiert, eiserne und hölzerne, dickleibige und schlanke, fingerlange Zwerge und haushohe Giganten in dichtgedrängten Reihen neben-, über- und untereinander – eine gewaltige Heerschar; und wenn sie alle auf einmal ihre Stimmen erheben wollten, sagte Schmelzer, so würden die Kirchenfenster platzen wie beim Kanonendonner.

Im Kommando dieser braven Schreier sollte ich nun geübt werden und widmete mich dem neuen Studium mit allem Eifer. Zwar verursachte mir die ungewohnte Handhabung oder vielmehr Fußhabung des Pedales anfänglich einige Wadenkrämpfe, die jedoch überwunden wurden, und schon nach Wochen munterte mich mein Lehrer auf, demnächst beim Ausgange des Gottesdienstes den Ausfeger zu spielen, indem er bemerkte, daß nur derjenige den rechten Vollgenuß an einer Kunst habe, der sich getraue, sie auch öffentlich auszuüben. Ein leichtes Stückchen ward zu diesem Zwecke bis zum Überdrusse eingeschult, so daß ich's mit geschlossenen Augen spielen und der Öffentlichkeit mit Zuversicht entgegensehen konnte.

Als die Zeit sich aber erfüllt hatte, als der Ätti amen sagte und der Schlußvers gesungen war, da war's anders. Eine widerwärtige Unsicherheit fuhr mir in die Eingeweide, und mühsam kroch ich auf die Orgelbank. Nun war auch der Segen gesprochen, der Ätti schwieg und – gleichermaßen schwieg die Orgel.

Da stieß mich Schmelzer an: «So treten Sie doch los!» und los trat ich. Ob es die rechten Tritte waren, und ob das Manual recht einfiel? – ich muß das ungesagt sein lassen; aber die Kirche leerte sich im Umsehen.

Während des Mittagessens äußerte der Ätti sein Befremden über jenen Exodus der Orgel. Schmelzer, sagte er, wähle zu gelehrte Musik, und solche Dissonanzen seien fast unerträglich. Da errötete ich aufs lieblichste und gestand, ich sei's gewesen.

«Nun», erwiderte der Ätti, «beruhige dich, mein Jüngelchen! kein Meister wird geboren, und immerhin hast du die Gemeinde schnell genug hinausgebracht.» Auch ließ ich mich durch dies Debüt von meiner Orgel nicht verscheuchen und rettete meine Ehre wenigstens insoweit, als ich in der Folge zu mehrerer Zufriedenheit des Ätti spielte.

Zwei Kanzeln

Ich will nicht leugnen, daß ich an protestantischen Gottesdiensten die meiste Zeit nur wenig

Geschmack gefunden habe. Endlose Predigten und Lieder versetzten mich, gleich schlaflosen Nächten, leichtlich in Zustände peinlicher Ungeduld. In Bernburg ging es übrigens damit noch leidlich, obgleich die Kirche selbst, vom Fürsten Viktor Amadeus zu Anfang des achtzehnten Jahrhunderts neu erbaut, in Geschmacklosigkeit exzellierte und ein Wahrzeichen des frivolen Sinnes jener Zeit war. Nach reformierter Weise ohne Altar und jegliches geistliche Symbol, glich sie mit ihren doppelten Logenreihen und blaugesprenkeltem Anstrich etwa dem Redoutensaale eines mittleren Gasthofes, an den nicht viel gewendet worden. Das einzige Bildwerk, das sie aufzuweisen hatte, war ein kolossales Wappen, das nächst der herrschaftlichen Loge die ganze Altarwand bedeckte und von zwei hochaufgerichteten, riesenhaften Bären mit schwarzem Pelz und goldenen Kronen gehalten wurde, welche sich als die eigentlichen Gegenstände der Verehrung zu präsentieren schienen.

Als ich, später in Tirol reisend, von einem dortigen Bauern gefragt wurde, welches Tier ich anzubeten pflege – sein Pfaffe hatte ihm gesagt, der ganze Unterschied zwischen Katholiken und Protestanten bestehe darin, daß erstere Gott anbeteten, letztere aber Tiere, die, je nach den Ortschaften, verschieden seien –, fiel mir allerdings die Bernburger Schloßkirche wieder ein. Diese hatte auch damals keinen Reiz für mich, und noch weniger die Lieder, die darin gesungen wurden, deren altklug aufgeklärte Prosa mich vielmehr ennuyierte; aber einmal dauerte der Gottesdienst nur halb so lange als in dem lutherischen Sachsen, und dann war der

Prediger niemand anders als mein geliebter Ätti.

Dieser mochte damals in einem Übergang begriffen sein von subjektiver Herzensfrömmigkeit zu dem Glauben an das geoffenbarte Gotteswort, und demgemäß trug seine Predigt, wie sein ganzes Wesen, auch den doppelten Charakter der Frage und Antwort, des Suchens und Findens. Sowohl die Demut des einen als die Freudigkeit des andern sprachen sich in ihm und seiner Rede aus.

Rollers Predigt ruhte, ja bisweilen schlief sie auf dem objektiven Grunde einer fest und fertig kristallisierten kirchlichen Dogmatik, während Krummacher Entdeckungen machte und dann aufs tiefste ergriffen und mit hoher Begeisterung von demjenigen zeugte, was ihm persönlich klargeworden war. Geistlose Begeisterung freilich langweilt noch schmerzlicher als schläfrige Rede, wenn letztere nur einen tüchtigen Gegenstand hat; aber mein teurer Ätti war Dichter von Gottes Gnaden, er war ein genialer Mensch, hatte allezeit Salz bei sich, und seine Worte waren Kraft und Leben und durchglüht von einem Hauche jener lebendigen Liebe und herzlichen Teilnahme, die zu Herzen geht.

Dazu mußte man diesen Prediger ansehen. Er trug zwar keinen Chorrock aus dem sechzehnten Jahrhundert, wie die Lutheraner, sondern stand nach reformierter Weise nur im schwarzen Frack auf seiner Kanzel, mit jenem damals zur geistlichen Kleidung gehörigen seidenen Küstermäntelchen, das in leichten Falten vom Rücken niederfiel; doch sah er wie ein echter Kirchenmann aus, und der verklärte Ausdruck seines herrlichen Gesichtes predigte nicht minder als seine Worte. Ich wäre ihm gern bisweilen um den Hals gefallen, wenn er auf seiner hohen Kanzel zu erreichen gewesen wäre.

Als ich jedoch zu diesem Zwecke einmal, gleich nach der Kirche, auf sein Zimmer ging, fand ich ihn in augenscheinlicher Bewegung; es schien, als habe er geweint, vielleicht gebetet. Ich wollte mich zurückziehen, wie ich gekommen; allein er rief mich an, und da er hörte, was mich hergeführt, schloß er mich mit Herzlichkeit in seine Arme. In späteren Jahren hat er mir bekannt, wie ich ihm damals zum Trost gewesen sei, weil er die Kanzel in der mutlosesten Stimmung verlassen habe. Seine große Kirche war stets gedrängt voll Menschen, sie saßen Kopf an Kopf und hörten ihren Bischof mit Erbauung an, während dieser selbst sich doch anklagte, daß ihm alle Begabung fehle, die Wahrheit an den Mann zu bringen. Blöden Kandidaten pflegte er zwar zu sagen, sie sollten frisch das Maul auftun und denken, daß es lauter Kohlköpfe seien, die da unten säßen; er selbst aber war so weit davon entfernt, die Gemeinde für ein Kohlfeld zu halten, daß er sie ihres ungeschickten Predigers halber oft bitterlich beklagt hat.

So bescheiden war dieser Mann, daß er es selbst mir, dem unbärtigen Knaben, nicht verargte, wenn ich, an dieser oder jener Äußerung, die sich mit der mir anerzognen Ansicht nicht vertragen wollte, Anstoß nehmend, ihn befragte. Er ließ sich immer freundlich mit mir ein, berichtigte mich oder gab mir wohl auch recht. «Du hast den Buchstaben für dich», sagte er mir einmal, «und vielleicht fährst du damit am besten. Bleibe bei dem, wie du gelehrt bist!»

Im Grunde genommen störte es mich wenig, daß die Reformierten den Begriff der Sakramente anders faßten als wir Lutheraner; hatten sie doch die Sache, und schienen sie sich doch dem Tische des Herrn mit derselben Beugung und mit demselben Glauben an die genugtuende Kraft des Blutes Christi zu nahen wie auch wir. Wenn die Krummachersche Familie kommunizierte, schloß ich mich daher nicht aus, und weder ich noch andere sahen darin einen Abfall von meiner Kirche. Zwar gab es in Bernburg noch eine Anzahl Lutheraner, denen das heilige Abendmahl von Zeit zu Zeit in der kleinen, ihnen eingeräumten Kapelle des Gottesackers durch einen lutherischen Geistlichen verabreicht wurde, und dorthin wollte auch mich der Ätti anfangs weisen. Ich fühlte aber schon damals, daß Glaubensgemeinschaft bindender sei als eine bloß äußere kirchliche Zugehörigkeit, und der aufrichtige Herzensglaube meines hochverehrten Pflegevaters war mir erbaulicher als die orthodoxe Spendeformel, die in jener Kapelle wohl gesprochen, aber keineswegs geglaubt wurde. Auch kann ich in der Tat nicht sagen, daß ich damals an dem einfachen Tische der Reformierten durch die heilige Handlung weniger ergriffen worden wäre als an den heimischen Altären.

Inzwischen ließ ich mir an den Gottesdiensten der Ägidienkirche doch nicht so ganz genügen; ich suchte vielmehr bisweilen noch einen anderen Prediger auf, dessen Rede mir nicht weniger zu Herzen ging als die des Ättis. Dieser andere war Katholik, und seine Kanzel hing draußen an der Schloßmauer hoch über der schäumenden Saale wie ein Schwalbennest. Darin hockte die

Gemeinde, aus mir allein bestehend, und zog sich den Prediger aus der Tasche.

Um die schönen Sommersonntage bestens auszunutzen, stand ich früher als gewöhnlich auf und ging noch vor dem Frühstück hinaus ins Freie, am liebsten in den nahgelegenen Schloßgarten, der, eingefriedigt von hohen krenelierten Mauern, mit seinen Orangenkübeln, Zwergbäumen und geschorenen Hecken den größten Reiz für mich hatte. Die Aussicht in die Ferne fiel natürlich weg; es war aber durch die alte Mauer ein Pförtchen gebrochen, das auf einen kleinen steinernen Altan führte, der außerhalb frei über dem Abhange des Felsens schwebte. Trat man hier hinaus, so tat sich ein weites, überraschend schönes Bild auf. Fast steilrecht blickte man hinunter auf die Saale, die, durch Wiesen, Büsche und Gehölze hingleitend, am Fuße des Schloßfelsens in ihrer ganzen Breite schäumend über ein Wehr stürzt und dann mit tanzender Welle zwischen die Alt- und Bergstadt Bernburgs einläuft. Die malerischen Häusergruppen der Stadt, ihre Türme, Gassen und Plätze liegen wie Spielzeug an den Ufern, und darüber hinaus erblickt man Rebenhügel und Felder, endlich, die Landschaft krönend, den fernen Brocken wie ein Dunstgewölk.

Die Entdeckung dieses Plätzchens achtete ich für einen Hauptgewinn meines Bernburger Lebens. Ich besuchte es fleißig und lauschte hier in verstohlener Einsamkeit der sanften Predigt des alten Mystikers, dessen Büchlein von der «Nachfolge Christi» mir Beckedorff geschenkt hatte und dessen Worte mein jugendliches Herz wie Äolsharfenklang berührten. Dann leuchtete der Morgen um mich her, so zauberhaft in Licht und Farben, es dampfte die Stadt und rauschte tief unter mir der Strom, und ich zerfloß in süßer Schwärmerei. Oh, es ist unbeschreiblich, welcher Entzückungen und Seligkeiten eine Knabenseele fähig ist, wenn sie den Staub der Schule abgeschüttelt!

Mein Christentum war freilich weit mehr Sache des kindischen Spielens und Genießens als einer ernsten Beugung unter die Zucht des göttlichen Wortes, und darüber hinaus kam ich zeit meiner ganzen Jugend nicht. Die Seele durchlebte paradiesische Feierzeiten, da der Bräutigam noch bei ihr war, daher sie aß und trank und jauchzte und es sich wohlsein ließ. Ich war gut unterrichtet, kannte sehr wohl die Glaubenssätze meiner Kirche und zweifelte nicht im geringsten an der Verderbtheit meiner Natur; aber ich ließ mir keine grauen Haare darum wachsen, weil ich die Macht des Bösen tatsächlich noch zu wenig an mir selbst erfahren hatte. Die Sünde schlief noch gutenteils in meinen Gliedern, und wo sie etwa erwacht, erkannte ich sie kaum, oder doch ihr Gift nicht. Ich glaubte ihrer mit Leichtigkeit Herr werden zu können, sobald es mir beliebte, und dem philosophischen Kaiser Mark Aurel konnte es kaum natürlicher erscheinen, ein guter Mensch zu sein, als mir. Ja, wenn ich an der Brustwehr des Altans lehnte, die Herrlichkeit der Schöpfung um mich her zum Tempel Gottes wurde und aus den milden Worten des alten Pater Thomas die Lockstimme des Erlösers an mein Herz schlug, so war ich fest entschlossen, ein Heiliger zu werden. Ich kannte weder die Festigkeit des Himmels noch meine Schwäche und wußte nicht, wie Hochmut, Selbstsucht und Sinnlichkeit mich an die Tiefe ketteten.

Gewöhnlich dauerten diese Wallungen auch nur so lange, als ich auf dem Altan weilte, die Saale brauste, die Stadt zu meinen Füßen im Morgenlichte dampfte und die Zauber einer uralten Mystik mich umspannten. Anders wieder war meine Stimmung, wenn das Leben mir wirkliche Gelegenheit zur Heiligung bot.

Die Schule

Zur Schule war's ein weiter Weg, der viermal des Tages durchmessen wurde, und zwar im Trabe, was hinwärts keine Kunst war, da es bergab ging, zurück aber eine Probe gesunder Lungen. Die ganze Bergstadt durch, über die Brücke und den Markt, fast bis zum Ende der Altstadt: da lag die uralte gotische Marienkirche und dicht dabei die Schule, die eben auch nicht zum jugendlichsten aussah. Es war ein düsteres Gewinkele, eine dunkle Katakombe, so alt und reizlos als die Leichname, die man hier ausgrub und verehrte, tote Sprachen nämlich und Grammatik. Beim ersten Eintritt dachte man, daß alle grüne Weide jetzt ein Ende habe.

Dennoch lobe ich mir jene alten, rußigen Schulhäuser von damals, die viel besser waren, als sie aussahen. Hinter ihren grämlichen Gesichtern war nach deutscher Weise doch ein recht munterer Geist, und jugendlicher Frohsinn gedieh gewiß nicht schlechter als in der kalten Vornehmheit moderner Schulpaläste. Gearbeitet aber wurde auch nicht weniger als in diesen, wenn auch in anderer Fasson. Man hatte nicht so viel Lehrobjekte, zersplitterte sich weniger und gestattete dem Privatfleiß freieren Raum. Heutzutage wird ohne Frage mehr gelehrt, als gelernt werden kann: dazumal war's umgekehrt. Ein wesentlicher Wert ward eigentlich nur dem Studium der lateinischen Sprache beigemessen, welche sich zu den übrigen Disziplinen wie der Jupiter zu seinen Satelliten verhielt und maßgebend war für alles übrige. Zwar lernte man auch anderes, wenn man wollte, Lateinisch aber auch, wenn man nicht wollte, und wer die Schule durchgegangen, nahm wenigstens diese *eine* Sprache als sicheren Erwerb und Grundlage alles weiteren Studiums für sein Leben mit.

Gleich am Tage nach meiner Ankunft war ich vom Rektor selbst einer lateinischen Prüfung unterworfen und infolge davon als Ultimus nach Tertia gesetzt worden. Über dies bescheidene Ergebnis freute ich mich insoweit, als ich bei meinem vielfach unterbrochenen Unterrichte, trotz meiner vierzehn Jahre, doch nur auf Quarta rechnen durfte. Andererseits war es freilich beschämend, daß sich unter den 29 Tertianern über mir so manches fast jugendliche Kindlein mit feiner Vogelstimme fand. Ich mußte mich daher zusammennehmen, um bei der nächsten Versetzung aufzusteigen, und tüchtig arbeiten, wobei mir denn freilich die anregende Persönlichkeit des Klassenlehrers sehr zustatten kam.

Dieser, der Professor Fr. Günther, ein noch junger, doch der gelehrten Welt bereits bekannter Mann, war der geborenste Magister. Mit angenehmem Äußeren, feinen Manieren und liebenswürdig jokosem Wesen verband er die außerordentlich glückliche Gabe, fast allen seinen Schülern ein gutes Gedächtnis beizubringen, indem er sie für die Gegenstände seines Vortrags wahrhaft zu interessieren wußte. Ich war fleißig wie nie vordem in meinem Leben und kam schnell vorwärts, sogar im Griechischen, das ich früher nie getrieben hatte, nun aber privatim mit so gutem Erfolge nachexerzierte, daß ich schon nach wenigen Monaten am Klassenunterrichte teilnehmen konnte.

Zu Michaelis war Versetzung; einige Tertianer wanderten nach Sekunda, und Quartaner, unter denen auch Julius Krummacher war, füllten die Lücken. Darauf gestaltete sich die Klasse zur Klausur und schrieb ein lateinisches Proloco, um danach die Kräfte zu bemessen und demgemäß die Sitze zu verteilen. Es war ein Wettlauf, in welchem jeder ohne Zweifel sein Bestes tat. Am andern Morgen streifte mich Günther auf dem Schulwege an und gratulierte; doch wußte ich nicht, wozu, bis ich, in der Schule angelangt, von den bereits anwesenden Mitschülern als Primus angeschrien und begrüßt ward.

Primus! Es sind zwar nur zwei kleine Silben; aber wer ist wohl durch die Schule gelaufen und kennt nicht die Größe ihrer Bedeutung? Der Primus ist der König beim Scheibenschießen und muß schon für den besten Schützen gelten; er ist der Erste unter allen und der Großwürdenträger der Klasse. Mir war's wie einem Träumenden. Daß ich nicht der Letzte bleiben würde, hatte ich wohl gedacht; aber der Erste? Nun konnte ich meinen Eltern schreiben, daß ich was geworden, und überdem von jetzt an in dem angenehmen Eckchen sitzen, dicht unter dem Katheder, wo sich mein Vorgänger, ein gewisser Stieler aus Berlin, so stattlich ausgenommen hatte. Das war des Glücks genug! und dennoch – es war nichts anderes als ein Traum und eine Täuschung wie alles Erdenglück.

Wohl war ich Primus oder «Biermops», wie's der Schulwitz travestierte, und nahm fürs erste auch meinen Platz als solcher ein, jedoch nur auf Grund von Günthers alleiniger Korrektur, welche, wie ich jetzt erfuhr, die Schüler keineswegs auf Treu und Glauben anzunehmen, sondern allerhöchstselbst noch einer Kontrolle zu unterziehen hatten. Jede Arbeit ging noch einmal durch jede Hand, und jeder tat sein Bestes, seinen Vordermännern womöglich noch eins anzustreichen. Es war eine erbarmungslose Ährenlese von etwa übersehenen Schnitzern.

Gerechnet wurde nach ganzen und nach halben Fehlern, und zwar so, daß Sprachfehler für ganze, Schreibfehler für halbe galten. Ich, der ich gar keinen Fehler gehabt und daher auch kein Interesse hatte, die unter mir Sitzenden noch zu verschlechtern, blickte gleichgültig in die mir vorgelegten Hefte – als plötzlich die Stimme meines Nachbars laut ward. Dieser, der wegen seines hochgestellten Organs den Beinamen «Piepvogel» führte, war so glücklich gewesen, in meiner Arbeit noch drei halbe Fehler, vergessene i-Punkte und dergleichen, aufzustöbern, und da er selbst nur einen ganzen, wenn auch sehr sündlichen Sprachfehler hatte, so verstand es sich von selbst, daß er der wahre Biermops war.

Es hatte eine höhere Gerechtigkeit entschieden, denn dieser Piepvogel war in der Tat gelehrter als ich. Ich mußte aus meinem vornehmen Eckchen weichen, in welchem sich jener sogleich zurechtfand, als wenn er da geboren wäre. Günther reichte ihm glückwünschend die Hand, indem er bedauerte, mir falsche Hoffnung gemacht zu haben, und das war das Ende dieser lehrreichen Geschichte.

Nach Günther gefiel mir unter den Lehrern, die in Tertia unterrichteten, am besten unser Rektor, der Professor Gottfried Herzog. Er mochte damals ein Mann von etlichen und fünfzig Jahren sein; doch schien er wegen seiner gebeugten Haltung und grauen Haare bedeutend älter. Beide Übel waren, wie man sagte, urplötzlich über ihn gekommen, da einer seiner Pensionäre, der Sohn seines Jugendfreundes, beim Baden in der Saale ertrunken war. Der Schmerz hierüber wie über die Unversöhnlichkeit der Eltern soll ihn auch bis ins Grab begleitet haben. Herzog war ursprünglich Theolog gewesen, aber, auf der Universität schon am Glauben irre geworden, hatte er in ehrenwerter Gewissenhaftigkeit kein geistliches Amt begehrt, sondern die Schule vorgezogen, bei welcher er des Supranaturalismus entraten zu können meinte und auch entriet. Übrigens war er ein tüchtiger Schulmann, der die Anstalt wesentlich gehoben hatte und sich ohne Poltern oder sonderliche Strenge bei Lehrern und Schülern in dem Ansehen zu erhalten wußte, das ihm als Rektor zukam. Zwar nannten wir ihn unter uns nie anders als den «alten Gottfried», aber es sollte dies ebensowenig eine Respektlosigkeit sein, als es in Preußen die vulgäre Bezeichnung «alter Fritz» für einen großen König ist.

Alles, was ich in Tertia lernte, dankte ich vorzugsweise dem Einflusse dieser beiden Männer, die mich namentlich für die alten Sprachen so zu begeistern wußten, daß ich mehr darin tat, als ich nötig hatte, zum Beispiel den ganzen ledernen Eutropius, der in der Schule nicht gelesen wurde, zu meinem Privatvergnügen schriftlich ins Deutsche übertrug. Die übrigen Lehrer und Kollaboratoren, die mir geringeren Eindruck hinterließen, brachten wenigstens keinen Schaden, ja ein paar von ihnen, der Kantor und der Franzose, verhalfen in entgegengesetzter Weise der Klasse erst recht zum Vollgenuß des Schülerlebens, indem sich der moralische Zwang, den die Bernburger Schule so gut wie jede andere auferlegte, an ihnen gewissermaßen bezahlt machen konnte.

Immerhin mag es einem Kantor schwer genug sein, sich auf gelehrten Schulen auch nur den notdürftigsten Respekt zu verschaffen; wenigstens hatte der unsrige nicht diese Gabe. In seinen Schreib- und Rechenstunden wurden, wenn die Klasse sich einer Erholung bedürftig fühlte, sehr reichliche Allotria getrieben, die gelegentlich auch außerhalb der Schule fortgesetzt wurden. Vieles ertrug er auch geduldig, teils aus Bequemlichkeit, teils aus physischer Kurzsichtigkeit; wurde ihm aber doch einmal das Ding zu bunt, so ruinierte ihn seine maßlose Heftigkeit vollends.

So war es vorgekommen, daß während der Freiviertelstunde, in der die meisten Dummheiten vorkamen, ein Schüler über mannshoch an der äußeren Kirchwand aufgeklettert war, um einem kleinen, dort postierten Heiligen sein Butterbrot in den Mund zu stecken. Seit *multis saeculis*, sagte er, sperre jener das Maul auf, und es sei Zeit, ihm endlich etwas hineinzuschieben. Indessen war es Winter, und die steinernen Vorsprünge der Kirche waren so kalt, daß der mitleidige Kletterer mit verklommenen Händen bald wieder abfiel. In diesem Augenblicke aber schwenkte der Herr Kantor um die Ecke. Er hatte das Klettern an der Kirche oft verboten, und da seine blöden Augen gerade einen lichten Moment haben mochten, so empfing er jenen mit einer dreimal gepfefferten kantorhaften Ohrfeige, welche auf der Stelle erwidert wurde.

Eine derartige Erwiderung war ein Attentat, das vor den Schulsenat gehörte, aber obgleich der Frevler, anstatt relegiert zu werden, nur den Karzer zu besehen kriegte, so schien uns dieses doch wieder einer neuen Genugtuung zu bedürfen. Schlag für Schlag, so meinten wir, das hätte gerade ausgereicht; aber der Karzer war eine neue Auszeichnung, die erst abverdient werden mußte. Es ward daher beschlossen, dem Herrn Kantor dafür noch ein besonderes Promemoria angedeihen zu lassen.

Als besagter Herr sich demnächst auf der Eisbahn blicken ließ, wurde er höflichst ersucht, im Stuhlschlitten Platz zu nehmen. Dies war eine Artigkeit, die wir den beliebteren Lehrern zu erzeigen pflegten, an die jener aber nicht gewöhnt war. Er mochte daher denken, daß er wegen der Ohrfeige, die er empfangen, vollends versöhnt werden sollte, nahm die Einladung mit feinem Lächeln an, und – fort flog er, wie vom Sturm dahingerissen. Wer ihn eigentlich schob, wußte er nicht, kaum wußten wir es selbst, denn sechs bis acht kräftige Läufer umschwärmten den flüchtigen Schlitten, der sich jeden Augenblick in anderer Hand befand. Es schien, es wolle keiner dem anderen die Ehre gönnen, den Herrn Kantor zu bedienen. So rasten wir mit ihm dahin, daß ihm und uns die Sinne fast vergingen, bis bei einer plötzlichen Wendung das leichte Fuhrwerk umschlug und der unglückliche Insasse zehn Schritte weit auf seiner eigenen Gelegenheit fortschoß.

Laut scheltend über die heillose Unvorsichtigkeit desjenigen, der etwa schuld sei, baten wir tausendmal um Verzeihung, halfen dem Gefallenen auf, nötigten ihn wieder auf sein Stühlchen, und das Spiel begann von neuem. Anfangs fuhren wir langsam, dann immer schneller, bald aber schwärmten wir wieder dahin wie eine Windsbraut, aber da lag der Schlitten mit Ach und Krach zum zweiten Male auf dem harten Eise. Zum dritten Male einzusteigen, war der Gefeierte nicht zu bewegen, sondern hinkte sich zu Fuß an den entfernten Landungsplatz.

Ich muß bekennen, daß, obgleich ich damals die «Nachfolge Christi» studierte, mir bei dieser Eisfahrt doch kein Gedanke an ein Unrecht kam. Man kann eben, je nachdem es die Gelegenheit gibt, abwechselnd fromm und ruchlos sein, und jedenfalls hatte ich es lediglich der Gnade Gottes zu danken, daß ich bei *dieser* Gelegenheit nicht zum Mörder wurde.

Mehr noch als unserem Kantor war es dem französischen Sprachmeister gegeben, die Bestialität der Klasse zu erwecken. Er war ein Naturalfranzose, ein kleiner, vertrockneter Mann mit pechschwarzen Haaren und limonenfarbenem Teint, welchen letzteren wir jedoch geneigt waren, nicht bloß seiner keltischen Abstammung, sondern vielmehr dem Umstande zuzuschreiben, daß Monsieur sich niemals wusch, denn wie der obberegte Fürst Putjatin in Dresden alle Misere des Lebens dem Genusse ungerösteten Brotes zuschrieb, so er dem Waschen. Er hielt dies geradezu für menschenmörderisch, und allerdings führte er an sich selber den Beweis, daß seine Unreinlichkeit ihm wenigstens nicht auf den Magen fiel, denn er hatte einen berühmten Appetit, konnte essen zur Zeit und Unzeit, soviel er wollte, und es bekam ihm alles trefflich wohl. Daß er einst in Prima vor aller Augen einen ganzen gebratenen Puter zu sich genommen habe, welchen ihm ein Schüler vom Lande zum Frühstück angeboten habe, wurde erzählt. Nach der Mahlzeit habe er seinen erbsfarbenen Überrock mit Stolz auseinandergelegt und sich, zum Zeichen, daß noch Raum vorhanden, auf den hohlen Unterleib geschlagen.

Dieser Gelehrte hatte eine Lieblingsidee, zu der die Anschauungen romanischer Rasse überhaupt zu neigen scheinen. Wie der berühmte Cartesius sich bewogen fühlte, die Tiere für bloße Maschinen zu halten, und Fontenelle, als man ihm vorwarf, daß er seinen Hund malträtiere, sagte: «*Cela ne sent rien!*» so behauptete auch unser Franzose – ganz im Widerspruche mit der Bedeutung des Wortes «*animal*» –, daß die *animaux* keine Seelen hätten.

«Das Tier hat keiner Seelen!» pflegte er uns zu belehren und war so felsenfest in dieser Ansicht, daß ihn alle die geistreichen Züge, die wir zur Abkürzung der Stunde von Hunden, Katzen, Ratten und Kanarienvögeln anzuführen hatten, nicht im geringsten zu erschüttern vermochten. Seine Gründe waren gewissermaßen Pietätsgründe. Er wolle, sagte er, auch das allertoteste Äring nicht mehr herunterschlucken, wenn es beseligt wären, und wenn wir Butter und Käse äßen, das von einer Seelen gemacht ist, so wären wir Kannibalen. Trieben wir es mit unserem Widerspruche zu weit, so konnte er in die ergötzlichste Berserkerwut geraten, mit dem ersten besten Lineale über die ersten besten Köpfe hauen, was ihm keiner übelnahm, und die deutsche Sprache aufs grausamste zerfleischen.

Am aufgebrachtesten sah ich diesen Gallier übrigens bei einer ganz anderen Gelegenheit. Wir hatten einen baumlangen Menschen in der Klasse, von zirka 18 Jahren, einen gutartigen Jüngling, der aber aus mangelnden Fähigkeiten in Tertia gewissermaßen gestrandet war. Dieser wurde, obgleich er nichts weniger als Überfluß an Witz zeigte, wie *lucus a non lucendo* «Kiau» genannt. Er hatte eine auffallend lange und weit aus dem Gesicht hervorragende Nase, mit welcher er unablässig geneckt ward. Unter anderem sagte ihm der platte Schulwitz nach, daß er, abends nach Sonnenuntergang an der Saale kühlem Strande lagernd, seine Nase ins Wasser gleiten ließe, da dann die Fische, nicht nur Schmerlen und Gründlinge, sondern auch Karpfen, Lachse, ja Störe, danach schnappten und mit Leichtigkeit herausgezogen würden. Von der Fischmast sei er so groß geworden. Bei solchen und ähnlichen Verleumdungen konnte er mit dem ehrlichsten Gesichte von der Welt beteuern, es sei gar nicht wahr.

Nun traf sich's einmal in der Zwischenstunde, daß dieser Kiau, die Hände auf dem Rücken, hochaufgerichtet am Ofen lehnend, gedankenlos ins Leere starrte. Unterdessen erkletterte ein Mitschüler, ein sehr kleiner und außerordentlich behender Mensch, mit Namen Fiedler, den

Ofen von der entgegengesetzten Seite, schob sich oben auf dem Bauche fort, bis seine Augen über Kiaus Nase waren, und dann plötzlich von oben herab dem Träumerischen in die Nüstern greifend, riß er diesem den Kopf gewaltsam in die Höhe.

Der arme Kiau, der weder wußte, wie ihm geschah, noch wie er sich von dieser Angel befreien sollte, brüllte sehr vernehmlich, während die zunächst Stehenden mit Linealen und Bücherriemen so lange auf seinen Peiniger einhieben, bis dieser losließ. Aber damit war's noch nicht genug; der kleine Fiedler ward vom Ofen gezogen, und in großmütiger Aufwallung für den unschuldig mißhandelten Kiau verurteilte die Klasse ihn einstimmig zum Galgen. Schnell waren einige Schnupftücher zusammengebunden, dem Delinquenten unter den Armen durchgezogen und er über dem Katheder aufgehangen. Da hing er mitten auf der schwarzen Tafel, wie ein Schaustück, aber nicht so ruhig. Wütend schleuderte er Arme und Beine und sprudelte – weniger aus Schmerz, als weil ihm Gewalt geschehen – reichliche Ströme aus allen fünf Quellen seines empörten Angesichts.

In diesem Augenblicke klinkte das Türschloß, und alle waren wir auf unseren Plätzen. Der sehr verspätete Franzose trat ein und war wie verdonnert beim Anblick des Gerichteten. Als er aber vollends in diesem seinen fleißigsten Schüler und Mignon erkannte, brach er in hellen Zorn aus. Es seien höchst erbärmliche Spitzbübereien, schrie er, und wir sollten augenblicklich das Kind abhängen. Keiner rührte sich. Es ward entgegnet, das sei kein Kind, sondern ein seelenloses Tier. «Ein Fisch», rief einer, «der an Kiaus

Nase angebissen hat!» Ein Dritter belehrte, es sei eigentlich ein Parricida, weil der Größe und dem Alter nach Kiau sein Vater sein könne. Endlich schrie alles durcheinander, und der betäubte Franzmann, der nur halb verstehen konnte und am wenigsten begreifen mochte, was Kiau mit seiner geschwollenen Nase bei der Sache sollte, stürzte racheschnaubend aus der Klasse, um den Rektor zu holen.

Nun war es Zeit, das Fischlein abzuhängen; wir wischten ihm eilig das Gesicht ab, stauchten es auf seinen Platz, und als der Rektor eintrat, saßen wir alle sittig hinter unseren französischen Heften. Ich, als der zeitige *Custos morum*, mußte referieren, was vorgefallen. Ich tat es der Wahrheit gemäß, und mit alleiniger Ausnahme des tugendhaften Kiau hatte zur Genugtuung des Franzosen die ganze Klasse ein Stündchen nachzusitzen.

4. Eine Entscheidung fürs Leben

Aus dem vorhergehenden Kapitel ist zu ersehen, daß es sich einer in Bernburg schon gefallen lassen konnte. In Kirch' und Schule, in Haus und Garten, einsam und in Gesellschaft, überall fand man seine Rechnung, und ich war mir dessen wohl bewußt; aber dennoch wollte mir die Zeit bis Weihnachten, wo ich nach Hause reisen sollte, wie eine Ewigkeit erscheinen. Sie abzukürzen, verfiel ich endlich auf einen glücklichen Gedanken: an jedem Abend nämlich übertünchte ich in meinem Wandkalender den abgelebten Tag mit Bleiweiß, ihn so gewissermaßen noch einmal vernichtend. Dies Verfahren will ich anderen ungeduldigen Schülern hiermit empfohlen haben, da sie sich auf solche Art das immer merklichere Abnehmen des unvertilgten Restes am leichtesten veranschaulichen werden.

Endlich kam der letzte Pinselstrich. Mit frohem Herzen und guten Zensuren ausgerüstet, stieg ich in den Postwagen und langte gerade am Heiligen Abend in Dresden bei den Meinigen an. Das war denn eine Freude mit alt und jung! Der Bruder fehlte freilich, doch dafür mußte der Lichterbaum entschädigen mit seinem Glanz und seinen Gaben.

Auf meinem Tische stand unter den obligaten Wachsstöcken und Pfefferkuchen ein überaus sauberes Kästchen von duftendem Zedernholz mit zwei Kolonnen der feinsten englischen Farben, so schön, daß einem das Herz beim bloßen Anblick lachte. Es war etwas ganz Herrliches und reizte mich, wie einst der Rotstift meinen Lehrer Roller, zu augenblicklichem Versuche. Noch beim Scheine des Lichterbaumes und in aller Ungeduld und Eile den Pinsel nur im Munde feuchtend, ging ich ans Werk. Es sollte nichts Bestimmtes werden; ich wollte nur Natur und Wirkung der neuen Farben kennen lernen und fuhr auf einer kleinen Elfenbeinplatte mit dem Pinsel gleichgültig hin und wieder. Bald aber interessierte mich die Arbeit, denn es begann sich, hervorblickend aus Wolken, das Brustbild einer *mater dolorosa* mit Heiligenschein und Schleiern zu gestalten. Das sah gar nicht wie von mir aus, und ich dachte, wenn einer darunter schriebe: Carlo Maratti oder Dolci, Giulio Romano, Tintoretto, und wie sie alle heißen, so würde niemand was dagegen haben. Mein Vater wollte sehen, was ich da machte: «Das kannst du mir schenken», sagte er und nahm die Zeichnung an sich.

Am andern Morgen ward ich sehr unwillkürlicher Zeuge einer schmeichelhaften Unterhaltung. Mein Vater, der keine Ahnung hatte, daß ich im Nebenzimmer alles hören konnte, wo ich mit Tassos «Befreitem Jerusalem» in einer Kanapeecke schwelgte, zeigte mein Farbenpröbchen seinem Freunde Hartmann. «Das», sagte er, «hat mein Sohn gestern abend beim Lichterbaum mit etwas Spucke gemalt.»

Hartmann lachte. «Den Jungen fräße ich auf», erwiderte er, «wenn ich wie du wäre. Da steckt ein Maler drin!»

Es ist oft schwer zu unterscheiden zwischen dem, was wir mit Selbständigkeit zuwege bringen, und dem, was nur zufällig und vereinzelt durch uns entsteht. Wir können sogar ganze Reihen von Erfolgen haben, an denen wir so unschuldig sind wie die Engländer am Siege von Waterloo, und schreiben wir uns deshalb besondere Begabung zu, so können wir sehr niederschlagenden Enttäuschungen entgegensehen. Auch meine Schmerzensmutter mochte von keiner anderen Herkunft sein als von der eines bloß zufälligen Gelingens; wenn aber die alten Meister darin ein Wahrzeichen des Genies erkennen wollten, so war es mir wenigstens nicht zu verargen, daß ich ihnen glaubte.

Von meiner Kindheit an war es in der Familie angenommen und auch mir ein Glaubensartikel gewesen, daß ich Maler werden würde; doch hatten die Warnungen Beckedorffs mich neuerdings geirrt. Auch hatte ich, fortgerissen von der lateinischen Strömung der Schule, die Studien bereits liebgewonnen, so daß mir der Gedanke, vielleicht ganz bei ihnen zu verbleiben, nichts weniger mehr als fremd war. Ich hatte meinen Eltern bereits Mitteilung darüber gemacht und konnte gewiß sein, daß sie meiner Neigung, wohin sie sich auch wende, kein Hindernis in den Weg legen würden. Wenn ich es mir aber nun auch sehr löblich dachte, am grünen Tische oder von der Kanzel das Beste meiner Mitmenschen fördern zu helfen, so konnte ich doch eine gewisse Vorstellung nicht loswerden, die mich zu keinem rechten Entschlusse kommen lassen wollte. Ich dachte mir nämlich den Fall, daß ich dereinst, wenn es zu spät sei, umzukehren, als wohlstudierter Mann zufällig in eine Malerwerkstatt geriete und sähe die Bilder und Geräte und röche wieder den heimischen Duft der Firnisse und Farben: ob ich dann nicht in einen Strom von Tränen ausbrechen und meine Wahl aufs schmerzlichste bereuen würde? Und umgekehrt, wenn ich nun wirklich Maler geworden wäre, und es zeigte sich nachträglich, daß es mir nicht besser ginge als neun Zehnteln aller Maler, das heißt, daß mir die nötige Begabung fehle: was sollte ich dann beginnen?

So zweifelnd war ich noch zum Weihnachtsfest nach Dresden gekommen; aber jenes zufällig erlauschte Lob so kompetenter Richter, wie die ganze künstlerische Atmosphäre des väterlichen Hauses, verfehlten nicht, eine entscheidende Wirkung auf mich auszuüben, und da nun in traulicher Dämmerstunde die Rede auf meine Zukunft kam, erklärte ich meinen Eltern, daß ich am liebsten Maler werden möchte. Damit hatte ich ihren eigenen Herzenswunsch getroffen; aber freilich, meinte der Vater, müsse ich dann, was mir immerhin nicht leicht ward, der

Schule bald entsagen, denn man könnte nicht erst Magister und dann noch Meister werden, und wer mit zwanzig Jahren noch kein Bild male, möge die Hand vom Pinsel lassen. Es ward mir indessen doch noch einige Frist für Bernburg gestattet, da es für schicklicher erachtet wurde, erst von Sekunda abzugehen. So weit hatte es seinerzeit mein lieber Vater auch gebracht und damit fürs Leben ausgereicht; es war kein Grund da, weder mich dümmer noch gelehrter sein zu lassen, als er es selbst war.

Die wichtigste Entscheidung für mein Leben war nun getroffen; ich freute mich aufs kindischste meines künftigen Berufes, und mit goldener Aussicht in die Zukunft zog ich eines schönen Morgens von Dresden wieder ab. Begleitet von meinem Vater, der mir die ganze Ferienzeit mehr Teilnahme geschenkt hatte als je zuvor, ging ich der Lohnfuhre, in die ich eingemietet war, ein gut Stück Wegs zu Fuß voraus, und jener war so ganz besonders gut und mild, daß er mir proponierte, mir zum Abschied noch eine Gnade auszubitten. Ich bat natürlich um die Erlaubnis, zu rauchen, und erhielt sie mit der Einschränkung, daß es nicht mehr als *eine* Pfeife in der Woche werde, was ich versprach. Als der Wagen uns jedoch eingeholt hatte und ich einstieg, rief mir der gute Vater doch noch nach: «Kannst du's einmal nicht lassen, so stopfe eine zweite und sprich dabei: ‹Mein Vater hat mir's zwar verboten; ich tue es aber doch!›» In diesem Wort war Weisheit, es schärfte mein Gewissen, indem es mich doch von der Kette band.

Auf der Mittagsstation in Meißen angelangt, rannte ich sogleich zum Drechsler und kaufte mir eine Pfeife, und zwar eine recht geräumige, denn zwar wollte ich pflichtgetreu nur einmal in der Woche stopfen, aber nicht nur einmal rauchen, vielmehr imstande sein, unter Umständen jeden günstigen Moment dazu wahrzunehmen. So hielt ich's jahrelang, und am Ende der Woche war die Pfeife stets so vollkommen ausgeraucht, daß aus der Asche auch der kleinste Bruchteil eines Tabaksblättchens nicht mehr herauszufinden gewesen wäre. Auch kaufte ich mir eine Tüte Tabak, und diese in der einen, die langgequastete Pfeife in der andern Hand, schlenderte ich den Domberg hinan, um der schönen Kirche vor dem Essen noch einen Besuch abzustatten.

Die Kirchtüre stand offen, und wenn schon auf dem Orgelchore einige Knaben sangen, so hatte ich doch kein Arg darin und meinte, der Kantor übe etwa seine Schule. Ich wanderte daher in dem völlig leeren Schiff der Kirche mit meiner langen Pfeife sehr ungeniert umher, ging von einem Gegenstand zum andern und machte zuletzt vor dem Altare Halt, um mir das uralte Bild zu betrachten. Da hörte ich eine ernste Stimme hinter mir: «Es ist hier Gottesdienst!» Ich fuhr herum, und vor mir stand ein Geistlicher im Ornat.

Beschämt verzog ich mich in den nächsten Kirchstuhl, hörte die Vorlesung eines Abschnitts der Heiligen Schrift mit an samt den darauf folgenden Responsorien und konnte es mir eigentlich nicht besser wünschen, denn man erkennt den rechten Wert der Dinge erst beim Gebrauch. Der Dom ward jetzt gebraucht, und seine schlanken Säulenbündel und himmelhohen Spitzgewölbe wurden jetzt erst recht verständlich durch die heiligen Worte, die vom Altar gesprochen wurden, so wie diese durch die hehre Majestät des königlichen Baues an Würde nur gewannen. Ich versank in Andacht und konnte mich nicht losreißen, besonders da nun wieder die Orgel erklang und einen neuen Choral intonierte.

Noch einen Vers, dachte ich, und dann eilig fort, um vor der Abfahrt noch etwas zu essen. Dazu war's allerdings die höchste Zeit, und schon zog ich die Füße an, um aufzustehen und mich davonzumachen – siehe! da stand die schwarze Gestalt des Pastors dicht vor mir auf der Kanzel auf; ich aber streckte die Beine wieder aus, denn unmöglich konnte ich es über mich gewinnen, als einziger Zuhörer dem einsamen Prediger so gerade vor der Nase durchzubrennen. Aber ebenso unmöglich war's auch, zu bleiben, wollte ich nicht anders der Mahlzeit quitt gehen oder gar zurückgelassen werden. Abermals zog ich die Füße an, und abermals streckte ich sie wieder von mir, bis ich endlich in großer Gemütsschwäche sitzen blieb wie ein Jean Paulscher Narr. Ich war gefangen.

Vielleicht, dachte ich, werde der Kutscher warten oder der Prediger aufhören. Dieser hätte zwar, unsern beiderseitigen Vorteil bedenkend, mit dem Segen anfangen und schließen mögen; vielleicht aber hatte er lange keinen Zuhörer gehabt. Er ergriff daher die Gelegenheit beim Schopf und sagte ohne Erbarmen alle drei Teile seiner Predigt her.

Man sagt, daß der, welcher redet, sich in der Gesellschaft am besten amüsiert. Dies war hier augenscheinlich der Fall, denn während ich nur Worte hörte, die wie Sandkörner auf mich niederrieselten, mich zu verschütten und zu ersticken drohten, deklamierte jener mit steigender

Freudigkeit und Breite. Je eifriger er mir die Ohren füllte, desto hohler ward ich in meinem Innern, und je fester er auf seiner Kanzel einwurzelte, desto lockerer saß ich auf meiner Bank. Ich glaubte, er sei entschlossen, dort oben zu leben und zu sterben, wie weiland Simeon Stylites auf seiner Säule, rückte von einer Seite auf die andere, steckte die Hände in die Taschen und zog sie wieder heraus, schneuzte mich und zweifelte, ob ich die Rede überleben würde.

In dieser verzweifelten Lage überraschte mich fast noch das Amen, das einem Zauberschlage gleich die ganze Situation veränderte und meine Ketten sprengte. Wie ein Sperling aus der geöffneten Hand des Vogelstellers entflatterte ich mit meiner langen Pfeife, schoß den Domberg hinunter und hörte schon von weitem den ungeduldigen Kutscher mit der Peitsche knallen. Die ganze Gesellschaft saß bereits im Wagen, und auf meine entschuldigende Erzählung ward ich belehrt, daß jedenfalls jener Pastor durch mich nicht weniger geniert gewesen sei als ich durch ihn, denn, sagte man, wenn ich nicht dagesessen hätte, würde er kein Narr gewesen sein, zu predigen. Zu meinem Trost tat ich die ersten Züge aus meiner neuen Pfeife und freute mich aufs Abendessen.

Die weitere Reise muß nichts zu wünschen übriggelassen haben, da ich mich ihrer nicht mehr erinnere. Nach Bernburg zurückgekehrt, hatte ich aber nicht viel anderes mehr im Kopf als Zeichnen und Malen und konnte es nicht lassen, mich in freien Stunden sogleich vor Eduards erstaunten Blicken zu ernster künstlerischer Tätigkeit anzuschicken. Fürs erste brannte ich Reiskohle, bespannte ein altes, umgedrehtes Blumenbrett mit grauem Packpapier und verfinsterte das Zimmer sehr unnützerweise wie eine Malerwerkstatt. Wie unbeschreiblich selig fühlte ich mich nun, als alles vorbereitet war und ich mich eines Sonntags nachmittag vor meinem Papiere niederließ, um mit einer lebensgroßen Schmerzensmutter zu debütieren! Aber Eduard opponierte. Ich sollte doch lieber etwas Kräftiges malen, sagte er, einen Ajax, Diomedes oder am besten einen zürnenden Propheten.

Künstler sind immer abhängig von ihrem Publikum, und außer Eduard hatte ich keins. Ich mußte mich seinem Verlangen fügen und zeichnete einen massiven Männerkopf mit struppigen Haaren, wüstem Bart und rollenden Augen, ähnlicher einem Rasenden, wie ich jetzt glauben möchte, als einem zürnenden Propheten. Die Arbeit ging rasch von der Hand, und das Publikum nahm den lebhaftesten Anteil. Nur mit dem Kostüm schien Eduard nicht ganz einverstanden, da sich seiner Meinung nach für einen so männlichen Propheten eine nackte, haarige Brust gehörte. Ich willfahrte auch dieser Forderung, öffnete das Gewand und ließ ein Gestrüpp von krausen Locken sehen. Jetzt rief Eduard: «Herrlich!» und schien ganz befriedigt; mir aber flößte mein Opus anderen Tags schon solchen Widerwillen ein, daß ich es vernichtete. Mit ähnlichen Erfolgen ward noch manches andere Bild in Angriff genommen und viel Zeit damit verdorben; aber trotz dieser künstlerischen Allotrien vernachlässigte ich doch auch meine Schularbeiten so wenig, daß ich bei der Osterversetzung samt meinem Nachbar Piepvogel nach Sekunda aufrückte.

Nach Sekunda! Es ist dies das wichtigste

Avancement, was auf lateinischen Schulen vorkommt, der Eintritt aus den Propyläen in den eigentlichen Tempel. Wohl gibt es schon in den niederen Klassen viel staunenswerte Weisheit, aber erst in Sekunda beginnt man zu begreifen, warum man etwas weiß, weil das Gewußte hier zu einiger Anwendung gelangt und seine Frucht trägt; und daher stellt sich gemeiniglich auch erst in dieser Klasse der rechte Trieb zur Arbeit ein. Ich freilich gehörte der Schule nur noch mit halbem Herzen an, und wenn ich mich des raschen Eintritts in die höhere Klasse freute, so wesentlich nur deshalb, weil ich sie als den ersten Schritt und als Bedingung meines demnächstigen Austritts aus der Schule ansah. Ich meldete meinen Eltern, daß ich nun so weit sei, und sah der nächsten Zukunft mit ungeduldiger Erwartung entgegen, der unaussprechlichen Herrlichkeit, nicht nur in Nebenstunden, sondern zu allen Stunden nichts anderes zu tun als Zeichnen und Malen.

Der Verfasser ergibt sich der Demagogie

Um jene Zeit war Eduards ältester Bruder Friedrich nach beendigten akademischen Studien von Jena zurückgekehrt. Lang, hager, blaß, das tiefliegende Auge von starkem innerem Leben glühend, trat er in sogenannt altdeutscher Tracht, mit gefiedertem Barett und lang abwallendem Haar, wie eine Erscheinung aus verflossenen Jahrhunderten in unseren Kreis, Kernworte der Trauer und des Ingrimms sprechend: der Trauer über den Verlust der akademischen Freiheit, des Ingrimms über das Philisterium, dem er verfallen. Friedrich war ein hochbegabter und genialer Mensch, dessen übermächtige Persönlichkeit uns Jüngeren nicht wenig imponierte, daher er uns auch schnell zum Propheten und Apostel eines nagelneuen Evangeliums werden konnte, das er aus Thüringen mit heimgebracht. Er war tief eingetaucht in jene phantastische Strömung, welche damals die deutschen Hochschulen durchflutete und die Köpfe der besten jungen Leute mit sich fortriß. War er doch eine der Koryphäen der glorreichen Jenenser Burschenschaft gewesen, hatte die Fahne getragen beim Zuge nach der Wartburg und sich dort nach des begeisterten Studenten Riemanns Worten mit allen Genossen aufs feierlichste verschworen, «zu streben nach jeder menschlichen und vaterländischen Tugend». Und solche Tugend war es, welcher er jetzt das Wort redete vor den Ohren aller, die es hören und nicht hören wollten.

Worin sie eigentlich bestand, diese menschliche Tugend, ist schwer zu sagen, da ihr Begriff sich ebensowenig aus jener Bezeichnung als aus Beispielen der Geschichte deduzieren läßt. Eine andere Tugend hatte Cäsar und eine andere Brutus, und Diogenes hatte eine andere als Cato und Scipio. Soll man von christlicher Tugend absehen, so ist die menschliche und vaterländische an sich ein wunderlicher Proteus und kann ebensogut Mord und Totschlag bedeuten als gut Essen und Trinken. Darin zwar war man einig, daß den Tugenden der Tapferkeit, der Wahrhaftigkeit und Keuschheit nachzujagen sei, und das war das Löbliche bei der Sache; ob aber zum Beispiel die menschliche und vaterländische Tugend es gebot, zum Zweck der

Herstellung eines einigen und freien Vaterlandes die sämtlichen deutschen Fürsten nebst ihren Helfern und Helfershelfern um einen Kopf zu verkürzen, oder ob es hinreichen würde, dieselben mit bescheidenen Pensionen – für den König von Preußen wurden in Jena 300 Taler vorgeschlagen – zu bourgeoisieren, darüber stritt man wie über vieles andere. Die ganze Bewegung glich einer unklaren und verworrenen, von den heterogensten Sympathien getragenen Konfusion. Mit derselben Begeisterung für deutsches Mittelalter wie für die modernsten Revolutionsideen der Franzosen streckte man die Arme gleichzeitig nach hinten und nach vorne aus und schwärmte für eine Vorzeit, die man nicht kannte und deren Bedingungen, Ordnungen und Formen man nach Herzenslust mit Füßen trat. Man war vom allerneuesten, wie Goethe sagte, indem man alt sein wollte, und am allerwenigsten war man deutsch.

Was mich anlangte, so verstand ich von dem ganzen Wirbel wenig mehr, als daß es eine Herrlichkeit sondergleichen war und daß man recht von Herzensgrunde deutsch sein müsse; ähnlich auch mochten es alle diejenigen meiner Mitschüler verstehen, die überhaupt begeisterungsfähig waren. Recht deutsch sein aber hieß, recht trotzigen Mut und feste Fäuste haben, und uns zu diesen vaterländischen Tugenden zu verhelfen, war Friedrich sehr erbötig. Mit Enthusiasmus sprach er von dem frommen, frischen, freien und fröhlichen Turnerwesen und weckte das Verlangen, uns unter seiner Leitung mit der Gesamtheit aller Schüler zu einer ordentlichen Turngemeinde zu organisieren.

Um die Erlaubnis hierzu wie um Abtretung

eines zum Turnplatz geeigneten Landstückes ward der Herzog angegangen, vorläufig aber im Hofraume der Superintendentur eine kleine Turngelegenheit improvisiert. Hier stellten wir mit des Ättis Erlaubnis aus gemeinen Mitteln die notdürftigsten Gerüste her, an denen wir des Abends unsere Kräfte übten, und ergötzten uns nebenbei an allerlei frischen und fröhlichen Turnspielen, die unser Meister Friedrich leitete. Dazu verschafften wir uns ungeschwänzte Anzüge von grauem Sackdrell, nahmen einen ungeschliffenen Kärrnergang an, wie er deutschen Flegeln zu ziemen schien, und sahen jedermann keck ins Angesicht. Leider aber mußte unser Verhalten sich nur allzuwenig empfohlen haben: besonnene Männer traten gegen die Neuerung auf und erhoben sogar im Wochenblatt den Wächterruf. Ich zweifle nicht, daß ihre Besorgnisse begründet waren; aber mit Gegengründen betrat Friedrich jetzt das Schlachtfeld. Sie replizierten, er replizierte wieder; es bildeten sich Parteien selbst unter Lehrern und Beamten, und immerhin brachte dieser gelehrte Hader einiges Leben unter die Bernburger Menschheit.

Mit Beckedorff war ich in stetem Briefwechsel geblieben. Ich war es gewohnt, ihn von allem zu unterrichten, was mich bewegte, und suchte ihn jetzt um so mehr über den Nutzen des Turnens aufzuklären, als ich annahm, daß er nicht ohne Einfluß auf die Entschlüsse des Herzogs sei, von dessen Erlaubnis doch endlich alles abhing. Wie sollten wir künftig, so argumentierte ich etwa, das Vaterland verteidigen, wenn wir nicht deutsche Knochen und Fäuste hätten? Von einem auf Schulbänken verkümmerten und verblühten Geschlecht – als das wir uns plötzlich erkannt hatten – seien Heldentaten schwerlich zu erwarten, und überdem würde dem Landesfürsten eine bessere Gelegenheit, die Jugend zu verpflichten, so leicht nicht wieder geboten werden. Aber Beckedorff schien von alledem nichts weniger als erbaut. Zwar war er nicht so weit verblendet, daß er das Turnen nicht für recht gesund gehalten hätte; ob jedoch die Jahnschen Turngemeinden mit ihren spezifischen Gesetzen und Gebräuchen zu dulden, und ob es zweckmäßig sei, der männlichen Jugend in rein monarchischen Staaten eine entschieden republikanische Richtung zu geben, das gab er zu bedenken. Schließlich riet er, wir möchten vor allen Dingen zeigen, daß die Turnerei fleißiger, bescheidener, gehorsamer und liebenswürdiger mache, so würden wir, alle Bedenken zerstreuend, unsere Widersacher in Freunde und Gönner verwandeln.

Schwärmereien ist indessen mit Vernunft nicht beizukommen. Beckedorffs Rat erschien mir dem großen Ziele gegenüber, das ich vor Augen hatte, allzu philiströs, denn ich war der Meinung, daß irgend etwas faul sei in deutschen Landen und daß dem weder durch Bescheidenheit noch Liebenswürdigkeit, sondern einzig und allein durch die unbescheidenste Kraftentwickelung abzuhelfen sei. In der Art schrieb ich auch zurück und war fest überzeugt, daß jedermann das einsehen müsse, selbst der Herzog. Doch hierin hatte ich mich geirrt, wie ich denn auch durch mein übriges Leben die Erfahrung gemacht habe, daß niemand sich von etwas überzeugen läßt, was nicht in seinen Kram paßt. Der Herzog war so frei, den Turnplatz zu verweigern und das Gezänk im Wochenblatte zu verbieten.

Das war befremdlich. Es sah fast aus, als lege es der Landesvater eigens darauf an, die Kraft des Volkes abzuschwächen und sich die Herzen der Jugend zu entfremden. Wir räsonierten ganz unsäglich.

Glücklicherweise teilte wenigstens der Ätti nicht die Bedenken der herzoglichen Räte. Soweit er sich überhaupt um die Angelegenheit gekümmert hatte, war er geneigt, die besseren Seiten aufzufassen, freute sich des frischen Sinnes der jungen Leute und hielt die revolutionären Wasserreiser, die wir trieben, für eitel Kindereien. Zu einer wohlkonzessionierten Turngemeinde und einem öffentlichen Turnplatz konnte er uns freilich nicht verhelfen, doch hatte er nichts dagegen, daß wir unsere Kraftübungen nach wie vor in seinem Hofraum fortsetzten. Trotz unseres Kummers über den unerwarteten herzoglichen Bescheid unterließen wir daher nicht, daselbst allabendlich zu laufen und zu springen, zu wippen und kippen, exerzierten die Bein- und Rückenwelle, das Nest, den Schwebehang, den Katzen- und den Karpfensprung; und obgleich wir diese Künste keineswegs mit der Harmlosigkeit von Eichhörnchen oder Seiltänzern betrieben, sondern vielmehr mit dem Hochgefühle deutscher Jünglinge, welche die freie Brust im Morgenrot der Zukunft baden, sah die Behörde dennoch durch die Finger. Es waren schöne Stunden, die wir so im Bewußtsein schwellender Muskelkraft und trotzigen Mutes versprangen und verschwangen, und sonderlicher Nachteil ist auch nicht daraus erwachsen, es sei denn für die Speisekammern der Hausfrauen und Mütter; denn einen Knaben, der vom Turnen kommt, zu sättigen, ist nahezu unmöglich.

So waren die Pfingstferien herangekommen, die mich auf einige Tage wieder mit meinem Bruder vereinten. Wahrscheinlich um diesem eine Freude zu machen, vielleicht auch mir den Kopf zurechtzusetzen, war Beckedorff auf den gesunden Einfall geraten, mich mit des Herzogs Erlaubnis auf einige Tage nach Ballenstedt zu entbieten. Trotz meiner oppositionellen Richtung hatte er doch den willigsten Gehorsam gefunden, und leichten Herzens und Ranzens – in letzterem nur etwas Wäsche – machte ich mich eines schönen Morgens zu Fuße auf den Weg.

Es war ein herzerquickender Gang. Himmel und Erde funkelten im Glanz der Morgensonne, Lerchen tremulierten über grünen Saaten, und in der Ferne winkte die ahnungsvolle Herrlichkeit des blau aufsteigenden Gebirges. Ich aber schritt geflügelten Fußes voran, als würde ich von Adlersfittichen getragen. Dazu sang ich mit den Lerchen um die Wette, daß es weithin durch die Fluren schallte; aber nicht etwa ein sich geziemendes Morgenlied, wie zum Beispiel «Wach auf, mein Herz, und singe» oder «Die Sonn' hat sich mit ihrem Glanz» – ich kann dergleichen leider nicht berichten: vielmehr sang ich die trotzigen Verse des Goetheschen «Prometheus», die ich kurz zuvor – mich dünkt in Moritz' «Götterlehre» – mit Entzücken gelesen und teilweise im Kopfe behalten hatte. Die Melodien improvisierte ich nach Bedürfnis, und singend erschienen mir die gewaltigen Worte noch so viel prächtiger, daß ich nicht müde wurde, sie immer wieder von neuem abzusingen, wüßte auch kaum, daß Schönheit und Macht der deutschen Sprache mich jemals wieder so ergriffen hätten als in der Kraft und Freudenfülle jenes Morgens mit seiner Frühlingslust.

Als ich des Nachmittags bei guter Zeit in Ballenstedt einstürmte, tadelte Beckedorff mich meiner Kleidung wegen. Es war ihm ganz unfaßlich, wie man an den Hof kommen und nichts anderes mitbringen könne als ein Reiseröckchen von grünem Futterkattun und ein Paar Drellhosen. Unmöglich schien es ihm, daß ich mich in diesem Aufzuge vor dem Herzoge könne blikken lassen, der doch von meinem Kommen wisse und die Gnade gehabt habe, mich schon im voraus zur Abendtafel einzuladen.

Ich erfuhr nun, daß die Herzogin schon seit längerer Zeit verreist sei und der Prinz in ihrer Abwesenheit des Mittags zwar allein mit Beckedorff auf seinem Zimmer speise, wo allenfalls mein Anzug zu ertragen sei, des Abends aber in Gesellschaft seines erlauchten Herrn Vaters tafele. Unterdessen, fügte Beckedorff hinzu, könne ich das Vergnügen haben, an meinen eigenen Pfoten zu saugen, bis meine Kleider von Bernburg nachgekommen. Und doch hatte ich gerade diesen Anzug gewählt, weil er nagelneu war und ich mir ganz besonders wohl darin gefiel. Jetzt schien er mir plötzlich bettelhaft, ich schämte mich seiner und war sehr einverstanden, Sr. Durchlaucht damit aus dem Schuß zu bleiben.

Beckedorff tat nun die nötigen Schritte, mich wegen ungeeigneter Toilette zu entschuldigen; aber sehr unerwartet kam der höchste Befehl zurück: ich solle kommen, wie ich wäre.

«Ich tue es nicht», sagte ich, «ich will zurück nach Bernburg!» Aber Meister Beckedorff lachte mich aus. Er bewies mir, daß ich wollen *müsse,* und sehr *contre cœur* begleitete ich den Prinzen in den Speisesaal.

Obgleich ich nun ein trotziger Prometheus war und ein festes Herz zu haben glaubte, sollte ich es dennoch jetzt erfahren, wie sehr die Sicherheit unseres Benehmens von der Meinung abhängen kann, die andere Leute von unseren Hosen haben. Ich dachte, es müsse alles auf mich blicken, und kam mir unter den glänzenden Hofleuten, welche nach damaliger Sitte in Uniform erschienen, wie ein unreines Tier vor. Ich war verlegen und zugleich erbost und zischte meinem Bruder zu: wenn ich wieder nach Ballenstedt eingeladen würde, so wollte ich nur meine Kleider schicken, auf die es eigentlich doch nur abgesehen sei. Mein Bruder erwiderte, er zweifle allerdings nicht, daß, wenn der Herzog mich erblicke, sowohl er als die Prinzessin in Ohnmacht fallen würden.

Da flog die Flügeltüre auf, und herein schritt mit vortretendem Kammerherrn der alte Löwe des Landes, seine Prinzessin am Arm. Ihnen folgten einige Damen, und während alles sich verbeugte, zog ich mich in den Hintergrund. Aber Se. Durchlaucht geruhte, gerade auf mich loszusteuern, Beckedorff stieß mich, ich stand verblüfft, und der Herzog redete mich an. Ob ich zu Fuß gekommen, ward ich gefragt, und da dies richtig mit «Ja!» beantwortet, wie lange ich gereist sei.

Auch diese Frage wäre kaum über meine Kräfte gegangen, wenn die Hosen und das Sommerröckchen nicht gewesen wären, und ganz besonders, wenn mein ungezogener Bruder mir nicht hinter des Herzogs Rücken die lächerlichsten Fratzen zugeschnitten hätte. Wie lange ich «gereist» sei, hatte Se. Durchlaucht gefragt. Gereist! ich dachte, Reisen würde nach Tagen abgemessen und hatte die Antwort «Einen Tag» schon auf der Zunge, als mir noch rechtzeitig einfiel, daß ich ja nur einen Vormittag und einen halben Nachmittag gebraucht, was nach Adam Riese anderthalb macht.

«Anderthalb Tage!» war nun mein Wort.

«Da sind Sie wohl zur Nacht in Aschersleben geblieben?»

Indes hatte ich bereits erwogen, daß der Nachmittag, weil er doch angerissen, vielleicht für voll gerechnet werde, und verbesserte mich schnell, indem ich sagte, es wären eigentlich zwei Tage gewesen.

Mein Bruder wollte sich fast überschlagen; aber Serenissimus verzog keine Miene. Er veränderte nur die Fragestellung und wollte wissen, wann ich ausgegangen und wann ich angekommen wäre, was zu beantworten mir endlich wohl gelang.

Der Herzog tat darauf noch einige andere Fragen: wie es mir in Bernburg gefiele, welche Klassiker wir in Sekunda läsen und dergleichen mehr. Er war sehr gut und freundlich, und einigermaßen kalmiert, konnte ich mich endlich zu Tische setzen. Doch schämte ich mich gewaltig der Blödigkeit, die mich, den freien, fröhlichen Turner, befallen hatte, obgleich ich damit weder mir noch anderen Schaden zugefügt hatte, und am wenigsten dem Herzoge, der sich trefflich amüsiert haben mochte. Durch einen entgegengesetzten Fehler aber, nämlich durch dummdreisten Vorwitz, schädigte ich bald darauf den hohen Herrn selbst, und das ging mir lange nicht so nahe.

Beckedorff hatte mir wieder dasselbe Zimmer eingeräumt, das ich schon früher innegehabt. Hier hingen viele alte Familienbilder mit verwunderlichen Gesichtern und Trachten, unter denen mich ein Frauenbild besonders anzog, das sehr verräuchert und bestäubt war. Um deutlicher zu sehen, befeuchtete ich die dunkleren Stellen mit meinem Waschschwamm, und da bei dieser Gelegenheit viel Schmutz abkam, dachte ich ein gutes Werk zu tun, wenn ich das Bild recht gründlich reinigte. Ich löste es aus dem Rahmen, und wie ich den Vater hatte alte Bilder waschen sehen, so machte ich es nun auch – nur mit dem Unterschiede, daß ich, um schneller zum Ziele zu kommen, etwas Seife zu Hilfe nahm. Die schöne Dame verklärte sich zusehends, und, ein Liedchen pfeifend, wusch ich drauflos mit steigender Lust.

Da plötzlich! – ich werde nie den Schreck vergessen – verschwand der ganze Liebling, vielleicht eine Urgroßmutter des Herzogs, mir unter der Hand. Nur die helleren Stellen des Gesichtes waren noch einigermaßen kenntlich geblieben, sonst alles fort und nichts zu sehen als das nackte Gespinst einer bläulich-grauen Leinwand. Ich zerbrach mir den Kopf. Ganz unmöglich konnte sich die alte knochenharte Farbe so schnell gelöst haben. Dennoch schien das tintenhafte Wasser im Waschbecken gegen mich zu zeugen: ich mußte in der Tat die Urgroßmutter zu radikal behandelt haben.

Eine ähnliche Geschichte fand ich später in Goethes «Farbenlehre» von einem Frankfurter Maler, unter dessen Schwamm sich die schwarze Kleidung eines Geistlichen ebenso plötzlich in einen hellblauen Flausrock verwandelt hatte.

Der Firnis hatte nämlich durch Anwendung der Seife Wasserteile in sich aufgenommen, war dadurch unklar geworden und lag nun wie ein undurchsichtiges Spinngewebe auf dem Bilde, das nichtsdestoweniger ganz unverletzt war. Derselbe Zufall war nun auch mir begegnet, ohne daß ich jedoch eine Erklärung dafür gefunden hätte; ich glaubte vielmehr, die schöne Ahnfrau ruiniert zu haben, und mit dem schlechtesten Gewissen von der Welt hing ich sie wieder an ihren Platz. Sollte die Sache entdeckt werden, so wollte ich bekennen und instruierte deshalb meinen Bruder; mich aber mit meiner Beichte aufzudrängen, hielt ich für Vorwitz. Zum Glück wurden jene Gemächer selten gebraucht und die darin placierten fürstlichen Porträts – obgleich zum Teil wertvolle Bilder – wenig geachtet, daher der Schade unbemerkt bleiben konnte, bis ich nach Verlauf von zwanzig Jahren zufällig dasselbe Zimmer wieder betrat. Mein erster Blick fiel auf das ruinierte Bild. Ich untersuchte es, bat es mir in meinen Gasthof aus und stellte es durch Entfernung des dumm gewordenen Firnisses vollkommen wieder her.

Doch ich kehre zu meinem damaligen Aufenthalt in Ballenstedt zurück, der mich auch, abgesehen von den Böcken, die ich schoß, nicht in dem Grade befriedigte wie frühere Besuche. Es hatte sich an dem kleinen Hofe mittlerweile viel verändert. Die Herzogin hatte keineswegs eine Vergnügungsreise angetreten, um demnächst wiederzukommen, wie ich anfänglich glaubte, sondern ernste Mißhelligkeiten zwischen ihr und ihrem Gemahl hatten sie veranlaßt, zu ihrem Vater zurückzugehen, und man sprach von Scheidung. Dieser Umstand gab dem Hofe etwas Verödetes. Namentlich vermißte mein Bruder die hohe Frau, die ihm Sorgsamkeit und Teilnahme bewiesen hatte, und klagte, es sei ledern geworden auf dem Schlosse. Überhaupt hatte er mir jetzt zum ersten Male zu klagen; er sprach von argen Übelständen, und wenn er hier bleiben müsse, meinte er, so würde nicht viel anderes aus ihm werden als ein Galgenstrick. Den sehr ehrenwerten Beckedorff traf kein Vorwurf. Ich konnte daher die Sache frei mit ihm besprechen, und da er die schnellste Abhilfe versprach, trat ich meinen Rückmarsch nach Bernburg beruhigt an.

Aber ich hatte nicht bloß mit Beckedorff gesprochen, sondern infolge eines den Eltern gegebenen Versprechens meine Wahrnehmungen auch nach Dresden berichtet und damit im Herzen der Mutter große Sorge wachgerufen. Sie machte sich von jeher Vorwürfe, ihre Einwilligung zu einer Hoferziehung meines Bruders gegeben zu haben, und jetzt malte sich ihre lebhafte Phantasie alle Nachteile und Versäumnisse aus, die möglicherweise daraus folgen könnten. War es doch vorzüglich die Persönlichkeit der Herzogin gewesen, durch welche sie sich hinsichtlich ihres weggegebenen Kindes einigermaßen beruhigt fühlte – und jetzt fehlte jedes mütterliche Auge.

Nach kurzer Zeit erschien mein Vater in Ballenstedt, um unter allerlei Vorwänden seinen Sohn zurückzunehmen. Es mochte ein schwer Stück Arbeit sein, diese Sache sowohl mit Beckedorff als ganz besonders mit dem Herzoge selbst friedlich zu erledigen; aber die liebenswürdige Persönlichkeit des Vaters besiegte jedes Hindernis. Zwar weigerte sich der Herzog, den kleinen

Kavalier, auf den er ein Recht erlangt zu haben meinte, jetzt schon definitiv zu verabschieden, doch bewilligte er ihm einen unbestimmten Urlaub und erklärte, daß er ihn binnen heute und zweier Jahre zu jeder Stunde unter den alten Bedingungen wieder aufnehmen werde.

So kam mein Bruder nach Dresden zurück, wo er in die Kreuzschule eintrat und hier um so raschere Fortschritte machte, als er durch sein früheres Verhältnis zurückgehalten worden war; ich aber blieb noch in Bernburg, um erst Johanni nachzufolgen.

Das Aktenstück

Während meines jüngsten Aufenthaltes in Ballenstedt hatte Beckedorff sich wiederholentlich und warnend gegen die politische Verwirrung altdeutscher Jugend ausgesprochen, ohne daß es ihm gelungen wäre, mich meinen Sympathien abwendig zu machen. Ich verharrte in dem anmaßlichen Aufschwung, den ich gewonnen, und trieb vor meinem Abgang von Bernburg noch eine letzte demagogische Blüte, die, wenn ich die Schule nicht gleich darauf von selbst verlassen hätte, ganz dazu angetan gewesen wäre, mir eine unfreiwillige Ausweisung zu bereiten.

Ich hatte eine deutsche Arbeit eingereicht, zu welcher, wie billig, das mich erfüllende Deutschtum die Ideen hergeben mußte, während ich den Stoff ganz schicklich von der Dresdner Rüstkammer entlieh. Indem ich nun, einen Besuch dieser großartigen Sammlung fingierend, die meiner Meinung nach interessantesten Objekte aufzählte, die sie enthält, nahm ich von so zahlreichen Dokumenten der Vorzeit Veranlassung zu allerlei gewagten Parallelen zwischen Vergangenheit und Gegenwart in deutschen Landen, wobei mein Räsonnement natürlich nur den Vorstellungen entsprechen konnte, die ich von beiden hatte. Im Mittelalter sah ich aber eitel Freiheit, Frömmigkeit und Kraft, in der Jetztzeit nur Gottlosigkeit, Erbärmlichkeit und Knechtschaft, und – wie es einem dann ergehen kann, wenn man sich ganz allein seinem Tintenfaß gegenüberfindet – je tiefer ich in meinen Gegenstand eindrang, je rücksichtsloser schrieb ich. Unter anderem erinnere ich mich, daß ich so weit gegangen war, zu sagen, daß, während man in jenen tüchtigen Zeiten schon zehnjährige Knaben in Eisen gehüllt und in Kampfspielen gehärtet habe – wie die zahlreichen noch vorhandenen Kinderharnische bekundeten –, man heutzutage der Jugend die Turnplätze verweigere, um möglichst marklose Weichlinge zu erziehen. Noch mehr dergleichen polizeiwidrige Äußerungen mochten sich in meiner Arbeit finden, doch hatte ich weiter keine Absicht, als mich zu expektorieren, und zwar vorzüglich gegen meinen Klassenlehrer, welchem die Korrektur der deutschen Arbeiten zustand. Dieser Lehrer, Professor Sachse, ein ansehnlicher und gelehrter Mann, war sonst beliebt genug gewesen; namentlich bewunderten wir Schüler seine kräftige und schwungvolle Eloquenz, und wenn er von Vaterlandsliebe und männlicher Tugend der Alten sprach, konnte er immer sicher sein, die Klasse zum Enthusiasmus fortzureißen. Neuerdings war er uns jedoch verdächtig geworden, weil er sich bei verschiedenen Gelegenheiten unliebsame Bemerkungen über das Turnwesen erlaubt und Äußerungen getan hatte, die einer Rüge nicht ganz unwert schienen.

Als nun die Zurückgabe der deutschen Aufsätze erfolgte und meine Mitschüler die ihrigen, einer nach dem anderen, mit kurzen Kritiken zurückerhalten hatten, ergriff der Professor das letzte Heft; es war das meinige. Es sei noch eine Arbeit übrig, sagte er, ein Aufsatz, dessen eigentümliche Färbung ausführlichere Besprechung fordere. Dazu werde die übliche Zeit nicht ausreichen und die nächstfolgende Stunde daher zu Hilfe genommen werden müssen.

Ein Freudenschein lief über die Gesichter, denn die nächste Stunde war die letzte in der Woche und deren Arbeit somit zu Ende. Zudem konnte aus der Haltung des Lehrers auf ein rhetorisches Ungewitter geschlossen werden, das für die Unbeteiligten Genuß versprach. Die meisten setzten sich bequem zurecht; ich aber machte mich stark im Geist.

Inzwischen begann der Professor mit Lob, das sich auf die Form und den angewandten Fleiß bezog; dann las er den ganzen langen Aufsatz ohne weitere Bemerkung, doch mit schärfster Betonung aller tendenziösen Stellen vor. Je weiter er kam, je aufrichtigere Zustimmung sprach sich in den Mienen der Schüler aus; einige von ihnen nickten mir beifällig zu, die Nächstsitzenden drückten mir verstohlen die Hand.

Als aber die Vorlesung beendet war, entlud sich ein fürchterliches Ungewitter. Sachse richtete sich hoch auf wie eine Rolandssäule und, gegen mich gewendet, begann er mit mächtiger Stimme: «Wissen Sie, was Sie getan haben, junger Mensch? Ein Aktenstück haben Sie geliefert, das Ihnen den Platz in dieser Schule kosten kann!»

Nachdem dieser Pfropf heraus war, überflutete mich ein Strom der erbarmungslosesten Kritik, welche aus der mächtigen Brust des Redners anfänglich in stoßweisen Eruptionen hervorbrach gleich bahnbrechenden Kanonensalven, dann aber in geschlossener Rede, jeden Widerstand vernichtend, weiterströmte. So hätte Cicero gegen den Erzverräter Catilina reden können, wenn er gewollt hätte; ich aber war durch die Zeichen des Beifalls meiner Mitschüler viel zu berauscht und durch die Heftigkeit des Angriffs zu beleidigt, um mein Unrecht einzusehen. Während der ganzen Kanonade blickte ich dem feindlichen Konstabler fest ins Auge, bis ihm endlich die Munition ausging. Er schloß mit der Bemerkung, daß er sich veranlaßt sehen könne, einen Gebrauch von meiner Arbeit zu machen, für dessen Folgen er nicht gut sein möge, sie mir daher auch nicht zurückgeben würde. Darauf verließ er die Klasse hocherhobenen Hauptes.

Jetzt ward der Beifall meiner Mitturner überlaut, sie umdrängten und umhalsten mich, als hätte ich ein Stückchen Vaterland gerettet, und hocherhobenen Hauptes ging auch ich nach Hause, von zahlreichen Genossen begleitet.

Als ich jedoch das Ding beschlafen hatte, wurde mir doch der Gedanke an die möglichen Folgen ungemütlich. Es schien mir wenig wünschenswert, als relegierter Schüler vor meinen Eltern zu erscheinen, und ich entschloß mich daher, meinen demnächstigen freiwilligen Abgang ohne Verzug selbst anzuzeigen. Zuerst ging ich zum Klassenlehrer. Das Herz schlug mir, als ich an seine Türe klopfte; aber wider Erwarten empfing er mich aufs beste und nötigte mich zum Sitzen. Ich sei gekommen, sagte ich, mich vorläufig zu verabschieden, da ich die Schule in einigen Tagen verlassen würde. Sachse wollte mich beruhigen. Jener Arbeit wegen, sagte er, brauche ich nicht abzugehen. Zwar habe es in seiner Stellung gelegen, einmal ernstlich gegen eine Richtung aufzutreten, die von oben perhorresziert werde; ich sei indes bei ihm in Freundeshänden, und wie wenig er daran denke, mir zu schaden, möge ich daraus erkennen, daß er das *corpus delicti* bereits verbrannt habe. Er redete mir nun zu, mich zu beruhigen und zu bleiben; da er indes hörte, daß ich die Schule infolge eines längst gefaßten Entschlusses meines Vaters zu verlassen habe, um mich dem Studium der Malerei zu widmen, gab er sich zufrieden. Er sprach sehr anerkennend von dem herrlichen Beruf der Künstler, und, schließlich mich umarmend, entließ er mich mit dem begeisternden Zuruf: «Fliege, junger Adler! Nur auf den Höhen wohnt die Freiheit!»

Mit warmem Herzen verließ ich den verdienten Mann, welcher übrigens, weit entfernt, mein hirnverbranntes Opus zu verbrennen, es vielmehr für sich behalten hatte, um es in Freundeskreisen vorzulesen, sich mit anderen der Gesinnung und des Trotzes freuend, die er in der Klasse schonungslos verdammte.

Die Heimreise

Nachdem ich gerade ein Jahr in Bernburg gewesen, schied ich zu Johanni 1818 aus dem

Krummacherschen Hause, in welchem ich so viel Liebes und Gutes erfahren hatte, daß mir nur das Vaterhaus Ersatz sein konnte. Dahin trat ich nun die Wanderung an, und zwar zu Fuße, fürs erste die endlose Pappelchaussee durchschreitend, die mich nach Halle führte. Als ich am Abende, hier angelangt, sehr ermüdet über das Pflaster hinkte, frappierte mich ein starker Lärm aus hoher Luft. Ich blickte auf und bemerkte einen mit Stürmer und Kanonen angetanen Bruder Studio, welcher dergestalt in einem Fenster des dritten Stockwerks ritt, daß das eine seiner hochgestiefelten und gespornten Beine auf die Straße hinaushing. Dazu knallte er unablässig mit der Hetzpeitsche, schnalzte, schrie und fluchte wie ein Piqueur, der seine Meute hetzt. Um nicht insultiert zu werden, sahen die Vorübergehenden nur flüchtig auf, und so auch ich. Doch kann ich nicht leugnen, daß mir das einsame Vergnügen, welches jener sich dort oben machte, wohlgetan und geistvoll schien.

Im «Löwen» kehrte ich ein, wusch mir die Füße mit Branntwein und legte mich mit dem befriedigenden Bewußtsein nieder, daß ich am andern Morgen machen könne, was ich wolle. Ich wollte aber vor meinem Abmarsche dem Pfarrhause an der Moritzkirche einen Besuch abstatten und freute mich nicht wenig darauf. Wie mochte Lorchen jetzt wohl aussehen, dachte ich, und ob sie mich wohl kennen werde? Und wenn man mich sehr drängte, sollte es mir nicht darauf ankommen, den ganzen Tag zu bleiben. Sehr zeitig war ich auf den Strümpfen und konnte kaum die Stunde erwarten, wo man zu Leuten gehen kann. Um sieben Uhr schien's endlich schicklich. Ich hing meinen Ranzen auf den Rücken und stiefelte auf wohlbekanntem Wege dem alten lieben Pfarrhaus zu; aber ich fand nicht die Menschen, die ich suchte. Der Pastor Senff war tot und die Witwe ausgezogen. Die Köchin, die mir dies berichtet, war indes so freundlich, mich in den Garten einzulassen. Da sah ich denn die hohe Efeuwand der Kirche wieder und das Lusthaus und die Wege, auf denen ich als Kind herumgetollt – aber es war alles so klein geworden, und ich hatte kein Recht mehr daran und mußte weinen um den alten Senff.

Ich gab der Köchin ein paar Groschen, und sie beschrieb mir die neue Wohnung der verwitweten Pastorin. Mit Mühe fragte ich mich dahin. Auf mein Klingeln öffnete mir ein junges Mädchen und sah mich forschend an; ich sie desgleichen. Als ich aber nach der Pastorin Senff fragte, leuchtete jene auf und nannte mich beim Namen. Es war Lorchen, die mich nun wie einen Bruder begrüßte und den alten Kameraden triumphierend zur Großmutter hineinzog. Im freundlichen Gemache, mit der Aussicht auf ein Gärtchen, saß die alte saubere Frau im Lehnstuhl, angeschienen von einem bunten Strahl der Morgensonne, der sich durch den Blumenschleier stahl, mit dem wahrscheinlich Lorchens Hand das Fenster umwoben hatte. Ich ward sehr wohl empfangen, wertgehalten und gepflegt, mußte Kaffee trinken, Kuchen essen, erzählen und mir erzählen lassen.

Mit lachendem Munde erinnerte sich Lorchen unsrer gemeinsamen kleinen Erlebnisse und wischte sich doch dabei zum öfteren die Augen, denn seit jener goldenen Zeit hatte ihr das Leben schon mancherlei Verluste gebracht. Ich aber konnte den Blick nicht von ihr wenden. Wie schön war sie geworden, diese meine liebe kleine Dame von ehemals, die mich einst gewaffnet, mir den Lilienstengel in die Hand gegeben und in deren Dienst ich Riesen und Drachen überwunden hatte! O daß ich noch ihr Ritter sein könnte! dachte ich, und der Gedanke an den Abschied ward mir so schwer, daß ich über Gebühr lange blieb. Kaum schien es möglich, Leipzig noch zu erreichen.

Als ich doch endlich aufbrach, ließ das liebe Mädchen es sich nicht nehmen, mir selbst den Ranzen aufzuschnallen. Sie hatte mich noch einmal rüsten wollen wie vorzeiten. Dann geleitete sie mich hinab bis an die Straße und stand winkend in der Haustüre.

Ich rannte fort, die Gassen entlang und auf die Landstraße hinaus. Das Herz war mir viel schwerer als der Ranzen. Ich hatte keinen anderen Gedanken als an die so schnell wieder entschwundene Gespielin aus dem Kinderparadiese, deren süße Stimme mir noch in den Ohren klang und deren Worte ich mir alle im Geiste noch einmal wiederholte. So mochte ich, in Träumereien versunken, ein gut Stück Wegs gewandert sein, als mich eine rasch daherfliegende Chaise einholte. Der Wagen hielt, und der darin sitzende Herr rief mich an und machte mir den Vorschlag, einzusteigen und mit ihm zu fahren. Zugleich ergriff auch der Kutscher das Wort: «Ja, sehen Sie, Musjechen, als Sie so vor uns hinmachten, da meinten der Herr zu mir: wenn es ein hübscher Mensch ist, so nehmen wir ihn mit, darum, daß dem Herrn immer die Zeit und Weile lang wird.»

Mir war in jenem Augenblicke die Einsamkeit viel lieber als jegliche Gesellschaft; da ich aber keine Entschuldigung hatte und auch überlegte, wie ich auf diese Weise noch nach Leipzig kommen könnte, gab ich nach einigem Zureden nach und nahm an des Gelangweilten Seite Platz. Dieser schien ein Kaufmann oder Fabrikant und gehörte zu jenen inquirierenden Reisenden, die nicht mehr als zehn Minuten brauchen, um von jedem, der ihnen in den Weg kommt, Wohnort, Namen, Stand und zehnerlei anderes zu erfragen, was sie nicht das geringste angeht. Mir war dies ärgerlich. Mit einiger Routine hätte ich den unberufenen Frager ablaufen lassen; doch damals wußte ich mein Inkognito nicht anders zu wahren, als daß ich ihm einen ganzen Sack voll Lügen aufband.

Es ist schon gesagt worden, daß ich mir auf meine Ehrlichkeit etwas zugute tat, und allerdings hätte ich mich vor mir selbst geschämt, so recht direkt zu meinem Vorteil zu lügen; ein gleichgültiges Erlebnis aber etwas auszuschmükken, um es genießbarer zu machen, oder zu verschweigen, was ich nicht sagen wollte, oder endlich, wie in diesem Falle, einen unberechtigten Inquisitor hinters Licht zu führen, daraus machte ich mir schon weniger ein Gewissen. Mein Reisegefährte mußte es sich daher schon gefallen lassen, zu erfahren, daß ich Jakob Schmidt heiße, meine Eltern früh verloren habe, in Halle auf dem Pädagogio gewesen sei und jetzt auf den Wunsch meines Vormundes die Kreuzschule in Dresden beziehen solle.

Der Fremde, dem wahrscheinlich auf diesem ganzen Erdenrund nichts gleichgültiger war als alles das, wonach er mich gefragt hatte, nahm meine Angaben wie ein guter Mensch auf, der kein Arg bei den Reden seines Nächsten hat; auch mochte er glücklicherweise mit den Verhältnissen, die ich berührte, so wenig vertraut sein, daß seine weiteren Fragen mich nicht in Verlegenheit setzten. Dennoch war mir nicht wohl dabei. Bei fortgesetzter Unterhaltung entwickelte jener ein so ehrenwertes Wesen, daß mir die Unwahrheiten, deren ich mich gegen ihn schuldig gemacht hatte, von Minute zu Minute schwerer aufs Gewissen fielen. Dazu kam Leipzig immer näher. Ich überlegte lange, was ich als Ehrenknabe zu tun habe, ob ich mit jenen Lügen aus dem Wagen steigen oder mich durch offenes Bekenntnis blamieren solle, und beides schien unmöglich. So nachdenklich war ich geworden, daß mein unschuldiger Gönner, in der Meinung, ich vertrüge das Fahren nicht, eine Flasche Wein hervorzog, mich damit zu stärken.

Da faßte ich mir ein Herz. Das sei es nicht, ließ ich mich nun vernehmen, sondern daß ich ein schlechtes Gewissen gegen ihn habe. Er sah mich mit aufgerissenen Augen an; ich aber berichtigte jetzt wahrheitsgemäß alle meine lügenhaften Angaben, als einzige Entschuldigung geltend machend, daß auf Reisen jeder doch am liebsten unbekannt bliebe. Der andere mochte denken, daß, wenn man nicht Hannibal, Cäsar oder Judas Ischariot heiße und noch dazu ein sechzehnjähriger Junge sei, man unter eigenem Namen ebenso unbekannt als unter fremdem reise; doch vertraute er mir das nicht: er schmunzelte bloß, reichte mir dann die Hand, und ich glaube annehmen zu dürfen, daß wir in Leipzig als gute Freunde schieden.

Nachdem ich hier bei Volkmanns einen Tag gerastet hatte, setzte ich die fernere Reise mit der Post fort. Zwischen Leipzig und Dresden gingen damals zwei Personenposten, die sogenannte gelbe und grüne Kutsche. Die erste dieser Gelegenheiten stieß dermaßen, daß Leib und Seele Gefahr liefen, voneinander getrennt zu werden, daher besonnene Leute die andere, etwas gelindere, zu wählen pflegten. Doch war auch diese noch immer von der Art, daß man bisweilen vor Schmerz laut aufschrie, und wenn der Schwager nicht an jeder Schenke angehalten hätte, so würde man es kaum ertragen haben; mit solchen hochnötigen Intervallen war es aber eine gesunde Art, zu reisen. Die heftigen Erschütterungen, denen man ausgesetzt war, solange das Vehikel in Bewegung blieb, erregten nämlich Löwenhunger, den zu befriedigen jedwede Schenke und Station ihren eigentümlichen und berühmten Leckerbissen darbot. Außer den Hauptmahlzeiten nahm man zum Beispiel in Borsdorf einen Sandkuchen zu sich, der allezeit vorhanden und so schwer war, daß nur Postreisende ihn zu verdauen imstande waren; in Wurzen gab es ein dickes schwarzes Bier, in Luppe Ziegenkäse mit Danziger Goldwasser, in Meißen das sonderbare Gebäck der Fummeln, hier aß man Preßkopf, dort wurden Rühreier verschluckt, und anderwärts mußte Landwein getrunken werden – kurz, von Stunde zu Stunde hatte man Gelegenheit, die Löcher wieder zuzustopfen, welche Weg und Wagen unablässig in den Magen stießen.

Meine Reisegesellschaft bestand aus einem wohlhäbigen dicken Partikulier, der wegen Übermaßes von Gesundheit nach Karlsbad wollte, und einem heldenmütigen Leipziger Studenten. Letzterer hatte ein Aussehen wie der grimme Hagen, sprach mit Nachdruck und schien, seinen eigenen Erzählungen nach, sich nur raufenshalber in Leipzig aufzuhalten. Auf der Brust hing ihm ein ledernes Beutelchen mit Schießpulver, aus welchem er sein Terzerol lud, um ab und zu aus den Wagenfenstern herauszufeuern. Der Dicke drückte dann die Augen zu und bat inständigst, wenigstens das Pulversäckchen abzuhängen, das Feuer fangen könne.

Es sei allerdings gefährlich, versicherte der Studio, aber darin läge gerade der Jux. Darauf schwur er bei allen sieben Weisen Griechenlands, daß, wenn ein einziges Fünkchen aus seiner Pfeife dahineinflöge, so würden wir augenblicklich alle, samt grüner Kutsche, Postillion und Pferden, wie Elias im feurigen Wagen gen Himmel fahren.

Das war schon richtig; aber bei alledem konnte man ganz sorglos sein, wenn man bemerkte, mit welcher Vorsicht jenes unheilschwangere Säckchen nach jeder Ladung zugebunden wurde. Inzwischen dauerte einen die Angst des armen Badegastes, der doch wahrscheinlich nur deshalb nach Karlsbad reiste, um sein Leben zu verlängern, und dem es daher sehr ungelegen sein mußte, es schon vorher einzubüßen. Er wurde nicht müde, dem wagehalsigen Schützen die eindringlichsten Vorstellungen zu machen, und dieser stellte die Gefahr auch nicht in Abrede; nur meinte er, daß solche Erwägungen zu nichts anderem führten, als ein altes Weib zu werden, und eigentlich sei doch die ganze Welt ein Pulversack, und des Menschen Schicksal stehe in den Sternen, daher man machen könne, was man wolle. So blieb die Sache, wie sie war, das Pulver auf der Brust des Renommisten, dem Partikulier aber die Besorgnis eines schauderhaften Endes.

SIEBENTER TEIL

1. Berufsstudien

Trotz aller Fährlichkeiten waren wir glücklich in Dresden angelangt, und ein reicher Abschnitt meines Jugendlebens lag hinter mir: die ganze Schulzeit mit ihrem verworrenen Wechsel von Anstalten und Lehrern, weltgeschichtlichen Begebenheiten und kindischen Abenteuern, die schöne Zeit, da man gewissermaßen zwecklos in den Tag lebt und, wie ein Reicher, kaum etwas anderes im Auge hat als den Genuß. Ein neues Leben sollte jetzt beginnen, zwar immer noch ein Schülerleben, aber doch mit deutlicher erkennbaren Zwecken. Wenn ich als kleines Kind Garn wickeln mußte, so wußte ich nicht, warum, und hatte weiter nichts davon, als daß ich nicht faul genannt wurde. Dann kam die Schulzeit mit allen ihren mannigfachen Lernobjekten, mit denen ich mich nur deshalb abmühte, um leidliche Zensuren heimzubringen. Was ich jetzt lernen sollte, war anderer Natur, es sollte mich befähigen, dereinst mein eigenes Brot zu essen und möglicherweise jene Höhen des Ruhmes und der Freiheit zu ersteigen, auf welche Professor Sachse mich hingewiesen hatte. Das schienen edlere Zwecke, und ich freute mich auf die neue Arbeit und ihre Früchte.

Die Königliche Akademie der Künste, an hervorragendster Stelle der Stadt auf der Brühlschen Terrasse gelegen, war seit meiner Kindheit ein Gegenstand der Verehrung und des Verlangens für mich gewesen. Wie oft hatte ich im Vorübergehen nicht aufgeblickt nach diesen hohen Fenstern, hinter denen olympische Gestalten von Göttern und Heroen sichtbar wurden, und hatte die jungen Leute glücklich gepriesen, die berechtigt waren, so frank und frei dort ein und aus zu gehen wie ich in meiner Schule. Jetzt hatten sich auch mir diese Hallen geöffnet, und wer sich gerade auf der Terrasse befand, mochte es mit Augen sehen, wie ich, die Zeichenmappe unter dem Arm, als Berechtigter hineinschritt und niemandem dafür zu danken brauchte. Die vorüberspazierenden Herren und Damen konnten mir dann ordentlich leid tun, daß sie es nicht auch so machen durften.

Ich war vorerst in die unterste Klasse eingetreten, den sogenannten Zeichensaal. So hieß diese Gelegenheit, nicht weil dort Zeichen und Wunder geschahen, und ebensowenig weil dort gezeichnet wurde, denn weiter geschah auf der ganzen Akademie nichts, sondern unser Zeichensaal hieß Zeichensaal, wie etwa Potsdam Potsdam heißt: – weil er keinen anderen Namen hat. Es war dies aber die Elementarklasse der Akademie, welche ihre Schüler bis zu einem gewissen Grade des Richtigsehens und einiger Fertigkeit der Hand im Gebrauch der Kreide fördern sollte. Letzteres war für mich, dem es an sonstiger Vorübung nicht fehlte, die Hauptsache: ich sollte hier schraffieren lernen. Zwar hätte mein Vater, der die Kreide besser als sämtliche Lehrer der Akademie zu handhaben wußte, mir diese Vorklasse ersparen können, wenn er mich selbst in die Schule genommen hätte, aber abgesehen davon, daß ihm hierzu die Geduld fehlen mochte, hielt er es auch für zweckmäßiger, daß ich mich gleich von vornherein in eine Manier einarbeite, von welcher er voraussetzte, daß sie die herrschende in allen Klassen sei. Hierin irrte er indessen, denn gerade im Zeichensaale herrschte nichts weniger vor als eine bestimmte

Manier. Es ward nach Handzeichnungen der verschiedensten Meister gearbeitet, welche den Stift auf die verschiedenste Weise gehandhabt hatten, mit geraden, krummen, langen oder kurzen Strichen, wie es jedem genehm gewesen. Dazu hatten einige unterwischt und überschraffiert, andere unterschraffiert und überwischt, noch andere gar nicht gewischt oder gar nicht schraffiert, und immer sah das Ding ganz anders aus.

Diese Mannigfaltigkeit verwirrte mich. Zwar konnte ich mir die Meister wählen, wie ich wollte, aber heute gefiel mir dieser, morgen jener besser, und fast täglich schrieb ich andere Hände ab, ohne mir doch irgendeine zu eigen machen zu können oder dies auch nur zu wollen. Im Grunde begeisterte mich keins dieser Originale, und am liebsten hätte ich gezeichnet wie mein Vater, wenn das so angegangen wäre.

Doch aber sollte ich schraffieren lernen! Da war ich denn bisweilen ratlos, und die Aufgabe türmte sich wie ein Gebirge vor mir auf, das während des Ersteigens immer höher wird und das ich dennoch schneller zu überwinden hatte als alle übrigen, denn das bäte er sich aus, hatte mir der Vater gesagt, daß ich in einem halben Jahre die ganze Akademie überflügelt haben müsse. War das auch Spaß, so verstand ich doch die Meinung, daß etwas Tüchtiges von mir erwartet werde, und quälte mich rechtschaffen von früh bis spät mit der verwünschten Aufgabe des Schraffierens, das endlich sogar meine Träume vergiftete.

Warum, dachte ich, muß doch das erste gleich das schwerste sein? Denn wie kinderleicht das letzte, das Malen, von der Hand ging, konnte ich in meines Vaters Werkstatt täglich mit Augen sehen. Als ich noch unter Eduards lautem Beifall meine Kartons entwarf, Propheten und dergleichen, hielt ich das Zeichnen für eine angeborene Kraft, für ein Naturgeschenk, das nicht erlernt, nur geübt zu werden brauche, und jetzt war ich oft so mutlos, daß ich, wenn ich von der Brühlschen Terrasse in den Zeichensaal einschwenkte, die glücklich vorüberspazierenden Leute um ihr Unvermögen, mir zu folgen, fast beneiden konnte.

Inzwischen mochten meine Lehrer nachsichtiger urteilen als ich selbst oder weniger, als ich erwartet hatte, auf die technische Fertigkeit des Schraffierens geben – genug, ganz wider Erwarten ward ich schon zu Michaelis, und noch dazu mit einem kalligraphischen Belobigungsschreiben *in folio,* in die zweite Klasse, den Gipssaal, aufbefördert. Nur ein freigesprochener Lehrjunge mag ermessen, was ich empfand; denn nun erst war ich vollberechtigter akademischer Bürger und stand den Schülern der oberen Klassen gleich, jenen stolzen Jünglingen, die, mit Zeichenschülern keine Gemeinschaft haltend, mich vordem keines Blickes gewürdigt hatten. In der Freude meines Herzens zerschnitt ich das Belobigungsschreiben zu Fidibus, wie sie nicht jeder aufzuweisen hatte, und zündete meine Sonntagspfeife mit der eigenhändigen Unterschrift Sr. Exzellenz des königlichen Intendanten aller Kunstinstitute, des Grafen von Vitzthum, an.

Leichtsinnig freilich war es, das Schwerere so jubelnd zu ergreifen, wo schon das Leichtere zu schwer gewesen war; aber ich dachte, nach Gips, der keine Striche vorschreibt, werde sich das Schraffieren vielleicht von selber machen. Und siehe da: es machte sich, denn im Gipssaale ward gar nicht schraffiert; dies Genre der Behandlung war hier völlig antiquiert.

Von meinen Mitschülern ward ich sogleich in die Schule genommen und will gern bekennen, daß ich ihnen das meiste von dem später im Gipssaal Erlernten zu danken hatte, denn die mit der Korrektur betrauten Professoren bekümmerten sich nur wenig um uns – ob aus Bequemlichkeit, oder weil sie uns als unverbesserliche Besserwisser bereits aufgegeben hatten, kann ich nicht sagen. Wir waren freilich nicht ganz unberührt geblieben von jenem aufsässigen Geiste, der damals Wissenschaft und Kunst zu neuem Leben weckte, von dem Geiste der Treue und des nüchternen Aufmerkens auf das, was die Objekte wirklich zeigten, während die Mehrzahl unserer Lehrer weniger, was sie sahen, als was sie wußten, darzustellen suchten. Wie einer sich die Formen angewöhnt, so wurden sie ohne sonderliche Rücksicht auf die Eigentümlichkeiten des Originals in unsere Zeichnungen einkorrigiert und ebenso blindlings Licht und Schatten bloß nach allgemeinen Rundungsprinzipien hinzugetan. Der gefürchtetste dieser Korrektoren, Professor Pochmann, ging sogar so weit, in Gipszeichnungen schwarze Augäpfel und dunkelhaarige Locken mit beleckter Naturkreide auf unauslöschliche Weise einzugraben, indem er uns überließ, dergleichen malträtierte, aller weiteren Ausführung unfähig gewordene Blätter wegzuwerfen. Wir sahen uns daher genötigt, vor Eintritt des Herrn Professors unsere Zeichnungen zu verstecken und bloße Scheinarbeiten bereitzuhalten, an denen die Wut der

Korrektoren sich ohne Schaden auslassen konnte.

Unter solchen Umständen war es nur löblich, wenn wir den Mangel fördersamen Unterrichts durch gegenseitige Aushilfe zu ersetzen suchten. Von allen hergebrachten Regeln abstrahierend, wollten wir nur machen, was wir wirklich sahen; und was einer etwa nicht sah, sah doch der andere. So konnte sich mittelst des Einflusses einzelner Talente eine eigentümliche Manier des Zeichnens ausbilden, welche ihre Vorzüge hatte, freilich aber durch allzu mechanisches Verfahren in den entgegengesetzten Fehler der älteren Schule verfiel. Anstatt nämlich mit der Anlage des Ganzen zu beginnen und von diesem zum Einzelnen abzusteigen, machten wir es umgekehrt. Mit irgendeinem hervorragenden Punkte, etwa der Nase, wurde angefangen und dieser Teil mit Hilfe des Senkels, gedachter Winkel und jeder am Originale möglichen Messung vorerst im Umrisse vollendet. Nachdem die Nachbarn solchen Anfang kritisch durchgesehen und approbiert hatten, fand man, von hier aus weitersenkelnd, -winkelnd und -messend, die zunächstliegenden Teile, und so kam endlich, zwar sehr langsam, aber sicher, der detaillierteste, bis auf jede einzelne Locke genau vermessene Umriß des ganzen Kopfes zustande. Die weitere Ausführung wurde auf ähnliche Weise beschafft, die Umrisse der Schatten und Halbschatten genau bezeichnet und dann, von den tiefsten Schwärzen ausgehend, mit einem in Kreidestaub getauchten Lederwischer wie mit einem Pinsel ausgefüllt. Ein so angelegter Kopf glich, weil die verschiedenen Schattentöne, obschon in ihrem ganzen Werte, doch ohne Verbindung nebeneinander standen, einer reinlichen

Mosaikarbeit und tat aus der Ferne schon seine Wirkung. Mit ungemeiner Lust legte man dann die letzte Hand an, glich die Härten aus und hatte ein Werk geschaffen, dessen Naturtreue überraschte.

Diese Art zu zeichnen hatte, abgesehen von der rein objektiven Weise des Verfahrens, noch den Nebenvorteil, daß die Arbeit sich nie verwirrte, in jedem Stadium gut aussah und allezeit die volle Arbeitslust erhielt; sie hatte aber den Nachteil, daß sie nur auf tote Gegenstände anzuwenden war, daher wir uns ziemlich ratlos finden mußten, wenn uns statt eines Gipsabgusses das lebendige Leben entgegentrat. Wir lernten nicht auffassen, sondern nur nachschreiben, und indem wir grundsätzlich nicht schraffierten, weil keine Striche im Gips zu sehen, sondern uns ausschließlich nur des Wischers bedienten, gelangten wir nur unvollständig und langsam zu einigem Formverständnis. Die spärlichen Warnungen der Professoren blieben ebenso unberücksichtigt als ihre Korrekturen, und da wir in der Tat auf unsere Weise etwas leisteten, so ließ man uns gewähren.

Übrigens wurde angestrengt gearbeitet, trotz mancherlei Allotrien, die mit Singen, Balgen und anderer Kurzweil unterliefen, und nur sehr wenige waren es, die sich erlaubten, die volle Arbeitszeit nicht einzuhalten. Diese währte von sieben Uhr früh bis abends sieben, mit Ausnahme der Mittagsstunden, und wurde, wie's die Jahreszeit hergab, bei Tages- und Lampenlicht allein mit Handhabung der Kohle und des Wischers ausgefüllt. Die einzige Veränderung in diesem Einerlei der Tätigkeit lag in dem Wechsel der Gegenstände und des Lokales, da nicht allein die Sammlungen der Akademie, sondern auch die sehr viel reicheren der Mengsschen Abgüsse und des Antikenkabinettes zu benutzen waren. Für praktische Übung des Auges und der Hand war somit wohl gesorgt; wissenschaftliche Unterweisung dagegen fehlte gänzlich, mit Ausnahme eines einzigen Kollegs, welches der Direktor der chirurgischen Akademie, Professor Seiler, von Zeit zu Zeit im anatomischen Theater eigens für Maler las. Dieser am Kadaver selbst vollzogene Unterricht aber war dafür auch vom entschiedensten Interesse, da die mancherlei Rätsel, welche den Blick eines Anfängers beim Studium des Nackten zu verwirren pflegten, hier die einfachste und verständlichste Lösung fanden. Zum richtigen Sehen genügt das Auge nicht allein, der Verstand muß mitsehen, und wenn man auch nichts darstellen soll, als was zutage liegt und was man wirklich sieht, so sieht man doch erst da recht wirklich, wo man den Grund der Erscheinung kennt. Je deutlicher und je vollständiger aber gesehen wird, je deutlicher wird sich auch dasjenige enthüllen, worauf es bei künstlerischem Sehen vorzüglich ankommt, nämlich die Schönheit. Mir wenigstens kam bei fortgesetzter Übung meines durch wachsende Kenntnis sich mehr und mehr rektifizierenden Auges auch die unendliche Schönheit meiner Objekte, nämlich der herrlichen Gebilde antiker Kunst, von Tag zu Tag mehr zum Bewußtsein. Zwar war ich weit entfernt, schon jetzt das Gesehene nach seinem vollen Wert zu würdigen, aber schon das Wenige, was der Schülerblick erkannte, war reichlicher Gewinn. Mit steigender Begeisterung für die Schöpfungen der Alten zeichnete ich nach ihren Meisterwerken, meine

Phantasie erfüllte sich mit Bildern des befriedigendsten Ebenmaßes, und wenn ich des Abends die Augen schloß, umstanden mich die göttergleichen Gestalten antiker Plastik, in deren Anschauen ich entschlummerte. Wie glücklich ist doch dieses erste Erwachen einiges, wenn auch noch so geringen Verständnisses für Schönheit – ohne Zweifel eine der lieblichsten Perioden in jedem Künstlerleben.

Meine Kommilitonen

Die Zahl meiner Mitschüler im Gipssaal mochte sich auf zwölf bis fünfzehn belaufen, und da wir alle jung waren, auch unsere Arbeit das Gespräch nicht ausschloß, so blieb man sich nicht lange fremd und lernte bald die Verhältnisse wie die Aus- und Ansichten der meisten fast so genau wie seine eigenen kennen.

Eine Ausnahme hiervon machte jedoch mein nächster Nachbar, ein eleganter junger Mann von vornehmer Haltung, den eigentlich keiner kannte. Zwar seine Sprache verriet den Schlesier, sein Benehmen den Aristokraten, und daß er von Seidlitz hieß, war ebenfalls bekannt; das war aber auch alles, was wir wußten, denn im übrigen entzog er sich der Neugier und hatte ein *je ne sais quoi* in seinem Wesen, das alle müßigen Fragen fernhielt. Es blieb uns sogar unbekannt, ob Seidlitz gleich uns anderen Maler werden wollte oder die Akademie nur aus Langeweile frequentierte, für welche letztere Annahme allerdings sowohl die Schwäche seiner Leistungen als sein unregelmäßiger Besuch des Gipssaales zu sprechen schien.

Nichtsdestoweniger war dieser junge Kavalier eine außerordentlich anziehende Erscheinung. Sein feines, weltgewandtes Wesen und eine sich immer gleichbleibende harmlose Heiterkeit wie die zuvorkommendste Anerkennung der Vorzüge anderer waren jedenfalls so liebenswürdige Eigenschaften, daß sein näherer Umgang jedem nur erwünscht gewesen wäre; er aber war damit sehr haushälterisch und verkehrte außerhalb des Gipssaales die längste Zeit nur mit einem einzigen unter uns, einem Hamburger namens Kopmann, mit dem er namentlich durch gleiche Neigung für Musik verbunden war. In der Folge zogen diese beiden indes auch mich bisweilen in ihre Gesellschaft, und mit Vergnügen denke ich noch heute der traulichen Winterabende, die wir miteinander in Seidlitz' komfortabler Wohnung verplauderten und versangen. Namentlich ward ich hier zu einigem vorläufigen Verständnis der Mozartschen Musik angeleitet, welche Seidlitz spielte, Kopmann sang und ich mitzusingen genötigt ward. Daneben entfaltete unser Wirt ein glänzendes Geschick, seine Gäste in behaglichster Stimmung zu erhalten, besonders aber den geistvollen Kopmann so glücklich anzuregen, daß dieser von Witz und Laune übersprudelte und sich in allen seinen geselligen Eigenschaften selbst übertraf.

Kopmann hing an diesem liebenswürdigen Unbekannten, von dessen eigentlichen Verhältnissen er wahrscheinlich ebensowenig etwas wußte als wir anderen, mit einer Leidenschaft, die an Bezauberung grenzte und ihn viele heiße Tränen kostete, als Seidlitz – wie man sich erzählte, eines unglücklichen Duells wegen – plötzlich wieder aus Dresden verschwand, und zwar so radikal, daß ich mich nicht erinnere, jemals wieder etwas von ihm gehört zu haben.

Ich war nun insofern Seidlitz' Erbe, als Kopmann sich mir von jetzt an näher anschloß. Er war nicht unbedeutend älter als ich und seine Vergangenheit von der meinigen sehr verschieden. Schon in zarter Kindheit hatte er den Vater verloren, der als Schiffskapitän nach Indien gesegelt und mit Mann und Maus verschollen war. Die Mutter war mittellos zurückgeblieben, aber Fremde sorgten für eine notdürftige Erziehung des armen Knaben und brachten ihn, nachdem er herangewachsen, freilich sehr gegen seine Neigung, in einem kaufmännischen Geschäfte unter. Hier fühlte er sich wenig an seinem Platze und unglücklich genug; indes erweckten ihm seine schöne Stimme und sonstige künstlerische Gaben bald anderweitige Gönner, unter denen sich seiner am tatkräftigsten eine in weiten Kreisen respektierte Dame, die bekannte Luise Reichardt, annahm. Ihrem Einflusse hatte er seine Erlösung aus der verhaßten Rechenstube und eine Unterstützung zu mehrjährigem Aufenthalte in Dresden zu verdanken, wofür er sie denn auch gleich einer Heiligen verehrte.

Kopmann hatte eine unvergleichlich schöne Stimme, einen Tenor, welcher die eigentümliche Süßigkeit dieses Registers mit der Kraft einer Posaune verband. Auch wurden ihm deshalb von seiten der Königlichen Oper sehr schmeichelhafte Anerbietungen gemacht, die er jedoch aus Liebe zur Malerei beharrlich ausschlug. Feststunden waren es, wenn er uns im Gipssaal seine Arien vortrug, die uns entzückten und uns häufig, wie ihm selber, die Tränen aus den Augen trieben. Ebenso konnte er uns aber auch durch launige Geschichten, mutwillige Einfälle und springenden Witz in die albernste Stimmung versetzen und den ganzen Gipssaal zu andauerndem Gelächter fortreißen. Er war ein genialer, nach jeder Richtung hoch begabter und für alles Schöne laut schwärmender Mensch, dessen mannigfach anregender Umgang den höchsten Reiz für mich hatte. Daß er gern mit mir verkehrte, rechnete ich mir zur größten Ehre und blieb sein treuer Genosse, solange unsere Wege miteinander gingen – und dennoch: wie das mit akademischen Bekanntschaften so gehen kann, verlor ich ihn später ganz aus den Augen.

Ein dritter, mir sehr werter Mitschüler würde Rosa geheißen haben, wenn anders man immer so heißen müßte, wie man genannt wird. Wir nannten ihn aber Rosa, wie *lucus a non lucendo,* wegen seines schwärzlichen Kolorites. Zimmermann, so war sein eigentlicher Name, stammte, soviel ich weiß, aus einer ländlichen Hütte der Oberlausitz, hatte gerade kein Übermaß an gelehrter Bildung, sonst aber mannigfache Kenntnisse und gleich Kopmann sehr viel Witz. Zudem war er ein recht aufrichtig frommer Christenmensch von gläubig orthodoxer Richtung, die man ihm freilich nicht gleich an der Nase anzusehen pflegte, da er, der orientalischen Feige gleich, seine Blüten nach innen trieb und in eigentümlicher Verschämtheit das Gold seines Herzens zu verkupfern liebte, damit es nicht etwa für vergoldetes Kupfer gehalten werde. Es kam daher nicht selten vor, daß mein frommer Rosa so unerwartete Dinge sagte, daß anderen frommen Leuten die Haare dabei zu Berge standen. So erinnere ich mich, daß er während eines furchtbaren Gewitters, das die Grundmauern der Akademie erschütterte, uns anderen ganz gelassen den holden Wunsch eröffnete, der Blitz möge doch durch alle Säle fahren und mit seiner Ausnahme uns sämtlich auf *einen* Schlag vollenden, da wir doch auf jede andere Vollendung zu lange würden warten müssen. Nicht leugnen wolle er, daß er uns in diesem Falle gern den letzten Dienst erweisen würde: als Leidtragender hinter der langen Reihe unserer Särge einherzugehen und zu singen. In solchen Ton ging Kopmann mit Vergnügen ein, und nach geschlossener Akademie schlenderten diese beiden Witzknacker Arm in Arm die Brühlsche Terrasse entlang, nicht müde werdend, sich mit größtem Ernst und in verbindlichster Art die niederträchtigsten Grobheiten ins Gesicht zu sagen. Mit Zimmermann habe ich nach beendigter Studienzeit noch lange Jahre in freundschaftlichem Verkehr gestanden, bis uns endlich allzu weite Strecken Landes auseinanderrissen.

Noch eines anderen ganz absonderlichen Heiligen habe ich hier zu gedenken, eines rohen Naturmenschen, der sich jedoch unter uns allen vielleicht des größten Talentes erfreute. Daß er Wagner hieß, erfuhr ich erst sehr spät und zufällig, weil er von den Genossen Schill genannt wurde oder bei seinem Taufnamen Simon. Den Spitznamen hatte er sich selbst zugezogen, weil er bei jeder Gelegenheit Respekt für seine mit Leder und blanken Knöpfen besetzten Husarenhosen beanspruchte, die er in seiner Vaterstadt Stralsund auf dem Trödel gekauft hatte und mit Hartnäckigkeit für Schills Hosen ausgab.

Dieser Schill oder Simon war ohne alle und jede Schul- oder andere Bildung, ein gröblicher Stein ohne Schliff aus dem dunklen Schoße der

Erde – doch aber ein rechter und echter Edelstein. Kaum konnte man wüster und anstößiger sein und sich betragen, als er es in der Art hatte; aber seine Herzlichkeit, Gutmütigkeit und Treue, wie die Ursprünglichkeit und das Salz in seiner Flegelei machten diese minder beschwerlich und meist vergessen. Er fand sogar recht viele Freunde, was immer etwas sagen will, wenn einer so arm ist, daß, wenn ihn Fremde nicht zu Tische führen, selten etwas anderes als Brot und Wasser in seinen Mund geht. Einst fand ich ihn an einem kalten Wintermorgen mit dem Hieber in seinen Ofen einhauen, weil er nicht wärmen wollte: es fehlte dem armen Schelm an Holz, und somit war er freilich überflüssig.

Simon war zu jener Zeit der Dürftigste unter uns; in der Folge aber ging es ihm besser als den meisten anderen. Er hatte den Einfall gehabt, Gruppen von Bauern aus der Umgegend Dresdens in ihrer Tracht und heimischen Umgebung treu nach der Natur zu malen. Dies Genre war damals neu, vielleicht von ihm nach niederländischem Muster neu erfunden, und erregte einiges Aufsehen. Die Bilder gingen reißend ab und trugen so viel ein, daß der Künstler sich einen eigenen Hausstand gründen konnte. Er heiratete und pries sein Glück, das ihn veredelte und reifte. Je wohler es ihm ging, je stiller, ernster und bescheidener ward er, durch Gottes Gnade seine sittliche Bedürftigkeit je mehr und mehr erkennend und Hilfe suchend im Christenglauben. Leider ist er sehr früh gestorben an einem Lungenleiden, aber als ein erneuter Mensch und im Aufblick zu seinem Erlöser.

Sehr anders gestaltet als die oben Genannten

war der liebenswürdige gemütvolle Hermann aus Dresden, aus irgendeinem mir unbekannten Grunde «Schneider» genannt – ein stiller, sittlich reiner und harmlos treuherziger Mensch, der jedermann mit Liebe und offenem Vertrauen entgegentrat und daher von allen geliebt ward. Fast machte es den Eindruck, als sei er bei der sonst so verschwenderischen Verteilung von Adams Nachlasse vergessen worden oder doch zu kurz gekommen, und diese seine natürliche Reinheit ward in der Folge noch verklärt durch die höhere Würde, die ihm ein aufrichtiger Christenglaube gab. Hermann war der einzige von uns allen, der sich später einen Namen machte. Durch seine Münchner Freskomalereien wie durch die Herausgabe seiner eigentümlich instruktiv zusammengestellten Bilder zur deutschen Geschichte ist er sehr bekannt geworden.

Endlich gedenke ich hier noch meines lieben Herzensfreundes Ferdinand Berthold, wenn ich nicht irre, zu Meißen geboren, wo sein Vater Maler an der Fabrik gewesen. Diesen hatte er früh verloren, war aber von seiner trefflichen Mutter, welche ein Unterkommen als Wirtschafterin in einem Dresdner Hotel gefunden, sorgfältig erzogen worden. Lahm und kränklich von Kindheit auf, hatte er sich schon frühzeitig auf geistige Beschäftigung angewiesen gesehen, zu welcher ihn überdem sein feiner Kopf und die Stille seines Gemütes besonders befähigten. Er war der einzige unter uns, der das Gymnasium durchgegangen und eine umfassende Schulbildung besaß, welche zu erhalten und zu vermehren er sich auch jetzt noch angelegen sein ließ, ein stiller, tief innerlicher Mensch, bescheiden, überlegt und anständig in allem, was er tat und sagte, und jedenfalls einer der tüchtigsten Schüler der Akademie.

Trotz dieser Vorzüge suchte ich damals gerade Bertholds Umgang weniger als den mancher andern, deren flackernder Geist mir mehr Genuß gewährte, und erst in einer späteren Periode bin ich ihm nahegetreten, da er die Akademie nicht mehr besuchte, dafür aber anfing, ein eigenes Haus zu machen. Diese Hospitalität war jedoch nicht die Folge verbesserter Finanzen, sondern leider nur die einer immer zunehmenden Kränklichkeit. Nur ausnahmsweise konnte der arme Berthold noch das Haus verlassen, empfing aber dafür allabendliche Besuche von Kunstgenossen auf seinem Zimmer. Dahin trieb denn auch mich, zwar anfänglich nur die Teilnahme für den Leidenden, bald aber die aufrichtigste und herzlichste Freundschaft.

Berthold bewohnte mit seiner alten Mutter ein fünf Treppen hoch gelegenes Dachstübchen desselben Hotels, in dem sie diente. Durch eine kleine dunkle Küche trat man ein, allezeit sicher, den Insassen anzutreffen, seiner Gäste harrend, die sich oft so zahlreich um ihn sammelten, daß die vorhandenen Stühle nicht ausreichen wollten und man auf Fensterbrettern Platz nahm. So massenhafte Gäste zu bewirten, war der freundliche Wirt freilich niemals in der Lage. Er gestattete aber, daß jeder seinen Imbiß mitbrachte und nach Gelegenheit aus freier Hand verspeiste. Der Hausherr selbst genoß unter allen Umständen, sobald es sieben schlug, in einem dunkeln Winkel seines Zimmers stehenden Fußes und sehr eilig eine für ihn von seinem Mütterchen bereitgehaltene Pfennigsemmel, die er in Bier tauchte. Außerdem saß er den ganzen Abend fest in einer tiefen Mulde seines alten Sofas, von wo aus er die Gesellschaft aufs trefflichste zu beleben und so anzuregen wußte, daß jeder sein Bestes gab und jene Abende gewißlich für uns alle zu dem Vorzüglichsten gehörten, was unser Leben uns an geselligem Genuß gewährt hat.

Die Unterhaltung drehte sich zumeist um Gegenstände unseres gemeinsamen Studiums, und wollte man dem Kranken eine Extrafreude machen, so brachte man irgendeine kleine Arbeit eigener Erfindung mit, die dann besehen und kritisch beleuchtet, nach allen Seiten hin getadelt und gelobt ward. Berthold selbst zwar gab aus wunderlicher Verschämtheit dergleichen nie zum besten. Er könne nichts mehr machen, versicherte er, und dennoch war er stets beschäftigt, wenn man ihn allein traf; doch ehe er noch den Eintretenden begrüßte, war auch die Arbeit schon verschwunden. Nur mühsam ertrug sich solche Zurückhaltung, bis uns der Zufall endlich eine ganze Folge der saubersten Federzeichnungen von seiner Hand entdecken ließ, deren Schönheit jede Erwartung übertraf. Es waren zusammengehörige Momente aus dem sonntäglichen Leben einer reichsstädtischen Familie des 16. Jahrhunderts, in welche der fromme Künstler alle seine Ideale eines gottgeweihten bürgerlichen Hauswesens eingewoben hatte.

Jetzt wurde Lärm geschlagen, und Berthold konnte es kaum fassen, als ihm von seiten eines Leipziger Kunsthändlers der Auftrag ward, das Ganze zu radieren und in seinen Verlag zu geben, wußte auch nicht, wie er seine Forderung niedrig genug stellen sollte, um jenen nicht zu schädigen. Die Arbeit kam zur Vollendung und fand verdienten Beifall; aber gerade jetzt, da sich ihm eine rühmliche Laufbahn eröffnet hatte, erlag der arme Junge seiner Krankheit und starb in den Armen der tiefbetrübten Mutter. In seinem Nachlaß fand sich ein Heft sehr lieblicher Dichtungen, von deren Existenz wir ebenfalls keine Ahnung gehabt hatten, meist geistliche Lieder, wie sie nur einem vom Heiligen Geiste berührten Gemüte entspringen konnten, und dies Gemüt war es vor allem, was uns so angezogen hatte, selbst diejenigen unter uns, die es nicht ganz verstanden. Ich kannte wenig Menschen zeit meines Lebens, deren Umgang mir in gleichem Grade erquicklich gewesen wäre als der des lahmen Berthold.

Außer den Genannten gab es noch andere gute Leute im Gipssaal, als die Dresdner Gruner, Zörmer, Lindau, die Mecklenburger Schuhmacher und Leskow, der abenteuerliche Nordfriese Harro Harring und andere mehr; doch hat die Länge der Zeit mir das Gedächtnis allzusehr getrübt, um weitere persönliche Schilderungen zu wagen. Es waren schöne Tage, die wir miteinander verpilgerten, für die meisten wohl die schönsten ihrer ganzen Künstlerlaufbahn, von welcher das Wort des Apostels ebenfalls gilt, daß viele laufen, aber nur wenige gekrönt werden. Wenn es ein Wagnis gibt, so ist es das Ergreifen eines künstlerischen Berufes, weil die Befähigung dazu sehr schwer zu bemessen ist und selbst die Befähigtsten verkümmern, wenn ihnen im rechten Augenblick der rechte Sporn fehlt, die Anerkennung nämlich. Wer daher irgend kann, der mag die Hand vom Pinsel lassen.

Mein akademischer Umgang beschränkte mich übrigens nicht bloß auf die Gipssaalgenossen. Zwei ältere, schon selbständig arbeitende Schüler meines Vaters führten mich nun auch in weitere Kreise ein. Sie hießen Träger und Cotta.

Träger war ein hochblonder Mensch von unscheinbarem, etwas abgetragenem Äußern, in welchem niemand das Genie erkannt hätte. Er stammte vom Rheine her, war früher Schreiber gewesen und hatte sich erst seit einigen Jahren der Malerei gewidmet; aber jetzt schon war er der hervorragendste Schüler der Akademie und hatte bereits einen Namen, der in der Folge zu den besten zählen mußte, wenn er nicht allzu früh gestorben wäre. Dieser ausgezeichnet begabte Mensch war, trotz seines wenig bestechenden Aussehens, der Liebling aller, die mit ihm in Berührung kamen, und stand in höchster Achtung. Überaus gefällig, still, bescheiden, von feinem Takt und Geiste, hatte er ein besonders schnelles Auge für das Gute und Echte in Natur und Kunst und die besondere Gabe, dies auch andern fast augenblicklich zu erschließen. In seiner Gesellschaft Bilder zu sehen, etwa die Dresdner Kunstsammlungen, oder die Mappen und Kupferhefte meines Vaters zu durchstöbern, war daher ein Hochgenuß für mich. Viele Worte pflegte Träger freilich nicht dabei zu verlieren, er sagte sogar in der Regel gar nichts; aber indem er das, was ihm gefiel, unter einem herzlichen, nur ihm allein eigenen halblauten Lachen auf höchst charakteristische Weise mit dem Finger umschrieb, öffnete sich auch mir das Verständnis, und zwar viel einleuchtender und besser, als dies mittelst der weisesten Auseinandersetzung möglich gewesen wäre. Zu mir, dem tief unter ihm stehenden Anfänger, ließ der angehende Meister sich aufs freundlichste herab, unterstützte mich mit Rat und Tat und ward mein lieber Freund.

Der andere, namens Cotta, Sohn eines Malers in Rudolstadt, war ein langer, pockennarbiger Mensch in hellgrünem Pelzrock und mit grimmigen Gesichtszügen, deren Häßlichkeit man jedoch nicht übelnahm, weil sie zu der Individualität des Ganzen paßte. Von Träger sehr verschieden, war er laut, derb, fast roh, doch niemals salzlos. Wie jener, welcher Heilige und schöne Engel malte, sich vorzugsweise am Idealen begeisterte, so er am Trivialen. Eine gutgemalte Katze, pflegte er zu sagen, sei ihm lieber als ein schöngedachter Engel, und damit beschönigte er die Gegenstände seiner Muse. Er malte nämlich Hunde, Pferde, Kosaken und Baschkiren, für welche letztere er besondere Zärtlichkeit empfand, hatte auch bereits ein Heftchen radierter Kriegsszenen herausgegeben, die von der Künstlerwelt wohl aufgenommen wurden. Mein Vater hatte Wohlgefallen an diesem Kraftgenie, sowohl wegen seiner Leistungen als wegen seines jovialen Wesens; er gehörte daher, sowie auch Träger, zu den begünstigteren Gästen unseres Hauses, und namentlich konnten Landpartien ohne ihn nicht wohl gedacht werden. Dann führte er sein Skizzenbuch stets bei sich und stahl, was vorkam, mit leichtem Strich sehr saubere Bildchen entwerfend. Wenn dann auch ich bei solchen Gelegenheiten mich oft vergebens nach passenden Objekten umsah, um es ihm gleichzutun, so lachte er mich aus, behauptend, daß ich den Wald vor Bäumen nicht erkenne, denn er war der Meinung, daß außer dem, was man gewöhnlich schön nenne, auch alles übrige den höchsten Reiz gewinne, wenn man's nur scharf ins Auge fasse. Dies übrige, das heißt dasjenige, was man gewöhnlich nicht schön nennt, sprach ihn sogar besonders an, namentlich wenn es recht verkommen, verfallen und veraltet war. Ein abgetriebener Gaul, eine liederliche Hütte, ein alter versoffener Kerl bewogen ihn auf der Stelle, sein Skizzenbuch hervorzuziehen, während er an einem schönen arabischen Pferde, an Palästen und am Apoll von Belvedere ungerührt vorüberging. Als ich ihm deshalb mein Befremden zu erkennen gab, sagte er: «Recht hast du! Als Ochse bin ich geboren und habe es durchgesetzt, auch einer zu bleiben; du aber bist ein feines und gelehrtes Männchen.»

Von einem geselligen Zusammensein mit in den Schoß gelegten Händen hatte in unserem Hause niemand einen Begriff. Wenn wir des Abends beieinander saßen, so hatte jeder irgend etwas vor, wobei es keinen Unterschied machte, ob Freunde zugegen waren oder nicht. Mein Vater modellierte in der Regel kleine Wachsfiguren als Vorstudien zu seinen Bildern, mein Bruder schnitzte allerlei aus Holz oder zeichnete nach Ridingerschen Jagdszenen, ich endlich «inventierte», wie ich nach Cottas Vorgang das Entwerfen eigener Ideen nannte. An solchen fehlte es mir nicht im geringsten; unter den Gipssaalschülern, die sich meist an ihren Studienköpfen genügen ließen, die Inspiration zu eigenem Schaffen geduldig von der Zukunft erwartend, war ich sogar der reichste an selbständiger Erfindung und füllte meine Mappe mit einer Menge kleiner Kompositionen. Wenn diese auch sämtlich nicht viel besser gedacht als gemacht und nicht viel besser gemacht als gedacht sein mochten, so hatten meine beiden Gönner Cotta und Träger doch ihre Freude daran und überredeten mich, einem Kompositionsvereine beizutreten, dessen Mitglieder sämtlich älter und weiter gefördert waren als ich. Die Sache war nicht unbedenklich, da in der Regel niemand aufgenommen werden sollte, der nicht entweder schon ein Bild gemalt oder doch wenigstens Schüler der ersten Klasse, des Ölsaales, war, und in solchen Ausnahmefällen schloß eine einzige schwarze Kugel aus. Aber die Freunde machten Mut: «Der Teufel», sagte Cotta, «soll diese Steckenpferde reiten, wenn sie dich, gelehrtes Männchen, durchfallen lassen!» So wagte ich es denn. Ich mußte dreimal hospitieren, um bekannt zu werden, und wurde dann mit allen Stimmen akzeptiert.

Auf der Königlichen Akademie wurde außer dem Malen, von dem vorausgesetzt zu werden schien, daß es jeder selbst erfinden oder privatim erlernen werde, auch das Gewandzeichen und die Komposition gänzlich vernachlässigt. Es hatte sich daher jene Gesellschaft unter der Firma eines «Kunstvereins» gewissermaßen als Ersatzschule, wenigstens für die beiden letztgenannten Disziplinen, zusammengetan. Jeden Sonnabend abend fanden wir uns in einem zu diesem Zweck gemieteten Lokale ein und begannen unsere Studien zuerst am Gliedermann.

Für den Meister sind ohne Frage die Köpfe das schwerste, danach das Nackte; die Gewänder sind das leichteste. Umgekehrt geht es dem

Schüler; daher man in den Arbeiten der Anfänger leidlichere Köpfe als Nacktes und leidlicheres Nacktes als leidliche Gewandung antrifft. Die Köpfe sind das letzte, was ein Meister, die Falten das letzte, was ein Schüler begreift. Dilettanten kommen niemals zu einigem Verständnis des Faltenwesens.

Von diesen Schwierigkeiten hatte ich damals noch keinen Begriff und setzte mich bei meinem ersten Besuche im Kunstvereine so sorglos an die Arbeit wie zu Tische. Falten – dachte ich – sind Falten und brauchen weder ähnlich noch verstanden zu sein, weil sie weder Physiognomien noch Muskeln oder Knochen haben. In Zeit von einer halben Stunde hatte ich den ganzen Gliedermann bewältigt mit allem, was drum und dran hing, und wenn es meiner Arbeit auch an Reiz zu fehlen schien, so befremdete mich das wenig, da offenbar die Puppe in demselben Fall war. Gleichgültig erhob ich mich, um Trägers Arbeit anzusehen, die mich lebhaft überraschte. Träger hatte zwar nur einen Teil des Gewandes gezeichnet, doch mit derselben Genauigkeit und Schärfe, als gälte es die Züge eines menschlichen Gesichtes; wirkliche und schöne Falten waren es, während die meinigen Gedärmen glichen. Auf meine Bitte nahm der Freund jetzt meinen Platz ein; er zeigte mir, wie die Falten, wenn auch gerade keine Anatomie, doch immerhin eine Art von Organismus, das heißt ein Gesetz ihrer Bildung hätten, nach welchem sie verstanden werden müßten, und daß ich sie nur oberflächlich angesehen hätte. Ich ging mit neuem Eifer und größerem Interesse an die Arbeit, aber die Aufgabe ward von Tag zu Tag schwerer, und das Rätsel der Falten kostete mich noch manchen bitteren Seufzer, ehe sie sich nur einigermaßen von Wurzeln und Gedärmen unterscheiden wollten.

Sehr viel mehr Vergnügen machte mir der übrige Teil des Abends. Nachdem ein gemeinschaftliches Mahl von Kartoffeln und brauner Butter eingenommen war, öffneten sich die Mappen wieder, und die mitgebrachten Kompositionen wurden vorgewiesen. Ein und dieselbe Aufgabe war von allen in mehr oder weniger ausgeführten Skizzen behandelt worden. Die Motive waren Goetheschen Dichtungen entnommen, und da wir unserer einige zwanzig waren, so brachte ein solcher Abend auch einige zwanzig Klärchens, Mignons, Tassos oder Iphigenias zur Anschauung. Da war es denn sehr unterhaltend, zu sehen, auf wie verschiedene Weise die verschiedenen Talente ihre Aufgabe gelöst hatten; dazu erging sich die Kritik sehr ungeniert, obgleich in der Regel das einfache Nebeneinander schon ausreichen konnte, da schwächeres Licht vor hellerem von selbst erbleicht. So erinnere ich mich, daß eines Abends, als Erlkönige an der Reihe waren, die Zeichnung eines gewissen Kraft – der leider bald darauf gestorben ist – so allgemein frappierte, daß wir anderen unsere Blätter ins Feuer warfen. War endlich alles durchgesehen und durchgesprochen, so wurde der Rest des Abends versungen und verplaudert. Jedweder produzierte dann seine ergötzlichsten Seiten, und man genoß den Zauber einer Gesellschaft, wie sie so anregend und ungetrübt nur unter jungen Leuten künstlerischen oder wissenschaftlichen Berufs zustande kommen mag.

Dem sittlichen Werte der ersten Stifter, der

Strenge der Ballotage und der geschickten Leitung unseres trefflichen Seniors, des Kupferstechers Stölzel, war es zu danken, daß unsaubere Elemente ausgeschlossen blieben. Wir bildeten, soweit ich sehen konnte, eine ganz löbliche, die Zwecke der Akademie nur fördernde Gesellschaft, entgingen aber dennoch nicht dem Mißtrauen der akademischen Behörde, welche Cotta deshalb von einem Kakodämon besessen glaubte. In der Tat weiß ich es nicht, warum die königliche Intendanz wie die meisten Professoren uns entgegen waren, wenn nicht vielleicht nur deshalb, weil wir uns zu einigen der letzteren allerdings wie Konventikelleute zu den Pastoren der Landeskirche verhielten, das heißt durch ihren Unterricht nicht sehr befriedigt fanden. Auch war es nicht zu leugnen, daß einige von uns altdeutsche Röcke trugen, woraus man auf politische Tendenzen schließen mochte. Da indessen keinerlei wirkliche Gravamina gegen uns vorlagen, so mußte man uns einstweilen und bis auf weiteres schon leben und bestehen lassen.

Die Bedeutung des altdeutschen Rockes

Es war allerdings ein wunderlicher Geist, der damals in den Köpfen der jungen Leute spukte, und daß auch der meinige davon nicht unberührt geblieben, ist bereits gemeldet worden. Ebenso wie vordem auf der Schule, schwärmte ich auch jetzt noch für Rückbildung des Vaterlandes zu seiner Vorzeit, namentlich zu deren traditionellen Tugenden der Ehrlichkeit und Treue, des Glaubens, der Tapferkeit und Keuschheit, und da ich diese Eigenschaften an denen zu erkennen glaubte, die sich altdeutsch trugen, so legte auch ich solche Tracht an, um meine Tugend zu bekennen und Gleichgesinnten kenntlicher zu sein. Der nüchterne Rosa sagte zwar, wenn er auch zugeben müsse, daß wir mit unseren langen Haaren und kahlen Hälsen wirkliche Altdeutsche und Erzväter aus grauer Vorzeit seien, so sei es ihm doch unbekannt, daß solche nie getrogen und gelogen hätten, daher er nicht begriffe, wo wir das ungemeine Zutrauen zu unseren Röcken hernähmen. Ich nahm es ihm nicht übel, denn sonderbare Sachen zu sagen, war einmal seine Art, und fuhr fort, vor seinen und aller Leute Augen ganz unbefangen in der lächerlichsten Maskerade umherzulaufen. Ein phantastisches Samtbarett auf lang abwallendem Haar, eine kurze schwarze Schaube mit breit darübergelegtem Hemdkragen und an einer eisernen Kette, zwar kein Schwert, doch einen Dolch, dessen Ebenholzgriff auf silbernem Totenkopfe saß: das war mein Aufzug.

Als ich, so angetan, eines Abends über die Brücke ging, stand da im Ausbau eines Pfeilers ein gleichgekleideter Jüngling, bräunlich und schön wie der Hirtenknabe David, welcher die Vorübergehenden betrachtete, indem er sehr behaglich von einem großen Stücke Schwarzbrot abbiß, das er in der Hand hielt.

«Bist du Bursche?» redete er mich an. Ich stand und bekannte mich als Maler. Das mochte ihm gerade recht sein, da er sich in Dresden, der Stadt der Künste, befand. Zutraulich schlang er seinen Arm in meinen, und wir schlenderten miteinander weiter wie gute Brüder. Es war kein Arg unter uns Verkleideten, man traute sich gegenseitig gleich das Beste zu, und Rosa mochte sagen, was er wollte: man täuschte sich auch kaum, denn jedermann will doch gern sein, wofür er gehalten wird, wofern dies was Gutes ist.

Ich hatte in Wahrheit einen prächtigen Jungen aufgefunden, frisch, froh, fromm, frei, wie Vater Jahn es sich nur wünschen konnte. Freilich mochte die Freiheit etwas widerspenstig, die Frömmigkeit etwas willkürlich ausfallen; aber anders war es auch bei den besten nicht. Mit einigem Stolze präsentierte ich den neuen Freund, Ernst Förster von der Jenenser Burschenschaft, im Kunstverein, und er ward so herzlich aufgenommen, als hätte man es vorausgewußt, daß er selbst bald Maler, trefflicher Schriftsteller im Kunstgebiete und der Schwiegersohn des allgemeinen Lieblings Jean Paul Friedrich Richter werden würde. Vorderhand freuten wir uns an einem Rundgesange, den er für uns dichtete, wie an seinem herrlichen Gesicht, das verschiedentlich gezeichnet und gemalt ward. Auch brachte ich ihn zu meinem Vater, der ihm seine Bilder zeigte und sich an seinem geraden Wesen wie an den kernigen Reden vergnügte, die er von sich gab.

«Es ist doch was Besonderes», sagte mein Vater, «um diese nagelneue Auflage von jungen Leuten!» Mein lieber Vater war ein feiner, bescheidener Mann von vorwaltend aristokratisch-konservativer Gesinnung, und zwischen ihm und jenen altdeutschen Erzvätern, wie Rosa sie nannte, war außer der jugendlichen Frische, die er sich erhalten, wenig Gemeinsames; ja, wenn er gewußt hätte, wohin der treibende Geist von damals führen werde, er hätte mit allen Kräften wider ihn gestanden. Zu jener Zeit aber versprach er sich noch etwas für die

Zukunft von der strengen, wenn auch rauhen Sittlichkeit, für die man schwärmte. Das übrige belachte er gleich Krummacher als Kinderei und meinte, es würde ganz von selbst an seiner eigenen Abgeschmacktheit zugrunde gehen. Er war ein durchaus edler, weitherziger Mensch, der im Grunde nichts als Gemeinheit haßte, und gemein war der Geist damaliger Jugend nicht. Mein Vater störte mich daher auch nicht in meinen Sympathien, wenn er sie gelegentlich auch zu klären und vor Exzentrizitäten zu bewahren strebte.

Weniger bequem in dieser Hinsicht war meine Mutter. Ihrem nüchternen Auge war die Verkleidung, in der wir uns gefielen, zuwider, und schmerzlich vermißte sie gefällige Sitte, wie die der Jugend anstehende Bescheidenheit im Urteil und Benehmen. Auch glaubte sie keineswegs, daß solche Übelstände sich von selbst verzetteln, sondern vielmehr in die greulichste Barbarei auslaufen würden. Ich hatte daher des öfteren unter ihrer Kritik zu leiden, bis ein Ereignis eintrat, welches die altdeutsche Kleiderparade in Dresden plötzlich zu Ende brachte.

Eines schönen Morgens verbreitete sich im Gipssaal die Kunde von Kotzebues Ermordung, eines Schriftstellers, welchem wir alle mit mehr oder weniger Recht und Unrecht von Herzen gram waren. Ich meinesteils hatte weder viel noch wenig von ihm gelesen, doch war es mir nicht im geringsten zweifelhaft, daß er ein literarischer Giftmischer, ein russischer Spion, ein Vaterlandsverräter und Abgrund alles Verderbens gewesen. Diesen Höllenpfuhl mit seinem Pestqualm hatte der Heldenjüngling Sand geschlossen, sich selbst als ein anderer Curtius fürs

Vaterland und seine heiligsten Interessen opfernd. Darüber, dachte ich, möge sich selbst die Mutter freuen, welche ihren Abscheu vor der Kotzebueschen Muse bei jeder Gelegenheit aussprach.

Statt dessen waren beide Eltern jetzt aufs tiefste empört, nicht nur über Sands unberufene Scharfrichterei, sondern fast mehr noch über meine Billigung derselben. Dahin also war es bereits mit unserer altdeutschen Tugend gekommen! Sie war zur Mutter eines Meuchelmordes geworden, und die Erzväter zeigten sich nicht abgeneigt, das Kind zu akzeptieren; wer aber konnte fortan noch seines Lebens sicher sein, wo hirnverbrannte Knaben Femgerichte bildeten?

Die Behörden glaubten anfangs, daß dieser Mord durch einen Beschluß der allgemeinen Burschenschaft, als deren Teilhaber man alles ansah, was sich altdeutsch trug, veranlaßt sei; aber wenn auch das nicht: aus dem Geiste hochmütiger Selbstüberschätzung, der unter jener Firma spukte, war er doch hervorgegangen, und solchen Geist zu dämpfen, schien geboten. Es fand sich daher in allen Sälen der Akademie ein königlicher Befehl ein, die langen Haare, deutschen Röcke und Waffen abzulegen. Der Rock macht freilich nicht den Mörder; aber immerhin: er war durch eine böse Tat geschändet und kein Zeichen mehr von «menschlicher und vaterländischer Tugend».

Ich, als Sohn eines Professors, mußte natürlich zuerst daran glauben, und Friseur und Schneider vollbrachten schnell an mir das Werk einer äußerlichen, mir recht verhaßten Bekehrung. Es war eine ganz erbärmliche Geschichte, und nie in meinem Leben habe ich mich mehr geschämt als damals, wo ich die wenigste Ursache dazu hatte. Geschoren und im Philisterkleide heimelte ich zwar nun meine gute Mutter wieder an, wagte mich aber kaum noch vor die Haustüre hinaus. Gerade jetzt, wo ich aussah wie andere Sachsen, schoß ich gesenkten Hauptes durch die Straßen ihrer Hauptstadt, fürchtend, aller Welt sehr aufzufallen, und es vergingen lange Wochen, ehe ich die Leistungen der Polizei an meiner Toilette verschmerzen lernte und meine Unbefangenheit zurückgewann.

Aber die Untat Sands brachte uns noch wesentlicheren Nachteil. Die strengere Überwachung, welcher infolge der Karlsbader Beschlüsse alle akademischen Anstalten unterworfen wurden, sprengte endlich auch unseren Kunstverein. Man legte uns so viel Schwierigkeiten in den Weg, daß wir uns selbst auflösten; und wenn wir dann auch, besserer Gestirne harrend, noch längere Zeit hindurch ein Scheinleben führten, indem wir, Namen, Statuten und künstlerische Übungen aufgebend, uns ab und zu in anderen Kneipen versammelten, um miteinander ein Glas Bier zu trinken: die Sache war und blieb verloren, und der Phönix ist nie wieder auferstanden aus seiner Asche.

2. *Warum es wieder nach Lausa geht*

Ich habe jetzt in meiner Erzählung um einige Monate zurückzugreifen, da mich ein anderer Verlust betroffen, der weher tat als der von Rock und Haaren. Die fortwährend kränkelnde Mutter hatte den Wunsch gehabt, zu ihrer Hilfe ein junges Mädchen ins Haus zu nehmen, und in dieser Beziehung an eine rheinische Verwandte, die sechzehnjährige Helene X., gedacht, für welche sie sich, als für ihr Patenkindchen, sehr lebhaft interessierte. Helenes Eltern hatten eingewilligt, und im Spätherbst des Jahres 1818 konnten wir der Ankunft dieser uns allen bis dahin völlig unbekannten Cousine entgegensehen. Sie wurde von jung und alt mit einiger Spannung erwartet, zumeist vielleicht von mir, da ihr der Ruf von Liebenswürdigkeit und Schönheit vorauslief, ich aber gerade in dem Alter war, wo einem die Augen für dergleichen Vorzüge aufzugehen pflegen. Aber so günstig meine Vorstellung auch sein mochte, so wurde sie doch noch übertroffen, als die Ersehnte endlich anlangte und, aus ihren winterlichen Hüllen ausgeschält, so frisch und lieblich wie ein Maienmorgen vor mir stand.

Ein gleich schönes Äußere hätte mich bei einer Fremden vielleicht verschüchtert und entfernt gehalten; aber Helene war nichts weniger als fremd. Sie war eine nahe Verwandte, mit der man gleich von vornherein auf du und du stand, die einem zur Begrüßung um den Hals flog und sich so zutraulich bezeigte wie eine Schwester. Den Umgang einer Cousine hatte ich noch nie gekostet: ich fand ihn allerliebst und freute mich, daß er so leicht vonstatten ging. Wir waren gleich die allerbesten Freunde, gingen Arm in Arm spazieren, sangen miteinander und konnten ohne Ende miteinander kosen. Helene war ein frisches, heiteres Mädchen, das man gern sprechen hörte, und wenn sie heimische Schnurren in niedlichster Mundart erzählte und selber dazu lachte wie ein Glöckchen, dann tanzte mir das

Herz im Leibe vor Vergnügen. Am liebsten hätte ich die ganze Person gleich aufgegessen.

Die Eltern hatten freilich nicht beabsichtigt, durch die Anwesenheit eines so reizenden Wesens Kohlen an ein Pulverfaß zu legen; geschehen aber war es so. Sie mochten ihrem ältesten Sohne kälteres Blut zugetraut haben, als er besaß, denn ich war allerdings bis dahin so erfüllt von meinen Gipsköpfen gewesen, daß ich die lebendigen Köpfe kaum angesehen hatte und an den teilweise sehr hübschen jungen Mädchen unserer Dresdener Bekanntschaft ganz teilnahmslos vorübergepilgert war. An Helene aber war nicht so vorbeizukommen: sie saß ja immer da, und wo ich hinsah, war sie, und ich ward nicht müde, sie anzusehen. Auch redete ich mir natürlich ein, daß das arme Mädchen bei der Unreife und Schulbelastung der Geschwister mit ihren Ansprüchen an Geselligkeit ganz vorzugsweise auf mich angewiesen sei; daher ich alle meine freie Zeit mit ihr verbrachte, sie zu erfreuen suchte, wo ich konnte, und dabei wie ein trunkener Nachtfalter der Flamme, die ich umschwärmte, immer näher kam. Von Liebe war dabei zwar nie die Rede, es schien alles Freundschaft und Verwandtschaft, doch hatte mich der kleine Knabe Amor schon beim Schopfe, und immer tiefer ward ich in die Netze der allgewaltigsten Leidenschaft verstrickt, deren verborgenen Stachel ich noch nicht kannte. Ich fühlte mich anfangs nur beseligt und sah die ganze Welt in einem Rosenschimmer, so glanzvoll und so farbig, als sei sie noch der schöne Garten Eden, da unsere ersten Eltern sich umarmten.

Leider aber ist unsere arme Welt kein Paradies mehr, und die Kränze, die sie noch bietet, sind unter Umständen der bedenklichsten Verwandlung fähig. Mein unerfahrenes Herz war allgemach auf jene schiefe Ebene geraten, da es keine Haltepunkte der Ruhe mehr gibt, wo sonst beglückende kleine Konzessionen nicht mehr befriedigen und die heitere Illumination des Herzens in zehrende Glut umschlägt. Ich erschrak jetzt vor mir selber, denn je unverdorbener ich wirklich war, je heißer kochte mein Blut auf, und wie ein Verrückter hatte ich bald nur noch einen einzigen Gedanken – der hieß: Helene. Sie war das einzige Element, in dem ich leben konnte, und außerdem war nichts mehr da und alle Interessen fort an Natur und Kunst, an Eltern und Geschwistern und Freunden. Ich war zur Marionette in eines Mädchen Hand geworden.

So war es, und daß es nicht so bleiben durfte, war mir klar, nicht aber, wie es anders werden sollte. Weder wollte es gelingen, den Herzpfeil wieder auszureißen, noch konnte ich ihn stecken lassen, am allerwenigsten aber an Heirat denken, welche der nahen Verwandtschaft wegen mit der überdies katholischen Helene ganz unmöglich schien. Zwar kämpfte ich nach besten Kräften, wie ich glaube, versuchte zu meiden, was ich liebte, schloß mich meinem Bruder mehr als vordem an, besuchte meine Freunde und führte über mein Verhalten ein Journal; aber alles war vergebens, und die Folgen meiner Anstrengungen waren nur Verdrossenheit und üble Laune. Ich ward ungerecht und kränkend sogar gegen diejenige, die ich am liebsten auf Händen durchs ganze Leben getragen hätte, und während sie weinte, rannte ich mit scheußlichem Gewissen einsam bei Nacht und Nebel durch die Heide wie ein alberner Werther.

Als ich nun eines Abends, nachdem die anderen längst gegessen hatten, abgejagt und müde nach Hause kam und stracks zu Bette gehen wollte, trat mein Vater mit besorgter Miene bei mir ein. Er legte mir die Hand auf die Schulter und sagte: «Du hast was auf dem Herzen!» Ja freilich hatte ich das. Ich flog ihm um den Hals und bat um eine Unterredung.

Der Vater nahm mich mit sich auf sein Zimmer, stellte sein halb niedergebranntes Licht auf eine Konsole und entfernte einen Haufen Mappen von dem kleinen, zwischen Skelett und Gliedermann stehenden Diwan. Da saßen wir, umgeben von allen den tausend Utensilien der Werkstatt, unter denen es mir von Kindheit an stets am heimischsten zumute war. Die Beichte ward erleichtert durch entgegenkommende Fragen, und es entspann sich ein Gespräch, das mich gegen meinen Vater mit unaussprechlicher Dankbarkeit erfüllte, da er mir nicht als Richter, sondern als teilnehmender Freund entgegentrat. Übrigens mochte er sich Schlimmeres gedacht haben, als ich zu gestehen hatte, denn allgemach schwand alle Sorge aus seinen Zügen. In solchen Fällen, sagte er, dürfe man sich nicht schämen, das Hasenpanier zu ergreifen, da der einzige mögliche Sieg hier in der Flucht sei. Helene müsse ich vorderhand nicht wiedersehen und morgen mit dem frühsten fort zum Pastor Roller. Niemand, der mich kenne, würde sich wundern, daß mich die Lust habe anwandeln können, einmal zu ungewohnter Stunde in Lausa einzusprechen, und ebenso wenig, wenn ich berichte, daß Roller mich nach seiner Weise nicht sogleich wieder entlassen wollte. Das übrige wollten wir Gott befehlen.

Ich ging zu Bett. Die Unterredung mit meinem Vater hatte mich mit neuen Banden der innigsten und ehrerbietigsten Liebe an diesen meinen besten Freund gekettet und mich gekräftigt. Ich stand dem Feinde in meinem Herzen nicht mehr allein gegenüber wie vordem, sondern hatte einen Bundesgenossen gewonnen, und in diesem Bewußtsein schlief ich ruhig ein.

Am anderen Morgen, als noch alles tot im Hause war, trieb mich mein Vater aus dem Bette, übergab mir einen Brief an Roller und hatte es sehr eilig. Ich stob vor Tagesanbruch fort, zum Haus und Tore hinaus, hinein in den Wald. Es war ein frischer Morgen, und um warm zu werden, lief ich wie ein Bürstenbinder, aber es war mir zu Sinn, als trabte ich über lauter Gräber, und in allen lag Helene. Ich war so traurig, daß das Herzwasser mir aus den Augen ging und mir die Backen mit Glatteis überzog; doch sah es still und friedlich in mir aus. Wenn der Tote erst begraben ist, so zieht der Trost ein.

Helene machte mir keine Sorge. Wohl dachte ich, daß sie ihren Kameraden vermissen würde, wenn er am Abend nicht, auch morgen und übermorgen nicht zu ihr zurückkehre; doch war ich nicht unbescheiden genug, anzunehmen, daß ihr Gefühl dem meinigen auch nur im entferntesten gleiche – und überdem, so wußte ich, daß meine Eltern, die sie wie eine Tochter liebten, sie nicht entgelten lassen würden, was sie am wenigsten verschuldet.

Als ich bei Roller eintrat, verzehrte dieser gerade seine Morgensuppe, wie gewöhnlich in Wasser aufgeweichtes Schwarzbrot mit fetter Milch. Ich hatte angeklopft und er Herein gerufen, doch schien er meinen Eintritt nicht zu beachten. Ich konnte warten. Als er endlich aufblickte und mich gewahrte, legte er den Blechlöffel aus der Hand und starrte mich wie einen Geist an. Darauf entspann sich folgendes Gespräch.

Roller: «*Unde?*»

Ich: «*Dresdis.*»

Roller: «*Bene!*» Und jetzt in Lachen ausbrechend, schritt der alte Freund unter mehrfach wiederholten Benes auf mich zu, schloß mich in seine Arme und sagte: «Du bist ein früher Mann, aber jederzeit willkommen! Hast du gefrühstückt?»

Auf meine Verneinung stieß er das sogenannte Gatter mit dem Fuße auf und schrie hinunter: «Holla! Schwimm ist da! Bringt Kaffee! – Und nun, *mi fili!* wie lange bleibst du?»

Ich übergab meinen Brief, und Roller trat ans Fenster, um zu lesen. Es war ein peinlicher Augenblick. Mir grauste vor allen weiteren Auseinandersetzungen, namentlich mit diesem Manne, von dem ich annahm, daß er von Herzensangelegenheiten die bäuerischsten Begriffe habe. Er las langsam und bedächtig, schloß den Brief dann weg und zündete sich eine Pfeife Tabak an. Endlich begann er: «Dein Vater», sagte er, «hat mir alles geschrieben. Es ist dir gegangen wie anderen Leuten auch, und brauchst dich deshalb weder zu schämen noch zu grämen. Jonathan soll noch heute nach der Stadt und deine Sachen holen, denn daß du bei mir bleibst, steht fest und ist zugleich das Beste bei der Sache.» Übrigens, fügte er hinzu, käme ich ihm heute gerade recht, denn nachmittags habe er die Hausväter, und da könne ich auch mit nach dem Rechten sehen.

Mir fiel ein Stein vom Herzen. Ich wußte nun, daß Roller über diese Angelegenheit nie wieder ein Wort verlieren werde, und setzte mich sehr erleichtert an meinen Kaffee, hielt auch den Moment jetzt für den rechten, das Gebot des Vaters einmal zu übertreten und eine Pfeife übers Maß zu rauchen. Roller war derselben Ansicht und erteilte mir sogar Dispens für alle weiteren Überschreitungen, da man in seinem Hause nach *seiner* Regel lebe und Nichtraucher ihm lästig seien.

Mit den obenberegten Hausvätern aber hatte es folgende Bewandtnis. Roller pflegte nämlich die sämtlichen Mitglieder seiner Gemeinde regelmäßig zweimal im Jahre bei sich zu sehen, und zwar in einzelnen Abteilungen. Hausväter, Hausmütter, Junggesellen, Jungfrauen und Schulkinder: jede dieser Klassen ward besonders eingeladen. Im Sommer ging man ins Freie, im Winter war Zimmerunterhaltung, welche letztere denn auch heute mit den Hausvätern stattfinden sollte. Zu diesem Zwecke richteten wir schon am Vormittage die große Unterstube her. Alle transportabeln Möbel wurden ausgeräumt, rings um die Wände Schulbänke gestellt und ein Fäßchen Bier mit angestecktem Kran auf Böcke gelegt. Inmitten des Zimmers aber stand ein großer Tisch mit diversen Holzschachteln, über deren Zweck sich Roller nicht erklärte.

Zur festgesetzten Stunde fanden sich die

Gäste in Fülle ein: Bauern, Gärtner, Handwerker und Arbeitsleute, alle in langen Röcken, hohen Stiefeln und mit runden Kämmen in den Haaren. Der Hausherr hatte für jeden ein paar joviale Worte der Begrüßung, einen deutschen Händedruck und eine Tonpfeife. Dann wurde Platz genommen: obenan die Bauern und so weiter nach Stand und Ansehen. Was mich anlangte, so schien es mir, daß ich in dieser geschlossenen Gesellschaft nur als Bierzapfer Zutritt finden könne, daher ich mich ans Faß placierte, allwo ich zapfte und kredenzte, die vollen Krüge weitergehen ließ und die leeren zurückempfing. Der Pastor aber saß am Tische und trug vorerst das Neueste aus der Missionsgeschichte vor. Dann fragte er einzelne nach ihrer Meinung oder forderte sie je nach ihrem Gewerbe zu technischer Erläuterung auf, so daß bald ein allgemeines, sehr lebhaftes Gespräch im Gange war, das Roller mit Geschick zu leiten wußte. Dazu floß und schäumte immerdar mein Bierquell, und die Seltsamkeit der ganzen Sache unterhielt mich dergestalt, daß ich meines Herzenskummers kaum gedachte. Ja es hätte heute für mich nichts Besseres erfunden werden können als diese Bauerngesellschaft, die zwar nichts von Goethe und von Shakespeare wußte, beide aber und namentlich den letzteren gewißlich mehr befriedigt haben würde als manche belletristische Reunion der Hauptstadt. Es steckte damals noch eine Fülle guter und gesunder Anschauungen im deutschen Landvolk, eine ehrenfeste Gesinnung und salzvolle Ausdrucksweise, die in dem Aufkläricht der Neuzeit immer mehr dahinschwinden.

Endlich war mein Fäßchen ausgelaufen, und

es erfolgte der zweite Akt der Ergötzlichkeiten. Roller hatte sich ein Vergnügen ausgedacht, von dem man schwerlich glauben sollte, daß es dem Geschmacke so ehrbarer und massiver Gäste zugesagt hätte. Die Schachteln auf dem Tische wurden jetzt geöffnet und ein paar Hundert hölzerner Soldaten herausgelangt, die ich nach Rollers Anweisung in Schlachtordnung aufzustellen hatte. Danach schoß oder warf man mit einer Bleikugel, die zu meiner und der Bauern stiller Verwunderung von Anfang an wie eine Kreuzspinne an einem Faden über dem Tische geschwebt hatte. Zwei Partien spielten gegeneinander, und zwar um gebackene Pflaumen, deren ein halber Scheffelsack voll zur Disposition stand. Die Finessen dieses Spieles sind mir in der Länge der Zeit entfallen, das aber weiß ich noch, daß man sich über die Maßen belustigte und die Bauern derben Witz entfalteten, an jedem ungeschickten Wurf Veranlassung nehmend, sich gegenseitig zu persiflieren. Roller selbst nahm als Kombattant nicht teil an diesem Kriege, sondern begnügte sich, an einem Strohhalm kauend (wie Wellington bei Waterloo), die Schlacht zu kommandieren und die Ordnung aufrechtzuerhalten. Nach einem halben Stündchen waren die Soldaten alle tot, und, die Taschen voll gebackener Pflaumen, zogen die Hausväter, sich sehr bedankend, wieder ab.

«Sie haben sich gefreut», sagte Roller, «daß du ihnen Bier zapftest, und wo sie dir begegnen, wird's im guten sein, da Stadtleute auf dem Lande sonst nicht wohl angesehen sind wegen ihres Hochmutes.»

Man sollte meinen, daß ein Verkehr des Pastors mit seinen Pfarrkindern, wie der eben geschilderte, den Respekt gefährden müsse, und allerdings möchte das auch überall der Fall sein, wo einer es sich beikommen lassen wollte, dergleichen zu kopieren. Roller aber war ein König, dem trotz seiner vielfachen Auffälligkeiten niemand die Achtung zu versagen wagte, die er beanspruchte. Seinen Bauern war er zudem in allen Stücken überlegen, nicht bloß an Charakter, Geist und Bildung, sondern, was sie besonders respektierten: er hatte auch das Zeug, sie in ihrer Wirtschaft zu beraten, und zwar bis auf die kleinsten Handgriffe ihrer Arbeit. Wenn er durchs Dorf ging und bemerkte, daß einer etwas nicht ganz richtig angriff, etwa beim Schnitt des Weinstocks oder der Obstbäume, beim Setzen eines Zaunes, dem Decken eines Strohdachs usw., so legte er auf der Stelle Hand an und zeigte, wie man's besser mache. Endlich wußten es die Leute, daß ihr Pastor auch in Gefahren stets voran war. Der erste bei der Spritze oder auf der Feuerleiter, hatte er schon mancherlei Unglück gemindert und verhindert und während des letzten Krieges mehr als einmal durch entschlossenes Dazwischentreten die Brutalität fremden Volkes im Zaum gehalten.

Als Theolog war Roller, soweit dies ohne Engherzigkeit zu denken ist, von entschieden orthodox-lutherischer Gesinnung und jeder modernen Neuerung in Lehre und Kultus abgeneigt. Er war stolz darauf, daß seine Kirche sich durch den Einfluß ihrer Patrone noch das alte Dresdner Gesangbuch mit den Originalliedern des 16. und

17. Jahrhunderts erhalten hatte, und die Agende, deren er sich bediente, mochte ebenfalls noch aus Luthers Zeiten stammen, daher die Gottesdienste in Lausa noch die volle Würde uralt angeerbter kirchlicher Sitte hatten. Vor allem aber war Roller ein rechter Pastor, unverbrüchlich treu in seinem Amte, das er in Kirche, Schule und Haus mit hoher Lust verwaltete und dessen Ansehen er kräftig aufrechtzuerhalten wußte. Seine Gemeinde liebte er wie eine angetraute Braut, war hilfreich gegen jedermann ohne Ansehen der Person, niemals in Konflikten wegen Mein und Dein, und wer einen Freund brauchte, wußte, daß er im Pfarrhause zu finden sei.

Einem solchen Manne wird es nie an Achtung fehlen, selbst nicht von seiten seiner Feinde, an denen auch unser Pastor selten Mangel hatte, weil er jedem ins Gesicht zu sagen pflegte, was er dachte, und dies war bisweilen nichts weniger als verbindlich. Er wußte seinen Widersachern aber stets zu imponieren, und so sehr sie ihn hinterrücks verlästerten, hätte sich doch keiner unterfangen, ihm Stirne gegen Stirne zu widerstehen; nicht einmal wagten sie es, seine Einladung abzulehnen, und indem sie mit ihm wie gute Kinder um gebackene Pflaumen spielten, wurden sie meist wieder versöhnt. Prinzipielle Feinde, das heißt solche, die ihn des Evangeliums wegen haßten, hatte er in der Gemeinde schwerlich, außerdem aber in allen Klassen der Gebildeten und Rohen, und zwar je weiter ab, je reichlicher. Bekannt war er seiner isolierten Glaubensstellung wegen durchs ganze Land, gekannt nur wenig, und wo man ihn nicht kannte, hielt man ihn für einen Heuchler oder Schwärmer, wie jeden, dessen Gedankengänge nicht die der

Menge sind. Aus diesen Gründen war ihm die geistliche Behörde nichts weniger als hold, aber da weder sein Leben noch seine Amtsführung bemerkliche Blößen boten, seine Predigt auf dem Grunde des zu Recht bestehenden Bekenntnisses fußte und keine Klagen aus der Gemeinde eingingen, so mußte man ihn schon unangefochten lassen. Ihm selber war es gleichgültig, was die Welt von ihm urteilte; ein jeder Beweis von Liebe aber seitens seiner Kirchkinder oder Freunde konnte ihn sehr hoch erfreuen.

Überaus lieblich war der Verkehr dieses anscheinend harten Mannes mit den Kindern, die ihm durchaus verständlich waren, und er ihnen. Ihre Art, zu denken und zu empfinden, stand der seinigen viel näher als die der meisten Erwachsenen. «Wenn ich ein Kind sehe», sagte er, «so geht mir ein süßer Pfeil durchs Herz.» Er liebte alle Kinder, die häßlichen wie die schönen, und betrachtete sie mit einer gewissen Ehrfurcht, weil ihre Engel allezeit das Angesicht des himmlischen Vaters sehen. Daher trieb er auch keine Albernheit mit ihnen, neckte sie nicht und wurde gegen sie nie ärgerlich oder heftig, sondern hatte mit ihnen die Geduld und Nachsicht einer Mutter, wofür sie ihrerseits mit der zutraulichsten Zärtlichkeit an ihm hingen. Wenn er zur Feierabendzeit mit seinem hohen, aus einer gewaltigen Weinrebe geschnittenen Stabe durchs Dorf spazierte, um diesen oder jenen heimzusuchen, schossen die Kleinen aus Häusern und Gärten hervor, küßten ihm die Hände, liebkosten ihn und ließen sich von ihm liebkosen. Häufig begleitete ihn ein ganzes Völkchen weithin auf seinen Wegen, indem er sich so ruhig und vernünftig mit ihnen unterhielt wie mit Erwachsenen.

Es war daher ein Fest für alle Kinder, größere wie kleinere, wenn der Herr Pastor mit der Dorfschule spazieren ging. In Reih' und Glied ward ausgezogen, mit Fahnen und Gesang, nach irgendeinem schönen Punkt am Wasser, und während hier die Mädchen Holz zusammentrugen, Feuer machten und das vom Pfarrhaus gelieferte Brot in gleichmäßige Stücke schnitten, durchfischten die Knaben den Bach auf weite Distanzen hin mit Angeln, mit Hamen oder auch mit der bloßen Hand, wie es jeder konnte. Dann wurde der Fang, gewöhnlich ansehnliche Massen von kleinen Schmerlen, Weißfischchen und Gründlingen, in die bereitstehenden Töpfe mit siedendem Wasser geschüttet und mit Zwiebeln, Butter und Salz vollständig zu Brei gekocht. Die größeren Mädchen waren die Köchinnen, der Pastor selbst verteilte das fertige Gericht in der Art, daß jedes Kind eine tüchtige Brotschnitte mit einem Löffel voll daraufgekellter Fischlatwerge erhielt. Wie gut das schmeckte, ist nicht zu sagen.

Nach getaner Mahlzeit wurden von Roller selbst auf bekannte Melodien gedichtete Kinderlieder gesungen und zwischendurch erbauliche oder belustigende Geschichten erzählt, wie es gerade paßte. Man konnte kein heitereres Bild sehen als diese frischen Bauernkinder bunt durcheinander, im sonnigen Heidekraut um ihren stämmigen Pastor gelagert, die kleinsten ihm zur Seite, sich zärtlich an ihn schmiegend, und alle an seinem Munde hängend oder andächtig die Augen niederschlagend, wenn sie sangen.

Während meines damaligen Besuches konnte von Landpartien freilich nicht die Rede sein, sie waren mit und ohne Schulkinder unmöglich, denn es war kalter Winter, und aus diesem Grunde ruhten auch die vielfachen Arbeiten, welche Roller sonst so unablässig in Hof und Garten zu betreiben pflegte. Ich war mit alledem sehr einverstanden, da es mir Muße zum Zeichnen und Malen gewährte, was mir doch noch über Hacken und Graben ging. An Objekten fehlte es auch nicht, denn alles wollte gemalt sein, vom Pastor und seinen Geschwistern bis zu den Hauskindern hinab. Ich zeichnete die ganze Gesellschaft mit bunten Stiften, und Roller hatte seine Freude daran; ja er schenkte dieser Arbeit eine Aufmerksamkeit, als säße Tizian an meiner Stelle und zaubere wunderbare Schildereien. Oft unterbrach er sich in seinen eigenen Geschäften, um meinem Werke zuzusehen, und nicht immer gelang es ihm, sein Lob zurückzuhalten. Wenn Leute zu ihm kamen, Bauern, Knechte, Mägde und sonst jemand, der irgend etwas zu fragen oder zu bestellen hatte, so wurden meine Bilder vorgelegt, fertige und unfertige, und zwar wie Rätsel, zum Raten, wer es sein solle. Manche waren augenblicklich mit der Antwort da. «Ein Mann», sagte einer, als ihm Jonathans Bildnis vor die Klotzaugen gehalten wurde; ein anderer sagte nach einigem Besinnen: «Das soll wohl was Gemaltes vorstellen?» – Auf solche Bemerkungen pflegte Roller mit mitleidigem «O weh!» die Blätter stille wieder wegzulegen. Aber auch mit den lakonischen Antworten der besseren Kenner, welche die dargestellten Personen zwar richtig nannten, sonst aber gar nichts hinzuzufügen hatten, war er nicht zufrieden. Man sollte seiner Meinung nach Kunstwerke nicht wie das liebe Vieh ansehen, das weder Freude noch Schmerz dabei empfindet und weder A noch B dazu sagt. Die Leute sollten wissen, ob ihnen was gefiele oder nicht, und auch warum, daher er ihnen oft sehr hart zusetzte, sich weiter zu explizieren. So gedrängt, erlaubten sich ältere Männer dann wohl zu sagen, der Herr Pastor sähe recht natürlich aus, als wenn er sich gleich ereifern wolle, und daß Mamsell Charitas schwarz unter der Nase sei, das werde wohl so sein müssen, und die Rhode hätte einen dicken Backen, denn man könne sich bei solchem Wetter leicht was holen, und was dergleichen mehr war.

Roller legte solchen Urteilen großen Wert bei, weil sie unbestochen seien und von Leuten kämen, welche ohne alle künstlerische Präokkupation die Natur gerade so ansähen, wie sie wäre. «Keiner von meinen Leuten», sagte er, «wird finden, wenn er die Charitas selbst ansieht, daß sie schwarz unter der Nase wäre, oder die Rhode, daß sie einen dicken Backen habe, es sei denn, daß die eine sich nicht gewaschen und der anderen hinter die Ohren geschlagen hätte, was niemals vorkommt. Dem spüre nach, du Lieber!»

Übrigens war mein Pastor der Meinung, daß ich es dem Landvolk hoch anrechnen müsse, wenn es meiner Kunst eine so reiche Teilnahme schenke, da der gemeine Mann sonst an allem, was nicht zu des Leibes Nahrung und Notdurft gehöre, nur wenig Geschmack zu verraten pflege. Endlich hielt er mir vor, daß, wenn ich auch sonst keine Vorteile hätte von meinem Aufenthalt in Lausa, so doch den: ich lerne Lob und Tadel ertragen, und das sei etwas Großes.

Aus alledem ist abzunehmen, daß ich meine Tage nicht ohne Nutzen hinbrachte, und nicht weniger ersprießlich vergingen mir die Abende. Ich will hier gar nichts sagen vom Pulverisieren und apothekermäßigen Verpacken verkohlter Elstern, vom Netzestricken, Angelschnurflechten und anderen derartigen häuslichen Beschäftigungen, die Rollern vergnügten und zu denen er auch mich heranzog. Mehr hatte es zu bedeuten, daß ich jetzt des öfteren gewürdigt ward, die Abende mit in Hermsdorf zuzubringen.

Das Schloß allein schon wäre eines Besuches wert gewesen. Es war ein großer, mit seinen Nebengebäuden durch einen Wassergraben vom Wirtschaftshofe und Parke isolierter dreitürmiger Prachtbau aus älterer Zeit. Nachdem man eine Zugbrücke passiert, gelangte man mittelst eines tiefen Tores auf den inneren Schloßhof, der zur Sommerzeit, mit Springbrunnen geziert, den reizendsten Anblick darbot. Weiterhin empfing den Eintretenden im Erdgeschoß des Schlosses eine weite steinerne Halle, durch welche man zu einer Wendeltreppe gelangte, die, im mittleren Turme auflaufend, nach den oberen Gemächern führte. Da war's so schön, so still und geräumig. Nichts erinnerte an die Beschränkungen des gemeinen Lebens und nichts an Augenlust, an Weichlichkeit und Hoffart. Es fand sich alles, was zum wirklichen Komfort eines behaglichen Lebens gehört, aber nichts Unnützes und nichts, was geblendet oder geprahlt hätte.

Dem befriedigenden Eindruck dieser Häuslichkeit entsprachen denn auch die Personen, die hier hausten. Der Graf und die Gräfin waren beides Menschen, wie man sie sich zum vertrautesten Umgang wünschen möchte, einfach, wahr und wohlwollend und dazu niet- und nagelfest in ihrem ganzen Wesen. Von der großen Welt zurückgezogen, lebten sie jedoch nichts weniger als einsam, denn ihr Haus war nach und nach ein Sammelplatz geworden für Glaubensbrüder aus allen Kirchen und Konfessionen der Christenheit, ein richtiges *hospitium ecclesiae dei,* da sich mancher wackere Pilgersmann im Vorübergehen für fernere Wallfahrt Kraft und Segen holte. Was an hervorragenden, für die Ausbreitung des Reiches Gottes tätigen Männern nach Dresden kam, das pilgerte auch hinaus nach Hermsdorf, sich das *hospitium* und seine Wirte anzusehen. Da sah man Brüder aus England, Frankreich, Rußland und Amerika, Missionare von den fernsten Orten der Erde, Lutheraner, Reformierte aller Denominationen, selbst Katholiken, und alle fühlten sich verbunden durch *einen* Glauben, *eine* Liebe und *eine* Hoffnung. Es bestand damals eine in hohem Grade erbauliche Herzensunion unter den Offenbarungsgläubigen aller Kirchen, welche freilich mit der eben zu jener Zeit erfundenen königlich preußischen Kirchenunion nicht das geringste gemein hatte, vielmehr in dieser nur ihr Zerrbild und ihren Untergang fand. Immerhin ist es auch ein Unterschied, ob man sich mit einzelnen über den Zaun hinweg die Hand reicht und gute Nachbarschaft mit denen hält, die jenseits wohnen, oder ob man den Zaun ganz abträgt und damit Mein und Dein vermischt und verwischt. Graf Dohna und sein

Pastor waren entschiedene Widersacher jener preußischen Gleichmacherei, die jeder inneren Wahrheit bar und ledig ging; sie erkannten jeden, der Jesu Christo angehören wollte, als mit sich auf *einem* Wege, und wenn er auch ein Quäker oder Wiedertäufer gewesen wäre; zugleich aber hielten sie das lutherische Bekenntnis für das allein korrekte und wollten es dem lutherischen Volke ungetrübt erhalten wissen. Der Rationalismus war zwar in die lutherischen Hürden so gut eingebrochen wie in alle anderen, faktisch herrschte er sogar darin, doch aber stand das Bekenntnis in Sachsen noch unter dem Schutze des Rechtes, und diese Position mutwillig aufzugeben, schien gefährlich. Auf solche und andere geistlichen Materien kam an jenen Abenden viel die Rede, und ich achtete auf das Gespräch der Alten und hatte davon wenigstens *den* Vorteil, mit den theologischen und kirchlichen Fragen der Zeit einigermaßen bekannt zu werden.

Das Dohnasche Haus war übrigens nicht das einzige, das wir besuchten. Die trefflichste Schlittenbahn und vielleicht auch das Verlangen, seinen Gast zu unterhalten, verlockten meinen Pastor auch zu weiteren Exkursionen, und der Ackergaul Peter, zum beschellten Schlittenpferde transfiguriert, führte uns in seinem muntersten Hundeträbchen weit in die Runde herum zu den benachbarten Pfarreien. Die Geistlichen, die wir besuchten, waren zwar als Rationalisten Rollers theologische Gegenfüßler, persönlich aber schienen sie ihm nicht abgeneigt und behandelten ihn mit achtungsvoller Auszeichnung. Auch waren es selbst meist achtbare Leute, bei denen es einem recht wohl werden konnte, wie zum Beispiel in Seiffersdorf bei dem sanften, kunstliebenden Hilliger oder bei dem Pastor Richter in Ottendorf, welcher als würdiger Patriarch inmitten einer blühenden Familie lebte.

Einer von diesen geistlichen Herren, ein alter knochendürrer Mann, der, ohne alle Angehörigen, nur von einer Magd bedient, als Junggeselle lebte, zeichnete sich vor anderen durch eine höchst auffällige Originalität aus. Seinen Namen habe ich vergessen, vielleicht nie gehört, da er gewöhnlich nur nach dem Orte, wo er Pfarrer war, «der Bernstorfer» genannt ward. Die meisten Amtsbrüder flohen ihn wegen seiner unbequemen Sonderbarkeiten, und er sie, weil sie ihm zu altklug und zu gewöhnlich sein mochten; mit Roller aber konnte er sich vertragen, und letzterer schätzte ihn vielleicht schon deshalb, weil er nicht wie andere Leute war, jedenfalls aber seiner umfassenden naturgeschichtlichen Kenntnisse wegen, welche zu vermehren er sich trotz seines Alters immer noch angelegen sein ließ.

«Du mußt den Mann doch kennen lernen», sagte mir mein alter Freund, und wir machten uns auf den Weg nach Bernstorf. Als wir am Pfarrhause vorfuhren, flatterte uns der Pastor in Schlafrock und Pantoffeln, mehr einer Vogelscheuche als einem Menschen ähnlich, mit lautem Freudengeschrei entgegen, umarmte auch mich, den Fremdling, noch ehe ich ihm vorgestellt worden, und führte uns in die einzige bewohnbare Piece des wüsten Hauses, in sein Studierzimmer.

Die vier Ecken dieses großen, saalartigen Raumes waren dergestalt durch Schirmwände verkleidet, daß er fast rund erschien. Hinter dem einen Schirm befand sich die Bibliothek nebst Käfersammlung und anderen Naturalien; hinter dem zweiten stand das Bett des Hausherrn; der dritte diente zum Abschlag für Milch und Brot und sonstige Viktualien, während der vierte gewisse Bequemlichkeiten barg, die in anderen Pfarrhäusern auf den Hof verlegt sind und von denen wir Gebrauch zu machen sogleich eingeladen wurden. In der Mitte des Saales endlich stand ein ungeheurer Familientisch, bepackt mit Büchern, Skripturen, halb ausgerauchten Tonpfeifen, Kaffeegeschirren und den Überresten eines frischsezierten Rattenkopfes. Mit dem Schlafrockärmel ward dieser Schutt beiseite geschoben, um für einen aus dem Speisewinkel hervorgeschleppten, in Brotteig eingebackenen Schinken Platz zu machen. Davon sollten wir vor allen Dingen kosten, was nicht ganz leicht war, denn die Umstände, unter denen angerichtet, sowohl als der Anblick des Anrichters erregten nichts weniger als Appetit. Indes gestand man sich stillschweigend, daß in anderer Umgebung und zu anderer Tageszeit ein derartiger Schinken gewiß nicht zu verachten sein möge. «Ein Götterfleisch!» versicherte der Wirt und ginge ihm niemals aus.

Als darauf eine Pfeife Tabak folgte und das Gespräch im Gange war, so weiß ich nicht, durch welche Wendung unser Wirt auf seine amtlichen Verhältnisse kam. Er ergoß sich aber in den bittersten Klagen über die sämtlichen Elemente seiner Gemeinde, die Alten und Jungen und alle miteinander, mit verdoppelter Schärfe aber über den Herrn Schulmeister, welche letztere Bestie die ersteren aufhetze, ihm alles gebrannte Herzeleid anzutun. So habe dieser Ketzer noch ganz vor kurzem zwar nach unsäglichen Studien und Mühen, für welche der Teufel ihn begeistert, eine höchst verdammliche Zauberei, einen sogenannten Morgenstern, an der Orgel zustande gebracht, ein veritables Bildnis Luzifers, so groß als die Sonne, das mit der Vehemenz eines Mühlsteins oder Kreisels rotiere und ein so hirnverwirrendes Geklingel mache, daß kein Mensch wisse, ob er in der Kirche oder im Schlitten sei. Für einen Groschen ließe der Schlingel das Ding ein ganzes Lied durchschnurren, und für kein Lied fehle der Groschen, welchen die gottlosen Burschen des Unfugs wegen mit Freuden zahlten. Zwar tue er das Seinige, er predige gegen Morgensterne und reibe dem erbärmlichen Künstler die Ohren zur Zeit und Unzeit, aber es sei in die Luft gesprochen und er werde noch ans Konsistorium gehen müssen.

Roller hatte unterdes den Rattenkopf besichtigt, der ihn anscheinend lebhafter als die Jeremiade seines Amtsbruders interessierte. Jetzt sagte er ziemlich zerstreut, er wolle, er hätte auch so einen Morgenstern an der Lausaer Orgel.

Da sprang der andere auf, fuhr sich mit allen zehn Fingern durch die Haare und schrie: «Er weiß nicht, was er redet, der Mann, er weiß es wahrhaftig nicht!»

Aber Roller gebot mit ruhiger Würde: «Setzt Euch hierher, Herr Bruder! Hierher auf Euren Stuhl, und hört mich an: Ihr sollt wissen, Mann, daß es an vielen Orten Morgensterne gibt, sogar in großen Städten bei den feinen Leuten. Das hat an Dank- und Jubeltagen etwas Festliches und Aufmunterndes für die Gemeinde, die gleich um so viel kräftiger singt. Deswegen...»

«Aber an Buß- und Bettagen!» rief der Bernstorfer dazwischen.

«Ich bin nicht taub», fuhr Roller fort, «daß Ihr so schreien müßtet; und wenn mein Kantor auf seiner Orgel wollte jubilieren, klingeln und posaunen, wo ich nicht wollte, so würde ich ihn mit dieser meiner Faust ersticken wie einen Floh. Aber Ihr habt keinen Respekt, und daran ist nicht Euer Schulmeister schuld. Ihr seid zu poltrig, Herr Bruder, zu fahrig, und tut zu viel mit der Zunge; das ist nicht gut! – Und überdem, Mann, wie sieht es in Eurem Hause aus! Was ist das für eine Kaffernwirtschaft da mit den Schirmen! O weh, o weh! – Und wenn Leute zu Euch kommen, so will ich nicht gesagt haben, wie Ihr ausseht, aber viel respektierlicher als heute wird's wohl selten sein.» Und damit lachte er laut auf.

Unser Wirt grinste mich an wie ein alter Waldteufel.

«Ob der Herr Amtsbruder die Schmeicheleien von Ihnen gelernt hat, junger Herr? – Hört, Roller, wenn sich die Leute vor Euch scheuen, so dankt Ihr es wenigstens nicht Eurer Feinheit. Was mich anbelangt, so bin ich viel zu alt und leberkrank, um mich noch sehr zu ändern; auch fehlen mir die vornehmen Leute, die bei Euch aus- und eingehen und Euch ein Ansehen geben. Daß übrigens meine Magd ein Igel ist», setzte er lachend hinzu, «das gebe ich zu, Herr Bruder! Das gebe ich zu!»

Auf diese Weise kosten die beiden, bis das Gespräch sich wandte und unser Wirt uns eine ganz interessante Vorlesung über Art und Natur der Ratten hielt. Hier war er in seinem Elemente, sprach sehr gut und fließend, und sein häßliches Gesicht nahm jenen gewinnenden Ausdruck an, der gescheiten Männern eignen kann, wenn sie von etwas reden, das sie verstehen. Darüber trat die Dämmerung ein, und wir brachen auf. Mit herzlichen Umarmungen und einem derben, in den «Dresdener Anzeiger» gewickelten Stück Backschinkens für Rollers Schwestern wurden wir entlassen.

«Dieser Pastor», äußerte ich, als wir im Schlitten saßen, «müßte jemand haben, der ihn und das Seinige in Ordnung hielte. Es ist ein Fehler, daß er nicht geheiratet hat.»

«Ein Fehler?» sagte Roller. «Würdest du ihn denn genommen haben, wenn du ein Weib wärst?»

«Nein, ganz gewiß nicht!»

«Richtig!» erwiderte jener. «Und ganz ebenso mögen andere auch gedacht haben. Zum Heiraten gehört vor allen Dingen eine Frau, und die man möchte, kriegt man nicht, die man aber kriegen könnte, mag man nicht.» Und damit seufzte der alte Junggeselle tief auf.

Der arme Bernstorfer wurde übrigens noch vor Jahresfrist vom Amte suspendiert. Die Gemeinde hatte sich entschieden geweigert, bei ihm zur Beichte zu gehen, und mancherlei Gründe dafür angeführt, unter anderen auch den, daß er bei der letzten Abhaltung des heiligen Abendmahles Kuhmist am Chorrocke gehabt. Er zog nach Dresden, wo er bald darauf verstorben ist.

Nach meinem lieben Dresden zog ich nun auch zurück, doch nicht, um da zu sterben. Fünf Wochen etwa mochte ich in Lausa gewesen sein, als mein Bruder Gerhard mit einem Knotenstocke angewandert kam und mir einen Brief überbrachte, der mich zurückrief. Mein Vater schrieb mir, daß Helenens Eltern diese zurückverlangten, da ihr Vater, welcher schwer erkrankt sei, sich nach der Tochter sehne. Er selbst werde sie begleiten und, wenn ich diese Zeilen erhielte, bereits über alle Berge mit ihr sein.

Ob meine Eltern diese Entwicklung provoziert hatten, oder ob sie zufällig eingetreten war, habe ich nie erfahren, weil ich nicht fragen wollte. Helenens Vater starb allerdings bald darauf; sie aber reichte ihre Hand einem trefflichen Manne, mit dem sie bis an ihr Ende glücklich lebte.

3. Gegensätze

Bei der sehr ernsten und entschieden christlichen Richtung meiner Mutter konnte es auffällig erscheinen, daß sie ordentlicherweise nie zur Kirche ging und auch uns nicht dazu anhielt. Der Grund mochte ein mehrfacher sein, denn teils war meine Mutter von Jugend auf an kirchliche Bedürfnisse nicht gewöhnt, da der Landadel ihrer Heimat die öffentlichen Gottesdienste wegen der weiten Entfernungen nur sehr ausnahmsweise zu besuchen pflegte, anderenteils war sie später durch ihre leidende Gesundheit sehr behindert, und endlich büßte sie in der Tat nicht viel dabei ein, da die Kirche zu jener Zeit nur wenig oder nichts zu bieten hatte. Fast ausschließlich in der Pflege des Unglaubens, wurde sie eigentlich nur von Leuten besucht, denen das biblische Christentum schon zur Fabel geworden war, oder von solchen, die in kindlicher Unbefangenheit Bekenntnis von Bekenntnis nicht zu unterscheiden wußten. Die aus der Kirche herausgeärgerten, sich ihres Glaubens bewußten Gemeindeglieder lebten dagegen meist als Separatisten oder kamen in von Laien geleiteten Privatversammlungen zusammen, an denen meine Mutter, auch wenn sie gesund gewesen wäre, keinen Anteil genommen hätte, weil sie eine eigentümliche Scheu vor pietistischen Einflüssen, vor Schwärmereien, wie vor jeder Art von Schaustellung ihres Glaubenslebens hatte. Ihr Christentum hing überhaupt an keinerlei Art von Formen und Äußerlichkeiten, und sie mochte daher den öffentlichen Gottesdienst auch kaum vermissen. Nur ein oder ein paarmal im Jahre fuhr sie seit meiner Konfirmation mit mir nach Lausa, wo wir vom Pastor Roller das heilige Abendmahl empfingen. Das war eigentlich der ganze Zusammenhang, in dem meine Mutter mit der Kirche stand.

Anders der Vater. Indem sein Herz sich nach und nach wieder für den geoffenbarten Glauben erwärmte, trug ihn zugleich die süßeste Erinnerung zurück zu den Tagen seiner Kindheit, da er noch als kleiner Knabe an der Hand seiner Mutter zur Messe ging und in den Segnungen der Kirche so manchen sittlichen Antrieb, Trost und Erhebung gefunden hatte. Da war es denn natürlich, daß ihn bei wiedererwachendem geistlichem Bedürfnis eine Art von Heimweh trieb, von neuem und an derselben Stelle, wo er sie früher gefunden, himmlische Güter auch jetzt wieder zu suchen und zu erflehen. So begann er denn den lange versäumten Gottesdienst, die Messe, wieder zu besuchen, versuchsweise anfangs, dann immer fleißiger und in den letzten Jahren sogar jeden Morgen. Auch hatte ihn das

Bedürfnis seines Herzens in der Person eines würdigen und geachteten katholischen Geistlichen, des Pater Mende, einen geistlichen Berater finden lassen, dessen Leitung er sich gern vertraute, und damit war er denn der katholischen Kirchengemeinschaft vollständig wieder angeschlossen.

Im Grunde genommen war mein lieber Vater nichts anderes geworden als ein Christ, jedoch in der ihm heimischen Form, deren er sich jetzt mit der hohen Freude eines Menschen freute, der nach langer Trennung die Räume seines väterlichen Hauses wieder betritt und sie alle unverändert findet. Oft hörte man ihn daher rühmen, daß, während sich seit seiner Jugend die ganze Welt zum Nichtwiedererkennen verändert und modernisiert habe und auch der Protestantismus nach Form und Inhalt in solcher Wandlung mit einbegriffen sei, ganz allein nur die katholische Kirche sich selber treugeblieben wäre. Bis in das kleinste Titelchen, nicht nur der Dogmen, der Verfassung und des Kultus, sondern auch bis auf die Kleidung und jegliche Bewegung des Priesters am Altar, habe er – mein Vater – jetzt an der Elbe alles ganz so wiedergefunden, wie er es in seiner Kindheit am Rhein verlassen. So meinte er nicht zweifeln zu dürfen, daß die ewig unveränderliche, hoch über dem Wechsel menschlichen Geschmacks und menschlicher Gedanken thronende geoffenbarte Wahrheit in der katholischen Kirche die einzige ihr angemessene Form gefunden habe.

Es mag immerhin ein Unikum gewesen sein, daß mein Vater, der in der Pflege jener Kirche seines Glaubens verlustig gegangen war, durch evangelische Einflüsse zum Glauben, durch diesen aber zum Katholizismus zurückgeführt wurde und daß er, während er sich nun kirchlich an Rom anklammerte, doch immerdar aus evangelischer Gemeinschaft neue Glaubenskräfte schöpfte. Mit alleiniger Ausnahme seines Beichtigers waren alle Freunde, die auf sein Glaubensleben influierten, Protestanten. Evangelische Schriften von Schubert, Stilling, Lavater, Zinzendorf und anderen, welche die Mutter im Familienkreise vorlas, erbauten ihn fast täglich, und ein Besuch, den er mit seinem Freunde Zezschwitz in Herrnhut abstattete, erwärmte sein Herz für lange Zeit. So mochte es sich erklären, daß er trotz seiner römischen Sympathien eine eigentlich feindselige Stellung zur evangelischen Kirche doch nicht einnahm, die er als doktrinäre Erfindung zwar bestritt, ohne jedoch in Roms verdammendes Urteil über ihre Glieder einzustimmen. Er war sehr einverstanden mit der inneren Glaubensrichtung seiner Frau und seiner Freunde, welche er in der Demut seines Herzens alle über sich stellte, aber es tat ihm leid, daß sie der mannigfachen Anregungen und Hilfen verlustig gehen sollten, welche er für sich in seiner Kirche fand. Das Ziel, das sie vor Augen hätten, pflegte er zu sagen, sei auch das seinige, auf dem Wege dahin aber fänden sie zu wenig Aufmunterung. Sie seien genötigt, ein jeder auf seine eigene Faust nach Zion hin zu pilgern, während er sich von der Kirche getragen, gekräftigt und vor Irrwegen behütet wisse.

Mein Vater faßte den Katholizismus ideell auf, das heißt, weniger wie er ist, als wie er sich ihn dachte oder wünschte, und ebenso schien es auch sein Beichtvater zu machen. Beide waren geneigt, nur das an ihrer Kirche zu bemerken oder wenigstens nur das für katholisch zu erachten, was ihnen gefiel und sie erbaute; das übrige ignorierten oder verschmerzten sie als unvermeidliche Übelstände. Die Mutter dagegen pflegte nach protestantischer Gewohnheit ganz umgekehrt in der katholischen Kirche nur den Aberglauben anzusehen, mit welchem Rom die evangelische Wahrheit untermischt hat. Die Frage nach der Kirche wurde daher in unserem Hause häufig diskutiert, ohne daß jedoch ein Resultat der Vereinigung dadurch gewonnen worden wäre.

Was die Irrtümer und Sünden Roms anlangt, so wies mein Vater auf den Unterschied von Mißbrauch und Gebrauch hin. Die Menschenhand an sich, sagte er, sei nicht zu tadeln, obgleich sie nicht nur segnen, sondern gelegentlich auch einen Mord begehen könne, und ebenso bleibe ein schöner Dom das, was er sei, obschon er zeitweilig durch geschmacklosen An- und Ausbau verunstaltet wäre; auch bräche man nicht ein Haus ab, weil ein paar Schwellen faul geworden oder einzelne Bewohner sich darin betrunken hätten, und endlich sei wenigstens so viel evident, daß die römische Kirche trotz allen eingeschlichenen Mißbrauchs und aller Sünden ihrer Bischöfe und Pfaffen nach fast zweitausend Jahren heute noch aufrechtstehe, während die lutherische nur ein ephemeres Dasein gehabt und bereits Ruine sei. Wohl möge es einst ein Institut gegeben haben, das den evangelischen Anschauungen meiner Mutter und unserer protestantischen Freunde entsprochen hätte, heutzutage aber existiere es nicht mehr. Die gegenwärtige lutherische Kirche widerspräche fast in allen ihren Repräsentanten geistlichen und weltlichen Standes ihren eigenen Bekenntnissen aufs direkteste, und meine Mutter, wie andere gottselige Laien, ständen isoliert da als vereinzelte Bruchteile eines zerfallenen Ganzen, ohne Zusammenhang und kirchliches Bewußtsein.

Es mußte zugestanden werden, daß unsere arme, von gleichgültigen Fürsten und aufgeklärten Konsistorialräten gegängelte Kirche als solche ebenfalls ihre tiefen Schäden habe, dafür aber, wurde behauptet, nähme sie auch keine Unfehlbarkeit für sich in Anspruch und könne sich deshalb wieder korrigieren, während die katholische jeden einmal aufgenommenen Irrtum bis zum Jüngsten Tage mit sich fortzuschleppen hätte. Dieselbe sei freilich ein bewundernswerter Bau, aber damit scheine ihr Ruhm sich auch zu erschöpfen, denn im Grunde genommen sei sie doch nur ein Reich von dieser Welt, durch weltliche Mittel gegründet und erhalten. Die heilige allgemeine Kirche dagegen, die wir gemeinschaftlich mit den Katholiken im dritten Artikel bekennen, sei weder römisch noch wittenbergisch, sondern umfasse die Gesamtheit aller gläubigen Christen aus allen Konfessionen. Als ein sichtbarlich zusammenhängendes Ganzes sei diese Kirche freilich nicht erkennbar, wohl aber sei sie dies in ihren einzelnen, durch gemeinschaftlichen Glauben, Hoffnung und Liebe untereinander verbundenen Gliedern, in welchen sie zu allen Zeiten gekreuzigt und verfolgt werde, ein Geschäft, an dem sich Rom *par excellence* beteilige. In jene vom Herrn selbst regierte, heilige Gemeinschaft einzutreten und in ihr zu verbleiben, sei uns Protestanten aber leichter als den Katholiken, weil das Wort Gottes in Heiliger Schrift uns nicht entzogen und wir weniger beirrt seien durch priesterliche Einflüsse und Interessen, die mehr das Gedeihen des Tempels im Auge hätten, als das der darin opfernden Seele.

So ähnlich, nur besser und ausführlicher, ward hin und her geredet, oft lebhaft gestritten, ohne jedoch das Bewußtsein und die gegenseitige Anerkennung der Gliedschaft jenes Gottesreiches zu verleugnen, in welches man nicht durchs Fleisch, sondern durch den Geist geboren wird. Wer namentlich die beiden Eheleute in bewegten Augenblicken beieinander sah und Zeuge war, wie sie Trost und Kraft aus einer und derselben Quelle schöpften, dem hätte es nicht einfallen mögen, daß sie verschiedenen, sich gegenseitig verdammenden Kirchen angehörten.

Anderweitige Folgen

Je unverständlicher meiner Mutter die kirchlichen Bedürfnisse und Strebungen des Vaters wurden – und zwar um so unverständlicher, je ernstlicher er sich dem Christentume zuwendete –, um so verständlicher und lieber wurden ihr jetzt seine Bilder. Der Geschmack meines Vaters hatte sich während eines mehrjährigen Aufenthaltes in Rom unter den Einflüssen einer Zeit gebildet, welche in ihrer Hinneigung zu klassischer Kunst mehr noch als die mediceische den Namen einer Renaissanceperiode verdiente. Man war in der Anschauungs-, Denk- und Darstellungsweise der alten Welt dergestalt verbissen, daß man, das dazwischenliegende Christentum ganz ignorierend, den Mythenkreis der

Griechen für den allgenugsamsten Stoff hielt, alles dasjenige daran auszusprechen, was überhaupt noch einer Aussprache wert schien. So hatte sich denn auch mein Vater vorzugsweise in allegorisierenden Darstellungen mythologischer Gegenstände wohlgefallen und in diesem Genre viele Bildwerke geschaffen, welche jedoch, obschon sie ihrem Meister einen Namen machten, doch gerade diejenige Person nie recht befriedigen wollten, an deren Beifall ihm besonders gelegen war, und das war meine Mutter. Seiner Frau, hörte man ihn klagen, könne er nun einmal nichts zu Danke machen.

Diese schwer zu befriedigende Frau erkannte zwar sehr wohl, und mit nicht schlechterem Verständnis als die meisten sogenannten Kenner, den künstlerischen Reiz und Wert in jenen Bildern; aber die Gegenstände standen ihr meist nicht an. Der Knabe Ganymedes, vom Adler zum Olymp getragen, schien ihr ein Frevel am Ganymed, am Adler und am Olymp. Ein anderes Bild, Diana und Endymion – zwei nackte Personen beiderlei Geschlechts, in nächtlicher Einsamkeit zusammengeführt –, beleidigte ihr Zartgefühl, wie es dagegen ihr Mitleiden erregte, daß jene arme Psyche, die so sinnig den Schmetterling auf ihrer Hand betrachtete, nicht wenigstens einen Zipfel des sie umgebenden Faltenreichtums zu ihrer Disposition zu haben schien, um ihre Blöße damit zu bedecken.

Nicht daß meine Mutter die Symbolik derartiger Mythen so ganz und gar verkannt hätte: sie wußte so gut als andere, daß zum Beispiel mit der Fabel des Endymion wesentlich nur der schüchterne Zug eines reinen Frauenherzens zu der Unschuld männlicher Jugend und Schönheit gemeint sein sollte, und erkannte auch vollkommen die Zartheit an, mit der mein Vater diesen Gegenstand behandelt hatte; dennoch aber hielt sie dergleichen Züge und Bezüglichkeiten der Darstellung kaum wert, wie sie denn ihrer ganzen Richtung nach in der griechischen Kunst, wenn sie auch noch so sauber auftrat, doch wenig anderes zu erkennen vermochte als eine Apotheose des Natürlichen, welches sie in seiner Nacktheit am liebsten unerörtert ließ. Sie sprach daher sehr wiederholt den Wunsch aus, daß es dem Vater doch gefallen möge, sich nach anderen Stoffen umzusehen, die würdiger und dankbarer seien als jene frostigen Allegorien einer untergegangenen Welt. Hohe, begeisternde Tatsachen wollte sie sehen, am liebsten erbauliche Momente aus den Geschichten der Heiligen Schrift, in welchen sie, je länger je mehr, die tiefste, auf alle Lebensverhältnisse passende Symbolik fand.

Aber wenn der Meister ihr denn auch ab und zu einmal den Willen tat und sie damit stets hoch beglückte, so hielt er doch im allgemeinen historische Gegenstände für wenig malerisch. Es sei genug, meinte er, daß Tatsachen einmal geschehen seien, und weiter sei damit nichts anzufangen. Auch in der heiligen Geschichte hatte er die längste Zeit nur eine Reihe von Begebenheiten gesehen, deren historische Wahrheit ihm zweifelhaft war und deren tiefere Bedeutungen er nicht erkennen konnte, da ihm die innere Welt, deren Stimmungen sie entspricht, noch fremd geblieben. Endlich gab er noch zu bedenken, daß man dem Geschmacke der Käufer doch auch Rücksichten schulde, denn das Publikum, glaubte er, langweile sich an frommen

Bildern, die es nicht verstände, und ihm selber sei nichts unerwünschter als eine zu feste Anhänglichkeit seiner fertigen Bilder ans Atelier.

Das war nun allgemach sehr anders geworden. Indem mein Vater anfing, christlicher Erkenntnis Raum zu geben, schwanden auch seine früheren Bedenken gegen christliche Motive, nach denen das neuerwachte Bedürfnis seines Herzens trotz der vorausgesetzten Langeweile des Publikums ihn jetzt häufiger greifen ließ. Das Repertorium der Werkstatt ward nach und nach ein anderes, da der Geschmack des Meisters ein anderer geworden. Die neuerkannte Wahrheit erschloß ihm eine neue Welt von Ideen, die sich fortan zu Bildern gestaltete, aus denen Buße, Glaubenszuversicht und jenes himmlische Erbarmen sprachen, dessen nur die Christusliebe fähig macht. Belege hierfür sind seine drei Johannis-Bilder, des Täufers, des Evangelisten und des Sehers, sein letzter Christus, sein Petrus und sein verlorener Sohn, mit dessen leider unvollendeter Darstellung er selbst ins Vaterhaus einging, und viele andere Bilder und Skizzen aus der letzteren Zeit. Und wunderbar! so wenig schien das Publikum durch die veränderte Richtung seines Lieblings gelangweilt, daß trotz der schweren Zeiten und der allgemeinen Erschöpfung nach dem langen Kriege nur selten ein Stück Arbeit trocken wurde, ehe es verkauft war.

Der letzte Sommer

Bald nach meines Vaters Rückkehr von der Heimführung Helenens war die Mutter mit dem weiblichen Teile der Familie aufs Land gezogen, während ersterer mit dem männlichen, das heißt mit mir und meinem Bruder, in der Stadt blieb. Hier gestaltete sich nun ein Zusammenleben, wie es zwischen Vater und Söhnen nur sehr ausnahmsweise zustande kommen mag. Wie ein Freund und Bruder war jener unter uns. Er gab sich uns in einer Weise hin, als hätte er gewußt, daß es der letzte Sommer sei, den er mit uns verleben sollte, und kaum erinnere ich mich, je ein bewußteres Glück genossen zu haben, als für mich in dieser Kameradschaft mit dem Vater lag. In solchem Bewußtsein fand mein Herz bald seinen regelmäßigen Pulsschlag wieder, und meine Zeit floß still in ungetrübtem Frieden hin.

Unsere Lebensweise war fest geregelt. Sehr früh, um fünf, ward aufgestanden und gemeinschaftlich gefrühstückt. Darauf verschwand mein Bruder in sein Kontor, wie er einen Abschlag nannte, den er sich von Schirmen gemacht, um dahinter in holder Einsamkeit und unbeirrt durch andere seinen Schulaufgaben oder gelegentlichen Allotrien nachzuhängen, und auch ich begab mich in der Regel ans Studieren, indem ich bis gegen sieben Uhr meine Schulgelehrsamkeit zu repetieren pflegte. Des öfteren aber trieb mich auch das Herz, den Vater in die Messe zu begleiten, denn es war mir schmerzlich, ihn, der sonst alles mit uns teilte, kirchlich so isoliert zu wissen, und immer schien er sich zu freuen, wenn ich mitging. Diese stillen Morgengottesdienste, die dämmernde Kirche, der ferne Hochaltar mit seinen Lichtern, vor welchem der murmelnde Priester sein mysteriöses Werk trieb, und hier und da vereinzelt die andächtig knienden Gestalten der Betenden, das alles war mir sehr erbaulich. Es zog auch mich an des Vaters Seite nieder auf die Knie, und dann fühlte ich mich ihm noch inniger als sonst verbunden und verwandt.

Roller lehrte zwar, die Messe sei ein gotteslästerlicher Götzendienst, und das mag sie auch ihrem sehr willkürlichen Begriff nach sein, der dem Mißbrauch Tor und Türen öffnet; aber ein und derselbe Irrtum kann unschuldig und schlimm sein, je nachdem er angesehen und gebraucht wird. Mein Vater hatte einen täglichen, ohne Zeitverlust zu ermöglichenden Gottesdienst daran, welcher ihm weder durch Widerspruch erregende Predigten noch durch geschmacklose Lieder verleidet ward. Den Meßpriester am Altare sah er an als ein Organ, durch welches in der heiligen Handlung Gott mit der Gemeinde und andererseits diese mit Gott in eine sakramentale Beziehung trete; durch des Priesters Mund rief die hilfsbedürftige Gemeinde Gott an, und durch denselben Mund empfing sie geistig das Versöhnungsopfer Christi und darin Unschuld, Heil und Segen. Mein Vater kommunizierte, seiner Idee nach, jeden Morgen, wenn er zur Messe ging, und in dieser Auffassung vermochte ich ebensowenig Götzendienst und Frevel zu erblicken, als ich sie mir hätte zu eigen machen können. Indessen kniete ich doch an heiliger Stelle bei meinem Vater und erhob meinen Geist mit ihm zum Throne Gottes, meines Heilandes, was immerhin nichts Schlimmes sein konnte.

Unmittelbar nach diesem Gottesdienste begaben wir uns miteinander in einen Tempel anderer Art, da zwar der Herr des Himmels nicht unmittelbar verehrt, wohl aber die Schönheit seiner Werke zur Anschauung und zum Verständnis gebracht wurde: in die Königliche Gemäldegalerie. Hier hatte mein Vater einige Bilder zu kopieren, und da ihm die öffentliche Arbeitszeit in diesen Räumen, welche erst um acht Uhr morgens geöffnet wurden, nicht genügte, so hatte er sich einen eigenen Schlüssel zu verschaffen gewußt, mittels dessen er zu jeder Zeit und Unzeit durch eine Nebentüre eintreten konnte – ein Umstand, welcher mir wegen der damit verbundenen Bevorzugung und Heimlichkeit diese Besuche doppelt interessant machte.

Während nun der alte Meister in einer Fensternische des inneren Galeriegebäudes mit seiner Arbeit beschäftigt war, schweifte ich durch die weiten Hallen frei umher unter all den Tausenden von Meisterwerken, an denen ich meine Freude hatte. Musik und Dichtung mögen unter Umständen durch gemeinsamen geselligen Genuß gewinnen – Bilder verstehen sich am besten in der Einsamkeit. Besuchte ich die Galerie zu öffentlichen Stunden, so zerstreute mich die Gegenwart so vieler anderer Beschauer mit ihrer Aussprache dessen, was sie empfanden oder nicht empfanden. Auch in Gesellschaft von Künstlern interessierte ich mich lebhafter für das Technische, die Zeichnung, das Helldunkel und die Farbe, als daß ich mich ästhetischen Eindrücken hätte hingeben mögen. In dieser einsamen Morgenstille aber wirkten die Kunstwerke auf mich ähnlich wie Naturerscheinungen, die uns bewegen, ohne daß wir fragen, wie sie zustande kommen. Dann sprachen jene toten Meister zutraulicher zu mir und sehr verständlich von dem Besten, was sie wußten, ein jeder nach seiner Art. Nicht nur Raffael, Correggio, Andrea del Sarto und der deutsche Holbein, auch Rembrandt, Dow, Ostade und selbst Hondekoeter mit seinen aufgeregten Hühnern erweiterten mir das Herz auf wunderbare Weise. Ich habe später nie wieder, auch in Italien nicht, wo ich die schöneren Bilder sah, so tiefe Eindrücke durch Kunstwerke empfangen als zu jenen Stunden, da mein Vater und ich die einzigen lebenden Wesen in den eigentümlich endlosen Räumen des damaligen Galeriegebäudes waren.

Wenn dann die tiefe Stundenglocke der Kreuzkirche sieben Uhr anschlug, öffnete der Vater mir das Pförtchen, und ich trabte zu meiner ordentlichen Tagesarbeit in den Gipssaal. Gleichzeitig begab sich auch mein Bruder in seine Schule, und während wir beide zweifelsohne an ernstem Wissen und nützlichem Vermögen profitierten, hörten und erlebten wir im Zusammensein mit so viel andern jungen Leuten doch auch so viel des Ergötzlichen, daß uns bei Tisch der Stoff nicht ausging, den Vater bestens zu unterhalten. Dieser seinerseits erfreute uns dann dergestalt durch das ermutigendste Eingehen in unser Geplauder, daß ich mich erinnere, wie alle kleinen Erlebnisse damals ihren vorzüglichen Reiz für uns in der Voraussicht des Effektes hatten, den ihre Mitteilung auf den Vater machen würde; und wenn er dann lachte, daß er sich die Augen wischte, wozu ihn besonders die naive Trockenheit meines Bruders reizte, so hatten wir daran die größtmögliche Befriedigung.

Es lag auch was Besonderes in der Art, mit

welcher jener seinen Beitrag zum Gespräche anzubringen wußte. Als die Rede zum Beispiel einmal auf das Kapitel ungesalzener Witze kam, durch welche fade Menschen, wenn sie heiter würden, so beschwerlich fielen, beliebte es meinem Bruder, in seiner langsamen Redeweise die Mitteilung zu machen, sie hätten auch so einen in der Schule.

Was der denn sage, fragte der Vater.

Der Kleine zerlegte seinen Kartoffelkloß und erwiderte: es höre eigentlich keiner darauf, oder man vergäße es doch wieder; doch habe er heute einen andern Schüler, welcher Polinke heiße, sehr abgeschmackterweise einen Daktylus genannt. Das habe denn so einen Witz bedeuten sollen.

«Warum denn Daktylus?» fragte ich.

«Nun!» sagte mein Bruder, «man könne doch Pentameter draus machen, nämlich so: Polinke, polinke, po – linkepo, linkepo, link.»

Der Vater lachte und bemerkte, wenn jener keine faderen Witze als die mache, so werde man ihn schon dulden müssen.

«Und sicher», setzte ich hinzu, «befindet sich jener Elende hier am Tische. Niemand anders als du macht solche Pentameter!»

Da wurde der Kleine rot und murmelte, man müsse doch erst abwarten, ob der Vater lachen werde, ehe man sich selber nenne.

Hatten wir uns satt gegessen und gekost, so gingen wir alle wieder an die Arbeit bis zum Abend; dann aber ward gewöhnlich ein gemeinsamer, bisweilen noch durch Schüler meines Vaters vergeselligter Spaziergang unternommen. Es waren dies keine eleganten Promenaden: wir gingen nicht, uns sehen zu lassen, und hatten dazu auch keinen Grund – ja, wären die Leute auf der Straße nicht noch vom Kriege her an allerlei phantastisches Volk, an Mameluken, Baschkiren und Tataren gewöhnt gewesen, wir wären ungehudelt kaum davongekommen.

Mein Vater, dessen Liebhaberei für Waffen aller Art bekannt war, hatte von einem Herrn von Miltiz-Siebeneichen aus dessen Rüstkammer einen mittelalterlichen Schweizerbogen von gewaltiger Kraft und Größe zum Geschenk erhalten, und damit zu schießen machte ihm viel Freude. Wenn wir nun des Abends auszogen, trug er diesen Bogen in der Hand und an der Seite einen ledernen Köcher mit zwölf schlanken, gefiederten Pfeilen. Auch wir Söhne schleppten uns mit gleichen Bogen, die ein kunstreicher Tischler jenem nachgebildet hatte, und führten überdem noch Wurfspieße mit eisernen Spitzen oder Gere, wie sie die Turner brauchten, in den Fäusten. Dazu waren wir alle drei mit türkischen, an den Knöcheln zugeschnürten Pumphosen angetan, die der Vater eingeführt hatte, weil sie gegen das Ankriechen der Holzböcke und anderen Ungeziefers schützen sollten.

Ganz unbefangen wandelten wir in solchem Aufzuge durch die Straßen der Residenz, hinaus nach der sogenannten Heide, einem weiten Tannenwalde, der noch unberührt geblieben war von allem, wodurch man in der Nähe großer Städte der Natur zu Hilfe zu kommen sucht, als glatte Wege, sinnige Plätzchen, Kaffeehäuser und Kegelbahnen. Es war ein wilder Wald, in dessen Tiefe sich meilenweit ein romantisches Tal einkrümmte, durchströmt von der Priesnitz, einem klaren Bergwasser, das unter Erlen und

Buschwerk hingurgelte, während die Höhen und Hänge mit alten Kiefern bestanden waren.

Hier pflegten wir zuerst zu baden. Zwar war das Wasser flach, aber wir wühlten uns wie Schlammbeißer bis zum Halse in den weichen Sandgrund ein. Sprang man dann auf, so flossen Sand und Wasser miteinander ab, und man war so blank gescheuert wie eine kupferne Kasserolle. Sonderlich erquickt, griff man nun zu den Waffen, vergnügte sich, mit Speer und Pfeilen nach dem Ziel zu schießen, oder übte sich im Klettern, Laufen, Springen, und der Vater teilte solche Freuden wie ein Jüngling, bis zunehmende Dunkelheit uns nach Hause leuchtete. Hier gab's zum Schluß noch ein frugales Abendessen – und dann ins Bett! Ehe wir uns legten, knieten wir jedoch noch nieder, ein jeder vor seiner Schlafstelle, und der Vater sprach den Abendsegen. Wie erst der Leib in die Gewässer der Priesnitz, so ward nun auch die Seele eingetaucht in die Tiefen göttlicher Erbarmung und schlummerte reinlich und versöhnt hinüber in das Reich der Träume.

Diese kleine Abendandacht anlangend, fällt mir übrigens noch ein Kuriosum ein. Wenn mein Vater nämlich mit uns betete, so hatte er dies die längste Zeit in einer Art und Weise getan, die unser evangelisches Bewußtsein nicht befremdete. Speziell Katholisches war nie hervorgetreten, bis wir vor kurzem im Loschwitzer Familienkreise ein Buch gelesen hatten, welches in uns allen mehr oder weniger katholische Sympathien weckte. Es war dies die Biographie des heiligen Vincentius von Paula, dieses wunderbar begnadigten Mannes, den uns die warmherzige Darstellung des Grafen Leopold von

Stolberg so liebgewinnen ließ, daß unsere Herzen für ihn brannten und er einer der frequentesten Gegenstände unserer Unterhaltung wurde.

Als wir nun eines Sonntagabends auf dem Rückwege von Loschwitz mit dem Vater ebenfalls von unserem Helden sprachen und ich die Zeitgenossen beneidete, die zu ihm pilgern und sich seinen Segen erbitten konnten, pries der Vater die katholische Kirche, die auch mit ihren verstorbenen Gliedern in steter Gemeinschaft bleibe, mit solchen wenigstens, deren Seligkeit sie sich vergewissert habe. Aber auch wir Protestanten, fuhr er fort, glaubten gar nicht an den Tod der Kinder Gottes, sondern vielmehr, daß sie erst jetzt in Wahrheit lebten. Lebten sie aber: warum denn sollten wir sie nicht um Segen und Fürbitte ansprechen, da sie uns in dem allgegenwärtigen Gott doch wirklich immer nahe seien? Sprächen wir doch gottselige Freunde um denselben Dienst an, Menschen, welche die Schlacke des Erdenlebens noch gar nicht abgeworfen hätten, den Herrn des Himmels noch nicht sähen von Angesicht zu Angesicht. Er glaube daher, so schloß mein Vater, daß es uns nur erbaulich sein könne, wenn er den heiligen Vincentius, der uns ja nun kein Fremder mehr sei, im Abendgebete von jetzt an ab und zu um seine Fürsprache anginge; wo nicht, so möchten wir es sagen.

Mir war dieser Vorschlag allerdings befremdlich, doch wußte ich auch nichts Rechtes einzuwenden. Es war ja einleuchtend, daß, wenn es keine Abgötterei sei, lebendige Menschen um geistlichen Beistand zu bitten, dies auch bei Toten nicht der Fall sein könne. Daß wir nicht berechtigt seien, die Allgegenwart Verstorbener anzunehmen, kam mir wohl in den Sinn; allein ich dachte: wenn es denn auch der heilige Vinzenz nicht hört, so jedenfalls ein Besserer, welcher am letzten Ende wohl wissen wird, daß seine Heiligen nur seinetwegen angerufen werden und niemand anderes als er selbst gemeint sei.

Wie mein Bruder über diese Sache dachte, weiß ich nicht; er machte aber keine Einwendungen, und so kann ich nicht leugnen, daß wir bösen Protestanten eine Zeitlang mit unserem lieben Vater einen katholischen Heiligen angerufen haben. Von meiner Seite, und wahrscheinlich auch von der des Bruders, geschah dies freilich ohne sonderliche Freudigkeit, da man sich doch des Zweifels nicht ganz entschlagen konnte, ob jener auch hinlänglich offene Ohren habe, und wenn ich unsere Abendandacht vorhin mit dem Priesnitzbade verglich, so war der heilige Vincentius wohl nur der Sand, der wieder ablief.

In der Art lebte man an Werkeltagen. Aber kein Dichter kann beschreiben, mit welchem Festgefühle mein Bruder Sonnabendmittags aus der Schule kam, ich aus dem Gipssaal – wie einen da die Straßen anlachten und die Brücke und der goldene König, und wie seelengut die Menschen alle aussahen! – und doch war's weiter nichts, als daß der nächste Tag ein Sonntag war.

Am freien Nachmittage, der nun folgte, ward etwaige Arbeit fröhlich abgetan, und gegen Abend kam das Beste. Dann ging es mit freiem Herzen fort nach Loschwitz, entlang der Elbe, an lustigen Landhäusern, grünen Weinbergen und dem kleinen Wasserfall vorbei, der in der Abendsonne flimmernd aus dem Mordgrunde herabfiel – herrliche Gänge, reich an Geplauder und Erwartung! Und dann erst draußen am geliebten Begerhäuschen! Wie flogen uns da die Mädchen entgegen mit hellen Gesichtern, Kleidern und Stimmen! Und wie hing die Mutter am Halse des geliebten Vaters! – Bis in die Nacht hinein saßen oder promenierten die Eltern miteinander auf blumiger Terrasse, während wir anderen unser Wesen unter dem alten Nußbaum hatten mit meiner Schwester, mit Marie und Marianne und noch einem dritten lieben Hauskinde, dessen ich hier zum ersten Male gedenke.

Es war dies aber ein nagelneuester Neuling in unserem Kreise, ein junges, erst kürzlich für Helene eingetretenes Mädchen, namens Gustchen Götzell. Der Vorsicht halber hatte man sich jedoch meiner erst versichert. Die Mutter brauche Hilfe, sagte mir mein Vater, und dürfe hoffen, daß die genannte, ihr sehr empfohlene Auguste allen Anforderungen entsprechen würde; unglücklicherweise aber sähe dieselbe wieder gar nicht übel aus. Man habe daher nach den Erfahrungen, die man mit mir gemacht, ein sehr gerechtfertigtes Bedenken, es mit ihr zu versuchen.

Mir war der Gedanke, mich als Hindernis der Bequemlichkeit meiner Mutter angesehen zu wissen, ganz unerträglich. Ich bat daher, man möge mir vertrauen, und versprach, mich ganz gewiß nicht wieder zu verlieben. Wunderbarerweise beruhigte dies die Eltern, und die neue Hausgenossin zog bei uns ein.

Auguste war in Helenens Alter und ebenfalls katholisch, welcher letztere Umstand keinen von uns stören konnte, da wir, von Hause aus an kirchlichen Unterschied gewöhnt, nichts Befremdliches darin fanden. Sie teilte eben wie der Vater mit uns die Glaubensansichten, die uns als wesentlich erschienen, und nahm wie jener teil an unserer häuslichen Erbauung. Übrigens war sie ein kerngesundes, herzensgutes Mädchen und allerdings so hübsch und blühend, daß es einem jungen Menschen, der nicht bereits so heiklige Erfahrungen gemacht als ich, schwer hätte werden sollen, ihr gegenüber ein freies Herz zu behalten. Jedenfalls kam ihr eigenes treffliches Verhalten meinen Vorsätzen zu Hilfe, und es gelang uns, ohne Störung gegenseitiger Ruhe, jahrelang als rechte gute Freunde nebeneinander hinzugehen. Die Eltern hatten eine gute Wahl getroffen: Auguste bewährte sich in jeder Beziehung, hielt treulich bei uns aus in schwersten Zeiten und verließ uns erst, als sich der alte Plan, nach Rußland überzusiedeln, endlich noch realisierte. Sie ging von uns in eine befreundete Familie über, in deren Verwandtschaft sie (obgleich mittlerweile selbständig geworden) auch noch heute hin und wieder, wo Hilfe not tut, als barmherzige Schwester tätig ist.

4. Die Nachtwandler

Der regelmäßige Pulsschlag jenes Junggesellenlebens mit dem Vater ward meinerseits durch eine Exkursion ins Thüringer Land unterbrochen. Die Reise ging nach Hummelshain. Was mich dazu veranlaßt, habe ich vergessen, wie ich mich denn überhaupt gar keines Anfangs dieser Sache mehr zu entsinnen weiß, desto lebhafter freilich der mancherlei eindrücklichen Begebenheiten ihres Fortgangs.

Die erste Erinnerung findet mich bereits in

der Postkutsche auf dem Wege zwischen Leipzig und Altenburg. Der sechssitzige Wagen war nur schwach besetzt: außer mir zwei Juden und ein junges Mädchen. Die beiden ersten, gesprächige und anscheinend wohlhabende Handelsleute, hätte Falstaff schwerlich unterlassen, trotz ihrer Ringe, Uhrketten und gewaltigen Vatermörder, einem Zwillingspaar von Pavianen zu vergleichen. Das junge Mädchen schien mir auch kein Engel. Ziemlich finster und etwas pockennarbig, saß sie mir gegenüber in der Ecke, hielt ihr Bündelchen auf dem Schoße und nahm nicht den geringsten Anteil am Gespräche. Trotz ihrer sauberen Kleidung hielt ich sie für irgendeine dienstbare Person und beachtete sie wenig.

Desto größere Aufmerksamkeit schenkte aber ihr der neben ihr sitzende Orientale, welcher durch die abschreckende Kälte, die sie ihm entgegensetzte, nichts weniger als entmutigt schien. Er wandte kaum den Blick von ihr und war ununterbrochen bemüht, sie ins Gespräch zu ziehen, ohne jedoch mehr aus ihr herauszubringen als ein fast widerwilliges «Ja» oder «Nein». Immer zudringlicher ward der Jude und rückte ihr mit hereinbrechender Dämmerung so nahe, daß seine Ecke völlig frei ward.

Die damaligen Postwagen saßen auf der Achse, die Wege waren nicht zum besten, und es gab daher bisweilen Stöße, daß die Passagiere, von ihren Sitzen fliegend, gegeneinanderprallten. Eine derartige momentane Verwirrung benutzte jener, seinen Arm um die erschrockene Nachbarin zu schlingen, und versichernd, daß sie hier weniger von Stößen leiden würde, versuchte er sie auf seinen Schoß zu ziehen. Da sie sich jedoch mit Entrüstung sträubte, legte ich mich ins Mittel und bot ihr einen Platzwechsel an, der sogleich vollzogen wurde. So saß sie nun in meiner Ecke, ich beim Juden.

Der fuhr auf: ob das mein Platz sei? Ich sagte: «Ja!» und überdem sei ich entschlossen, von jetzt an in anständiger Gesellschaft zu reisen. Der Lümmel murmelte noch etwas in den Bart, und die Unterhaltung erlitt eine kleine Unterbrechung. Bald fingen jedoch die beiden sich jetzt gegenübersitzenden Landsleute untereinander ein halblautes Gespräch «von's Geschäft» an, während meine Schutzbefohlene sich in ihr Tuch gewickelt hatte und zu schlafen schien, ich aber meinen Gedanken Audienz erteilte. Diese Gedanken waren von der angenehmsten Art: sollte ich doch morgen mittag schon in Hummelshain eintreten, die teueren Verwandten ans Herz zu schließen. Es bemächtigte sich meiner eine so freudige Unruhe, daß ich am liebsten aus dem Wagen gesprungen wäre, um nebenherzutraben.

Es war schon dunkle Nacht, als wir abends neun Uhr in Altenburg anlangten, wo ich zu meinem Schrecken erfuhr, daß die Post hier zwölf Stunden liegen bliebe – ein unerträglicher Gedanke! Der sehr gefällige Wagenmeister erbot sich zwar, mich nach einem, wie er sagte, sehr anständigen und ebenso wohlfeilen Gasthause zu führen, dessen Wirt sein Schwager sei, und wen er empfehle, der hätte es dort so gut, wie's einer haben könne. Allein, meine Ungeduld, nach Hummelshain zu kommen, war stärker als diese Verlockungen, und ich erkundigte mich nach dem Ronneburger Wege, um auf der Stelle zu Fuße abzuwandern. Natürlich widerriet mir dies der freundliche Schwager des Wirtes. Der

Weg sei weit, bemerkte er, bei Nacht leicht zu verfehlen und überdem nicht sicher wegen eines jüngst von der Leuchtenburg entsprungenen Briganten. Ich beharrte indessen auf meinem Entschluß, dankte jenem für seine Teilnahme und schenkte ihm ein Trinkgeld, womit er sich entfernte.

Die Juden hatten sich verlaufen, das junge Mädchen aber mit ihrem Bündelchen anscheinend wartend dagestanden. Jetzt, da wir allein waren, trat sie an mich heran: «Würden Sie mich denn mitnehmen?» fragte sie.

«Wohin denn?»

«Oh, nur bis Ronneburg, wo ich zu Hause bin.»

Ich fiel aus den Wolken und sagte was von weiten Wegen wie von möglichem Irregehen und Angefallenwerden; aber die Kleine ließ sich nicht irremachen. Sie erwiderte mir, daß an der Räubergeschichte mit dem Entsprungenen kein wahres Wort sei und ebensowenig an eine Schwierigkeit zu denken, den Weg zu finden. Sie kenne diesen genau, sagte sie, und werde meine Führerin sein. Wenn sie freilich gewußt hätte, daß diese Post hier liegen bleiben würde, so hätte sie sich anders eingerichtet; nun aber habe sie Scheu, allein in einem unbekannten Gasthause zu nächtigen, was auch sonst nicht ginge.

Indem die Reisende so sprach, schien sie mir ganz verwandelt: ihre an sich nicht schönen Gesichtszüge belebten sich auf pikante Weise, und die Stimme fiel so angenehm ins Ohr, daß ich mich unter allen Umständen für sie interessiert hätte. Das Zutrauen, das sie mir schenkte, bestach mich vollends, und so gewährte ich mit Freuden, was ich ihr doch nicht abschlagen durfte, selbst wenn sie mir mißfallen hätte. Wir kamen überein, gleich aufzubrechen; um aber das Nachsehen des Postpersonals zu vermeiden, ging meine Reisegefährtin allein voraus, als wolle sie ins Gasthaus.

«Wer war denn das Mamsellchen?» fragte mich der Wagenmeister, als ich mein Bier bezahlte. Ich wußte es nicht und hatte mich selbst noch nicht danach gefragt. Auch schien es mir fürs erste auszureichen, daß sie ein nettes Mädchen war und mir gefiel. Ich freute mich darauf, mit ihr zu wandern, und da ich sie, als ich das Haus verlassen, nicht gleich sah, besorgte ich schon, es könne ihr leid geworden und sie mir entwischt sein.

Aber nein! Da stand sie ja am Bäckerladen, wo sie sich ein Brötchen eingehandelt, und empfing mich mit heller Freude. Nun solle ich sehen, rief sie, wie sie marschieren könne, und schlug einen Schritt ein, den ich sogleich zu mäßigen suchte. «Langsam aus dem Stalle», sagte ich, sei die erste Regel für jede weitere Entfernung und «Eile mit Weile» das beste Beförderungsmittel.

Da meine Begleiterin Bescheid wußte, kamen wir ohne Frage zum richtigen Tore hinaus, wo sie vorerst ihr Brötchen aus der Tasche zog, von dem sie mir die Hälfte aufdrang. Auch wäre es jetzt wohl angebracht gewesen, wenn wir uns endlich einander vorgestellt hätten; doch unterblieb dies wenigstens der Form nach, und nur ganz allgemach und bruchweise löste sich das gegenseitige Inkognito. Ich erfuhr gelegentlich, daß der Vater meiner Domina Witwer und, wenn ich nicht irre, Pastor oder sonst was Gutes in Ronneburg sei, wie auch, daß sie selbst aus irgendeinem Grunde nach Leipzig fahren mußte, wo sie Verwandte hatte. Aber über ein paar Tage hatte sie nicht bleiben können, denn sie war zu Hause nötig; der Vater konnte nicht hin ohne sie. Bei der Art, wie dergleichen Mitteilungen gemacht wurden, gefiel mir das Mädchen immer besser. Ihre Ausdrucksweise war fein und heiter, ihr Interesse stets angeregt und ihr Benehmen mädchenhaft. So zutraulich sie war, beobachtete sie anderseits doch alle Zurückhaltung, welche die Umstände erheischten. Sie schlug beharrlich meinen Arm aus, und selbst ihr Bündelchen, das ich so gern getragen hätte, war nicht zu erlangen. Ganz frei und selbständig schritt sie neben mir hin, die Gegenstände der Unterhaltung mit sanguinischer Leichtigkeit wechselnd.

Es war eine schimmernde Sommernacht, und wir amüsierten uns, die Sterne zu benennen, die über uns funkelten. Die Pfarrerstochter wußte besseren Bescheid darin als ich, der ich bei Roller mehr auf die Winterhalbe einstudiert war und mich daher nur kümmerlich zurechtfinden konnte. Sie zeigte mir die Leier, den Schwan, die Krone, die Andromeda, den Perseus und andere berühmte Sternbilder, examinierte mich dann und hielt darauf, daß ich's behielte.

Ich glaube, daß niemand, der nicht gerade Astronom ist, die Sterne lange ansehen kann, ohne an die Ewigkeit zu denken. Daß wir beide in derselben auch einstmalen unser liebliches Erbteil finden würden, daran mögen wir nicht im mindesten gezweifelt haben, wenigstens kamen wir überein, daß wir nach unserem Tode dort oben in jener seligen Lichtwelt wohnen würden. Hierbei gedachte meine Gefährtin ihrer verstorbenen Mutter und weinte etwas. Dann aber fragte sie mich plötzlich wieder ganz heiter, welchen Stern ich mir zum Wohnort wählen würde, wenn ich dürfte.

Ich erwiderte, sie habe ja gesehen, wie wenig ich Bescheid wisse; doch hätte ich eine kleine Vorliebe für die Kassiopeja, weil sie wie ein W aussähe, denn ich hieße Wilhelm.

Sie lachte und sagte, aus ähnlichem Grunde könne ich mich auch in den Wassermann oder Widder wünschen, weil sie mit W anfingen. Sie werde aber künftig bei der Kassiopeja meiner denken.

Um an Höflichkeit nicht zurückzustehen, ersuchte ich sie, mir gleichfalls ein kleines Andenken am Himmel anzuweisen. Sie sagte aber, sie wisse keins, und es wäre ihr einerlei, in welchen Stern sie käme, wenn es nur recht hell und gut da sei.

So koseten wir und hatten Zeit dazu, denn es ist ein weiter Weg von Altenburg nach Ronneburg. Wir wanderten die ganze Nacht, die mir in dieser niedlichen Gesellschaft wie ein Morgentraum verging. Von den Besorgnissen des Wagenmeisters war nichts in Erfüllung gegangen, denn weder hatten wir uns verirrt, noch waren wir durch jenen Entsprungenen beunruhigt worden, den meine Freundin als eine bloße Legende verlachte, welche in dieser Gegend täglich neu aufgelegt werde. Etwa bei Sonnenaufgang erreichten wir Ronneburg.

Als ich mich jetzt erkundigte, welchen Weg ich durch den Ort zu nehmen habe, drang meine Begleiterin aufs liebenswürdigste in mich, es mir für heute in ihrem väterlichen Hause bequem zu machen. Es sei ja ganz unmöglich, nach solchem Marsche noch nach Hummelshain zu gehen, und wollte ich's versuchen, so würde ich in den Wäldern liegen bleiben wie ein forcierter Hirsch. Ja, ganz gewiß, das würde ich. Auch müsse ich doch ihren Vater kennen lernen, der mir für meine Begleitung gewiß gern danken wolle.

Der Vorschlag wäre gut genug gewesen, doch mochte ich der Meinung sein, daß man einen wildfremden Vater zu dieser Stunde nicht aus dem Bette holen dürfe, um seinen Dank zu hören. Zudem trieb mich je länger je mehr die peinlichste Ungeduld, nach Hummelshain zu kommen. Ich lehnte also ab, beteuernd, ich dürfe mich nicht aufhalten, und jene beteuerte, sie dürfe mich nicht lassen, und wenigstens eine Tasse Kaffee müsse ich bei ihr trinken. Indem wir noch so stritten, machte meine Gefährtin vor einer Haustüre Halt und zog die Klingel. Das war der entscheidende Moment. Ich ergriff ihre Hand, bat sie, meiner freundlich zu gedenken – und fort war ich.

«Der Weg geht links», rief sie mir nach, «Sie kehren im Löwen ein!» Und links um die Ecke schwenkend, grüßt' ich noch einmal zurück.

Da lag der Löwe im Glanz des Morgenlichtes und zeigte schon einiges Leben. Eine Magd öffnete die Fenster der Gaststube, und auf dem Hausflure ward ein Pferd angeschirrt. Ich aber ging vorbei, denn ich dachte, man würde mich dort suchen.

Der Held wird müde

Ronneburg lag bald im Rücken, und ich war frank und frei; als ich mich aber dessen freuen wollte, gelang es nicht. Warum hatte ich denn dem guten Mädchen nicht den Gefallen tun können, ihren Vater zu begrüßen, in dessen Augen das kleine Abenteuer seiner Tochter auf solche Weise die schicklichste Lösung gefunden hätte? Ausruhen mußte ich ja doch irgendwo, konnte unmöglich bis Hummelshain so fortrennen wie ein toller Hund oder von Furien gepeitschter Ödipus. Ich hätte, wie mir angedeutet worden, ja erst im Löwen einkehren, schickliche Zeit abwarten und dann meinen Besuch nach Belieben kürzen mögen. Das alles, und daß ich grob erscheinen müsse und meine Sache herzlich schlecht gemacht habe, fiel mir jetzt nachträglich ein, da ich mit solcher Weisheit nichts mehr anfangen konnte. Ich suchte sie mir daher auch wieder aus dem Sinn zu schlagen und begann einen fröhlichen Marsch zu pfeifen, auf den Text: «Nach Hummelshain, nach Hummelshain.»

Zu meiner weiteren Erheiterung konnte freilich der Umstand wenig beitragen, daß mich ein Kerl einholte, der sich mir ohne weiteres anschloß, versichernd, es marschiere sich noch einmal so gut in Gesellschaft. Ich war entschieden anderer Ansicht, denn dieser Gesellschafter war weder ein zierliches Mädchen, wie die Ronneburger Pfarrerstochter, noch überhaupt ein erträgliches Wesen; vielmehr gehörte er zu der unbequemen Klasse inquisitorischer Peiniger, deren Unterhaltung sich wesentlich um die polizeilichen Fragen dreht: woher man kommt, wohin man geht, wie man heißt, was man ist und dergleichen Geheimnisse mehr. Ihn wieder loszuwerden, erlaubte ich mir die deutlichsten Manöver und Andeutungen, doch war er taub für alles und jedenfalls ein Mann, mit dem man sich nur durch die Lübecker Blume hätte verständigen können.

Mein guter Vater erzählte nämlich gern die folgende Geschichte. Zu Lübeck hatte sich ein Fremder in eine Schenke verlaufen, die sonst nur von Matrosen und anderem Seevolk besucht zu werden pflegte. Harmlos grüßend war er eingetreten; doch kaum hatte er sein Glas Wacholder verlangt, als auch die anwesenden Stammgäste schon die Köpfe zusammensteckten und augenblicklich einig waren, den Eindringling so abzubläuen, daß er das Wiederkommen vergäße. Aber ein alter Schiffszimmermann bedeutete sie: «Nicht gleich so grob, Kinder! Ich will dem Menschen einmal erst durch die Blume zu verstehen geben.» Darauf erhob er sich, spuckte in die Hände und brüllte jenen an: «Was will die Landratte hier? Eppes spionieren? He? – Den Augenblick, verfluchter Schweinhund, pack' Er sich zum Teufel, oder ich zerbreche Ihm alle Knochen, die Er im Leibe hat.» Der Fremde war wie weggeblasen. Der Alte aber sagte: «Nun seht, ihr Kinder, daß man heutzutage mit etwas Höflichkeit auch noch zustande kommt. Das laßt euch zur Lehre dienen.»

Diese Blumensprache hätte mein Begleiter vielleicht auch verstanden; leider konnte ich ihm aber die richtige Räson dazu, die Schiffszimmermannsfaust, nicht zeigen. Ich wußte kein Mittel, ihn abzuschütteln, und mußte mich daher in den Gedanken schicken, den ganzen Tag mit ihm behaftet zu bleiben, denn er wollte nach Kahla und hatte *einen* Weg mit mir bis Hummelshain. So trabten wir denn ein gut Stück Weges nebeneinander hin, bis mir der Zufall dennoch einen Ausweg zeigte.

Der einzige Trost, den jener Überlästige mir gegen sich selbst gewährte, war die Versicherung, daß er Bescheid wisse. Als wir nun aber an eine Stelle kamen, wo der Weg sich wie eine Gabel auseinanderzog, zeigte es sich, daß der Führer ebenso dumm war als der Geführte. Wir machten Halt und überlegten, doch es war kein Grund vorhanden, den einen Weg dem anderen vorzuziehen. Inzwischen schien mein Führer in der Schule was gelernt zu haben. Er schnallte seinen Tornister ab, und nachdem er unter allerlei Gepäck ein Schnupftuch von Kattun hervorgezogen, streckte er sich ins Heidekraut und breitete jenes vor sich aus. Es zeigte sich, daß eine Karte von Deutschland darauf gedruckt war, die mein Geograph jedoch in die zufällige Richtung unseres Weges, Nord gegen Süd, gelegt hatte. Ich erlaubte mir daher, ihm bemerklich zu machen, er müsse seine Karte wenigstens nach der Himmelsgegend wenden, sonst wiese sie uns nach Ronneburg zurück.

«Wollen Sie mich etwa von die Erdkunde belehren?» erwiderte er, stieß mit dem Daumen in sein Tuch und schwur: «Wenn hier nicht Kahla liegt, soll mich der Teufel holen; folglich wird links geschwenkt. Verstanden?»

Er hätte ebensogut sagen können: folglich wird rechts geschwenkt! und dann wäre ich auf jede Gefahr hin links gegangen. Ich sagte ihm, ich dächte anders, wünschte ihm glückliche Reise, und ehe er noch sein gelehrtes Tuch wieder zusammengepackt hatte, zog ich rechts ab.

«Nu! Nu!» rief er mir nach, «der Musje wird schon noch an mich denken!» Und daran hatte er nicht unrecht. War er vielleicht von Anfang an gar nicht im Zweifel gewesen und hatte sich mit seiner Landkarte nur ein Ansehen geben wollen? Soviel ist sicher, daß ich falsch ging.

Fürs erste jubelte ich zwar auf. «*Beatus qui solus*», sagen die Pastoren, wenn sie ohne Kollegen sind, und diese Seligkeit verstand ich jetzt vollkommen. Singend und pfeifend schritt ich wacker aus, in der Hoffnung, bald auf ein Dorf, ein Haus oder einen Menschen zu stoßen, um mich zu orientieren; ein Stündchen umgelaufen, sollte mich nicht dauern. Als aber Stunde auf Stunde verging, die Sonne mir auf Kopf und Ranzen brannte, Hunger und Durst mich anfielen, die Füße schwer wurden und ich immer nichts als Wildnis sah, da schwand allgemach der Jubel, und ich fing an, besorgt zu werden. Doch machte ich damals eine wichtige Erfindung, die mir auf allen meinen späteren Fußreisen, wenn ich müde wurde, sehr zustatten kam. Ich marschierte nämlich im Dreivierteltakt, was wenigstens die Empfindung wesentlicher Beschleunigung gibt.

Endlich, es mochte Mittag vorüber sein, erreichte ich ein kleines Walddorf, an dessen hübschgelegener Schenke ein Bierzeichen aushing. Ich schwenkte ein, warf meinen Ranzen auf die Tafel, mich auf die Bank und forderte zu trinken. Das angezeigte Bier war freilich noch nicht ganz vollständig, eigentlich nur Malzbrühe. Es war im Hause gebraut und noch nicht fertig, da sowohl der Hopfenzusatz als die Gärung fehlten, doch war es naß und ging hinunter. Dazu ward Schwarzbrot aufgetragen und frischer Ziegenkäse, und das war alles, was dies Gasthaus leisten konnte. Für einen, der wie ich seit vierundzwanzig Stunden nur vom Fasten gelebt hatte, war's aber eine gute Mahlzeit; und da ich nun obendrein vom Wirt erfuhr, daß ich ganz recht gegangen – was diese Leute immer finden, wenn man nur ihre Kneipe nicht verfehlt hat –, so war ich sehr zufrieden und streckte die Beine behaglich von mir. Mein gelehrter Begleiter von heute morgen mußte freilich sehr verirrt sein samt seinem Schnupftuch; aber das war seine Sache.

Etwas herabgestimmt ward ich indessen, als ich auf weitere Fragen hören mußte, daß es noch sechs gute Stunden sei bis Hummelshain, und der Wirt, obgleich er nicht zugeben wollte, daß ich verirrt sei, da man von hier aus ebensogut als von Ronneburg nach Hummelshain kommen könne, doch meinte, daß ich gerade nicht den nächsten Weg gegangen. Da war es denn aus mit der kurzen Rast: ich raffte mich auf, und trotz der brennenden Füße ging es wieder vorwärts im Dreivierteltakte über Berg und Tal, durch Wald und Flur, und überall war es zugetroffen, was der Wirt mir vom Wege gesagt hatte, nämlich, daß er einsam, lang und sehr beschwerlich sei. Nur das *eine* schien nicht zuzutreffen: daß dieser Weg nach Hummelshain führen sollte.

Schon warf die Sonne ihre längsten Schatten, und ich war so müde, daß ich mich kaum noch schleppen konnte – da, meinte ich, wäre es endlich an der Zeit gewesen, anzukommen und sich in den Armen liebender Verwandten auszupflegen. Aber trotz aller Notwendigkeit und alles Weiterschreitens wollte sich von der bekannten Hummelshainer Gegend doch nichts zeigen, noch irgend etwas anderes, woran ich mich hätte zurechtfragen oder -finden können. Da ging mir denn ein Licht auf über meine Sünden, und ich bereute alles miteinander: daß ich in Altenburg die Post, in Ronneburg das Mädchen und in der Wildnis den Schnupftuchmann verlassen hatte, ja es hätte mir fast leid tun können, daß ich überhaupt die Reise angetreten.

Aber – ist das nicht ein liebes Männlein, was mir da entgegenkommt? Wahrhaftig, das erste zweibeinige Wesen, das mir heute begegnet, seit meiner Trennung vom Geographen. Das Ding kommt immer näher! Zwar sieht's einer rindsledernen Mumie so ähnlich wie ein Ei dem anderen – in meinen Augen ist's aber doch ein Engel Gottes, der Rettung bringt.

«Gott grüße, Vater! Wie weit ist's noch nach Hummelshain?»

Das Männlein machte Halt: «Nach Hummelshain? Na, wo kommt Er denn her?»

«Das ist egal, Väterchen; aber ich will nach Hummelshain. Seid so gut und sagt mir, wie weit ich noch habe.»

Der sah mich grinsend an und sagte: «Je nun, mit zwei gesunden Füßen kann's einer in sechs Stunden allenfalls erlaufen.»

Das war ein Donnerschlag. Sechs Stunden! Gerade so weit war's vor sechs Stunden auch gewesen, und jetzt waren Zeit und Kraft verbraucht.

Ich fragte nun weiter, ob nicht vielleicht ein anderer Ort in der Nähe sei. Aber der Kerl wandte mir den Rücken und ging seines Weges, brummend, ich würde das wohl selbst am besten wissen. Es war nichts weiter mit ihm anzufangen, und blieb nur übrig, von neuem auf den müden Beinen Platz zu nehmen und sie zum Weiterhinken anzuspornen. Fiel ich nicht um, so schloß ich, müsse der Weg mich doch irgendwohin führen, und wenn es denn auch nicht

Hummelshain wäre, so würde es jede Schütte Stroh unter Dach und Fache auch tun. Ich war in meinen Wünschen so bescheiden geworden, daß ich nur noch nach Ruhe verlangte: alles andere sollte mir gleich sein.

Aber siehe da! Keine tausend Schritte, so lichtete sich die Holzung, und in nächster Nähe vor mir zeigte sich ein Schloß mit einer Gruppe Häuser. Hummelshain war's freilich nicht, wahrscheinlich Lichtenau, aber immerhin ein sehr erwünschtes Obdach für die Nacht. Ich beflügelte meine Schritte, so gut ich konnte, indem ich jetzt sechs Viertel zählte, und trat bald in eine freundliche Gaststube ein, wo ich zu meiner Überraschung hörte, daß Hummelshain ganz nahe, etwa nur eine kleine Meile von hier sei.

Ich werde *clairvoyant*

Ungewißheit und Zweifel ermüden mehr als wirkliche Strapazen. Da ich nun wußte, wo ich war, und ein nahes Ziel vor Augen hatte, kehrten auch die Kräfte wieder, und ich wollte auf der Stelle weiter. Doch riet der Wirt, einen Boten mitzunehmen, wenigstens bis zu einer gewissen Stelle, von wo aus man nicht mehr irren könne, und versprach mir, einen aufzutreiben. Bis er erschien, erquickte ich mich mit Butterbrot und Bier; dann brachen wir selbander auf. Mein Führer war ein langer, schlotteriger Kerl mit herabhängendem Hosenboden und versoffenem Antlitz. Vor allen Dingen hatte er einen Schnaps auf den Weg verlangt, den ich ihm auch angedeihen ließ, indem ich mir zugleich selbst ein Glas davon in jeden Stiefel goß – ein herrliches

Mittel, um ganz erschöpfte Kräfte noch für kurze Zeit zu spannen.

Durch die Rast im Wirtshaus, den Aquavit im Stiefel und die freudige Aussicht, nun bald und sicher bei Oheim und Muhme einzutreffen, war ich wie neu geboren. Ich schritt wieder rüstig in den dunkelnden Wald hinein und amüsierte mich an den Geschichten meines Führers, der durch das letzte Schnäpschen, das schon eine gute Grundlage gefunden haben mochte, ganz begeistert war. Namentlich erinnerte er sich der Kriegszeiten und seiner Fahrten mit den Russen, deren Charakter er sehr lobte. Ganze Kerle wären das gewesen, das müsse er sagen, und hätten gewußt, wo Barthel Most holt; aber die Wege hier im Holze hätten sie doch nicht gewußt. Da hätten sie ihn denn auf ein Pferd gesetzt, ihm einen Sarraß angehangen und sich von ihm anführen lassen. Wie ein General hätte er sich ausgenommen und manches Kopfstück verdient, denn das Geld hätten sie sich nicht dauern lassen.

Da ich mich nun verlauten ließ, daß ich auch so etwas wie ein Russe sei, fiel mir der Schlingel plötzlich um den Hals. «Landsmann!» schrie er, «nun laufe ich mit dir hin bis Hummelshain, und sollte ich auch die ganze Grummeternte darum verlieren!»

Ich erwiderte, wenn er mich etwa Sie nennen wollte, so nähme ich's auch nicht übel.

Ich wollte ihn wohl nicht anerkennen?

«Als Duzbruder nicht», sagte ich; sonst wollten wir ja gute Landsleute und Freunde bleiben.

«Ja!» seufzte jener, «die Art kann einer schon gebrauchen. Sehen Sie, Herr Landsmann! Ich habe Malheur gehabt, wie man zu sagen pflegt: ein bißchen Holz gelesen – kann sein, daß was

Grünes mit untergelaufen ist – und dafür eine Tracht Stockprügel auf den nächsten Freitag. Die könnten Sie mir abnehmen, Herr Baron!»

Erklärend setzte er hinzu, weil der Herr Oberforstmeister doch meine Freundschaft wären, so könnte ich vielleicht ein gutes Werk tun für einen unglücklichen Familienvater. Ich versprach, mich für ihn zu verwenden.

Unter solchen Reden waren wir durch dick und dünn auf schmalem Fußweg an einen Durchhau gelangt, der sich in schnurgerader Richtung weithin durch den Wald zog. Hier machte der Landsmann Halt, erklärend, dies sei der Punkt, bis zu welchem er sich verdungen habe. Ich solle nur immer auf der Blöße bleiben, so würde ich in einer kleinen halben Stunde an den Hetzgarten anrennen.

Ich erwiderte, er habe mir ja versprochen, mich bis Hummelshain zu bringen! Aber er verschwor sich hoch und teuer, daß er für seinen Herrn Landsmann schon ein übriges getan, jetzt aber keine Zeit mehr habe. Ich bot doppelten Lohn. Umsonst, er war nicht zu bewegen. Fehlen, sagte er, könne kein Teufel in solcher Rinne von Durchhau, auch nicht der Dümmste! Er aber müsse retour, käme morgen früh sonst nicht zu rechter Zeit ins Grummet.

Wahrscheinlich hatte dieser Russe sich in seiner Branntweinbegeisterung selbst verlaufen, und es mochte ihm der akkordierte Lohn daher viel lieber sein als gar nichts. Ich mußte ihn auszahlen und laufen lassen, wenn er es nicht vorzog, unter dem nächsten Busche auszuschlafen. Nichtsdestoweniger legte ich später die versprochene Fürbitte noch für ihn ein, wiewohl umsonst, denn er war ein liederlicher Strick und höchst verrufener Holzdieb, dem nach Ansicht vernünftiger Leute nichts nachteiliger gewesen wäre als Nachsicht.

Ich war also nun wieder einmal allein im wilden Walde; aber das schöne Sprichwort: «*Beatus qui solus*», das mir heute morgen so verständlich gewesen, leuchtete mir jetzt minder ein. Zweifelnd, ob jener zweideutige Kerl mich auch recht gewiesen, setzte ich meinen Marsch in der angegebenen Richtung fort; aber es verging ein halbes Stündchen nach dem anderen, und der ersehnte Hetzgarten wollte immer noch nicht erscheinen. Dazu war die Branntweinkraft in den Stiefeln verdampft, die Füße waren wund und über die Maßen schmerzhaft, und der Ranzen auf dem Rücken lastete wie ein Gebirge. Freilich blinkten auch heute wieder die freundlichen Sterne auf mich nieder wie gestern abend, aber ich beachtete sie nicht: es war mir gleichgültig, wie sie hießen, und ob das Ronneburger Mädchen ihren Liebling darunter hatte oder nicht. Ich hatte nur einen einzigen Gedanken, nämlich, daß der Hetzgarten erscheinen möchte, ehe ich, wie jene mir vorausgesagt, am Boden läge.

Dieser Wunsch ging niemals in Erfüllung. Der Durchhau, in welchem ich bis dahin fortgekrochen, nahm zwar sein Ende, aber nicht der Wald. Ich war in einen Sack geraten, ohne Spur von Ausweg. Nach solchem suchend, schleppte ich mich vergebens am Dickicht hin – doch überall die gleichen Stämme, das gleiche Heidekraut, die gleiche Finsternis.

Was sollte nun werden? Wäre ich bei Kräften gewesen, so hätte ich mich vielleicht nach dem letztverlassenen Dorfe zurückgefunden. Aber seit vierundzwanzig Stunden fast ununterbrochen auf den Füßen, ohne Schlaf und ordentliche Nahrung, war ich wie ein verlöschendes Licht. Es war mir unmöglich, mich länger aufrechtzuhalten, und ich beschloß daher oder glaubte vielmehr, mich darein ergeben zu müssen, die Nacht da zuzubringen, wo ich mich befand. Dann aber auch zurück, und zwar weiter als bis zur letzten Schenke! Ich war in miserabler Stimmung, zwar resigniert, aber keineswegs ergeben in Gottes Fügung. Es war ein böser Trotz der Schwäche, der sich meiner bemächtigt hatte und mich mit Bitterkeit erfüllte. Was habe ich für einen Beruf, so dachte ich, mit Aufopferung meines Lebens dies alberne Hummelshain zu suchen, auf das sich ohne Zweifel der Teufel gesetzt hat, es zu verdecken? Möge es denn unter seinen angenehmen Schleiern bleiben, wo es bleibt: ich wenigstens werde es nicht weiter suchen. Soll ich hier sterben, muß ich's leiden; lebe ich aber morgen noch und kann mich rühren, so gehe ich geradeswegs zurück nach Dresden, und Ziegesars werden dann zu spät erfahren, welche Freude ihnen entgangen ist.

Mein Gepäck abstreifend, kroch ich unter die weit ausgestreckten Fächer einer alten Fichte, zog den Ranzen unter den Kopf und, nichts fürchtend, nichts hoffend und nichts denkend, doch im Genusse einer tiefen, wohltuenden Ruhe, lag ich wie ein Toter da. Auch möchte ein solcher aus mir geworden sein, denn ich war heiß vom Gehen, leicht gekleidet und ohne Mantel – aber jetzt trug sich etwas so Außerordentliches zu, daß ich noch heute eine genügende Erklärung nicht zu finden weiß.

Einer totenähnlichen Ruhe hingegeben, wie man sie etwa nach eingetretener Ohnmacht empfindet, mochte ich etwa zehn Minuten lang dagelegen haben, als eine eigentümliche Veränderung mit mir vorging. Obgleich ich nicht geschlafen, hatte ich dennoch die süße Empfindung allmählichen Erwachens, und es war, als würde mir ein Schleier abgezogen, der mir bis dahin längst Bekanntes verborgen hatte. Die nächtlichen, mich zunächst umgebenden Gegenstände erschienen mir plötzlich so heimisch, wie sie es den Kreuzschnäbeln und Finken sein mochten, die hier genistet hatten. Ich war kein Fremder mehr in dieser Wildnis; ich kannte alles, die alten Wurzeln an meiner Seite, ja ganz speziell die einzelnen Grashalme und Steine, zwischen denen ich lagerte. Und weiterhin der dunkle Wacholder und jener tot herabhängende Ast voll Moos und Flechten – ich wußte, daß das alles da sein mußte.

Daß ich an dieser Stelle vielleicht schon als Kind gewesen, ist nicht unmöglich, doch entsann ich mich dessen nicht; auch würde diese Annahme weder die genaue Kenntnis alles einzelnen noch überhaupt meinen Zustand erklären, der ein durchaus ungewöhnlicher und abnormer war. Vorübergehende Momente hat wohl jeder, daß ihm eine neue Situation als wohlbekannt und längst erlebt erscheint; so ähnlich war's mit mir, nur daß die Illusion eine längere Dauer hatte. Natürlich wußte ich jetzt auch, wohin ich mich zu wenden hatte, um nach Hummelshain zu kommen, und fühlte Kraft und Mut, es noch heute zu erreichen.

Erquickt und neu belebt erhob ich mich wie nach einem guten Schlafe, griff nach dem Ranzen und setzte mich wieder in Bewegung. Weg und Steg waren freilich jetzt ebensowenig vorhanden als früher, auch sah ich mich gar nicht danach um. Quer ging's durchs Holz von einem bekannten Ding zum andern, und immer wußte ich, daß ich recht ging. Die wunden Füße nicht beachtend, durchschritt ich den finstern, weglosen Wald mit solcher Sicherheit, als wären es die wohlbekannten Räume der väterlichen Wohnung gewesen.

Wie lange ich so gewandert, weiß ich nicht, aber endlich brach der Wald ab, ich trat ins Freie, und ohne die geringste Überraschung sah ich die nächtlichen Umrisse des langersehnten Schlosses vor mir mit der Kirche und den anliegenden Gebäuden. Aber nicht, wie ich gesollt hätte, von der Altenburger Seite, sondern von der entgegengesetzten, auf dem Wege, der von Kahla kommt, gelangte ich in den Schloßhof. Die Verwandten, die eben im Begriff waren, sich schlafen zu legen, erschraken vor meinem geisterhaften Anblick und hörten mit Erstaunen den Bericht von meinen Abenteuern. Sie erquickten mich mit dem Besten, was sie hatten, und so aufgeregt war ich von Freude, daß ich schließlich mit Gewalt ins Bett getrieben werden mußte.

Wie es weiter wurde

Mein Hummelshainer Leben begann mit einem Schläfchen, das 36 Stunden währte. Zwar wurde mir nachträglich berichtet, ich sei mittlerweile einmal geweckt worden und wie ein bewußtloser Schemen bei Tisch erschienen, doch war ich gleich nach der Mahlzeit wieder zu Bett gegangen und hatte von alledem nicht die geringste Erinnerung.

Nach so außerordentlicher Erquickung war's denn kein Wunder, daß Hummelshain mir im angenehmsten Rosenlicht erschien, zumal ich die erwünschte Gesellschaft vorfand. Der Quasi-Vetter Hermann, derzeit Primaner zu Kloster Roßleben, hatte wie alle Ferienschüler nicht nur die beste Laune, sondern sogar noch ein paar andere Klosterbrüder, von Wangenheim und von Scheliha, mitgebracht, denen auch nichts weniger abging als das Vermögen, ihr junges Leben zu genießen. Sogar unser alter bewährter Genosse von ehemals, Herr Hannibal Anteportas, derzeit wohlbestallter Page am Rudolstädter Höfchen, war auf Urlaub bei den Eltern und stets mit uns zusammen. Da ertönten denn die Hallen des alten Schlosses, in das man uns logiert, dessengleichen Hof und Garten von jugendlichem Frohsinn, starken Gesängen, wohlgemuten Reden und dem Klirren der Rapiere, die wir fleißig in Bewegung setzten; dazu ward zweimal täglich gebadet und demgemäß gegessen. Kurz, es war ein Ferienleben, wie es im Buche steht.

Endlich wurden jene schönen Tage noch durch eine Wanderung in die Umgegend beschlossen, welche ich mit Hermann allein, und zwar zum Zweck des Wiedersehens mit alten Freunden, Gönnern und Bekannten unternahm. Wir besuchten unter andern in Rudolstadt den genialen Schlachtenmaler Cotta, von dem ich schon früher berichtet, in Katzenhütte unseren ehemaligen Lehrer, den Pastor Bäring, in Jena Frommanns, Köthens und den Studenten Förster, bei dem ich abtrat, während Hermann allein nach Drakendorf vorausging, wo seine Eltern unser warteten.

Unter Försters Ägide sah ich von Stadt und

Land so viel, als die kurze Zeit von ein paar Tagen gestatten wollte. Auch hospitierten wir bei einigen Professoren, unter denen mich Fries am meisten interessierte, den ich übrigens schon etwas kannte, da er bei gelegentlicher Durchreise durch Dresden unser Haus besucht hatte. Von der eigentümlichen Richtung dieses Mannes war des öfteren bei uns die Rede.

Fries war von Haus aus Herrnhuter und in Herrnhutischen Anschauungen großgezogen, wie sich denn auch in seinem ganzen Wesen und Gehaben das eigentümlich freundliche und milde Gepräge jener Gemeinde nicht verleugnete, die ihm zeitlebens teuer blieb. Ihre theologische Richtung hatte er freilich längst verlassen. Vor dem Lichte wissenschaftlichen Erkennens war ihm der anerzogene Kinderglaube wie Nebel vor der Morgensonne weggedampft, wenigstens in formeller Hinsicht, denn dem Wesen nach behauptete Fries ihn festzuhalten, und zwar nicht bloß mit dem Herzen, wie der geistverwandte Fachgenoß Jakobi, sondern auch begrifflich wie der spätere Hegel. Es waren ja nur die Tatsachen des Evangeliums, wie auch die Dogmen der Kirche, welche sich ihm zu unwesentlichen Bildern und Formeln der göttlichen Idee verkehrt hatten. Die letztere, als das Wesentliche, wollte er beibehalten, nur anders begründen, als es die Kirche tat. Was freilich von einer so abgezwiebelten Idee noch übrigbleiben konnte, mußte er am besten wissen, indessen glaubte er doch an diesem Reste das Christentum zu haben, das er von Herzen wert hielt. Er verkehrte daher auch gern mit gläubigen Christen, bei denen er sich allezeit zu Hause fühlte, wenn sie ihn nur in seiner Eigentümlichkeit gewähren ließen. Sogar nach Herrnhut zog ihn sein Herz des öfteren zurück, sich an den schönen Gottesdiensten der Gemeinde zu erbauen, an ihren Liebes- und Abendmahlen teilzunehmen.

Meinen lieben Vater setzte solche Richtung in einiges Erstaunen. Er konnte nicht begreifen, wo die Sache herkommen sollte, wenn die Ursache fehlte, und war der Ansicht, daß, wenn die heilige Geschichte wirklich geschehen sei, so sei sie wahr, und zwar nach Form und Inhalt: wo nicht, nach beiden Seiten falsch. Gegen solche Alternative mochten etwa die Äsopischen Fabeln ins Feld geführt werden, wie alle Mythen der alten Welt, obgleich sich in beiden auch nichts anderes als die profanste Erfahrungsweisheit offenbart. Aber es schien, daß Fries nicht rechten und jedem die Ansicht gönnen wollte, die ihn befriedigte, oder daß es sich ihm, wenigstens in unserem Hause, nur darum handle, den Vater von der Gleichheit ihrer gegenseitigen Glaubensrichtung zu überzeugen. Die Fassung mochte verschieden sein: der Edelstein blieb doch derselbe. Ob die Evangelisten die Idee, um die sich's handelte, in Geschichten, die Kirche in Dogmen und Gebräuchen, die Kunst in Bildern, die Philosophie endlich in Begriffen zu erfassen und darzustellen strebe, das tangiere oder verändere die Idee selbst nicht im geringsten, und ganz dasselbe, was mein Vater male, das sei auch das, was er, der Philosoph, im Hörsaal demonstriere. Es habe ein jeder seine eigene Sprache.

Von solchen Reden wár mein Vater zwar nicht sonderlich erbaut gewesen und noch weniger die Mutter, doch sagte er dieser später: «Der Fries wird doch noch einmal Christ.» Er hielt den jedenfalls sehr liebenswürdigen Mann von Herzen wert.

Ich hörte Fries damals in Jena von der Würde männlichen Charakters reden, die ich denn auch sogleich in mir verspürte, und war nahezu entzückt von seinem Vortrag. Wie gut, dachte ich, haben es doch die Studenten! Es geht wahrhaftig nichts darüber, so überaus behaglich auf bequemer Bank zu sitzen, sich von geistvollen und gelehrten Männern bestens unterhalten und wie ein leeres Faß mit aller Weisheit füllen zu lassen. Von der schweren Not, die mancher hat, sein Faß nachher gehörig zu verspunden, wußte ich freilich nichts.

Aber noch einen weit berühmteren Mann, als Fries es war, ja den gefeiertsten in Deutschland, hätte ich damals sehen und auch reden hören können, wenn ich gewollt hätte, nämlich den Dichterkaiser Goethe, der sich zufällig in Jena aufhielt. Frommanns hatten mich recht eigens auf ihn eingeladen wie auf die größte Delikatesse, die man einem nicht ganz dummen Menschen vorsetzen konnte. Ich muß aber doch zu dumm gewesen sein, oder vielleicht war ich auch nur zu blöde, in Reisekleidern vor dem Minister zu erscheinen – kurz, ich entwich entsetzt nach Drakendorf, von wo ich mit der ganzen Ziegesarschen Familie nach Hummelshain zurückkam.

Der Krüppel von Hohenstein

Mit jener Episode war mein Urlaub erschöpft, und ich rüstete zum Rückzug. Aber nicht wieder über Leipzig wollte ich gehen, sondern durchs

Erzgebirge, und nicht etwa, weil diese Gegend ein besonderes Interesse für mich gehabt hätte, sondern nur um den Versuch zu machen, dort einen Mann aufzufinden, von dem neuerdings bei uns sehr viel die Rede gewesen war.

An den Loschwitzer Sonntagen hatte die Mutter uns ein Buch von Schubert vorgelesen, das unter dem Titel «Altes und Neues» allerlei erbauliche Züge aus dem Glaubensleben gottesfürchtiger Menschen mitteilte. Darin geschieht denn auch eines frommen Mannes aus dem Volke Erwähnung, seines Zeichens ein Leineweber, mit Namen Steffan, den Schubert persönlich kannte, da er in seiner Vaterstadt Hohenstein lebte. Dieser Mensch war alt und arm und krank. Er hatte somit alles, was man gewöhnlich am meisten scheut, und zwar in reichem Maße, denn sein Alter war beträchtlich, seine Armut bettelarm und seine Krankheit unheilbar. Nichtsdestoweniger war er ein glückseliger Mensch, und daß er das in Wahrheit sein konnte, machte ihn nicht weniger interessant, weil es ein Beleg für die beseligende Kraft des Christentums zu sein schien, das er bekannte.

Steffan hatte sich nach Schuberts Relation bis in ein vorgerücktes Alter als Junggesell verhalten – da starb sein Jugendfreund, ein anderer Weber und verheirateter Mann, und nahm ihm sterbend das Versprechen ab, für seine Hinterbliebenen zu sorgen. Um dem nachzukommen, heiratete Steffan die Witwe, deren Aussteuer nur in zwei kleinen Mädchen bestand, von denen das jüngste taubstumm war. Aber Steffan baute auf die Hilfe seines Gottes, die er denn auch bald, und zwar in ganz außerordentlicher Weise, nötig hatte und erfahren sollte. Der sonst kerngesunde Mann erkrankte, ward unausgesetzt von empfindlichen Schmerzen gepeinigt und endlich dergestalt gelähmt, daß er weder stehen noch gehen und daher das Bett nicht mehr verlassen konnte. Da war's denn aus mit der Weberei, und auch die Frau konnte nichts mehr verdienen, da sie weder den Mann noch die taubstumme Tochter aus den Augen lassen durfte. Die Familie schien dem Verderben preisgegeben.

Nun aber trat die wunderbarste Hilfe ein, von welcher Schubert in seinem Buche eine ganze Reihe auffallender Beispiele herzählt. Obgleich dem armen Kranken als Betriebskapital nichts anderes als die vierte Bitte geblieben war, so reichte diese doch zu aller Notdurft aus, denn es ward ihm stets zu rechter Zeit, und zwar meist von unbekannten Händen, das Nötigste ins Haus getragen. Es war zwar nur das Nötigste, aber ein Mehreres hatte Steffan auch früher nicht gekannt, und jetzt war er fast überwältigt von der Fülle des Guten, das ihm so unverdient von allen Seiten zufloß.

Von diesem Manne, wie daß ich ihn aufzusuchen dachte, hatte ich in Hummelshain gesprochen, und da ich nun Abschied nahm, steckte mir die Tante noch ein Sümmchen Geld zu «für den Leineweber», wenn ich's nicht selber brauche. Das war eine Freude! Denn ich war allerdings so abgebrannt, daß ich keinen Groschen missen konnte. Nun brauchte ich nicht mit leeren Händen zu erscheinen.

Nach mehreren heißen Tagemärschen langte ich eines Abends in Hohenstein an. Ob mein Heiliger wohl noch leben würde, dachte ich, und ob Schubert auch den rechten Namen oder vielleicht aus Schonung nur den Taufnamen angegeben habe. Da stand gleich bei den ersten Häusern eine Gruppe Nachbarn, die ich nach Steffan fragen konnte; aber dieses Namens gab es mehrere. Der meinige, sagte ich, sei sehr arm, und das waren sie ebenfalls alle. Da ich endlich den Gesuchten als alt und an den Beinen gelähmt bezeichnete, bemerkte ein herzutretender Arbeiter: das passe schon auf einen, den er kenne, einen alten Betbruder; aber bei der Art würde ich wohl nichts zu suchen haben. Ich aber suchte gerade bei der Art etwas, war hocherfreut und ließ mir die Wohnung des Betbruders beschreiben, die, am andern Ende des Bergstädtchens gelegen, nicht leicht zu verfehlen war.

Vor der Türe des etwas windschiefen Hauses fand ich eine Frau, die kleingemachtes Holz eintrug und mich auf meine Frage nach dem Leineweber Steffan etwas verwundert die Treppe hinaufwies. Hier trat ich in ein ärmliches Zimmer, dessen wesentlichstes Ameublement in ein paar Betten bestand. In dem einen lag ein auffallend schöner alter Mann, der sich mittelst eines um das Fußende geschlungenen Seils, das er wie einen Zügel in der Hand hatte, aufrechthielt, und um ihn standen eine Menge Kinder, die er zu unterrichten schien. Er sah mich fragend an.

Ich sagte, ich hätte einen Auftrag an den Webermeister Steffan.

«So heiße ich», erwiderte er; «aber wenn's nicht allzu eilig ist, so verzeihen Sie ein wenig: meine Schule wird gleich aus sein.»

So ist er also mittlerweile Schulmeister geworden, dachte ich – wenn's nur der rechte Steffan ist! Ich setzte mich nun still in eine Ecke, und jener fuhr in seiner Sache fort. Er fragte den Kindern die Gebote ab und sprach zwischendurch zu ihnen so einfach und mit so rührend warmer Liebe, daß es auch mir zu Herzen ging. Ich konnte nicht länger zweifeln, ob ich in diesem Stübchen recht sei.

Inzwischen wurden die Kleinen bald entlassen, und auf den Wink des Alten trat ich ehrfurchtsvoll ans Bett, auf das er sich ermüdet zurückgelassen hatte. Am liebsten hätte ich gleich damit begonnen, mir seinen Segen auszubitten, und war ganz verlegen, ihm statt dessen ein klägliches Almosen einhändigen zu sollen.

«Was haben Sie mir denn zu sagen?» redete Steffan mich jetzt an, indem er mir freundlich die Hand reichte. Ich sagte, eine Dame aus Thüringen, woher ich käme, hätte mir etwas für ihn mitgegeben. Ob ich ihm damit recht käme, wisse ich nicht, aber abgeben müsse ich's, und damit legte ich das Geld der Tante auf die Bettdecke. Es waren drei harte Taler.

Steffan erwiderte nichts. Er faltete die Hände, und eine Träne nach der andern ging aus seinen Augen. Als aber nun seine Frau eintrat, dieselbe, die mich unten zurechtgewiesen, sagte er mit leiser Stimme: «Sieh doch da, die ganze Miete!»

Ich konnte es nicht hindern, daß jene mir die Hände küßte, obgleich ich nicht der Geber war; sie löste sich fast auf in Dankbarkeit, und ich erfuhr nun, daß schon am nächsten Tage die Exekution wegen rückständiger Miete erfolgen sollte, die von mir überbrachte Summe die Schuld aber bei Heller und Pfennig decke. Nicht mehr und nicht weniger war es, es hatten gerade drei Taler gefehlt, wegen deren Geringfügigkeit ich mich dem ehrwürdigen Manne gegenüber geschämt hatte. Nun hatten sie dennoch ausgereicht, ihn vor Plünderung zu schützen.

Ich mußte jetzt berichten, wie es zugegangen, daß meine Tante von der Not eines so weit entfernten kleinen Mannes Kenntnis gehabt, und sprach natürlich von Schuberts Buche. Steffan richtete sich verwundert auf. Er konnte sich nicht gleich darein finden, daß von ihm, dem Hohensteiner Weber, etwas in Büchern stehe, ebensowenig als Schubert es sich gedacht haben mochte, daß jener etwas davon erfahren würde. Indessen kannte Steffan die Eigentümlichkeit seines alten Freundes und sagte endlich mit besonderem Tone: «Der liebe, gute Schubert! Aber unser Vater im Himmel hat wunderliche Kinder und wunderbare Wege!»

Letzteres wußte Steffan nicht erst seit heute abend; er hatte viel erfahren und sprach gerne davon, auf wie merkwürdige Art ihm oft die wunderbarste Unterstützung zugekommen, und immer ohne sein eigenes Zutun, denn er hatte nie gebettelt, außer an jener Schwelle, an welcher alle Christen, große und kleine, täglich zu betteln angewiesen sind. «Noch heute», sagte er, «wer konnte wissen, daß wir den letzten Span verbrannt? – da fährt ein fremder Fuhrmann vor und ladet ein ganzes Fuder kleingespaltenen Holzes ab. Daß meine Frau beteuert, wir hätten nichts bestellt und könnten nichts bezahlen, ist in den Wind gesprochen. ‹Wenn's bei dem lahmen Steffan ist, so ist's schon recht!›, und damit fährt mein Fuhrmann ab und will keinen Dank mitnehmen. Dann aber kommen Sie, mein junger Freund, vom Thüringer Walde her, um unsere Miete zu bezahlen! Und so ist's nun die ganzen zehn Jahre her gegangen, seit ich mich nicht vom Bette rühre. Wer bin ich, Herr, daß du meiner so gedenkst! Du hast es nie am Öl und Mehle fehlen lassen, obgleich ich müßig liege wie ein Brachfeld.»

Aber die Schule, dachte ich, die muß doch ihre Früchte tragen. Als ich ihn indessen hieran erinnerte, sagte er, dafür habe er auch zu danken, daß die Kleinen gerne zu ihm kämen, arme Fabrikkinder, die den Tag über für ihren Unterhalt arbeiten müßten und die Schule nicht besuchen könnten. Da kämen denn ihrer einige am Feierabend zu ihm, und er unterweise sie im Lesen, Schreiben und im Katechismus. Das sei seine Freude und Erquickung.

So wurde denn dieser Ärmste noch der Wohltäter vieler armen Kinder, die ohne ihn verwildert wären. Vielleicht mußte er gerade darum leiblich krank sein, damit er den Samen geistiger Gesundheit in die Seelen dieser Kleinen streue, welche somit möglicherweise noch einen Vorzug vor denen hatten, welche die Ortsschule besuchten, denn dort wurde, wenigstens nach Steffans Ansicht, kein Christentum gelehrt, vielmehr nur Anweisung gegeben, nach dem Vorbild edelmütiger Tiere, wie Löwen, Elefanten und dergleichen, recht zu tun und nichts zu fürchten.

Unter solchen Reden war es ganz finster geworden, und die ab- und zugehende Frau hatte ein Blechlämpchen angezündet, das, an einer Drahtkette gerade über der schönen Stirn des Alten schwebend, sein Friedensangesicht ganz wundersam verklärte – ein Raffaelischer Kopf in Rembrandtscher Beleuchtung. Es war ein Bild, das anzusehen ich nicht ermüdet wäre und gern gemalt hätte, wenn das so ginge. Inzwischen ward für mich und Steffan eine Schwarzbrotsuppe serviert, die wir unter uns zweien mit Danksagung und ohne sündliche Überladung des Magens von töpfernen Tellern zu uns nahmen. Die Frau zog sich bescheiden zurück; ob sie sich für zu gering hielt, in meiner Gesellschaft zu speisen, oder mir vielleicht gar ihren eigenen Anteil abgetreten hatte, um selbst zu fasten, kann ich nicht sagen. Jedenfalls schien es mir nicht zuzukommen, sie auf ihre eigene Suppe einzuladen.

Nach Tische stellte sie sich jedoch ganz freundlich wieder ein, schob ihr Spinnrad aus der Ecke und blieb nun bei uns. Sie hatte auch die oberwähnte taubstumme Tochter mit hereingebracht, die mir grinsend die Hand reichte. Diese war eine auffallend häßliche Person, etwa von zwanzig Jahren, und trug ein Kind auf dem Arme, das sie unablässig herzte, bis Steffan es ihr abnahm. Ich fragte, ob sie verheiratet sei. Da schüttelte der arme Alte den Kopf und sagte bekümmert, dies Kind trüge keinen Vaternamen, sein Vater sei nicht zu ermitteln.

Also auch dies Entsetzliche hatten die armen Menschen über sich ergehen lassen müssen, und daß es empfunden wurde, kann man sich denken. Doch kam kein hartes Wort, kaum eine Klage über Steffans Lippen. Nicht wunderte er sich nach Art des Unglaubens, wie gerade ihn, den Unschuldigen, dergleichen Unheil treffe, vielmehr wunderte er sich der unverdienten Güte Gottes über ihn und war der Meinung, daß er, dem täglich so viel Gutes zuteil ward, nicht sauer sehen dürfe, wenn es ihm auch einmal nach Verdienst erginge. Es sah lieblich aus, wie der freundliche Alte das kleine Kind in seinen

Armen hatte, das er so lange bei sich behielt, als die Ungeduld der Mutter es gestattete.

Unterdessen war die Gesellschaft zahlreicher geworden. Der Mann der älteren Tochter, auch ein Weber, namens Uhlich, nebst seiner Frau und außerdem noch verschiedene andere Personen geringen Standes hatten sich nach und nach zusammengefunden. Sie waren augenscheinlich auf mich eingeladen, wie ich vordem auf Goethe, wenigstens äußerten sie kein Befremden, mich vorzufinden. Wie jeder eintrat, reichte er mir und allen übrigen die Hand mit zutraulicher Freundlichkeit: dann wurde Platz genommen, wo man ihn fand, das leere Bett als Sofa benutzt. Einer saß sogar noch auf dem Tische.

Die Unterhaltung war sehr bald im Flusse. Es ist natürlich, daß Reisende aufgefordert werden zu erzählen, wie es bei ihnen zu Hause aussieht, und ich hatte von zahlreichen Gesinnungs- und Glaubensgenossen nicht Unerfreuliches zu berichten. Einige Verwunderung dagegen mochte man nicht bergen, da man erfuhr, daß ich, den man für einen angehenden Theologen gehalten, nur Maler werden wolle. Die Kunst wollte diesen einfachen Männern, wenn nicht als ein eitles, doch jedenfalls als ein überflüssiges Gewerbe erscheinen. Steffan nahm mich jedoch in Schutz. Jedes Geschäft, sagte er, sei eitel, wenn man es im Dienst der Eitelkeit betriebe, sogar das Predigen; ein Maler aber könne wohl zu gottgefälligen Zwecken malen. Er selbst habe einmal in einer Kirche ein Bild gesehen, das habe ihn mehr als die Predigt erbaut; auch habe er gehört, daß der selige Zinzendorf durch ein Bild erweckt worden sei.

So sprach man hin und wider, und Steffan gab das Beste; aber auch die anderen schienen sämtlich achtungswerte Leute, in deren Gesellschaft man sich wohl und heimisch fühlen konnte. Jeder Quartaner mochte sie an Gelehrsamkeit übertreffen, und von den konventionellen Formen der oberen Gesellschaft hatten sie auch nichts an sich; indessen gibt das Christentum an sich da, wo es wirklich Herzenssache wird, eine eigentümlich liebenswürdige Bildung, welche das Wesen auch des geringsten Arbeiters zu adeln vermag. Steffan las schließlich noch ein Kapitel aus der Heiligen Schrift vor und entließ dann seine Gäste.

Was mich aber anbelangte, so sollte ich nicht entlassen werden. Der herzliche Alte sowohl als seine Frau drangen in mich, die Nacht bei ihnen zu bleiben; und sie mußten es mir angetan haben – ich blieb sehr gern. Frau Steffan überzog für mich das andere Bett, wahrscheinlich ihr eigenes, mit frischen Laken und entfernte sich dann mit ihrer Tochter, um Gott weiß wo zu bleiben.

Als ich zur Ruhe war, blies der Alte sein Lämpchen aus und fing an zu beten. Er betete mit lauter Stimme in seiner einfachen Weise auch für mich, und zwar so glaubensfroh und zuversichtlich, daß meine Seele emporgetragen ward in den stillen Frieden einer besseren Welt, da es keine Zweifel, keine Sünde und keinen Tod mehr gibt. Es war mir, als fühlte ich die Gegenwart der Engel, die das Bett meines lieben Gastfreundes umstehen mochten, bis allgemach der Vorhang sich niedersenkte, der Schlaf und Wachen voneinander scheidet.

Was war doch dieser arme Steffan für ein

Reicher! Ein Philosoph der alten Welt würde sich an seiner Stelle ohne weiteres entleibt haben, während er, ein gequälter, halb zertretener Wurm, der er war, nicht allein für seine Person heiter und dankbar lebte, sondern von seinem Überflusse auch noch andere stärkte und auferbaute. Das sind die Wunder des Christenglaubens. Wenn dieser denn auch wirklich eine Täuschung wäre, wie die klugen Leute fabeln, so fragt sich's, ob solche Täuschung nicht jeder Wahrheit vorzuziehen sei, die uns in Not und Sünden stecken läßt. Aber es ist nicht so: ein Steffansglaube wächst nicht auf dem Stamm der Lüge.

Ich hatte fest geschlafen bis zum hellen Morgen, als mich der Ton einer Geige weckte. Im ersten Augenblicke war ich erstaunt, mich in so fremdartiger Umgebung zu finden, Bett an Bett mit einem alten Greise, der mit heller Stimme wie eine Lerche zu seiner Geige sang. Steffan war seiner Gewohnheit gefolgt, den anbrechenden Tag mit einem Dankliede zu begrüßen.

Ich war bald auf den Beinen und horchte noch ein Stündchen den Gesprächen des merkwürdigen Mannes, bis Uhlich mit noch zwei anderen von der gestrigen Gesellschaft erschien, mir das Geleit zu geben. Da schied ich von dem teueren Alten, nachdem er seine Hände auf mein Haupt gebreitet und mich gesegnet hatte.

Die Reiseabenteuer gehen zu Ende

Die weitere Rückreise war bequem genug. Die Hohensteiner Freunde ließen es sich nicht nehmen, mein Gepäck zu tragen, und begleiteten mich drei oder vier Wegstunden weit, bis nahe an die Tore der Fabrikstadt Chemnitz. Sie wurden nicht müde, von ihrem geistlichen Vater und Propheten, dem alten Steffan, zu erzählen, von seiner Glaubensstärke, seiner Demut und Liebe, wie auch von dem Spott und der Verachtung, welche er, wie sie selber, von ihren aufgeklärten Mitbürgern zu erleiden hatten. Doch schienen sie damit ganz zufrieden und fanden es selbstverständlich, daß sie als Knechte Christi an der Schmach ihres Herrn und Meisters Anteil hätten.

Zum besseren Fortkommen auf dem Wege zur Seligkeit schenkten mir die Freunde, ehe wir schieden, noch einen gedruckten, in Bunyans Geschmacke abgefaßten Reisepaß, anscheinend vom Herrn des Himmels selber ausgestellt. Darinnen war in wohlgemeinten, wenn auch etwas ungeschickten Versen die Signatur eines richtigen Christen vielleicht ganz richtig angegeben; wenn aber das Wörtlein Paß von passen kommt, so mußte ich mir gestehen, daß diese Beschreibung wenigstens auf mich nicht paßte und jeder gewissenhafte Gendarm mich darauf hätte festnehmen müssen. So hätte ich Sorge tragen müssen, die angegebenen Kennzeichen in mir wahrzunehmen; aber es fehlte mir die Einfalt, mich an solchen religiösen Spielereien ernsthaft zu erbauen.

Der alte Steffan hatte es mir zur Pflicht gemacht, in Chemnitz Schuberts Schwester aufzusuchen, die an den dortigen Bürgermeister Wirth verheiratet sei, was ich nicht wußte. Ich wollte nur im Vorübergehen grüßen, aber die liebenswürdigen Menschen schienen ihren wirtlichen Namen mit der Tat bewähren zu wollen.

Ich mußte an meine Eltern schreiben, daß ich hier einige Tage rasten würde, und nun alles sehen, was Chemnitz und seine Umgegend an Herrlichkeiten aufzuweisen hatte. Dergleichen vergißt sich wieder, aber die wohltuende Herzlichkeit meiner lieben Wirte ist mir in lebendiger und dankbarer Erinnerung geblieben.

Mit Butterbrot und kalter Küche ausgestattet, schied ich am dritten Tage und richtete meine Schritte zunächst auf das romantisch gelegene Augustusburg, in dessen Nähe mich ein einsamer Musterreiter einholte. Der grüßte höflich und knüpfte ein Gespräch an. Da er des Reitens müde war, wie ich des Gehens, so bot er mir einen Tausch an, infolgedessen ich mich auf den Rücken seines Pferdes und er sich meinen Ranzen auf den eigenen schwang. Ob er sich seiner Sicherheit wegen dieser Ranzenunbequemlichkeit unterzogen hatte oder nur sein Pferd erleichtern wollte, das schon einen tüchtigen Mantelsack trug, weiß ich nicht; das aber weiß ich, daß ich so glücklich wie ein König hoch zu Rosse saß und mit des anderen Benehmen außerordentlich zufrieden war.

Aus dem allem erfolgte übrigens weiter nichts, als daß wir ein paar Stunden lang in großem Frieden nebeneinander herzogen, bis wir nach dem Städtlein Öderan gelangten, wo wir auf den Vorschlag meines Begleiters in einer ziemlich ordinären Kneipe, der sogenannten Garküche, einkehrten. Der Wirt, ein behäbiger Mann in Hemdärmeln und gestrickter Zipfelmütze, empfing uns vor der Haustüre und führte uns ins große Gastzimmer. Es war gerade Zeit zum Abendessen, und wir speisten mit der Wirtsfamilie Nierenbraten mit geschmorten

Pflaumen, Butterbrot und Käse, und dazu ward noch zum Überflusse Flöhaer Bier geschenkt, was damals hochberühmt war. Ich war sehr guter Dinge und erzählte von meinen Reisebegebenheiten, namentlich vom alten Steffan, dessen Wesen in mir den tiefsten Eindruck hinterlassen hatte. Die ganze Gesellschaft hörte mit sichtlicher Erbauung zu, selbst die Kinder des Wirtes hingen mit runden Augen an meinem Munde, und immer mehr wollte man hören von dem kranken Leineweber, der trotz seiner Schmerzen und seiner Bettelarmut doch so vergnügt in seinem Gott war.

Um neun Uhr brachte der Wirt mich auf mein Zimmer, ein hübsches, weißgekalktes Kämmerchen mit weißgescheuertem Tisch und Stühlen von Tannenholz und einem appetitlichen Bett, in dem sich's prächtig schlief. Am anderen Morgen erhielt ich in aller Frühe einen guten Kaffee mit frischem Weißbrot. Es war mir gut ergangen in der Garküche; jetzt aber, wo die Reihe ans Liquidieren kam, beschlich mich einige Sorge. Ich hatte ungefragt gut leben müssen und hatte doch in meinem Beutel nur noch sechzehn Groschen, bis Dresden aber wenigstens noch acht Meilen. Ich griff indessen in die Tasche wie ein Reicher und fragte nach meiner Rechnung.

«Zwei Groschen und acht Pfennige», sagte der Wirt, «wenn es dem jungen Herrn nicht zu viel ist.»

Das war es nicht. Vielmehr war dies die wohlfeilste Zeche, die ich je zu zahlen hatte, und fast muß ich glauben, daß der wohlwollende Wirt mich aus irgendeiner Ursache begünstigt habe, vielleicht der guten Unterhaltung wegen am vergangenen Abend. Wir schieden mit herzlichem Händedruck als gute Freunde, ich dankte für liberale Bewirtung und ließ den Musterreiter grüßen, der hier zurückblieb und noch schlief.

Bei guter Zeit langte ich in Freiberg an und trat bei dem früher schon erwähnten Freunde unseres Hauses, Herrn von Prtzschtnowski, genannt Prestano, ab, der hier für einige Zeit domizilierte. Er war eben im Begriff, mit einem eigenen Fuhrwerk nach Dresden abzugehen, und nahm mich mit. Der Weg ging über Tharandt und Potschappel, an welchem letzteren Orte mein Begleiter mir die Freude machte, mit mir in eine alte verlassene Kohlengrube einzufahren, um mir den Reichtum an Kristallen zu zeigen, welche die Höhlungen der Gänge an manchen Stellen ganz bedeckten und beim Schein der Grubenlichter ein phantastisches Geflimmer machten.

So hatte ich denn Gelegenheit gehabt, auf dieser Reise die Welt von innen und außen anzusehen, und kehrte wohlbehalten zu den Meinigen zurück. Da gab es viel zu erzählen. Die Mutter interessierte sich besonders für meinen Besuch in Hohenstein, von welchem sie Veranlassung nahm, an Steffan zu schreiben. Er antwortete durch seinen Schwiegersohn, den getreuen Uhlich, welcher die Dresdner Jahrmärkte regelmäßig zu besuchen pflegte und Briefe, Segenswünsche und kleine Geschenke hin und her trug, bis er etwa nach Jahresfrist die Todesbotschaft brachte. Der alte Steffan war zu seiner rechten Heimat eingegangen.

5. Der Grundbesitz

Während meiner Abwesenheit waren die Meinigen auch nicht ganz ohne Erlebnis geblieben; es hatte sich sogar etwas recht Angenehmes zugetragen.

«Willst du was wissen?» sagte mir mein Bruder; «du bist Krautjunker geworden!»

«Und du?» erwiderte ich.

«Auch Krautjunker, lauter Krautjunker! Wir haben Land und Leute!»

«Wo liegt das Land?» fragte ich.

«Südlich vom ‹Weißen Hirsch›.»

«Und wer sind die Leute?»

«Ein Winzer mit Familie nebst Kettenhund und Kuh. – Merkst du was?»

Schon seit Jahren war der Vater mit dem Gedanken umgegangen, sich anzukaufen. Zwar dachte er nicht an Herrschaften und Rittergüter, wohl aber an Gärten und Weinberge. Dergleichen «Sommerpläsiers» (wie man's in Dresden nannte) waren des öfteren besichtigt worden und hatten uns andere auch stets befriedigt, den Vater aber leider nie, oder er hatte doch wenigstens mit den Besitzern nicht handelseinig werden können. Wir Kinder hatten uns daher bereits in den Gedanken eingelebt, daß es mit dieser Sache wie mit der russischen Reise gehen würde.

Desto mehr überraschte mich jetzt die Neuigkeit des Bruders, daß wirklich etwas gekauft sei, und zwar etwas ganz Herrliches, nämlich der alte wohlbekannte und geliebte Weinberg, den wir zu Senffs Zeiten mietweise innegehabt und nach welchem unsere Sehnsucht stets zurückgestanden hatte. Diese kleine, etwa vierzig

Magdeburger Morgen große und nur ein Stündchen von der Stadt entfernte Besitzung entsprach allen Anforderungen und Wünschen. Das Gehöft mit dem Wohnhause war halbwegs zwischen der Mordgrundbrücke und dem Loschwitzer Dorf in mittlerer Höhe des Bergzuges gelegen, der von der Sächsischen Schweiz längs der Elbe herstreicht. Von hier aus stieg die mit Obstbäumen untermischte Weinanlage aufwärts bis zum Rücken des Berges und verlief dann weiter nach dem «Weißen Hirsch» und der Bautzener Straße zu in Wiesen, Feld und Eichengestrüpp. Ich glaube nicht zu übertreiben, wenn ich sage, daß man von der Höhe mindestens sechzehn Quadratmeilen übersah mit noch einmal so viel Ortschaften, unzähligen Schlössern und Landhäusern, Wäldern, Feldern, Berg und Tälern, den breiten Elbstrom mitten durchgeschlungen. Zählt man zu diesen Eigenschaften noch das *pretium affectionis* eigenen Besitzes, so konnte unser Weinberg, wie er eben war, uns schon als Paradies erscheinen – und was mußte es erst werden, wenn alle Neubauten und Verbesserungen hinzukamen, die noch im Plane lagen? Das etwas kahlgelegene Wohnhaus sollte mit Blumen- und Boskettanlagen eingefaßt, der Röhrbrunnen (in dessen Troge ich vorzeiten unter Assistenz von Winzers Gottlieb manches bluterstarrende Bad genossen) zum Springbrunnen und das Eichengestrüpp dort oben zum Lustwäldchen umgeschaffen werden; Waldesschatten und Wipfelrauschen sollten uns und unsere Gäste in höchster Höhe laben. Vor allem aber gedachte der Vater, der sich bis dahin mit ungeeigneten Lokalen behelfen mußte, ein großes Atelier mit wandbreitem Fenster anzubauen, und konnte es kaum erwarten, wie klar und farbig er in solchem Lichte malen werde. Auch die Wohnzimmer sollten umgestaltet und erweitert, auch einige Gaststuben eingerichtet werden. Der Umbau des Hauses wurde daher zuerst in Angriff genommen, Wände wurden eingerissen, andere aufgeführt, und fast täglich ging man hinaus, zu sehen, wie die Sachen sich gestalteten.

Zu diesen Freuden gesellte sich die erste, zwar nicht reiche, aber an Qualität vorzügliche Weinernte. Wir alle legten Hand an, die schöne Gottesgabe einzuheimsen, und eine Lust war es, den Vater glühenden Gesichtes und mit der Kiepe auf dem Rücken wie einen Jüngling durch die Rebenhügel schreiten zu sehen. Die roten Trauben wurden nach rheinischer Weise in sauberen Bütten gekeltert oder durchgebuttert – was nicht so leicht war, als es aussah –, und erst nachdem die Masse einige Tage auf der Schale gestanden, kam sie auf die Presse. Da war's denn eine Hauptlust, den rubinroten Saft wie einen mächtigen Bergquell aussprudeln zu sehen, und wer hinzutrat, mochte sich daran laben. Besser noch, obgleich weniger guten Wein gebend, mundete der dickere Saft der weißen Trauben, die ungekeltert aufgeschüttet wurden, sich anfänglich durch eigenes Gewicht auspressend. Mit diesem sogenannten Ausbruch füllten mein Bruder und ich uns so maßlos an, daß der besorgte Winzer die Mahnung an der Zeit hielt, die jungen Herren würden eine schöne Angst im Leibe kriegen. Wir hatten aber nicht gewußt, daß irgend etwas in der Welt so überaus vortrefflich schmecken könne, und dachten, daß der gegenwärtige Genuß der kommenden Angst schon wert sei. Wir tranken daher fort, solange

Raum war, und hatten es endlich noch umsonst, denn die angedrohte Angst blieb aus.

Der edle Trank ward im Keller eingelegt, und mein Vater behandelte ihn während seiner kritischen Verwandlung mit so aufmerksamer Sorglichkeit, als gälte es die Pflege eines allerhöchstgeborenen Patienten. Dafür erstand er auch zu seiner Zeit als ein ganz königlicher Gesell, ähnlich dem Aßmannshäuser, und zeigte, wessen die Elbtraube bei richtiger Behandlung fähig sei. Was wir nicht selber brauchten, wurde gut verkauft, und es ließ sich leicht berechnen, daß, wenn auf sieben Jahre auch nur eine volle Ernte kam, der Berg sehr reichliche Prozente tragen würde.

Mein Vater hatte somit einen sorglosen Besitz erworben, den er auf den Namen seiner Frau schrieb, um ihr den Witwensitz zu sichern. Er glaubte nämlich genau zu wissen, daß sie ihn überleben würde, und zwar infolge einer sehr sonderbaren kabbalistischen Berechnung, die ihn in seiner Jugend ein alter Mönch gelehrt hatte. Kannte man hiernach die Vornamen zweier Eheleute, so brauchte man deren Buchstaben nur in Zahlen zu verwandeln, diese auf gewisse Weise miteinander zu vermehren und zu teilen, und erhielt ein Fazit, welches anzeigte, wer von beiden zuerst sterben würde. Meine Mutter sah den Vater dieses Kunststück – dessen Schlüssel er jedoch geheimhielt – in einer größeren Gesellschaft produzieren. Man nannte ihm die Taufnamen ihm unbekannter, bereits verstorbener Eheleute; – er rechnete – und das Exempel traf immer zu. Auch in seinem eigenen Falle ist es zugetroffen, und zwar weit eher, als er dachte. Er sollte das hübsche kleine Weingut, an welchem er so große Freude hatte, nie bewohnen. Mein Vater beschleunigte den Bau des Hauses nach Kräften. Auch während des Winters ließ er arbeiten und ging mehrmals wöchentlich hinaus, die Bauleute anzuweisen. Wie freute er sich auf den Frühling, sein Landhaus zu beziehen! Wie freuten wir uns alle, und ich gewißlich nicht am wenigsten, der ich gleichzeitig in die Jüngerschaft des Vaters treten und den Kreidestaub von meinen Händen schütteln sollte, um im neuen Atelier den ersten Pinsel anzufassen. Es war so überreiche Aussicht, daß man nicht wußte, wo zuerst hinblicken, und doch war das Leichentuch schon gewoben, das alle diese Herrlichkeiten bedecken sollte.

6. Ein guter Lehrer

Mein Vater war um jene Zeit in die Reihe der ordentlichen Professoren eingetreten. Er hatte sich von nun an am akademischen Unterrichte zu beteiligen, welcher unter die verschiedenen Meister dergestalt verteilt war, daß jeder nur für einzelne Monate, und auch dann nur für einzelne Tagesstunden, in Anspruch genommen war. Es war somit kein Dienst, der die eigene Arbeit beeinträchtigt hätte; wohl aber war ein verhältnismäßig hoher, von dreihundert auf tausend Taler steigender Gehalt damit verbunden und die Möglichkeit gegeben, sich um die Ausbildung zahlreicher junger Leute verdient zu machen; daher mein Vater sich der neuen Stellung freute.

Der angehende Professor *ordinarius* hatte seine

Amtsführung im Gipssaal zu beginnen, wo ich seines Eintrittes mit einiger Spannung wartete, wie es denn jedem Sohne ein eigentümliches Gefühl sein mag, zuerst dem eigenen Vater als amtlichem Vorgesetzten zu begegnen. Ich war etwas verlegen, als ich dies liebe Hausgesicht eintreten sah, und erhob mich mit den übrigen, dem neuen Lehrer eine respektvolle Verbeugung zu machen.

Soweit ging alles gut. Aber werden sie diese väterliche Gestalt nicht, wie die mancher anderer Professoren, in lächerlichen Attitüden an die Wände zeichnen – Kunstwerke, zu denen sich niemals jemand bekennen wollte und die daher auch niemals nach Verdienst gewürdigt werden konnten? Ich hätte schwer Gelegenheit gefunden, einen deshalb zu koramieren. Inzwischen verleugnete sich der Einfluß, den die Persönlichkeit des Vaters auf junge Leute zu üben pflegte, nicht. Sein offenes, zutrauliches Wesen, seine Urbanität und die Meisterhilfen seiner Korrekturen gewannen ihm die Herzen auf der Stelle. Man drängte sich zu diesen Korrekturen, die ebenso fest und sicher als schonend waren, und jeder hatte dabei das Bewußtsein, daß der Meister ihm seine volle Teilnahme schenke und ihn gern fördern wolle. Er machte nicht allein auf Fehler aufmerksam, sondern auch auf den Grund derselben, überall dem Auge durch Verstand zu Hilfe kommend, und legte er Hand an, so wurde es besonders dankbar erkannt, daß er geflissentlich die Sauberkeit der Zeichnung schonte, um die Lust des Weiterarbeitens nicht zu stören. Nur mit leichter Kohle deutete er die nötigen Veränderungen an, oder wo diese bei allzu mangelndem Formverständnis nicht ausreichte, führte er einzelne Details am Rande aus, und zwar mit spielender Leichtigkeit in wenigen Minuten schaffend, wozu wir Stunden brauchten. Daß er's besser konnte als wir, begriff der Dümmste auf der Stelle, doch überließ er's jedem, ob er seinem Rate folgen wollte oder nicht, machte es sogar zur Pflicht, die Korrektur genau zu prüfen und niemals etwas wider das eigene Auge hinzuzeichnen. Auch ein alter Maler könne sich wohl irren, pflegte er zu sagen, und wo nicht, sei doch ein eigener Fehler gar nicht schlimmer als eine fremde Tugend. Aber die Prüfung gab dem Lehrer immer recht. Die Korrektur betrachtend, war man der Meinung, es sei, als ob die unfehlbare Natur sie selbst so hingeschrieben hätte.

Als der letzte Abend des Monats da war, nach dessen Ablauf die Klasse wieder in andere Hände gehen sollte, mochte es stillschweigend bei allen feststehen, sich für so treue Unterweisung zu bedanken. Aber gerade an diesem Abend fehlte mein Vater, da er zu spät mit mir vom Weinberge zurückgekehrt war. Da erschien andern Tags eine Deputation im «Gottessegen» und überreichte unter Kopmanns passender Ansprache eine Dankadresse, die ich ihrer einfach herzlichen Fassung wegen hier folgen lasse:

Hochgeehrter Herr Professor!

Wie sehr haben wir gewünscht, Sie noch einmal bei uns im Gipssaal zu sehen! Ohne es vorher verabredet zu haben, hatte ein jeder auf eine herzliche Danksagung gesonnen für die liebevolle Art, mit der Sie uns behandelt und sich unserer Fortschritte angenommen haben. Wir haben es alle tief empfunden – können daher unmöglich unserer Rührung und Dankbarkeit Stillschweigen gebieten. Möchten Sie in unsere Seele blicken! Sie würden sehen (was wir zu sagen unvermögend sind), welch einen tiefen Eindruck Ihre Milde auf uns gemacht hat usw. –

Alle hatten unterzeichnet.

Der Gipssaal stand damals wegen seiner schon erwähnten selbständigen und sich dem Einflusse der Lehrer entziehenden Haltung nicht im besten Ruf bei der akademischen Behörde. Jetzt zeigte es sich indessen, daß dem widerspenstigen Rosse nur der rechte Reiter gefehlt hatte, denn es war nicht möglich, die eben erst beginnende Bemühung eines Lehrers demütiger und dankbarer anzuerkennen, als hier geschehen. Hat aber ein öffentlicher Lehrer erst die Herzen seiner Schüler, so wird ihm alles doppelt angerechnet, und so konnte es geschehen, daß jene günstige Stimmung durch einen an sich kaum nennenswerten Umstand noch gesteigert wurde.

Der lahme Berthold war auf einem einsamen, bei abendlichem Dunkel unternommenen Spaziergang von einigen jungen, ihm unbekannten und wahrscheinlich weinbegeisterten Offizieren, denen er nicht schnell genug ausweichen konnte oder wollte, ohne Umstände in den Graben geworfen und insultiert worden. Dieser an einem wehrlosen Krüppel verübte Übermut empörte die Genossen fast mehr noch als den Geschädigten selbst, und man spürte den Beleidigern eifrig nach, um sie auf eine Weise zur Rechenschaft zu ziehen, die wahrscheinlich zu allseitigem Nachteil ausgeschlagen sein würde. Namentlich war es Schill, der sich vermaß, er wolle diesen Puppen auf offenem Markte an die Köpfe klopfen, einerlei, was daraus folge. Dabei steckte er die großen pommerschen Fäuste in die Taschen seiner Reithosen, als wolle er sie an den daranhaftenden Erinnerungen zu Taten stärken; und allerdings war er ein Bursche, dem alles zuzutrauen war.

Mein Vater, der durch mich sogleich von der Geschichte hörte, trug mir auf, dahin zu wirken, daß unsererseits vorläufig nichts unternommen werde; dagegen tat er selbst persönlich und unverweilt die nötigen Schritte, dem gekränkten Berthold Genugtuung zu schaffen. Dieser saß nun eines Morgens im tiefsten Negligé in seiner Sofamulde und verspeiste eine Pfennigsemmel zum zweiten Frühstück, als er sehr unerwarteten Besuch erhielt. Ein klirrender Offizier trat bei ihm ein, und Berthold, ein neues Attentat erwartend, griff nach seinem Krückstock und erhob sich ernsten Blickes. Doch jener hatte keine schlechte Absicht. Sehr höflich stellte er sich als Brigade-Adjutanten von der Artillerie vor und sprach zuerst sein eigenes, dann auch im Auftrage seiner angeschuldigten Kameraden deren lebhaftes Bedauern über den stattgehabten Vorfall aus, der ihnen allen herzlich leid sei und der eine Erklärung nur in der Dunkelheit des Abends fände, durch welche getäuscht, Berthold für eine andere Person gehalten worden wäre. Endlich teilte er diesem noch seitens seines Generals mit, daß jene Herren drei Tage Wachtarrest erhalten hätten, und fragte, ob diese Buße als zufriedenstellend angesehen werden würde.

Der gutmütige Berthold versicherte, daß ihm die entschuldigende Erklärung des Herrn allein schon genügt haben würde, und leistete für sich und seine Freunde gern das Versprechen, dieser

Sache fortan eine weitere Folge nicht geben zu wollen.

Damit war die Sache erledigt, Simon zog seine Fäuste aus den Taschen, und alle hatten das Bewußtsein gewonnen, an ihrem Professor einen väterlichen Freund zu haben. Berthold kam persönlich seinen Dank auszusprechen und sich meinem Vater bei dieser Gelegenheit als speziellen Schüler anzutragen. Dasselbe tat auch Kopmann, und beide sahen jetzt mit mir dem Frühling entgegen, wo wir alle miteinander den ersten Ritt ins lustige Reich der Farben tun sollten.

Der Aktsaal

Noch im Laufe dieses Winters ward ich in den Aktsaal befördert, wenn auch vorläufig nur für den Abend, da ich im übrigen meine Studien nach Gips noch fortzusetzen hatte. Ich glich somit einem nur unvollkommen ausgekrochenen Insekt; doch kümmerte mich die Puppe wenig, die mir noch anhing, und ich freute mich der Standeserhöhung, wenn auch diesmal ohne sonderlichen Hochmut, da ich mir der Schwierigkeiten, die meiner warteten, jetzt deutlicher bewußt war als früher bei meinem Eintritt in die unteren Klassen.

Im Aktsaal fand ich mich in einer neuen Welt: andere Genossen, andere Gegenstände und eine andere Art, zu arbeiten. War ich bis dahin gewissermaßen nur im Scheibenschießen geübt worden, so galt es jetzt bewegten Gegenständen. Es handelte sich hier nicht mehr darum, überaus geduldige Gipsköpfe abzusenkeln, auszumessen und unter traulichen Gesprächen beliebige Zeit auf ihre Nachbildung zu verwenden: die lebendige Natur gestattete nur kurze Gnadenzeit und wollte im Fluge erhascht sein. Freilich brauchte man mit seiner Arbeit nicht weiterzukommen, als man eben kam, doch wollte natürlich jeder aus jeder Stellung den größtmöglichen Gewinn ziehen, und es ward daher im Aktsaal mit jenem Eifer gearbeitet, der allem Naturstudium eigen ist.

Das Lokal für diese Übungen war ein weiter, von drei amphitheatralisch aufsteigenden Sitzreihen halbkreisförmig eingefaßter Raum, in dessen Mitte das hellerleuchtete Modell als Zielscheibe für dreißig bis vierzig Schützen stand, deren Blicke rastlos auf und nieder flogen, vom Reißbrett zum Modell und vom Modell zum Reißbrett; und was die Augen eingetragen, das speicherte die Hand auf. Gesprochen und beraten, wie im Gipssaal, ward dabei kein Wort, und außer dem Rasseln der Kohlen- und Kreidestifte und dem Rauschen der Wischer war nichts zu hören als die halblaute Rede des korrigierenden Professors, der, sich von einem Platze zum andern schiebend, stets zugegen blieb. Auch er hatte zu arbeiten, daß ihm der Schweiß von der Stirne floß, wenn er alle die mehr oder weniger verrenkten Gliedmaßen unserer Zeichnungen je nach seiner Einsicht entweder wieder einrenken oder vollends verdrehen wollte.

Die Professoren waren dieselben, unter deren heroischen Korrekturen ich schon im Gipssaale zu leiden hatte, mit Ausnahme jedoch von zweien: des Direktors Hartmann und des Galerie-Inspektors Matthäi, bis dahin die beiden hervorragendsten Lehrer der Akademie. Dies galt vorzüglich von Matthäi, der mit der Gabe, zu unterweisen, ungewöhnliche Kenntnisse verband und ein Zeichner ganz ohnegleichen war. Seine meisterhaften Korrekturen wurden als Mirabilia angestaunt, und alle Plätze füllten sich, wenn er den Monat hatte. Ihn korrigieren zu sehen, war aber auch ein Vergnügen, welches recht ausführlich zu genießen man sich mit Fleiß verzeichnet hätte, wenn die unwillkürlich begangenen Fehler an sich nicht schon immer vollkommen ausgereicht hätten.

Matthäi war zu jener Zeit bereits ein Mann bei Jahren und mit einem so auffallenden Zittern der Hand behaftet, daß man ihm die Fähigkeit kaum zugetraut hätte, auch nur einen zollangen, einigermaßen gleichförmigen Strich zustande zu bringen. Auch kostete es ihn immer einigen Kampf, die Kreide zu vermögen, da einzusetzen, wo er und nicht wo sie es wollte; haftete aber der widerspenstige Stift erst einmal am Papier, so setzte er auch nicht wieder ab und folgte dem Willen des alten Meisters aufs überraschendste. Zwar mit immer zitternder Hand, aber doch mit unfehlbar sicherem, zartem und höchst elegantem Striche umfuhr Matthäi in einem einzigen Zuge die ganze Figur, und es war im Umsehen ein die Arbeit des Schülers mannigfaltig durchschneidender Kontur entstanden, welcher die Eigentümlichkeit des jedesmaligen Modells mit spiegelhafter Treue wiedergab.

Nach Feststellung des äußeren Umrisses ging es an die Berichtigung der inneren Formen, namentlich der am wenigsten verstandenen Partien, deren Struktur der Professor stets mit überraschender Klarheit zum Verständnis brachte. Zu dem Ende stellte er in Randzeichnungen zuvörderst den betreffenden Knochenbau, und zwar mit einer Präzision dar, als hätte er das nackte Skelett in gleicher Stellung und Beleuchtung vor Augen gehabt; dann zog er mit leichtem Strich die Muskeln drüber und löste so jedwedes Rätsel. Dergleichen korrigierte Blätter führte man in der Regel nicht weiter aus: sie hatten sich in Originalstudien eines großen Meisters verwandelt und wurden als solche aufbewahrt und wertgehalten.

Als Künstler mochte Matthäi freilich, namentlich was Erfindung und Kolorit anlangte, manchem seiner Zeitgenossen nachstehen; in der technischen Fertigkeit des Zeichnens aber übertraf ihn wahrscheinlich keiner. Ich zweifle wenigstens, daß es außer ihm noch einen anderen Menschen gab, der es vermocht hätte, auch nur den Umriß einer Hand genau und richtig in einem einzigen Zuge hinzuschreiben, so sicher wie ein großes A, geschweige denn eine ganze Gestalt mit Kopf und Rumpf, zwei Armen und zwei Beinen und zwanzig Fingern an Händen und Füßen. Und doch war dies nichts Auswendiggelerntes: es waren keine angewöhnten Formen, sondern die des jedesmaligen Modells in ihrer bestimmtesten Eigentümlichkeit, und wäre zufällig irgend etwas Verkrüppeltes zu sehen gewesen, etwa ein Plattfuß oder krummer Finger, so wären unter der zitternden Hand Matthäis auch solche Deformitäten mit staunenswerter Genauigkeit zu Papier gekommen. Der Natur gegenüber ließ er kein Besserwissen gelten, und hatte sich's einer einfallen lassen, sie zu meistern, so fuhr die Korrektur erbarmungslos hindurch. Bei solcher Gelegenheit hörte ich ihn sagen, es sei nicht zu begreifen, warum man in den Aktsaal käme, wenn man's schon aus dem

Kopfe könne. Zu Hause möge jeder zeigen, was er wisse, hier, was er sähe, und man könne schneller zum Chinesen werden, als man dächte.

Diese nüchterne Gewissenhaftigkeit influierte günstig auf alle Klassen, und Matthäi stand als einflußreichster Lehrer unter uns in höchster Achtung. In anderer Hinsicht entging er freilich auch nicht der Kritik der jungen Leute, die sich in ihrem jugendlichen Wesen und Gehaben zu wenig von ihm verstanden fühlten. Auch galt er für den erbittertsten Widersacher unseres Kunstvereins, und nur solche, die sich mit diesem in keinerlei Berührung fanden, schlossen sich ihm als spezielle Schüler an. Später, nach Auflösung jenes Vereins, errichtete er jedoch in seinem Hause eine eigene kleine Sonderakademie, in welche man gegen Honorar eintrat und die sehr besucht gewesen sein soll.

Ungleich beliebter war der joviale, ebenfalls als Künstler hochgeschätzte Direktor der Akademie, Professor Hartmann. Von ihm, als von dem vertrautesten Kunstgenossen meines Vaters, ist weiter oben schon geredet worden: hier will ich nur noch sagen, daß wir Aktsaalschüler seiner Fürsorge damals einen großen und nachhaltigen Genuß zu danken hatten. Es war nämlich zu jener Zeit ein Franzose, namens Lebenier, nach Dresden gekommen, welcher Kunstvorstellungen gab und durch die Schönheit seiner Körperformen die Künstlerwelt alarmierte. Diesen Normalmann zum Nutzen des Aktsaales zu verwenden, setzte Hartmann alle Hebel in Bewegung, und es gelang ihm auch, trotz Lebeniers den Etat weit überschreitender Forderung, die Königliche Intendanz dahin zu vermögen, ihn wenigstens für einige Wochen als Modell zu engagieren. Lebenier stand nun jeden Abend, und der Zulauf war ungeheuer. Nicht nur Schüler, auch Meister drängten sich herzu, die Unbequemlichkeit beschränkter Plätze noch für Wohltat achtend. Der Heros imitierte die Attitüden verschiedener Antiken, und mit begeistertem Feuer fuhren unsere Kreidestifte über das Papier hin, als gälte es, eine vorüberrauschende Offenbarung absoluter Schönheit zu fixieren. Als Lebenier sich endlich in die Position des auf der Keule ruhenden Farnesischen Herkules brachte, erreichte die Begeisterung ihren Gipfel. Das war nicht ähnlich – es war dasselbe. Der griechische Marmor war lebendig geworden, und ich wenigstens begriff erst jetzt die ganze Herrlichkeit des alten Kunstwerks in seiner wunderbaren Naturtreue. Mit größerer Befriedigung hat wahrscheinlich keiner von uns je wieder nach der Natur gezeichnet als dazumal nach jenem Halbgott. Ich träumte nachts von Auerochsen und Titanen und freute mich den ganzen Tag auf die Abendstunden im Aktsaal.

Die Ohren gehen mir auf

In jener gedeihlichen Zeit täglichen Fortschritts und Werdens hatte ich das Glück gehabt, auch noch in einer anderen Akademie Zutritt zu finden, nämlich in der nach ihrem Stifter, einem Kantor Dreysig, benannten Dreysigschen Singakademie, damals dem ersten Singvereine Dresdens. Zwar fehlte mir, wie beim früheren Eintritt in den Kunstverein, auch hier die erste Vorbedingung, denn ich konnte nichts weniger als vom Blatte singen; da es aber der Gesellschaft ihrerseits auch an etwas fehlte, nämlich an tiefgestellten Bässen, und ich das Konter-C vernehmlich hören ließ, so mochte man ein Einsehen haben und ließ drei gerade sein. Nach oberflächlicher Prüfung – ich mußte Skala singen und einige leichte Intervalle treffen – wies mir der zeitige Direktor, Kantor Weinlich, meinen Platz bei den untersten Baßpfeifen an, und abends beim Zubettgehen konnte ich meinen Bruder raten lassen, was ich wieder geworden sei.

Die Dreysigsche Akademie mochte damals an fünfzig Sänger und Sängerinnen zählen, mit meiner Ausnahme lauter Meister, welche die halsbrechendsten Geschichten mit wunderbarer Unfehlbarkeit vom Blatte sangen. Dazu ein Überfluß an guten, zum Teil selten schönen Stimmen, ein reiches Repertorium, ein schönes, zweckmäßiges Lokal und ein ausreichend grober Direktor, das waren die Mittel, mit denen Ausgezeichnetes geleistet wurde. Gesungen wurde nur Geistliches: Oratorien, Messen, Psalmen, dergleichen ich hier nicht zum ersten Male hörte, da ich die klangreichen Gottesdienste der katholischen Kirche oft besuchte, deren turbulente Orchesterbegleitung mir jedoch das Verständnis verwirrte, so daß ich Opern- und Kirchenweisen nicht recht zu unterscheiden wußte. Hier aber, wo die Begleitung nicht mehr dominierte und die Aufmerksamkeit durch eigene Mitwirkung geschärft war, gingen mir die Ohren weit auf für die Schönheit jenes wunderbaren Musikstils, dessen Gravität, Gebundenheit und Einfalt mir das Herz bewegte und meinen Geschmack dermaßen für alle Zeit gefangennahm, daß mich noch heute ein paar Figuren kanonischen Tonsatzes tiefer ergreifen als alle erdenklichen Opern und Symphonien.

Gleich das erste Kyrie setzte mich in Flammen, und immer weiter riß ich den Mund auf, meine Stimme mit steigender Begeisterung in den gewaltigen Chor mischend. Gefahr war dabei keine, weder für mich noch meine Nebenmänner, den Opernsänger Riße und den durch seine künstlichen Automaten berühmten Mechaniker Kaufmann, welche beide mit einer Sicherheit einsetzten wie die Stifte einer Drehorgelwalze und sich so mächtiger Organe erfreuten, daß ich mit dem besten Willen nicht hätte fehlen können. Auch im schnellsten Tempo und durch die verzweifeltsten Figuren rissen sie mich im Sturme mit sich fort, wie ein paar geübte Schlittschuhläufer einen Anfänger, der ohne diese Hilfe Arme und Beine brechen würde.

Diese beiden Nachbarn waren mir sehr freundlich, belehrten und unterstützten mich nach Kräften. Riße ergötzte sich an meinem Eifer und war so wenig unzufrieden mit meiner Stimme, daß er sie sogar bisweilen für sich selbst erborgte. Da es ihm nämlich an Tiefe fehlte, pflegte er seine Solopartien dergestalt mit mir zu teilen, daß er mir die unteren Noten abließ, eine Gaunerei, die so vortrefflich glückte, daß sie ihm Gratulationen wegen Vertiefung seiner Stimme zuzog. Mein anderer Nachbar, Kaufmann, dehnte seine Freundlichkeit sogar noch über die Grenzen unserer gemeinschaftlichen Übungen aus. Er lud mich in sein Haus, zeigte und erklärte mir seine merkwürdigen Erfindungen und war überhaupt die Güte und Zuvorkommenheit selbst; für gewöhnlich nämlich, denn bisweilen kannte er mich auch gar nicht und ließ meinen Gruß nicht nur auf der Straße, sondern selbst in der Akademie unerwidert. Ich glaubte daher, er müsse unter sehr eigentümlichen Aufwallungen an übler Laune leiden, bis ich erfuhr, daß er auf einem Auge blind sei, daher ihm von dieser Seite auch seine besten Freunde entgehen konnten. Ehe man ein Recht hat, sich beleidigt zu fühlen, soll man daher erst zusehen, ob jemandem nicht vielleicht ein ganzer oder halber Sinn fehlt.

Von den übrigen Bekanntschaften, welche die Singakademie mir eintrug, will ich hier nur noch einer Familie Rosenberg gedenken, die erst vor kurzem in Dresden eingewandert war. Der Vater Rosenberg war Arzt gewesen, hatte sich, des Handwerks müde, von der Praxis zurückgezogen und lebte als Privatgelehrter seinen Liebhabereien. Seine liebenswürdige Gemahlin war eine Tochter Hamanns, des berühmten «Magus des Nordens», übte aber mit ihren drei Töchtern, die wie Musen aussahen und wie Engel sangen, meines Wissens keine andere Magie aus als jenen Zauber, welcher weiblicher Schönheit und Anmut von Natur und Rechts wegen eigen ist und der auch vollkommen ausreichte, die Anziehungskraft ihres Hauses zu erklären. Durch Kopmann präsentiert, fand auch ich daselbst erwünschten Zutritt und verlebte angenehme Stunden im Kreise interessanter Menschen, unter denen bisweilen sogar Leute auftauchten, für deren bloßen Anblick mancher gern Entree gezahlt hätte. So erinnere ich mich, daß sich hier eines Abends drei illustre Namen: Mahlmann, L. Tieck und Jean Paul zusammenfanden.

Jean Paul zu sehen, den liebenswürdigen Verfasser der «Flegeljahre» – das war ein Ereignis! Mit größter Spannung sahen Kopmann und ich dem Eintritt dieses Leviathans an Witz und Sentimentalität entgegen, in dessen Gesicht und Wesen, wie wir meinten, etwas ganz besonders Sublimes zur Erscheinung kommen müsse. Aber die Persönlichkeit des großen Dichters entsprach unseren Erwartungen so wenig, daß, wenn der Dr. Rosenberg nicht geschworen hätte, es sei dies wahrhaftig Jean Paul selbst und niemand anderes, wir stundenlang in seiner Gesellschaft gewesen wären, ohne etwas Besseres in ihm zu vermuten als höchstens einen Pächter oder Gastwirt vom Lande, der sich am Teetisch langweilte. Freilich mochte er, wie Hamlet, eine Flöte sein, die nicht jedermann zu spielen verstand – oder war er vielleicht nur zu haushälterisch mit seinem Besten, um es für den Druck zu sparen? Ich weiß nur, daß, mit Shakespeare zu reden, das Futteral der Laute wenig gleichsah.

Von der Singakademie ist schließlich noch zu berichten, daß von Zeit zu Zeit halb öffentliche Aufführungen veranstaltet wurden, zu welchen jedes Mitglied einen oder ein paar Gäste mitbringen konnte. Ich brachte meinen Vater mit, als wir das Requiem von Mozart sangen, und noch sehe ich ihn dasitzen unter den andern Hörern, nach seiner Weise schnurgerade mit gefalteten Händen und freundlichem Gesicht, dem Gesange mit lebhaftem Interesse folgend. Die Mozartsche Totenmesse war die letzte Musik, die er auf Erden hörte.

Mein Bruder war unterdes auf jener Altersstufe angelangt, wo man in evangelischen Ländern sein öffentliches kirchliches Bekenntnis abzulegen pflegt, und daß dies nach meinem Vorgange ebenfalls in Lausa geschehen möchte, wünschte die Mutter. Der Vater hatte nichts dagegen. Er hatte sich, wie schon gesagt, des Rechts begeben, über die Konfession seiner Kinder zu verfügen, und unter allen evangelischen Geistlichen seiner Bekanntschaft sei ihm Roller immerhin der liebste. Schwer mochte es ihm schon werden, der lutherischen Kirche, die in seinen Augen die Unkirche war, nun auch den andern Sohn zu übergeben, und allerdings hatte er vorher noch den Versuch gemacht, denselben in traulicher Besprechung zum freiwilligen Übertritte zu bewegen; doch war der Junge fest geblieben. So war er denn nun nach Lausa abgefertigt, um gleich mir mit Bauernkindern und – weil sich denn doch einmal alles in der Welt wiederholt – ebenfalls in Gemeinschaft mit einem jungen Reichsgrafen, dem jüngern Bruder Herrn Manns und Benzigs, unterrichtet und eingesegnet zu werden. Seinem Spitznamen entging auch er nicht; Roller nannte ihn Tappe. Wie der Graf, dessen Taufzeugnis auf den Namen Botho lautete, genannt ward, ist mir entfallen.

Nach meiner Kenntnis der Zustände in Lausa war es mir nicht unwahrscheinlich, daß mein Bruder sich dort schlecht gefallen würde. Sobald ich Zeit fand, machte ich mich daher auf den Weg, ihm zwischendurch einmal mein tröstliches Gesicht zu zeigen, und langte eines schönen

Wintertages gegen Mittag auf der Pfarre an. Ich hatte erwartet, Pastor und Katechumenen auf dem Hofe anzutreffen, Schnee schippend oder Gräben ziehend; doch fand ich niemand. Es mußten wichtige Abhaltungen sein, welche die ländliche Arbeit zur gewohnten Stunde ruhen ließen.

Ich trat ins Haus und öffnete die Unterstube. Da stand wenigstens der Pastor inmitten seiner Geschwister, und zwar als Maurer. Er war in Hemdsärmeln, hatte einen ansehnlichen Lederschurz um den Leib und einen Anstreichepinsel in der Hand. Als er mich gewahrte, schritt er fröhlich grüßend auf mich zu, und mich bei den Schultern packend, drehte er mich mit dem Gesicht gegen den Ofen und rief triumphierend: «*Nunc judica, mi fili!*»

Ich sah, daß der sonst hellgraue Backsteinofen, eines jener Ungeheuer, wie sie in sächsischen Bauernstuben üblich sind, von oben bis unten scharlachrot angestrichen, an der Front aber mit einem lebensgroßen und flügelgespreizten weißen Adler frisch bemalt war. Vom feinsten Geschmacke schien mir die Sache nicht.

«Haben Sie das selbst gemacht, Herr Pastor?»

«*Ecce signa!*» sagte er, indem er auf die Farbenklexe an Schurz und Ärmeln wies. «Ich habe es getan, um meinen Schwestern eine Freude zu machen. Nun aber sprich deinen Spruch, du Künstler, ganz unverhohlen und ohne Ansehen der Person!»

Rollers Malereien zu beurteilen, waren schlimme Kommissionen. Wie alle Dilettanten, war er vom eigenen Gelingen stets etwas überrascht und erwartete daher nichts weniger als Tadel; doch durfte das Lob auch nicht gedankenlos, nicht unbestimmt, am wenigsten zu rasch sein. Man mußte jedes Kunstwerk erst eine Zeitlang auf sich wirken lassen, ehe man sein Urteil abgab; eine Bescheidenheit, die er selbst, sogar jedem Jahrmarktsbilderbogen gegenüber, übte und die er von andern auch für sich verlangte.

Zu Hilfe kam mir die Erwägung, daß Roller Ornitholog sei. Ich konnte mich darauf verlassen, daß wenigstens kein naturhistorisches Merkmal eines Adlers fehlen würde, und nachdem ich mir den Vogel ein wenig angesehen, glaubte ich mich dahin äußern zu dürfen, daß es ein Adler sei, von der Klaue bis zur Schnabelspitze.

«Eine Fledermaus hat's auch nicht werden sollen», stieß Roller jetzt heraus; «aber ich danke dir, mein Sohn, daß du mich vor meinen Schwestern nicht hast zuschanden machen wollen!»

Damit zog er lachend ab, um sich vor Tische noch zu säubern, und ich, zufrieden, mit so geringem Hohn davongekommen zu sein, gewann jetzt Raum, mich nach meinem Bruder zu erkundigen.

Der sitze für gewöhnlich in seiner Grotte, sagte der Hausknecht Jonathan, und kaue am Katechismus. Diese sogenannte Grotte, die man aus den Fenstern sehen konnte, war eigentlich nichts anderes als ein recht respektabler Schneeberg, den die beiden Katechismusschützen im Garten aus zusammengewälzten Lawinen aufgehäuft und ausgehöhlt hatten. Ich solle nur draußen rufen, rief Jonathan, dann kämen sie heraus; der Eingang sei etwas beschwerlich.

Ich ging hinaus und fand die Schlußbemerkung Jonathans bestätigt; aber die Lust, den Bruder zu überraschen, ließ mich alle Beschwerden überwinden. Mittelst eines niedrigen, krummgelegten Ganges, den ich auf dem Bauch, wie ein Reptil, durchkroch, gelangte ich in den inneren Raum, welcher überraschend wohnlich, durch transparentes Licht magisch erleuchtet und so warm wie ein Ziegenstall war.

«Wer da?» rief es mir entgegen, als mein Kopf erschien, und mit «Hurra!» zog ich Leib und Beine nach. Da saßen freudestrahlend auf einem selbstgezimmerten Bänkchen mein Bruder und sein Genosse; aber weit entfernt, den Katechismus zu studieren, war wenigstens Tappe damit beschäftigt, ein Wasserrädchen nebst dazu gehörigem Drehmännlein aus Tannenholz zu schnitzen. Die Sache war übrigens Geheimnis und wurde deshalb an unzugänglichen Orten betrieben. Als aber später das Eis aufging, stellte mein Bruder sein wohlgelungenes Werk an einem kleinen Wasserriesel des Gartens auf und überraschte damit den Pastor, der sich an der rastlosen Tätigkeit des lächerlichen Männchens so ergötzte, daß er das Ding bis an sein Ende treu bewahrt hat. Im Museum pflegte er's zu überwintern, zum Frühjahr aber wurde es, stets neu gebessert, wieder an seinen Platz gestellt und allen Besuchern vorgewiesen.

Wenn ich mir übrigens den Bruder trostbedürftig gedacht, so war ich damit im Irrtum gewesen: er fühlte sich vielmehr in seiner neuen Umgebung ganz behaglich. Freilich war er auch weniger vereinsamt als ich zu meiner Zeit, da sein Gräflein nicht wie die meinigen bei den Hermsdorfer Verwandten, sondern gemeinschaftlich mit ihm beim Pastor wohnte. Da teilten sie die ganze Last des Lebens miteinander, wie auch die oktroyierten Vergnügungen des gestrengen Mentors, mit denen sie jedoch weniger als ich behelligt wurden, weil jener weniger Verpflichtung fühlen mochte, sie zu unterhalten. Dazu das liebenswürdige Naturell des jungen Grafen und der durch denselben vermittelte häufigere Verkehr mit Hermsdorf: es mochte ein genußreiches Zusammengehen für beide sein, das abzukürzen sie kein Verlangen trugen.

Inzwischen kürzt sich gute und böse Zeit von selbst; die Osterwoche war herangekommen mit ihrem Palmensonntag. Meine Mutter war bettlägerig und konnte deshalb der Einsegnung nicht beiwohnen; statt ihrer aber fuhr der Vater mit mir heraus, und gewißlich nicht mit allzu leichtem Herzen. Er war einsilbig und still und mochte trauern über seine kirchliche Verlassenheit in der Familie. Ohne auf der Pfarre einzusprechen, gingen wir geradeswegs in die festlich geschmückte Kirche, in welcher die Gemeinde bereits versammelt war. Kopf an Kopf saßen sie da, die Weiber in ihren goldbetreßten Bärenmützen und faltenreichen Röcken, die Männer mit runden Kämmen im langen Haar und talergroßen Knöpfen an den breitschößigen Fracks, dem Eintritte der Kinder harrend.

Da schlugen die Glocken an, die Orgel intonierte, und, ihren Hirten an der Spitze, zog die Katechumenenherde paarweise mit gefalteten Händen ein, vorweg Graf Botho Stolberg und der gute Tappe mit den roten Backen, dessen Anblick mich heute einmal wieder lebhaft rührte. Als die Prozession am Altare angelangt war, ging alles weiter seinen Gang in hergebrachter Ordnung, Wechselgesang der Gemeinde und der Kinder, Examen, Einsegnung und Schlußgesang.

Ob mein Vater außer in Herrnhut, wo ihn der Mangel jeglicher Symbolik befremdete, und in Hummelshain, wo jegliches Bekenntnis fehlte, sonst noch anderen lutherischen Gottesdiensten beigewohnt, kann ich nicht sagen; hier aber wurden seine Erwartungen weit übertroffen. Die Physiognomie der Lausaer Kirche mit geschmücktem Altar, Kruzifix und Leuchtern, vor allem aber mit ihrer noch von keiner Neuerung berührten althergebrachten Agende, war noch katholisch genug, oder mit andern Worten, noch echt kirchlich, und kirchlicher noch als in katholischen Kirchen war jedenfalls die andächtigere Haltung der Gemeinde, der volle Choralgesang und der Gebrauch der Muttersprache. Dazu ein Priester, wie mein guter Vater ihn nicht erwartet hatte, da er Roller bis dahin nur in Haus und Garten gesehen. Hier aber trat er ihm entgegen als ein echter und rechter Kirchenältester und Bischof, zwar nicht in brokatenen Gewändern, wohl aber angetan mit Salbung aus der Höhe, ein treuer Zeuge ewiger Wahrheit, der, wie er dastand inmitten seiner jugendlichen Herde und dieser mit einfachen Worten den Ernst und die Freundlichkeit Gottes ans Herz legte, einem Patriarchen des apostolischen Zeitalters gleichsah. Endlich, was einen Katholiken vielleicht am meisten frappieren konnte: die heilige Handlung der Konfirmation an sich, gegen deren tiefsittlichen Ernst die römische Firmung zur leeren Zeremonie wird. Mein Vater schien sehr tief ergriffen von allem, was er sah und hörte.

Wir blieben den ganzen Tag in Lausa, wo sich gegen Abend auch die Hermsdorfschen Herrschaften mit ihren Verwandten und vielen anderen gottesfürchtigen Leuten aus den verschiedensten Ständen am langen Tisch des Pastors zusammenfanden. Durch die kirchliche Handlung, der sie am Vormittage sämtlich beigewohnt, waren aller Herzen noch erwärmt, und mein Vater verlebte Stunden unter ihnen, die ihm zum Vorschmack des Himmels wurden. So, meinte er, würde es einst dort oben werden, wenn vor dem Anschauen Gottes alle Schranken der Meinung, des Standes und Bekenntnisses zusammenbrächen und Christus allen alles in allem sein würde. Die selige Erfüllung stand ihm näher, als er dachte.

Als wir durch die nächtliche Heide nach Hause fuhren, gaben die Gespräche meines Vaters noch auf dem ganzen Wege Zeugnis von den beseligenden Eindrücken, die er empfangen. Er danke Gott von Herzen, sagte er, daß er ihn einen Tag habe sehen lassen wie diesen; nun sei er unsertwegen ganz beruhigt, denn eine Kirche, die noch solche Zeugen, solch ein Bekenntnis und solche Gottesdienste habe, sei nicht vom Heiligen Geist verlassen. Wie überglücklich war die Mutter, als sich der Heimgekehrte auch gegen sie in gleicher Weise aussprach!

Schluß

«Wer weiß, wie nahe mir mein Ende?
Hin geht die Zeit, her kommt der Tod.»

So heißt es im alten Liede – und in der Tat, wenn wir uns von irgend etwas überzeugt halten können, so sind es die in diesen beiden Versen enthaltenen Wahrheiten, daß die Zeit dahingeht, der Tod herankommt, wir aber nicht wissen, wie nahe er uns ist. Auch mein Vater wußte nicht, wie nahe ihm sein Ende war, als er anderen Tages, am 27. März 1820, seine letzte Palette aufsetzte, um das Bild einer hochgestellten Frau, der regierenden Gräfin Eberhardine zu Stolberg-Wernigerode, zu beginnen; in der rechten Stimmung aber muß er wohl gewesen sein, denn jene Dame versicherte nachgehends, seine Unterhaltung sei gewesen wie Psalmen und Lobgesänge, und daß es ihr dabei zu Sinne gewesen wie in der Kirche. Die Gedanken meines Vaters waren überhaupt in letzter Zeit fast ausschließlich geistlichen Dingen zugewandt gewesen, und dazu war seit dem gestrigen Tage noch die lieblichste Beruhigung über die kirchliche Stellung seiner Familie gekommen, die seiner Seele vollen Frieden gab. Dieser Friede leuchtete den ganzen Tag über aus seinen schönen dunkeln Augen und gab seinem Angesicht den Ausdruck eines Sehers, der unaussprechliche Dinge sieht. Sein innerer Mensch des Herzens war bereits mit jenem hochzeitlichen Kleide angetan, in welchem er schon in wenig Stunden am großen Gastmahle seines Königs teilnehmen sollte.

So kam er nach der Arbeit gegen Abend in mein Zimmer. Die Akademie hatte Ferien, und ich zeichnete für mich den Moses, der die Schlange erhöht, zu welcher die Gebissenen sich wenden, um zu genesen. Mein Vater betrachtete die Skizze mit Interesse. Er war zufrieden mit meiner Auffassung und versprach mir, ich solle dies Bild in Öl ausführen, sobald ich mit dem Pinsel umzugehen verstände. Dann sagte er: da er mich so gut beschäftigt fände, wolle er mich nicht stören, sonst hätte er mich aufgefordert, ihn nach Loschwitz zu begleiten, wo er nach seinem Hause sehen wolle. Nun hätte mich jene Zeichnung nicht zurückgehalten; aber die Singakademie wollte heute abend eine Passionsmusik probieren, die am Karfreitag zur Aufführung gelangen sollte, und da mochte ich nicht fehlen. Mein Vater ließ dies gelten und ging allein, wie er gewöhnlich tat. Mir aber brannte das Herz, als er mich verlassen; war er doch heute so besonders weich und gut gewesen, hatte sogar meine Arbeit gelobt, was er sehr selten tat, und mir das Bewußtsein hinterlassen, daß er zufrieden mit mir sei. In diesem Gefühle begab ich mich frohen Herzens nach dem alten Posthaus in der Pirnaischen Gasse, wo wir unseren Konzertsaal hatten.

Eine mir ganz neue Musik, «Die sieben Worte» von Haydn, ward probiert, und mit hohem Genusse sang ich mit den anderen die herrlichen Chöre. Als wir aber an die Stelle kamen:

«Wenn wir mit dem Tode ringen
Und aus dem bedrängten Herzen
Heiße Seufzer zu dir dringen:
Hilf uns, Mutter aller Schmerzen!»

da erfaßte mich eine so schmerzliche Rührung, daß mir die Stimme versagte. Weder in den Worten noch in den Tönen konnte der Grund zu einer so tiefen Bewegung gesucht werden, doch schnitt mir beides dermaßen durch die Seele, daß mir diese Stelle, obgleich ich sie seitdem nie wieder hörte, nach Text und Melodie bis heute unvergeßlich geblieben ist. Ich stellte mir wunderlicherweise den geliebten Vater als mit dem Tode ringend vor, und es war, als wäre dies Gebet zur heiligen Jungfrau aus seiner Seele aufgestiegen. Ich konnte mich nicht halten, verließ den Saal und brach im Nebenzimmer in einen Strom von Tränen aus.

Bald kam mir Kaufmann nach, dem mein Verschwinden aufgefallen, setzte sich zu mir und fragte teilnehmend, was mir geschehen sei. Ich wußte nichts zu sagen, als daß jene Musikstelle mich so sonderbar ergriffen habe. Das konnte jener, dem dieselbe Stelle nicht den geringsten Eindruck gemacht hatte, nicht begreifen; er redete mir vernünftig zu und führte mich in den Saal zurück. Aber die Trauer wollte mich nicht mehr verlassen: der Tod stand mir in seiner Unerbittlichkeit lebendig vor der Seele; ich sah das Ringen des Sterbenden, ich hörte seine letzten heißen Seufzer, und der Angstschrei: «Hilf uns, Mutter aller Schmerzen!» wich mir den ganzen Abend nicht aus den Ohren.

Als ich nach Hause kam und den Vater noch nicht vorfand, ergriff mich die lebhafteste Sorge. Ich machte mich sogleich auf und lief durch die helle Mondnacht ihm entgegen bis auf den Weinberg. Hier schlief schon alles, und ich mußte den Winzer aus dem Bette holen. Von ihm erfuhr ich, daß mein Vater freilich dagewesen sei, mehrere Anordnungen getroffen, aber schon vor sieben Uhr den Rückweg angetreten habe.

Spornstreichs rannte ich jetzt zurück und klopfte die Wirtsleute auf Findlaters und dem Linkeschen Bade heraus, ob er vielleicht plötzlichen Unwohlseins halber dort eingesprochen sei; aber niemand wollte ihn gesehen haben. Möglich, dachte ich, daß er in der Stadt noch einen Besuch gemacht und nun längst zu Hause ist – aber das war er nicht, und wir brachten die Nacht in namenloser Angst hin.

Am anderen Morgen in aller Frühe meldete ich den Fall auf der Polizei an. Man gab mir Polizeidiener und Hunde mit, die Gegend abzusuchen. Dräger, den ich auf der Straße fand, schloß sich uns an. Am Linkeschen Bade verteilten wir uns zu beiden Seiten der Chaussee; die Hunde revidierten vor und zwischen uns. Auf halbem Wege zum Waldschlößchen stand plötzlich der mir zunächst laufende Hund. Ich sprang herzu: da lag mein Vater mit dem Gesicht auf nackter Erde, erschlagen und entkleidet in einer Ackerfurche. Über mich aber und die Meinigen «ging der Grimm des Höchsten, und seine Schrecken drückten uns, sie umgaben uns wie Wasser und umringten uns miteinander». Und hiermit mag ein Schleier auf mein weiteres Ergehen fallen.

ANMERKUNGEN

S. 313 «Die *Angersche* Schule»: Gotthard Friedrich *Anger* war von 1804 bis 1838 Rektor der Neustädter höheren Bürgerschule.

S. 226 *Bardua,* Caroline: Porträt- und Historienmalerin in Berlin; Schülerin von Heinrich Meyer und Gerhard von Kügelgen. Zwischen 1822 und 1840 öfter auf den Ausstellungen der Berliner Akademie vertreten. Zwei Bildnisse Goethes, eines von Christiane Vulpius, letzteres im Goethe-Haus in Weimar.

S. 539 *Berthold,* Ferdinand: 1800–1838; Zeichner; seit 1811 Schüler der Dresdner Akademie. Von ihm ist nur bekannt, was Kügelgen über ihn berichtet.

S. 161 *Böttiger,* Karl August: 1760–1835; Archäologe und Altphilologe; war auf Herders Veranlassung Gymnasialdirektor und Oberkonsistorialrat in Weimar gewesen, bevor er 1804 als Oberinspektor des Antikenkabinetts und der Mengsschen Abgußsammlung nach Dresden berufen wurde. Redigierte von 1797 bis 1809 den «Teutschen Merkur».

S. 544 *Cotta,* Heinrich: Zeichner, Kupferstecher und Radierer; einer der begabtesten Schilderer des Soldatenlebens in den Befreiungskriegen; genre- und episodenhafte Kriegsszenen und Soldatengruppen. Über seine Person und die Stätten seiner Wirksamkeit ist nichts bekannt. Vielleicht ist er verwandt mit dem Rudolfstädter Hofmaler Franz Kotta.

S. 666 *Dräger,* Josef Anton: 1794–1833; wurde 1817 Schüler Gerhard von Kügelgens; ging 1821 nach Rom, wo er dem Schnorrschen Kreise nahestand.

S. 651 *Dreyssig,* Anton: Hoforganist in Dresden; gründete dort 1807 die dritte deutsche Singakademie (Berlin 1791, Leipzig 1802), einen der ersten großen Chöre, die für das Musikleben der Zeit große Bedeutung hatten. 1839 erste deutsche Aufführung einer «Missa Solemnis» von Haydn, 1846 unter der Leitung Wagners Beethovens 9. Symphonie.

S. 155 *Friedrich,* Caspar David: 1774–1840; Maler; Ausbildung an der Kopenhagener Akademie; seit 1798 in Dresden; Mitglied des Kreises um Novalis, Runge und Tieck; als Landschaftsmaler zu seiner Zeit wenig anerkannt, aber gefördert durch Gerhard von Kügelgen und Hartmann; 1824 Titularprofessor der Akademie.

S. 197 «Das *Haansche* Institut»: Friedrich Gottlob *Haan* (1771–1827) war bei der Neueinrichtung der chirurgisch-medizinischen Akademie als Professor der Philosophie und der Vorbereitungswissenschaften nach Dresden berufen worden; gründete eine Privaterziehungsanstalt, die bis zu seinem Tode bestand. Wegen seiner Bedeutung als Pädagoge bekam er vom Dresdner Stadtrat den Auftrag, den Plan für die Errichtung einer neuen Schule zu entwerfen (Friedrich-August-Schule). Herausgeber mehrerer Schulbücher.

S. 542 *Harring,* Harro Paul: 1798–1870; Maler und Theaterdichter; seit 1819 Schüler der Dresdner Akademie; lebte in Italien, Österreich, der Schweiz, in Amerika und schließlich in England, wo er sich im Verfolgungswahn vergiftete.

S. 158 *Hartmann,* Ferdinand Christian: 1774–1842; als Schüler der Stuttgarter Karlsschule zunächst Arzt, später als Schüler von Philipp Friedrich von Hetsch in Stuttgart und Rom; seit 1803 in Dresden; 1810 Professor der Akademie; 1825 Direktor; sehr geschätzter Lehrer; enger Freund Gerhard von Kügelgens.

S. 161 *Hasse,* F. Ch. A.: Verfasser der Biographie «Das Leben Gerhards von Kügelgen», die 1824 bei Brockhaus in Leipzig erschien.

S. 321 *Hendel-Schütz,* Henriette: 1772–1849; wegen ihrer mimischen Ausdruckskraft berühmte Schauspielerin; spielte unter anderem in Berlin bei Iffland.

S. 184 *Kersting,* Georg Friedrich: 1785–1847; Maler; Freund und Schüler C. D. Friedrichs; seit 1818 Leiter der Malerabteilung der Meißener Manufaktur; Bilder meist schlichte biedermeierliche Interieurs mit einzelnen Figuren.

S. 534 *Kopmann,* Johann Heinrich Carl: 1797–1894; Historien- und Porträtmaler; 1819 Schüler der Dresdner Akademie, 1824 in Rom bei Schnorr von Carolsfeld, seit 1833 Lehrer am Polytechnikum in Karlsruhe.

S. 184 *Körner,* Theodor: 1791–1813; gefeierter patriotischer Dichter der deutschen Freiheitsbewegung; bekannt mit W. von Humboldt, F. Schlegel und Eichendorff; fiel als Offizier im Lützowschen Freikorps.

S. 302 *Köthe,* Friedrich August: 1781–1850; Theologe; beeinflußt von C. G. Carus; seit 1810 Professor in Jena; 1819 Superintendent in Allstedt, von wo aus er Kügelgen in Drakendorf besuchte. Herausgeber der Werke Melanchthons in deutscher Sprache.

S. 552 *Kotzebue,* August von: 1761–1819; Dramatiker; 1781–90 in russischen Diensten, später Theaterdirektor in Wien und Petersburg; bekämpfte Goethe, die Romantiker und Napoleon; verspottete die liberalen Ideen der Burschenschafter, wurde deswegen von dem Studenten K. L. Sand ermordet.

S. 453 *Krummacher,* Friedrich Adolf: 1767–1845; reformierter Theologe; seit 1800 Professor der Theologie in Duisburg, seit 1812 Generalsuperintendent in Bernburg, 1824 Pfarrer in Bremen; als Schriftsteller durch seine «Parabeln» (1805) und Lieder bekannt.

S. 647 *Matthäi,* Johann Friedrich: 1777–1845; Historienmaler und Porträtist; Schüler der Dresdner Akademie, deren Direktor er 1810 wurde.

S. 44 *Müller,* Adam Heinrich: 1779–1829; Berliner Publizist; konvertierte 1805 zum Katholizismus; Hauptvertreter der romantischen Staats- und Gesellschaftslehre von der Erneuerung des Ständestaates («Die Elemente der Staatskunst»); kam 1806 nach Dresden und hielt hier bis 1809 Vorlesungen über Literatur und Staatsrecht; von 1808 an mit Heinrich von Kleist Herausgeber der Zeitschrift «Phöbus».

S. 159 *Müller,* Johann Friedrich Wilhelm: 1782–1816; Zeichner und Kupferstecher; seit 1809 in Dresden, 1814 Professor der Akademie; arbeitete hauptsächlich an einem großen Stich der Raffaelschen Sixtina; starb nach Vollendung dieses Werks im Wahnsinn.

S. 161 *Nostitz,* Gottlieb Adolf E. von N. und Jänkendorf: 1765–1836; seit 1806 Oberkonsistorialpräsident in Dresden, seit 1809 Minister; veröffentlichte Lyrik, Epen und Balladen.

S. 529 *Pochmann,* Traugott Leberecht: 1762–1830; Maler; unter Graff Schüler der Dresdner Akademie, an der er 1815 Professor wurde.

S. 211 *Putjatin,* Fürst Nikolaus Abramowitsch: 1749 bis 1830; in Kiew geboren; stammt aus altadliger Familie; heiratete die geschiedene Frau des damaligen Generalgouverneurs von Nowgorod, Carl Johann von Sievers, die eine Tochter mit in die Ehe brachte. 1793 kam er nach Dresden,

1797 baute er dort seine als Sehenswürdigkeit bestaunte Villa. Er war ein Dresdner Original, aber wegen seiner Wohltätigkeit hochverehrt.

S. 44 *Raumer,* Karl Georg von: 1783–1865; Mineraloge und Pädagoge; Bruder des Historikers Friedrich von Raumer; Bergrat und Professor in Breslau und Halle; seit 1827 in Erlangen; Schüler Pestalozzis: «Geschichte der Pädagogik».

S. 381 *Roller,* David Samuel: 1779–1850; Pfarrer; einer der Stifter der sächsischen Bibelgesellschaft; setzte sich für Kindergottesdienste ein und war auch pädagogisch tätig («Spielschule»). Herausgeber eines Gesangbuches (1830), in das er auch eigene Lieder aufnahm; zahlreiche landwirtschaftliche Schriften; heiratete doch noch im Alter von 67 Jahren.

S. 159 *Sauerweid,* Alexander J.: 1783–1844; Schlachtenmaler; Schüler der Dresdner Akademie; 1814 Prinzenerzieher in Petersburg.

S. 26 *Schubert,* Gotthilf Heinrich: 1780–1860; Naturforscher und Philosoph; zunächst Arzt und Lehrer, später Professor der Naturwissenschaften in Erlangen; Schüler Schellings; hielt von 1806 an in Dresden naturwissenschaftliche Vorträge; Hauptwerk: «Geschichte der Seele» (1830).

S. 44 *Seume,* Johann Gottfried: 1763–1810; Schriftsteller; 1781 von hessischen Werbern aufgegriffen und nach Amerika geschickt, 1783 zurückgekehrt und nach mehreren Fluchtversuchen freigekauft; Sprachlehrer und Verlagslektor in Leipzig; zeitweise Offizier in russischen Diensten; Verfasser der vielseitig orientierten, heitergesprächigen Berichte über seine Wanderungen in ganz Europa, in denen er ein illusionsloses Bild der politisch-sozialen und der wirtschaftlichen Verhältnisse gibt: «Spaziergang nach Syrakus» (1803).

S. 652 *Weinlig,* Christian Theodor: (nicht: Weinlich); 1780–1842; Musiker; studierte bei seinem Onkel, dem Kreuzkantor Christian Ehregott Weinlig, und in Bologna; 1814–17 Kreuzkantor, seit 1823 Thomaskantor; Lehrer Richard Wagners.

S. 536 *Zimmermann,* Adolf Gottlob: 1799–1859; als Schüler Hartmanns 1818 an die Dresdner Akademie gekommen; seit 1825 in Rom unter den Nazarenern; befreundet mit Kügelgen, Kopmann, Peschel, Richter; seit 1830 in Dresden, später in Breslau.

NACHWORT

Nur die großen Künstlerlexika widmen dem Maler Wilhelm von Kügelgen mehr als ein paar Zeilen. Seine Bilder, so wird uns versichert, seien ganz im Gegensatz zu den berühmteren Werken seines Vaters Gerhard von Kügelgen eher schlechte als rechte Produkte einer romantischen Schulmalerei, seine Porträts seien steif und konventionell, und seine religiösen Bilder ermangelten der persönlichen Note. So harsch und streng aber auch die Behandlung ist, die Wilhelm von Kügelgen in den Handbüchern der Malerei erfährt, so liebevoll und hochachtend wird seiner in den wenigen Literaturgeschichten, die seinen Namen erwähnen, gedacht. Hier ist er nicht mehr der an zunehmender Farbenblindheit leidende Porträtist, hier wird er als einer der Lieblingsschriftsteller der Nation gewürdigt, als Verfasser der «Jugenderinnerungen eines alten Mannes», jener liebenswürdigen Autobiographie, die man fast in den Rang eines Volksbuches zu erheben geneigt ist.

Und in der Tat: Der Maler ist als Schriftsteller berühmt geworden. Drei Jahre nach seinem Tode, 1870, erschienen die «Jugenderinnerungen»; gut fünfzig Jahre später, 1922, erlebten sie ihre 230. Auflage. Sehr schnell waren sie zu dem geworden, was man damals gern als «Lieblingsbuch der besseren Kreise» bezeichnete. Aber sie sind mehr. Läßt sich die Verehrung, die dieses Buch bei den Lesern des vergangenen Jahrhunderts erfuhr, mit ziemlicher Sicherheit dadurch erklären, daß in ihm die biedermeierliche «gute, alte Zeit» noch einmal aufglänzte, so ist die Beliebtheit, derer sich die «Jugenderinnerungen» auch heute noch erfreuen, schon etwas schwerer zu erklären. Schon seit Generationen fehlt den Lesern die Erinnerung an die Jahre, die Kügelgen in Dresden verbrachte; aber merkwürdigerweise erscheint in seiner Darstellung das, was wir als längst fixierte Geschichte zu betrachten gewohnt sind, als durchaus gegenwärtiges Geschehen, das nicht zum Nachvollziehen aufruft, sondern zum Miterleben zwingt. Es scheint, als habe die Geschichte hier die Dimension des Vergangenen verloren, denn mit einer Selbstverständlichkeit sondergleichen gelingt Kügelgen das, was sonst nur die Größten unter den Historikern zuwege bringen, nämlich Geschichte als Gegenwart erscheinen zu lassen.

Wilhelm von Kügelgen war das älteste von drei Kindern. Sein Vater, der Maler Gerhard von Kügelgen (geboren 1772), stammte aus dem Rheinland. Nachdem er seine Studien in Rom beendet hatte, zog es ihn nicht mehr nach Deutschland zurück: Die politischen Wirren hatten ihn der Heimat entfremdet. Er folgte der Einladung eines Freundes und ging nach Reval, wo er die aus Livland stammende Helene Marie Zoege von Manteuffel (geboren 1774) kennenlernte und heiratete. Mit der Gattin zog er nach St. Petersburg, und hier kam am 20. November 1802 sein erster Sohn, Wilhelm, zur Welt. Durch seine Arbeit hatte es der Vater in Rußland zu Ansehen und einigem Wohlstand gebracht, und so beschloß er, zum «selbständigen Manne» geworden, mit seiner Familie Deutschland zu besuchen. Nach einem mehrmonatigen Aufenthalt im Rheinland zog die Familie nach Dresden. Es waren die Kunstschätze der sächsischen Residenz, die es dem Vater angetan hatten, und hier wollte er eine Weile arbeiten, bevor er wieder die Reise nach Osten antrat. Aber immer wieder führte die politische Situation in Europa dazu, daß der Plan verschoben und schließlich gar aufgegeben werden mußte. Im Mai 1806 wurde der zweite Sohn, Gerhard, im Februar 1808 die Tochter Adelheid geboren. Man begann sich einzurichten.

Im ersten Teil seiner Erinnerungen sagt Kügelgen einmal, seine Kindheit sei «in eine der mörderischsten Geschichtsperioden» gefallen. Das ist keine Übertreibung, denn bevor nach dem Wiener Kongreß von 1815 eine gewisse politische Konsolidierung in Europa eintrat, waren besonders die Jahre 1806 bis 1813 eine Zeit ständiger kriegerischer Auseinandersetzungen, in denen nicht nur ein Volk das andere, sondern auch das deutsche sich selbst zerfleischte.

Napoleon bestimmte das Schicksal Europas. Während des dritten Koalitionskrieges hatte die französische Flotte zwar durch Nelson bei Trafalgar eine Niederlage hinnehmen müssen, aber Napoleons Sieg in der Dreikaiserschlacht bei Austerlitz gegen Österreich und Rußland hatte die Stellung des Kaisers in Europa gefestigt. Nach dem für ihn und seine Verbündeten günstigen Frieden von Preßburg (1805) konnte er darangehen, seine Machtstellung auszubauen. Er ernannte seine Brüder zu Königen und gründete den Rheinbund: Sechzehn deutsche Fürsten, unter ihnen der König von Sachsen, erklärten sich unter dem Druck Napoleons für souverän, traten aus dem Reichsverband aus und schlossen sich Frankreich an. Im vierten Koalitionskrieg (1806/07) mußte das friderizianische Preußen nach den Niederlagen von Jena und

Auerstädt, von denen Kügelgen im ersten Teil seiner Erinnerungen berichtet, von der politischen Bühne abtreten, und nach den Schlachten von Preußisch-Eylau und Friedland stand Napoleon an der russischen Grenze. Der Friede von Tilsit brachte 1807 den Höhepunkt der französischen Hegemonie in Europa: Rußland wurde ein Teil Neu-Ostpreußens zugesprochen, Preußen verlor all seine Besitzungen westlich der Elbe und die meisten der nach 1772 von Polen erworbenen Gebiete, das Großherzogtum Warschau wurde geschaffen, Danzig wurde Freie Stadt.

25. Juni 1812. Ohne Kriegserklärung überschritt Napoleon mit seiner «Grande Armée», 647000 Mann stark, bei Kowno die russische Grenze. Im August Sieg bei Smolensk, im September Sieg bei Borodino. Moskau lag zum Greifen nahe. Napoleon, auf seinen Einzug in Wien und Berlin, in Madrid und Lissabon zurückblickend, war sicher, daß Zar Alexander um Frieden flehen würde, sobald er erst einmal in Moskau eingerückt sei. Aber sein Heer war auf hunderttausend Mann zusammengeschrumpft und begann zu murren. Nach dem Brand Moskaus, der die Hoffnungen auf einen Frieden vollends zerstörte, und nach der Niederlage Murats bei Winkowo begann Napoleon im Oktober mit dem Rückzug. Aber es war zu spät. Von den nun wieder Hoffnung schöpfenden russischen Truppen und selbst von der Zivilbevölkerung hart bedrängt, erreichte Napoleon mit den Resten seiner Armee die Beresina. Die Auflösung der Großen Armee gab das Signal für die deutschen Befreiungskriege. In der Konvention von Tauroggen trennten sich die preußischen

Truppenkontingente von der französischen Armee, in Ostpreußen kam es zu den ersten Aufständen gegen die Franzosen. England und Schweden traten auf die Seite Rußlands, Preußens und Österreichs: Europa wandte sich gegen Napoleon.

Nur die Fürsten des Rheinbunds zögerten noch. Sachsen wies den Anschluß an Preußen zurück, weil dem sächsischen König Friedrich August eine Niederlage Napoleons, seines «großen Alliierten», undenkbar schien. Am 27. März 1813 besetzten daraufhin die Verbündeten Dresden. Aber auch diese Warnung fruchtete nichts: Zu sehr zitterten die Rheinbundfürsten noch vor Napoleon, und dank ihrer Unterstützung konnte der Kaiser bald wieder auf 600000 Soldaten zählen. Das Kriegsglück schwankte. Der preußische General Blücher unterwarf Sachsen, dessen König nach Österreich floh. Als Napoleon am 2. Mai 1813 bei Lützen die Russen und Preußen schlug, kehrte der sächsische König nicht nur reumütig zu Napoleon zurück, sondern stellte auch Heer und Land zu des Kaisers Verfügung; Kügelgen berichtet davon im vierten Teil seiner Erinnerungen.

Aber Napoleons Fall war nun nicht mehr aufzuhalten. Am 7. Oktober zogen der Kaiser und der sächsische Hof von Dresden aus nach Leipzig in die Schlacht. Am 19. Oktober war die «Völkerschlacht von Leipzig», an der neben dem König von Preußen auch die Kaiser von Österreich und Rußland und der schwedische Kronprinz teilgenommen hatten, geschlagen; der sächsische König geriet in Gefangenschaft, Napoleon zog sich über den Rhein zurück, der Rheinbund zerfiel.

Obwohl in diesen stürmischen Zeitläuften Dresden alles andere als eine Insel der Ruhe war, stellt Kügelgen seine nähere Umwelt doch als ein idyllisches Refugium dar. Doch man sollte sich hüten, dies als eine Flucht vor der Realität auszulegen. Kügelgen nimmt durchaus Anteil am politischen Geschehen, aber er läßt sich von ihm nicht mitreißen. Sein Idyll ist nicht das deutsche Spießeridyll, über dem das Panier von Pantoffel und Schlafmütze weht, es ist nichts anderes als der Raum, den sich ein Individuum in einer Zeit des Zusammenbruchs aller Programme und Evangelien wahrt, um auf die ihm gemäße Art fortbestehen zu können. Kügelgen ist nicht das, was man so gern als «apolitisches Wesen» bezeichnet, er ist nur ein Mensch, der seine Individualität gegen den immer stärker werdenden Druck der Tagesereignisse behaupten will, der sich die Freiheit des Fühlens, Denkens und Handelns bewahren will und der sich deshalb nicht in ein Geschehen mengt, das er doch nicht beeinflussen oder gar steuern kann.

Seine «Jugenderinnerungen» enden mit dem Tode des Vaters. Gerhard von Kügelgen wurde am 27. März 1820 bei Loschwitz, vor den Toren Dresdens, Opfer eines Raubmords. Am folgenden Morgen fand der Sohn die entkleidete Leiche des Vaters am Ufer der Elbe. Der Täter war der Unterkanonier Kaltofen, der für sein Verbrechen ein Jahr später auf dem Altmarkt in Dresden enthauptet wurde.

Der Tod des Vaters und Lehrers traf den Sohn schwer. Ohne zu übertreiben, kann man sagen, daß der kaum achtzehnjährige Wilhelm am Todestag seines Vaters zu jenem «alten Manne» geworden ist, der am Ende seines Lebens auf seine Jugend zurückblickt. Noch im Alter war dieses Ereignis für ihn von so einschneidender Bedeutung, daß er mit ihm seine Jugendgeschichte mitten in der Entwicklung abbricht. Bei aller Festigkeit des Willens waren seine überzarte Natur und seine leicht überreizte Phantasie dem grauenvollen Geschehen nicht gewachsen. Zwar bemühten sich Freunde der Familie, unter ihnen die ganz in herrnhutischer Religiosität lebende Gräfin Dohna und sein späterer Schwiegervater Krummacher, der «Ätti» aus Bernburg, um den jungen Mann, aber alles schien vergebens. Am 1. Januar 1821 schrieb die Mutter in einem Brief, daß ihr Sohn noch im Dezember täglich, oft mehrere Stunden lang, in tiefem Schnee auf dem Grabe des Vaters gelegen habe.

Selbst die geliebte Malerei vermochte ihn nicht aufzurichten. Professor Ferdinand Hartmann von der Dresdner Akademie, ein enger Freund des Vaters, hatte sich als Lehrmeister des Knaben angenommen, aber das Bewußtsein, nicht eigentlich zum Maler geboren zu sein, lähmte Kügelgens Schaffensfreude. Dazu kam, daß eine unerbittliche Selbstkritik und die zunehmende Unempfindlichkeit seiner Augen für die feineren Nuancen der Farbe Rot, die ihn vom Urteil Dritter abhängig machte, ihn all seine Mängel gerade in dem Zeitpunkt erkennen ließen, als er nach höchster Vollendung strebte. Diese Diskrepanz zwischen dem Möglichen und dem für ihn Erreichbaren machte ihm schwer zu schaffen. Als er ernstlich gemütskrank zu werden drohte, veranlaßte ihn die Mutter Ende Dezember 1820, nach Bernburg zu wandern, damit er endlich in der ihm wohlvertrauten Umgebung des Krummacherschen Pfarrhauses seinen Frieden fände.

Der Aufenthalt in diesem Hause wurde für sein weiteres Leben entscheidend. Hier verliebte er sich in die zwei Jahre jüngere Julie Krummacher, die er schon bei seinem ersten Aufenthalt in Bernburg als junges Mädchen kennengelernt hatte. Zwar führte diese Liebe erst 1826 zur Verlobung und ein Jahr später zur Heirat, aber der Einfluß dieses vitalen, lebensfrohen Mädchens auf den unter seiner selbstquälerischen Geistigkeit leidenden jungen Mann ist schon in diesem Bernburger Jahr, 1821, nicht zu überschätzen.

Im Mai 1822 zog er mit der Mutter und den Geschwistern zu den baltischen Verwandten nach Estland. Hier, im anregenden Kreise der weiteren Familie, fand Wilhelm sein inneres Gleichgewicht wieder. Nachdem die Mutter ihre Zustimmung gegeben hatte, hielt er zu Ostern 1824 beim Superintendenten Krummacher um die Hand Juliens an, wurde aber mit der Begründung abgewiesen, Julie und er seien noch zu jung für eine Heirat. Wilhelm, der nun glaubte, alle Hoffnungen aufgeben zu müssen, wagte nicht einmal mehr, an Julie zu schreiben. So zog er denn 1825 tief betrübt, aber doch voller neuer Pläne mit seinem Vetter Timoleon Neff über München und Innsbruck nach Rom, wo er seinen alten Lehrer Adolf Senff traf, der ihm in seinem Hause, der Casa Buti, in der auch der Bildhauer Thorwaldsen lebte, Quartier bot. In diesem Kreise lernte Kügelgen auch die Maler Ludwig Richter, mit dem ihn bald eine tiefe Freundschaft verband, und Julius Schnorr von Carolsfeld kennen.

Aber von einem frohen Künstlerleben konnte

auch in Rom nicht die Rede sein. Die unerfüllbar scheinende Liebe zu Julie und sein Heimweh lasteten auf seinem Gemüt, und so kam es, daß er sich nicht so sehr der künstlerischen Betätigung widmete, sondern daß er vielmehr das «Glaubensleben zu seinem Hauptstudium machte». Ständige Anfälle von Malaria zwangen ihn, der das römische Klima nicht vertrug, für längere Zeit aufs Krankenbett. Religiöse Diskussionen, angeregt durch den preußischen Gesandtschaftsprediger Richard Rothe, nahmen den größten Teil seiner Zeit in Anspruch: Der Aufenthalt in Rom war dadurch weniger für seine künstlerische als für seine religiöse Entwicklung bedeutsam.

Im Januar 1826 überraschte ihn die Mutter mit der Nachricht, daß Krummacher nun doch seine Einwilligung zu einer Verlobung mit Julie gegeben habe. Nach nicht einmal halbjährigem Aufenthalt in Rom machte sich Wilhelm im Mai 1826 auf den Weg nach Hause. Seine Verlobungszeit verbrachte er in Bremen, wohin Krummacher 1824 als Pfarrer an der Ansgari-Kirche übergesiedelt war. Im Juni 1827 wurden Wilhelm und Julie getraut, und im Herbst desselben Jahres zogen die jungen Eheleute mit der Mutter und der Schwester Adelheid wieder nach Osten, zunächst nach Estland, wo Wilhelm seine Familie bei Verwandten zurückließ, um dann allein nach St. Petersburg zu gehen, in der Absicht, dort als Porträtmaler Fuß zu fassen. Er machte sich große Hoffnungen auf einen Posten in der Residenz an der Newa, denn schon sein Vater Gerhard und sein Onkel Carl von Kügelgen waren als Maler hier bestens bekannt und geschätzt.

Aber schon das Jahr 1829 sieht ihn wieder in Dresden. Einziger Erfolg seiner Reise an die Newa war es gewesen, daß er, neben einer nicht eben einträglichen Ernennung zum russischen Hofmaler, den Auftrag bekommen hatte, das vom Kaiser von Rußland gestiftete Altarbild für die Olai-Kirche in Reval zu malen. Aber da er in Dresden kein geeignetes Atelier für diese Arbeit fand, übersiedelte er 1830 zu seinem Freunde Ernst von Heynitz nach Schloß Hermsdorf. Der Freund hatte ihm ein hohes Zimmer zur Verfügung gestellt, das er für die Ausführung eines so großen Gemäldes brauchte, dazu eine Wohnung mit sieben Zimmern. In diesem Hause verbrachte Wilhelm von Kügelgen drei Jahre, in denen er wenigstens nicht um seine Existenz zu bangen brauchte. An Malaufträgen fehlte es so wenig wie an Abwechslung, und hier kamen nach der 1829 in Estland geborenen Tochter Bertha seine beiden Kinder Anna (1831) und Gerhard (1833) zur Welt.

Aber so ganz ungetrübt war auch das Glück der Hermsdorfer Jahre nicht. 1831 erlitt seine Mutter einen schweren Schlaganfall, von dem sie sich nur sehr langsam wieder erholte, 1832 starb sein Onkel Carl von Kügelgen, und Wilhelm selbst machte im Winter 1831/32 eine schwere Krankheit durch. Auch das Gefühl seiner künstlerischen Unzulänglichkeit trat wieder zutage. Zusammen mit den inneren religiösen Kämpfen mag wohl dies der Grund für seine tiefe Melancholie gewesen sein, die in diesen relativ sorglosen Jahren besonders stark ausgeprägt war. Am 30. November 1832 schrieb er an seinen Vetter und Studienfreund Timoleon Neff:

«Ich wünschte wohl, ich könnte Dir von mir schreiben, daß ich zugenommen hätte in der Liebe und im Glauben, aber ich bin immer noch das alte Rohr, das keinen rechten Halt hat; doch hoffe ich, mit allem Schwanken mein bißchen Glauben durchzubringen bis an mein Ende. In unserer Zeit hebt der Pantheismus gewaltig sein Haupt in seiner ungeheuren Konsequenz und will unser inkonsequentes Christentum ganz auffressen – ich wäre ihm auch schon verfallen, wenn ich nicht das Gebet hätte, das doch ein Ding ist über allem Zweifel erhaben, ungeheuer groß, ernst und wirklich. Ich lebe nun geraume Zeit in Hermsdorf bei meinem Freunde Heynitz, der so echt ist wie ein Goldkorn. Ich wäre mit meinem Altarbild für Reval längst fertig, wenn ich nicht über ein Jahr durch Krankheit am Arbeiten verhindert worden wäre und viele andere Sachen nebenbei gemacht hätte. Indessen fehlt nur noch wenig. Gott hat mir immer so viel Arbeit gegeben, ja mehr, als ich mit meinen schwachen Kräften bestreiten konnte. Sind mir auch einige Sachen gelungen. Zu Ostern ziehe ich wieder nach Dresden, wo ich mir dicht vor dem Schwarzen Tor ein herrliches Haus gemietet habe.»

Zu dieser Übersiedelung nach Dresden ist es nicht mehr gekommen, denn im Frühjahr 1833 erreichte ihn in Hermsdorf die Berufung zum Hofmaler in Ballenstedt. Dort regierte noch immer der alte Herzog Alexius, dessen Sohn, dem Erbprinzen, Wilhelm und sein Bruder Gerhard schon im Jahre 1813 einen Besuch abgestattet hatten; Kügelgen berichtet davon im dritten Teil seiner Erinnerungen. Nach dem Tode des Ballenstedter Hofmalers Kehrer hatte sich

Wilhelm von Kügelgen um diesen Posten beworben, wofür wohl vor allem der Wunsch nach einer wenn auch bescheidenen, so doch materiell gesicherten Position der Grund gewesen ist. Für ein Jahresgehalt von 300 Talern preußischer Courant zog er mit seiner Familie am 17. Oktober 1833 nach Ballenstedt, das ihm zur bleibenden Heimat werden sollte. Abgesehen von einigen kleineren Kunstreisen hat er den Rest seines Lebens in der anmutigen, stillen und keinerlei Anregung vermittelnden Umgebung dieses Städtchens im Harz gelebt. Hier wurden ihm noch drei Kinder geboren: Adolph 1835, Benno 1837 und Elisabeth 1839.

Schon im ersten Jahre seiner Tätigkeit trat ein großer Wechsel ein: Der alte Herzog starb im März 1834; Nachfolger wurde sein einziger Sohn, der Erbprinz Alexander Carl, der aber auf Grund seines Gemütszustandes, der sich später zu einer Geisteskrankheit auswuchs, nur bedingt regierungsfähig war; ein schon zu Lebzeiten des Vaters ernannter «Geheimer Konferenzrat» führte die Regierungsgeschäfte. Doch alles schien sich vorerst zum Bessern zu wenden, als Alexander Carl sich noch im Herbst des gleichen Jahres mit der Prinzessin Friederike von Holstein-Glücksburg vermählte.

Obwohl Kügelgen ihn gewünscht hatte, fiel ihm der Schritt in diese für ihn neue Welt nicht leicht. Bei Hofe wohlgelitten, war ihm doch das Hofleben mit seiner strengen Etikette im Grunde ein Greuel. Abgesehen von seinem schmalen Einkommen, das zur Bestreitung seiner Verpflichtungen als oft in Anspruch genommener Gastgeber nicht ausreichte, litt er vor allem darunter, daß er die leidige Porträtmalerei betreiben mußte. Seine eigene Arbeit galt damals vorwiegend biblischen Bildern, zu deren Veröffentlichung er sich mit seinem Schwiegervater zusammengetan hatte: «Die Geschichte des Reiches Gottes in Bildern mit andeutendem Text von Friedr. Ad. Krummacher», in vier Folio-Heften von 1831 bis 1845 bei Baedeker in Essen erschienen, legt Zeugnis ab von dieser Zusammenarbeit.

Was ihm vor allem fehlte, waren die Freunde. Er war nicht zum Einzelgänger geboren; stets hatte er im vertrauten Kreise der Freunde gelebt, in Dresden und Rom, in Estland, in Bernburg und in Hermsdorf. Hier aber lebte er unter Menschen, die ihm innerlich fremd waren. Zwar fehlte es nicht an geselligem Verkehr, aber seine zurückhaltende, fast schüchterne Art ließ es ihm schwerfallen, sich im Hofkreise einzuleben. Kaum jemand hatte für seine geistigen und schon gar nicht für seine religiösen Interessen Verständnis: Der als «Pietist» verschriene Maler hatte an diesem doch eher rationalistisch gesinnten Hof einen schweren Stand. Aber mit den Jahren konnte er sich doch eingewöhnen, und um 1840 begann die letzte Periode seines Lebens, die er in den «Lebenserinnerungen eines alten Mannes», in den Briefen an seinen Bruder Gerhard, dargestellt hat.

Aber wie immer bei ihm, so verlief auch dieser Prozeß des Sich-Eingewöhnens nicht geradlinig. Im Mai 1842 versetzte ihm der Tod der verehrten Mutter einen schweren Schlag, von dem er sich erst wieder zu erholen begann, als sein Bruder ihn besuchte. Hier hatte er nun einen geheimen Konfidenten zur Seite, dem er alles anvertrauen konnte, was ihm auf dem Herzen lag. Dies gilt besonders für seine religiösen Zweifel, denn obwohl gläubiger Christ, fragte er sich doch zeit seines Lebens, welches denn eigentlich das «echte Christentum» sei, jenes, das man vor seinem Herzen, oder jenes, das man vor seiner Vernunft verantworten könne: «Mein Leben ist zerrissen. Die Ursache davon liegt nicht bloß in den äußeren Umständen, sondern gar sehr in mir selbst, indem ich zu schwach bin, mein Leben mit Gewalt so zu gestalten, wie ich's haben möchte. Wenn der Hof ganz weltlich wäre, würde mir das wohl leichter werden, aber diese Halbheit weist mir keinen bestimmten Platz an, und ich weiß häufig nicht, was ich tun soll und wohin ich gehöre. Ebenso wenn ich selbst Christ oder ein dezidierter Feind des Christentums wäre, so hätt' ich's auch leichter, aber so zieht mich mein Herz fortwährend zum Christentum hin, während mein Kopf es verleugnet.»

Und immer wieder war es die Einsamkeit, die inmitten des Treibens am Hofe seiner «Hypochondrie» neue Nahrung gab: «Die steten Zerstreuungen durch die Geselligkeit und das Hofleben, der Verkehr mit den entsetzlich vielen Weibern und die ewigen Besuche reiben mich auf und machen mich mißmutig. Und dann meine beispiellose Einsamkeit! Ich habe noch keinen einzigen Menschen gefunden, der so wäre, wie ich bin.» Dazu kamen die von Zeit zu Zeit auftretenden Geldsorgen, die ihn einmal so weit brachten, daß er im Jahre 1842 in einem bitteren Brief an den Bruder schrieb, er sei nun gezwungen, die kleinen Sparbüchsen seiner Kinder anzugreifen, weil einige säumige Kunden bereits abgelieferte Bilder nicht bezahlt hätten.

Doch wenn schon nicht in seinem Hause, so trat doch langsam in seinem Herzen Ruhe ein. Seine religiösen Zweifel schwanden, und im November 1843 konnte er an den Bruder schreiben: «Dem eigentlichen Christentum, dem praktischen, welches die Herzen beseligt, das nicht in scharf begrenzten Begriffen, sondern in einem Liebesbezuge der Seele zu ihrem Heiland besteht, wie man es bei kindlichen Menschen und Frauen findet, die sich keine Rechenschaft von ihren Begriffen geben, widerstrebt nichts in mir; ich liebe es, aber ich habe es nicht und fange an, mich darüber zu beruhigen.»

Die Revolution 1848 brachte neue Unruhe und führte dazu, daß er ein Jahr später von der Herzogin in einer heiklen politischen Mission nach Berlin gesandt wurde. Geschickt löste er dort die ihm gestellte Aufgabe, und als vertraulicher Berater der Herzogin war er fortan bei Hofe unentbehrlich.

1853 starb seine Tochter Bertha. Zur gleichen Zeit wurde Kügelgen Kammerherr beim Herzog. Der Gewinn, den diese neue Stelle ihm brachte, tröstete ihn zunächst über den Verlust des Kindes hinweg, denn hier schien sich ein ideales Verhältnis von öffentlicher Pflicht und privater Neigung abzuzeichnen: «Erst jetzt fange ich an, die Wohltat zu empfinden, die für mich in der neuen Anstellung liegt. Es ist nun so arrangiert, daß ich einen Tag Hofmann bin und den anderen Maler. An Hoftagen sammle ich Kraft und Lust zum Malen, und an Maltagen erhole ich mich vom Hofleben.»

Aber sehr schnell wurde ihm klar, daß dieser neue Posten mehr Mühen als Ehren mit sich brachte, denn er war nun dafür verantwortlich, daß der gemütskranke Herzog nicht zu einem öffentlichen Ärgernis wurde. Er hatte dafür zu sorgen, daß Alexander Carl weder zu Schaden kam noch irgendwelches Unheil anrichtete, denn «namentlich an öffentlichen Orten, wie im Theater und bei Konzerten, kommt man oft in böse Lagen mit ihm und muß allen Witz aufbieten, ihn zu zerstreuen, damit er sich nicht selbst zum öffentlichen Schauspiel macht». Als sich herausstellte, daß des Herzogs Leiden sich verschlimmerte und seine Entfernung vom Hof notwendig machte, übersiedelte Kügelgen im Herbst 1853 mit seinem Herzog nach Schloß Hoym bei Ballenstedt. Mit einem anderen Kammerherrn teilte er sich in die Pflicht, den kranken Herrn jeweils eine Woche lang zu unterhalten und ihm beizustehen.

Im Oktober 1862 traf ein neuer Schicksalsschlag die Familie. Nach einem Hofball kam Kügelgens jüngste Tochter Elisabeth mit ihrem Blütenkranz im Haar einer Kerze zu nahe, ihre Kleider fingen Feuer, und sie erlitt schwere Verbrennungen. Fünf Wochen mußte der Vater ohnmächtig mit ansehen, wie sein Kind litt und schließlich starb. Die Erfahrungen dieser Zeit konnte er nur noch in einem der für ihn so bezeichnenden Sätze zusammenfassen: «Jetzt wünsche ich nur noch zu leben, um sterben zu lernen.»

Aber damit nicht genug. Zwar mußte der Tod des Herzogs am 19. August 1863 für ihn sicher eher eine Erleichterung als ein Unglück gewesen sein, doch als drei Jahre später, im Juni 1866, sein Lieblingssohn Gerhard in der Schlacht bei Skalitz fiel, verließen auch ihn die Kräfte: «Freundschaft mit einem Sohn ist die höchste

Steigerung der Vaterfreude. Auch meine beiden andern Söhne sind gut und brav, aber das Verhältnis, welches sich mit meinem ältesten gestaltet und seine Wurzeln schon in der frühesten Kindheit hatte, war ein Unicum – unwiederbringlich verloren! Die Augen werden mir dunkel, ich muß abbrechen.» Am 25. Mai 1867 starb Wilhelm von Kügelgen. Seine Frau überlebte ihn um 42 Jahre.

Aus einem Brief vom 1. April 1856 an den Bruder in Rußland erfahren wir, daß Kügelgen sich etwa vom Jahre 1855 an mit der Aufzeichnung seiner Lebensgeschichte beschäftigte, wobei er sich anscheinend schon damals darüber im klaren war, daß er kaum mehr als seine Jugendgeschichte zu Papier bringen werde: «Es ist so lange her mit den alten Geschichten, sie müssen alle von neuem erfunden werden, und wenn ich gewußt hätte, wie schwer das ist, so würde ich mich gar nicht damit befaßt haben.» Wie wir schon angedeutet haben, war es ihm unmöglich, seinen Lebensbericht über den Zeitpunkt des Todes seines Vaters hinaus fortzusetzen, und in einem Brief an den Bruder geht er auch darauf ein: «Später müßte ich zu sehr in mein inneres Leben steigen, wozu Männer keine Lust haben, und von meinen äußeren Erlebnissen müßte ich das Interessanteste verschweigen.»

Zu tief ist die Zäsur gewesen, in der die zwar wechselvolle, aber doch im großen und ganzen ruhige und behütete Jugend ihr Ende fand. Für die Darstellung der weiteren Ereignisse seines Lebens, die wir hier in dürren Worten nachzuzeichnen versuchten, fehlten dem alten Manne einfach die Kräfte, und er nahm das, was er als sein «inneres Leben» bezeichnete, selber nicht wichtig genug, als daß er es an die große Glocke hätte hängen wollen. Aber sicher waren es nicht nur Zurückhaltung und Bescheidenheit, die ihn daran hinderten, eine «vollständige» Autobiographie zu schreiben; er hätte dazu auch kaum vernarbte Wunden wieder aufreißen müssen, und dem war der todkranke Mann nicht mehr gewachsen.

So stehen die «Jugenderinnerungen eines alten Mannes» als ein vollendeter Torso da. Mit den Kunstmitteln, die er zweifellos dem großen Vorbild Goethe abgeschaut hatte, stellt Kügelgen alle Ereignisse und Szenen seiner Kinder- und Knabenjahre dar, die für seine geistige und seelische Entwicklung bestimmend waren. Man mag es bedauern, daß Kügelgen seine Erinnerungen so früh abbricht, aber in diesen skizzenhaften Konturen entsteht doch schon das Bild einer Persönlichkeit, das in den späteren Jahren wohl manche Ergänzung fand, dessen Umriß sich aber nicht mehr grundsätzlich veränderte.

Seiner Laufbahn als Maler mag vor allem das hinderlich geworden sein, was ihn als Schriftsteller so liebenswürdig macht: Es ist die Freude am Kleinen, am Unauffälligen, seine Hinneigung zum Glück im Winkel, zum Idyll. Die bildhafte Anschaulichkeit seiner Sprache und sein feiner Humor verleihen dem Schriftsteller und der Persönlichkeit Kügelgen jene Originalität, deren er als Maler ermangelte. Seine merkwürdige Befangenheit, die ihn immer dann packte, wenn es «offiziell» zu werden drohte (die Briefe an den Bruder legen dafür deutlich Zeugnis ab), scheint seiner Porträtmalerei zum Verhängnis geworden zu sein, denn eigenartigerweise steht den förmlichen Porträts, die er bei Hofe zu malen hatte, eine ganze Anzahl von Skizzen und Bleistiftzeichnungen gegenüber, die er im Kreise der Familie oder der Freunde gemacht hat, und sie alle sind von natürlicher Frische, lebensvoll und treffsicher. Wenn wir zu Anfang gesagt haben, daß der Maler als Schriftsteller berühmt geworden sei, dann müssen wir diesen Satz jetzt, da wir einen Einblick in Kügelgens Leben gewonnen haben, ergänzen: Sein Ruhm beruht nicht auf dem, was er als Künstler geleistet hat, sondern auf dem, was er als Mensch gewesen ist.

Detlef Droese

INHALT

ERSTER TEIL

ZWEITER TEIL

DRITTER TEIL

VIERTER TEIL

FÜNFTER TEIL

SECHSTER TEIL

SIEBENTER TEIL